I0832902

Bonnart inv. et del. — *Herisset Sculp.*

Geometria plura præsidia præstat Architecturæ. Vitruv. L.1.C.1.

LA THEORIE ET LA PRATIQUE
DE LA
COUPE DES PIERRES ET DES BOIS,
POUR LA CONSTRUCTION DES VOUTES
Et autres parties des Bâtimens Civils & Militaires,

OU

TRAITÉ DE STEREOTOMIE A L'USAGE DE L'ARCHITECTURE;

Par. M. FREZIER, Chevalier de l'Ordre Militaire de Saint Louis; Directeur des Fortifications de Bretagne.

Nouvelle Edition corrigée & augmentée.

TOME PREMIER.

A PARIS, RUE DAUPHINE,

Chez CHARLES-ANTOINE JOMBERT, Imprimeur du Roy en ſon Artillerie, à l'Image Notre-Dame.

M. DCC. LIV.

[illegible]

DE LA

COUPE DES PIERRES
ET DES BOIS

POUR LA [illegible]

[illegible]

TRAITÉ DE [illegible]

[illegible]

TOME PREMIER

DISCOURS PRELIMINAIRES.

PREMIER DISCOURS.

SUR L'UTILITE' DE LA THE'ORIE,
Dans les Arts relatifs à l'Architecture.

JE me propose dans cet Ouvrage de donner la Théorie des Sections des Corps, autant qu'elle est nécessaire à la démonstration de l'usage qu'on en peut faire en Architecture pour la construction des voutes, & la *COUPE DES PIERRES ET DES BOIS*, ce que personne n'avoit encore fait; & parce que je prends une route différente de ceux qui ont traité de cette matiere, qui se sont tellement bornés à la Pratique, qu'ils semblent mépriser la Théorie, ou l'ignorer: je vais tâcher d'en établir l'utilité.

Vitruve, qu'on peut citer pour un bon connoisseur dans les Arts, parce qu'il est reconnu pour un fameux Architecte, & qu'il étoit de plus Ingénieur d'Auguste, y distinguoit deux choses (*) sçavoir, l'*Ouvrage* & le *Raisonnement*; l'une, dit-il, est

(*) *Ex duabus rebus singulas Artes esse compositas, ex* OPERE *& ejus* RATIOCINATIONE; *ex his autem unum proprium esse eorum, qui singulis rebus sunt exercitati id est operis effectus; alterum commune cum omnibus Doctis,* id est RATIOCINATIO.

l'affaire des Gens qui en ont fait apprentissage; l'autre est du ressort des Sçavans. Tout le monde ne pense pas aussi juste que lui; les hommes, pour la plus grande partie, connoissent si peu la nature des Arts, qu'ils croyent que l'on ne peut s'y rendre habile que par l'expérience; ils regardent la Théorie comme une occupation vaine, qui n'a pour objet que des chimeres, dont les Arts ne retirent aucun avantage. (*) On a vû, disent-ils, de Grands Hommes dans l'Architecture Civile, & même dans le Militaire, qui se sont distingués par leurs Ouvrages sans être Géometres ni Algébristes, donc on peut se passer de ces Sciences pour devenir habile dans les Arts.

Pour répondre à ce faux raisonnement, que bien des gens tâchent de faire valoir par l'intérêt qu'ils ont de l'établir; je dirai qu'absolument parlant, à la réserve de la nourriture, les hommes peuvent se passer de tout, même d'habits dans les Pays froids, témoins les anciens Gaulois, nos Ancêtres, & plusieurs Nations de Sauvages; mais puisque la Nature nous a destinés au travail, & que moyennant un peu d'application elle nous donne l'industrie d'ajouter une infinité d'agrémens & de commodités aux Ouvrages de ceux qui nous ont précédé, & de concilier la beauté & la solidité des Edifices, qui nous garantissent des injures de l'air & des insultes de nos ennemis, il semble que ce n'est pas agir en hommes raisonnables, que d'attendre que l'expérience nous fasse sentir nos besoins; mais que nous devons réfléchir aux moyens de pourvoir à ceux qui peuvent nous arriver dans l'exécution de nos desseins, & de combiner ces moyens de tant de manieres différentes, que nous choisissions toujours les plus sûrs, les plus courts & les plus faciles, ce qui est réservé à la seule Théorie.

Galli super umbilicum erant nudi. Tite-Live. l. 22. c. 46.

Qu'on me permette ici une comparaison pour rendre cette vérité plus sensible; avant qu'on eût formé les grands chemins par des chaussées droites, solides, & de largeur commode, on communiquoit comme aujourd'hui d'une Ville à une autre,

(*) Voyez les *Pensées critiques sur les Mathématiques* par CARTAUD, qui ose avancer que les Mathématiques ont peu contribué à la perfection des beaux Arts. *A Paris* 1734.

mais on demeuroit bien plus long-tems en chemin; on éprouvoit une plus longue fatigue, on étoit ſujet à demeurer embourbé, & ſouvent à s'égarer.

Avant qu'on eut conſulté la Géométrie & la Méchanique en Architecture, on faiſoit des voutes des mêmes matériaux qu'aujourd'hui; mais on ne pouvoit s'aſſûrer de l'équilibre de l'effort de leur *Pouſſée*, & de la réſiſtance des *Piédroits* qu'il tend à renverſer; de ſorte que ne ſçachant garder un milieu convenable entre le trop & le trop peu de leur épaiſſeur, on étoit ſujet à y conſommer une dépenſe ſuperflue en matériaux, ou à les voir s'écrouler par trop de foibleſſe: l'expérience nous en fournit encore aſſez ſouvent des exemples, à la honte de ceux qui ſe mêlent de conſtruction ſans connoiſſance de Géométrie ni de Méchanique, & au grand dommage de celui qui fait bâtir. On faiſoit auſſi des ceintres de différentes eſpeces, circulaires, ſurbaiſſés, ſurhauſſés & rampans; mais on ignoroit quelle étoit la courbe qui leur convenoit le mieux dans les circonſtances des termes donnés. On rencontroit dans l'exécution des difficultés qu'on n'avoit pas prévû, & qu'on ne ſçavoit réſoudre que comme le nœud gordien, en démoliſſant & recoupant pluſieurs fois les parties de voutes qui ne quadroient pas, juſqu'à ce que l'œil fût moins offenſé de leur difformité, d'où il réſultoit beaucoup de perte de tems & de matériaux; & parce que le tâtonnement n'a de ſuccès que par hazard, de tels ouvrages duroient peu, coutoient beaucoup de façon, & ſatisfaiſoient rarement la vûe & l'eſprit des Connoiſſeurs.

D'où vient donc que les Praticiens mépriſent la Théorie, & la comptent pour rien au prix de l'expérience qu'ils ne ceſſent de vanter? J'en trouve deux raiſons: la premiere, c'eſt pour détourner la honte qu'ils ont de ne pouvoir rendre d'autre raiſon de leurs Ouvrages, que celle de l'imitation de ceux qui paſſent pour bons, & de la convenance qu'ils ont remarqué dans la pratique, ſentant bien qu'ils ne ſont pas aſſez éclairés pour remonter à la cauſe. Cette raiſon eſt tirée de la vanité du cœur humain; l'homme pour s'élever ſur ſes égaux, affecte de mépriser les choses qui lui manquent, & cherche à faire parade du peu qu'il possede; de-là vient, qu'on se méprise réciproquement dans le monde, & que la science, dont la beauté & l'utilité sont peu connues de la multitude, n'est pas élevée au rang qu'elle doit tenir au-dessus de la seule pratique; l'inattention & souvent le défaut de lumiere des gens en place, favorisent les faux jugemens que l'on porte sur le mérite de la routine; puisqu'on voit que la peine de travailler à acquérir des connoissances utiles aux besoins de la vie, ou à l'ornement de l'esprit, est ordinairement très-inutile pour la fortune; c'en seroit assez pour énerver toute émulation, arrêter les progrès des Arts, & rappeller la barbarie des siecles d'ignorance, si la Nature n'avoit pourvû à l'aveugle injustice des hommes. Elle a attaché à cette peine la récompense d'une satisfaction intérieure, (*) qui est seule capable de la soutenir contre les dédains d'une stupide indifférence, ou d'une présomptueuse ignorance. En effet, sans les attraits des sciences, & un certain amour de la Vertu, qu'est-ce qui pourroit engager un homme sensé à consacrer, ses veilles sans intérêt, au seul bien du Public, qui fourmille de gens plus disposés à la critique qu'à la reconnoissance, à relever les moindres fautes, qu'à leur faire grace en faveur de ce qui doit plus mériter leur attention & leur applaudissement?

(*) *Virtutum prætium in ipsis est, & rectè facti merces est fecisse.*

La seconde raison de ceux qui préferent la seule Pratique à la Théorie, peut être sincérement déduite du fond de leur ignorance, parce qu'ils lui attribuent les effets de la Théorie qui leur est inconnue. D'AVILER, fameux Auteur en Architecture, nous en fournit une preuve, & un exemple comique à la page 274. *La sévérité des Regles de Géométrie*, dit-il, *est inférieure à la Pratique, comme LA METHODE DES CHERCHES RALONGE'ES VAUT MIEUX QUE LES FIGURES GEOMÈTRIQUES, d'autant qu'en cet Art la Pratique est préférable à la Théorie.* On ne peut s'empêcher de rire d'une pareille décision, qui montre évidemment que le Juge n'entend pas l'état de la question, & qu'il veut fronder ce qu'il ne connoît pas; en effet, s'il avoit sçû que la *Cherche ralongée* tirée du plein ceintre, du ſurhauſſé ou du ſurbaiſſé, étoit une ellipſe très-Géométrique, il n'auroit pas tenu ce langage ridicule. La plupart des gens ſans Théorie parlent & penſent comme lui, parce que faute de principes ils n'arrivent qu'avec de grands efforts & une longue ſuite de pratique à quelques foibles connoiſſances des choſes qui ſont les plus aiſées à ceux qui ont de la Théorie ; de-là vient qu'ils font grand cas des moindres, & ſe croyent de grands hommes pour s'être frayé quelques routes un peu aiſées dans la Pratique, quoique ces prétendus Inventeurs ne puiſſent s'aſſûrer de la juſteſſe ni de la réuſſite de leurs opérations tâtonnées, dont ils ne voyent ni la différence des cas, ni la preuve ; de ſorte qu'ils croyent ſouvent avoir bien réuſſi, lors même qu'ils n'ont fait qu'approcher de la vérité, & qu'ils n'ont pas pris la voye la plus ſûre & la plus courte ; cependant parce qu'ils ne connoiſſent pas d'autre moyen pour y parvenir que l'expérience, ils ne penſent pas qu'il y ait de meilleur maître, appuyez ſur le proverbe qu'ils citent à tout propos, *Experientia rerum magiſtra.*

Je ne prétend pas ici diminuer le mérite de l'expérience, j'en connois la néceſſité en pluſieurs choſes ; par exemple, en Phyſique elle fait appercevoir des objets & des effets ſur leſquels on n'étoit pas prévenu par le raiſonnement ; perſonne ne doute qu'elle ne ſoit indiſpenſablement néceſſaire dans les Arts qui dépendent de l'habitude, & dans ceux qui ſont problématiques, comme la guerre ; mais elle l'eſt beaucoup moins dans ceux qui émanent des ſciences ; c'eſt un guide équivoque, comme le bâton d'un aveugle, qui ne lui ſert à ſe conduire que très-imparfaitement, en ce qu'il ne lui indique pas ſi bien les objets qu'il ne puiſſe prendre l'un pour l'autre, & ſe précipiter, ſi le cas y arrive.

Cette diſtinction indique ce que l'on doit penſer ſur la Science & l'expérience néceſſaire à un Ingénieur ; puiſque ſon Etat tient à la Guerre & aux Arts dépendans des Mathématiques ; ce ſeroit mal décider contre la Théorie que de citer des gens élevés aux dignités par les actions militaires, quoique bornés à une ſimple routine de conſtruction ; les récompenſes dûes à la valeur, n'annoncent qu'une partie du mérite d'un homme de guerre, laquelle ne ſuffit par pour un Ingénieur. Ceux de l'Antiquité étoient ſçavans ; leurs merveilleuſes inventions dans les Sieges nous le prouvent aſſez ; & quoique depuis la décadence des Romains, les Sciences ayent en quelque façon fait divorce avec la Guerre (car il n'eſt plus de ces hommes propres à être ſur le Trône de la Juſtice, & à la tête des Armées) cette ſéparation n'aura jamais lieu à l'égard des Ingénieurs, c'eſt chez eux que doit ſubſiſter cet ancien accord de la Science & de la Guerre ; s'ils ont beſoin de la bravoure, du bon ſens & de l'expérience d'un Guerrier, ils ont encore beſoin de la ſcience d'un Mathématicien. Sans la Géométrie, la Méchanique & l'Hydraulique de quoi ſont-ils capables dans la conſtruction des Fortereſſes & Places de guerre, que d'imiter ce qu'ils ont vû, & copier ſouvent des fautes? Les traces de l'aveugle expérience ne ſont pas rares, il n'y a gueres de Ville où l'on n'en reconnoiſſe quelques-unes.

Neque enim ingenium ſine Diſciplina, aut Diſciplina ſine ingenio perfectum artificem poteſt efficere. Vitr.

J'avancerai de plus, que les Sciences néceſſaires à la conſtruction ne ſont pas inutiles à la Guerre ; elles ouvrent l'eſprit, fourniſſent des moyens induſtrieux pour les manœuvres & les ouvrages néceſſaires à l'attaque & à la défenſe des Places, que la ſeule valeur ne ſçauroit exécuter ſans ce ſecours. ARCHIMEDE étoit un Mathématicien de pure ſpéculation, qui n'auroit pas daigné deſcendre à la Pratique, s'il n'avoit été engagé par les ſollicitations du Roi HIERON ſon parent, de faire uſage de ſes connoiſſances pour l'invention des Machines de guerre ; cependant ſes coups d'eſſai furent ſi bien des coups de maître, qu'au Siege de Syracuſe il dérouta, par la force de la Théorie, toute l'expérience de ces Ingéniers Romains, qui avoient fait valoir avec de grands ſuccès leur habileté dans la conquête des Places les plus fortes ; ſes nouvelles Machines eurent tant d'effet, qu'il intimida & rebuta l'Armée de Marcellus, au point que ce Général renonça aux approches & aux aſſauts, forcé de ſe réduire à chercher par la longueur du Siege, ce qu'il ne pou-

yoit

voit obtenir par la force contre l'ingénieuse résistance que lui faisoit Archimede. On peut lui en attribuer tout l'honneur, car Plutarque dit, qu'il étoit l'unique Auteur de la défense, que les Syracusains n'étoient que comme le corps & les membres, dont lui seul étoit l'ame qui mettoit tout en mouvement, sans qu'on fit usage d'autres armes que des siennes. Cependant ce grand homme, ajoute-t-il, ne se glorifioit point de ces heureuses nouveautés, il ne les regardoit que comme des *jeux de la Géométrie*, qu'il estimoit si peu en comparaison de la Théorie, qu'il crut se faire plus d'honneur d'en laisser des Ecrits, que la description de ces merveilleuses Machines, dont l'invention & l'usage lui avoient acquis tant de gloire & un si grand nom, qu'il passoit pour un homme *doué non de science humaine, mais de sagesse toute Divine.* Disons-le sans déguiser, la seule expérience ne fait que de serviles imitateurs, qui étant embarrassés dans les moindres choses, & n'ayant de ressource que dans le recueil de leur porte-feuille, donnent comme des aveugles dans le faux pour les projets, l'exécution, & le toisé.

Plutarque *in vita Marcelli.*

Je dirai cependant sans vouloir favoriser l'ignorance, qu'un Ingénieur doit se borner à l'étude de ce qui peut être utile à la pratique, sans se livrer à de vaines curiosités, de peur qu'entraîné par l'amorce du plaisir des Découvertes, plus capables de flatter sa vanité que de le conduire à une plus grande perfection des Arts, il ne soit souvent distrait & tenté de négliger son devoir; il doit ses premiers soins à la solidité & à la propreté des Ouvrages dont il est chargé, & éviter l'écueil du mépris que les hautes sciences inspirent pour des occupations qui sont à la portée des esprits les plus bornés; il lui suffit d'être en état d'entendre & de mettre à profit les ouvrages des Sçavans & des Académies des Sciences, qui ont quelque rapport aux Arts nécessaires à la construction des Places, remettant les études aux Hyvers & aux autres tems de loisir que nous laisse le service du Roi.

Satis abundè is videtur fecisse, qui ex singulis Doctrinis Partes & RATIONES earum mediocriter habet notas, easque quæ necessariæ sunt ad Architecturam, ut si quid de his rebus & Artib. judicare & probare opus fuerit, ne destituatur vel deficiat. Vitr. l. 1. c. 1.

Parmi les connoissances qui nous sont nécessaires, celle de la Coupe des Pierres, quoiqu'une des plus négligées, n'est pas une des moins importantes. J'ai reconnu par ma propre expérience qu'elle étoit aussi indispensablement nécessaire à un Ingénieur qu'à un Architecte, parce qu'il peut être envoyé comme moi dans des Colonies éloignées, & même dans des Provinces où l'on manque d'Ouvriers capables d'exécuter certaines parties des Fortifications, où il faut de l'intelligence dans *l'appareil.* L'épreuve que je venois d'en faire à mon second retour de l'Amérique, me fit naître l'idée d'en composer un Traité; invité à cette entreprise, premierement par l'extrême rareté des Livres sur cette matiere, secondement par la maniere imparfaite dont elle a été traitée jusqu'à présent. J'en dressois le projet, lorsque j'appris qu'un Architecte en alloit publier un, en effet, quelques mois après, celui de M. de La Rue parut; mais comme il n'est fait, de même que celui du P. Derand, (qui étoit pour ainsi dire le seul) que pour conduire la main sans éclairer l'esprit, je reconnus qu'il n'étoit pas assez Méthodique pour remplir l'attente du public, qui souhaitoit depuis long-tems un Ouvrage plus Géométrique; j'en fus convaincu lorsque les personnes à qui j'avois communiqué mon plan, m'engagerent à y travailler & à le suivre, parce que la différence en est si grande, qu'on peut dire, que ce n'est pas multiplier les mêmes especes de Livres. Ceux que je viens de citer sont faits pour les Ouvriers, & celui-ci pour les gens qui les doivent conduire, comme les Ingénieurs & les Architectes, que l'on doit supposer initiés dans la Géométrie.

Je sçai que la routine & une certaine Géométrie naturelle tiennent lieu de science aux appareilleurs dans les cas ordinaires; mais j'ai éprouvé qu'elle leur devenoit inutile dans ceux qui ne sont pas énoncés dans les Livres, comme je le ferai remarquer lorsqu'il en sera question, & qu'ils seroient arrêtés tout court, si l'Ingénieur n'étoit en état d'y suppléer. Il doit donc prévenir la honteuse nécessité de se livrer à l'ignorance des plus expérimentés, qui n'en viennent à bout qu'à force de tâtonner & de démolir plusieurs fois, finissant enfin par quelque difformité ou défaut de solidité. Ces cas ne sont pas si rares qu'on se l'imagine, puisqu'ils me sont arrivés; il n'est pas non plus extraordinaire d'en trouver des vestiges, non-seulement dans les racordemens des vieux ouvrages avec des nouveaux, mais encore dans ceux qui sont faits de suite.

Je supposerai, si l'on veut, que les Entrepreneurs fournissent de bons Appareilleurs; ne convient'il pas à la dignité d'Ingénieur, d'être en état de connoître & d'examiner ce qu'ils font, pour ordonner & décider de la meilleure construction, & ne pas souffrir des fautes qu'ils peuvent faire malicieusement, ou pour faire servir des pierres de rebut, ou pour s'épargner un peu plus de soin? D'ailleurs cette matiere est assez intéressante pout mériter l'attention d'une juste curiosité; on en pourra juger par ce qui suit.

SECOND DISCOURS.

Exposition & division du sujet dont il s'agit.

L'IDE'E que l'on a atttaché au nom de la *Coupe des Pierres*, n'est pas ce qui se présente d'abord à l'esprit; ce mot ne signifie pas précisément l'ouvrage de l'Artisan qui taille la Pierre, mais la Science du Mathématicien qui le conduit dans le dessein qu'il a de former une voute, ou un corps d'une certaine figure par l'assemblage de plusieurs petites parties. Il faut en effet plus d'industrie qu'on ne pense, pour qu'elles soient faites de façon que, quoique d'inégales figures & grandeurs, elles concourent chacune en particulier à former exactement une surface réguliere ou régulierement irréguliere, & qu'elles soient disposées de maniere qu'elles se soutiennent en l'air, en s'appuyant réciproquement les unes sur les autres, sans autre liaison que celle de leur propre pésanteur; car les liaisons de mortier ou de ciment doivent toujours être comptées pour rien. On voit par-là que cette Science tient ses principes, premierement de la Géométrie, pour la connoisance des lignes & surfaces courbes & droites & des corps solides qui doivent être divisés.

Secondement de la Méchanique & de la Statique, pour mettre l'équilibre entre les portions des solides qui composent les voutes, en sorte qu'ils se soutiennent mutuellement sur les appuis qu'on leur fixe.

Notre dessein n'est pas ici de considérer les voutes comme un amas de corps pésans, qui font différens efforts les uns sur les autres : cette Théorie, quoique très-curieuse & très-utile, peut être réduite pour la pratique au petit nombre de propositions démontrées par Mrs. DE LA HIRE, PARENT, COUPLET & BELIDOR, touchant la poussée des voutes, à quoi l'on peut ajouter quelques observations sur les édifices qui subsistent depuis long-tems, quoiqu'un peu hors des regles du calcul, soit par la bonne qualité des matériaux qui font corps, lorsqu'on leur donne le tems de se lier, soit par la différente pésanteur de ceux des voutes & de leur piédroits, à quoi il faut avoir égard dans les calculs; car si l'un est d'une pierre légere & l'autre d'une plus pesante, la poussée augmente ou diminue à l'égard des piédroits.

Nous ne considérons donc ici la Coupe des Pierres, que comme relative à la Géométrie, supposant seulement qu'un corps conique, piramidal, ou fait en coin, ne peut se faire un passage au-travers d'un trou, qui n'est pas si grand à son petit orifice que la base du corps qu'on y introduit. Cela supposé cette science se réduira :

1°. A connoître les lignes courbes formées par la division des solides, concaves & convexes coupés par des surfaces planes, ou par des surfaces courbes; c'est ce que l'on pourroit appeller d'un seul mot d'origine Grecque la *Tomomorphie*, ou *Figure des sections*, s'il étoit permis de forger des mots nouveaux pour éviter les périphrases.

2°. A décrire ces lignes courbes sur des surfaces planes, lorsqu'il est possible & nécessaire, ou sur des surfaces courbes lorsqu'elles ne peuvent s'adapter sur un plan dans toute leur étendue, ce que l'on pourroit appeller la *Tomographie*, ou *description des sections*.

3°. A trouver des moyens faciles pour repréſenter les ſolides & leurs diviſions ſur des ſurfaces planes, autant qu'il eſt poſſible de le faire ; or comme ils ne peuvent y être exprimés que très-imparfaitement, ces moyens ſe réduiſent, 1°. à la projection faite ſur un plan par des lignes abaiſſées parallelement entr'elles, & perpendiculairement au plan de la deſcription, ce qu'on appelle ſur un plan horiſontal, *Ichnographie*, & ſur un plan vertical, *Ortographie*. 2°. A la deſcription des ſurfaces rangées ſéparément & dans toute leur étendue ſur un plan, ce qu'on appelle *développement*, & qu'on pourroit appeller *Epipedographie*. 3°. A la deſcription des angles des plans ou ſurfaces quelconques des ſolides entr'elles, ce qu'on pourroit appeller la *Goniographie*, *Deſcription des angles*.

4°. A faire uſage de toutes ces ſortes de repréſentations, pour parvenir à une ſection des corps convenable à la conſtruction des voutes, en appliquant les modeles des angles & des ſurfaces ſur des ſolides le plus ſouvent faits en parallelepipedes, pour les tailler & les réduire aux figures requiſes, en abattant les parties excédentes, ce qui eſt proprement l'Art de la *Coupe des Pierres & des Bois*, c'eſt-à-dire, celui de faire des ſections, qu'on pourroit appeller la *Tomotechnie*.

Ainſi en réſumant ces mots imaginés pour donner une idée nette & ſimple du ſujet dont il s'agit, nous traitons dans la premiere partie de cet Ouvrage, de la *Science*, & dans la ſeconde, de l'*Art* de la Stéréotomie, c'eſt-à-dire, des ſections des ſolides.

Nous diviſons la premiere partie en deux Livres, l'un de la *Tomomorphie*, ou figures des ſections, l'autre de la *Tomographie*, ou deſcription des ſections.

La ſeconde auſſi en deux Livres, dont l'un eſt la *Stéréographie*, ou deſcription des ſolides, & l'autre de la *Tomotechnie*, ou l'Art de faire des ſections.

Tels ſont les Sujets des quatre Livres de cet Ouvrage, ſuivant l'ordre qui nous a paru le plus ſimple & le plus naturel ; ce que nous tâcherons d'expliquer & de prouver par des démonſtrations, qui ne suppofent d'autre connoiſſance des parties des Mathématiques que celle de la Géométrie Elémentaire, telle qu'elle eſt dans Euclide & les Auteurs qui l'ont ſuivi.

Je ſçai qu'aujourd'hui la Géométrie Linéaire n'eſt plus gueres à la mode, & que pour ſe donner un air de Science, il faut faire parade de l'Analyſe; cependant „ l'ancienne Géométrie, „ (dit un Sçavant) * quoique moins ſublime, moins piquan- „ te, même moins agréable, *eſt plus indiſpenſablement néceſſaire & „ plus ſenſiblement utile*; c'eſt elle ſeule qui fournit à la nouvelle „ des fondemens ſolides „ particulierement dans la matiere dont il s'agit, où le calcul Algébrique ne pourroit être utile qu'entre les mains de ceux qui y ſont plus avancés que ne le ſont ordinairement la plûpart des gens qui ſe mêlent d'Architecture, pour qui nous avons entrepris cet Ouvrage. D'ailleurs elle conduit plus naturellement à la pratique des *Traits* de la coupe des ſolides, & fait ſelon moi plus d'impreſſion dans la mémoire, où les ſurfaces & les lignes ſe gravent plus profondément que les préceptes des formules Algébriques. Les Sçavans n'ont pas beſoin d'un petit Ouvrage, qui ne ſeroit qu'un jeu pour eux; animés par l'ambition de la gloire des découvertes, ils ne s'occupent que des choſes difficiles, ſans s'embarraſſer de leur utilité dans les Arts; ſur quoi M. de FONTENELLE fait cette judicieuſe remarque, que la Géométrie eſt aſſez étendue, mais qu'elle n'eſt pas aſſez appliquée aux uſages. Or puiſqu'ils n'ont pas traité notre matiere, j'ai crû rendre ſervice à ceux qui en ſont curieux, de leur en donner les principes dans un recueil compris dans le premier Tome, qui eſt ſuffiſant pour leur épargner la longue, ennuyeuſe & peu inſtructive lecture des grands Volumes in-folio, où elle eſt plus embroüillée par le détail de la pratique que par le fond de la difficulté; ils en pourront tirer d'eux-mêmes la ſolution des Problêmes qu'on appelle *les Traits* de la Coupe des Pierres; cependant en faveur de ceux qui aiment les ouvrages faits, nous y avons ajouté leur conſtruction dans la quatrieme partie, qui contiendra beaucoup plus de matiere en moins de Volume que les Livres du P. De

* Fontenelle, Eloge d'Ozanam, *Mém. de l'Acad.*

Hiſtoire de l'Acad.

RAND & de M. DE LA RUE ; j'espere aussi que la lecture en sera plus agréable, parce qu'on y trouvera les démonstrations, qui ne seront qu'une application des Théorêmes & des Problêmes contenus dans les trois premiers Livres. Au reste, je n'ai recherché d'autre agrément dans la diction que celui du raisonnement. Dans ce genre d'écrire on doit être plus occupé des choses que des mots ; un Lecteur raisonnable n'exige que de la netteté & une diction intelligible ; c'est à quoi je me suis le plus attaché. Peut-être n'aurai-je pas toujours réussi, dans un long Ouvrage il se glisse toujours quelque faute ; je le prie aussi de pardonner celles de l'impression, qui n'a pas été faite sous mes yeux.

Il me reste à donner quelque chose à la curiosité que l'on peut avoir touchant l'origine de la Coupe des Pierres, sur laquelle je vais exposer mes conjectures pour conclure ce Discours Préli aire.

TROISIEME DISCOURS.

De l'origine de la Coupe des Pierres, & de l'usage qu'on en doit faire.

LE Bois est la matiere la plus naturelle & la plus commode pour la construction des Bâtimens nécessaires à l'habitation des hommes, mais le désir commun à tous ceux qui font des édifices considérables, d'en établir la durée pour un long-tems, l'idée que les ouvrages de bois sont sujets à tomber en caducité par la pourriture, & la crainte qu'ils ne soient ravagés par les incendies, ont fait préférer les Pierres au Bois, où on a pû les lui substituer. Dans cette vûe on n'a ménagé ni la peine ni les grandes dépenses pour les arracher des entrailles de la terre, les transporter & les tailler.

La nécessité a aussi forcé les hommes dans plusieurs contrées, d'employer des Pierres au lieu de Bois, parce que la nature leur a fourni plus de Carrieres que de Forêts. Cependant la maniere de bâtir avec des arbres a paru si naturelle, qu'on a regardé comme une beauté l'imitation de cette structure. C'est de-là que nous est venu l'usage des Colonnes dans l'Architecture antique, & celui des piliers ronds & des *Perches* dans la Gothique.

Pour rendre cette imitation plus parfaite, les Anciens faisoient leurs Colonnes, autant qu'ils pouvoient, d'une seule piece, comme sont les troncs des arbres; ils en usoient de même pour leurs Architraves, qu'ils substituoient aux principales poutres que les colonnes devoient porter. Il reste des vestiges des édifices des Egyptiens, des Grecs, & des Romains, qui font voir qu'ils y employoient des Pierres d'une grandeur énorme.

Dans les derniers siecles on a abandonné ces manieres de bâtir, trop difficiles par l'immensité des poids qu'il falloit transporter, & par la dépense des sommes extraordinaires qu'elles consommoient; on leur a préferé l'assemblage de plusieurs Pierres d'une grosseur plus maniable, & sans s'écarter du goût des Anciens, on a continué d'imiter les troncs d'arbres par des colonnes, mais on les a fait de *Tambours*, c'est-à-dire, de tranches de cylindre. On a de même imité les poutres par des Architraves; mais on les a fait de *claveaux*, qui se soutiennent en l'air, comme si le tout n'étoit que d'une piece continue. Cependant comme cette situation est trop forcée, & que la poussée en est grande, les Architectes les ont appuyées par des arcades, qui leur ont paru plus solides; & quoique par cette construction les colonnes & les architraves deviennent inutiles, ils les employent toujours pour ornement. Ce goût est aujourd'hui le goût dominant dans l'Europe, imité de quelques Monumens de l'Antiquité Romaine, que l'on a repris pour modele après un long intervalle d'un goût d'Architecture toute différente.

Les proportions des colonnes Antiques avoient paru dans les Gaules & dans d'autres endroits de l'Europe, trop massives & trop courtes, on leur substituoit des groupes de perches extrêmement longues & menues, & la difficulté d'imiter avec des

Pierres la situation horisontale des poutres avoit fait rejetter les architraves, à la place desquelles on faisoit passer d'une perche à son opposée, des arcs de pierre saillans sous les voutes, qui se croisoient & se rassembloient de différentes façons, imitant en cela les tonnelles en berceau, que l'on fait de branches d'arbres pliées en rond d'un côté à l'autre.

Le contour même des berceaux cylindriques leur ayant paru aussi trop pesant, c'est-à-dire, faisant trop d'effort pour écarter les murs, les Architectes de ces tems faisoient leurs ceintres par deux arcs de cercles égaux, mais de différens centres, dans le dessein d'en tenir les pentes plus rapides, & par ce moyen de diminuer de cet effort en les rendant aussi plus minces & plus légeres: ils les traversoient encore par d'autres parties de voutes, qui formoient quantité d'angles saillans, dont les arrêtes étoient cachées & fortifiées par des *nervures d'ogives*, des *arcs doubleaux*, des *tiercerons*, & des *formerets*, dont ils formoient une infinité de compartimens, aboutissans souvent à des culs de lampes suspendus en l'air. Toutes ces naissances entrelassées, & les intersections des moulures demandoient une grande intelligence dans l'Art de la Coupe des Pierres; d'où je conjecture, que c'est à l'Architecture *Gothique* que nous devons rapporter l'origine, ou du moins l'adolescence de cet Art. Ma raison est, qu'outre qu'il ne nous reste pas de Monumens antiques où il ait été mis en en usage, que pour des traits assez simples, c'est que dans l'énumération que VITRUVE fait des connoissances nécessaires à un Architecte, il ne parle point de celle de *la Coupe des Pierres*; en effet, la noble simplicité de l'Architecture des Anciens n'exerçoit pas beaucoup le sçavoir-faire des Appareilleurs, qui n'avoient presque que des voutes cylindriques ou sphériques à conduire. La formation au contraire d'un grand nombre de figures bisarres & difficiles, qui se présentoient à tous momens dans l'Architecture Gothique, leur a donné lieu d'en imaginer d'autres, pour tirer parti de l'irrégularité des emplacemens des Bâtimens, ou suppléer au défaut de place. Les angles, par exemple, qui ne paroissent pas des lieux propres à y pratiquer des portes, n'ont pas empêché qu'on n'y ait vouté des passages sans les émousser, ce qui paroît du premier abord contraire à la solidité; on a fait porter en l'air des cabinets sur des *trompes* pour laisser une place libre au-dessous; on a soutenu des escaliers d'une infinité de façons, & l'on a imaginé tant de choses inconnues aux anciens, qu'on a trouvé assez de matiere pour en composer des Livres.

PHILIBERT DE LORME, Aumônier d'HENRI II, est, dit-on, le premier qui en ait écrit, non pas exprès, mais par occasion dans son Traité d'Architecture, qu'il publia en 1567; on voit que cette date n'est pas fort ancienne; MATHURIN JOUSSE produisit quelques Traits dans son Livre intitulé *Secrets d'Architecture*, imprimé à la Fleche en 1642. le P. DERAND, l'année suivante, mit cet Art dans toute son étendue pour les Ouvriers; BOSSE, (la même année) donna un sistême tout différent, qu'il tenoit de DESARGUES, lequel, par son obscurité & la nouveauté de son langage, ne fut pas goûté. Enfin M. DE LA RUE, en 1728, a redonné une partie des traits du P. DERAND, avec quelques autres nouveaux. Tous ces Auteurs n'ont produit qu'une simple pratique dénuée de toutes preuves. Le P. DECHALLES en 1672 fut le premier, & a été le seul jusqu'à présent, qui y ait ajouté des démonstrations; mais son Traité *de Lapidum sectione*, inséré dans son grand cours de Mathématique en Latin, n'est presque qu'un extrait du P. DERAND, dont il a quelquefois copié jusqu'aux fautes, comme nous le ferons voir dans son lieu. Il paroit d'ailleurs avoir totalement ignoré la Théorie des courbes à double courbure, qui résultent très-fréquemment de la rencontre des surfaces de différentes voutes, aux arrêtes de leurs enfourchemens.

Après avoir vû tous ces différens Ouvrages, il m'a paru qu'il restoit encore quelque chose de mieux à faire.

Premierement, qu'il étoit à propos de donner une connoissance exacte de la nature des lignes courbes qui se forment aux arrêtes des voutes, tant à leurs faces qu'à l'intersection des doëles, de celles qui sont composées de plusieurs parties qui se croisent, pour sçavoir les tracer sur des plans lorsqu'il est possible, ou sur des surfaces courbes, lorsque ces lignes sont à double courbure, en quoi consiste la *premiere nouveauté* de ce Traité.

La seconde sera la correction des erreurs de plusieurs des anciens traits.

La troisieme, celle de la construction de plusieurs traits changés, & de quelques-uns qui n'ont pas encore paru.

Je puis compter pour quatrieme nouveauté, les démonstrations des traits, parce que le P. DECHALLES ne m'a précedé qu'en Latin, mais non pas en François, de sorte que pour me servir de l'expression de JOUSSE, les *Secrets d'Architecture* y sont tout-à-fait dévoilés.

La nouveauté de cet Art & les difficultés qu'il contient, engageoient les Architectes des deux derniers siecles à chercher des occasions de faire parade de leur science, persuadés que rien ne pouvoit mieux les rendre recommandables, que ces Ouvrages hardis où l'on ne pouvoir s'empêcher d'admirer la Coupe des Pierres; de sorte qu'ils affectoient d'en faire même sans nécessité. J'ai vû le tiers d'une tour quarrée, qu'on pouvoit faire porter de fond, soutenue par la seule coupe d'une plate-bande rampante, qui en élevoit un angle en l'air, & beaucoup de semblables témérités.

Les Architectes de notre tems ne trouvant plus tant de raison de se faire admirer par une science devenue plus commune, ou peut-être devenus plus sages, ont banni toutes ces hardiesses bisarres, qui n'ont d'autre beauté que celle de leur exécution, & qui non-seulement ne contribuent en rien à la décoration des édifices, mais leur sont encore préjudiciables, en ce qu'elles en augmentent les efforts & la charge; en effet il ne convient de mettre en œuvre les traits de porte-à-faux, comme les trompes, que losqu'on y est absolument contraint, ou pour quelque dégagement, ou pour éviter la dépense & l'incommodité de prendre la place dès les fondemens.

J'ajouterai encore, qu'il faut plutôt consulter le bon goût que d'affecter de la rareté & de la difficulté dans les Ouvrages, à quoi semblent pencher nos Architectes modernes, qui courent à la nouveauté : La rencontre & l'intesection de différentes voutes n'est pas toujours d'un bon effet. Un arc de cloitre, par exemple, de ceintre circulaire peu concave, traversé de lunettes, & surmonté d'un cul-de-four, tel qu'on en voit à une Chapelle de l'Eglise de St. Sulpice, ne fait pas si bien qu'une voute moins composée. Des lunettes cylindriques qui traversent une portion de voute sphéroïde, ou voute de four surbaissée, ne se présentent pas bien de près, parce que les arrêtes d'enfourchement paroissent *déversées*, c'est-à-dire, penchées à droite & à gauche, comme on peut le remarquer à la même Eglise de St. Sulpice; cette difformité diminue, lorsque la lunette est vûe de bas en haut, & de plus loin, comme à St. Roch; mais elle n'est pas ôtée totalement, & on ne le peut par la nature de la courbe, qui n'est pas dans un plan, comme on le verra dans le cours du premier Livre.

Enfin on peut encore remarquer, que les voutes sphériques traversées par deux berceaux qui se croisent, ont un air nud & imparfait, si elles ne sont divisées par une corniche horisontale, qui retranche le segment de sphere, & le mette, pour ainsi dire, à part des panaches; on en apperçoit le besoin au Noviciat des Jesuites, à Paris. Il seroit trop long de rechercher de semblables concours de voutes, qui ne satisfont pas le coup d'œil sans le secours de quelque correctif, quoique faites solidement & dans les regles de la bonne construction.

Ces remarques sont plus utiles à l'Architecture Civile qu'à la Militaire, où l'on semble négliger la beauté pour la solidité; il ne seroit pas cependant mauvais que les Ingénieurs fissent une étude de l'Architecture Civile; elle leur est nécessaire à la construction des Bâtimens Militaires, dont ils sont chargés dans les Villes de Guerre, comme Casernes, Magasins, Hôpitaux, Logemens de l'Etat-Major, & même quelquefois des Eglises, des Forts & Citadelles, qui sont de même espece que les Bâtimens Civils, dont ils ne different que de nom. Ils peuvent même, lorsque la Cour le juge à propos, prendre la conduite des Bâtimens Civils publics ; mais ils ne doivent jamais se mêler de ceux des Particuliers, de quelque qualité qu'ils puissent être. Premierement parce qu'étant Officiers du Roi, à sa solde dans le repos comme dans le travail; * il est de l'équité qu'ils disposent du loisir qu'ils peuvent avoir à s'instruire au Cabinet des Sciences qui leur sont nécessaires, & des faits Historiques des Sieges, qui peuvent leur fournir des idées propres à les mettre en état de servir utilement à différentes destinations. En second lieu, parce que rien n'avillit tant les Ingénieurs, que ces sortes d'occupations qui les font soupçonner de vûes d'intérêt, & les compromettent avec des Ouvriers ou Gens à gages, qui rejettent sur l'Ingénieur les fautes émanées de leur ignorance, ou du caprice du Propriétaire ; les exemples fréquens qu'on en voit devroient corriger les gens trop officieux. Enfin parce qu'en se mêlant d'Architecture Civile, ils semblent sortir de l'Etat Militaire & nourrir le dédain ; que les gens d'épée ont pour ceux qui se mêlent des Arts Méchaniques. Ce n'est pas qu'il n'y ait dans le service des occupations peu nobles: l'Officier d'Infanterie doit descendre aux petits soins de la propreté des soldats & des casernes, celui de Cavalerie à celle des écuries & des chevaux, celui de Marine au radoub & à la construction des Vaisseaux, celui d'Artillerie aux charronages & aux forges, & l'Ingénieur à tous les Arts qui ont du rapport à celui de bâtir ; ces fonctions auroient par elles-mêmes quelque chose de vil suivant le préjugé du monde, si l'on n'étoit convenu dans les regles de l'honneur, qu'il n'y a rien d'abject de tout ce qui concerne le service du Roi dans l'Etat Militaire : les Ingénieurs doivent se renfermer dans ces bornes, & laisser l'Architecture Civile à ceux qui en font profession.

* *Annua æra habes, annuam operam edet, an tu æquum censes, militia semestri solidum te stipendium accipere ?* Tite Live, l. 5. n. 1.

TABLE DES TITRES
DU PREMIER TOME.

DISCOURS PRELIMINAIRES.

SECONDE PARTIE DU PREMIER LIVRE.

LIVRE SECOND.

PREMIERE PARTIE.

SECONDE PARTIE DU SECOND LIVRE.

TROISIEME PARTIE DU SECOND LIVRE.

LIVRE TROISIEME.

FIN.

APPROBATION.

J'AI lû par ordre de Monſeigneur le Chancelier, l'Ouvrage intitulé *la Théorie & la Pratique de la Coupe des Pierres & des Bois*, par M. FREZIER. Le ſuccès qu'a eu la premiere Edition de cet excellent Ouvrage, me fait juger que la ſeconde ne ſera pas moins favorablement reçûe, ſur tout après les changemens & augmentations que ſon Sçavant Auteur a jugé à propos d'y faire. A Paris ce 14 Juin 1752.

DEPARCIEUX.

PRIVILEGE DU ROY.

LOUIS, par la grace de Dieu, Roi de France & de Navarre: A nos Amés & Féaux Conſeillers, les Gens tenans nos Cours de Parlement, Maîtres des Requêtes ordinaires de notre Hôtel, Grand Conſeil, Prevôt de Paris, Baillifs, Sénéchaux, leurs Lieutenans Civils, & autres nos Juſticiers qu'il appartiendra: SALUT. Notre amé CHARLES-ANTOINE JOMBERT, Notre Libraire à Paris, Nous a fait expoſer qu'il deſireroit faire imprimer & réimprimer des Ouvrages qui ont pour titre *Architecture Françoiſe par M. Blondel; Cours d'Architecture par Daviler, avec un Dictionnaire des termes d'Architecture par le même; Méthode pour apprendre le Deſſein, avec des Figures & des Académies*; TRAITE' DE STEREOTOMIE *par M. Frezier; Architecture Moderne. De la décoration des Edifices, par M. Blondel; la Théorie & Pratique du Jardinage par M. le Blond. Œuvres de M. Belidor; ſçavoir, le Cours de Mathématique: la Science des Ingénieurs: le Bombardier François: & l'Architecture Hydraulique. Cours de Science Militaire par M. le Blond, contenant l'Arithmétique & la Géométrie de l'Officier, la Fortification, l'Artillerie, l'Attaque & la Défenſe des Places, la Caſtramétation, la Tactique, &c. Recueil des Pierres gravées du Cabinet du Roy*, s'il nous plaiſoit de lui accorder nos Lettres de privilege pour ce néceſſaires. A ces cauſes, voulant favorablement traiter l'Expoſant, Nous lui avons permis & permettons par ces Préſentes, de faire imprimer & réimprimer leſdits Ouvrages, autant de fois que bon lui ſemblera, & de les vendre, faire vendre & débiter par tout notre Royaume, pendant le tems de dix années conſécutives, à compter du jour de la date des Préſentes. Faiſons défenſes à tous Imprimeurs, Libraires, & autres perſonnes, de quelque qualité & condition qu'elles ſoient, d'en introduire d'impreſſion étrangere dans aucun lieu de notre obéiſſance: comme auſſi d'imprimer ou faire imprimer, vendre, faire vendre, débiter ni contrefaire leſdits Ouvrages, ni d'en faire aucuns extraits, ſous quelque prétexte que ce ſoit d'augmentation, correction, changemens ou autres, ſans la permiſſion expreſſe & par écrit dudit Expoſant, ou de ceux qui auront droit de lui, à peine de confiſcation des Exemplaires contrefaits, de trois mille livres d'amende contre chacun des contrevenans, dont un tiers à Nous, un tiers à l'Hôtel-Dieu de Paris, & l'autre tiers audit Expoſant, ou à celui qui aura droit de lui, & de tous dépens, dommages & intérêts; à la charge que ces Préſentes ſeront enregiſtrées tout au long ſur le Regiſtre de la Communauté des Imprimeurs & Libraires de Paris, dans trois mois de la date d'icelles; que l'impreſſion & réimpreſſion deſdits Ouvrages ſera faite dans notre Royaume, & non ailleurs, en bon papier & beaux caracteres, conformément à la feuille imprimée, attachée pour modele ſous le contre-ſcel des

Présentes : que l'Impétrant se conformera en tout aux Réglemens de la Librairie, & notamment à celui du 10 Avril 1725, qu'avant de l'exposer en vente, les Manuscrits & Imprimés qui auront servi de copie à l'impression & réimpression desdits Ouvrages, seront remis dans le même état où l'Approbation y aura été donnée ès mains de notre très-cher & Féal Chevalier Chancelier de France le Sieur DE LAMOIGNON, & qu'il en sera ensuite remis deux Exemplaires de chacun dans notre Bibliotheque publique, un dans celle de notre Château du Louvre, un dans celle de notre très-cher & Féal Chevalier Chancelier de France le Sieur DE LAMOIGNON, & un dans celle de notre très-cher & féal Chevalier Garde des Sceaux de France le sieur DE MACHAULT, Commandeur de nos Ordres ; le tout à peine de nullité des Présentes. Du contenu desquelles vous mandons & enjoignons de faire jouir ledit Exposant ou ses ayans cause, pleinement & paisiblement, sans souffrir qu'il leur soit fait aucun trouble ou empêchement. Voulons que la copie desdites Présentes qui sera imprimée tout au long au commencement ou à la fin desdits Ouvrages, soit tenue pour dûement signifiée ; & qu'aux copies collationnées par l'un de nos amés & féaux Conseillers-Sécretaires, foi soit ajoutée comme à l'original : Commandons au premier notre Huissier ou Sergent sur ce requis, de faire pour l'exécution d'icelles, tous Actes requis & nécessaires, sans demander autre permission, & nonobstant clameur de Haro, Charte Normande, & Lettres à ce contraires : Car tel est notre plaisir. DONNE' à Versailles le vingt-uniéme jour du mois d'Août, l'an de Grace mil sept cent cinquante-deux, & de notre Regne le trente-septiéme. Par le Roi en son Conseil.

SAINSON.

Registré sur le Registre XIII. de la Chambre Royale des Libraires & Imprimeurs de Paris, N°. 19. fol. 12. conformément aux anciens Réglemens, confirmés par celui du 28. Février 1723. A Paris le 29. Août 1752.

HERISANT, Adjoint.

TRAITÉ DE STEREOTOMIE A L'USAGE DE L'ARCHITECTURE.

LIVRE PREMIER.

DE LA FIGURE DES SECTIONS DES CORPS, coupés par des Plans, ou pénétrés par des solides.

Pourquoi la connoissance en est nécessaire dans l'Architecture.

DANS les Arts qui dépendent des Sciences, si l'on ne fait précéder de bons principes, comme autant de lumieres qui éclairent l'esprit, on fait rarement du progrès, parce qu'on n'y avance qu'à tâtons; & de même que l'ennui qui accompagne les ténebres, augmente la fatigue d'une route qu'on parcourt dans l'obscurité, une étude sans principes devient pénible & capable de rebuter, lorsque la nécessité de s'instruire ne fournit pas de la persévérance.

C'est pour cette raison (si je ne me trompe) que les Livres

que nous avons sur la coupe des pierres, n'ont rendu cette matiere ni facile ni agréable aux Lecteurs, & que bien des gens qui ont voulu en tâter, s'en sont rebutés. En effet, il n'est pas étonnant qu'une lecture soit lassante & presqu'insupportable, où l'on ne trouve qu'un tissu de pratiques seches, surchargées d'opérations, dont on ne voit ni la fin ni la raison, si l'on n'est déja en état de la pénétrer : ajoutez à cela la complication d'une infinité de lignes surchargées de chiffres pour les indiquer, & de mesures qu'il faut porter ici & là, sans sçavoir à quel propos ; enfin où il n'y a aucune vérité à connoître par les instructions de l'Auteur, qu'il faut croire sur sa bonne foi, ne donnant d'autre preuve de la justesse de son opération, que le témoignage de la gravure des Planches de son Livre ; il n'est pas étonnant, dis-je, qu'une telle conduite ne mene qu'au dégoût, & que cet Art accessible aux moindres écoliers de Géométrie, paroisse hérissé d'épines qui en défendent les approches.

Pour lever ces difficultés nous avons cru qu'il falloit donner une notion claire de la figure des voutes, & des parties qui les composent, en les comparant à celle des corps ronds, qui sont connus de tout le monde, la Sphere, le Cône & le Cylindre, l'Anneau & l'Hélice, coupés & divisés par des plans, ou par d'autres corps qui peuvent les pénétrer. Et lorsque la figure des voutes est irréguliere, nous avons tâché de la désigner par une génération si expressive, qu'on peut la concevoir facilement. Ainsi l'on a déja pour point de vûe la figure qu'on se propose de faire, telle qu'elle doit être lorsque la voute est achevée, ce qu'il falloit en quelque façon deviner dans le Livre du P. DERAN, à quoi M. DE LA RUE qui a senti ce défaut, a tâché de remédier par quelques desseins en perspective, qui aident beaucoup l'imagination ; mais parce qu'on ne peut exprimer qu'à plusieurs reprises toutes les faces d'un solide sur un plan, il reste encore beaucoup à suppléer à ces sortes de représentations.

La figure des voutes étant bien conçûe, il n'est point de meilleur moyen de faire connoître celle des parties dont elles doivent être composées, pour subsister & former un tout uniforme & solide, que d'en venir à l'examen des sections formées par la division des corps, faite de maniere qu'ils n'en soient pas détruits ni défigurés. Une comparaison familiere expliquera nettement ce discours.

Je me représente, par exemple, une moitié de melon que

est ordinairement une moitié de sphéroïde ; je la coupe par tranches suivant la longueur de ses côtes sur une table, où cette moitié est posée à plat, & je vois que pourvû que j'empêche les deux premieres tranches de glisser, la moitié du melon subsistera en son entier, quoique coupée en plusieurs tranches à fond. Non content de l'avoir coupé en long, je la recoupe en travers, & je vois que si j'empêche encore les premiers morceaux de glisser sur la table, cette moitié de sphéroïde ne se défigure point, & subsiste encore dans sa rondeur, sans tomber en pieces; d'où je conclus, que si je fais de semblables morceaux avec de la pierre ou du bois, & que je les rassemble dans le même ordre, je pourrai former cette figure de melon, que les Géometres appellent une sphéroïde. Mais pour former ces parties, il faut que j'aye recours à une science qui m'apprenne quelle sera la figure que le passage de mon couteau formera dans le melon, à chaque division que j'en ferai; & comme il n'importe que je me serve d'un couteau ou d'une feuille de fer-blanc, ou d'un autre corps mince de figure plane, je puis appeller cette coupure *la Section d'un plan*, ou faite par un plan ; j'examine ensuite quelle sera cette section en tournant différemment la feuille de fer-blanc, qui me sert de couteau ; je vois par la seule Géométrie naturelle, que si je coupe le melon en travers, la section sera un demi-cercle, & un cercle entier, si le melon étoit entier; je connois donc dès ce moment, que toutes les tranches en travers contiennent une portion de cercle plus ou moins grande, suivant que les tranches en longueur sont plus ou moins épaisses; je vois aussi que ma coupure en long fait un ovale, & je conclus que chacune des tranches dans ce sens est une portion d'ovale plus ou moins grande, suivant l'épaisseur des coupures en travers, & plus ou moins courbe à mesure qu'elle s'approche des bouts du melon ou du milieu, étant évident qu'elle se creuse vers les bouts, & s'applatit vers le milieu. Je pousse ma curiosité plus loin; si au lieu de la trace plane de mon couteau je l'enfonce de biais, & le fais tourner sur la pointe immobile au fond, pendant que je le tourne en rond du côté du manche, comme pour faire un trou en pain de sucre renversé, je vois que je puis ôter & remettre cette piece & ses semblables, si j'en veux faire de concentriques à celle-ci, qui s'emboiteront comme des cornets les unes dans les autres, sans que le melon soit défiguré, quand même je les couperois encore en travers & en long, en passant toûjours par le même point du milieu avec la feuille de fer-blanc, pourvû que j'empêche les premiers morceaux qui posent sur la table, de glisser.

Je connois donc que je puis diviser ce melon en portions coniques s'il est bien rond, ou en coniques un peu allongées comme des cornets applatis s'il est oblong; & cependant faire ensorte que le tout subsiste dans sa forme, ce qui me conduit à l'examen de la différence de ces cones, & de la section qu'ils peuvent faire par leur pénétration dans le sphéroïde, sur quoi je commence à m'appercevoir qu'une telle section n'a plus la simplicité de celle de la sphere, ou du sphéroïde coupé par des plans, & que j'ai besoin du secours de la Géométrie pour la connoître.

De ce petit exemple de comparaison des corps coupés par différentes sections, il suit naturellement qu'on doit en distinguer de deux sortes.

Les unes faites par des plans qui peuvent couper les solides suivant différentes inclinaisons à leurs axes & à leurs côtés, & produire différentes figures.

Les autres par des corps qui pénetrent d'autres corps semblables ou différens; comme dans cet exemple le cone pénetre le sphéroïde. Les courbes qui sont formées par ces sections, sont l'objet principal de notre ouvrage; parce qu'elles se forment effectivement dans les ceintres des voutes sur leurs faces, ou dans les rencontres de celles qui se croisent; car chacune de celles qu'on met en usage dans l'Architecture, est comparable à quelque corps régulier, comme nous l'allons expliquer.

De la Figure des voutes en général, rapportées à celle des corps réguliers.

LES voutes peuvent être considérées comme des solides *simples*, qui ont une principale surface, d'où elles tirent leur dénomination.

Ou comme *composées* de différentes surfaces qui se croisent, ou qui se rencontrent.

La surface qui donne le nom aux voutes, est celle qui doit

être vûe par-dessous, qu'il a plû aux Architectes d'appeller *Doële*, par Analogie aux doëles des tonneaux, ausquels la plupart ont quelque rapport; ce n'est pas que les voutes soient nécessairement courbes, car il y en a de planes; mais celles-ci ont toûjours si peu d'étendue, qu'elles semblent n'être pas assez considérables pour entrer en compte dans l'énumération des différentes especes de voutes.

Parmi les voutes simples il y en a de *régulieres* circulaires, dont les unes sont, 1°. des moitiés de cylindre; 2°. des moitiés de cônes; 3°. d'autres enfin des hémispheres ou portions de spheres.

La seconde espece des voutes simples est de celles qui sont *régulierement irrégulieres*, dont les unes imitent le cylindre, les autres la sphere, les autres le cône; telles sont celles dont le ceintre n'est ni circulaire ni elliptique, mais de quelqu'autre courbe géométrique ou méchanique, comme pourroit être la *chaînette* ou la parabole qui lui ressemble fort, & qui est la plus convenable pour mettre en équilibre des voussoirs égaux. Telles sont encore les voutes *annulaires*, qu'on appelle *sur le noyau*, lesquelles sont des cylindres courbés sur leur axe, ou les mêmes tournés en *hélice*, c'est-à-dire en *vis*, qui s'élevent au-dessus du plan sur lequel elles posent; telles sont aussi les voutes sphériques surhaussées ou surbaissées, ou sur un plan elliptique, qui sont des *sphéroïdes*, & d'autres qui peuvent être des conoïdes.

La troisiéme espece des voutes simples est celle des *irrégulieres*, qui participent plus ou moins de chacune de ces figures, de maniere qu'elles peuvent toujours être comparées en quelque chose aux cônes, aux spheres ou aux cylindres, & tenir en même-tems des unes & des autres; telles sont la plupart des *arrieres voussures*.

Les voutes *composées* ne sont qu'un assemblage de ces sortes de figures situées différemment les unes à l'égard des autres, & contigues par des jonctions angulaires, qu'il a plû aux Architectes d'appeller *enfourchemens*, parce que les pierres qui servent aux jonctions ont deux branches, comme une fourche.

En un mot nous ne concevons aucune figure de voute, qu'on ne puisse rapporter à la sphere, au cône & au cylindre, & c'est dans ce rapport que nous faisons consister leur *difference essentielle*.

Quant aux différences accidentelles, elles seront toûjours produites par la différente position de leurs faces, semblables à celles des sections des corps par la différente position des plans coupans, & celles de leurs arrêtes d'enfourchemens, comme celles des courbes formées à la surface des corps qui se pénetrent, en quoi consiste la principale difficulté de l'Architecture des voutes.

Des variations accidentelles aux voutes, comparées à celles des sections des corps.

S'IL ne s'agissoit dans la coupe des pierres que de former des corps réguliers, il ne feroit pas fort nécessaire de s'embarrasser de la figure des sections des corps, un très-petit nombre suffiroit; mais parce que la principale difficulté vient des irrégularités de leurs angles rectilignes, curvilignes & mixtes, à la jonction des surfaces planes ou courbes, qui les croisent ou qui les terminent, on peut dire que la Théorie des sections est la base de cet Art.

Pour rendre ce discours sensible nous pouvons donner pour exemple les variations qui arrivent à une voute en berceau circulaire, laquelle est une moitié de cylindre, par la seule position du mur qui le termine par un bout, où se forme son ceintre de face. Supposant ce mur à plomb & perpendiculaire à la direction du berceau, si on vient à le démolir pour le refaire en *talud*, il arrivera deux changemens, l'un à la courbure du ceintre de face, qui ne sera plus circulaire, mais elliptique; l'autre aux angles des pierres qui composent cet arc, lesquels ne seront plus droits verticalement, mais changeront continuellement à chaque lit, devenant toujours plus aigus depuis l'imposte jusqu'à la clef, où ils seront égaux à l'inclinaison du mur à l'horison, c'est-à-dire au talud. Si au lieu de refaire ce mur en talud on le tourne de *biais*, c'est-à-dire obliquement à la direction du berceau, il arrivera de même deux changemens, l'un à l'arc de face, qui de circulaire deviendra elliptique d'une ellipse plus ou moins allongée, suivant l'obliquité du mur; l'autre aux lits des pierres, dont les angles au lieu d'être droits horisontalement comme auparavant, deviendront aigus d'un côté, & obtus de l'autre, augmentant continuellement d'un côté à l'autre à chaque lit de voussoir. Si on faisoit le mur *biais & en talud*, il ſe feroit encore un autre changement dans le ceintre & dans les angles des pierres angulaires, qu'on appelle *écoiçons*. Par où l'on voit que ſans toucher à la voute, la courbe du ceintre & les angles des lits des vouſſoirs peuvent changer de trois manieres par le ſeul changement de poſition du mur, qui eſt une ſurface plane ; telle eſt parfaitement la ſection d'un cylindre par un plan, ſans en faire l'application au berceau.

Il eſt aiſé de concevoir, que ſi au lieu d'un mur de face droit on en faiſoit un courbe, comme une portion de tour creuſe ou convexe, où ſi l'on y faiſoit aboutir une autre voute ; les courbes de leur jonction ou enfourchemens, pourroient infiniment varier, auſſi bien que les angles des ſurfaces coupées par pluſieurs lits de vouſſoirs, qui pourroient être rectilignes, mixtes ou curvilignes, d'une infinité d'ouvertures & de courbures différentes.

Pour nous énoncer en termes convenables à la théorie, nous conſidérons le mur comme une ſurface plane, que nous appellons un *plan*, & la voute comme un cylindre, cône ou ſphere, ſelon qu'il convient à la figure, & au lieu de dire une face biaiſe en talud ou à plomb, nous dirons qu'un cylindre eſt coupé par un plan perpendiculairement ou obliquement, ce changement d'expreſſion ſignifie toûjours la même choſe. Cela ſuppoſé.

Pour traiter cette matiere par des principes, il faudroit commencer par les élémens des ſections coniques; mais parce que ce prélude nous meneroit trop loin, & que les Livres qui en traitent ſont très-communs, nous avons crû pouvoir nous diſpenſer d'une rigoureuſe méthode, en nous contentant de l'énoncé des propoſitions, qui ſont néceſſaires à l'intelligence de notre doctrine de Stereotomie, ſuppoſant le Lecteur inſtruit des élémens de Géométrie, & capable d'entendre les démonſtrations fondées ſur les propoſitions que l'on y trouve ordinairement, ſoit dans ceux d'Euclide, ou dans les autres Auteurs que nous n'avons pas cité. Nous avons cependant tâché de donner une introduction aux ſections coniques, ſuffiſante au ſujet dont il s'agit, afin qu'on ne ſoit pas obligé d'avoir recours à d'autres Livres.

PREMIERE PARTIE.

Des Sections des corps coupés par des plans.

CHAPITRE I.

Des Sections de la Sphere.

De quelque maniere qu'on puisse couper une sphere par un plan, la section sera toûjours un cercle. La seule Géométrie naturelle & l'uniformité de la sphere, nous font sentir cette vérité; il suffit seulement de remarquer que lorsqu'elle est coupée par le centre, la section est la plus grande qu'on y puisse faire, d'où vient qu'on l'appelle *un grand cercle*, ou, selon quelques-uns, *un cercle majeur*, pour éviter l'équivoque du mot de *grand*, qui peut s'appliquer à une petite section comparée à une plus petite.

Les autres sections seront toutes plus petites que celle qui passe par le centre, mais inégalement, selon qu'elles s'approcheront ou s'éloigneront du centre de la sphere ; ensorte qu'elles peuvent tellement diminuer, qu'elles se réduisent à rien au point où le plan, au lieu de couper, ne fait plus que toucher la sphere ; & cette diminution se fait dans le rapport des sinus des arcs. Tous ces cercles inégaux sont compris sous le nom de *petits cercles* ou *cercles mineurs*.

DÉFINITION.

1. Le point qui est à la surface de la sphere, également éloigné de tous ceux de la circonférence d'un cercle, s'appelle *le pole* de ce cercle, qui n'est pas le même que le point de son centre, parce qu'il n'est pas dans le même plan que la circonférence, mais hors de ce plan dans la surface de la sphere.

Et

Et parce qu'on peut trouver deux points diamétralement opposés, qui ayent la même propriété à l'égard du même cercle, il suit que chaque cercle a deux poles. La ligne droite qui passe par ces deux poles, & par conséquent par le centre du cercle, s'appelle l'*axe* de la sphere.

COROLLAIRE I.

2. D'où il suit, que les cercles qui ne sont pas paralleles, n'ont pas les mêmes poles, & qu'on peut considérer sur une sphere autant de poles qu'il y a de sections inclinées entr'elles, & par conséquent autant d'axes; ainsi sur la sphere armillaire, qui représente la terre ou le ciel, les poles du monde ne sont pas les mêmes que ceux de l'écliptique, parce que les poles du monde sont ceux de l'équateur, auquel l'écliptique est incliné de $23 \frac{1}{2}$ degrés. PL. I.

La section A*f*B*g*, qui est représentée ici en pespective, est un *cercle majeur*, parce qu'elle passe par le centre C de la sphere. *Fig.* 1.

La section D*c*EF est un *cercle mineur*; parce que son centre *c* est éloigné du centre C de la sphere. Les poles de la section AB sont les points P & *p*, éloignés de A & de B, comme de *f* & de *g*, parce qu'ils sont par tout éloignés d'un quart de cercle de la circonférence du cercle majeur.

Il n'en est pas de même des points O & *o*, qui sont les poles du cercle mineur DE; chacun d'eux est bien également éloigné des points de la circonférence, mais ces éloignemens ne sont pas égaux entr'eux, puisque les arcs OD ou OE sont plus petits que les arcs *o*D & *o*E, par la supposition que DE ne passe pas par le centre C de la sphere.

COROLLAIRE II.

3. D'où il suit que si un cercle majeur passe par le pole d'un autre cercle majeur, son pole sera aussi réciproquement à la circonférence de celui-ci; ainsi les points A & B seroient les poles du cercle qui passeroit par les points P*p* perpendiculairement au plan du cercle PA*p*B; tels sont par exemple l'équateur & le méridien, ou l'horison & un des cercles verticaux. On peut voir là-dessus les sphériques de Theodose.

La partie de sphere *hl*K*i* s'appelle un *segment*. La partie

S u V t, qui eſt une portion de ſphere coupée par deux plans paralleles entr'eux, s'appelle un *ſegment tronqué*, & ſa ſurface une *zone* ou *couronne de ſphere*.

Si une ſphere eſt coupée par trois ou pluſieurs plans inclinés entr'eux, qui paſſent par le centre C, il ſe fait une pyramide triangulaire ou de pluſieurs côtés, dont le contour de la baſe eſt un triangle ſphérique, ou qui peut être diviſée en triangles ſphériques, composés d'arcs de cercles majeurs, comme on pourra le remarquer dans les voutes ſphériques fermées en polygone, tel eſt le ſecteur *q m n P*.

CHAPITRE II.

Des ſections des cônes coupés par des plans.

4. ON diſtingue deux ſortes de cônes, l'une de ceux qu'on appelle *droits*, parce que leur axe eſt droit, c'eſt-à-dire, perpendiculaire ſur leur baſe, comme SC ſur B*g*A. *Fig. 2.*

L'autre de ceux qu'on appelle *ſcalenes*, comme le cône *b S a*, dont l'axe SC eſt oblique au plan du cercle *b d a e*, qui eſt ſa baſe. *Fig. 3.*

De quelque eſpece que ſoit un cône, droit ou ſcalene, les ſections formées par des plans qui les coupent ſont toûjours de même nature, excepté certains cas dont nous parlerons ci-après.

5. Une ſurface plane peut couper un cône de cinq manieres différentes, qui produiſent autant d'eſpeces de figures.

6. *Premierement*. Si un cône eſt coupé par un plan qui paſſe par ſon ſommet, la figure de la ſection eſt toûjours un *triangle* rectiligne, ſoit que le plan paſſe par l'axe SC ou qu'il n'y paſſe pas. Dans le premier cas la ſection s'appelle le *triangle par l'axe*, comme BSA; dans le ſecond cas on l'appelle ſimplement *ſection triangulaire*, comme *S d e*. On ne peut faire dans le cône d'autre ſection rectiligne. *Fig. 2.* *Fig. 3.*

7. *Secondement*. Si l'on coupe un cône par un plan DF parallele à ſa baſe BA, la ſection ſera un cercle, parce que la baſe B*g*A eſt toûjours ſuppoſée circulaire. Or il eſt aiſé de voir qu'une telle ſection fait des figures ſemblables, depuis le ſommet du cône juſqu'à ſa baſe. *Fig. 2.*

8. *Troiſiémement*. Si l'on coupe un cône droit par un plan incliné

à son axe CS, comme DE ou D *e*, ou un cone scalene par un plan incliné au plan de la base, ensorte qu'il rencontre les deux côtés SB, SA, la section est appellée une *ellipse*, telle est DREr (*Fig.* 6.) où l'on voit la partie inférieure du cône, & sa partie supérieure (*Fig.* 7.) retranchée par cette section, l'une & l'autre représentée en perspective pour aider à l'imagination, & suppléer à ce qu'on n'a pû exprimer à la Fig. 2. qui sert pour toutes les sections. *Fig.* 2. *Fig.* 6. *Fig.* 7.

9. Quoique cette proposition soit généralement vraie, elle souffre une exception dans les cônes scalenes; car si le plan coupant le cône obliquement à son axe, & perpendiculairement au triangle par l'axe, fait avec les côtés des angles égaux à ceux qu'ils font avec la base, mais en sens contraire, la section ne sera plus une ellipse, mais un cercle; telle est la section *g f* dans le cône scalene *S b a*, supposé que l'angle *Sgf* soit égal à l'angle *S b a*, ce que l'on appelle *section souscontraire*. *Fig.* 3.

10. *Quatriemement*. Si un cône est coupé par un plan DP ou *dp*, parallelement à un des côtés SA, & que le triangle par l'axe coupe l'ordonnée Q *q* perpendiculairement, (*Fig.* 8.) la section sera une *parabole*, & telle qu'elle paroît en perspective (Fig. 8.) en DQ *q* sur le cône, ou en QS *q*, (*Fig.* 9.) hors du cône. *Fig.* 2. & 8. *Fig.* 9.

11. *Cinquiemement*, si un cône est coupé par un plan parallele à l'axe SC, ou incliné à cet axe, de maniere qu'il coupe encore l'autre, supposé qu'on le prolonge au-delà du sommet S, comme ID, qui rencontre AS prolongé en *x*, ou ce qui est la même chose, si le plan qui coupe un cône, coupe aussi son égal & opposé au sommet, comme le plan passant par M *m* (*Fig.* 4.) coupe les cônes opposés ESF, GSI, la section s'appelle une *hyperbole*, telle est la courbe *b d* A & *h* DH sur le cône, ou (*Fig.* 5.) B *d a* ou LD *n* hors du cône. *Fig.* 2. *Fig.* 4. *Fig.* 5.

COROLLAIRE I.

12. D'où il suit, 1°. que le changement d'obliquité des plans dont les sections forment les ellipses & les hyperboles, change aussi la figure de ces sections sans changer leur nature, en les allongeant plus ou moins, comme on peut le voir par les inégalités des lignes DE & D *e*, qui sont les grands axes, c'est-à-dire, les longueurs différentes de deux ellipses, de même que *Fig.* 2.

Fig. 2. les lignes DK, DH & DI ſont ceux des hyperboles différemment ouvertes.

COROLLAIRE II.

13. 2°. Que les ellipſes peuvent être allongées infiniment depuis la poſition du plan, coupant le cône perpendiculairement à un côté, juſqu'à ce qu'elle devienent parallelen à ce même côté, comme en DP; alors la ſection change de nature & devient une *parabole*, ce qui fait dire à quelques Mathématiciens, que la parabole eſt une ellipſe allongée à l'infini.

Que les ellipſes peuvent être infiniment reſſerrées & rétrécies, juſqu'à ce qu'elles deviennent ſans largeur, c'eſt-à-dire, que le petit axe ſoit réduit à zero, comme il eſt viſible par les changemens de poſition qui peuvent ſe faire, depuis la perpendiculaire à un côté tiré du point D, en remontant vers le ſommet S, comme en *De*, juſqu'à ce que le plan ne coupe plus le cône, mais qu'il le touche ſeulement ſuivant la ligne BS.

En continuant auſſi à changer la poſition du plan coupant, depuis la ligne DP, juſqu'à ce qu'il tombe ſur DB, on reſſerre de plus en plus l'hyperbole; & au contraire, depuis la poſition où il touche DB juſqu'à DP, elle s'ouvre de plus en plus, juſqu'à ce qu'elle ſe confonde avec la parabole; ainſi la parabole eſt comme le paſſage de l'ellipſe à l'hyperbole, de ſorte qu'on peut la conſidérer comme une ellipſe, dont le grand axe eſt infini, ou comme une hyperbole, dont le diamétre tranſverſe eſt infini.

COROLLAIRE III.

14. 3°. Que les ellipſes & les hyperboles ſemblables ſont faites par des ſections de plans paralleles entr'eux, comme D*e*, *d* L pour les ellipſes, & DI, *d* H pour les hyperboles, ou par des plans dont les poſitions à l'égard de l'axe & de la baſe ſont ſemblables, parce que les figures ſemblables ſont celles dont les côtés, les axes & les ordonnées ſont proportionels, ou décrits ſur un même plan & ſur un même axe.

COROLLAIRE IV.

15. 4°. Que toutes les paraboles étant faites par des plans paral-

leles à un côté, elles ne sont pas variables, mais toutes semblables entr elles, de sorte qu'elles ne peuvent changer que de grandeur; car *dp* & DP étant paralleles à SA, *dp* sera parallele à DP, axe de la parabole; & quoique l'un soit plus long que l'autre dans le cône terminé par la base AB, il faut les considérer comme pouvant être prolongés aussi-bien que le cône. Fig. 2.

Quoique nous établissions ici comme des définitions des sections coniques, les différentes manieres dont on peut couper le cône pour qu'il en résulte des cercles, ellipses, paraboles & hyperboles; on peut en démontrer la vérité en faisant voir que les courbes ausquelles on a donné ces noms, étant considérées hors du cône, sont les mêmes dans le cône; mais comme il ne nous convient pas d'entrer dans une matiere qui nous meneroit trop loin, & qui a été traitée par un grand nombre d'Auteurs, il nous suffit d'avancer ces vérités comme des axiomes sur lesquels nous devons fonder nos raisonnemens: ceux qui voudront s'en instruire plus particulierement, peuvent consulter les traités des sections coniques; il nous paroît seulement à propos, en faveur de ceux qui n'ont étudié que les élémens ordinaires de la Géométrie, où il n'est pas parlé d'autre courbe que du cercle, d'expliquer quelques termes, & d'exposer quelques propriétés des autres sections coniques.

Définitions des points & des lignes remarquables dans les sections coniques.

16. DANS trois des sections coniques on considere un point qu'on appelle *centre*; sçavoir, dans le cercle, dans l'ellipse, & dans l'hyperbole; mais il n'y en a point dans la parabole.

17. Tout le monde sçait, que le centre du cercle est également éloigné de tous les points de la circonférence; il n'en est pas de même dans l'ellipse, il n'est équidistant de la circonférence qu'à l'égard de quatre points opposés, mais il est au milieu de tous les diamétres; ainsi le centre C, (*Fig.* 7.) divise en deux également les *diamètres* inégaux *e d*, *m* T, I *t*. Fig. 7.

Le plus grand de tous les diamétres s'appelle *le grand axe*;

le plus petit, *le petit axe* : ces deux sont perpendiculaires entr'eux, mais non pas les autres, comme nous le dirons ci-après.

18. Dans l'hyperbole, le point appellé *centre* n'est pas au-dedans de la courbe, mais au-dehors, entre les deux sections des cônes égaux opposés au sommet, comme en C (*Fig.* 4.) & en
Fig. 4. C (*Fig.* 5.) où est le milieu de la plus courte ligne D *d*, qu'on puisse mener d'une section à l'autre, qu'on appelle *l'axe transverse*, ou *l'axe déterminé*, ou *le premier axe*, & la ligne qui lui est perpendiculaire S *s*, & double de la distance du milieu C, au sommet S, est appellée le *second axe* : le premier s'appelle quelquefois *grand axe*, & le second *petit* ; mais cette dénomination est impropre, parce que le second axe peut devenir plus grand que le premier dans tous les cas où l'angle DS*d* est aigu ; les autres lignes menées d'une hyperbole à l'autre par le centre C, comme PR, (*Fig.* 5.) sont appellées *diamétres*.

19. Quant à la parabole il n'y a point de centre, parce qu'il n'y a aucune division égale à faire dans aucun diamétre, ni dedans ni dehors de la section ; au-dedans, parce qu'étant ouverte & ses diamétres étant infinis, en ce qu'ils ne coupent la courbe que par une de leurs extrêmités où est leur *origine*, ils ne peuvent être coupés en deux également ; ni au-dehors, parce qu'il ne peut y avoir deux termes, puisque le plan coupant le cone étant prolongé, ne peut couper l'opposé au sommet, à cause qu'il est parallele à son côté.

Apol. liv. 2. p. 28. 20. On appelle *diametre* toute ligne droite qui en coupe également deux autres paralleles entr'elles, terminées de deux côtés à une circonférence ; & *axe*, le diamétre qui les coupe perpendiculairement, & passe par le sommet principal de la section ; ainsi, par exemple, dans la parabole (*Fig.* 9) la ligne T *u* est un diamétre, parce qu'elle coupe en deux également en *o* les deux paralleles *r S*, ZR, & SP est un axe, parce qu'il passe par le sommet principal S de la courbe, & coupe la ligne Z*q*, en deux également, & particulierement en P, de même que D*d* dans l'hyperbole, (*Fig.* 5.) & DE dans l'ellipse, (*Fig.* 6.)

21. Les lignes perpendiculaires aux axes, sont appellées *ordonnées*, comme P *q*, *p* Q (*Fig.* 9.) *or*, OR (*Fig.* 5.) pour l'hy-
Fig. 9. Fig. 5. perbole, & CR, *or* (*Fig.* 6.) pour l'ellipse. On appelle du même nom les lignes obliques aux autres diamétres, qui sont coupées en deux également, comme (*Fig.* 9.) ZR, *r* S paralleles entr'elles, dont nous venons de parler, ne faisant attention qu'à leur moitié ZO, *r o*.

22. La principale marque des ordonnées, eſt celle d'être *paralleles à la tangente* qui paſſe par l'extrêmité du diametre auquel elles ſont ordonnées ; ainſi (*Fig.* 9.) ſi T*n* eſt une tangente au point T, extrêmité du diametre T*u*, & qu'on lui mene une parallele *or* ou OZ, ces deux lignes *or* & OZ ſont des ordonnées au diamétre T*u*; il en ſera de même dans l'ellipſe & dans l'hyperbole ; on les appelle auſſi *appliquées*, en Latin *ordinatim applicatæ*. *Fig.* 9.

Les parties des axes ou des autres diametres, qui ſont compriſes entre l'extrêmité T (*Fig.* 9.) & les points *o* & O, où ils ſont coupés par les ordonnnées, s'appellent *abſciſſes*, du Latin *abſcindere*; ainſi T*o* & TO ſont des abſciſſes du diametre T*u*; & S*p*, SP, celles de l'axe. *Fig.* 9.

23. Les abſciſes & les appliquées, conſidérées les unes à l'égard des autres, s'appellent *co-ordonnées*.

Les diametres T*m*, *t*I (*Fig.* 7.) qui ſe croiſent, de maniere qu'ils ſont paralleles aux tangentes TL, *tl*, qui paſſent par les extrêmités T & *t*, ſont appellés *conjugués*. La même choſe doit s'entendre pour les hyperboles. *Fig.* 7. *Apol. l.* 2. *p.* 20.

24. La partie d'un axe prolongé hors de la ſection, comme DY (*Fig.* 6.) compriſe entre l'ordonnée *to* à cet axe, menée du point d'attouchement *t* d'une tangente *t*Y, & le point de rencontre Y de l'axe & de la tangente s'appelle *ſouſtangente*. *Fig.* 6.

25. La troiſiéme proportionelle à deux diametres conjugés eſt appellée *parametre*, de celui qui eſt le premier terme dans l'ellipſe & dans l'hyperbole ; & pour la parabole c'eſt la troiſiéme proportionelle à l'abſciſſe & à l'ordonnée, ou à la ſous-tangente & à la tangente.

26. La ligne droite qui eſt la rencontre du plan de la baſe du cone, prolongée s'il le faut, & d'un autre plan paſſant ſur le ſommet parallelement à une ſection conique, eſt appellée *directrice*; telles ſont les lignes *e*I pour l'ellipſe, (*Fig.* 6.) KL pour l'hyperbole, (*Fig.* 4.) & A*g* pour la parabole, (*Fig.* 8.) La premiere de ces lignes eſt toute hors du cone, la ſeconde toute au-dedans, & la troiſiéme eſt tangente à la baſe du cone. *Fig.* 6. 4. 8.

On appelle auſſi *directrice* une ligne qui eſt dans le même plan qu'une ſection, & perpendiculaire à un axe, à certaine diſtance de ſon ſommet, comme DI eſt la directrice de la parabole QS*q*, (*Fig.* 9.) ſi elle eſt éloigné du ſommet S au-dehors autant que le foyer F eſt au-dedans, plus loin de l'ellipſe, & plus près pour l'hyperbole.

27. Outre ces lignes communes à toutes les sections coniques, il y en a encore de particulieres à l'hyperbole, qu'on appelle *asymptotes*, ce sont des lignes droites AY, *ay*, (*Fig.* 5.) qui passent par le centre C des sections opposées, & qui en approchent continuellement sans jamais les rencontrer, propriété merveilleuse, & difficile à concevoir, quoique la vérité en soit démontrée. Ces lignes sont les intersections de deux plans, qui touchent la base du cône aux extrêmités L & K de la directrice, & passent par le sommet S du cone.

Fig. 5.

Fig. 4.

28. Les points qu'on appelle *foyers* méritent encore d'être considérés, à cause de leurs grandes propriétés pour la description des sections coniques; leur situation est sur un premier axe à quelque distance de son extrêmité.

29. Dans l'ellipse il y en a deux sur le grand axe, desquels si l'on tire des lignes droites qui se joignent à un point quelconque de la circonférence, leur somme est toûjours égale à la longueur de ce grand axe; si les points F & *f* (*Fig.* 7.) sont les foyers de l'ellipse A*t*Ti, la somme des lignes *fg* & F*g* est égale à l'axe A*a*.

Fig. 7.

30. Dans les hyperboles opposées il y en a aussi deux F & *f* sur le principal axe prolongé *d*D, (*Fig.* 5.) desquels si l'on mene deux lignes FP, *f*P au même point P de la courbe, pris où l'on voudra, la différence P*q* de ces deux lignes est égale au principal axe. *Voyez le Traité des sections coniques de* M. de L'HOPITAL, *article* 73.

Fig. 5.

31. Dans la parabole il n'y en a qu'un en F sur l'axe SP (*Fig.* 9.) duquel si on mene une ligne F*h* à un point quelconque de la parabole QS*q*, cette ligne sera égale à la ligne *h*I, menée du même point à la directrice DI, parallelement à l'axe DP.

Fig. 9.

Exposition de quelques propriétés des lignes menées au-dedans & au-dehors des sections coniques, dont la connoissance fournit différens moyens de les décrire, dans certaines circonstances de lignes & de points donnés.

32. SI l'on tire deux lignes paralleles au-dedans d'une section conique terminées à sa circonférence de part & d'autre, & qu'on les divise en deux également, la ligne qui passe par leur

leur milieu, & qui se termine à sa section, est un *diametre*; cette propriété est une suite de la définition que nous avons donné des lignes appellées diametres.

Des abscisses & des ordonnées des sections coniques.

NOus avons dit que le triangle étoit la premiere section du cone; mais comme elle est rectiligne il n'en est pas question ici, où nous ne parlons que des courbes. Cependant nous remarquerons en passant, qu'elle a ses abscisses & ses ordonnées, qui ont un certain rapport. Si l'on fait yF parallele à CA, (*Fig.* 2.) Sy sera une abscisse, & yF une ordonnée à l'axe SC du triangle BSA; on trouvera donc que Fig. 2.

Le rectangle fait de son abscisse Sy, par la moitié de sa base CA, est égal au rectangle fait de son ordonnée yF par son axe; car à cause des paralleles, $Sy : yF :: SC : CA$; donc $Sy \times CA = yF \times SC$.

33. Dans le cercle, le rectangle fait par des abscisses, l'une par l'autre, est égal au quarré de l'ordonnée $AO \times OB$ (*Fig.* 10.) $= \overline{OR}^2$, cela est démontré dans les élémens de la Géométrie d'EUCL. l. 3. prop. 35. Fig. 10.

34. Dans l'ellipse les *quarrés des ordonnées sont entr'eux, comme les rectangles des abscisses*, si ADB est une demie ellipse $\overline{ot}^2 : \overline{CD}^2$, ou $\overline{or}^2 : \overline{CF}^2$ dans la demie ellipse AFB $:: AO \times OB : AC \times CB$; cette propriété est démontrée dans tous les traités des sections coniques.

35. Dans la parabole *les quarrés des ordonnées* or, OR (*Fig.* 8.) *sont entr'eux comme les abscisses* Do, DO, ainsi $\overline{OR}^2 : \overline{or}^2 :: DO : Do$. Fig. 8.

36. Dans l'hyperbole le rapport des quarrés des ordonnées entr'eux & aux rectangles des abscisses est le même que dans l'ellipse, en ajoutant aux abscisses le diametre qui est au-dehors de l'hyperbole entre les sections opposées; ainsi $\overline{or}^2 : \overline{Ft}^2 :: Do \times od : DF \times Fd$. Fig. 5.

COROLLAIRE I.

37. D'où il suit que les ordonnées également éloignées du centre d'une section qui en a un, sont égales entr'elles, puis-

Fig. 7. qu'elles ont un même rapport à des rectangles égaux $\overline{eO}^2$ (*Fig.* 7.) : $mO \times OT :: \overline{no}^2 : mo \times oT$; mais à cause de $OC = oC$, par la supposition, $mO \times OT = mo \times oT$, donc $eO = no$.

38. Dans la parabole la proposition doit s'appliquer aux ordonnées équidistantes d'un diametre, comme si $or = oS$, on aura $rx = Sy$ (*Fig.* 9.) ce qui est clair, parce que la figure $rxyS$ est un parallelogramme.

Fig. 9.

COROLLAIRE II.

39. Dans toutes les sections coniques les lignes paralleles à un diametre TO, équidistantes du point d'attouchement T, d'une tangente AD (*Fig.* 11.) comprises entre la tangente & la courbe, comme Br, CV, AR, DG sont égales entr'elles ; car si par les points r & R on mene des paralleles à la tangente AD, ces lignes seront des ordonnées au diametre TO, qui les coupe en deux également au point O & o ; donc le parallelogramme $TorB = ToVC$, & le parallelogramme TORA = TOGD ; donc $Vr = CB$, & AR = DG.

Fig. 11.

COROLLAIRE III.

40. Si deux ou plusieurs lignes paralleles eh, tI terminées à la circonférence d'une ellipse, ou d'une autre section conique, sont coupées par une troisiéme HK, les rectangles faits des parties des paralleles, comparés à ceux des parties de celle qui les coupe, sont entr'eux en même raison, $tq \times qi : Hq \times qK :: ep \times ph : hp \times pK$; parce que chacun de ces rectangles a même raison au quarré de la tangente, qui est parallele aux lignes dont il est formé, ce qui est démontré dans les traités des sections coniques.

Fig. 7.

Propriétés particulieres à l'ellipse.

LE grand usage que nous avons à faire de l'ellipse m'engage d'ajouter ici quelques propriétés qui lui sont particulieres, & qui servent à la décrire dans certaines circonstances.

Fig. 10. 41. Si le diametre AB d'un cercle ou demi cercle AEB, est commun à une ellipse ou demi ellipse, décrite sur le diametre au-dedans ou au-dehors du demi cercle, comme ADB ou AFB, & qu'on lui mene les ordonnées O r, C F, *les ordonnées au cercle seront entr'elles comme celles de l'ellipse*, OR : CF : : O r : CD, & OR : O r : : CE : CF ; parce que l'ellipse n'est qu'un cercle allongé ou rétréci, & que les quarrés des ordonnées auront toujours le même rapport entr'eux que celui des mêmes rectangles AOB, ACB. *Fig. 10.*

42. Cette propriété est encore vraie, quand même les ordonnées ne seroient pas perpendiculaires à l'axe AB, comme sont O r & CD ; * car si par leurs extrêmités r & D on mene des paralleles au diametre AB, qui couperont les ordonnées au cercle CE, & OR en F & g, il se fera deux triangles semblables CFD & O g r, qui feront voir que les ordonnées de l'ellipse sont en même raison que celles du cercle, puisque si l'on fait CF : CE : O g : OR, les point F & g seront à la circonférence d'une ellipse ; mais CD : CF : : O r : O g ; donc CD : CE : : O r : OR. Ce qu'il falloit démontrer. * *Fig. 12.*

43. La somme des deux axes est plus petite que celle de deux diametres conjugués quelconques, & leur différence est plus grande que celle de ces diametres.

44. Cependant la somme des quarrés de deux diametres conjugués m T, t I est égale à celle des quarrés des deux axes A a, B b ; cela est démontré dans tous les traités des sections coniques. *Fig. 7.*

Des Tangentes des sections coniques.

45. SI par un point t on mene une tangente t Y, qui rencontre un axe ou diametre quelconque, prolongé en Y, & une ordonnée t o à ce diametre, la partie YD de la sous-tangente Y o sera égale à l'abscisse D o dans la parabole ; elle sera plus grande dans l'ellipse, & plus petite dans l'hyperbole ; ainsi l'arc de la section qui passera entre D & Y, si D étoit le milieu de OY, sera une hyperbole ; & celui qui passera entre D & O dans la même supposition, sera une ellipse. Cela est démontré dans les traités des sections coniques. *Fig. 6, 8. 5.* *Fig. 8.*

46. Dans la même Fig. 6. si une tangente t Y rencontre l'axe ED prolongé, ou un autre diametre, & que du point d'attou- *Fig. 6.*

chement t on lui mene une ordonnée to, les lignes Co, CD, CY, feront continuellement proportionelles, non-feulement dans l'ellipfe, mais auffi dans l'hyperbole, on aura Co : CD : :
Fig. 5. CD : CY.

Fig. 13. 47. Si deux lignes aT, at qui concourent en a, touchent une fection conique quelconque aux points T & t, la ligne menée du point a par le milieu m de la ligne Tt qui joint les points d'attouchement, eft un diametre ; & par l'inverfe, fi elle eft un diametre, elle paffera par m.

Apollonius l. 2. p. 19. & 20.

48. Si une fection conique eft touchée par deux lignes at, aT (*Fig.* 13.) la ligne Tt, qui paffe par les deux points d'attouchement, étant prolongée vers b, fi de ce point pris à volonté, l'on tire deux autres tangentes bN, bE, elles couperont les deux précédentes en F & D, je dis que la ligne Fa fera divifée *harmoniquement*, c'eft-à-dire, que les trois lignes aF, at & aD font harmoniquement proportionelles ; la premiere fera à la troifiéme, comme la différence de la premiere & de la feconde eft à la différence de la feconde & de la troifiéme Fa : aD : : Ft : tD. Cette propriété nous fervira à trouver les points d'attouchement dont nous aurons befoin au deuxiéme Livre, par une méthode très-facile.

On ne s'arrête pas ici à démontrer toutes ces vérités qui en fuppofent d'autres, aufquelles il faudroit remonter ; il fuffit qu'elles le foient dans les Livres connus, comme font les fections coniques d'APOLLONIUS, de M. DE LA HIRE, & du Marquis DE L'HOPITAL, pour nous fervir à raifonner conféquemment dans les ufages que nous devons en faire.

De quelques différences de pofition des fections coniques dans les cones fcalenes.

QUOIQUE les cones fcalenes ne foient pas d'une nature différente de celle des cones droits, l'obliquité de leur axe fur le plan de la bafe occafionne quelque différence dans les fections, à ne confidérer que leur pofition refpective.

49. Premierement. Nous avons fait voir que la fection d'un plan, oblique à l'axe du cone fcalene, dont il coupe les deux

côtés, pouvoit être un cercle, quoique naturellement cette section soit une ellipse.

50. Secondement. Les sections faites par des plans paralleles à la base, qui sont des cercles dans les cones droits, peuvent être des ellipses dans les cônes scalenes, s'ils sont considérés comme des cones droits sur une base elliptique; car si l'on suppose que la base *b e a d* (*Fig.* 3.) est une ellipse, & qu'une ligne *s a* immobile sur son point *s*, parcourt vers son autre extrêmité *a* le contour de cette ellipse, la figure qui en résultera sera un cone scalene de base elliptique. On peut imaginer la même génération pour un cone droit, comme si la base B *g* A, (*Fig.* 2.) étoit une ellipse, il seroit toujours évident que toutes les sections faites par des plans paralleles à ces bases, seroient des ellipses semblables à celles de la base; car tous les diametres possibles DF, BA d'une section par l'axe BSA, ou KI, *b a* (*Fig.* 3.) seroient proportionnels à ceux d'une autre section par l'axe du même cone. Fig. 3. Fig. 2. Fig. 3.

Mais toutes les sections obliques dans ce cone ne seroient pas des ellipses, car sans s'arrêter à la section sous-contraire, qui n'a pas lieu dans ce cas, puisque la base n'est pas circulaire, on pourra toujours démontrer que de tels cones peuvent être coupés par un plan incliné à l'axe, & qui ne fera pas avec les côtés des angles égaux à ceux de la base, c'est-à-dire, des côtés du triangle par l'axe avec la base, dont la section sera un cercle, ainsi que la sous-contraire; car si l'on tire la droite S *x* sur la surface du cone, & *n* C dans la base au centre C, & *o m* parallele à *n* C; puisque *o m* : *n* C : : S *m* : S C le demi diametre *o m* sera plus petit que *n* C dans le rapport de K *m* à *b* C. Si, par exemple, *b* C : C *n* : : le grand axe est au petit, le même rapport sera entre K *m* & *m o*, donc K *m* sera plus grand que *m o*; or il est clair qu'en changeant l'inclinaison du plan de la section, par exemple, en *r*, on peut racourcir ce demi axe K *m* jusqu'à ce qu'il devienne égal à *m o*, comme si du point *m* pour centre & pour rayon *m o* on coupoit le côté *b* S en *r*, ce qui est possible à l'égard de plusieurs côtés diamétralement opposés, puisque *m* K est plus grand que *m o*; alors les points *r* & *o* seront également éloignés du centre *m*, par conséquent les axes étant égaux entr'eux, la section sera un cercle. S'il s'agissoit au contraire d'allonger le petit axe, il est visible qu'il n'y auroit qu'à incliner le plan de la section du côté de ce petit axe. Ce que l'on verra démontré au problême 33 du second Livre ci-après.

THÉOREME I.

La section plane elliptique faite dans l'intervalle de deux cones concentriques & semblables, comme entre les surfaces concaves & convexes d'un cone creux d'égale épaisseur, *est une couronne comprise par deux circonferences d'ellipses, qui ne sont pas équidistantes, & qui ne peuvent être concentriques que dans les cones scalenes, lorsque la section est perpendiculaire à l'axe.*

Soit (*Fig.* 6.) un cone F *s* G concentrique & semblable au cone BSA, dans lequel on le suppose, il est évident par la supposition, que leurs côtés BS, F *s*; AS, G *s* seront non-seulement paralleles, mais équidistans dans la section du triangle par l'axe BSA.

Fig. 6.

Il est encore clair que le plan de la section oblique DE, que nous supposons perpendiculaire au triangle par l'axe, étant également incliné à l'axe commun SX, de l'un & de l'autre cone, il fera des ellipses semblables DRE dans le grand, & *d h e* dans le petit.

Il faut présentement faire voir que quoique les deux surfaces des cones soient équidistantes, & leurs bases concentriques, les sections elliptiques ne le sont pas; des points D & *e* soient tirées les perpendiculaires D *x*, *e* K, qui seront égales par la supposition.

Puisque l'angle D *d s* extérieur au triangle *d s e* est plus grand que l'intérieur opposé *d e s*, ou son égal DES, la ligne D *d*, comprise entre les deux paralleles SB, *s* F sera plus courte que la ligne *e* E comprise entre les paralleles équidistantes de ces premieres; car puisque D *x* = *e* K, faisant K *y* = *d x*, le côté *e y* sera = D *d*; or puisque l'angle *e* E K est plus petit que *e y* K, c'est-à-dire, la ligne *e* E plus oblique sur EK, elle sera plus grande que *e y*, *ce qu'il falloit démontrer*; donc les ellipses DRE & *d h e* s'approcheront plus vers D que vers E sur l'axe DE; par conséquent elles ne seront ni équidistantes, ni concentriques; *ce qu'il falloit* premierement *démontrer.*

Secondement. Si le cone au lieu d'être droit étoit scalene, il est clair que l'axe étant oblique à sa base circulaire, sera perpendiculaire à quelques sections elliptiques; dans ce cas nous pouvons considérer la Figure 6. différemment du cas précédent, en

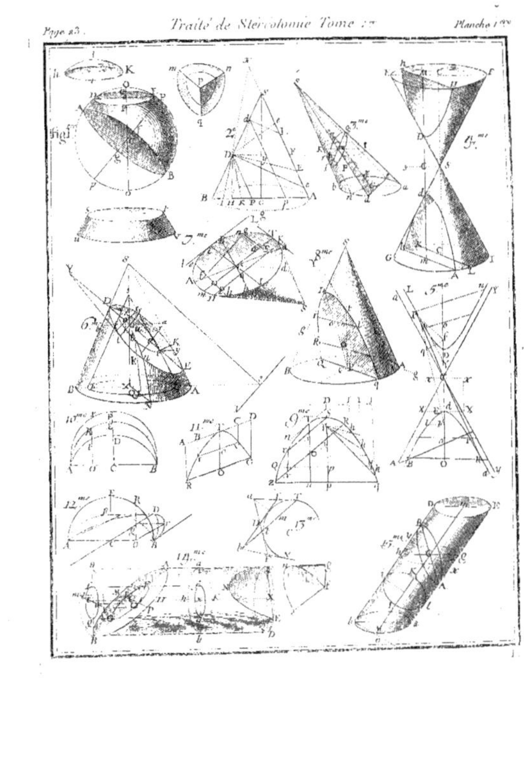

ſuppoſant la baſe BA elliptique, & la ſection oblique DE circulaire, (ſi l'on veut) ou elliptique.

Il eſt clair que les diſtances des ellipſes de la baſe AB dans la ſection du triangle par l'axe BSA, ſont égales en BF & AG, parce que le diametre commun BA eſt également incliné aux côtés des cones intérieur & extérieur; mais entre ces deux extrêmités on ne peut trouver aucune partie des deux circonférences des ellipſes, qui ne ſoient plus ou moins éloignées. Pour le démontrer, ſoit un plan SNX perpendiculaire au triangle par l'axe BSA, qui coupera les ellipſes ou les cercles DRE & *dhe* ſuivant une ligne *on*, qui ſera perpendiculaire à ce triangle, de même que XN; par conſéquent ces deux lignes *on*, XN, ſeront paralleles entr'elles, donc leurs parties *ln*, LN compriſes auſſi entre deux paralleles SN & *s*L ſeront égales entr'elles. Mais l'intervalle *ln* des circonférences de la ſection oblique n'eſt pas égal aux intervalles D*d*, & E*e*, puiſqu'il eſt plus long que l'un & plus petit que l'autre; donc l'intervalle LN des deux ellipſes de la baſe ne ſera plus égal aux diſtances BF, AG. En effet la ſection *ba* par la perpendiculaire *on* parallelement à la baſe BA ſera des ellipſes ſemblables dans l'un & l'autre cone, auſquelles l'axe *on* eſt commun avec une ordonnée de la ſection oblique; or les diſtances des deux cones en D*d* & *bf* ſont entr'elles comme DO à *b*O; ainſi le rapport de D*d* à *bf* augmente depuis le triangle par l'axe juſqu'à la ſection perpendiculaire au plan en Q*n*, & au contraire elle diminue depuis le point *n* juſqu'en E; donc la diſtance LN ſera moyenne entre celle des extrêmités BF & AG. Elle ſera plus petite ſi DE ou BA eſt un grand axe, ou plus grande ſi BA eſt un petit axe. *Fig. 6.*

De cette inégalité de diſtances des ellipſes concentriques à leur axe, s'enſuit néceſſairement celle de tous les points d'une extrêmité d'un diametre à l'autre, puiſqu'elles ſe rapprochent & s'éloignent d'une diſtance proportionelle à celle des axes; donc les ellipſes de la baſe, quoique concentriques, ne ſont pas équidiſtantes: *ce qu'il falloit démontrer.*

SCHOLIE.

Il faut cependant remarquer que, quoique les ellipſes concentriques ſemblables ne ſoient pas équidiſtantes, meſurées ſur différens axes & diametres, elles le ſont cependant ſur les mêmes axes & sur les mêmes diametres; & même non-seulement sur toutes les lignes droites qui traversent ces deux circonférences, mais encore sur celles qui ne font que toucher l'intérieur sans la couper, ce qui fournit une maniere aisée de faire une ellipse *asymptotique* à une autre donnée; il suffit d'en avoir un seul point, comme nous le dirons au second Livre. Je me sers de ce terme, parce que cette propriété qui est semblable à celle de l'hyperbole à l'égarddes asymptotes, a donné occasion à M. DE LA HIRE * d'appeller les sections coniques, concentriques & semblables, *asymptotiques*.

* Sect. con. l. 6. p. 117.

COROLLAIRE I.

On peut étendre cette proposition à d'autres sections qu'aux ellipses, si l'on veut considérer avec les Mathématiciens la parabole comme une ellipse dont l'axe est infiniment long, & l'hyperbole comme une ellipse renversée, qui a ses foyers en-dehors; en effet si l'on coupe un cone creux d'égale épaisseur, de maniere que le plan coupant fasse une de ces deux sections, on remarquera visiblement que la courbe de la surface intérieure n'est pas parallele à celle de l'extérieure.

Application à l'usage.

Cette proposition fait voir que les arcs des arêtes de doële & d'extrados des faces des voutes coniques, qui sont obliques à la direction de l'axe, comme aux trompes biaises & surbaissées à leur face, ne doivent pas être paralleles entr'eux, comme les font quelques Auteurs de la coupe des pierres; car si l'arc de doële n'est pas plus près de l'extrados à une imposte, qu'à l'autre du côté de l'angle le moins aigu, la voute deviendra moins épaisse du côté opposé qui est le plus long, de sorte que le côté & le piédroit le plus long & le plus chargé deviendroit le plus foible, ce qui est évidemment contre la bonne construction.

Il ne faut pas dire que cette différence est si peu considérable qu'on lui peut préférer la simétrie extérieure de la face; car sans faire de supposition de cas extraordinaire, l'axe ED peut fort bien être perpendiculaire au côté SB, si l'angle S étoit plus ouvert, par exemple, de 60 degrés, alors le même

axe

axe feroit en E un angle de 30 degrés avec le côté SA: or dans cette fuppofition il eft clair que la voute feroit moitié moins épaiffe à l'impofte SE qu'à l'impofte SD; car les diftances des paralleles SB, *s* F, SA, *s* G font en raifon des finus des angles que la ligne ED fait avec les côtés; mais le finus total eft double de celui de 30 degrés, donc la diftance *e* K, c'eft-à-dire l'épaiffeur de la voute vers E*y* ne fera que la moitié de D*x*, qui eft celle du côté SD. Il n'eft pas néceffaire de démontrer ce rapport qu'on apperçoit d'un coup d'œil par celui des triangles femblables EK*e*, & ESD, fi l'angle D eft fuppofé droit, & l'angle S de 60 degrés, ce qui n'eft pas de même dans la figure 6; or *e* K eft égal à la diftance des paralleles vers D & *e*, E à celle des mêmes ou de leurs égales prife obliquement fur la ligne ED; donc, &c. Pl. 1. Fig. 6.

En fecond lieu, ce problême fait voir que lorfqu'un ceintre eft elliptique on ne peut lui faire un ceintre parallele qui foit auffi elliptique, de forte que s'il s'agit, par exemple, d'un bandeau ou d'une archivolte, & que l'on faffe les deux arêtes de doële & d'intrados elliptiques, il fera inégalement large; & s'il eft par tout également large, les deux arêtes ne feront pas exactement elliptiques, ce qui eft furprenant & incroyable aux ouvriers, & aux gens qui n'ont point de théorie.

THEOREME II.

Une fection conique donnée peut être celle d'une infinité de cones différens.

Soit (*Fig.* 16. 17. & 18.) une fection conique DAC, dont AB eft un diametre, auquel la ligne CD eft une ordonnée, divifée en deux également en M, on lui menera par ce point une perpendiculaire FE, de longueur prife à volonté fur un plan incliné à celui de la fection conique donnée, d'une telle inclinaifon que l'on voudra (ce qu'on ne peut repréfenter dans ces figures qu'en perfpective). Sur cette ligne FE comme diametre, on décrira un cercle FDEC, dont la ligne DC fera une corde commune à l'ordonnée de la fection conique. Si par les points EABD on tire les lignes ES, FS, qui fe rencontreront en S, je dis que le fommet S fera celui d'un cone, qui aura pour bafe, ou ce qui eft la même chofe, pour fection parallele à la bafe, le Pl. 2. Fig. 16. 17. & 18.

cercle FDEC, & pour autre section la section donnée DAC ce qui est clair par la construction & par la génération du cone supposant qu'une ligne SB, immobile sur son point S, parcourt la circonférence du cercle DFCE; puisque par la même construction cette ligne passera par les deux points communs DE, & par les extrêmités des diametres AB, EF des deux sections le cercle & l'ellipse. Or puisque le diametre du cercle FE peut être varié de longueur, & que l'on peut même changer la position de son centre en l'approchant ou l'éloignant du point M, il est visible que le point S changera aussi de position, puisqu'elle dépend de celle des extrêmités de ce diametre; par exemple, *Fig. 17.* si au lieu du terme E on en prenoit un autre plus en-dehors en K ou en L, le point S tomberoit en *x* ou en *y*, & de même si l'on rapprochoit ou éloignoit l'autre terme F, le point S tomberoit plus haut ou plus bas; donc on peut faire passer une infinité de surfaces de cones differens par la circonférence de la section conique donnée: *ce qu'il falloit démontrer.*

COROLLAIRE.

Fig. 19. De-là il suit que si une ligne AS, immobile sur le point S, pris à volonté, se meut autour d'une section conique ouverte, comme la parabole ou l'hyperbole, il se formera une pyramide mixte, qui sera toujours une portion de cone, & par consequent dont les sections qui ne seront pas paralleles à la base ouverte donnée, pourront être connues en cherchant la base du cone dont cette pyramide mixte est une partie, de la maniere que nous venons de le dire.

Ou bien sans achever le cone, ni connoître le cercle de la base, on peut les connoître par la comparaison des parties des sous-tangentes, qui sont au-dessus & au-dehors du cone (par l'article 45.)

Soit, par exemple, la base donnée ARP une parabole, si l'on suppose la pyramide ARPS coupée par un autre plan incliné à cette base, dont l'intersection soit AP, & qui coupe le côté SR en H, on menera par un point quelconque de la base comme T, une tangente TN (Art. 45) qui rencontrera l'axe MR de la base prolongé en N, & ayant tiré NS, on imaginera un plan TNS, qui touchera la pyramide suivant la ligne TS menée du point d'attouchement de la base au sommet S, laquelle coupera la courbe AHP en *u*, par où on menera dans le plan incliné une ligne *ux* parallele à AP, & un autre *uy* tangente à la même courbe, qui rencontrera en *y* l'axe M*y*, qui est dans le même plan que MN; si la longueur H*y* est plus petite que H*x*, c'est une marque que la section qu'on veut connoître est une hyperbole; si au contraire elle étoit plus grande, comme LE à l'égard de E*d*, ce seroit une ellipse; & si elle étoit égale, comme on suppose *m*R & RN, qui ne le sont cependant pas dans la figure, par exemple, *d*I & I*n*, ce seroit une parabole, ce qu'il est plus facile d'appercevoir en examinant si les plans *nd* & NM sont paralleles entr'eux.

Application à l'usage.

Cette proposition fait voir que l'on peut appliquer à toute sorte de voutes coniques tel ceintre de face qu'on jugera à propos, avec telle position ou inclinaison de l'axe qu'on jugera convenable à la voute qu'on se propose de faire, par exemple, qu'on peut faire une trompe de niveau ou rampante, dont le ceintre de face soit surhaussé ou surbaissé de telle mesure qu'on voudra, & connoître dans quelle situation sa doële sera circulaire.

Secondement, elle fait connoître les changemens qui arriveroient, si le ceintre de face étoit d'une section ouverte, par exemple, parabolique, comme il l'est en effet dans les *trompes sur le coin* à plomb, dont l'axe est de niveau; ainsi supposant que le mur soit en talud, la courbe se changera en hyperbole, & s'il étoit en surplomb elle deviendroit une ellipse; cependant l'Architecte est le maître de choisir pour ceintre de face la courbe qu'il voudra.

De même si le ceintre de face d'une trompe conique à pans à plomb, qui est ordinairement une hyperbole, lorsque l'axe est de niveau, est changé par un talud, il ne changera pas de genre de courbe, mais il deviendra seulement une hyperbole différente de celle qui étoit le ceintre à plomb.

En un mot ce Théoreme fait connoître la nature de tous les changemens que peuvent causer les différens contours de ceintres de face des trompes, & ceux de leurs *trompillons*, qui peuvent ne leur être pas paralleles, & tous ceux qui proviennent des inclinaisons à l'horison, & déclinaisons de la perpendiculaire ſur la face, ce qui comprend toutes les trompes biaiſes & rampantes, aſcendentes ou deſcendentes, & les joints de tête; de ſorte qu'on peut dire que ce Théoreme eſt le fondement de toutes les voutes coniques. Paſſons aux cylindriques.

CHAPITRE III.

Des Sections des cylindres coupés par des plans.

55. ON diviſe les cylindres comme les cones, en *droits* & en *ſcalenes*.

Ils ſont appellés *droits*, lorſque leur axe eſt droit, c'eſt-à-dire, perpendiculaire à leur baſe, comme le cylindre BDF*a* eſt droit
Fig. 14. ſur la ponctuée B*a* (*Fig.* 14.) parce que ſon axe XC eſt perpendiculaire ſur B*a*.

Fig. 15. 56. Ils ſont appellés *ſcalenes*, lorſque leur axe *m*M (*Fig.* 15) eſt oblique ſur la baſe *b a* ou DE du cylindre *b* DE*a*.

Cette différence de poſition d'axe à l'égard de la baſe, en peut faire dans la poſition des ſections du cylindre, comme elle en fait dans celles du cone.

57. La ſection d'un cylindre coupé par une ſurface plane, ne peut varier que de trois manieres.

I°. Lorſque le plan coupant paſſe au long de l'axe ou parallelement à l'axe, la ſection eſt un *parallelogramme* rectangle, ſi le cylindre eſt droit, & obliquangle, s'il eſt ſcalene, ou il peut auſſi être rectangle, ſi la ſection eſt perpendiculaire au plan paſſant par D*a*.

Fig. 14. 58. 2°. Lorſque le plan coupant eſt parallele à la baſe B*a*, comme *a b*, la ſection eſt un *cercle*; parce qu'on ſuppoſe toûjours un cylindre de baſe circulaire, & que la ſection parallele lui doit être ſemblable & égale, à cauſe que tous les côtés du cylindre étant paralleles à l'axe, les diametres ſeront tous égaux.

59. 3°. Lorſque la ſection eſt oblique, comme BA, elle eſt toûjours une ellipſe dans le cylindre droit, quelle que puiſſe être l'obliquité du plan coupant à l'égard de l'axe; mais dans le cylindre ſcalene, la ſection, quoiqu'oblique, peut être un
Fig. 15. cercle, lorſque le plan coupant (*Fig.* 15.) étant perpendiculaire au parallelogramme, par l'axe *b* DE*a*, fait avec les côtés des angles égaux à ceux de la baſe, mais en ſens *contraire*, c'eſt-à-dire,

que l'angle DBA soit égal à l'angle *ba*E, ou (ce qui est la même chose (BAE égal à D*ba*; car si par le point C, milieu de BA, on mene *hg* parallele à *ba*, & que par le même point on tire *yx* perpendiculaire aux côtés *b*D, *a*E, on aura deux triangles égaux C*x*A, C*xg*, parce qu'ils sont rectangles en *x*, & qu'ils ont les angles en A & *g* égaux (*par la supposition*) & le côté C*x* commun; donc les côtés CA, C*g* seront égaux entr'eux, de même que leurs opposés au sommet *h*C & CB, donc les diametres *hg* & BA sont égaux au diametre *ba* de la base circulaire, & les plans qui passent par ces lignes étant perpendiculaires à celui du parallelogramme par l'axe, les sections seront égales; par conséquent celle par BA sera un cercle, & tout au contraire *yx* perpendiculaire aux côtés sera une ellipse, dont *yx* sera le petit axe, de même que toute autre section oblique, qui ne sera ni parallele à la base ni *sou-contraire* comme BA. *Fig. 15.

COROLLAIRE.

60. D'où il suit que (de même que dans le cone) les sections elliptiques peuvent varier infiniment, selon l'angle plus ou moins aigu ou obtus que le plan coupant fait avec l'axe du cylindre, ensorte qu'elles s'allongent ou se racourcissent, depuis la position perpendiculaire à l'axe, jusqu'à ce qu'il lui devienne parallele.

61. Ou il faut remarquer, qu'il n'y a aucune différence de ces ellipses à celles du cone, ce qui surprend ceux qui n'ont pas fait une étude de cette matiere; il leur semble que l'ellipse cylindrique est uniforme à ses deux extrêmités, mais que la partie de celle du cone qui est plus près du sommet, doit être plus aigüe que celle qui est vers la base; on voit cette erreur exécutée dans une pratique des *Institutions géométriques d'Albert Duret*, où la courbe fait un jaret à chaque extrêmité de son axe; nous en montrerons la fausseté lorsque nous ferons voir, que la même ellipse peut être une section commune au cone & au cylindre. On en sentira facilement la vérité dès-à-présent, si on se rappelle ce que nous avons dit (*Art.* 37.) que les ordonnées à un axe, qui sont également éloignées du centre de l'ellipse, sont toûjours égales entr'elles, non-seulement dans le cone, mais encore dans le cylindre; puisque leurs quarrés sont entr'eux en raison des rectangles des abscisses qu'on suppose égales, propriété essentielle à l'ellipse.

Institutionum Geometricar. l. 4. fol. Aarnhemiæ 1606.

62. La ſeule différence qu'il y a dans ces ſections, c'eſt que l'axe du cylindre paſſe par le centre de l'ellipſe cylindrique, & que l'axe du cone droit ne paſſe pas par celle de la conique, mais plus ou moins près, ſuivant qu'elle eſt plus ou moins oblique, comme on le voit à la Fig. 6. où l'axe du cone coupe celui de l'ellipſe en O, la raiſon en eſt bien ſenſible dans le cone droit, où l'axe du cone XS diviſe l'angle du ſommet BSA en deux également, il ne peut diviſer de même une ligne terminée à ſes côtés, qui ne lui eſt pas perpendiculaire, comme DE dans le triangle par l'axe; puiſque n'étant pas parallele à BA, ſes parties DO & OE, ne ſont pas proportionelles à BX & XA; mais cette différence ne fait rien à la figure de l'ellipſe. Toutes les ſections que l'on peut faire dans le cylindre reviennent aux trois dont nous avons parlé, quoiqu'elles ne ſoient pas entieres; car la ſection NFE, qui ne coupe le cylindre (*Fig.* 14.) qu'en partie, eſt une portion d'ellipſe qui ſeroit entiere ſi le cylindre avoit été coupé entierement, comme il le ſeroit étant prolongé.

Fig. 14.

63. Cette ſection incomplete retranche un ſolide *enfg*, qu'on appelle un *onglet*, à cauſe de ſa reſſemblance avec l'ongle d'un doigt.

Application à l'uſage.

La connoiſſance des ſections du cylindre eſt la baſe de celles des différences des ceintres des faces de berceaux, & des courbes de leurs joints de tête; je ne parle point de ceux de lit, qui ſont des ſections preſque toujours rectilignes.

Les berceaux dont les *arcs-droits* ſont circulaires, ſont de vraies portions de *cylindres droits*, & ceux qui ſont ſurmontés ou ſurbaiſſés ſont des portions de cylindres ſcalenes, ce que l'on peut démontrer de la même maniere que nous avons fait pour les cones de baſe elliptique; car ſi le petit axe de l'ellipſe faite par la ſection perpendiculaire au parallelogramme par l'axe du cylindre, ne peut atteindre à la circonférence d'un cercle qui aura pour diametre la perpendiculaire *il*, ſur les côtés *b*B, *a*E, il eſt viſible qu'en inclinant ce plan vers L ou K, le diametre LK peut être allongé, au point qu'il devienne égal à *il*; ainſi quoique la baſe *ba*, oblique à l'axe M*m*, ou *bo* perpendiculaire à cet axe, ſoit ſuppoſée elliptique, ſi étroite que l'on voudra, la ſection *i*L*l*K pourra être un cercle, & le cylindre ſera

Fig. 15.

ſcalene dans un ſens différent de ce qu'il eſt ici.

Il peut arriver, & il arrive en effet, comme nous le dirons au Livre 4. par quelque raiſon de conſtruction, qu'un Architecte juge à propos de faire le ceintre de l'arc droit d'un berceau en courbe hyperbolique ou parabolique, alors il ne s'agit plus de conſidérer la voute comme une portion de cylindre proprement dit, mais d'un cylindroïde, dont nous allons examiner les ſections.

THEOREME III.

La ſection plane des eſpeces de cylindres qui ont pour baſe une parabole ou une hyperbole, eſt une ſection conique de même eſpece.

Si l'on ſuppoſe qu'une ligne A*a* (*Fig.* 20.) ſe meut parallelement à elle-même autour d'une ſection conique ouverte, elle formera par ce mouvement une eſpece de cylindre, que nous appellerons un *cylindroïde*, parce qu'il reſſemble au cylindre ordinaire, qui a pour baſe un arc de cercle ou d'ellipſe. Pl. 2. Fig. 20.

Soit le cylindre A*ad*DB*b*, qui a pour baſe une courbe ADB, que je ſuppoſe ici une parabole; je dis que s'il eſt coupé par un plan parallele ou oblique à ſa baſe ADB, la ſection ſera encore une parabole.

Si le plan coupant eſt parallele à la baſe, la propoſition eſt évidente.

S'il ne l'eſt pas, ſuppoſons qu'il ſoit incliné comme en L*d*, & qu'il coupe celui de la baſe prolongée ſuivant la ligne MK, à laquelle ſoient menés deux plans paralleles A*b*, F*e*, qui coupent les précédens en ABHI & FE*fe* perpendiculairement à celui de la baſe MO, & parallelement à MK.

A cauſe des paralleles SC, *d*D, perpendiculaires au plan de la baſe, on aura les triangles ſemblables L C*c*, L G*g*, L D*d* dans le plan de l'axe CD de la parabole, & CS du cylindre, & à cauſe que MK (par la conſtruction) eſt parallele à AB & FE, elle le ſera auſſi à HI & *fe*; donc HI eſt parallele à AB, & *fe* à FE, & AI & F*e* ſont des parallelogrammes; puiſque A*a*, B*b*, F*f*, E*e*, qui ſont les côtés du cylindre, ſont paralleles entr'elles; donc AH = BI, & F*f* = E*e* de même que HI = AB, & FE = *fe*; par conſéquent LD : L*d* :: LG : L*g* :: LC : L*c*, & en diviſant CD : *cd* :: GD : *gd*; mais par la ſuppoſition

Fig. 2. que la base ADB soit une parabole, on aura $\overline{CB}^2 : \overline{GE}^2 :: CD : GD :: cd : gd$, & puisque $CB = cI$ ou $AB = HI$, & $FE = fe$, ou sa moitié $GE = ge$, on aura $\overline{cI}^2 : \overline{ge}^2 :: cd : gd$, c'est-à-dire, les quarrés des ordonnées en même raison que les abscisses; donc H*d*I est une parabole, si ADB en est une; *ce qu'il falloit démontrer.*

On peut démontrer la même chose de l'hyperbole, si la base ADB est hyperbolique, ou de l'ellipse, si elle étoit portion d'une ellipse, avec cette différence, que dans cette derniere la section pourroit devenir un cercle, comme nous l'avons dit des cylindres scalenes; car faisant abstraction de ce cas, les ordonnées correspondantes CB, *c*I seront toujours égales entr'elles, de même que GE, *ge*, & les abscisses DC, *dc*, DG, *dg* auront toujours le même rapport dans la base & dans la section oblique, ce qui est clair en les considérant comme des parties des côtés du triangle L*d*D, coupé par des paralleles *c*C, *g*G, *d*D; par conséquent les abscisses restant de la longueur de leurs diametres, seront encore en même raison; donc il y aura même rapport des rectangles de leurs parties aux quarrés des ordonnées.

Application à l'usage.

On voit par cette proposition quelles doivent être les courbes des ceintres de face, ou les joints de doële des berceaux biais ou rampans, ou en talud, dont les arcs-droits ne sont pas circulaires, mais de quelqu'autre des sections coniques, qui les rendent surhaussés ou surbaissés en portion de parabole, d'hyperbole, ou d'ellipse; car quoique nous ayons mis les berceaux elliptiques au rang des cylindres ordinaires, mais scalenes, ils peuvent être compris dans cette proposition, qui montre plus généralement, pourquoi la section oblique & la base sont de même espece.

Et pour donner un exemple particulier de pratique, cette proposition fait voir que les arêtes des joints de lit de cette espece de voute en saillie hors du mur, qu'on appelle *trompe en tour ronde, érigée sur une ligne droite*, dont l'arc droit est hyperbolique, comme il le doit être à celles qui portent les cabinets de l'Hôtel de Toulouse, sur la rue des Bons-enfans, auprès de la Place de Victoire à Paris, sont toutes des arcs d'hyperboles différentes

différentes plus ou moins allongées, selon qu'elles s'approchent ou s'éloignent du milieu.

En second lieu, elle fait voir que la projection d'une section conique quelconque, inclinée au plan de la base horisontale ou verticale, est encore une courbe de même espece, parce qu'on peut imaginer que les lignes perpendiculaires à ce plan passant par tous les points du contour de la courbe, forment un cylindre ou cylindroïde, dont la base est la courbe de projection, & la courbe projettée peut être considérée comme la section oblique de ce cylindre.

THEOREME IV.

La section d'un cylindre creux dont l'épaisseur est par tout égale, coupé par un plan qui n'est pas paralele à sa base, est une couronne d'ellipse, comprise par deux ellipses semblables & concentriques, mais non pas équidistantes, excepté la section sous-contraire dans les cylindres scalenes, où elle est une couronne de cercle.

Soit (*Fig.* 14.) une portion de cylindre A*ab*B, creuse d'une cavité F*f*G*g*, qui est une espace cylindrique concentrique, & semblable à ce cylindre sur l'axe commun C*x*, auquel la section plane AHB est oblique, je dis que les ellipses AHB & FIG, formées par cette section à la surface intérieure & extérieure de ce cylindre creux, ne sont pas équidistantes, quoiqu'il soit partout également épais. Pl. I. *Fig.* 14.

DÉMONSTRATION.

Si l'on coupe un plan passant par l'axe du cylindre A*ab*B, il se formera à l'intersection des surfaces des triangles semblables AB*a*, FB*f*, dont les lignes *a*A & *f*F sont paralleles, par la supposition que les surfaces extérieure & intérieure sont équidistantes; donc B*a*:BA :: B*f*: BF, & en divisant : : *af*: *a*F; mais B*a*, côté d'un angle droit B*a*A, est plus petit que BA, qui est l'hypotenuse; donc *fa*, distance des deux surfaces à la base droite, est plus petite que FA, distance des mêmes à la section oblique; *ce qu'il falloit* premierement *démontrer*.

Présentement nous pouvons démontrer que l'intervalle de ces mêmes surfaces coupées par un plan perpendiculaire au pre-

Pl. 2. Fig. 14. mier, ou si l'on veut, au triangle *a* BA, & par l'axe *c* C, sera égal dans la section oblique AB, à celui de la base droite *a* B, par la seule raison que l'intersection MP du plan est perpendiculaire à l'axe C*c*, comme le rayon de la base *c a* est perpendiculaire au même axe, & comme le rayon *c p* de la même base est parallele à CP.

Pour le concevoir plus distinctement, soit *m*M P *p* le second plan perpendiculaire au parallelogramme par l'axe a *a b* B, ce qu'il faut imaginer dans la figure où il ne l'est qu'en perspective, parce qu'en projection ce plan ne doit être représenté que par une ligne droite; or puisqu'il passe par l'axe, il sera deux parallelogrammes, un à la surface intérieure *l* L O *o*, l'autre à l'extérieure *m* M P *p*, dont les côtés seront paralleles entr'eux, & équidistans d'un côté & d'autre par la supposition; donc PO est égal à *p o*, mais *p o* est aussi égal à *f a*; donc PO est égal à *f a*, c'est-à-dire, que l'intervalle des deux ellipses AHB & FOG au petit axe, est le même que celui de la vraie épaisseur du cylindre; mais hors de cet axe il s'allonge continuellement jusqu'au grand axe AB, où cet intervalle FA est le plus grand; donc les intervalles des deux ellipses sont inégaux, quoique les surfaces soient équidistantes entr'elles; *ce qu'il falloit démontrer.*

COROLLAIRE.

De-là il suit que la portion du grand axe qui est entre les deux ellipses, peut autant varier à l'égard de celle du petit axe, qui marque la vraie épaisseur du cylindre, qu'une ligne tirée obliquement entre deux paralleles à l'égard de la perpendiculaire; ainsi supposant que l'angle d'inclinaison A B *a*, de la section oblique à l'axe *c* C, soit de 60 degrés, la distance FA sera double de l'épaisseur *f a*, comme GB de B *g*.

Ce que nous venons de démontrer dans le cylindre droit est encore vrai dans le scalene, comme il est aisé de l'appercevoir en supposant que la courbe BMAP est un cercle, qui soit la base du cylindre scalene, alors la courbe B *m* a *p* sera une ellipse; la seule différence qui en résulte, est un changement de position dans les axes de la section inclinée à la base; car la ligne *mp* devient alors le grand axe, parce qu'elle est égale au diametre du cercle MP, égal par la supposition à BA, lequel est plus grand que B a, comme l'hypotenuse d'un triangle rectangle A a B à l'égard de son côté B a.

Application à l'usage.

Par le moyen de cette proposition nous ferons voir au quatriéme Livre, qu'on ne peut faire deux ceintres elliptiques de doële & d'extrados, qui soient équidistans à la face d'une voute biaise, qu'on veut faire d'égale épaisseur, sans la rendre inégale à l'arc-droit. Elle fait aussi voir les inégalités qui résultent à l'épaisseur des voutes biaises, lorsque leurs ceintres de face sont faits d'ovales composées de portions de cercles concentriques; enfin elle servira à montrer la fausseté de l'ancien trait des voutes sphéroïdes sur un plan elliptique.

CHAPITRE IV.

Des Sections planes de quelques corps régulierement irréguliers.

On peut imaginer une infinité de corps formés par des révolutions de lignes courbes autour de leurs axes, ou de leurs tangentes, ou par le mouvement de quelques surfaces mûes de différentes manieres; mais nous nous bornons à ceux dont on voit des exemples dans les parties des voutes usuelles, qui se réduisent à trois ou quatre especes.

66. *La premiere*, est de ceux qui sont formés par la révolution des ellipses, qu'on appelle sphéroïdes; si la révolution se fait sur le petit axe, le corps qui en résulte sera appellé *sphéroïde applati*, tels sont à peu près les oignons, les pommes & quelques citrouilles. Si la révolution se fait sur le grand axe AX, nous l'appellons *sphéroïde oblong*, tels sont les melons & plusieurs autres fruits, & particulierement les œufs. Fig. 21.

67. *La seconde espece*, est de ceux qui sont formés par la révolution d'une section conique ouverte, parabole, ou hyperbole, tournant sur son axe, on l'appelle *conoïde*, tels sont les corps ASB, aux figures 22 & 23. Fig. 22 & 23.

La troisiéme espece moins réguliere, est celle des corps appellés *ellipsoïdes*, qui ne sont formés par la révolution d'aucune ellipse constante sur un de ses axes, mais par la révolution d'une ellipse sur un axe constant, dont l'autre varie de longueur, suivant le contour d'une autre ellipse, qui est perpendiculaire à la premiere; ou si l'on veut en prendre une autre idée, c'est une suite d'ellipses perpendiculaires à un axe, laquelle diminue suivant le contour de deux autres ellipses qui se croisent sur cet axe commun, c'est ce que j'appelle *ellipsoïde*, & qui est appellé en Architecture, *voute sphérique surhaussée ou surbaissée sur un plan ovale.*

Fig. 24. *La quatriéme espece*, est celle des corps formés par la révolution d'une section conique fermée, cercle ou ellipse autour de sa tangente, ou autour d'un autre cercle ou d'une ellipse, au plan duquel celui de l'ellipse ou du cercle générateur est toûjours perpendiculaire. Dans le premier cas le corps s'appelle *anneau fermé*, & dans le second simplement *anneau*, telles sont les *voutes sur le noyau.*

Fig. 25. *La cinquiéme espece* est celle des corps formés par le mouvement d'un cercle ou d'une ellipse tournant autour d'une hélice ou ligne en vis, ensorte que son plan soit dirigé à l'axe de l'hélice, ou perpendiculaire à sa tangente. J'appelle ce corps *héliçoïde*, tels sont les vis & colonnes torses, & en fait de voute, les *berceaux tournans & rampans, & vis St. Giles.*

THEOREME V.

La Section d'un sphéroïde & d'un conoïde régulier, coupé par un plan perpendiculaire à son axe, est un cercle; & s'il lui est parallele ou oblique, elle est une ellipse.

La premiere partie de ce Théorême est évidente, car puisque le sphéroïde ou conoïde est supposé formé par la révolution Fig. 21. 22. & 23. d'une demie ellipse ABX, ou d'une section conique ouverte ASB (*Fig.* 22 *&* 23) immobile sur un de ses axes, chaque ordonnée à cet axe, comme CB, Kg, (*Fig.* 21.) ou CB, gT, (*Fig.* 22 *&* 23.) décrira par sa révolution un cercle dont elle est le rayon; & comme on peut appliquer une ordonnée à chaque point de l'axe, il suit que toutes les sections faites par des plans qui lui sont perpendiculaires, sont des cercles dans les sphéroïdes allongés ou applatis, & dans les conoïdes.

Quant à la seconde partie de ce Théorême, touchant les sections paralleles & obliques à l'axe, elle est démontrée dans la quinziéme proposition des conoïdes & sphéroïdes d'ARCHIMEDE.

Premierement. Il n'est pas difficile à comprendre que les sections paralleles à l'axe sont des courbes semblables à la génératrice. Il n'est pas tout-à-fait si clair que les obliques sont des ellipses ; nous allons comprendre l'un & l'autre cas dans une démonstration différente de celle d'ARCHIMEDE.

Soit l'ellipse ADXB la section du sphéroïde par son axe AX, laquelle est la même que l'ellipse génératrice : si l'on suppose deux plans paralleles entr'eux BD, *g h*, & perpendiculaires à l'axe AX, & au plan passant par cet axe, leurs sections dans le sphéroïde seront des cercles représentés en perspective par les courbes BLD, *g m h*, de même que celle du plan passant par l'axe perpendiculaire au plan BADX, sera une ellipse représentée par la courbe ALX, laquelle aura deux ordonnées CL, K*m* communes aux cercles BLD, *g m h*. Enfin si l'on coupe le sphéroïde par un plan incliné à l'axe AX, comme en EF, & perpendiculaire au plan BADX, la courbe de la section représentée par E*m n*F aura aussi deux ordonnées communes aux sections circulaires; sçavoir I*n*, K*m*: il faut démontrer que les quarrés de ces ordonnées sont entr'eux, comme les rectangles EI × IF & EK × KF. Fig. 113

Par une propriété dont nous avons parlé (Article 40) les lignes paralleles menées dans une section conique, & coupées par une troisieme perpendiculairement ou obliquement, font des parties d'abscisses, dont les rectangles sont proportionnels, $BI \times ID : EI \times IF :: gK \times Kh : EK \times KF$; mais à cause des cercles des sections perpendiculaires à l'axe, $BI \times ID = \overline{In}^2$ & $gK \times Kh = \overline{Km}^2$; donc $EI \times IF : EK \times KF :: \overline{In}^2 : \overline{Km}^2$; c'est-à-dire, que les quarrés des ordonnées sont entr'eux comme les rectangles des abscisses; donc la courbe E*mn*F est une ellipse; *ce qu'il falloit démontrer.*

COROLLAIRE.

D'où il suit, que si le plan coupant est parallele à l'axe, la section sera une ellipse semblable à la génératrice.

Et que si deux plans inclinés à l'axe sont paralleles entr'eux, leurs sections seront des ellipses semblables, ce qui s'étend aussi aux conoïdes paraboliques ou hyperboliques, ce que nous allons démontrer par une autre maniere, qui eſt celle d'ARCHIMEDE.

Fig. 22 & 23. Soit (*Fig.* 22) la courbe ASB la ſection d'un conoïde parabolique, coupé par un plan paſſant par ſon axe SC, & DF la ſection d'un plan perpendiculaire au précédent, ſoit menée PT, parallele à DF, & tangente à la parabole au point T, duquel ſoit mené T*g*, ordonnée à l'axe SC, & parallele à AB, & par S la ligne SI; ſoit enfin E*x* perpendiculaire à DF, qui ſera auſſi dans le plan du cercle A*x*B, baſe droite du conoïde, & par conſéquent une ordonnée commune à cette baſe & à la courbe

* *Voyez la Hire, Prop.* 29. *l.* 3. D*x*F. Par la propriété du cercle $\overline{Ex}^2 = AE \times EB$; or * $DE \times EF : AE \times EB :: \overline{TI}^2 : \overline{Is}^2$, & $TI = IP$, parce que par la propriété de la parabole $gS = SP$*; donc $DE \times EF : \overline{Ex}^2 :: IP :$

*Art. 45. IS; donc $\overline{Ex}^2 : DE \times EF :: \overline{SI}^2 : \overline{IP}^2$, & parce que les triangles FD*h*, PIS ſont ſemblables, on démontrera de même que les quarrés des autres ordonnées au diametre DF, auront toûjours un même rapport aux rectangles des abſciſſes, que le quarré D*h* au quarré DF, dont la ſection ſera toûjours une ellipſe.

Il eſt viſible que DF eſt le grand diametre, & que le petit ſera égal à D*h*.

Secondement. Pour la ſection oblique du conoïde hyperbolique, tout étant diſpoſé comme à la figure précédente, (*Fig.*

Fig. 23. 23.) $AE \times EB : DE \times EF :: \overline{SI}^2 : \overline{IT}^2$, or $\overline{Ex}^2 : DE \times EF :: \overline{SI}^2 : \overline{IT}^2$, qui eſt une propriété de l'ellipſe. On démontrera de même que les quarrés des autres ordonnées à ce diametre auront un pareil rapport à leurs abſciſſes, comme $\overline{SI}^2 : \overline{IT}^2$; or SI eſt plus petit que IT, puiſque PI eſt plus petit que IT, par la

Art. 45. propriété de l'hyperbole, donc la ſection faite par DF eſt une ellipſe, dont le grand diametre eſt DF.

COROLLAIRE.

De-là il ſuit, que la ſection plane d'un ſphéroïde creux, d'égale épaiſſeur, eſt une couronne compriſe dans la circonférence de deux ellipſes ſemblables & concentriques; mais non pas équidiſtantes, comme nous l'avons dit des ſections du cylindre & de quelques-unes du cone; ce qui nous ſervira au quatriéme Livre à montrer l'erreur du trait des voutes ſphériques, ſuivant les Auteurs de la coupe des pierres.

La ſeconde eſpece de corps régulierement irréguliers que nous avons à connoître pour la pratique des voutes, ſont les *annullaires*, qui ſont des cylindres pliés ſur leurs axes, ordinairement en portion circulaire, enſorte que les axes & les côtés ſont des arcs de cercles concentriques.

THEOREME VI.

La Section d'un corps cylindrique annullaire, dont l'axe eſt courbe, en forme de circonférence de cercle, & qui eſt coupé par un plan perpendiculaire à celui qui paſſe par l'axe courbe, eſt une ovale du quatrieme ordre.

Soit le corps cylindrique courbe HDh, fait par la révolution du petit cercle GHI, élevé perpendiculairement ſur le plan du grand cercle IDi, dont le centre eſt C, autour duquel s'eſt fait la révolution du petit cercle GHI, enſorte que le diametre GI ait toûjours été dirigé au centre C ; ſi l'on ſuppoſe ce corps coupé par le plan ALBO perpendiculairement au plan IDi, dont la commune ſection ſoit AB, il ſe formera à la ſurface du cylindre annulaire une courbe ALBOA, qui ſera une ovale du quatrieme ordre. *Fig. 24.*

Par un point quelconque N de la commune ſection AB, conſidérée comme l'axe de la courbe, ſoit tiré du centre C le rayon CMK, qui coupe en M le cercle gFG, concentrique à iDI, & ſur ſa partie MK = GI ou gi, ſoit élevé un plan perpendiculaire au plan IDi, qui coupera celui qui paſſe par AB, & dont la commmune ſection ſera NL perpendiculaire à l'axe AB de la courbe cherchée ALB.

Soit donc le rayon Ci, ou ſon égal CD, que l'on ſuppoſe mené perpendiculairement à AB $= a$, le diametre du petit cercle GI ou gi, ou MK $= b$, AE $= c$ ou AB $= 2c$, l'abſciſſe AN $= x$, l'ordonnée NL ou NO $= y$, on aura par la nature du cercle CE $= \sqrt{aa - cc}$ & EN $= c - x$; donc CN $= \sqrt{aa - 2cx + xx}$, & KN $= a - \sqrt{aa - 2cx + xx}$, MN $=$ KM $-$ KN $= b - a + \sqrt{aa - 2cx + xx}$; mais par la nature du cercle, le rectangle KN × MN $= \overline{NL}^2$; ainsi multipliant KN × MN, & égalant le produit à yy, on trouvera $ab - 2aa + 2cx - xx + \overline{2a-b}\sqrt{aa - 2cx + xx} = yy$. Pour abréger la réduction, soit nommé $2a - b = e =$ Ig ou iG ; ce qui étant substitué, on aura cette équation $- ae + 2cx - xx + e\sqrt{aa - 2cx + xx} = yy$, ou bien en transposant pour mettre tous les rationels d'un côté $xx - 2cx + ae + yy = e\sqrt{aa - 2cx + xx}$; pour en ôter l'asymmetrie, il faut quarrer les deux membres de l'équation, ce qui donnera $x^4 - 4cx^3 + 2aexx + 2yyxx + 4ccxx - 4acex - 4cyyx + 2aeyy + y^4 = - 2ceex + eexx$, réduisant cette équation à o selon l'ordre des dimensions de x, suivant la coutume, on aura :

$$\begin{array}{lllll} x^4 - 4cx^3 & + 2aexx & - 4acex & + y^4 & \\ & - ee & + 2cee & + 2aeyy & = 0 \\ & + 4cc & - 4cyy & & \\ & + 2yy & & & \end{array}$$

laquelle équation exprime la nature de la courbe ALB de la maniere la plus simple, dans son état de généralité ; ainsi c'est une courbe du quatrieme ordre, parce que les co-ordonnées x & y, montent à la quatrieme dimension ; mais il y a des cas particuliers où elle devient plus simple, par exemple :

Si la section AB passe par le centre, il est visible que la courbe ALB se partage en deux cercles ihg, & GHI, dont l'équation est $\begin{array}{l} xx + ex + yy = 0. \\ \quad\; - 2a \end{array}$ Aussi dans ce cas notre équation trouvée se laisse diviser par ce diviseur $\begin{array}{l} xx - 2ax + 2ae, \\ \qquad\quad 1 - e \quad + yy \end{array}$ & le quotient donnera ladite équation $\begin{array}{l} xx + ex + yy = 0, \\ \quad\; - 2a \end{array}$ pour le cercle ihg ou IHG, comme il doit arriver, si l'on prend IG égal à tout le grand diametre Ii, c'est-à-dire, si Ig ou e est égal à o, auquel cas le corps annulaire HDh devient une sphere, ensorte que la courbe de la section ALB en sera un cercle mineur. Notre équation la doit marquer en effet, si vous y omettez les termes

termes où se trouve la lettre e; puisque $e=0$, l'équation générale se change en celle-ci. Fig. 24.

$$x^4 - 4cx^3 + 4ccxx - 4cyyx + y^4 = 0$$
$$+ 2yy$$

dont on peut tirer la racine quarrée $xx - 2cx + yy = 0$; or il est clair que cette équation particuliere est pour le cercle, dont le diametre est $2c = AB$, qui marque évidemment que la section ALB dégénere en cercle.

Ce sont là tous les cas possibles où la courbe en question puisse devenir d'un ordre inférieur que du quatrieme.

La troisieme espece de corps régulierement irréguliers, dont nous avons besoin de connoître les sections, est celle des *Cylindriques helicoïdes* (en termes d'Architecture) des voutes en *vis*.

Nous appellons *cylindre helicoïde* un corps cylindrique, qui, au lieu de tourner dans un plan autour d'un centre, tourne en s'élevant autour d'un axe, comme le lierre, ou plutôt le liseron, s'éleve en embrassant un arbre, d'où vient le mot *d'hélice*, usité en Architecture, tiré du Grec *heliso, circumvolvo*. Tel est le corps EGMgD (*Fig.* 25.) Fig. 25.

COROLLAIRE I.

De cette définition on peut conclure que la section de ce corps, coupé par un plan parallele à son axe, ne sera pas d'une espece différente de celle du corps annulaire dont nous venons de parler, si la base ou projection de l'hélice est un cercle; car toutes les distances de l'axe à ce corps, mesurées horisontalement seront égales à celle de la section de l'anneau à son centre, & toutes les sections verticales par l'axe seront des cercles égaux, comme celles de l'anneau, coupé par un plan passant par le centre C (*Fig.* 24.) & perpendiculairement au plan *i* DI, supposant l'un & l'autre corps cylindrique d'égale grosseur; il n'y aura donc de différence, que celle du changement de hauteur de toutes ses sections circulaires, qui s'élevent comme par degrés les unes au-dessus des autres, au long d'un axe incliné au plan de la base; ce qui est exprimé à la Fig. 26. par les différences de hauteur *neoa*. Fig. 26.

COROLLAIRE II.

D'où il fuit que pour connoître & tracer la fection de l'hélice, il faut commencer par tracer celle de l'anneau fuppofé fur fa bafe, & coupé à même diftance du centre que l'hélice l'eft de fon axe, & donner à l'axe de l'hélice l'inclinaifon qu'il doit
Fig. 25. avoir, laquelle fe trouve par la hauteur de la ligne *a b* (*Fig.* 25) Nous ne nous arrêtons pas ici à la defcription de l'une & de l'autre courbe, que nous donnerons au fecond Livre; il fuffit d'expofer aux yeux leur rapport par la figure 26.

Application à l'ufage.

74. Cette propofition fait connoître quelle eft la courbure du ceintre d'une interruption de voute fur le noyau par un mur ou une faillie droite, comme pourroit être la tour quarrée d'un clocher, au chevet d'une Eglife, ainfi voutée à fon bas côté; mais il fert principalement à trouver la cerche droite, qui doit guider la courbure de la doële d'une voute fur le noyau, ou d'une vis St. Giles, perpendiculairement au rayon, venant du centre de la courbure de l'axe & des côtés; comme on en a befoin pour l'appareil, ce que nous ferons voir dans le quatrieme Livre où il s'agit de l'appareil; nous croyons n'avoir pas befoin de nous étendre davantage fur les changemens qui peuvent arriver à ces courbes, par ceux qu'on peut faire aux ceintres des cercles générateurs IHG, foit en les furhauffant, foit en les furbaiffant, ou à la courbure de l'axe, laquelle au lieu d'être circulaire pourroit être elliptique, parce que nous pourvoirons dans la pratique à l'exécution de toutes ces variations.

Des Sections du coin-conoïde coupé par des plans.

IL eft une forte de corps régulierement irrégulier, dont on ne fait pas mention dans les élémens de Géométrie, mais dont il eft néceffaire d'examiner les propriétés dans ceux de la coupe des pierres, parce que rien n'eft plus fréquent dans les bâtimens que certaines petites voutes qu'on appelle *arrieres vouf-*

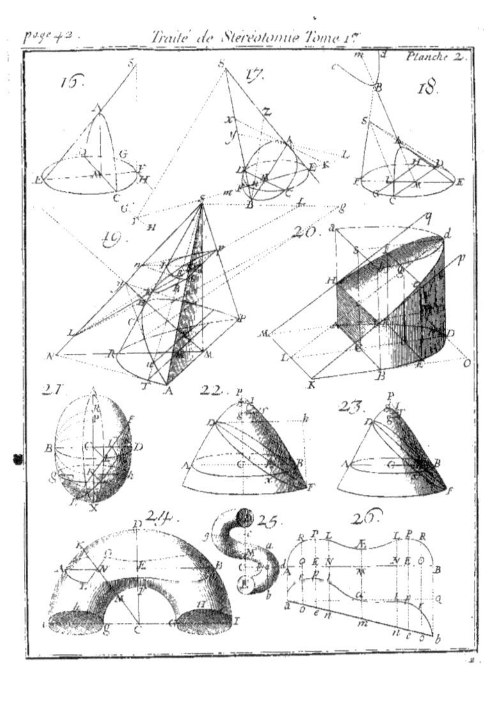

sures reglées & bombées dont la surface concave est précisément la même que la convexe du solide que nous appellons ici *coin-conoïde*; en voici la génération.

Soit un parallelogramme ABED, sur un côté duquel AB est élevé à angle droit, un cercle AHBF, dont AB est le diametre. Si l'on suppose une ligne droite HM qui s'appuye par un bout H sur la circonférence du cercle, & par l'autre sur la ligne droite DE, qu'on la fasse mouvoir sur ces deux appuis de A par H en B, & de D en E; ensuite par-dessous de B par F en A; puis encore par l'autre B, de E en D, elle parcourera en l'air la surface d'un corps arrondi par un bout comme un cone, & par l'autre en angle aigu, comme un *tranchant* de coin; d'où nous avons crû devoir 1°. appeller cette figure un *coin-conoïde*; 2°. le cercle de la base AHBF, *tête* du coin; 3°. la ligne CM passant par son centre (c'est le milieu M du *tranchant* DE) *l'axe du coin*; 4°. Le plan ADEB, passant par le même centre C & le tranchant DE, le *parallelogramme par l'axe*. 5°. Le plan qui lui est perpendiculaire, passant par le même axe, le *triangle par l'axe* HFM. Pl. 2. bis. Fig. 1.

Il suffira pour notre objet de considérer seulement la moitié de ce corps qui est analogue à quelques-unes de nos voutes, & les propriétés des lignes courbes qui terminent les sections que peuvent y faire des plans qui sont supposés le couper en différentes parties & situations.

THEOREME VII.

Premiere section.

Si le coin-conoïde est coupé par un plan perpendiculaire à celui du parallelogramme par l'axe, & parallele à un de ses côtés, la section sera un triangle rectangle, comme CHM, ORN, dont le plus grand sera celui qui passe par cet axe, & la plus grande des ordonnées au demi-cercle CH, d'où ils diminuent de part & d'autre, dans le rapport des autres ordonnées OR, *or*, parce qu'étant tous de même longueur CM, ON, ils sont entr'eux comme leurs bases OR, *or*, jusqu'à ce que la ligne génératrice HM vienne se confondre avec celle des côtés AD ou BE, où la section triangulaire s'évanouira. Fig. 3.

Pl. I. bis. Fig. 3. Cette proposition n'a pas besoin d'autre démonstration que celle de la définition de la génération de ce corps, puisque les sections faites dans les plans du cercle de la *tête* & du *parallelogramme par l'axe*, par un troisieme plan qui les coupe, sont évidemment des lignes droites, & que la troisieme surface qui est courbe, a été supposée formée par le mouvement d'une ligne droite, changeant continuellement d'inclinaison, mais toujours dans un plan parallele à l'axe du coin-conoïde.

THEOREME VIII.

Seconde section.

Si le plan coupant le coin-conoïde est perpendiculaire au parallelogramme par l'axe, & parallele au cercle de la tête du coin, la section sera une ellipse.

Pour démontrer cette proposition avec moins de confusion de lignes dans la figure, il suffira d'y tracer la moitié de notre moitié du coin c'est-à-dire, le quart du complet, comme l'on

Fig. 2. en voit un à la Fig. 2, parce que l'autre moitié sera toûjours égale à celle-ci.

Fig. 4. Soit (*Fig.* 4.) le rectangle CMEB, la moitié du parallelogramme par l'axe & le quart de cercle CAB, celui de la tête du coin perpendiculaire à ce rectangle, & GLH la section faite par un plan qui lui est parallele; je dis que la courbe H*xy*L qui la termine est une *ellipse*.

Car ayant elevé à volonté des ordonnées au demi diametre CB, en OR, & *or*, & tiré par les points O & *o* des lignes ON, *on* paralleles à CM ou BE qui couperont le demi-diametre GL en P, & *p*, si l'on éleve par ces points G, P, & *p* des perpendiculaires à GL, & que des points A, R, *r* de la circonférence de la *tête* on tire des lignes droites aux points M, N, *n*, elles couperont ces perpendiculaires aux points H, *x*, *y*, qui seront à la circonférence d'une ellipse, comme il est aisé de le démontrer.

A cause des triangles semblables MCA, MGH, on aura MC . CA : : MG . GH, & par la même raison NO . OR : : NP . P*x*, & encore *no* . *or* : : *np* . *py*; mais MC = NO = *no* & MG = NP = *np*, donc CA . GH : : OR . P*x* : : *or* . *py*, donc les ordonnées à l'axe de la courbe, sont entr'elles comme les ordonnées au diametre du cercle, ce qui est une propriété de l'ellipse; donc cette section est une ellipse, *ce qu'il falloit démontrer.* Pl. 2. bis. Fig. 4.

COROLLAIRE I.

Cette démonstration convient à toutes les positions de lignes paralleles à CB entre C & M; mais il est visible que toutes les ellipses seront d'inégale hauteur, à mesure que le plan coupant s'approchera de C, elle s'arrondiront de plus en plus; & au contraire plus il s'approchera de la ligne ME, plus la courbure du contour s'applatira; en sorte que si elle en approche infiniment, le petit axe $g\,h$ se réduira à un point, & la courbe s'évanouira en ligne droite, égale à ME du tranchant.

COROLLAIRE II.

Si la courbe de la tête du coin-conoïde que nous avons supposée en demi-cercle, étoit seulement un segment de cercle ou une demi-ellipse sur son petit axe, la section seroit encore un segment d'ellipse ou une demi-ellipse semblablement posée.

COROLLAIRE III.

Mais si la tête étoit elliptique d'une moitié qui eut son grand axe en hauteur; il se trouveroit une section circulaire entr'elle & la ligne du tranchant ME, supposant toujours le plan coupant perpendiculaire à celui du parallelogramme par l'axe & parallele à celui de la tête, au-delà duquel en tirant vers le tranchant ME, les sections elliptiques auroient leurs axes en position contraire à ceux de la tête, c'est-à-dire, le grand sur le plan du parallelogramme par l'axe, & le petit en hauteur, comme dans le premier cas, dans le triangle par l'axe du coin-conoïde CAM; au lieu que dans cette derniere supposition, la moitié du grand axe est dans ce triangle, & le petit dans le plan du parallelogramme par l'axe; ce qu'il est aisé d'appercevoir, en faisant attention que depuis la section circulaire qui ne seroit pas sur la ligne CB, mais en-dedans vers ME, la ligne du sommet MA s'éleveroit d'autant plus au-dessus du sommet A que la section se feroit au-delà de CB en-dehors. Fig. 43.

Troisieme section.

PL. 2. *bis.* *Fig.* 5. Si le plan coupant n'est ni parallele aux côtés du parallelogramme par l'axe MC du coin, ni au demi-cercle de la tête AHB, mais incliné à l'un & à l'autre, ensorte cependant qu'il soit toûjours perpendiculaire au plan de ce parallelogramme, il se formera des sections qui ne seront plus ni circulaires ni elliptiques, ni d'une courbure uniforme de part & d'autre du milieu de leurs axes, mais plus arrondies ou enflées d'un côté que de l'autre, suivant les différentes circonstances de ce plan coupant; sçavoir,

1°. Lorsque le plan de section coupe les deux côtés opposés du parallelogramme par l'axe, & qui lui sont paralleles sans les prolonger au-dehors du coin, comme IK (*Fig.* 5.)

2°. Lorsqu'il ne coupe qu'un de ces côtés, & le tranchant
Fig. 6. DE, comme AT (*Fig.* 6.)

3°. Lorsqu'il coupe le tranchant DE & la tête du coin AB,
Fig. 7. comme ZK (*Fig.* 7.)

Fig. 8. 4°. Lorsqu'il ne coupe les côtés opposés que hors du coin, en les prolongeant tous deux comme KML (*Fig.* 8.)

Fig. 5. *Premier cas.* S'il coupe les deux côtés opposés comme en IK, il se formera une courbe à la surface de la section du coin, dont le contour sur la moitié de l'axe IV sera plus arrondi que celui de l'ellipse passant par le même point V de l'axe du coin; & l'autre sur VK sera plus applati & deviendra aigu en K, d'autant plus que ce point approchera du point E du tranchant.

Car si l'on suppose une section elliptique GL parallele (comme il a été dit ci-devant (à la *tête* AB), on reconnoîtra que les deux plans de ces sections sur IK & GL qui sont leur axe, se couperont suivant une ligne V*h* qui sera perpendiculaire commune à ces deux axes, & au plan du parallelogramme par l'axe du coin (par la 19. du 11. Livre d'Euclide) dont elle sera une ordonnée commune à ces deux sections elliptique & oblique. Cela supposé il sera aisé de démontrer que toutes les ordonnées à la moitié de l'axe oblique IV, seront plus grandes que celles de la moitié de l'ellipse GV du même côté, car la section triangulaire NRO sera coupée par les deux plans des autres sections G*h*L, & I*h*K qui auront aussi dans leurs intersections des perpendiculaires communes Q*x*, P*d*, terminées par la ligne NR qui s'éleve du point *d* au point *x*, dans le rapport des longueurs des bases des triangles semblables NQ *x*, NP *d*, ce qui sera vrai de toutes les ordonnées à l'axe oblique de V en I, où l'on aura toûjours NQ . Q *x* : : NP . P *d*; mais NQ est plus grand que NP, dont Q *x* est plus grand que P *d*. Pl. 1. bis. Fig. 5.

Tout au contraire, dans la moitié de la courbe de *h* en K, les ordonnées à la partie VK de l'axe oblique, seront plus courtes que celles de l'ellipse, parce qu'elles approchent plus du tranchant DE, où le coin se réduit à un angle très-aigu, & l'on trouvera de même dans les sections triangulaires coupées par les plans elliptiques & obliques, une pareille analogie, *n p* . *n q* : : *p e* . *q y*; mais *n p* est plus grand que *n q*, donc *p e* est plus grand que *q y*; *ce qu'il falloit démontrer*.

Donc la moitié de la section oblique qui approche le plus de la tête du coin, est plus arrondie & enflée à mesure qu'elle s'en approche, & plus applatie & angulaire par le côté opposé; donc elle n'est ni circulaire ni elliptique, car la partie inférieure du coin-conoïde *complet* seroit égale à celle des mêmes côtés; ce qui n'arriveroit pas à une ellipse dont IK ne seroit pas un axe, mais un diametre, parce qu'alors l'enflure de la partie supérieure vers I se trouveroit tournée dans l'inférieure vers K, ce qui n'arrive point ici, puisque la courbe y est également resserrée comme au-dessus.

On a supposé ici que les différences des longueurs NQ & NP d'un côté, & *n q* & *n p* de l'autre étoient connues, parce que la mesure de l'obliquité est nécessairement connue par les longueurs GI, LK & un point donné, par exemple Q, dans l'axe IK, sur lequel on veut déterminer une ordonnée Q *x*, relative à celle de l'ellipse P *d*, sur la ligne NO parallele à l'axe CM du coin-conoïde. On aura donc les triangles semblables VGI, VPQ, d'où l'on tirera l'analogie VG . GI : : VP . PQ, que l'on cherche pour l'ajouter à NP, & avoir la longueur totale NQ, supposée connue dans les analogies précédentes. Par le même raisonnement on aura de l'autre côté les triangles semblables VKL, V *q p*, qui donneront VL . VK : : V *q* . *q p*, que l'on cherche pour l'ôter de *n p*, & avoir la longueur *n q* qu'on a employée pour trouver les différences des ordonnées de l'ellipse avec celles de la courbe oblique, *ce qu'il falloit faire & démontrer*.

Second cas de la section oblique. Si le plan coupant (toujours Fig. 6.

Pl. 2. bis. Fig. 6. ſuppoſé perpendiculaire au parallelogramme par l'axe) n'en coupe qu'un côté parallele à cet axe, & l'autre adjacent, comme le tranchant DE par exemple en T, la ſection ſera encore de la même eſpece que la précédente, avec cette différence qu'elle devient plus aigue, & que ſi l'on ſuppoſe un autre coin-conoïde oppoſé au ſommet du premier, comme on ſuppoſe des cones pour trouver les propriétés de certaines ſections coniques, & qu'on prolonge le plan de la ſection en Z, juſqu'à ce qu'elle rencontre le côté BE prolongé, il ſe feroit une ſection concave, enſuite de la convexe, par une tranſition inſenſible ſans jarret dans le rebrouſſement, comme on voit dans la Figure 6 en T *z* Z.

La maniere de trouver autant de points que l'on voudra dans le contour de cette ſection, eſt toûjours la même que dans la précédente, qui eſt de prendre ſur l'axe AT, tel point que l'on voudra pour y élever une ordonnée, & mener par ce point (par exemple Q) une parallele ON à l'axe CM du coin, qui formera les triangles ſemblables TAD, TNQ, & donnera les analogies ſuivantes TD . : TA : TN . TQ : : TM . T *q*, & enſuite comme ci-devant, à cauſe des triangles ſemblables NOR, NQ *x*, MCH, M *q* Y; on aura NO . OR : : NQ . Q *x* qu'on cherche, ou MC . CH : : M *q* . *q* Y, ce qui donne les points *x* & Y à la circonférence de la courbe A *x y* T.

Nous parlerons ci-après de la ſection qui ſe feroit hors du coin-conoïde, s'il y en avoit un ſecond oppoſé au ſommet.

Fig. 7. *Troiſieme cas* de la ſection oblique. Lorſque le plan coupe un des côtés du parallelogramme par l'axe, & le plan du demi cercle de la tête, alors cette ſection FK eſt bien de la même eſpece que les précédentes, mais *incomplete*; je veux dire que ſa circonférence n'atteint à ſon axe que d'un côté, & non pas de l'autre où elle eſt terminée à celle du demi-cercle de la tête, que le plan de ſection coupe ſuivant l'ordonnée FS, commune aux deux contours. Les points de cette courbe ſe trouveront comme dans le cas précédent, par les triangles ſemblables FBK, F *op*, FCP, dans le plan du parallelogramme par l'axe du coin, & les ſections triangulaires MCH, N *or* qui couperont le plan de la ſection ſuivant les ordonnées communes à la ſection oblique P *x* . *py*; ce qu'il eſt inutile de repeter.

Nous avons dit que cette ſection étoit incomplete; ſi l'on veut ſçavoir ce qui lui manque pour revenir à ſon axe, il n'y a qu'à

prolonger

prolonger KF en Z, jusqu'à ce qu'il rencontre le côté DA prolongé jusqu'au point d'interfection Z ; alors on peut comparer cette prolongation aux ordonnées du cercle dans la partie ASF, comme l'on a comparé pareille fection avec l'ellipfe dans la cinquiéme figure, en fuppofant le coin-conoïde prolongé en avant de fa tête AHB. Pour trouver par exemple l'ordonnée G*g* en dehors par le point donné *g*, on tirera *g q* parallele à AD qui coupera le diametre AB en T, par où ayant élevé TV = TS, on tirera *q* VG qui coupera en G fa parallele *g* G ordonnée à la courbe ZGVK que l'on cherche ; d'où il fuit que la courbe oblique fera plus haute que le cercle, & plus enflée à mefure qu'elle avancera vers Z, c'eft-à-dire que les ordonnées excéderont de plus en plus celles du cercle, ainfi qu'il a été démontré dans le fecond cas de la fection oblique. Pl. 2. bis. Fig. 7.

Quatrieme cas. Lorfque le plan coupant ne coupe aucun des côtés paralleles à l'axe du coin, mais ceux de la tête & du tranchant, il eft vifible que ce cas eft un compofé du fecond & du troifieme exprimés dans les Fig. 6 & 7, la fection eft angulaire comme dans le fecond, & incomplete comme dans le troifieme, & cette fection incomplete a fa circonférence d'autant plus approchant de la ligne droite que le plan coupant approche du parallelifme de l'axe du coin, ce qui eft évident. Fig. 6. & 7.

Pour réfumer tout ce que nous avons dit ci-devant des fections obliques, & mettre fous les yeux les différentes courbes qui en proviennent, nous fuppoferons deux coins-conoïdes oppofés au fommet fur un même axe prolongé CMX ; & pour rendre la figure plus fimple, nous ne tracerons qu'une moitié de chacun des parallelogrammes par l'axe commun de ces deux coins ADMC & MEB*c*, fur les côtés defquels CA & B*c* on tracera le quart de cercle AH, repréfentant celui de la tête, qui doit être fuppofé à angle droit fur les plans de ces parallelogrammes, ce qu'on ne peut exprimer dans la figure, de même que fon oppofé B*h*. Fig. 8.

Si l'on fuppofe ces parallelogrammes coupés par des plans qui leur foient perpendiculaires, mais tournés différemment & obliquement à l'égard de l'axe commun C*c*, (comme font les lignes 2^d, 20', 1, 21) AB, KL, paffant toutes par le milieu M du tranchant commun DE, on pourra tranfporter toutes les longueurs de ces lignes fur l'axe commun, comme M 2 en M 12, M 1 en M 11, MA en M*a*, & MK en M*k* ; & par les

Pl. 2. bis. Fig. 6. & 7. moyens qui ont été donnés ci devant, on tracera les courbes sur les axes AM, 1M, 2 M comme dans le cas de la Figure 6, & KM qui excede la longueur du coin-conoïde ADMC, comme dans le cas de la Fig. 7, en prolongeant les lignes MP & DA, jusqu'à ce qu'elles se rencontrent en K. On en fera autant dans l'autre moitié du coin-conoïde opposé, & l'on aura les courbes *k*ZYM*yl*; *ax*M*xb*; 11 *x*M*z* 1^d; 12*y*M*z* 2^d, qui exprimeront toutes les courbes des sections faites par des plans obliques à l'axe suivant les angles donnés AMC, 1 MC, 2 MC, *p*MC; & si l'on double les courbes au-dessous de l'axe, comme MV*ly*M, on aura les sections du coin-conoïde entier, lesquelles étant jointes ensemble & rassemblées, forment la figure de ces cordons noués qu'on appelle *lacs* d'amour. Ce qui n'est ici qu'une pure curiosité, à laquelle nous ne devons pas nous arrêter.

Quatrieme section du coin-conoïde.

Nous avons supposé jusqu'ici que ce solide étoit coupé par des plans toûjours perpendiculaires à celui du parallelogramme par l'axe, mais inégalement obliques à la direction de cet axe ou des côtés, ce qui revient au même.

Présentement nous supposons que le plan coupant est parallele à celui de ce parallelogramme plus ou moins éloigné d'un intervalle pris à volonté, & nous cherchons quelle est la courbe qui termine la section à la surface du coin, dont le contour est différent du cercle & de l'ellipse, & de toutes les précédentes, & dont on trouvera autant de points que l'on voudra par le

Fig. 10. calcul, ou avec le compas. Soit ACMD la moitié du parallelogramme par l'axe du coin CM, & AHCMD le quart du corps entier, ce qui nous suffit, parce que les trois autres lui sont égaux, pour éviter la confusion des lignes dans la figure.

Ayant placé un point G sur le rayon CH perpendiculaire au plan du parallelogramme par l'axe CD, à la hauteur donnée CG au-dessus de ce plan, on menera GF parallele à CA qui coupera e s ordonnées au rayon AC, comme OR en P, & *or* en *p*, & passera par le sommet d'une autre *o*F égale à CG. Si du point G on tire une parallele GZ à l'axe CM, elle coupera le côté HM de la section triangulaire par l'axe du coin au point Z qui sera un de ceu xde la courbe cherchée.

Par la même construction (supposant la prépara ion de la

figure comme dans toutes les précédentes) on tirera une parallele au même axe, ou à sa parallele ON par le point P, où la ligne de hauteur FG du plan coupant, croise l'ordonnée OR. Cette parallele P*y* coupera le côté du coin RN au point *y* qui est un second point de la courbe cherchée; on tirera de même par le point *p* d'intersection des lignes FG de hauteur du plan, & *or* ordonnée dans le quart de cercle qui coupera le côté *rn* de la section triangulaire *orn* au point *x* qui est un troisieme point de cette courbe, sur laquelle on en trouvera autant qu'on voudra, en multipliant les ordonnées & les sections triangulaire par ces ordonnées, comme il a été dit ci-devant. Pl. 2. bis. Fig. 10.

Par où l'on voit que cette section differe des obliques à l'axe; en ce qu'elle ne peut jamais devenir anguleuse, comme celles dont nous avons donné la description.

De la construction de cette courbe avec la regle & le compas qui donne toûjours des intersections de lignes droites, dont les points de rencontre sont à la surface du coin-conoïde dans un plan parallelele au parallelogramme par l'axe, il est facile d'appercevoir comment on peut trouver par le calcul les points de la circonférence de la courbe demandée, à cause des triangles semblables qu'on y a fait CHM, GHZ; ORN, PR*y*, &c. qui donnent les analogies suivantes HC.CM::HG.GZ, ce qui donne la ligne GZ qui sera une ordonnée à GF, qu'on peut prendre pour axe de la courbe, & par conséquent le point Z sera un de ceux de sa circonférence.

De même & par la même raison, on aura RO. ON = CM ::RP. P*y* & *ro*, *on* = MC::*rp*.*px*, ce qui donne quatre points de cette courbe; sçavoir, le point F donné par la ligne GF parallele à CA, & les trois *xy*Z qu'on vient de trouver.

En repetant cette courbe de l'autre côté du triangle par l'axe CHM, on aura la section toute entiere.

Il est visible que si au lieu du point G donné pour hauteur du plan, on en avoit pris un plus bas en *g*, on auroit eu aussi un point V plus près du parallelogramme par l'axe que donne la parallele *g* V à cet axe, & par conséquent une circonférence de section plus étendue, mais qui ne seroit pas parallele à la précédente, à cause de la différence des inclinaisons des côtés du coin pris sur les sections triangulaires, paralleles à la plus grande qui est par l'axe.

Pl. 2. bis. Fig. 10. On auroit pû chercher toutes les courbes des sections obliques & de celle-ci, d'une maniere plus sçavante, par le calcul analytique, qui est la clef des découvertes; mais la synthese est ordinairement plus utile aux arts, où la Géométrie linéaire représente mieux les objets à l'imagination, lorsque les figures ne sont ni trop compliquées ni trop chargées de lignes pour les représenter.

Et pour montrer qu'on n'y perd rien pour ce qui concerne la pratique de l'art dont il est ici question, je vais en tirer un exemple de la courbe de cette derniere section du coin-conoïde coupé par un plan parallele à celui du parallelogramme par l'axe : car soit nommé le rayon de la tête du coin $CH = CA = a$, la distance du centre C à l'ordonnée $CO = b$, la pareille $Co = c$, $Fo = yq = \sqrt{a^2 - c^2}$, $RO = \sqrt{a^2 - b^2}$; $ON = CM = d$, à cause des triangles semblables on aura $OR . ON :: yq = FO . qN = yk$

$\sqrt{a^2 - b^2} . d :: \sqrt{a^2 - c^2} . d \frac{\sqrt{a^2 - b^2}}{a^2 - c^2}$, donc $yk = qN = d\frac{\sqrt{a^2 - b^2}}{a^2 - c^2}$, ce qu'il falloit trouver, c'est-à-dire, qu'il faut multiplier la longueur $CM = ON$ par la racine quarrée du rayon CA, & en ôter celle du quarré de la partie CO, & divisér ce produit par le quarré du rayon, après en avoir retranché celui de l'abscisse Co, ce qui occasionne une longue opération de chiffres en comparaison de la simple opération linéaire avec le compas, qui donne tout d'un coup Py, dont la longueur ôtée de $PK = ON$, donne la longueur qN qu'on a cherché pour élever au-dessus une perpendiculaire à la ligne ON égale à oF qui donne à la surface du coin le point y de la section cherchée.

Il y auroit beaucoup d'autres curiosités à rechercher dans les différentes courbes de ce corps coupé par des plans ; mais nous n'en voulons qu'à ce qui peut être utile à notre objet, qui est le *coin-conoïde resserré par le tranchant*.

Nous avons supposé jusqu'ici que la section du coin-conoïde par l'axe & le tranchant, étoit un parallelogramme, par conséquent que ses côtés étoient paralleles entr'eux; présentement nous le considerons comme resserré du côté du tranchant, de forte que la section plane par l'axe & le tranchant, est un trapeze ou isoscele, ou oblique, dont les côtés opposés sont convergens comme à *deb* de la figure 11 qui concourent en un point X, lequel est au-dehors sur la ligne M*m* poussé jusqu'au-dessous de la cinquieme figure. Pl. 2. *bis*. *Fig.* 11.

Nous avons de plus supposé dans toutes les figures, que notre coin étoit exactement la moitié du coin-conoïde entier, parce que la section plane formant le parallelogramme, passoit par l'axe, par conséquent par le diametre du cercle de la tête.

Ici au contraire, nous ne supposons pas la section par l'axe, mais par une des cordes du cercle de la base, plus ou moins près du diametre AB, par exemple ici celle de 90 degrés.

Ces différences de suppositions en produisent aussi dans les sections planes de ce corps.

Premierement en ce que les précédentes étoient des courbes tangentes aux perpendiculaires au plan du parallelogramme par l'axe, lorsque le plan coupant étoit parallele au cercle de la tête, ou qu'il ne coupoit point la ligne du tranchant; il n'en est pas de même ici, toutes ces courbes font avec de pareilles perpendiculaires des angles mixtes, ce qui en Architecture ne produit pas une transition insensible de la courbure de la voute à la rencontre des piédroits.

Secondement, que les sections paralleles à l'axe ne sont pas des triangles rectilignes, comme dans les cas précédens, mais des courbes comparables à celle de A*x*T de la sixieme figure.

A cela près, on peut appliquer à cette espece de solide, ce que nous avons dit du premier; par exemple que les sections des plans paralleles à celui de la tête, étoient des ellipses ou des portions d'ellipse proportionnelles au segment du cercle de la tête aH*b*, telle est *gz*L, par la ligne *g*L. *Fig.* 11.

On en appercevra facilement la raison, en considerant que toutes les parties de *g*L sont divisées proportionellement par les lignes tirées des points M *q* Q *b* de la corde a*b* du cercle de la tête, au point de contour X, hors de la figure, sous la ligne AB de la cinquiéme Figure; par conséquent que toutes les abscisses du segment circulaire & du segment d'ellipse *gz*L sont proportionnelles. Il est clair aussi que toutes les ordonnées le sont, en jettant les yeux sur le profil de la Figure 12, qui représente les sections triangulaires de ce corps.

Application à l'usage, & remarque sur une faute d'appareil dans le trait d'un Auteur moderne.

Pl. 1. bis. Fig. 11. La surface convexe du coin-conoïde étant précisément la même que la concave des petites voutes appellées *arrieres voussures reglées & bombées*, comme nous l'avons dit ci-devant ; il suit que dans l'appareil on doit en imiter la surface comme la plus réguliere en ce genre. Or nous trouvons dans le Traité de la Coupe des Pierres de *la Rue* (Chap. 32. Planc. 22) une construction qui en altere tellement la régularité, qu'on ne doit pas la proposer aux appareilleurs.

Pour n'être pas trompé par le nom qu'il lui donne d'*arriere-voussure de Saint-Antoine surbaissée & reglée*, il est à propos d'observer que celle dont il traite n'est point concave du devant au derriere en coquille, comme l'annonce le nom de *Saint-Antoine*, mais qu'il s'agit de celle dont nous traitons, dont la doële se fait à la regle du devant au derriere, & non en arc concave.

Cela supposé, il faut distinguer deux cas dans cette voute ; l'un lorsqu'elle est établie sur deux piédroits paralleles entr'eux.

L'autre, lorsqu'ils sont ébrazés, c'est-à-dire, ouverts en-dedans du côté du bombement, & convergens au côté opposé vers le tranchant du coin.

Dans le premier cas, les projections de joint de lit des voussoirs doivent être paralleles, comme on l'a vû dans les démonstrations précédentes.

Dans le second ils doivent être convergens, comme nous venons de le dire du coin conoïde resserré vers le tranchant, & concourir au même point que les directions des piédroits ; par exemple en X hors de la Figure 11 où ce corps est représenté, (lequel point X est sous la ligne AB de la cinquiéme Figure) où aboutiroient les lignes *qt*, QT, si elles étoient prolongées, ainsi que les côtés *ad*, *be*.

Cependant M. de la Rue, sans égard à cette différence, dans la Figure 22 de son Livre, a fait les projections des lits des voussoirs paralleles à l'axe du milieu de son épure & en lignes droites, comme si les piédroits n'étoient pas ébrasés, d'où il suit qu'il forme par cette construction la surface d'un coin-conoïde de la premiere espece, tel qu'il est représenté à la Figure 6, & dont le tranchant est coupé de même par un plan oblique sur AT, qui fait dans le coin une section courbe A x T. PL. 2. Fig. 11.

Ainsi considérant de même le parallelogramme a q t D (*Fig.* 11) formé (comme le coin de la Fig. 6) on reconnoîtra que le plan du piédroit a *d* coupant le coin obliquement suivant cette ligne, il doit y faire une section courbe a *f d*, & non pas droite comme la Rue fait la naissance a *d* de sa voute; mais dira-t-on, comment le peut-il? La réponse est facile; c'est au préjudice de la régularité de la surface du coin-conoïde, ou supposant vers le milieu une section parallele à la face a *b* dans la moitié a D *m* M; par exemple en GL, elle sera un arc d'ellipse G *x y z*, que le piédroit a *d* coupe au point *g* de sa corde, sur lequel élevant une perpendiculaire *g k* qui coupera l'ellipse G *x z* en *k*, on reconnoîtra que la courbe de la section oblique sera élevée sur *g* de la hauteur *g k*. C'est ce point *k* que *la Rue* abaisse en *g*, d'où il retranche de l'ellipse naturelle la partie G *k g*, & fait par un arrondissement de *g* en *x*, qui est un point déterminé par son joint de lit p d, un raccordement irrégulier avec le contour de l'ellipse *x y z* qui corrompt l'uniformité de la surface du coin-conoïde, & par cette raison est à rejetter, quoique cette défectuosité vienne en diminuant vers a & *d*, où la courbe retombe sur l'imposte.

Nous avons comparé jusqu'ici le coin-conoïde aux arrieres-voussures reglées & bombées; mais si nous n'en considérons qu'une partie tronquée vers le tranchant, comme par exemple (à la Fig. 5) le tronc AHBL*h*G, nous y trouverons le parfait modele d'une voute en berceau irrégulier, assez commun aux montées ou descentes des bâtimens, où l'on est obligé de passer sous quelque partie trop basse pour pouvoir continuer le ceintre plein, c'est-à-dire en demi-cercle à son entrée ou sortie. J'ai présidé à la conduite d'une pareille voute dans une place fortifiée, où il falloit monter au rampart sous une plate-forme un peu basse au débouché, de sorte que le ceintre d'entrée étant circulaire, il fallut faire celui de sortie elliptique fort surbaissée, ce qui a occasionné dans l'appareil une difficulté qu'on n'apperçoit point en voyant l'ouvrage exécuté, & subsistant actuellement. C'est que tous les voussoirs sont *gauches* en particulier, & inégaux en largeur & hauteur, bien alignés d'un bout à l'autre, pour passer insensiblement du plein ceintre au surbaissé. J'en ai

Pl. 2. bis. donné le trait à la fin du second Tome (*Fig.* 233) Liv. IV. Chap. X. dans le premier Corollaire du XXIIIe. Problême. Nous ne poufferons pas plus loin la Théorie des fections planes, croyant en avoir dit affez pour les befoins de la Coupe des Pierres; c'eft pourquoi nous pafferons à la feconde Partie de ce premier Livre, où nous tâcherons de connoître les fections que nous appellons *folides*, parce qu'elles font faites par la pénétration des corps.

SECONDE

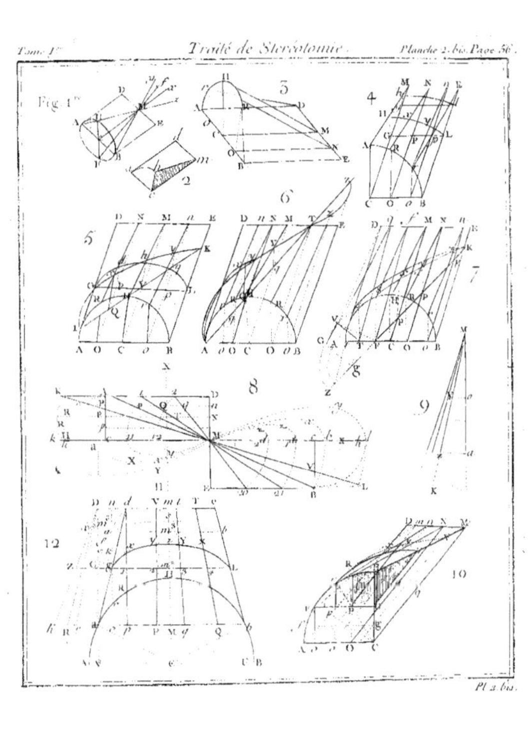

SECONDE PARTIE
DU PREMIER LIVRE.

Des Sections faites à la surface des corps par la pénétration d'autres corps.

LES Sections planes dont nous venons de parler ne conviennent qu'aux ceintres des voutes simples, qui n'ont qu'une surface principale uniforme, & terminée par des plans ; mais dans les voutes composées, qui sont contigues & liées avec d'autres, il se fait à leur rencontre des angles & des courbes, qui les divisent par des sections tantôt planes tantôt *solides*, je veux dire, qui ne peuvent être formées que par la pénétration des solides, lesquelles ne sont pas dans une surface plane ; ces dernieres sont presque les plus ordinaires, & parce que nous ne pouvons les connoître sans les rapporter à des corps réguliers, dont les voutes sont des imitations parfaites, nous allons examiner les sections solides des spheres, cones & cylindres, qui se pénetrent mutuellement.

Premierement. Les sections faites à la surface d'une sphere, pénétrée par une autre sphere, par un cylindre, ou par un cone.

Secondement. Celles des cylindres par d'autres cylindres, & par des cones.

Troisiemement. Des cones par d'autres cones, situés différemment entr'eux.

Nous avons touché légerement les sections planes de ces corps, parce qu'on ne manque pas de livres qui en traitent amplement ; nous nous sommes contentés d'en dire ce qui étoit indispensablement nécessaire à notre sujet ; mais parce qu'il n'en est pas de même de leurs sections *solides*, c'est-à-dire, qui sont faites par la pénétration mutuelle des mêmes corps, nous en étendrons un peu davantage la Théorie.

En effet, si peu d'Auteurs en ont traité qu'elles n'ont pas même de noms particuliers; le P. COURSIER dans un opuscule Latin, qu'il semble avoir fait pour l'Optique, est le premier que je sache, qui en ait parlé : il les appelle *Curvitegæ*, c'est-à-dire, qui couvrent des surfaces courbes; mais comme cette expression n'est pas uniquement propre à nos sections, puisqu'une surface plane en peut couvrir une courbe, comme un cercle couvre un segment de sphere, un parallelogramme, celui d'un cylindre; j'ai cru que j'étois en droit de leur donner d'autres noms, pour éviter les périphrases & les équivoques; je les tire du mot Latin *Imbrex*, qui signifie une tuile creuse, à laquelle on peut assez bien les comparer, ou du moins la surface qu'elles renferment; il auroit été plus naturel de les comparer au cylindre, si je n'avois craint la confusion des idées, ayant aussi égard à la facilité de la composition des mots tirés *d'imbrex*. M. CLAIRAUT le fils, de l'Académie des Sciences, nous a donné un excellent traité des *Courbes à double courbure* en général, qui comprend celles dont il est ici question, parmi plusieurs autres de différentes especes, dont il découvre les propriétés par l'Analyse avec beaucoup d'art & de netteté; cet Ouvrage est d'autant plus digne d'admiration, qu'il a été la production d'un jeune homme de seize ans. Mais comme notre Stéréotomie n'est qu'un traité de Géométrie linéaire, j'ai cru que je devois donner une Théorie de même nature que les Problêmes de pratique, ausquels elle doit servir d'introduction; c'est pourquoi j'ai suivi une méthode tout-à-fait différente, croyant qu'elle deviendra plus utile aux gens qui se mêlent d'Architecture; c'est ce que je vais expliquer.

De la nature des Sections solides par la pénétration mutuelle des Spheres, cônes & cylindres.

DÉFINITION I.

Pl. 3. Fig. 27. 75. SI par les extrêmités ST, du diametre d'un cercle SATB (*Fig.* 27.) on fait passer une ligne courbe plane S*c*T, dont l'axe soit C*c*, suivant laquelle les ordonnées à ce diametre ST, s'abaissent ou s'élevent parallelement à elles-mêmes d'un mouvement uniforme, ensorte que leur milieu soit toûjours dans le plan ST*c*, la courbe S*gb*T, qui terminera la surface creuse qu'elles auront formé par cet arrangement, s'appellera un *Cicloïmbre*, par abbréviation de l'expression Latine, *circulus imbricatus*, cercle en façon de tuile creuse.

Pour se former une idée nette de ce changement de position des ordonnées, il n'y a qu'à se représenter un cercle tracé sur la tranche d'un livre dans la presse, lorsque le Relieur l'a coupée d'une section plane, si ensuite il la renfonce vers le milieu, comme il arrive lorsqu'il donne de l'arrondissement au dos, ce cercle qui étoit plan devient un cicloïmbre, parce que chaque feuille se reculant de suite plus ou moins, selon qu'elle est près du milieu ou des extrêmités de la tranche, forme l'espace d'une surface creuse en façon de cylindrique, dont le contour n'est plus un cercle comme auparavant, mais une *courbe à double courbure*, sçavoir une autour du centre, & une en profondeur ou éloignement du plan passant par les extrêmités du diametre ST.

COROLLAIRE I.

De cette génération il suit, 1°. que quoique la surface creuse ou convexe du cicloïmbre soit plus grande que celle du cercle plan générateur, elle ne contient pas plus d'ordonnées, puisque le nombre des feuilles, dans l'exemple de la tranche du livre, n'a pas augmenté en se reculant ou en s'avançant au-delà de ce plan, depuis les extrêmités ST, ce que l'on voit clairement dans la figure, par les paralleles qu'on a mené d'un côté aux lignes A*a*, C*c*, & de l'autre par les paralleles au diametre AB, qu'on suppose perpendiculaire au plan ST*c*. On voit seulement que supposant une ligne *ct* parallele & égale à CT, divisée en parties égales, les lignes paralleles à la ligne C*c*, passant par ces divisions, coupent la partie *c*T en parties inégales, quand même on les supposeroit infiniment petites.

Ce que nous disons de l'axe courbe *cT*, auquel toutes les ordonnées sont appliquées, est encore vrai à l'égard du contour à double courbure *ad*T, quoiqu'il soit plus grand que l'axe & le contour du cercle générateur ATBS, qui est ici représenté en perspective, où l'on appperçoit une petite notion des merveilles de la Géométrie de l'infini.

COROLLAIRE II.

PL. 3. Fig. 7. Il suit en second lieu que les diametres, c'est-à-dire, les lignes droites menées d'un des points du contour de la courbe à double courbure à son opposé, passant par l'axe C*c* hors de la surface cylindrique comprise par cette courbe, sont égaux entr'eux, comme les diametres du cercle générateur. Ainsi *g d* est égal à GD, *a b* à AB, &c. parce que les points G & D, A & B étant mûs parallelement à l'axe C*c* à distances égales, il est clair que GD *d g* est un parallelogramme; par conséquent *g d* sera égal à GD.

Il faut remarquer que si la courbe S*c*T n'étoit pas uniforme, mais à différentes infléxions, ces diametres pourroient être inégaux, & alors la courbe ne seroit plus un cicloïmbre, parce que c'est de l'égalité de ses diametres que vient l'analogie du nom.

COROLLAIRE III.

On peut remarquer que de tous les diametres du cicloïmbre, il n'y en a qu'un, sçavoir *a b*, qui soit dans la surface cylindrique, comprise par son contour, lequel est celui qui passe par le sommet *c*, de la courbe S*c*T, perpendiculairement au plan de cette courbe; tous les autres sont hors de cette surface.

COROLLAIRE IV.

De ce que nous venons de dire, il suit que l'axe C*c* de la courbe, que j'appelle axe de *profondeur* S*c*T, coupe en deux également tous les diametres de la courbe du contour du cicloïmbre, plus ou moins loin de la surface cylindrique, selon qu'ils sont plus ou moins obliques au plan de la courbe S*c*T.

COROLLAIRE V.

Il est visible que si au lieu d'une seule courbe S*c*T, on en supposoit encore une seconde plus haut ou plus bas, au-dessus ou au-dessous du diametre ST, du même cercle générateur, il se formeroit deux cicloïmbres differens, qui auroient une profondeur inégale, mais dont le contour seroit à la surface du même cylindre, qui auroit pour base le cercle générateur ATBS;

puisque tous les points de ces contours doivent être issus d'un de ceux du cercle générateur, mû parallelement à l'axe C*c* de la courbe de profondeur S*c*T.

DÉFINITION II.

76. Si au lieu d'un cercle générateur on suppose une ellipse BDLE, dont les ordonnées ED, GH s'écartent ou se rapprochent de la même maniere que nous l'avons dit du cicloïmbre, non pas toûjours perpendiculairement à un axe BL de cette ellipse, mais aussi obliquement suivant un angle quelconque, comme BC*c* ou LC*c*, à peu près comme une chaîne lâche pendue aux extrêmités d'un bâton incliné à l'horison, la surface formée par l'arrangement de ces ordonnées, suivant une courbe semblable, sera terminée par un contour courbe, que nous appellons une *ellipsimbre*, par abbréviation de l'expression Latine *ellipsis imbricata*. *Fig. 18.*

La nécessité de donner des noms à des courbes qui n'en avoient point, s'étend aussi aux lignes qui leur sont entielles; nous en considérons quatre principales, qui méritent d'avoir un nom propre parce que nous les nommerons souvent dans ce premier Livre.

DÉFINITION III.

77. Le diametre du cercle générateur, ou l'axe de l'ellipse plane génératrice, qui passe par les points S & T, ou B, L, où la courbe touche le plan du cercle ou de l'ellipse, s'appellera *axe soustendant*; la ligne courbe S*c*T, ou B*c*L, qui est dans le même plan que cet axe, qui coupe la section en deux parties égales, comme S*c*T, ou B*c*L, s'appellera *axe courbe*; la ligne correspondante au diametre perpendiculaire à l'axe sous-tendant, qui est le petit ou le grand axe de l'ellipse, s'appellera l'*axe droit*; parce que quoique droit, il sera tout à la surface de la section concave; tel est *ab* (*Fig.* 27.) & *de* (*Fig.* 28). La ligne C*c* qui est le plus au chemin que parcourt le centre C, dans l'abbaissement du diametre AB, ou DE en *ab*, ou *de*, s'appellera l'*axe de profondeur*, qui passera toujours par les deux centres de la section plane, & de la section courbe à double courbure par son contour. *Fig. 27 & 28.*

Les lignes qui passeront par cet axe, & se termineront à la circonférence de la section, s'appelleront *diametres*.

COROLLAIRE.

Fig. 28. 78. Puisque l'axe de profondeur C*c* peut n'être pas perpendiculaire à l'axe sous-tendant BL, il suit que le diametre droit *dc* de la section, peut n'être pas au milieu de l'axe courbe B*c*L, puisque le point *c*, centre de la section, correspondant au centre C de l'ellipse génératrice, est évidemment plus près du point L que du point B; cependant le nombre des ordonnées de *c* en L, sera toujours égal au nombre de celles qui sont possibles de B en *c*; puisqu'il ne peut y avoir un plus grand nombre de paralleles à C*c*, de B en C, que de C en L, ces deux distances étant supposées égales; l'exemple de notre tranche de livre, dont on arrondit le creux inégalement, peut servir à en concevoir la vérité, puisque le nombre des feuilles n'augmente ni ne diminue dans tous les changemens de concavité ou de convexité que l'on peut faire à la courbure de cette tranche.

DÉFINITION. IV.

79. Si au lieu de supposer que les ordonnées de l'ellipse plane génératrice d'une section solide, s'en éloignent d'un mouvement inégal, mais uniforme dans les parties correspondantes, & sans changer de grandeur, on suppose au contraire qu'en s'éloignant, elles se ralongent ou se racourcissent proportionellement à leur distance de l'ellipse plane, prise sur des plans convergens qui ont tous une commune section, cette figure aussi concave comme une tuile creuse, aura pour circonférence une courbe, que nous appellerons *ellipsoïdimbre*, c'est-à-dire, qui imite en quelque chose l'ellipsimbre.

COROLLAIRE.

80. Il suit de cette définition, que l'axe droit *de* ne sera plus égal à l'axe correspondant DE de l'ellipse plane génératrice, qui est conjugué à celui qui est l'axe sous-tendant de l'axe courbe de la section, mais qu'il sera plus grand ou plus petit: plus grand s'il est du côté opposé à la commune section des plans convergens, & plus petit s'il est du même côté, ce que nous

expliquerons plus nettement dans les sections faites par la pénétration des cones.

DÉFINITION V.

81. Lorsqu'une courbe sera composée de deux portions des courbes nommées ci-devant, soit cicloïmbre, soit ellipsimbre, soit ellipsoïdimbre, elle sera dite *composée* de ces courbes.

Enfin on apppellera de semblables noms toutes les courbes lesquelles, suivant de pareilles loix, seront issues de figures planes paraboliques ou hyperboliques, dont les ordonnées à leurs axes s'écarteront d'une maniere uniforme de leur sommet d'un côté seulement; car puisque ces figures sont ouvertes, les sections courbes ne les toucheront qu'en un point, & non pas en deux, comme les précédentes.

CHAPITRE V.

Des Sections solides des spheres, & premierement, de leurs variations.

Les sections des spheres peuvent varier de plusieurs manieres:

1°. Par la pénétration des spheres entr'elles.

2°. Avec les cylindres.

3°. Avec les cones.

La section commune à la surface de deux spheres qui se pénetrent ne peut varier, elle ne peut être que la circonférence d'un cercle; sur quoi l'on peut remarquer que les sections faites par la pénétration des solides, peuvent en certains cas, être aussi des sections planes.

Les sections faites à la surface de la sphere, pénetrée par un cylindre, peuvent varier de quatre manieres.

1°. Lorsque l'axe du cylindre passe par le centre de la sphere, dans la supposition du cylindre droit.

2°. Dans le même cas, dans la supposition du cylindre scalene.

3°. Lorsque l'axe du cylindre ne passe pas par le centre de la ſphere, & que cependant le cylindre y entre de toute ſa circonférence.

4°. Lorſque le cylindre n'entre dans la ſphere qu'en partie, à l'égard de ſa circonférence.

Enfin les ſections faites à la ſurface de la ſphere, par la pénétration du cone, peuvent varier d'autant de manieres que par le cylindre, ſuivant les mêmes circonſtances de poſition relative du centre de la ſphere, à l'égard de l'axe du cone, de celle de l'axe du cone ſur ſa baſe, & de la profondeur de la pénétration.

THEOREME VII.

La courbe qui réſulte de la ſection faite par la rencontre des ſurfaces de deux ſpheres qui ſe pénetrent, eſt la circonférence d'un cercle.

Soient les ſpheres ABD, BFD qui ſe pénetrent, de quelque grandeur qu'elles ſoient l'une à l'égard de l'autre, dont les centres ſont en C & E, ſoit auſſi la ſection telle qu'elle puiſſe être repréſentée par la courbe BHD, qui doit paſſer par les
Fig. 29. 30. & 31. points B & D, communs aux deux ſpheres, puiſqu'ils ſont à l'interſection de deux cercles majeurs qui ſont dans le même plan, paſſant par les deux centres C & E, (*Fig.* 29, 30, 31) le diametre de cette ſection ſera la ligne BD, qui paſſera par ces points B & D communs aux deux ſurfaces, lequel par la différente poſition des ſpheres, paſſera ou entre les deux ſpheres, comme à la Figure 29, ou par un des centres, comme à la Figure 30, ou au-dehors des deux centres, comme à la Figure 31; de quelque façon que ce ſoit, la démonſtration ſera toujours la même.

Ayant tiré une ligne CE par les centres C & E, & pris à volonté ſur la courbe de la ſection un point H, on tirera des centres C & *c* des lignes CH, *ch*, & des points G & *g*. (*Fig.* 29 & 31) ou E (*Fig.* 30) où les lignes paſſant par les centres, coupent les diametres BD & *bd*, des lignes au même point H, comme GH, EH ou *gh*.

Il eſt évident, par la définition de la ſphere, que les lignes CB, CH, CD ſont égales entr'elles, étant des rayons de la ſphere ABD, de même que EB, EH, ED, (*Fig.* 29 & 30.) & *eb*, *eh*, *ed* (*Fig.* 31.); il eſt encore évident, que les lignes BD ſont coupées également & perpendiculairement en G, par

la

la ligne qui passe par les centres C & E, dont les triangles CBE, CHE, CDE, qui ont le côté CE commun, sont égaux en tout, de même que les triangles CBG, CHG, CDG rectangles en G, qui ont le côté CG commun, & les hypotenuses CB, CH, CD égales entr'elles; donc les côtés GB, GH, GD, seront aussi égaux entr'eux; puisqu'ils sont d'ailleurs les perpendiculaires abbaissées des sommets des triangles égaux CHE, CBE, CDE; donc (par la 4. du 11. d'Eucl.) ces trois lignes sont dans un même plan, & les rayons d'un cercle dont les points BHD sont à la circonférence, qui est la commune section des deux spheres. *Ce qu'il falloit démontrer.* Pl. 3.

La même démonstration est plus simple dans la Fig. 30, où les points E G sont confondus. Fig. 30.

Application à l'usage.

86. On connoît par cette proposition que le ceintre d'une voute sphérique, qui en rencontre une autre qu'elle coupe, est un cercle; par exemple, une niche qui est au-dessus de l'imposte d'une voute sphérique, fait avec elle à l'arête d'*enfourchement* un demi-cercle parfait, supposé que l'une & l'autre de ces voutes ne soit ni surhaussée ni surbaissée, & que l'imposte d'une calote de dôme renfoncée en cul de four au-dessus d'une voute sphérique, est encore un cercle, aussi-bien que celle de la premiere voute.

THEOREME VIII.

La section faite par la rencontre des surfaces d'une sphere & d'un cylindre droit, dont l'axe passe par le centre de la sphere, est un cercle.

Soit la courbe AIBO, la section faite par la rencontre des surfaces de la sphere ABDE, & du cylindre LNGF, dont l'axe MH passe par le centre C de la sphere. Si du point I, pris à volonté à la circonférence de cette section, on tire au centre C la ligne IC, & que du milieu K de la ligne AB, qui est supposée passer par les points A & B, communs à la surface de la sphere & à celle du cylindre, on mene la ligne IK; on verra, comme dans la proposition précédente, que les triangles AKC, IKC, BKC, rectangles en K, qui ont le côté CK commun, & les côtés AC, CI, CB égaux, étant rayons de la même sphere, les Fig. 32.

côtés AK, IK, BK seront aussi égaux entr'eux, & dans un même plan, dont ils seront les rayons d'un cercle dont les points AIB sont à sa circonférence ; mais la ligne CK étant par la supposition une partie de l'axe du cylindre FLNG sera aussi perpendiculaire au même plan ; donc la section commune à la sphere ABDE, & au cylindre LNGF, sera un cercle formé par la rencontre des surfaces de ces deux corps, *ce qu'il falloit démontrer.*

Application à l'usage.

87. On voit par cette proposition quel doit être le ceintre de la rencontre des voutes sphériques avec les berceaux droits, dont les axes passent par le centre de la sphere ; tel est le puits d'une citerne voutée en cul-de-four, comme il y en a un à Phalsbourg, telle est la fenêtre à la clef de la voute du Pantheon à Rome ; telles sont les impostes des lanternes sur les dômes dans la plupart des Eglises modernes, les rencontres des nefs en berceau avec les chevets circulaires, voutés en quart de sphere, ou d'une plus grande portion, si le diametre du sanctuaire est plus grand que celui du berceau de la nef ; supposé que l'une & l'autre de ces voutes ne soit ni surhaussée ni surbaissée, & que la nef ne soit point biaise sur le chevet, quoique la direction de son axe, c'est-à-dire de son milieu, passe par le centre de la portion de voute sphérique ; car pour peu qu'il y ait de biais, la section n'est plus un cercle, comme nous allons le démontrer.

THÉOREME IX.

La section faite par la rencontre des surfaces d'une sphere & d'un cylindre scalene, dont l'axe passe par le centre de la sphere, est une ellipsimbre.

Soit la sphere ABIH, pénetrée par le cylindre scalene KLGF,
Fig. 33. (*Fig.* 33.) dont l'axe X*x* passe par le centre C de la sphere, si l'on suppose un plan passant par cet axe, il fera deux sections différentes ; sçavoir, le parallelogramme KLGF dans le cylindre, & le cercle SDE dans la sphere, lequel sera grand ou majeur, parce qu'il passe par le centre C, & dont les points A B, où se coupent ces deux figures, sont communs aux deux surfaces de la sphere & du cylindre, de même que les points I

& H de la section opposée, qui sont sur les côtés du parallelogramme, & à la circonférence du cercle en même-tems, & tous autres points que ces quatre ne pourront être que sur une des surfaces des deux solides; car s'ils sont sur celle du cylindre, ils seront au-dedans de la sphere; & s'ils sont sur celle de la sphere, ils seront hors du cylindre; puisque les arcs ADH BEI sont au-dehors des côtés AH & BI. Si l'on imagine un second plan perpendiculaire au premier, & qui passe par les points A & B, il coupera ces deux corps différemment du premier, & fera deux sections différentes; sçavoir, un cercle A*e*B*l*, représenté ici en racourci de perspective, dont le diametre sera AB & qui ne sera plus un grand cercle, mais un cercle mineur, parce qu'il ne passe pas par le centre C de la sphere. L'autre section dans le cylindre sera* une ellipse A*d*B*k*, dont AB sera le petit axe; parce que la section perpendiculaire à l'axe d'un cylindre scalene est une ellipse, & que le diametre KL du cercle de la base KMLN, incliné au côté LG, est plus grand que AB qui lui est perpendiculaire. En effet, si on lui menoit une parallele A*r* par A, elle seroit l'hypotenuse du triangle rectangle, A*r* B dont AB seroit une jambe; or toute section qui n'est pas parallele à la base, & qui n'est pas sous-contraire, est une ellipse. Pl. 3. Fig. 33. *Art. 59.

Présentement, puisque le plan passant par AB fait deux sections différentes, il est évident que ni l'une ni l'autre ne peut être commune aux deux surfaces; en effet l'ellipse du cylindre étant circonscrite au cercle de la sphere, avec lequel elle n'a de commun que les deux points A & B, est toute hors de la sphere, & le cercle de la sphere est tout au-dehors du cylindre, donc la section commune sera une autre courbe qui sera hors de ce plan, & qui n'aura de commun avec les deux planes, que les points A & B, cette courbe passera donc au-dessus ou au-dessous du plan coupant ces deux corps par AB. Dans cet exemple elle passera du côté du centre C de la sphere, comme A*f*B; parce que le diametre MN = *fi* est plus grand que AB. Il faut à présent faire voir le rapport qu'elle a avec l'ellipse A*d*B, pour démontrer qu'elle est une ellipsimbre, telle que nous l'avons défini ci-devant. Pour y parvenir il faut encore une préparation.

Quoique nous ayons déja supposé deux plans coupans la sphere & le cylindre, l'un par l'axe X*x*, l'autre par les points A & B perpendiculairement au premier; il convient encore d'en

Pl. 3. Fig. 33. imaginer au moins deux autres paralleles entr'eux & perpendiculaires aux premiers ; sçavoir encore un par l'axe & le diametre MN de la base, & l'autre par l'ordonnée OPQ ; cette multiplicité de plans est un peu embarassante pour le lecteur, mais elle est inévitable pour la démonstration des propriétés de la courbe que nous examinons, on peut s'aider l'imagination par des reliefs de papier ou de carton ; il sera bon encore de se rappeller ici le onzieme & le douzieme Livre d'Euclide, parce que tout cet ouvrage ne roule que sur les sections & rencontres des plans ; on sentira la conséquence de cet avertissement dans la suite, où quelque attention qu'on ait eu à rendre les figures intelligibles, on ne se flatte pas d'avoir pû représenter bien sensiblement en saillie, ce qui est à plat sur le papier, c'est à l'imagination du Lecteur à relever les objets, & à les détacher du plan où ils sont, pour les considérer où ils doivent être.

Soient donc deux plans paralleles à l'axe du cylindre, passant par les ordonnées MN, OQ, les sections de ces plans dans la sphere seront des cercles, dont *fSi* & *tsb* sont des arcs, & des parallelogrammes dans le cylindre, dont M*dk*N & *u*OQZ sont des portions, parce que M*d* & N*k* sont paralleles, étant les côtés du cylindre, & MN & *dk* aussi paralleles entr'elles, parce que les plans KML de la base, & A*d*B de la section par AB, sont perpendiculaires au même plan AKLB, passant par l'axe X*h* ; or puisque la ligne MN est perpendiculaire à l'axe CX, c'est-à-dire au rayon CS prolongé, elle est parallele à la tangente qui passeroit par S de l'arc de cercle *fSi* & les lignes M*m* & N*n* étant paralleles à cet axe, & également éloignées de part & d'autre, les lignes M*f*N*i* rencontreront cet arc en des points *f* & *i*, équidistans de M & N (par l'Art. 39), donc la ligne *fi* sera parallele à MN & à *dk* ; donc $df = ki$, & $dk = fi$, c'est-à-dire, que l'ordonnée *dk* dans l'ellipse A*d*B est égale à l'ordonnée de la section commune aux deux surfaces, qui passent par *f* & par *i*. On démontrera de la même maniere que l'ordonnée *uz* est égale à l'ordonnée *tb* de la section solide qui passe par *t* ; donc toutes les ordonnées à l'axe courbe A*h*B de la section solide, sont égales à toutes celles de l'ellipse à l'axe AB, donc la section est une ellipsimbre ; *ce qu'il falloit démontrer.*

COROLLAIRE I.

Pl. 3. Fig. 33.

88. Puisque le plan MN par l'axe X*x* du cylindre, coupe perpendiculairement l'axe sous-tendant AB de la section, il suit que la plus grande ordonnée de l'ellipse plane, qui est ici *dk*, s'abbaisse perpendiculairement à AB en *fi*, qui est l'*axe droit* de la courbe, & par conséquent que cet axe est équidistant des extrêmités de l'axe sous-tendant AB, ce qui n'arrive dans aucun cas que dans celui des cylindres scalenes.

COROLLAIRE II.

89. En second lieu il suit que la plus grande profondeur ou distance de l'ellipsimbre à l'ellipse plane, est à l'axe droit *fi*, parce que la plus grande différence *de* du diametre *el* du cercle de la sphere A*e*B*l*, & de l'axe *dk* de l'ellipse A*d*B*k*, est dans le plan de l'axe droit *fi*; or puisque *de* ou L*k* est la plus grande distance qu'il puisse y avoir de la circonférence du cercle à l'ellipse, la distance *df* ou *i*K sera aussi la plus grande qu'il puisse y avoir du plan A*d*B*k* à la courbe A*f*B*i*; & parce que cette différence des ordonnées du cercle à celles de l'ellipse, au même diametre AB, diminue continuellement, il suit que la profondeur de l'ellipsimbre diminue aussi depuis *f* jusqu'à B, où elle rejoint le cercle de la sphere A*e*B*l*.

COROLLAIRE III.

90. Pour trouver cette profondeur sur l'axe courbe de l'ellipsimbre, qui est dans le plan de l'axe sous-tendant AB, il n'y a qu'à décrire les sections que font les plans passant par les ordonnées parallelement à l'axe du cylindre, lesquelles sont des cercles de la sphere, dont les centres sont tous sur la ligne DE, perpendiculaire à l'axe X*x* du cylindre par le centre C, & dont les lignes CS & WS en exprimeront les rayons. Pour avoir les distances des côtés du cylindre au plan passant par son axe & par AB, il faut faire à part (*Fig.* 34.) l'ellipse a*eb*E, sur les axes donnés; sçavoir, a*b* égal à AB de la Fig. 33, & E*e* égal au diametre KL de la base du cylindre scalene, dans laquelle on inscrira le cercle a*db*D, qui sera égal à celui de la section de la sphere par AB de la Fig. 33. Cette préparation étant faite, Fig. 34.

Fig. 36. on tirera à part une ligne CS, (*Fig.* 36) sur laquelle prenant CS égal à CS de la Fig. 33. pour rayon, on décrira un arc indéfini S*f*, ensuite portant la distance S*g* de la Fig. 36, on élevera sur ce point une perpendiculaire *gd*, sur laquelle prenant *ge* égal au demi-diametre du cercle a *db* D, c'est-à-dire à A*g* de la Fig. 33, on aura le point *e*, où la section plane coupe la sphere; mais parce que ce point est au-dedans du cylindre, il faut porter en-dehors la distance DE de la Fig. 34, qui est la différence du demi-diametre du cercle & de l'axe de l'ellipse. Si par ce point *d* on mene une parallele à CS, elle coupera l'arc *f* S au point *f*, qui sera commun au côté du cylindre *df*, & au cercle de la sphere S*ef*; & par conséquent à la circonférence de l'ellipsimbre; donc la ligne *df* sera la profondeur de cette courbe, au milieu à son axe droit, laquelle distance sera égale à celle de l'axe courbe à l'axe sous-tendant, dont l'un passe par *g* & l'autre par *h*; puisque les ordonnées *dg* de l'ellipse, & *fh* de l'ellipsimbre, sont paralleles & égales.

Fig. 33, 34, 35 & 36. Il ne sera pas difficile de trouver cette profondeur pour tous les autres points de l'axe courbe; car si l'on porte la distance CW, de la Fig. 33. en CY de la Fig. 35, on aura la distance des plans qui passent par MN & OQ de la Fig. 33; & si l'on mene *uu* parallele à *e*E, Fig. 34, on aura les ordonnées Y*u* de l'ellipse, & Y*x* du cercle, & en WS, Fig. 33, le rayon du cercle de la sphere, avec lequel faisant (*Fig.* 35.) l'arc ST, & la fleche *y*S égale à *y*S de la Fig. 33, on menera par le point *y* la perpendiculaire *yu*, qu'on fera égale à Y*u* de la Fig. 34; si par le point *u* on mene *u*T parallele à VS, cette ligne qui représente le côté du cylindre, coupera l'arc ST au point T, qui sera commun à la sphere & au cylindre, par conséquent à la circonférence de l'ellipsimbre, la distance *u*T sera celle des ordonnées *uy* de l'ellipse, & T*u* de l'ellipsimbre que l'on cherchoit; ce qui n'a pas besoin de démonstration, puisque cette figure est une exacte représentation de la section faite dans la sphere & dans le cylindre, par le plan OQB*t* (*Fig.* 33) parallele à son axe & au diametre de la base MN passant par l'axe XC, dont une partie est représentée ici par la ligne CS rayon de la sphere, & WP qui lui est parallele, par WS, partie de W*p*, de même que *df* de la Fig. 36, représente une portion du côté du cylindre M*f*, & TV (*Fig.* 35) celle du côté O*t* de la Fig. 33.

Application à l'usage.

91. Ce Théorême fait voir que lorsqu'une voute en berceau biaise & en plein ceintre dans son arc de face, rencontre une voute sphérique, dont le centre est dans l'allignement de l'axe du berceau, l'arrête qui se forme à la jonction de ces deux voutes ne peut être en plein ceintre, ni dans un même plan elliptique surhaussé ou surbaissé, mais une courbe dont les aplombs s'écartent de la ligne droite, menée d'une imposte à l'autre. Ainsi supposant qu'une nef d'Eglise soit un peu biaise sur le chevet circulaire du chœur, vouté en cul-de-four, c'est-à-dire, en portion de sphere, ou seulement dont l'arc droit soit surhaussé ou surbaissé, comme il arrive très-souvent, la rencontre de ces voutes est une ellipsimbre. L'Architecte qui n'a point de Théorie se trouve embarrassé en pareil cas, pour éviter une espece de difformité de cette courbe à laquelle il ne s'attendoit pas; l'avantage de celui qui a des principes, est de connoître du premier coup d'œil, ce qui doit résulter de son dessein, ce qui le met en état d'y remédier, ou par la saillie de quelque arc doubleau, ou par quelque industrieuse correction des ceintres.

THEOREME X.

La section faite par la rencontre des surfaces d'une sphere & d'un cylindre droit, qui la pénetre de toute sa circonférence, & dont l'axe ne passe pas par le centre de la sphere, est une ellipsimbre.

Soit la sphere ABTD, pénetrée par le cylindre LNDF, dont l'axe M*m* ne passe pas par le centre C de la sphere; si l'on suppose un plan passant par ce centre & par l'axe M*m*, ce plan fera deux sections différentes, sçavoir, un cercle ASB dans la sphere, lequel sera majeur, & un parallelogrammme LNDF dans le cylindre; lesquelles deux sections se couperont aux quatre points ABDE, qui seront par conséquent communs aux deux surfaces de la sphere & du cylindre, & à la circonférence des courbes opposées, formées par la pénétration du cylindre à son entrée & à la sortie de la sphere. Nous nous contenterons d'en examiner une, parce que l'autre lui sera parfaitement égale. *Fig. 38.*

Fig. 38. Si on suppose encore comme au Théorême précédent, un second plan perpendiculaire au premier & passant par les points A & B, il est évident qu'il fera deux nouvelles sections; sçavoir, un cercle dans la sphere représenté dans la Fig. 38 par la courbe A*f*BF, dont le diametre sera AB, & une ellipse dans le cylindre représentée par A*g*BG, dont AB est le grand axe, parce que le cylindre est coupé obliquement suivant cette ligne, par la supposition, & dont le petit axe sera la ligne G*g*, ou son égale KL, qui est le diametre de la base du cylindre LNDF, d'où suivent les mêmes preuves qu'on a déduites au Théorême précédent, que la section commune aux deux surfaces des corps ne peuvent être ni cercle ni ellipse; puisque l'un étant inscrit dans l'autre, ces figures n'ont que deux points communs A & B, qui peuvent être à la rencontre de deux surfaces; & qu'enfin la section qui leur est commune est une courbe à double courbure qui n'est pas dans un plan, & qui n'aura de commun avec les deux sections planes ci-devant, que les mêmes points A & B. La seule différence qu'il y a du cas du Theorême précédent à celui-ci, est que la ligne droite AB qui passe par ces points communs, est le petit axe, & qu'ici elle est le grand axe, de sorte que l'ellipse est toute au-dedans du cercle de la sphere dans ce cas, & tout au-dehors dans le précédent.

D'où il suit que l'axe courbe de la section solide, qui est une ellipsimbre dans l'un & l'autre cas, s'approche du centre de la sphere dans le premier, & s'en éloigne dans le second.

Au reste les ordonnées à l'axe courbe de la section, seront toujours égales à celles de l'ellipse appliquée à son grand axe AB, comme nous l'avons démontré à l'égard du petit, à la proposition précédente, ce qui pourroit suffire pour l'établissement de la preuve de l'énoncé de celle-ci.

Cependant comme il importe de bien concevoir la nature & les propriétés de cette courbe, qui est la clef de toutes celles qui se forment par la pénétration des corps, nous en allons reprendre l'explication pour la rendre plus intelligible, en la présentant sous une autre face par une figure plus distincte, ou pour éviter la confusion des lignes, on ne représente qu'une moitié des corps qui se pénetrent, parce qu'il est très-aisé de conclure pour l'autre moitié.

Fig. 40. Soit (*Fig.* 40) KL*e*RQE la représentation en perspective de la section faite par un plan passant par l'axe du cylindre jusqu'au diametre

PL. 3. Fig. 40.

diametre RQ de la ſphere, perpendiculairement au plan paſſant par le même axe & les points A & B, de ſorte que C² M de de la Fig. 38. eſt la même que C² M² de la Fig. 40, le demi cercle QSR, ſera la ſection que ce plan fait dans la ſphere, & le parallelogramme K *l* celle de ce même plan dans le cylindre. Soit un autre plan parallele à celui-ci, paſſant par T *t*, *qr*, qui fait auſſi deux ſections de même nature, ſçavoir, un demi-cercle *qsr*, & un parallelogramme T *t* V *u*; Il eſt évident que les interſections des côtés de ces parallelogrammes avec les demi-cercles, feront des points communs aux deux ſurfaces de la ſphere & du cylindre, tels ſont les points E *e*, 2 3, par leſquels le contour de la ſection ſolide doit néceſſairemenr paſſer de même que par les points A & B; la courbe E 2 B 3 *e* ſera donc à la rencontre des ſurfaces, depuis ſon axe droit E *e*, correſpondant du diametre de la baſe du cylindre KL juſqu'au point B, où elle va toucher la ſection plane de l'ellipſe paſſant par AB, que nous repréſentons ici par la courbe A G B *g*. Cela ſuppoſé:

Puiſque le diametre KL de la baſe du cylindre eſt perpendiculaire à l'axe C² M, que l'on ſuppoſe droit, & que les moitiés de ce diametre KM & ML ſont égales, les lignes KE & L *e* menées de leurs extrêmités parallelement à cet axe, feront égales entr'elles (par l'Art 39.) donc E *e* ſera parallele & égale à KL; mais parce que, par la ſuppoſition, le plan AGB *g* eſt perpendiculaire au plan MN *n* C² paſſant par l'axe du cylindre MC² & par la ligne AB, les angles G *c* M, & *gc* M ſont droits; donc G *g* eſt parallele à KL, & par conſéquent à E *e*; mais auſſi à cauſe des paralleles K *k*, L *l*, qui ſont les côtés du cylindre, E *g* eſt un parallelogramme; donc E *e* & G *g* ſont deux lignes égales: & par la même raiſon H *h* & 2 3 le ſeront auſſi. Or G *g* & H *h* ſont des ordonnées de l'ellipſe plane au grand axe AB; & E *e*, 2 3, des ordonnées de la ſection ſolide à ſon axe courbe D *x* B, partie de tout l'axe AD *x* B; donc les ordonnées de cette ſection ſont égales à celles de l'ellipſe AGB *g* paſſant par les points communs A & B; donc cette courbe eſt du nombre de celles que nous avons appellées *ellipſimbre*; *ce qu'il falloit démontrer.*

92. Il reſte à faire voir que l'axe courbe AD *x* B, qui eſt dans le même plan que le ſous-tendant AB, lequel eſt le grand axe de l'ellipſe AGB *g*, s'en éloigne & s'en approche dans le rap-

PL. 3. Fig. 40. port des sinus verses des arcs de cercle de la sphere, dont les ordonnées de l'ellipse & de l'ellipsimbre sont les sinus droits, dans les sections circulaites de la sphere, faites par les plans passant par ces ordonnées parallelement à l'axe du cylindre M C².

Car si du centre C² on mene les rayons C² E & C² *e*, aux extrêmités de l'ordonnée E *e*, qui est la corde de l'arc ES *e*, on verra clairement que ces moitiés ED, *e* D sont les sinus droits des moitiés de cet arc, dont DS est la fleche ou sinus verse. De même si du centre O du demi-cercle *q s r* on menoit des lignes aux points 2 & 3 de la corde 2 3, autre ordonnée à la section, on reconnoîtroit que sa plus grande profondeur dans le cercle, qui est *x s*, seroit la fleche de cette corde, & le sinus verse de sa moitié 2 *x* ou 3 *x*, ce qui est clairement exprimé dans les deux figures 35 & 36, en *h* S & VS, comme nous l'avons expliqué au Théorême précédent.

Il en sera de même de toutes les ordonnées possibles entre les points A & D, & D & B, dont les profondeurs diminueront depuis l'axe droit E *e*, jusqu'à ces points A & B où elles se réduiront à rien, parce que les ordonnées du cercle AFB *f* de la sphere & de l'ellipse AGBS, dont la différence cause celle de la profondeur de la section, deviennent égales à 0 en ces points.

COROLLAIRE.

93. D'où il suit que l'ellipsimbre ne fait que toucher les sections planes, circulaire & elliptique, parce que ces deux dernieres se touchent seulement & ne se coupent point, & que dès le moment qu'il commence à y avoir de la différence entre les ordonnées à leurs diametres communs, dès ce moment aussi il commence à y avoir quelque profondeur ou distance des sections planes à la solide, dont l'axe courbe commence à s'éloigner du sous-tendant ; donc la circonférence courbe de l'ellipsimbre ne fait que toucher les circonférences des sections planes du cylindre & de la sphere.

94. Nous avons donné au Théorême précédent la maniere de trouver les sinus verses, qui sont la profondeur de l'axe courbe par le moyen du compas ; mais si l'on vouloit, pour une plus parfaite opération, les trouver par le calcul, il ne seroit pas difficile. Il faut ôter du quarré du rayon du cercle de la section de la sphere C² S ou *o s*, le quarré de l'ordonnée ED ou 2 *x*, & il restera le quarré de C² D ou de *o x*, dont la racine

quarrée étant ôtée du rayon C² S ou *os*, il restera le sinus verse DS ou *xs* pour la profondeur de l'axe courbe AD*x*B dans la sphere.

Et si l'on veut trouver la différence des profondeurs des ordonnées de la section plane & de la solide, il ne s'agit que de faire encore une opération, qui est d'ôter du rayon C² S ou C² F le quarré de l'ordonnée *c*F du cercle de la section plane AFB*f*, il restera le quarré de C² *c*, dont la racine étant ôtée du rayon, restera *c*S, dont ôtant D*s* trouvé ci-devant, restera *c*D, différence de la profondeur de la section plane dans la sphere, & de la section solide, laquelle est la distance des deux ordonnées correspondantes dans l'ellipsimbre & dans l'ellipse plane, *ce qu'il falloit trouver.*

95. Nous avons dit dans le cas du Théorême précédent, que la plus grande distance de l'ellipse plane à l'ellipsimbre, qui est à l'axe droit, étoit au milieu de la section solide, à distance égale des points A & B; il n'en est pas de même dans celui-ci, car 1°. l'axe droit n'est pas à égale distance des points A & B; 2°. ce n'est pas à l'axe droit que la section solide est le plus éloignée de la section plane.

Que l'axe droit E*e* ne soit pas équidistant des points A & B, cela est évident : puisque l'axe du cylindre étant incliné à l'axe soutendant AB, l'angle D*c*B est aigu, & D*c*A est obtus; donc le point D qui est le centre de l'ellipsimbre, est plus près de B que de A.

Secondement. Pour prouver que le point D n'est pas le plus éloigné de la section plane qui passe par AB, soit fait à part (*Fig.* 39) l'arc de cercle majeur aT*b* égal au segment que la ligne AB retranche d'un grand cercle de la sphere, dont le milieu de la corde est en C, par où on fera passer une ligne C*e*, qui fera avec a*b* l'angle *b*C*e* égal à celui de l'inclinaison de l'axe du cylindre sur la ligne AB, égal à l'angle LAB (*Fig.* 38). Soit aussi aL*db* l'axe courbe de la section solide, & a*b* le grand axe de la section plane elliptique, la plus grande ordonnée à cet axe, qui est le petit axe, correspond à celle qui passeroit par D de l'ellipsimbre, qui tient lieu de centre de cette courbe; il faut prouver qu'il peut y avoir un autre point, par exemple L, qui soit plus éloigné de a*b* que le point D. Pour cela, si du point C on fait CT perpendiculaire sur a*b*, & que du point T, où elle coupe l'arc aT*b*, on mene une tangente T*e* à cet

Fig. 39.

Fig. 38.

Fig. 39. arc, que du même point T on abaisse TLf parallele à d C le point L, où elle coupera l'axe courbe, sera le plus éloigné de l'axe sous-tendant a b; car les lignes e C, Tf, qui sont entre les mêmes paralleles a b, T e, sont égales entr'elles, & parce que SC n'est que partie de e C, elle sera plus petite que Tf; or Sd représente le sinus verse de l'arc, dont l'axe droit qui passe par D est la corde dans le cercle, qui est la section de la sphere par l'axe du cylindre perpendiculairement au cercle aSb, & LT représente le sinus verse ou la fleche, dont la double ordonnée qui passe par le point L est la corde, laquelle étant égale à celle qui passe par le point f de l'ellipse plane peut être très-petite; de-là on peut conclure, que son sinus verse peut être plus petit que dS, qui est dans un plus grand cercle que celui qui passe par Lf, lequel est plus loin du centre C de la sphere (*Fig.* 34.); mais quand nous supposerions ces sinus verses égaux, il sera toûjours évident qu'ôtant des deux lignes inégales SC, Tf des quantités égales Sd, TL, la partie Lf restera plus grande que dc, qui est plus petite que Tf; donc la distance oblique Lf étant plus grande que dC, la distance perpendiculaire Lx sera aussi plus grande que dy, *ce qu'il falloit démontrer.*; car les triangles Lfx & Cdy seront semblables.

COROLLAIRE I.

96. D'où il suit que plus la ligne AB est inclinée à l'axe CS, plus il doit y avoir d'irrégularité dans l'écartement des ordonnées de l'ellipsimbre de celle de l'ellipse plane, comme aussi dans la distance de ces ordonnées entr'elles sur leur axe courbe adb, comme on voit à la Figure 41, puisque les intervalles

Fig. 41. A 2, 2 3, 3 d sont très-inégaux, mesurés sur cette courbe AdB, quoiqu'ils soient égaux étant mesurés sur la droite AB en pqc, ou sur une perpendiculaire à leur direction, comme en mno; puisque ces ordonnées à l'axe courbe aux points 2, 3, d, 4, 5, sont émanées de celles de l'ellipse plane, aux points pq C, &c. ou de la base du cylindre aux points mno.

COROLLAIRE II.

97. D'où il suit encore que les ordonnées à l'axe courbe de l'ellipsimbre ne sont pas en plus grand nombre que celles de

l'ellipse plane de part & d'autre du centre C ou D, mais qu'elles sont plus pressées d'un côté que de l'autre.

Remarque sur la différence des cas qui peuvent arriver dans les cylindres scalenes.

98. Nous avons supposé, dans l'énoncé de ce Theorême, que le cylindre qui pénetre la sphere est droit, parce que s'il étoit scalene, il pourroit arriver que la section commune aux deux surfaces seroit un *cercle*, & non pas une ellipsimbre, comme on peut le connoître par la Figure 37; car si du centre H de la base AB du cylindre scalene ABDE, on abbaisse une ligne HC perpendiculaire au plan de cette base, & que du point C pris sur cette ligne à volonté, & de l'intervalle CA ou CB pour rayon, on décrive un cercle GABDE, il pourra être un des majeurs d'une sphere, qui auroit pour centre C; or si l'on prolonge les côtés du cylindre ABFE vers D, il est évident que ce cercle coupera les côtés du cylindre en DE de la même maniere qu'en AB, de sorte que l'angle EDB sera égal à l'angle ABD. *Fig. 37.*

Pour en sentir la vérité il n'y a qu'à mener CG perpendiculaire sur les côtés du cylindre jusqu'à la circonférence du cercle en G, alors on reconnoîtra que les arcs GA, GE égaux entr'eux, * étant ôtés des arcs GD, GB, aussi égaux entr'eux par la même raison, les restes AB & ED seront égaux, de même que leurs cordes qui sont les diametres de la base du cylindre, donc la section ED sera égale à la base EF, égale par la supposition de la base AB, parce qu'elle est sous-contraire, * l'angle EDB étant égal à ABD, puisque tous les deux sont appuyés sur le même arc AGE; donc ED est un cercle; *ce qu'il falloit démontrer.* *Eucl. l. 3. p. 3. & 28.* *Art. 49.*

Le même raisonnement sert aussi à prouver que les sections opposées AB, ED (*Fig.* 38.) sont égales entr'elles; puisque leurs grands axes AB, ED sont égaux, & que les petits axes sont égaux à ceux de la base du cylindre. *Fig. 38.*

COROLLAIRE III.

99. Il suit aussi que plus les axes AB, ED seront inclinés à l'axe M*m* du cylindre, plus les sections opposées se rapproche-

ront, & qu'enfin si le côté du cylindre *ll*, *ff* devient tangent à la sphere, les sections opposées a T, *d*T se toucheront au point T, & si ce côté du cylindre est hors de la sphere, ces sections se croisent également, & se mutilent réciproquement, comme nous l'expliquerons au Théorême suivant.

Application à l'usage.

100. Cette proposition sert à faire connoître quelle est la courbe de l'arrête d'enfourchement des lunettes en berceau, pratiquées pour des fenêtres, ou pour la décharge ou pour la décoration dans une voute sphérique; car ces lunettes étant ordinairement, ou au-dessus de l'imposte de la voute sphérique, ou inclinées en abajour, ou rampantes, ce sont des moitiés de cylindre ou des cylindres entiers, dont l'axe ne passe pas par le centre de la sphere, & qui doivent être censées faire le même effet que si un cylindre entier entroit dans la sphere de toute sa circonférence; par exemple, si la fenêtre étoit un œil-de-bœuf, comme sont ceux des quatre petits dômes de S. Pierre de Rome, dont la direction ne tend pas au centre de la voute, mais au-dessous, parce que l'abajour est fort incliné, il n'y a d'autre changement que l'addition d'une moitié de contour de même nature.

THEOREME XI.

La section faite par la pénétration d'un cylindre qui n'entre dans la sphere que d'une partie de sa circonférence, est une ellipsimbre composée.

Fig. 42. Soit la sphere BV*b*P, dont le centre est C, pénetrée par le cylindre YLND, qui n'entre qu'en partie de sa circonférence dans la sphere, ensorte que la partie RP de son diametre RT, (lequel étant prolongé passe par le centre de la sphere) en reste dehors.

Ayant supposé comme dans les Théorêmes précédens, un plan qui passe par le centre C, & l'axe M*m* du cylindre, dont la section sera un parallelogramme YLND, & celle dans la sphere un cercle majeur BV*b*P, on reconnoîtra que les points B & *b* sont communs aux deux surfaces du cylindre & de la sphere; puisqu'ils sont la rencontre du côté du cylindre & du cercle majeur de la sphere, & que le point P, qui est commun aux deux diametres RT du cylindre, & PV de la sphere, ne l'est pas aux surfaces, puisqu'il est dans le cylindre de la profondeur RP qui est la moindre, & que l'ordonnée P*p* au diametre PV, qui passeroit par ce point, seroit toute hors de la sphere étant une tangente; donc elle ne pourroit être commune aux deux sections qui seroient faites par un plan perpendiculaire au premier, & passer par RV, lequel plan en feroit deux circulaires; sçavoir RST dans le cylindre, & PBV dans la sphere, qu'il faut imaginer en l'air, & non pas comme le représente la Figure sur le plan passant par l'axe du cylindre & le centre de la sphere; mais parce que l'intersection des deux cercles RST du cylindre, & PSV de la sphere, se fait en P, il suit que ce point S est à la circonférence des deux surfaces, d'où ayant mené l'ordonnée S*q* au diametre RT, on voit que sa partie PT est commune aux diametres de ceux des deux corps; sçavoir, RT, PV. Pl. 3. Fig. 42.

Présentement si le cylindre YLND étoit scalene, & que la section par *q* & B, c'est-à-dire, E*q*B fût un cercle, elle auroit pour son égale & sous-contraire F*qb*, ausquelles *q*S seroit une ordonnée commune aux deux sections des plans, coupant le cylindre par EB & F*b*, & aux deux cercles sur *e*B & *fb*, que ces mêmes plans seroient dans la sphere, de sorte qu'il est visible que ces deux sections planes, quoique de même espece, ne pourroient être communes aux deux surfaces, puisque ce sont deux cercles de différens diametres qui se touchent aux points B & *b*, dont le plus petit qui a pour diametre *e*B, seroit tout entierement dans le cylindre, & que le grand EB seroit dans toute sa circonférence hors de la sphere.

La différence sera plus grande, si le cylindre est droit, parce que la section EB dans le cylindre est une ellipse, & que *e*B dans la sphere est un cercle fait par le même plan perpendiculaire à celui qui passe par l'axe du cylindre & par la sphere. Il en est de même de la section faite par le plan F*b* passant par *q* & *b*, l'ordonnée commune *q*S retranchera une partie de ces sections planes, depuis *q* vers E, & depuis le même point *q* vers F, tant de l'ellipse que du cercle fait par chaque plan coupant les deux corps, qui est hors de la sphere; mais parce que la section commune à leurs surfaces ne peut être en même-tems un cercle & une ellipse, il suit qu'elle ne peut être dans le plan EB ni F*b*, quoiqu'elle y ait un point B ou *b*; donc elle s'en éloignera en se courbant vers la circonférence du cercle de la sphere, en sorte que les ordonnées à l'axe courbe *qu*B deviennent communes

PL. 3. Fig. 42. au cylindre en $u x$ de la base F x K, & au cercle de la sphere 2 x Z y; donc elle sera une ellipsimbre de même nature que celle du Théorême précédent, sur chaque côté EB & F b, mais imparfaite, & mutilée par l'ordonnée commune q S où elles se rencontrent, & font un angle, de sorte que la section totale depuis B en b par q est composée de deux parties d'ellipsimbre, *ce qu'il falloit démontrer.*

Pour rendre cette explication sensible, nous supposerons un cylindre scalene MLN m plus petit que le précédent, dont le côté M m coupe la sphere aux points 2 & 4, & que la section faite par un plan passant par 4 B, & un autre par 2 b, est un cercle parallele à sa base, ou en section sous-contraire; il est évident que le même cercle sera aussi la section plane de la sphere de chaque côté en 4 B & 2 b; donc la section courbe commune b 5 B sera la rencontre de deux portions de cercles égales, qui ont une ordonnée commune au point 5, laquelle est l'intersection de deux plans, qui feroient une figure sembla-

Fig. 43. ble à celle qui est représentée à la Figure 43 en A ou en B, selon que le point 5 s'approchera d'un côté du cylindre ou de l'autre; car si ce point de l'intersection des plans se faisoit à la

Fig. 38. Fig. 43. tangente comme en T (*Fig.* 38) les deux arcs de cercles aboutiroient l'un à l'autre, & l'angle B (*Fig.* 43) tomberoit sur le point t; mais à mesure que le point 5 rentrera, le point B, qui est la rencontre des deux arcs, s'éloignera de t.

La même chose arrivera aux portions d'ellipsimbre, lorsque le cylindre est une partie hors de la sphere, alors ces deux cour-

Fig. 42. bes feront une inflexion au milieu en angle saillant, tel est l'angle curviligne 9 Z^2 10, quand la sphere passera au-delà de l'axe du cylindre, comme en P; mais si l'axe du cylindre passe audehors de la sphere, alors la section composée fait un angle rectangle, comme on voit dans la Figure A (*Fig.* 43); la raison en est bien sensible, si l'on fait attention que jusqu'à l'axe du cylindre la section monte dans la raison des ordonnées à la base RST, & au contraire que depuis l'axe elle baisse dans la même raison jusqu'au point R auquel elle se joint, lorsque le côté YD est tangent à la sphere, comme nous l'avons dit du point T, (*Fig.* 38.)

COROLLAIRE.

101. D'où il suit que pour trouver les points de l'ellipsimbre composé,

composée, il ne s'agit que de trouver les ordonnées communes aux sections circulaires de la sphere & du cylindre, & pour cela il faut leur trouver des diametres en partie communs, ce qui se fait en menant autant de perpendiculaires que l'on voudra à l'axe M*m* du cylindre qui coupent le cylindre & la sphere, comme F*y*', RV, *dff*, dont les parties 2K, PT, *gh*, sont communes aux diametres du cylindre FK & 2*y* de la sphere, sçavoir RT, PV; *dh*, *gff*; si sur chacun de ces diametres on éleve des demi-cercles F*x*K, 29*y*, RST, PBV, *dih*, *g*G*ff* leurs intersections *x*, S, *i* seront des points à la circonférence de la courbe, & les perpendiculaires menées de ces points aux diametres communs, qui les couperont en *u*, *q* & 7, donneront les points de l'axe courbe, & seront des ordonnées communes, lesquelles étant portées de W en Y, de C en Z², & de H en *h*², marqueront sur un plan qui auroit pour base la ligne 9, 10 des points par lesquels faisant passer une courbe 9 Y Z² *h*² 10, on aura une expression du contour de l'ellipsimbre composée, ce que nous expliquerons plus au long dans les Problêmes du Livre suivant. Pl. 3. Fig. 42.

Il sera encore vrai dans le cas de ce Théorême, comme dans le précédent, que les profondeurs de la section solide dans la sphere, seront dans la même raison des sinus verses, dont les ordonnées seront les sinus droits, comme on le voit en 2*u*, P*q*, *g*7.

Si le côté LN du cylindre passe par le centre C de la sphere, & que son demi-diametre ML ne soit pas plus petit que le rayon CS de la sphere, il sera aisé de décrire l'ellipsimbre composée avec un compas, dont on mettra une pointe sur ce côté, par exemple en T, l'autre point le décrira.

La raison en est claire, car le rayon CS ne peut tourner autour d'un point fixe qu'en parcourant la surface d'une sphere par l'autre extrêmité mobile.

Application à l'usage.

102. Cette proposition fait voir quelle est la courbe de l'arête d'enfourchement, qui se forme à la rencontre de la surface d'une tour ronde, qui entre en partie dans une voute sphérique, comme pourroit être un escalier à vis dans un dôme, ou un puits sur le bord d'une citerne voutée en cul-de-four, ou d'une

tour verticale, dans laquelle ſont des renfoncemens en niche ſphérique, comme ſont les trois du dôme du Val-de-Grace, l'un ſur le Baldaquin, & les deux autres en croix ſur le Chœur & la Chapelle oppoſée, qu'on appelle niche en tour creuſe, ou encore d'une voute ſphérique établie ſur quatre portions d'arc-de-cloître, ou qui rachete un berceau. Dans tous ces cas l'on doit remarquer que ſi la voute ſphérique n'avançoit pas juſqu'à la clef, il ſe feroit un angle en *ſurplomb*, contraire à la ſolidité, parce que les *contre-clefs* pouſſeroient à vuide.

De la rencontre des ſurfaces des ſpheres avec celles des cônes.

THEOREME XII.

La ſection faite par la pénétration des ſurfaces d'une ſphere & d'un cone droit, dont l'axe paſſe par le centre de la ſphere, eſt un cercle.

Pl. 4. Fig. 44. SOIT la ſphere ABED pénetrée par le cone SLN, dont l'axe SM paſſe par le centre C; ſoit auſſi la courbe DKE, la ſection faite par la rencontre de leurs ſurfaces, ſur laquelle ayant pris à volonté un point K, on menera du ſommet S la ligne KS qui ſera à la ſurface du cone; puiſque le point K eſt ſuppoſé commun à ſa ſurface, auſſi-bien qu'à celle de la ſphere. Si par les points D, K, E, on mene des lignes au centre C de la ſphere comme DC, KC, EC, & que du même centre C on tire des perpendiculaires CF, CG, CH aux côtés du cone SD, SK, SE, on reconnoîtra que les triangles FCS, HCS, GCS ſont égaux en tout; puiſqu'ils ont le côté SC commun, qu'ils ſont rectangles en F, G, H, & qu'ils ont les angles en S égaux entr'eux, qui ſont ceux de l'axe du cone avec les côtés; donc les parties de ces côtés SF, SG, SH ſont égales. De même les autres triangles FCD, GCK, & HCE ſont auſſi égaux en tout, car ils ſont rectangles par la conſtruction, ils ont les côtés DC, KC, EC égaux, puiſqu'ils ſont rayons de la même ſphere, & les côtés FC, CH, CG, comme nous venons de le démontrer, auſſi égaux entr'eux; donc les côtés DF, KG, HE le ſeront auſſi, leſquels étant ajoutés aux lignes égales SF, SG, SH, on aura SD = SK = SE; par conſéquent les triangles SDI, SKI,

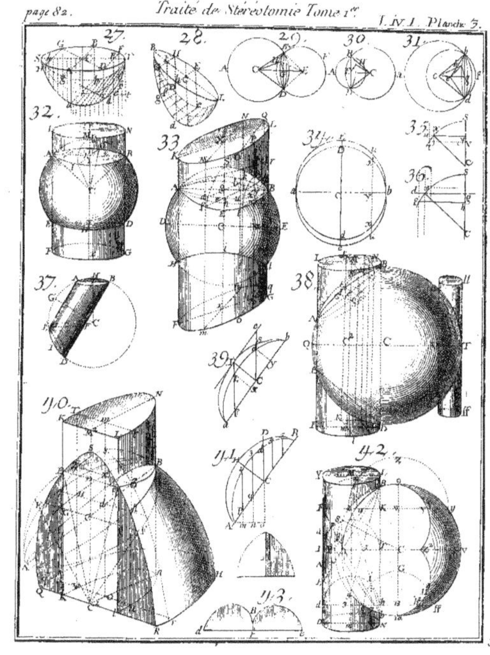
27.
28.
29.
30.
31.
32.
33.
34.
35.
36.
37.
38.
39.
40.
41.
42.
43.

SEI feront égaux entr'eux, puifqu'ils font rectangles en I, qu'ils ont les angles en S égaux, & le côté SI commun. Or les côtés ID, IK, IE étant égaux, & la ligne SI leur étant perpendiculaire, ils font tous dans le même plan, * & par conféquent à la circonférence d'un cercle, dont le centre eft en I. Mais, par la fuppofition, les points D, K, E, font à la furface de la fphere, & à celle du cone dans l'interfection faite par leur pénétration; donc la fection d'un cone droit qui pénetre la fphere, & dont l'axe paffe par fon centre, eft un cercle: *ce qu'il falloit démontrer.*

* Eucl. l. 11. p. 5.

On démontrera la même chofe de la fection oppofée AB vers le fommet du cone, qui eft évidemment toujours plus petite que celle qui fe fait vers la bafe.

Application à l'ufage.

103. Cette propofition fait voir quelle eft la courbe de l'enfourchement d'une trompe, d'une *lunette ébrafée*, ou voute en canoniere droite, qui rachete une voute fphérique, lorfque leurs impoftes font de niveau, & leur direction tendant au centre de la voute fphérique.

Si la trompe ou la lunette étoit biaife, quoique la direction de leur milieu tendit au centre de la fphere, la courbe ne feroit plus un cercle, de même que fi la direction ne tendoit pas au centre, comme on va le démontrer.

THEOREME XIII.

La fection faite par la rencontre des furfaces d'une fphere & d'un cone fcalene, dont l'axe paffe par le centre de la fphere, eft une ELLIPSOIDIMBRE, *ou un cercle, fi elle eft fous-contraire.*

Soit une fphere a*b*BA (*Fig.* 45) dont le centre eft C, par lequel paffe l'axe SX du cone fcalene SDE qui la pénetre; il eft clair, comme dans la propofition précédente, que fi l'on fuppofe ces deux corps coupés par un plan, paffant par l'axe SX du cone, les quatre points a, *b*, B, A feront communs à la furface du cone, & à celle de la fphere, puifqu'ils font l'interfection d'un cercle majeur de la fphere & du triangle par l'axe du cone.

Fig. 45.

Si l'on fuppofe encore un plan perpendiculaire au premier,

PL. 4. Fig. 45. & passant par A & B, il fera deux sections différentes ; sçavoit, un cercle dans la sphere, que nous représentons ici par AKB, & dans le cone scalene (la section AB n'étant pas sous-contraire) une ellipse que nous représentons ici par ALB, lesquelles sections n'ayant de communs que les points A & B, ne pourront être ni l'une ni l'autre commune aux deux surfaces ; donc la section solide passera au-dehors des deux plans, avec lesquels elle doit cependant avoir les deux points A & B communs.

Soit menée hi parallele à la base DE par le point M, intersection de l'axe SX & de la ligne AB, il est évident que hi sera le diametre d'un cercle dans le cone, dont la moitié Mh portée en ML perpendiculairement sur AB, sera une ordonnée commune à l'ellipse sur l'axe AB.

De même si l'on mene de parallele à DE par le point m, milieu de l'axe sous-tendant AB, & qu'on prenne une moyenne proportionnelle entre dm & me, cette ligne que nous supposons ici égale à mL sera aussi une ordonnée de l'ellipse, qui sera égale à la moitié du grand axe de la section elliptique du cone, puisqu'elle est sur le milieu m, & qu'elle est plus grande que mr, rayon de cercle fait sur le diametre AB plus petit que de.

Soit de plus menée par le point m la ligne Sm, du sommet du cone S, qui coupera le cercle abBA en H & I ; sur HI, comme diametre, on décrira le demi-cercle HfI, qui sera une section de la sphere perpendiculaire au cercle majeur ABba, puis sur la même HI on élevera au point m la perpendiculaire mg égale à mL ; si du point g on mene au sommet S la ligne gS, elle coupera le cercle HfI, de la sphere au point f, qui sera commun aux deux surfaces, par conséquent à la section, puisque Sg est un côté du cone qu'il faut se représenter en l'air perpendiculairement au plan ASB. A présent si du point f on mene fy parallele à Sm, à cause des triangles semblables gfy & gSm, on aura Sm : mg : : fy : yg, c'est-à-dire que la distance Sm du sommet du cone à l'ordonnée de l'ellipse plane, qui en est la section par AB, sera à cette ordonnée comme la distance de l'ellipse à la section solide, prise sur un plan passant par le sommet du cone, est à la différence gy des ordonnées gm, fx de l'ellipse plane, & de la section solide AxB, ce qui est, sui-
* Art. 79. vant notre définition 4, * la propriété de *l'ellipsoïdimbre* ; mais

parce qu'on peut trouver autant de points f que l'on voudra, qui donneront toujours une pareille analogie, quoique leur distance fy soit plus ou moins grande, il suit que la courbe est une ellipsoïdimbre, *ce qu'il falloit démontrer.*

COROLLAIRE I.

104. D'où il suit que si par le point f on mene fx parallele à gm, & qui coupe la ligne Sm au point x, ce point sera celui de la profondeur de l'axe courbe dans la sphere au-delà du point m, correspondant dans la section plane AB, & parce que les points m & M, & tout autre pris à volonté, produiront suivant la même construction différens points f plus près de y, on aura autant de points x que l'on voudra, sur différentes lignes Sm ou SM, venant du sommet S du cone sur l'axe sous-tendant AB, & par conséquent ils donneront la courbure de l'axe AxB.

COROLLAIRE II.

105. Il suit encore que lorsque AB est le petit axe de l'ellipse plane de la section du cone, la section solide s'approchera du côté du sommet S dans la grande section AB, & s'en éloignera dans la petite opposée ab; & au contraire, si AB est le grand axe de l'ellipse, comme nous le verrons dans le Théorême suivant, qui servira d'explication à celui-ci.

THEOREME XIV.

La section faite par la rencontre des surfaces d'une sphere & d'un cone, qui la pénetre de toute sa circonférence, & dont l'axe ne passe pas par le centre de la sphere, est une ellipsoïdimbre. Si le cone est scalene, elle peut être un cercle.

Soit la sphere A a b B (*Fig.* 46.) pénetrée par le cone DSE, dont l'axe SX ne passe pas par le centre C de la sphere; soit aussi dans les mêmes circonstances qu'au Théorême précédent la ligne AB, par laquelle passe le plan perpendiculaire au triangle par l'axe coupant les deux corps, dans lesquels il fait différentes sections; sçavoir, une ellipse ALB dans le cone qu'il coupe obliquement, & un cercle AKB dans la sphere; il sera clair pour peu qu'on donne d'attention à cette figure, où l'on a Fig. 46.

Pl. 4. Fig. 46. mis les mêmes lettres qu'à la précédente, qu'il s'agit de la même section; car ni le cercle de la sphere, ni l'ellipse du cone, qui n'ont que deux points communs A & B, ne peuvent être la rencontre des deux surfaces qu'en ces deux points; par conséquent la courbe faite par leur intersection, s'écartera de leur plan, & y reviendra aux points A & B par où elle doit passer.

Pour reconnoître en quels points de la sphere entre les deux A & B, cette courbe doit passer, il faut supposer des plans perpendiculaires à celui qui passe par ASB, que nous ne pouvons représenter ici qu'en les couchant sur le même plan, & sur la ligne droite de leur intersection. Soit par exemple un de ces plans passant par SI, la moitié de la section de ce plan coupant la sphere sera le demi cercle H*u*I, qu'il faut imaginer en l'air; & parce que son diametre HI coupe AB en *m*, l'ordonnée *m*P à ce diametre sera en partie commune à l'ordonnée de l'ellipse à l'axe AB; mais elle excédera, parce que le cercle AKB de la sphere est circonscrit à l'ellipse ALB du cone. Pour trouver donc où se termine cette partie commune, c'est-à-dire, la longueur de l'ordonnée de l'ellipse passant par le point *m*, on sçait qu'il n'y a qu'à prendre une moyenne proportionelle entre *dm* & *me*, puisque *de* est le diametre du cercle fait par la section du cone parallelement à sa base, lequel a une ordonnée commune avec l'ellipse de la section oblique AB au point *m*.

Soit *mr* l'ordonnée de l'ellipse égale à *m*R, la ligne S*r* passant par le sommet du cone, & le point *r*, qui est à sa circonférence, sera le côté du cone; mais à cause que ce point *r* est dans la sphere, il faut prolonger S*r* jusqu'à ce qu'il rencontre son cercle H*u*I au point *y*, lequel sera commun au cone & à la sphere; & si par ce point *y* on mene *yx* jusqu'à la rencontre de l'intersection des plans perpendiculaires en SI, le point *x* sera un de ceux de l'axe courbe de la section solide. Or si l'on fait comme dans le Théorême précédent *rg* parallele à SI, à cause des triangles semblables S*mr*, S*yx*, *rgy*, on aura S*m* : *mr* :: *rg* : *gy*. C'est-à-dire, que la distance du sommet du cone à l'ordonnée de l'ellipse plane, sera à cette même ordonnée, comme la distance de la section solide à l'ellipse plane, mesurée sur un plan passant par le sommet S, est à la différence des ordonnées de la section solide & de la section plane du cone; & parceque l'on peut imaginer autant de plans que l'on voudra, perpendiculaires au plan ASB, comme S*o*, au lieu de S*m*, &

qu'on aura toujours la même analogie à l'égard des ordonnées de l'ellipse & de la section solide ; il suit par notre quatrieme définition * qu'elle est une ellipsoïdimbre, *ce qu'il falloit démontrer*.

* Art. 79.

Pour une plus ample explication qui pourroit être un peu difficile aux commençans, nous avons jugé à propos de répeter la Fig. 46 en façon de perspective, au nombre 47 ; mais dans un sens différent, ce qui fait qu'on ne peut représenter les cercles que par des ellipses.

Fig. 47.

Soit APB*p* le cercle de la section plane de la sphere par la ligne AB, lequel est perpendiculaire au triangle par l'axe ESF ; soit aussi ARB*r* l'ellipse de la section oblique du cone, qui passe par les mêmes points A & B ; puisque la section solide n'est pas dans ce plan, elle passe par-dessous, comme dans la partie A*hy*B. Nous n'en avons pas représenté davantage pour éviter la confusion des lignes. Si l'on mene des ordonnées à l'axe AB, comme P*p*, Q*q*, qui coupent l'axe AB en M & O, & que par ces points on mene des lignes du sommet, comme S*x*, S*z*, & d'autres par les extrêmités des ordonnées de l'ellipse, comme S*y*E, SYF, SV*h*, S*u*H ; ces lignes qui feront des côtés du cone, rencontreront la surface de la sphere en quelque point, comme en *y*, Y, *h* & H, par lesquels on menera des paralleles aux ordonnées de l'ellipse *y*Y, *h*H, lesquelles seront les ordonnées de la section solide ; enfin si par les points *r*, R, V, *u*, de l'ellipse on mene des paralleles aux lignes S*x*, S*z* ; sçavoir, *rt*, RT, V*i*, *u*I, on reconnoîtra, comme dans la démonstration précédente, que les triangles *yrt*, *y*S*x*, *r*SM feront semblables, de même que *h*V*i*, *h*S*z*, VSO ; donc SM : M*r* : : *rt* : *ty*, & SO : OV : : V*i* : *ih*, donc la courbe B*yh*A est une portion d'ellipsoïdimbre, *comme il a été démontré ci-dessus*.

106. On voit qu'ici les ordonnées de la courbe solide excédent celles de l'ellipse ; le contraire arrive à la section opposée *ab* vers le sommet, où les ordonnées de la courbe sont plus petites que celles de l'ellipse plane de la proposition précédente, où l'on a vû le contraire dans l'une & l'autre section, comme nous l'avons remarqué ; la petitesse de la figure ne nous a pas permis de trouver celle qui est près du sommet, mais pou peu d'attention qu'on y donne la chose est claire, & ne mérite pas une plus longue explication ; puisqu'il est évident qu

la section solide sera toujours plus grande ou plus petite que l'ellipse plane, parce que les côtés du cone étant essentiellement convergens, ne peuvent passer par l'extrêmité de deux ordonnées paralleles & égales.

107. Il faut remarquer que l'excès, ou le défaut des ordonnées de la section solide sur la section plane elliptique, n'est pas proportionnel d'une ordonnée à une autre, entre l'axe droit *y* Y, & le point A ou B, mais qu'il augmente à mesure que l'ordonnée approche de l'axe droit *y* Y, & diminue en tirant vers A ou B, parce que le sommet du cone S étant commun à tous les triangles formés par la section des plans qui le coupent par ces ordonnées, ces plans sont inclinés entr'eux. Or si M *r* étoit à *xy*, comme OV à *zh*, S *x* seroit à SM comme S *z* seroit à SO; donc *xz* seroit parallele à MO, ce qui est contre ce que nous avons démontré ci devant; puisque l'axe courbe B *xz* A doit passer par A & B, & s'éloigner du plan de la section plane passant par A & B; donc M *r* n'est pas à *ty* comme OV est à *ih*; & par conséquent les ordonnées de l'ellipsoïdimbre ne seront pas en même raison entr'elles que celles de l'ellipse, comme dans *l'ellipsimbre*; d'où vient que nous l'appellons *ellipsoïdimbre*, c'est-à-dire qui imite seulement en quelque chose l'ellipsimbre. En effet cette courbe a un rapport essentiel avec l'ellipse dans les ordonnées prises dans la section triangulaire d'un plan qui passe par le sommet du cone & l'ordonnée de l'ellipse quelconque, dont l'excès ou le défaut est proportionné à l'éloignement des deux sections mesuré sur le même plan de la section triangulaire, & non pas à la distance absolue qui seroit prise sur deux plans paralleles passant par les mêmes ordonnées.

COROLLAIRE I.

108. Il n'est pas moins facile dans cette proposition que dans la précédente, de trouver autant de points que l'on voudra de l'axe courbe de l'ellipsoïdimbre, ce qui donne un moyen commode d'en faire la projection, comme nous le dirons en son

Fig. 46. lieu; car (*Fig. 46.*) si l'on veut avoir les points *x* & *z* de l'axe courbe correspondans aux points *m* & *o*, ayant mené par ces points des lignes *de*, *hi* paralleles à la base DE, & par ces mêmes points des lignes S *m* I, S *o* Q, qui couperont le cercle majeur

jeur de la sphere en H & I, q & Q, on décrira sur ces lignes comme diametres, des demi-cercles, comme HuI, auquel on menera par le point m, mP perpendiculaire à HI, ensuite ayant pris sur m P la longueur mr égale à la moyenne proportionelle entre dm & me, du sommet S on menera par le point trouvé r la ligne Sry, qui coupera le demi-cercle HuI au point y, par lequel menant y x parallele à mP, le point x, où elle coupera la ligne SI, sera celui que l'on cherche; car le cercle H u I est une section de la sphere par un plan qui passe par le sommet S, & le point r, qui est à la circonférence de l'ellipse de la section oblique du cône, donne le côté du cone Sy qui coupe le cercle en y; donc ce point est commun aux deux surfaces; & parce que ce plan est perpendiculaire à celui qui passe par ASB, lequel est aussi perpendiculaire à celui qui passe par AB, l'intersection de ces trois plans sera une ligne perpendiculaire au plan Smx, sur lequel doit être mesurée la distance du point m au point x par une parallele à l'ordonnée de l'ellipse plane, & qui passe par le point y; donc x est un point de l'axe courbe, correspondant au point m, *ce qu'il falloit trouver.* Pl. 4. Fig. 46.

109. Si l'on veut trouver cette distance par une analogie, connoissant la distance du sommet à l'ellipse sur le côté du cone, en divisant le rectangle Prp par rb, on aura ry, parce que la propriété du cercle $Pr \times rp = br \times ry$; & alors à cause des triangles semblables Smr & rty, ou (*Fig.* 46) rgy, on aura $Sr : ry :: Sm : rt$ ou rg. Fig. 47.

COROLLAIRE II.

110. Il faut remarquer que l'axe du cone ne passe pas ordinairement par le centre de l'ellipsoïdimbre, parce qu'il ne passe pas par celui de l'ellipse plane; car l'axe du cone SX divise en deux également l'angle du sommet DSE du triangle par l'axe; donc, par la huitieme du sixieme d'Euclide, AS : AB :: AO : OB; or AS est plus petit que SB; donc AO est plus petit que OB; mais le centre de l'ellipsoïdimbre doit se trouver au point correspondant à G, milieu de AB, dans une ligne menée du point S par G; donc le point z, où l'axe du cone coupe l'axe courbe de l'ellipsoïdimbre, n'est pas le centre de cette courbe, *ce qu'il falloit démontrer.* Fig. 46.

111. Nous avons excepté dans l'énoncé de ce Théorême, touchant la pénétration du cone dans la sphere, le cas qui peut

Fig. 48. arriver si le cone est scalene, lorsque la section plane faite par la ligne a b (Fig. 48) est sous-contraire, parce qu'alors étant un cercle dans le cone comme dans la sphere, elle peut être commune à la surface des deux corps, non-seulement dans une section comme a b, mais encore dans son opposée e f, c'est-à-dire, dans l'emmersion & dans l'emmersion du cone dans la sphere, sans que l'axe de l'un passe par le centre de l'autre; car puisque le rectangle $fS \times bS = eS \times aS$, $eS : Sf :: Sb : Sa$; & si l'on mene fh parallele à ba, les triangles fSh, fSe seront semblables, & l'on aura $bS : Sa :: fS : Sh :: eS : Sf$; donc les angles Sfh, Sef seront égaux, c'est-à-dire, que la section ef sera sous-contraire de la section ab, *ce qu'il falloit démontrer*.

COROLLAIRE III.

112. Plus le côté Sf s'éloigne du centre C, & plus les sections opposées ab & ef se rapprocheront, de sorte que s'il devient tangent à la sphere, comme s'il passoit par le point T, les sections aT & Te se toucheront en ce point T; & si le côté SK est hors de la sphere, alors il se formera une section composée de deux courbes, qui ne seront plus des arcs de cercles, parce qu'ils ne pourront être communs à la sphere & au cone qui est en partie dehors, mais de deux portions d'ellipsoïdimbre, comme nous l'allons expliquer ci-après.

Application à l'usage.

113. Ces deux Théorêmes font voir quelle est la courbe de l'enfourchement d'une trompe ou lunette ébrasée, ou voute en canoniere, qui rachete une voute sphérique de biais, soit parce que la direction de leur milieu ne tend pas au centre de la voute sphérique, soit que lorsqu'elle y tend, elle soit surhaussée ou surbaissée dans son ceintre primitif qui tient lieu d'arc droit.

THEOREME XV.

La section faite par la rencontre des surfaces de la sphere & d'un cone dont l'axe ne passe pas par le centre de cette sphere, & qui ne la pénetre pas de toute sa circonference, est une courbe composée de deux portions d'ellipsoïdimbre, ou d'autres courbes de même nature appartenant au cercle, à la parabole, ou à l'hyperbole.

Fig. 49. Soit la sphere a T e (*Fig.* 49) pénetrée par le cone SGL, en partie seulement, en sorte que le côté SG soit hors de la sphere. Soit menée du point S une tangente ST, qui touche le cercle majeur a T *e* au point T; si l'on suppose les deux points a & *e* communs aux surfaces des deux corps, & des lignes a T *b*, *e* T *f* menées de ces points à celui d'attouchement T, qu'on peut considérer comme les sections de deux plans perpendiculaires au plan du triangle par l'axe passant par le centre de la sphere, les parties de ces lignes qui sont dans la sphere, comme a T, *e* T, seront les diametres des cercles des sections de la sphere, & les lignes *ef*, a *b* seront les grands axes des ellipses faites par les sections obliques du cone; or ces cercles & ces ellipses n'ont rien de commun que les points a & *e*, donc ni les unes ni les autres de ces figures ne peuvent être les sections communes aux surfaces de ces corps; donc les sections solides ne seront pas dans leurs plans *ef* & a *b*, & ne pourront avoir deux points communs avec chaque section plane, puisque les points *f* & *b* sont hors de la sphere, & les parties de l'ellipse qui se croisent au point T & qui sont hors de la sphere, sont mutilées par le plan qui passeroit par la tangente T, perpendiculairement au plan a T *e*, lequel en retranche les parties T *f* & T *b*, & la jonction de ces plans a pour intersection l'ordonnée commune, qui passe par le point T; mais comme ces ellipses ne sont pas communes aux surfaces des deux corps, donc la section est une ellipsoïdimbre, par le Theorême précédent, il suit qu'on aura deux portions de cette espece de courbe, correspondantes aux deux portions d'ellipses, ce que nous appellons une *ellipsoïdimbre composée*. Pl. 4. Fig. 49.

114. Il faut remarquer que puisque les sections solides s'écartent des plans des sections planes, l'ordonnée commune aux deux portions d'ellipsoïdimbre, ne sera pas au point T, mais en quelqu'autre comme *x*, parce que l'une *e d f* passe au-dessus de *f e*, & l'autre a *g b* passe au-dessous de a *b*, comme nous l'avons dit des cas où la section elliptique du cone est au-dehors de la section circulaire de la sphere.

COROLLAIRE I.

115. D'où il suit que l'ellipsoïdimbre composée sera toûjours un angle d'inflexion; non pas à son milieu, comme l'ellipsimbre composée, mais plus près d'un des points communs a ou *e* que

de l'autre, parce que les sections opposées étant essentiellement inégales à cause de la diminution du cone vers son sommet, la partie de la courbe qui en est plus près, comme a x, sera plus petite que celle qui est vers la base, comme $e x$, ainsi qu'il est représenté dans la Figure 49 par les courbes $e i$ X & x g a.

Fig. 49.

Secondement, que cette inflexion sera un angle saillant, si les sections opposées se croisent au-delà du centre de la sphere, & un angle rentrant si elles se croisent en-deça comme nous l'avons dit des ellipsimbres composées ; de sorte que si la tangente SH étoit le côté du cone, l'angle d'inflexion seroit le plus saillant & le plus aigu qu'il puisse être, puisque les axes ne peuvent se croiser plus loin des points a & e, & cet angle diminuera à mesure que le point x se rapprochera de la ligne ae.

Nous donnerons dans la suite la maniere de tracer cette courbe composée, soit par la projection sur un plan, comme nous l'avons déja indiquée par celle de tracer l'ellipsimbre composée, soit en effet dans son contour naturel sur un cone ou sur une sphere.

COROLLAIRE II.

116. Quoique nous ayons parlé dans cette proposition de la section qui produit l'ellipsoïdimbre, nous n'avons pas prétendu qu'il n'en puisse arriver d'autres cas où elle ne produit pas la même figure. Le cone en effet peut être situé de bien des façons à l'égard de la sphere qu'il ne pénetre qu'en partie, ce que l'on pourra connoître par la combinaison des différentes situations des côtés de son triangle par l'axe, & de l'inclinaison des axes des sections planes, qu'on suppose toujours passer par les points communs aux côtés de ce triangle, & aux cercles majeurs de la sphere, coupée par le même plan, qui forme le triangle par l'axe du cone, & enfin par le point d'attouchement de la ligne menée du sommet du cone, tangente au cercle majeur de la sphere.

117. Premierement, puisqu'un des côtés du cone doit couper la sphere en deux points, & que sa base ou un second plan passant par un point commun aux deux surfaces, & par le point d'attouchement d'une ligne menée du sommet, doit couper les côtés du cone; il suit que dans toutes ces sections composées de portions de courbes, il y en aura toujours une relative au cercle ou à l'ellipse; mais parce qu'un des deux plans que nous supposons com-

me l'origine de ces sections, peut être situé de maniere qu'il ne coupe le cone que d'un côté, la section qui en résultera appartiendra à la parabole ou à l'hyperbole, & sera une courbe à laquelle nous pouvons donner le nom de paraboloïdimbre ou d'hyperboloïdimbre ; c'est-à-dire que dans toutes ces sections il sera toujours vrai que les ordonnées à leur axe courbe qui est dans le plan de l'axe droit de la section plane & du sommet du cone, auront un excès ou un défaut sur les ordonnées de la section plane correspondantes, relativement à leur distance dans un plan passant par le sommet du cone & par les deux ordonnées ; de sorte que connoissant cette distance on pourra toujours connoître la différence des ordonnées de la section plane & de la solide par cette analogie. Comme la distance du sommet du cone à l'ordonnée de la section plane :

Est à la longueur de la même ordonnée ;

Ainsi la profondeur ou distance de l'ordonnée de la section solide à celle de la plane, prise dans un plan passant par le sommet du cone :

Est à la différence des deux ordonnées, c'est-à-dire, à l'excès ou au défaut de l'ordonnée de la section plane.

Il est clair que par le moyen de cette différence, ajoutée à l'ordonnée de la section plane, connue par les sections coniques, ou retranchée de cette ordonnée, on aura un point du contour de la section solide, telle qu'elle puisse être, ellipsoïdimbre, paraboloïdimbre, ou hyperboloïdimbre.

Nous avons représenté dans les cinq figures suivantes, les différentes combinaisons de ces sections composées.

Dans la premiere figure où les points a & *e* sont communs à la sphere & au cone, & le point T celui d'attouchement de la tangente menée du sommet S du cone au cercle majeur de la sphere *e* a T ; le plan passant par *e* T perpendiculairement à la tangente ST, fait pour section un cercle dans la sphere & un dans le cone, dont *ef* est le diametre, & l'autre plan passant par les points a & T, fait une ellipse dans le cone, dont le grand axe est a *b*. *Fig. 50.* *Fig. 51.*

Dans la Figure 2e. le plan passant par les points E & T, fait un cercle dans le cone dont EF est le diametre, & l'autre plan passant par A & T, fait une parabole dans le cone, parce que A *b* est supposé parallele à SG. *Fig. 54.*

Dans la Figure 3e. le plan *e* T fait une ellipse dans le cone, *Fig. 50.*

dont le grand axe eſt *ef*, & le plan a T fait une parabole, dont l'axe eſt a *b*.

Fig. 52. Dans la Figure 4ᵉ. le plan ET fait un cercle dans le cone dont le diametre eſt EF, & le plan a T, qui rencontre le côté du cone SF, prolongé vers *z*, fait une hyperbole, dont a *z* eſt l'axe déterminé, & le point a ſon ſommet.

g. 53. Dans la Figure 5ᵉ. le plan ET qui coupe les deux côtés du cone SE & S*f* fait une ellipſe, dont E f eſt le grand axe, & le plan AT qui rencontre le côté *f*S, prolongé en *y*, fait une hyperbole, dont l'axe déterminé eſt A *y*, ſuppoſant toujours la ligne ST tangente au cercle majeur de la ſphere EAT.

Application à l'uſage.

118. Ce Théorême ne paroît pas d'une grande utilité pour la pratique; on ne l'a mis ici que pour la perfection de la doctrine, il ſert ſeulement à faire connoître quelle ſeroit la courbe de l'arrête d'enfourchement d'une trompe ou voute en canoniere, qui racheteroit par le côté une voute ſphérique, ce qui ne pourroit arriver que dans une conſtruction bizarre.

CHAPITRE VI.

Des ſections faites par la pénétration des cylindres entr'eux & avec les cones.

THEOREME XVI.

La ſection faite par la pénétration des cylindres de même nature, égaux ou inégaux, dont les axes ſont égaux en longueur, & paralleles extr'eux, eſt un parallelogramme.

LA démonſtration de cette propoſion eſt trop facile pour s'y arrêter; car puiſque la ſection d'un cylindre faite par un
Pl. 5. Fig. 55. plan paſſant parallelement à ſon axe, eſt un parallelogramme (*Fig.* 55) ceux qui paſſeront par des cordes égales de leurs baſes & dans une même longueur, ſeront égaux; or on voit que la ligne AB qui joint les points A & B de l'interſection des cercles des deux baſes, eſt une corde commune aux deux cercles;

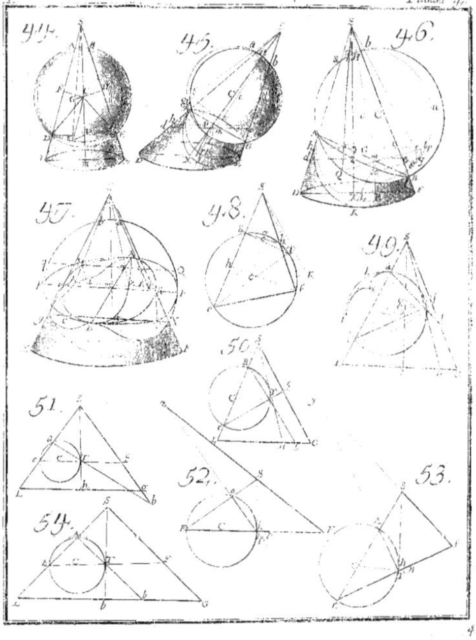

44. 45. 46. 47. 48. 49. 50. 51. 52. 53. 54.

donc le parallelogramme qui aura pour côtés cette corde & une égale longueur d'axe, sera commun aux deux cylindres.

Application à l'usage.

119. Cette proposition fait voir pourquoi les voutes Gothiques, qu'on appelle en *tiers-point*, font un angle rentrant à la clef, qui se continue en ligne droite, comme une division marquée entre les deux côtés, & les pendentifs de celles qui se croisent, parce que leurs ceintres sont composés de deux arcs de cercle CA, A*c*, qui sont les parties des bases de deux cylindres, dont les axes sont autant éloignés que les centres C & *c* de ces arcs, qui le sont ordinairement de la longueur de leur rayon CA; ainsi la rencontre AD de ces portions de cylindre est un des côtés du parallelogramme de leur intersection totale s'ils étoient entiers. Pl. 5. Fig. 55.

Dans l'appareil des angles des murs on trouve aussi fréquemment des cylindres qui se pénetrent dans la même circonstance, comme on en voit à l'ancien Temple de la Galluce & à l'Eglise de la *Sapience* à Rome, dont les plans sont des arcs de cercle inscrits dans un cercle entier, de sorte que les murs sont des portions de cylindre, qui se croisent parallelement à leurs axes; mais cet appareil n'a point de difficulté.

THEOREME XVII.

La section faite par la rencontre des surfaces de deux cylindres égaux ou inégaux, dont les axes se coupent perpendiculairement ou obliquement, & qui ont un diametre égal & semblablement posé sur un plan passant par leurs axes, est une ellipse; & si l'un des cylindres est droit & l'autre scalene, ou si tous les deux sont scalenes & de bases égales, elle peut être un cercle.

Premierement. Soient deux cylindres AF, FD (*Fig.* 56) égaux entr'eux, la diagonale menée par la rencontre de leurs côtés est également inclinée sur les uns comme sur les autres; donc le plan passant par cette diagonale, & perpendiculairement à celui qui passe par leurs axes, coupera les deux cylindres d'une obliquité égale, par conséquent fera une ellipse commune à tous les deux. Fig. 56.

Secondement. Si les deux cylindres sont inégaux, comme KE

Fig. W. & 57. & EN, *Fig.* W & 57) ou il y en aura un droit $q\,t$ & un ſcalene; ou ils ſeront tous deux ſcalenes, comme KE : EN (*Fig.* W) dans ce cas il eſt clair que la diagonale BE, menée par la rencontre de leurs côtés KB, LE : & BN, ME, peut être le diametre du cercle de la baſe d'un cylindre ſcalene, & par conſéquent de l'autre, qui a ce cercle auſſi pour baſe, ſoit qu'il ſoit droit comme $q\,t$, ou ſcalene comme KE, de ſorte qu'il peut être commun aux deux cylindres qui ſe rencontrent.

Troiſiemement. Si la rencontre des cylindres inégaux ne ſe fait pas à leur baſe, il eſt évident que le plan paſſant par la diagonale BE (*Fig.* W) menée par les angles de rencontre de leurs côtés KB, LE : & BN, EM, & perpendiculairement au plan paſſant par les axes a C & CP, fera une ellipſe égale dans chaque cylindre, car l'axe BE de l'ellipſe eſt commun aux deux, & l'axe conjugué x X eſt ſuppoſé auſſi égal & ſemblablement poſé; donc la ſection ſera une ellipſe commune aux deux cylindres, puiſqu'elle eſt équivalente à deux égales; *ce qu'il falloit démontrer.*

120. Il en ſera de même des ſections des cylindres inégaux, ayant un diametre égal, lorſqu'au lieu de ſe rencontrer ſimplement par leur extrêmité, ils ſe croiſent, comme à la Figure 58, & ſe pénetrent reciproquement; car la ſection EB ſera commune aux quatre cylindres LEBK, g EBf, h BEi, n BEm, & la ſection AD ſera commune aux quatre cylindres hDAi, LDAK & fADg, mADn, qui aboutiſſent les uns aux autres, comme dans le cas précédent; donc BE & AD ſont deux ellipſes; mais ſi les cylindres ſont inégaux, & qu'ils n'ayent pas un diametre égal & ſemblablement poſé, leur ſection commune ne ſera plus une figure plane, comme nous le démontrerons au Theorême ſuivant.

Application à l'uſage.

121. Cette propoſition eſt des plus néceſſaires pour la connoiſſance des courbes des *enfourchemens* des voutes les plus uſuelles, qui ſont les berceaux; elle fait voir que lorſqu'ils ſont de même hauteur, quelle que puiſſe être leur largeur, leur ceintre d'enfourchement eſt toujours une ellipſe, ſoit qu'ils aboutiſſent l'un à l'autre perpendiculairement ou obliquement, & alors l'angle de leur rencontre eſt moitié rentrant vers l'angle ſaillant de leurs côtés, comme depuis C en B, ce que l'on appelle

pelle alors partie de voute en *arc de cloitre*, & moitié saillant vers l'angle rentrant des côtés, comme de C en E, ce qu'on appelle partie de *voute d'arête*. Soit que les deux berceaux se croisent, & alors ils sont tous saillans, & font ce que l'on appelle proprement *voute d'arrête*. Fig. 58.

Cette observation est nécessaire pour faire connoître la fausseté du trait du ceintre surhaussé des voutes d'arrête barlongues dans le Livre de la Coupe des bois du sieur Blanchard, qu'il fait en tiers-point non-seulement dans la Figure de la Planche 17, mais encore dans le discours; car il dit, *page 68, que leurs élévations . . . tendent au centre supposé 18 de sa Planche 27.*

THEOREME XVIII.

La section faite par la rencontre des surfaces de deux cylindres droits inégaux qui se pénetrent, & dont les axes se coupent perpendiculairement, est un cicloïmbre.

Soit le cylindre ABED, dont l'axe FG est perpendiculaire à l'axe CO d'un autre cylindre plus petit HILK, & dont la base est le cercle HMIN, ayant supposé un plan qui passe par les deux axes, si l'on en suppose d'autres qui lui soient perpendiculaires & à l'axe FG, ces plans qui seront paralleles entr'eux feront deux sections différentes chacun; sçavoir, un parallelogramme MNQR, dans le cylindre supérieur HILK, qu'ils couperont par l'axe, ou parallelement à son axe, & un cercle QSRT dans le cylindre inférieur ABED, qu'ils couperont perpendiculairement à son axe, lesquelles deux sections se rencontreront en deux points opposés RQ, *rq*, qui seront par conséquent communs à la surface des deux cylindres, & à la circonférence de la courbe qui est formée par l'intersection des deux surfaces, aussi-bien que les points K & L, qui sont à l'intersection des deux parallelogrammes formés par la section du premier plan passant par les deux axes des cylindres, de sorte que cette courbe passera nécessairement par les points KR *r* L d'un côté, & KQ *q* L de l'autre; & si l'on joint les points opposés par des lignes QR, *qr*, ces lignes seront perpendiculaires au plan passant par les deux axes des cylindres, qui les coupe en deux également aux points P & *p*, par où passe l'axe courbe de la section solide KP*p*L; or il est aisé de voir que ces ordonnées sont Fig. 59.

Pl. 5. Fig. 59. paralleles & égales à celles de la base du cylindre MN, *mn*; puisque cette base HMIN est perpendiculaire au plan passant par les axes, aussi-bien que QR & *qr*, qu'elles sont entre mêmes paralleles QM, RN, ou *qm*, *rn* qui sont les côtés du cylindre, étant dans le même plan MR, ou *mr* passant par l'axe OP, ou parallelement à cet axe; & s'il restoit quelque doute sur l'égalité des côtés MQ, MR, pour établir le parallelisme Art. 39. de MN & QR, il n'y a qu'à se rappeller l'article 39, où l'on a fait voir que MN étant parallele à la tangente du cercle QSR par S, & les points M & N étant également éloignés du point O, qui est dans le diametre TS prolongé, les paralleles à ce dimetre MQ & NR, terminées à la circonférence du cercle, seront égales entr'elles; donc les ordonnées QR & *qr* sont égales aux correspondantes de la base du cylindre dans les mêmes plans MN & *mn*. On prouvera la même chose de toutes les ordonnées possibles; donc la section creuse KLRQ est celle que nous avons appellée un *cicloïmbre* par la premiere défini-Art. 75. tion; *ce qu'il falloit démontrer*.

Il n'est pas nécessaire d'ajouter que les ordonnées de cette section solide ne sont pas dans un même plan, puisqu'il est évident qu'elles s'éloignent de celui qui passeroit par l'axe soustendant KL, à mesure qu'elles s'éloignent de ces deux points jusqu'au milieu QR qui répond au diametre MN, perpendiculaire au plan passant par les axes des cylindres. Or il est aisé de faire voir dans quelle raison elles s'éloignent ou se rapprochent de l'axe sous-tendant KL; car puisque toutes les sections faites dans le cylindre AE, par les plans passans par les ordonnées de la base HMIN au diametre HI, parallelement à l'axe OP, sont des cercles égaux à celui de la base AD; il suit que les ordonnées de la section solide, qui sont égales à celle de la base HMIN, sont autant de cordes inscrites dans un cercle égal à la base du cylindre AE, qu'on a mis en suite de la figure en *ad* par les lignes ponctuées PP^2, pp^2; de sorte que la profondeur de ces cordes dans le cercle est mesurée par la longueur de leurs fleches aP^2, ap^2 égales à SP, *sp*, qui font voir de combien la courbe s'éloigne du plan qui passeroit par l'axe KL, soustendant de l'axe courbe KP*p*L, à mesure qu'elle approche du milieu de ces deux points communs KL; de sorte qu'elles augmentent continuellement en longueur dans la raison de celle des ordonnées de la base HMIN, & de profondeur dans le rapport des fleches des doubles ordonnées, inſcrites dans la baſe du cylindre AE; ou ſi l'on veut prendre les ordonnées pour des ſinus droits, leur profondeur ſera meſurée par les ſinus verſes; ce qui montre évidemment que toutes les doubles ordonnées priſes enſemble forment une ſurface courbe en façon de tuile creuſe plus ou moins profonde ſelon la grandeur relative des deux cylindres, qui ſe pénetrent perpendiculairement; de ſorte que s'ils ſont égaux, la ſection eſt la plus profonde qu'elle peut être, parce qu'alors la plus grande ordonnée du milieu, que nous appellons l'axe droit, paſſera par l'axe du cylindre AE, c'eſt-à-dire par le centre C^2 du cercle aR^2 d Q^2, & alors la ſection change de nature, & devient plane comme au Theorême précédent, ſe diviſant en deux parties, qui font un angle rentrant KCL.

122. Il reſte à démontrer que tous les diametres de cette ſection ſolide ſont égaux, c'eſt-à-dire toutes les lignes, qui, paſſant par l'axe de profondeur SP, ſont terminées à la circonférence de la courbe. Premierement il eſt clair que l'axe ſouſtendant KL = HI eſt auſſi égal à l'axe droit QR = MN = HI, puiſque ce ſont les diametres du même cercle HMIN; il en ſera de même des diametres WV & uU, qui feront entre mêmes paralles Wu, & VU & d'une égale profondeur au-deſſous de KL, mais tous hors de la ſurface creuſe formée par les ordonnées, qui forment la circonférence de la ſection, car ils coupent l'axe SP au-deſſus du centre P, par exemple en x; donc par la définition premiere la ſection ſera un cicloïmbre; *ce qu'il falloit démontrer.* Art. 75.

COROLLAIRE I.

123. Non-ſeulement les ordonnées au plan paſſant par KPL, dans lequel eſt l'axe courbe, ſont égales aux correſpondantes ordonnées au diametre HI; mais encore celles qui feroient perpendiculaires au plan paſſant par QSR, dans lequel eſt l'axe droit, feroient égales aux paralleles à l'axe HI, correſpondantes dans un plan parallele à l'axe OP, leſquelles renfermeroient une portion cylindrique, terminée par la courbe KRLQ.

Lorſque nous avons dit que tous les diametres du cicloïmbre ſont égaux, nous n'avons entendu parler que des lignes droites, menées d'un point de la courbe à ſon oppoſé, en paſ-

Pl. 5. Fig. 52. sant par l'axe de profondeur SP ; car si l'on vouloit appeller diametres les lignes courbes qui passent à la surface du cylindre par le point S, & les points opposés de la circonférence du cicloïmbre, on s'apperçoit bien que de tels diametres seroient tous inégaux en longueur & en courbure, le plus grand est l'arc de cercle QSR, dont l'axe droit QR est terminé à la courbe, & les autres seroient des portions d'ellipse, toujours moins concaves à mesure qu'elles s'éloigneroient de cet arc de cercle, & qu'elles approcheroient de l'axe sous-tendant KL, où l'arc elliptique se change en ligne droite dans la supposition qu'elles passent toutes par le milieu S ; & parce que tous ces arcs inégalement courbes, auroient pour corde des diametres droits égaux entr'eux ; il suit que ces courbes seroient toutes inégales en longueur développée, c'est-à-dire rectifiée.

COROLLAIRE II.

124. D'où il suit que le cicloïmbre, considéré comme une portion de la surface du cylindre, étendue en surface plane, seroit un ovale dont le grand axe seroit QSR, & le petit KL.

COROLLAIRE III.

125. Il suit encore que plus le cylindre HL sera petit à l'égard du cylindre AE, moins la section solide sera creuse ; & au contraire plus le cylindre HL sera grand à l'égard du cylindre AE, plus elle sera creuse, soit qu'on la considere comme portion de la surface du cylindre, ou comme une autre surface formée par une suite d'ordonnées à l'axe courbe KPL ; de sorte qu'en cas d'égalité, comme nous l'avons dit, la section solide devient égale à deux moitiés de sections planes elliptiques, qui se rencontrent au diametre passant par l'axe FG, parce qu'alors les côtés MQ, NR du cylindre HL deviennent tangens au cylindre AE, & par conséquent ne le coupent qu'en un point chacun, qui est à l'extrêmité du diametre du cylindre AE ; de sorte que la profondeur sera SC, qui ne peut être plus grande, parce qu'au cas que le cylindre HL devienne encore plus grand, ce ne sera plus lui qui pénetrera, mais qui sera pénetré par le cylindre AE.

On remarque bien aussi que dans le cas d'égalité des cylindres, les plans des demi-ellipses qui se rencontrent en C, secoupent à angle droit, puisque les rayons KS, SL & SC sont égaux, les angles imaginés en KCS & LCS sont de 45 degrés; doc KCL sera de 90, c'est-à-dire droit. Pl. 5. Fig. 59.

COROLLAIRE IV.

126. De ce que nous avons dit que la profondeur du cicloïmbre dans le cylindre, étoit mesurée par les fleches des cordes égales aux ordonnées à son axe courbe, inscrites dans la base du cylindre, on tire une maniere fort aisée de trouver autant de points que l'on voudra de son axe courbe; car ayant fait un cercle a$R^2 d Q^2$ à côté de la figure, & lui ayant mené par le point a une tangente t a T, perpendiculaire au diametre a d, on portera sur cette tangente les ordonnées PR, & pr en a T & a Z, & par les points T & Z on menera TR^2, Zr^2 paralleles au diametre a d, qui couperont la circonférence du cercle aux points $R^2 r^2$, par où menant des paralleles à la tangente a T, on aura sur le diametre a d qu'elles couperont, les fleches aP^2, ap^2, qui sont les profondeurs des points de l'axe courbe, correspondans aux ordonnées MN, mn de la base du cylindre HL, égales à celles du cicloïmbre.

Si l'on vouloit trouver ces profondeurs par le calcul, on se serviroit de la même méthode qu'on a donnée ci-devant au Theorême IX, pour trouver celle de l'ellipsimbre, avec cette différence qu'elle est plus aisée dans celui-ci, parce que toutes les ordonnées s'inscrivent dans un même cercle, & que pour l'ellipsimbre de ce Theorême, elles devoient toutes être inscrites dans des cercles inégaux.

Il est inutile de faire remarquer que les cicloïmbres opposés sont égaux dans l'immersion d'un cylindre dans un autre, comme dans son émersion; cette vérité se fait sentir par le parallelisme des côtés de l'un & de l'autre de ces solides.

Application à l'usage.

129. Rien n'est plus ordinaire dans les voutes que la courbe dont nous parlons, on voit presque par-tout les berceaux en plein ceintre, percés de lunettes droites aussi en plein ceintre, dont les impostes sont à même hauteur que la naissance de la voute, comme seroient celles de la nef du Val-de-Grace, si les

vitraux étoient parfaitement en demi-cercle. On connoît donc par cette propoſition, que la courbe de l'arrête de leur enfourchement eſt un *cicloïmbre.* Cette courbe n'eſt pas moins commune dans l'Architecture militaire ; car les ſoupiraux circulaires des ſouterrains en berceaux de niveau & en plein ceintre, & poſés à plomb ſur la clef, ſont des cylindres qui en pénetrent d'autres perpendiculairement ſur leur axe ; tels ſont encore les puits des citernes, poſés au milieu des voutes en berceau.

THEOREME XIX.

La ſection faite par la rencontre des ſurfaces de deux cylindres inégaux, dont les axes ſe coupent obliquement, & qui ſe pénetrent de ſorte que l'un entre dans l'autre de toute ſa circonférence, eſt une ellipſimbre.

La démonſtration de cette propoſition eſt ſi ſemblable à celle de la précédente, qu'on peut l'appercevoir à la ſeule inſpection de la Figure 60 ; ſoit a*bed* un cylindre droit, dont l'axe eſt *fg*, pénetré par un autre cylindre *hikl* plus petit, c'eſt-à-dire d'un moindre diametre, dont l'axe *x*X coupe l'axe *fg* obliquement en C. Ayant ſuppoſé, comme dans la propoſition précédente, un plan qui paſſe par ces axes, il fera pour ſection deux parallelogrammes, dont les interſections des côtés qui ſe couperont en K, L, V, *u* donneront les points K & L, communs aux deux ſurfaces. Si l'on ſuppoſe d'autres plans perpendiculaires à celui-ci, qui paſſent par l'axe *x*X, ou parallelement à cet axe comme M*y* ; ces plans feront deux ſections différentes ; ſçavoir, un parallelogramme MY ou *my*, dans le cylindre *hl*, & une ellipſe SRT, ou *srt* dans le cylindre a*d*, dont les interſections R & *r* ſeront communes à la ſurface des deux cylindres, ce qui eſt évident. Si enfin l'on ſuppoſe un autre plan auſſi perpendiculaire au premier, mais paſſant par KL, ou parallelement à a*b* par *h*I, ce plan fera pour ſection dans le cylindre *h*L une ellipſe *h*MIN, dont toutes les ordonnées à l'axe *h*I comme NO, *no* ſeront égales à toutes les ordonnées RP, *rp* de la ſection ſolide, par les mêmes raiſons que nous avons expliquées fort au long dans la propoſition précédente ; car la ligne MN étant (par la ſuppoſition) perpendiculaire à OC, puiſqu'elle eſt l'interſection de deux plans *h*NI, ONYX perpendiculaires à un troisieme *h* ILK, elle sera parallele à la tangente, qui passeroit par le point S; donc NR & MQ qui sont paralleles, étant les côtés du cylindre, & également éloignées du diametre de l'ellipse SRT prolongé en O, couperont cette ellipse à des distances égales de N & M; donc RQ sera parallele à NM, elle lui sera aussi égale, puisqu'elle est entre mêmes paralleles NY, MZ. On démontre la même chose de l'ordonnée *rq*, dont toutes les ordonnées à l'axe courbe KPL de la section passant par KR *r* L, sont égales à celles de l'ellipse plane *h*MIN, correspondantes dans des plans paralleles entr'eux, & à l'axe *x*X du cylindre *hl*; or toutes ces ordonnées PR, *pr* ne sont pas dans un même plan, puisqu'elles s'écartent & se rapprochent de l'axe sous-tendant KL, auquel elles viennent se terminer à rien aux points K & L donc leur somme forme une surface creuse, comme celle du Theorême IX, dont le contour est une *ellipsimbre* suivant notre définition; *ce qu'il falloit démontrer.* Pl. 5. Fig. 40.

COROLLAIRE I.

128. On doit tirer les mêmes conséquences de ce Theorême que du précédent. 1°. Que plus le cylindre *hi* LK sera grand par rapport au cylindre a*bde*, la section KRLQ sera plus profonde; de sorte que si les deux cylindres deviennent égaux, elle changera de nature, de section solide qu'elle étoit, elle deviendra une section plane, composée de deux ellipses qui se rencontrent au diametre du cylindre a*d* passant par l'axe *fg*, au point C & perpendiculairement au plan a*d*, où sera l'intersection des plans des deux demi-ellipses, ce qui retombe dans le cas du Theorême XVII & de la Figure 58, où deux cylindres inégaux ont un diametre commun ou semblablement posé à l'égard du plan passant par les axes des cylindres.

Et au contraire, plus le cylindre *hl* sera petit à l'égard de l'autre a*d*, moins la section sera profonde; car puisque les profondeurs de l'axe courbe sont déterminées par les fleches, dont les ordonnées de la section sont les cordes inscrites dans une commune ellipse, qui a pour grand axe la section oblique ST, plus les ordonnées seront petites, moins elles entreront dans l'ellipse, où les plus petites cordes sont toujours les plus éloignées du centre, de même qu'on l'a dit du cercle.

COROLLAIRE II.

Pl. 5. Fig. 60. 129. Nous remarquerons aussi, comme au Theorême X, que la plus grande profondeur de l'ellipsimbre n'est pas au milieu des points K & L, parce que l'axe droit correspondant au petit axe MN de l'ellipse *h* MIN est plus près de L que de K, l'angle KSP étant plus grand que l'angle LSP, d'où il suit que les ordonnées à l'axe courbe KPL, qui sont en nombre égal à celles de l'ellipse plane *h* MIN à l'axe *h* I, seront plus pressées d'un côté que de l'autre; sçavoir, de P en L, que de P en K.

130. La méthode de trouver les profondeurs de la section, c'est-à-dire les points de son axe courbe KPL, est tout-à-fait la même que celle du Theorême précédent; la seule différence est que l'on inscrit ici dans une ellipse, qui est la section oblique du cylindre, les ordonnées qu'on inscrivoit dans le cercle de sa base.

Fig. 61. Si l'on fait l'ellipse SDTB (*Fig.* 61) égale à la section oblique, qui a pour grand axe ST, ou S *t* de la Fig. 60, & le petit axe BD égal au diametre *b d* de la base du cylindre a *d* (*Fig.* 60) ensuite que l'on fasse la ligne SH, perpendiculaire sur ST, grand axe, S 1 = PR & S 2 = *p r*, qu'enfin on mene par les points 1 & 2, les lignes 1 R, 2 *r*, paralleles à l'axe ST, qui rencontreront l'ellipse SRB aux points R & *r*, ces lignes 1 R, 2 *r*, ou leurs égales S *p*, SP, sont les profondeurs des points de l'axe courbe, correspondant aux points O & *o* de l'axe *h* I de l'ellipse *h* MIN (*Fig.* 60.)

Dans le cicloïmbre nous avons trouvé que ces lignes SP, S *p* étoient les sinus verses des sinus droits RP, *rp* ici ce sont des abscisses du diametre ST, lesquelles sont encore en même Fig. 62. raison que ces sinus verses; car si l'on fait l'angle LSC (*Fig.* 62) égal à l'angle LSC de la Fig. 60, & S *i* perpendiculaire sur SC, & que l'on prenne sur SC les parties SP & S *p*, égales aux abscisses de la fig. 61, si par ces points P & *p*, on mene PO, & *po* perpendiculaires à la ligne SL, les lignes SO, S *o* seront les abscisses de *h* I; or il est clair que SP : SO : : S *p* : S *o* à cause des paralleles *p o*, PO. Si enfin l'on fait l'angle LS *i*, égal à l'angle IH *i*, & que l'on mene des points *o* & O les lignes *of*, OF, perpendiculaires sur S *i*, les lignes S *f*, SF représenteront les abscisses du cercle, c'est-à-dire les fleches, dont les doubles

ordonnées

ordonnées de la section solide sont les cordes, ou les sinus verses des ordonnées considérées comme sinus droits, lesquelles sont encore en même raison; car SO : SF : : *So* : *Sf* : : SP ; *Sp*, *ce qu'il falloit démontrer*, c'est-à-dire, que les abscisses de l'axe ST de l'ellipse SRTQ sont à celles de l'axe *h*I, de l'ellipse *h*MIN, comme celles-ci sont à celles du cercle.

Application à l'usage.

131. Cette proposition fait voir quelle est la courbe de l'enfourchement d'une lunette biaise dans un berceau, lorsque les impostes de l'une & de l'autre sont sur un même plan, ou la courbe de l'enfourchement d'un puits ou d'un soupirail circulaire, qui rachete un berceau rampant, comme on en voit au Fort S. Jean, à Marseille, & en plusieurs forteresses.

THÉOREME XX.

La section faite par la rencontre des surfaces de deux cylindres, dont l'un pénetre l'autre de toute sa circonférence, perpendiculairement ou obliquement à ses côtés, sans que leurs axes se rencontrent, est une ellipsimbre.

Pour rendre la figure nécessaire à l'intelligence de la démonstration de ce Theorême aussi simple qu'il est possible, nous ne supposerons qu'une tranche du grand cylindre (*Fig. 63*) faite par deux plans paralleles entr'eux, perpendiculaires à son axe, & tangens au petit cylindre HILK, que nous supposons premierement perpendiculaire aux côtés du grand cylindre, ensorte que son côté HB tombe à angle droit sur le côté V*u* du grand cylindre; nous verrons ci-après qu'il peut tomber obliquement sans qu'il arrive de changement à la section solide. *Fig. 63.*

Si (comme dans toutes les propositions précédentes) nous commençons par supposer un plan passant par l'axe du petit cylindre HL, & perpendiculairement à celui du grand, nous verrons qu'il fera deux sections différentes; sçavoir, un parallelogramme HILK dans le petit, & un cercle DVG*u* dans le grand, qui se couperont aux points AB, EF, lesquels seront par conséquent communs aux deux surfaces des cylindres. Si par deux de ces points A & B, on fait passer un second plan parallele à l'axe du grand cylindre, il fera aussi deux sections différentes dans ces deux corps ; sçavoir, un parallelogramme ST *u* V dans le grand, & une ellipse AMBN dans le petit qu'il coupe obliquement dont le grand axe sera AB, & le petit MN, égal au diametre de la base HI, & les côtés du parallelogramme ST *u* V seront tangents de cette ellipse à l'extrêmité de ses axes, & par conséquent au-dehors du cylindre ; donc il ne peut être la section commune aux deux surfaces. L'ellipse AMBN ne peut aussi être une section commune, puisqu'elle est toute au-dedans de la surface du grand cylindre, avec laquelle elle n'a de commun que les points A & B ; donc la section commune faite par la rencontre des surfaces, sera une courbe différente de ces deux figures avec lesquelles elle doit cependant avoir les points A & B communs, par conséquent elle ne sera pas dans un plan, mais une courbe à double courbure ; cependant elle aura toutes les ordonnées à son axe courbe égales à celles de l'ellipse, qui est la section oblique du petit cylindre par les points communs A & B.

Pour trouver les points par où cet axe courbe passe, il est plus aisé dans cette proposition que dans toutes les précédentes ellipsimbres, puisqu'il n'est pas une courbe inconnue, mais un arc de cercle APB, qui est portion de celui de la surface du grand cylindre, coupé par un plan perpendiculaire à son axe, & passant par les points DBAV, si le cylindre HL tombe perpendiculairement sur les côtés du grand.

Ou dans un autre cas cet arc courbe sera une portion de l'ellipse faite par un plan passant par l'axe du cylindre HL, & coupant obliquement le grand cylindre par les points A & B.

Soient les points RQ & *rq* la rencontre des deux surfaces, les ordonnées menées par ces points à la courbe de la section solide seront donc sur la surface du grand cylindre, dont elles seront partie des côtés, telles sont ici PR, *pr*, lesquelles seront paralleles & égales aux correspondantes NC, *n* O dans l'ellipse plane AMBN sur des plans paralleles à l'axe *x* X ; car les lignes passant par ces points NR, *nr* parallelemens à l'axe *x* X sont des parties de côtés du cylindre HL, par conséquent paralleles entr'elles ; mais parce que les doubles ordonnées NM, *nm* sont paralleles à l'axe du grand cylindre, elles le seront aussi aux côtés du même cylindre ; donc RM & *rm* sont des parallelogrammes, par conséquent

$rq = nm$, & RQ = NM; c'eſt-à-dire, que les ordonnées ou doubles ordonnées de la ſection ſolide ſont égales à celles de l'ellipſe plane dont le grand axe eſt le ſous-tendant de l'axe courbe BPA; donc la ſection eſt une ellipſimbre, *ce qu'il falloit démontrer.*

COROLLAIRE I.

132. D'où il ſuit que cette ellipſimbre eſt beaucoup plus parfaite & plus ſimple que celles des propoſitions précédentes; plus parfaite en ce que ſon axe courbe eſt une portion réguliere de cercle ou d'ellipſe; & plus ſimple en ce que ſes ordonnées ne font pas une ſurface différente de celle du grand cylindre, comme dans les ellipſimbres précédentes, & par conſéquent le centre P de cette ſection ſe trouve à la ſurface du cylindre, où eſt auſſi l'axe droit RQ, qu'il diviſe en deux également. Tous les autres diametres courbes qui paſſeront par le centre P feront des portions d'ellipſes, dont les cordes feront les diametres droits de la ſection, égaux auſſi à ceux de l'ellipſe plane ſous-jacente AMBN.

Au reſte cette ellipſimbre a toutes les propriétés des autres; ſes ordonnées par exemple ſont plus ſerrées d'un côté que de l'autre, excepté qu'elle eſt encore plus ſimple dans les profondeurs de ſon axe courbe, leſquelles ſe trouvent naturellement en faiſant d'un point donné ſur l'axe ſous-tendant a*b*, mis au bas de la Figure 63, l'angle *p*Oa ou PCa égal, à celui de l'axe *x*X, avec la ligne AB, & toutes les lignes paralleles à PC, ou *p*O iront ſe terminer à l'arc de cercle *b*PA de la baſe du grand cylindre, ſi le petit le traverſe perpendiculairement à ſes côtés, ou à un arc d'ellipſe *b*PA, s'il le traverſe obliquement, comme à la Figure 64; ſi l'on veut avoir les profondeurs perpendiculaires à l'axe ſous-tendant *b*a, il ſera bien aiſé d'abbaiſſer des perpendiculaires *pd*, PD ſur cet axe, elles donneront ces profondeurs. *Fig. 64.*

133. Il nous reſte à faire voir que ſoit que le petit cylindre traverſe le grand perpendiculairement à ſes côtés, comme nous l'avons ſuppoſé (*Fig. 63*), ſoit qu'il le traverſe obliquement, la ſection ſera toujours une ellipſimbre, ce qui eſt aſſez clair de ſoi-même; car ſoit que le côté HB tombe d'une façon ou de l'autre ſur VB, le plan VST*u* fera toujours un parallelogramme dans le grand cylindre, & une ellipſe AMBN dans le pe- *Fig. 63.*

tit : la seule différence est, que la ligne AB (*Fig.* 63) est nécessairement le grand axe de l'ellipse, & que si le cylindre *h* L (*Fig.* 64) est oblique sur le côté AB du grand cylindre, elle peut devenir le petit axe.

134. Nous supposons dans l'un & l'autre cas le petit cylindre droit : s'il étoit scalene, le plan VST *u* pourroit le couper, de maniere que sa section ne seroit plus une ellipse, mais un cercle ; & alors la section solide ne seroit plus une ellipsimbre, mais un cycloïmbre, parce que l'axe sous-tendant *b* a seroit
Fig. 64. égal à l'axe droit AB, & toutes les ordonnées de la section solide & de la plane étant paralleles & égales, les diametres droits seroient égaux entr'eux, ce qui est la propriété du *cicloïmbre*, qui en constitue la différence avec l'ellipsimbre où ils sont tous inégaux.

135. L'obliquité du petit cylindre sur les côtés du grand, occasionne encore une différence dans la maniere de trouver les profondeurs perpendiculaires de la section solide sur la section plane. Premierement, en ce qu'au lieu d'un arc de cercle pour son axe courbe, il faut trouver l'arc de l'ellipse formée par l'obliquité du plan passant par l'axe du petit cylindre de laquelle le grand axe sera FG & le petit *hi*, base du petit cylindre ; mais ce n'est pas assez d'avoir trouvé cet arc *b* a, car les perpendiculaires *p d*, PD, sur la corde *b* a, ne sont pas perpendiculaires au plan VST *u* de la Figure 63, lequel est parallele à l'axe du grand cylindre, parce que la ligne PD & la parallele *p d* est en-
Fig. 64. core inclinée au côté du grand cylindre *d k* ; de sorte que pour trouver cette inclinaison il faut faire à part l'angle PD*y* égal à l'angle FCH ou *x* CH de l'axe *x* X avec le côté LH du grand cylindre, la perpendiculaire P*y* sur le côté D*y* sera la profondeur que l'on cherche.

COROLLAIRE II.

Fig. 63.

136. D'où il suit, comme au Théorême X, que plus le côté HK du petit cylindre approchera de l'extrémité D du rayon CD, perpendiculaire à l'axe *x* X, plus la section sera allongée, & plus les sections opposées AB, EF se rapprocheront, de sorte que si le côté HK devient tangent au cercle DVG *u*, les sections se toucheront au point D ; & qu'enfin s'il est hors du grand cylindre, elles se tronqueront réciproquement, & la

ſection totale ſera compoſée de deux portions d'ellipſimbre, comme nous l'avons dit ailleurs.

Application à l'uſage.

Cette propoſition fait connoître quelle eſt la courbe des arrêtes des lunettes droites ou biaiſes, dont la naiſſance eſt au-deſſus des impoſtes d'une voute en berceau, dans laquelle elles ſont pratiquées, ſoit que leurs clefs ne montent pas à la hauteur de celle du berceau, comme ſont celles de la nef du Val-de Grace à Paris, & de la Chapelle de Verſailles, ſoit que leurs clefs ſoient de niveau, comme aux traverſes du rampart de Landau à la gorge des tours baſtionnées, ce qui eſt le cas du ſecond Corollaire, où le côté du petit cylindre HK devient tangent au grand au point D; alors il ſe forme une voute d'arrêtes difformes en ce qu'elles ne peuvent pas ſe bornoyer en lignes droites dans les diagonales, comme aux voutes d'arrêtes, dont les clefs & les impoſtes ſont de niveau. En effet, dans celles-ci les interſections ſont des ellipſes planes, comme nous l'avons démontré au Theorême XVII, & dans l'autre cas ce ſont des ellipſimbres, c'eſt-à-dire, des courbes à double courbure, qui ne peuvent être bornoyées en ligne droite, en quelque ſituation que le ſpectateur puiſſe ſe mettre.

Si au lieu de faire attention aux rencontres des ſurfaces concaves des deux cylindres, on conſidere la convexe de l'un & la concave de l'autre, on reconnoîtra la courbe de rencontre d'une tour ronde dans un berceau, ou ſi l'on veut s'arrêter à de petits ouvrages, on remarquera que c'eſt celle d'un pilier rond gothique, qui rachete un chapiteau octogone dans une moulure de cavet, comme on le voit ordinairement aux anciennes Egliſes entre la nef & les bas côtés.

On peut donner un grand nombre d'autres exemples de conſtructions qui ont rapport à ce Theorême, comme ſont les abajours cylindriques qui éclairent des berceaux par une direction qui ne tend pas à leurs axes, comme ſont ceux des voutes ſouterraines des tours baſtionnées de Landau, leſquels ſont fort ſurbaiſſés dans leur orifice, c'eſt-à-dire que ce ſont des cylindres ſcalenes, dont les rencontres avec les cylindres droits des berceaux ſont des courbes à double courbure en ellipſimbres.

On verra au quatrieme Livre, lorſque nous donnerons les

traits des defcentes biaifes qui rachetent un berceau, l'ufage du petit triangle DP*y*, qui eft fous la Figure 63, pour en trouver la double obliquité.

THEOREME XXI.

La fection faite par la rencontre des furfaces de deux cylindres dont l'un ne pénetre l'autre que d'une partie de fa circonférence, & dont les axes ne font pas paralleles, eft une ellipfimbre *compofée*.

Fig. 65. Soit, comme dans la Figure 63, une tranche de cylindre *g*VH*u* (*Fig.* 65) repréfentée en perfpective, laquelle eft pénetrée par le cylindre HL, qui n'y entre qu'en partie de fa circonférence, le côté IL étant hors du grand cylindre; je dis que la fection formée par la rencontre de leurs furfaces fera compofée de deux portions d'ellipfimbre.

Car fi l'on fuppofe un plan paffant par l'axe *x*X du petit cylindre perpendiculairement à l'axe du grand, il fera dans l'un un parallelogramme, & dans l'autre un cercle, lefquels fe coupant aux points A & a marqueront que ces points font communs aux deux furfaces des cylindres, & fi par le point D, équidiftant des points A & a, pris fur la circonférence du cercle *ud*VD, on fait paffer deux plans coupans les deux cylindres par les points A & a parallelement à l'axe du grand cylindre, ils feront chacun deux fections différentes; fçavoir, un parallelogramme dans le grand cylindre, & une ellipfe dans le cylindre HL, laquelle fera en partie hors du grand cylindre, & parce que ces plans fe croifent en D, leur commune interfection GH fera une ordonnée commune aux deux ellipfes AHBG & aH*b*G; mais parce que la fection commune aux deux furfaces des cylindres qui fe coupent, eft une ellipfimbre, par le Theorême précédent, il fuit que chaque fection plane elliptique correfpondra à deux portions d'ellipfimbre qui fe tronqueront mutuellement, comme les ellipfes avec les ordonnées, dès qu'elles ont un rapport d'égalité dans les plans paralleles à l'axe *x*X, & perpendiculaires au plan paffant par les points ADa; donc la fection totale fera compofée de deux portions d'ellipfimbre, *ce qu'il falloit démontrer*.

Cependant puifque par la propofition précédente la fection folide peut être un cycloïmbre, dans le cas où le cylindre qui en pénetre un plus grand eſt ſcalene, il peut auſſi arriver que la ſection totale ſoit un *cycloïmbre composé*. Pl. 5. Fig. 65.

137. Quelle que ſoit la ſection, ſi l'on veut trouver l'ordonnée commune aux deux courbes à laquelle elles ſe terminent réciproquement à leur angle d'inflexion, il n'y a qu'à mener du centre C de la ſection circulaire du cylindre *d* V D *u*, la ligne CF perpendiculaire ſur l'axe *x* X, laquelle coupera les côtés du cylindre HL en E & F; ſur EF comme diametre, ayant fait le demi-cercle ETF, on élevera du point D, ſection des lignes AB, a *b*, la perpendiculaire TD; cette ligne, qu'il faut imaginer couchée ſur les côtés du grand cylindre parallelement à ſon axe, ſera l'ordonnée que l'on cherche; car le point T & ſon oppoſé au diametre, paſſant par l'axe *x* X du cylindre HL, ſeront à ſa circonférence, puiſque ce cercle ETF eſt égal à la baſe, & que la ligne DT eſt à la ſurface du grand cylindre, quoique par la néceſſité de joindre dans la figure les plans qu'on ſuppoſe perpendiculaires entr'eux, elle ne paroiſſe pas dans ſa ſituation, qui ſeroit celle de DH & ſon double en GH.

COROLLAIRE.

138. On tirera la même conſéquence de la différence des inflexions du milieu de l'ellipſimbre composée, que dans la propoſition 11, c'eſt-à-dire, que plus & moins le cylindre HL entrera dans l'autre, plus l'inflexion ſera ſenſible: que plus le point D approchera de l'axe, moins elle ſera ſenſible; & que depuis le point D vers F elle fera un angle ſaillant, & au contraire depuis D vers E elle fera un angle rentrant.

Application à l'uſage.

139. On voit par cette propoſition quelle eſt la courbe de l'enfourchement d'une tour ronde qui rachete un berceau de niveau ou rampant, & qu'il n'eſt pas poſſible de ſupprimer les murs de la tour ſous cet enfourchement, lorſqu'elle pénetre le berceau au-delà de la clef, parce que l'angle d'inflexion devenant ſaillant, les *contreclefs* de l'arcade qui devroient ſupporter la tour, pouſſeroient au vuide; au contraire en de-çà de la clef, il ſera facile de faire porter la tour par une arcade, par-

ce que l'angle d'inflexion eſt rentrant, & fait l'effet d'une voute en tiers-point.

REMARQUE.

140. Il eſt conſtant que les ſections des cylindres entr'eux ſont les plus néceſſaires à connoître, parce que les plus communes de toutes les voutes ſont les berceaux circulaires ou ſurhauſſés ou ſurbaiſſés; or quels que ſoient les ceintres de leurs *arcs-droits*, c'eſt-à-dire, des ſections perpendiculaires à leurs axes, tant qu'ils ne varieront que du cercle à l'ellipſe, ou d'une ellipſe à une autre plus ou moins allongée, il n'arrivera aucun changement à la nature des courbes, qui ſe feront par les interſections de leurs ſurfaces, puiſque les cylindres ſurhauſſés ou ſurbaiſſés ſont de vrais cylindres, leſquels au lieu d'être droits, ſont ſcalenes; de ſorte qu'ils peuvent toûjours être coupés de maniere qu'ils auront pour baſe un cercle, comme nous l'avons dit dans les ſections cylindriques, ce qu'il n'eſt pas inutile de répeter, afin qu'on y faſſe attention dans la pratique.

Des Sections faites par la rencontre des ſurfaces des cones & des cylindres qui ſe pénetrent.

141. Il ſemble au premier abord, que ſoit que le cylindre pénetre le cone, ou que le cone pénetre le cylindre, il en doit réſulter une même ſection à leur ſurface. Cependant nous y ferons voir de la différence; dans le premier cas le cone embraſſe le cylindre, & dans le ſecond le cylindre embraſſe le cone. Or quoiqu'un cone d'une grandeur donnée n'embraſſe pas le cylindre donné, il eſt cenſé le faire, lorſqu'étant prolongé il le peut; ainſi les deux axes de ces corps étant paralleles, quoique le cylindre ne coupe qu'une partie du cone, il ne faut pas mettre en queſtion lequel des deux embraſſe l'autre; car il eſt évident qu'en prolongeant les côtés du cone, il s'élargira de maniere qu'il envelopperа le cylindre auſſi prolongé, & la ſection ſera toûjours la même, quoiqu'avant la prolongation elle fût moindre, parce qu'elle étoit imparfaite. Il n'en eſt pas de même

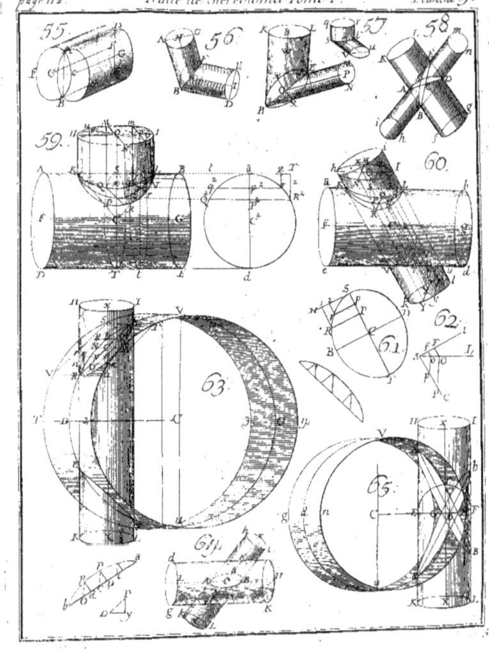

même lorsque les axes se croisent sans se rencontrer, la section est tellement mutilée, que le prolongement du cone ne peut la rendre plus complete.

THEOREME XXII.

La section faite par la rencontre des surfaces d'un cone & d'un cylindre droits, ou d'un cone & d'un cylindre scalenes de même obliquité sur leurs bases, dont les les axes se confondent, est un cercle.

La démonstration de cette proposition est si aisée qu'elle se présente d'elle-même ; car puisque les sections de ces corps coupés par des plans paralleles à leurs bases, sont des cercles, il est évident que les sections FG (*Fig.* 66) & *fg* (*Fig.* 67) sont paralles aux bases AB, & a*b*; car les corps étant coupés par un plan passant par leurs axes communs SC, KC, les triangles ADF, BEG seront égaux; par conséquent F & G équidistans de D & E, (*Fig.* 66.) & dans la Fig. 67, à cause des paralleles *hd*, *ie* on aura *be* : *eg* : : *b* C : CS, & a *d* : *df* : : a C : CS, mais a C=C *b*, & a *d* = *be*, donc *eg* : CS : : *df* : CS, donc *eg* = *df*, par conséquent *fg* est parallele à a *b*, & la section faite par un plan passant par les points communs *f* & *g*, qui sera un cercle dans le cylindre comme dans le cone, sera commune aux deux surfaces, dont elle sera l'intersection à leur rencontre. On peut démontrer la même chose en supposant le point R à la circonférence de la section; car on connoîtra (*Fig.* 66) que les trois triangles rectangles en L, SLF, SLG, SLR, qui ont le côté SL commun, & les angles en S égaux, sont égaux en tout; par conséquent que les trois lignes LF, LR, LG sont égales, & dans un même plan*, & les rayons d'un même cercle; & (*Fig.* 67) à cause de l'égalité des rayons de la base C a, CP, C *h*, & des triangles semblables aCS, F*l*S; PCS, R*l*S; *b*CS, *gl*S les lignes *lf*, *l*R, *lg* sont égales, & dans un même plan parallele à a *b*; par conséquent rayons d'un même cercle comme au cone & au cylindre, *ce qu'il falloit démontrer.* *Fig.* 66 & 67.

* *Eucl.* l. 11. p. 5.

142. Quoique les axes du cone & du cylindre se confondent dans leur pénétration, si l'un de ces deux corps est droit & l'autre scalene, comme si (*Fig.* 68) le cylindre D *d* E *e* étoit droit sur la base circulaire *de*, la section ne seroit plus un cercle, mais une autre courbe à double courbure. *Fig.* 68.

Application à l'usage.

143. On voit par cette proposition que le ceintre de l'ébrasement d'une porte étant de même nature que celui de la porte circulaire, droit ou biais, par tête & en plein ceintre, l'arrête d'enfourchement de la partie qui fait berceau avec celle qui est ébrasée est un cercle, c'est-à-dire, une portion de cercle égale à celle de la porte, qui peut être d'une moitié ou d'un arc moindre, comme à celles qui sont simplement bombées.

THEOREME XXIII.

La section faite par la rencontre des surfaces d'un cylindre & d'un cone qui ne sont pas de même nature, c'est-à-dire, dont l'un est droit & l'autre scalene, & dont les axes se confondent, est une ellipsoïdimbre.

Fig. 68. Soit (*Fig. 68*) le cone BSA scalene, pénetré par le cylindre droit DE*ed*, dont l'axe *x*X est en partie commun avec l'axe SC du cone. Ayant supposé un plan passant par ces axes, qui fera deux sections différentes; sçavoir, un triangle BSA dans le cone, & un parallelogramme DE*de* dans le cylindre, qui se couperont aux points *b* & a; on reconnoîtra que ces deux points sont communs aux deux surfaces, par conséquent à la circonférence de la section. On supposera ensuite un second plan perpendiculaire au premier, passant par *h*a, lequel fera deux sections différentes; sçavoir, un cercle dans le cone scalene, parce que nous avons démontré que *b*a étoit parallele à la base BA (au Theorême précédent) & une ellipse dans le cylindre, qu'il coupe obliquement, lesquelles figures soient représentées par leurs moitiés *bg*a, demi-cercle & *bf*a demi-ellipse, ayant pris un point P à volonté sur le diametre commun *b*a, on abaissera une perpendiculaire P*g* sur ce diametre, laquelle coupant le cercle & l'ellipse, donnera les ordonnées de l'un & de l'autre, P*g* pour le cercle, & P*f* pour l'ellipse. Du même point P ayant mené au sommet du cone S la ligne PS, & sur cette ligne une perpendiculaire. PF égale à P*f*; on prendra PF égale à P*f*; par le point F qui appartient à l'ellipse, on fera passer une parallele à *x*X pour représenter un côté du cylindre, &

par les points G & S une ligne GS, qui repréſentera le côté du cone, & coupera celui du cylindre en *y*, où ſera un des points de la ſection des deux ſurfaces ; par ce point *y* on menera une parallele *yv* à PG, & une autre *yz* à PS : cette préparation étant faite. Pl. 6. Fig. 68.

A cauſe des triangles ſemblables GSP & G*yz* on aura SP : PG : : *yz* : zG, c'eſt-à-dire la diſtance du ſommet du cone eſt à l'ordonnée de l'ellipſe, comme la profondeur ou diſtance de la ſection ſolide à cette ordonnée, eſt à la différence des ordonnées du cercle & de la ſection ſolide ; donc cette ſection eſt une *ellipſoïdimbre*, par la quatrieme définition.

Et parce que *y* V eſt parallele à PG, le point V qui eſt dans le plan paſſant par les axes, & les *points b* & *a* feront à l'axe courbe *b* V a de l'ellipſoïdimbre. Art. 83.

Quelque point P que l'on prenne dans l'axe, on aura toujours la même conſtruction & la même analogie ; puiſque le plan *b* a étant perpendiculaire à celui qui paſſe par les axes, toutes les lignes menées du ſommet du cone à la ligne *b* a feront perpendiculaires aux ordonnées des ſections de la circulaire *bg* a & de l'ellipſe *bf* a, & parce que les intervalles de ces deux courbes ſont toujours inégaux, les points *y* ſeront toujours inégalement éloignés du plan paſſant par *b* a, où ſont les ordonnées du cercle, qui eſt la ſection conique, de ſorte que le point *y* ſe rejoindra en *b* & en a, ſi les points P ſont pris en *b* & en a.

Application à l'uſage.

144. Cette propoſition fait voir que ſi l'*arc-droit* d'un berceau ou d'une porte eſt en plein ceintre, & qu'on lui faſſe une lunette ou un ébraſement en biais auſſi en plein ceintre, l'arrête d'enfourchement de l'ébraſement & du berceau ſera une courbe à double courbure, de ſorte que les *aplombs*, c'eſt-à-dire les verticales, tirés de pluſieurs de ſes points, ne tomberont pas ſur une ligne droite. La même choſe arrivera, mais en ſens contraire, ſi l'ébraſement eſt ſurhauſſé ou ſurbaiſſé, & le biais du berceau en plein ceintre par tête.

THEOREME XXIV.

La section faite par la pénétration d'un cylindre & d'un cone, dont les axes se coupent obliquement, peut être dans un seul cas (exposé ci-après) une ellipse plane.

Fig. 69. Soit (*Fig. 69*) le triangle BSA, la section d'un cone par son axe SC, dont la base BA est indéfiniment prolongée vers D.

Soit EL le diametre de la section elliptique, faite par un plan perpendiculaire au triangle par l'axe SC, lequel soit prolongé jusqu'à la rencontre de la base en F, ayant mené par le sommet S la ligne SD parallele à EL, qui rencontrera la même base prolongée en D, si l'on fait D x moyenne proportionelle entre BD & AD, & qu'on la place de D en x, sur le diametre de la base, le point x donnera la position du pied d'une ligne parallele à l'axe d'un cylindre, laquelle passant par le sommet du cone S, déterminera celle des côtés par les points E & L, en lui menant les paralleles Gg, Kk, je dis que la section faite par le plan passant par EL, perpendiculaire à celui qui passera par les axes du cone & du cylindre, sera l'ellipse ERLr, dont EL sera le grand axe, & que cette section plane sera commune aux deux corps.

Pour le démontrer, soit pris sur le grand axe EL un point P à volonté, par lequel ayant mené bi parallele à la base BA, qui coupera le cone aux points b & a, & le cylindre aux points g & i, sur les lignes ba & gi, comme diametres, on déccrira deux demi-cercles boa, goi, qui représenteront les sections faites dans le cone & dans le cylindre, par un plan passant par P perpendiculairement au triangle par l'angle BSA.

Si du point P on éleve une perpendiculaire PO, qui coupe le cercle du cone en R & celui du cylindre en O, on démontrera que cette ligne est une ordonnée commune aux deux cercles & à l'ellipse ERL r; car dans le cone, à cause des triangles semblables EP b, SDB, aPL, LAF & SAD, on aura les analogies suivantes; $\left.\begin{matrix} EP : Pb :: SD : DB \\ PL : Pa :: SD : DA \end{matrix}\right\}$ donc EP × PL : P b × P a $= \overline{PR}^2 :: \overline{SD}^2 :$ DB × DA. Dans le cylindre, à cause des triangles semblables EPg, iPL, SDx, on aura encore les analogies suivantes; $\left.\begin{matrix} EP : Pg :: SD : Dx \\ PL : Pi :: SD : Dx \end{matrix}\right\}$ donc $EP \times PL$ Pl. 6. Fig. 69.

$: Pg \times Pi = \overline{PO}^2 :: \overline{SD}^2 : \overline{Dx}^2$, ou ce qui est la même chose à $DB \times DA$. Donc les lignes PO & PR ont même rapport aux lignes PE, PL; donc elles sont égales & se confondent en une terminée en P & en O ou R, qui deviennent un même point; & puisqu'on peut prouver la même chose de tous les points P pris à volonté, il suit que l'ellipse du cylindre est la même que celle du cone, puisque les ordonnées à l'axe EL seront toujours communes; donc la section d'un cone & d'un cylindre dont les axes se coupent obliquement, peut être une ellipse plane, *ce qu'il falloit démontrer.*

Hors de ce cas la section faite par la pénétration de ces corps ne peut être une figure plane, comme nous le démontrerons dans la suite.

COROLLAIRE.

145. Il suit de cette proposition qu'un cone BSA étant donné, & une ellipse ERLr dans ce cône, il est facile de trouver le cylindre qui a pour section la même ellipse; puisqu'ayant trouvé une troisieme proportionnelle aux lignes BD & DA, on aura sur la base du cone un point x, lequel avec le sommet S détermine la position de l'axe du cone, & les points E & L celle des côtés.

Nous donnerons l'inverse dans les Problêmes, c'est-à-dire, la maniere de trouver le cone auquel convient l'ellipse de la section d'un cylindre donné.

Application à l'usage.

146. Cette proposition fait voir qu'il faut examiner quelle est la position du cylindre dans le cone, lorsque les axes se coupent obliquement, pour reconnoître si la section est plane ou solide, comme elle est presque toujours. Et dans la pratique elle peut être appliquée à la construction d'une arriere-voussure conique ou ébrasement biais, rachètant un ceintre surhaussé ou surbaissé, dont la direction du milieu se croise avec celle de l'ébrasement.

THEOREME XXV.

La section faite par la rencontre des surfaces d'un cone & d'un cylindre qui le pénetre, ensorte que les axes de ces deux corps se croisent, ou soient paralleles entr'eux, est une ellipsimbre.

Ce Theorême renferme deux cas, & les comprendroit tous en le joignant aux précédens, s'il comprenoit celui où les axes ne se rencontrent pas & ne sont point paralleles ; mais il est si composé que nous le laissons à la recherche de quelque bon Mathématicien. Cependant quoique ce défaut rende notre théorie un peu imparfaite, la pratique ne s'en ressentira pas, parce que nous trouverons une maniere Géométrique de trouver autant de points qu'on voudra de la courbe de cette section, quoiqu'elle nous soit inconnue en général, on ne perd en cela qu'une formule générale d'Algebre qui embrasse tous les cas.

Premier cas, où les axes se coupent perpendiculairement ou obliquement.

Fig. 70. Soit (*Fig.* 70) ASB le triangle par l'axe du cone, & IGHK le parallelogramme par l'axe du cylindre, ou un autre plan CDFS passant par l'axe SC du cone, & par celui du cylindre *x*X, ce dernier plan coupera la surface du cone suivant une ligne droite SP suivant laquelle un troisieme plan perpendiculaire au plan CF sera supposé couper le cylindre & toucher le cone, de sorte qu'il ne fera qu'une section dans un des corps ; sçavoir, une ellipse dans le cylindre, qu'il coupe obliquement en E*m*LM, dont EL sera le grand axe, lequel est dans la ligne SP à la surface du cone, auquel cette ellipse étant tangente, sera toute au-dehors.

Si par les points M & *m*, N & *n*, pris à volonté sur la circonférence de cette ellipse, on mene des lignes QM, *q*N paralleles à l'axe du cylindre *x*X, prolongées jusqu'à la rencontre de la surface du cone, aux points Y & *y*, ces points seront à la circonférence de la section solide, aussi-bien que les points E & L, de sorte que la ligne E*y*YL sera au contour de la section solide ; & si par les mêmes points M & N, ou ceux qu'ils ont produit à la base du cylindre Q R, *qr*, on mene des ordonnées au diametre GH, ou EL, par lesquelles on suppose des plans YR, *yr*, qui coupent le cylindre & le cone, ils feront deux sections différentes; sçavoir, des parallelogrammes *yr* & YR, dans le cylindre, & des cercles ou des ellipses dans le cône, dont YTV & *ytu* seront des arcs; mais parce que les ordonnées M*m* & N*n* sont tangentes à ces courbes, que les points M & *m* sont également éloignés du point d'attouchement T & *t*, de même que N & *n*, & que les lignes YM, *y*N, qui sont les côtés du cylindre, sont paralleles entr'elles; il suit que les ordonnées de la section solide YV & *yu* sont paralleles & égales aux ordonnées à l'axe EL de l'ellipse plane EML*m*, donc la courbe EYLV est une ellipsimbre, *ce qu'il falloit demontrer.*

Second cas, où les axes sont paralleles entr'eux.

Soit ASB le triangle par l'axe du cone, & un plan SFPC passant par l'axe X*x* du cylindre GH, ce plan fera deux sections différentes; sçavoir, un parallelogramme GH*hg* dans le cylindre, & un triangle *a*S P dans le cone, dont SP sera un côté, & par conséquent à sa surface. Si l'on suppose un troisieme plan qui lui soit perpendiculaire & tangent au cone, suivant la même ligne SP, il fera par sa section dans le cylindre une ellipse EML*m*, dont l'axe EL sera partie de cette ligne SP, laquelle ellipse sera toute hors du cone & dans le cylindre. Si ensuite on prend à la circonférence des points M & N à volonté, & que par ces points on mene des paralleles à l'axe *x*X, comme MY, N*y*; elles rencontreront la surface du cone en quelques points Y & *y*, qui seront à la circonférence de la section solide, puisqu'ils sont communs à la surface du cone & à celle du cylindre, dont ces lignes sont les côtés; donc la ligne courbe E*y*YL est celle de la section solide. Fig. 71.

Il reste à démontrer que les ordonnées à l'axe courbe de cette courbe seront égales à celles de l'ellipse à l'axe EL, ce qui est facile par l'application de la démonstration précédente, dont celle-ci n'est qu'une répetition; car les plans paralleles à l'axe du cylindre passant par les ordonnées de l'ellipse plane M*m*, N*n* font un parallelogramme dans le cylindre, & des hyperboles semblables dans le cone, dont les arcs YTV & *ytu* sont touchés aux points T & *t* par les ordonnées de l'ellipse plane

M *m* & N *n*; & les points M & *m*, N & *n*, également distants des points T & *t*; donc, par l'Article 39, les lignes MY, *m* V coupent l'hyperbole à des distances égales de la tangente MT *m*; par conséquent les lignes YV, & *y u* sont paralleles aux lignes M *m* & N *n*, & elles leur sont égales, puisqu'elles sont entre mêmes paralleles, qui sont les côtés du cylindre MY, *m* V; donc la section est une ellipsimbre, *ce qu'il falloit démontrer.*

147. Quant au troisieme cas où les axes ne sont pas paralleles & ne se coupent pas; quoique nous ne déterminions pas la figure qui résulte de la rencontre des surfaces du cone & du cylindre par un Theorême général, nous donnerons dans les problêmes la maniere de trouver autant de points que l'on voudra de cette courbe, en coupant le cone & le cylindre par des plans paralleles entr'eux; mais parce que l'inclinaison de ces plans peut changer quatre fois la courbe de la section du cone, & deux fois celle du cylindre, la rencontre des surfaces des deux corps sera dans l'intersection de différentes sections; quelquefois d'une parabole & d'une ellipse, d'une hyperbole & d'un cercle, de deux ellipses ou de deux cercles, de sorte que la combinaison de ses sections devient fort composée, d'où résulte une si grande variété, que je laisse à quelque Sçavant l'invention d'une formule algébrique, qui donne la solution de tous les cas de cette proposition.

COROLLAIRE.

148. Il suit de la pénétration du cylindre dans le cone, que lorsque leurs axes sont perpendiculaires entr'eux les sections opposées sont égales, & que lorsqu'ils sont obliques, elles sont inégales. Celle qui est plus près du sommet du cone est la plus petite, & son opposée la plus près de la base, la plus grande; cette observation est encore vraie, lorsque les axes ne se coupent pas, & qu'ils ne sont pas paralleles.

Application à l'usage.

149. Cette proposition fait connoître quelle est la courbe de l'enfourchement d'une voute en canoniere, percée de lunettes en berceau, comme il peut arriver au grand escalier du Vatican à Rome, ou celle d'un ébrasement fait au bout d'un berceau

ceau dont la naiſſance ne ſeroit pas de niveau avec celle du plein ceintre de l'ébraſement.

THEOREME XXVI.

La ſection faite par la pénétration d'un cone dans un cylindre eſt une ellipſoïdimbre.

Un cone peut pénétrer un cylindre de ſix manieres.

1°. Lorſque l'axe du cone coupe perpendiculairement celui du cylindre.

2°. Lorſqu'il le coupe obliquement.

3°. Lorſque l'axe du cone ne rencontre pas celui du cylindre, mais qu'il tombe perpendiculairement ſur ſon côté, & entre dans le cylindre de toute la circonférence de ſon contour.

4°. Lorſque dans les mêmes circonſtances, ſon axe tombe obliquement ſur les côtés du cylindre.

5°. Lorſqu'il ne pénetre le cylindre que d'une partie de ſa circonférence, & que ſon axe tombe perpendiculairement ſur le côté du cylindre.

6°. Enfin lorſqu'il n'y a qu'une partie de ſon contour qui entre dans le cylindre obliquement.

Dans tous ces cas la ſection eſt une ellipſoïdimbre de même eſpece, que celle dont nous avons parlé ci-devant au Theorême XXIII.

Pour le premier & ſecond cas. Soit un cylindre D*d*F*f* (*Fig.* 72) pénetré par un cone BAS, dont l'axe CS coupe celui du cylindre KX perpendiculairement ou obliquement. Si l'on ſuppoſe un plan paſſant par ces deux axes, il coupera le cylindre ſuivant une ligne droite EL, dont les points E, L feront communs aux deux ſurfaces, étant à l'interſection du triangle par l'axe fait dans le cone, & du parallelogramme par l'axe du cylindre, à la ſurface duquel ſera la ligne EL. Si l'on ſuppoſe un ſecond plan tangent au cylindre ſuivant la ligne EL, que nous ſuppoſons oblique à l'axe CS, ce plan fera dans le cone une ſection elliptique, dont EL ſera le grand axe; ſi enſuite l'on prend à ſa circonférence autant de points que l'on voudra à volonté, comme M*m*, N*n*, par leſquels on mene des lignes droites au ſommet S du cone, ces lignes rencontreront la ſurface du cylindre en quelques points Y & *y*, leſquels ſeront com- *Fig.* 72.

Pl. 6. Fig. 72. muns aux deux surfaces, puisqu'ils sont à l'intersection des côtés du cone & du cylindre; donc la courbe E*y*YL est celle de la section solide.

Si par les mêmes points M & N on tire des ordonnées à l'axe EL, elles toucheront le cylindre aux points T & *t*, & seront perpendiculaires aux lignes TS, *t* S, & les plans qui passeront par ces ordonnées feront dans le cone des triangles SM*m*, SN*n*, & des cercles ou des ellipses dans le cylindre dont YTV, & *ytu* seront des arcs, & les ordonnées YV & *yu* de la section solide, seront leurs cordes. Il est visible qu'à la section solide la plus près de la base, ces cordes seront plus petites que les ordonnés de l'ellipse M*m* & N*n*, puisque les lignes MV, N*u*, *m*Y, *ny* sont convergentes, en ce qu'elles tendent toutes au sommet S; or si l'on prend leur différence en tirant les lignes *h*Y, HV, & *yo* paralleles à l'axe CS, on aura des triangles semblables ST*m*, Y*hm*, & S*tn*, *yon*, dans lesquels on aura les analogies suivantes ST : T*m* : : Y*h* : *hm*, & S*t* : *tn* : : *yo* : *on*; c'est-à-dire, que la distance du sommet du cone à l'ordonnée de l'ellipse plane est à cette ordonnée, comme la profondeur de la section ou distance à l'ordonnée de l'ellipse plane, est à la différence de cette ordonnée avec celle de la section solide; donc * la courbe E*y*YL est une ellipsoïdimbre, *ce qu'il falloit démontrer*.

* Art. 79.

150. Il paroît inutile de répeter ici ce que nous avons dit de pareilles sections, que les opposées avoient leur axe courbe tourné en sens contraire, de sorte que si dans l'une la différence des ordonnées de la section solide & de l'ellipse plane est un excès, dans l'autre elle sera un défaut, sans que le rapport des analogies soit changé pour cela.

On sçait encore que le même rapport de cette différence ne peut être appliqué à toutes les ordonnées, mais chacune d'entr'elles a un rapport différent à la correspondante, car il est clair que le rapport de *on* à *tn* est bien plus petit que celui de *hm* à T*m*; la raison est que si les axes du cone & du cylindre se coupent à angle droit, les triangles S*tn*, ST*m* sont de même hauteur, ayant leurs sommets en S & leurs bases inégales, *tn* étant plus petit que T*m*, & si les axes se coupent obliquement, ces différences de rapport subsisteront encore, comme nous l'avons démontré au Theorême XXV, ce qui comprend le second cas.

151. Dans le troisieme cas de cette proposition, si l'axe du cone ne rencontre pas celui du cylindre, mais qu'il tombe perpendiculairement sur son côté, c'est-à-dire sur une ligne prise à la surface du cylindre parallele à son axe ; je dis que la courbe est encore la même.

Soit (*Fig.* 73) le triangle *b*Sa, qui pénetre le cylindre G*g d*D, dont l'axe SC ne rencontre pas celui du cylindre KX, comme on le voit par le profil où S^2 C^2 ne passe pas par le centre *x* du cercle 2*el*, mais qui tombe perpendiculairement sur le côté du cone, comme si ST est perpendiculaire sur HI : si l'on imagine un plan SEL, coupant l'axe du cylindre perpendiculairement à la ligne HI, les points E & L, qui sont à l'intersection des côtés du cylindre Q*q*, R*r*, & de ceux du cone SE, SL, seront communs aux deux surfaces, & par conséquent à la circonférence de la section solide. Si ensuite on suppose un second plan passant par ces deux points parallelement à l'axe KX du cylindre, il fera deux sections, l'une dans le cylindre, qui fera un parallelogramme QR*rq*, & une ellipse EML*m* dans le cone qu'il coupe obliquement, parce que l'axe SC du cone ne passe pas par le centre du cercle, qui est la section faite dans le cylindre par le plan ESL, où il faut remarquer que dans la figure on a représenté ce plan en perspective, ensorte qu'il n'est pas perpendiculaire à HI ; pour éviter la confusion des lignes, & faire voir l'arc ETL partie de ce cercle, qui auroit été confondu en une ligne droite. *Fig.* 73.

Si suivant notre méthode on mene des ordonnées M*m*, N*n*, à l'axe EL de l'ellipse, & que par les points de sa circonférence MN, *mn*, qui sont dans le cylindre, on tire des lignes au sommet du cone S, ces lignes seront à sa surface & couperont celle du cylindre (au-dessous de laquelle les points MN, *mn* sont enfoncés) en quelques points comme *y*Y, V & *u*, lesquels seront à la circonférence de la section solide, comme il est évident, puisqu'ils sont à l'intersection des côtés du cone & de ceux du cylindre ; donc la ligne qui passera par les points E*y*YLV*u* sera la courbe de la circonférence de la section solide.

Maintenant pour trouver le rapport des ordonnées de cette section avec celles de l'ellipse plane EML*m*, qui est la section oblique du cone par un plan, il n'y a qu'à mener des paralleles aux lignes SP & S*p* par les points Y & *y*, lesquelles retranche- *Fig.* *

Pl. 6. Fig. 59, & Fig. 71. ront des ordonnées de l'ellipse les différences M*h*, N*o* de leurs excès sur celle de la section solide Y*x*, *yz*, & donneront les analogies suivantes, à cause des triangles semblables SPM, Y*h*M & S*p*N, *yo*N, qu'on a répetés à côté de la figure, pour éviter la confusion des lignes SP : PM : : Y*h* : *h*M ; & S*p* : *p*N : : *y o* : *o*N ; donc la courbe E*y*YL est une ellipsoïdimbre, *ce qu'il falloit démontrer*.

REMARQUE.

152. On voit ici que la différence des ordonnées de la section solide à l'ellipse est en défaut, comme on a vû dans les exemples des sections précédentes, dans la partie la plus près de la base (*Fig.* 72) ce qui semble se contrarier, puisque les sections opposées sont tournées en sens contraire ; mais il faut remarquer que dans le cas précédent les points E & L sont considérés posés suivant la longueur du cylindre, ensorte que le plan passant par la ligne EL est tangent, par conséquent au dehors du cylindre, & de la section solide ; & qu'ici au contraire le plan passant par EL coupe le cylindre, & se trouve au-dedans de la section, comme l'on voit au profil à côté de la figure en *e l* qui est la corde de l'arc *e*T*l*, de sorte que l'ellipse plane à laquelle on la compare, étant différemment située, il n'est pas étonnant qu'elle donne des analogies de défaut, quoique la section soit plus près du sommet, où elle donneroit de l'excès si on l'avoit située comme à la Figure 72, en examinant la section qui passeroit par *e*T*l* du profil. Au reste les rapports sont toujours les mêmes dans chaque plan passant par les ordonnées des deux sections & le sommet du cone. La distance de ce sommet à l'ordonnée de la section plane est toujours à cette ordonnée, comme la profondeur de la section solide est à la différence des ordonnées des deux sections par excès ou par défaut.

Il est aisé de voir les différences qui peuvent arriver à ces courbes dans les cones scalenes, où les sections planes que nous avons considéré comme des ellipses, peuvent être des cercles.

153. *Quatrieme cas*, où l'axe du cone tombe obliquement sur les côtés du cylindre ; il n'y aura aucune différence de section, toute celle qui en peut résulter, c'est qu'il peut arriver que les diametres EL & M*m* deviennent égaux, & que la section soit une espece de cicloïmbre altéré, pour lequel nous n'avons pas fixé de nom.

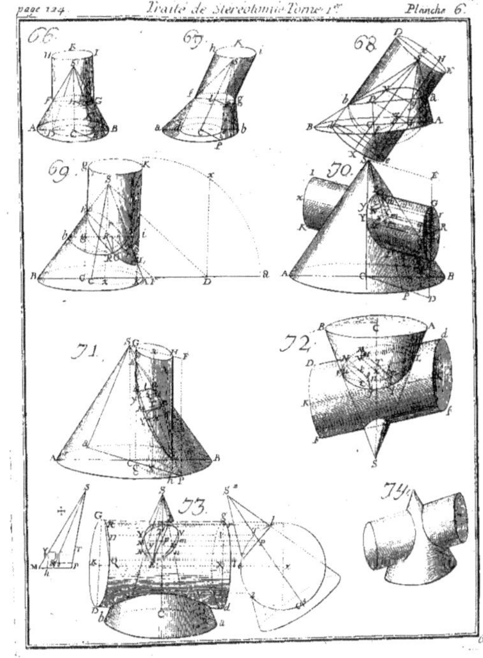
66.
67.
68.
69.
70.
71.
72.
73.
74.

154. Enfin au cinquieme & au sixieme cas, si l'axe du cone tombe perpendiculairement ou obliquement sur le côté du cylindre, & que le cone ne le pénetre que d'une partie de sa circonférence, la section sera composée de deux portions de courbes, l'une plus grande que l'autre; parce que celle qui approchera du sommet sera plus petite que celle qui sera plus près de la base, comme nous l'avons déja remarqué, & ces courbes feront entr'elles deux angles d'inflexion plus ou moins rentrants, selon que la pénétration du cone dans le cylindre sera plus ou moins profonde; car si un de ces côtés touche celui du cylindre, elles seront toutes les deux fermées & se toucheront en un point, comme nous l'avons dit de toutes les autres sections composées, ce qui ne mérite pas de repétition, avec cette différence que celles-ci ne peuvent pas être égales, quand même les deux côtés du triangle par l'axe du cone toucheroient le cylindre. Et si enfin ces deux côtés du cone s'élargissent, de sorte qu'ils soient tous les deux hors du cylindre, la section change de nature, & retombe dans le cas du Theorême précédent, où le cone embrasse le cylindre; car il s'agit alors de considérer la pénétration du cylindre dans le cone, & non pas celle du cone dans le cylindre, dont nous avons fait la distinction au commencement de ce Chapitre.

Application à l'usage.

155. Cette proposition fait connoître quelle est la courbe de l'arrête d'enfourchement de toutes sortes de lunettes ébrasées dans des berceaux, soit qu'elles ayent leurs naissances de niveau avec celle du berceau, & qu'elles soient droites, comme au premier cas, soit qu'elles soient biaises, comme au second; soit que leurs naissances soient au-dessus ou au-dessous de celle du berceau, comme dans le troisieme & quatrieme cas, ce qui peut souvent arriver; soit enfin que la lunette fût prise en maniere d'abajour en partie hors du berceau, ce qui ne peut guere arriver, à moins qu'on ne voulut le faire exprès par caprice, ou au bout d'un berceau, comme on en voit aux souterrains des nouvelles fortifications de Manheim dans le Palatinat.

La Figure 74 fait voir l'effet du cone qui embrasse le cylindre, ensorte que les deux sections se rapprochent, tellement que si le cylindre s'écartoit encore un peu plus du milieu du *Fig. 74.*

cone, elles n'en feroient plus qu'une composée.

CHAPITRE VII.

Des sections faites par la pénétration des cones entr'eux.

UN cone peut être à l'égard d'un autre cone, de différente grandeur & en différente position ; d'où résultent les cas qui changent la nature des sections formées à leurs surfaces, par leur pénétration mutuelle.

La combinaison de leur situation respective peut beaucoup plus varier que celle des cylindres entr'eux, qui sont des corps plus simples, & dont les sections ne peuvent être que de trois especes ; celles des cones au contraire peuvent être de cinq especes, qui donnent neuf combinaisons, rejettant les inutiles. Je ne doute pas cependant qu'on ne puisse trouver une formule générale, qui comprendroit tous les cas des sections solides, qui peuvent se faire par la pénétration des cones entr'eux, dans quelque situation que soient leurs axes & leurs côtés, les uns à l'égard des autres : il seroit à souhaiter que quelque Sçavant Algébriste voulut y travailler. Le célebre M. BERNOULLI de Bâle, qui a bien voulu jetter les yeux sur ce petit Ouvrage, & me donner des instructions sur la courbe de la section de l'anneau, m'a dit que le calcul pour la formule générale de l'intersection des cones étoit plus long que difficile ; pour moi qui le trouve au-dessus de mes forces, je me contenterai de ce que la Géométrie linéaire pourra nous indiquer suivant notre méthode ordinaire, de la supposition des plans coupans ces corps de différentes façons, & comparant les sections planes aux solides ; & quoique je n'en approfondisse pas la Théorie, je fournirai les moyens nécessaires à la pratique pour en trouver les courbes par celui de la projection, ce qui suffit au projet de cet Ouvrage, où l'on s'est borné aux connoissances qui doivent être de quelque usage dans l'Architecture. Je puis aussi dire que les rencontres des voutes coniques entr'elles sont des cas assez rares, comme on le verra au quatrieme Livre ; cependant nous ne laisserons rien à désirer de ce qui peut tomber en pratique, quoique nous ne puissions donner ici une Théorie complete sur cette matiere ; quelque Sçavant pourra peut-être suppléer à ce qui manque ici à la curiosité.

THEOREME XXVII.

Les sections faites par la pénétration de deux cones égaux, dont les axes (s'ils sont droits) ou les côtés semblables (s'il sont scalenes) se coupent à distances égales de leur sommet, sont des sections planes.

Ce Theorême contient sept combinaisons de position de cones, qui se pénetrent lorsqu'ils ont l'axe commun & qu'ils sont tournés en sens contraire.

1°. Lorsque leurs axes se confondent & qu'ils sont tournés en sens contraire, comme à la Fig. 83. Fig. 83.

2°. Lorsque les cones sont droits & leurs axes paralleles entr'eux. Fig. 75.

3°. Lorsque leurs axes sont inclinés entr'eux, & qu'étant prolongés ils se rencontrent au-delà des sommets. Fig. 76.

4°. Lorsqu'étant inclinés ils se croisent au-dessous des sommets, & que les côtés opposés sont paralleles entr'eux. Fig. 77.

5°. Lorsqu'ils se croisent au-dessous des sommets, & que les quatre côtés se coupent. Fig. 78.

6°. Lorsque les cones étant scalenes, les côtés semblables & opposés sont parallelles entr'eux, mais tournés en sens contraire, le sommet de l'un du côté de la base de l'autre. Fig. 79.

7°. Lorsqu'étant aussi scalenes ils sont tournés en sens contraire, seulement à l'égard de la base, & qu'ils ont un axe commun. Fig. 80.

Au deuxieme & troisieme cas la section HD est une hyperbole; au quatrieme, PR, une parabole; au cinquieme, EL, & au sixieme, *b* B, une ellipse ; & au septieme, SD *d*, un triangle isoscele.

DÉMONSTRATION.

Si l'on suppose un plan passant par les axes des deux cones, il sera, par la supposition, deux triangles semblables & égaux ASB, a *s* *b*; & si un second plan perpendiculaire à celui-ci, le coupe par le point H d'intersection des côtés SB, *s* a, & des axes CX, *c* X en X, ou parallelement aux axes, s'ils sont pa- Fig. 76.

Fig. 75 & 76. ralleles entr'eux, comme la Figure 75; il est clair qu'il retranchera des segmens de cercles égaux DE a, DE *b*, dans chaque base du cone, puisque les abscisses D a, D *b*, qui sont les fleches des arcs, sont égales par la supposition; mais aussi il retranchera des segmens de cone DH a, DHB, qui seront de même hauteur & inclinaison sur ces portions de base, puisqu'il les coupe à distances égales des sommets S & *s* par la supposition; donc tous les arcs de ces segments de cone paralleles à ceux de la base comme *f* G, FG, seront encore égaux entr'eux, parce qu'ils seront coupés en même raison dans chaque cone à même distance de la base; donc ils n'avanceront pas plus d'un côté que de l'autre, & par conséquent aboutiront au même plan, qui fera deux sections égales, une à droite dans un cone, & une à gauche dans l'autre, ou pour mieux dire une section équivalente à deux.

Quant à la figure de la section, il est visible qu'elle sera déterminée par la position du plan coupant perpendiculairement les triangles par les axes, comme s'il n'y avoit qu'un seul cone, puisque sa position à l'égard de l'autre est supposée égale.

Application à l'usage.

Fig. 75. 76 & 77. Cette proposition considérée, 1°. au second & troisieme cas, fait voir quelles sont les arrêtes de rencontre des creneaux paralleles, convergens & divergens, joints ensemble dans une seule ouverture intérieure, comme on en voit en plusieurs vieux Châteaux, & dans les Fortifications modernes aux redoutes de
Fig. 78. Luxembourg & ailleurs. 2°. Au quatrieme & cinquieme cas des cones égaux, dont les axes & les côtés se croisent, on voit quelle est la courbe qui se forme à l'angle rentrant des enfourchemens des voutes sphériques fermées en polygones, à leurs diagonales dans la méthode du *trait*, qui suppose des cones tronqués, inscrits dans la sphere, pour y former des panneaux de développement, comme on le verra au Chapitre septieme du quatrieme Livre, où nous ferons voir en quoi consiste l'erreur du trait du P. Derand & du P. Deschalles qui l'a suivi, & que M. de la Rue qui l'a connu à peu près n'en a pas apperçû
Fig. 79. la raison. 3°. Au sixiéme cas, cette proposition fait voir quelle seroit la courbe d'arrête d'enfourchement d'une *corne de vache double* exactement faite; comme si ses piédroits étoient ceux d'un biais passé.

4°.

4°. Au ſeptieme cas elle fait voir que les trompes coniques que tous les Auteurs de la coupe des pierres mettent aux angles des eſcaliers ſuſpendus à repos, ſont un composé de deux cones, qui font un *jarret* à la clef en angle ſaillant ; car la ſection par les points A & a, faite par un plan perpendiculaire aux deux triangles par l'axe commun SX, fait deux ellipſes, l'une AC dans le cone ſcalene ASB, l'autre a*c* dans l'autre cone égal Sa*b*, leſquelles ſe croiſent en *m* ou en *i* entre les deux axes *c*H & C*h*, de ſorte que cette ſection eſt une courbe compoſée, telle qu'elle eſt repréſentée en AH*ih*a, & en projection par la droite A*cm*Ca. Fig. 80.

THEOREME XXVIII.

La ſection faite par la penétration des cones droits inégaux, dont les axes ſe confondent, ou des cones ſcalenes inégaux, dont les axes ſe confondent, & ſont également inclinés à leurs baſes, eſt un cercle.

La vérité de cette propoſition ſe préſente d'elle-même, & n'a pas beſoin de démonſtration ; car les ſections planes, paralleles à la baſe par les points communs EF & D*d*, *dd*, ſont des cercles communs aux deux cones, ſoit que les baſes ſoient confondues, comme aux Figures 81, 82, ou parallelement éloignées, comme aux Figures 83 & 84. Fig. 81. 82, 83 & 84.

THEOREME XXIX.

La ſection faite par la penétration de deux cones inégaux, mais ſemblables, dont les axes & les côtés ſont paralleles entr'eux, eſt un paraboloïdimbre.

Soit (*Fig.* 85) le triangle A*s*D la ſection par l'axe du petit cone, & BSE celui du grand, & le point P commun aux deux ſurfaces des cones. Si on ſuppoſe un plan qui coupe le premier A*s*D perpendiculairement, ſuivant le côté BS, parallele à A*s*, il touchera le grand cone, & fera dans le petit une parabole qu'on repréſente ici par la courbe P*r*RL, dont l'axe ſera PB, auquel ſi l'on tire à volonté les ordonnées *or*, OR, & par le ſommet *s* les droites *srz* & *ſ*R*y*, ces lignes qui feront les côtez du petit cone étant prolongées, rencontreront la ſurface du grand BSE en quelques points *z* & *y*, par leſquels on menera des paralleles *zx* & *y*X aux ordonnées *or* & OR, juſqu'à la rencontre des lignes *sx*, *s*X, tirées du ſommet *s* par Fig. 85.

les points *o* & O, & enfin par les mêmes points *r* & R d'autres lignes *rq*, RQ, paralleles à ces mêmes lignes *sx*, *s*X, on aura des triangles semblables *rqz* & *sor*, RQ*y* & *s*OR; par conséquent les mêmes analogies à l'égard de la parabole plane, qu'on a eu dans les Theorêmes XXIII & XXV, à l'égard de l'ellipse; sçavoir, la distance du sommet du cone à l'ordonnée de la section plane est à cette même ordonnée, comme la distance à celle de la section, est à la différence des deux sections; *so* : *or* : : *rq* : *qz*, & *s*O : OR : : RQ : Q*y*; donc la section (par la déf. 4.) est un paraboloïdimbre; *ce qu'il falloit démontrer.*

THEOREME XXX.

La section faite par la rencontre des surfaces de deux cones qui se pénetrent, dont les axes sont paralleles, & dont l'un des côtés d'un des triangles par l'axe rencontre celui de l'autre (prolongé s'il le faut) est une ellipsoïdimbre.

Fig. 86. Soit (*Fig.* 86) les triangles B*s*A & *b*S a, la section faite par un plan passant par les axes de deux cones qui se pénetrent, dont les points E & L sont communs aux deux surfaces. Si l'on suppose un plan passant par EL perpendiculairement au premier, il touchera le cone B*s*A, & fera une ellipse dans l'autre *b*Sa, qu'il coupe obliquement suivant la ligne EL qui en sera le grand axe, auquel ayant mené des ordonnées *or* & OR à volonté, on tirera par le point S des lignes S*r* & SR, jusqu'à la rencontre de la surface du cone B*s*A en *z* & en *y*, ces points seront à la circonférence de la section solide, laquelle sera la courbe E*zy*L; or faisant, comme au Theorême précédent *zx*, parallele à *ro*, & *y*X parallele à RO jusqu'à la rencontre des lignes S*o*, SO, tirées du sommet du cone, & prolongées vers *x* & X, & tirant ensuite des mêmes points *r* & R des lignes *rq* & RQ paralleles aux lignes S*x* & SX, on aura les mêmes analogies à l'égard des ordonnées de l'ellipse, qu'on a eu dans la proposition précédente à l'égard de la parabole; sçavoir, S*o* : *or* : : *rq* : *qz*, & SO : OR : RQ : Q*y*; donc la section solide est une ellipsoïdimbre; *ce qu'il falloit démontrer.*

Nous avons ajouté à l'énoncé de la proposition, que le côté d'un des triangles par l'axe d'un cone devoit couper celui de l'autre, prolongé (s'il le faut), parce qu'il peut arriver, comme à la Fig. 89, que le côté *s*A du triangle B*s*A ne rencontre pas le côté S a de l'autre triangle, mais il le rencontrera si l'un & l'autre sont prolongés vers L, parce que nous supposons qu'ils seront inclinés entr'eux, & non pas paralleles; de sorte que la section sera toujours la même. La seule différence qu'il y aura avec le cas précédent, c'est qu'elle ne sera pas une ellipsoïdimbre complete, mais mutilée, qui sera défaillante de toute la partie correspondante à AL de l'axe soustendant EL, laquelle est hors du cone.

REMARQUE.

156. Il faut remarquer que, quoique le plan que l'on feroit passer par la ligne SE perpendiculairement à celui des triangles par les axes *s*C, S*c*, doive faire une hyperbole dans le cône A*s*B, la section ne sera pas pour cela une hyperboloïdimbre, parce que les côtés A*s* & a S étant divergens vers S, sont convergens vers L; de sorte qu'en prolongeant ces côtés, on revient toujours au premier cas de l'ellipsoïdimbre.

THEOREME XXXI.

La section faite par la rencontre des surfaces des deux cones, dont les axes se coupent perpendiculairement ou obliquement, ensorte que les côtés prolongés de l'un ou de l'autre, ne se rencontrent pas au-dessus & au-dessous du sommet d'un d'entr'eux, est une ellipsoïdimbre.

La démonstration de cette proposition est tellement semblable à celle de la précédente, qu'on s'est contenté d'en mettre ici la figure, pour le cas où les axes se coupent perpendiculairement; & la Figure 88 pour celui où ils se coupent obliquement; en coupant les cones qui traversent par des plans tangens aux cones qui sont pénétrés, comme on a fait ci-devant, il sera bien aisé de voir les rapports des ordonnées de la section solide à celle de la section plane; & parce que, suivant les conditions du Theorême, ces sections planes ne peuvent être que des ellipses si les cones sont droits, ou des cercles s'ils sont scalenes, il suit que la section solide sera une ellipsoïdimbre, ou espece de cicloïmbre élargi ou resserré, c'est-à-dire une courbe dont les ordonnées ont un excès ou un défaut sur celles du cercle. Fig. 87. & 88.

Nous n'avons rien à ajouter à ce que nous avons dit des sections opposées; elles sont ici comme ailleurs les mêmes, disposées en sens contraire à l'égard du sommet, & l'une toujours plus petite que l'autre.

On verra par le Theorême suivant, la raison pour laquelle nous exceptons dans l'énoncé de celui-ci, le cas où les côtés prolongés se rencontrent.

THEOREME XXXII.

La section faite par la rencontre des surfaces de deux cones dont les axes se coupent obliquement, & dont un côté d'un des triangles par l'axe rencontre les deux de l'autre triangle qui est dans le même plan, ou un des côtés étant prolongé au-dessus de son sommet, est une hyperboloïdimbre dans l'un & l'autre cone.

Fig. 91. Soient (*Fig.* 91.) les triangles BSA & DEF les sections d'un plan passant par les deux axes CS & *g* E, des cones qui se pénetrent dans une position respective, où le côté DE rencontre les deux du triangle BSA, l'un SA qu'il coupe naturellement en H, l'autre BS en *y*, parce qu'il est prolongé au-delà du point S en *y*; ou bien, où le côté SA du triangle BSA rencontre les deux DE, EF du triangle DEF; sçavoir, DE en H, & FE prolongé en X.

Si l'on suppose des plans perpendiculaires à celui qui passe par les axes SC, E*g*, & qui coupent les cones, l'un par HA, l'autre par HD, les sections qu'ils feront seront des hyperboles, dont HA & HD seront les axes, & HX, H*y* les axes déterminés, & les mêmes plans qui coupent un cone seront tangens de l'autre. Soit une moitié de ces hyperboles la courbe H*r*R, sur laquelle ayant pris le point *r* à volonté on menera l'ordonnée *r o* à l'axe HD, & par le même point *r* & le sommet S la ligne S*r z*, cette ligne rencontrera la surface de l'autre cone DEF en quelque point *z*, qui sera à la circonférence de la courbe de la section solide qui passera par le point H, commun aux deux surfaces, & par le point *z* qui leur est aussi commun, puisqu'il est la rencontre du côté du cone BSA avec la surface de l'autre DEF. Or parce que la ligne S*r z*, part du même point S, que la ligne SA, ces lignes s'écartent & sont divergentes, de sorte qu'on peut supposer, comme aux Theorêmes précédens, une ligne parallele à SA, & tirée du point *r*, jusqu'à la rencontre de la ligne *z x*, ce qu'on n'a pû faire bien nettement dans la figure pour éviter la confusion des lignes, mais qu'on peut

Fig. 90. bien se représenter par la Figure 90 mise à côté, où *h x* repréfente HD, & l'on aura des triangles femblables *sor*, *rqz*; donc S*o* ou E*o* : *or* : : *rq* : *qz*; par conféquent la courbe qui paffera par *hz*, fur la furface des cones, fera une hyperboloïdimbre, *ce qu'il falloit démontrer*.

Il en fera de même à l'égard de l'autre cone, & cette fection commune variera fuivant la différence des grandeurs refpectives des deux cones.

THEOREME XXXIII.

La fection faite par la rencontre des furfaces de deux cones dont les axes fe coupent obliquement, & dont un des côtés des triangles par l'axe eft parllele à un des côtés de l'autre triangle de la fection par l'axe de l'autre cone, eft une courbe équivalemment différente dans chaque cone; fçavoir, une hyperboloïdimbre dans l'un des cones, & une paraboloïdimbre dans l'autre, felon que l'un des deux cones furpaffe ou eft furpaffé par l'autre, dans l'allignement de ces côtés.

Soient (*Fig.* 92) les triangles BSA & DEF les fections de deux cones, coupés par un plan qui paffe par leurs axes *c*S, CE, lefquels étant prolongés vers K fe coupent obliquement. Soit auffi le côté DE parallele au côté BS; il faut démontrer que la courbe H*x*, qui eft faite par l'interfection des furfaces de ces deux cones, a des rapports d'excès & de défaut avec les fections planes faites par des plans tangens aux côtés des cones SA & DE, ce qui fe fera de la même maniere qu'à la propofition précédente; car le plan tangent par DE fera une parabole dans le cone BSA, & le plan tangent en SA fera une hyperbole dans le cone DEF, dont YH eft l'axe déterminé, & HI l'axe prolongé. Or fi l'on prend dans le contour de ces courbes différentes un point *r*, par lequel & par le fommet on tire une ligne S*rz*, qui rencontre la furface de l'autre cone en *z*, la courbe qui paffera par H & *z* fera celle de l'interfection des deux corps; mais du même point *z* menant au fommet E une ligne *z*E, cette ligne qui fera un côté du cone DE*f* paffera à la circonférence de l'hyperbole, dont HI eft l'axe & fon ordonnée, c'eft-à-dire la perpendiculaire menée du point *z* au plan paffant par les axes, aura un rapport d'excès ou de défaut avec cette hyperbole, qui fera proportionné à la profondeur

Fig. 92.

de la section solide, c'est-à-dire à la distance du plan de l'hyperbole, mesurée dans un plan passant par les ordonnées correspondantes & le sommet du cone; donc cette section sera une paraboloïdimbre, considérée comme étant dans le cone DEF, & une hyperboloïdimbre, considérée dans le cone BSA; *ce qu'il falloit démontrer.*

Il faut ici que l'imagination aide un peu à la Figure, qui ne peut bien représenter le relief.

Il nous resteroit à déterminer la courbe qui se fait par l'intersection des surfaces des cones dont les axes ne se coupent pas & ne sont pas paralleles; mais sans qu'il soit besoin d'un Theorême général, nous pouvons en trouver autant de points que nous voudrons pour chaque position respective de cones donnés; ce qui suffit à la pratique, puisque nous démontrerons que chacuns de ces points sont bien trouvés, comme on le verra au Livre suivant.

Nous n'ajouterons rien ici des sections composées de deux portions de courbes qui se mutilent réciproquement, lorsqu'un cone n'en pénetre un autre que d'une partie de sa circonférence; nous en avons assez dit aux Theorêmes XXI & XXVII, où nous avons aussi fait remarquer que ces parties de sections sont toujours inégales; celle qui approche le plus du sommet étant toujours la plus petite.

USAGE.

157. Les rencontres des voutes coniques entr'elles tombent rarement dans la pratique, nous n'en trouvons d'exemples que dans les trompes & voutes coniques qui rachetent une tour ronde & en talud, dans les lunettes ébrasées d'une voute en canoniere, ou dans les creneaux qui se croisent, ce qui est de peu d'usage & de peu de conséquence.

CHAPITRE VIII.

Des sections faites à la surface des sphéroïdes pénetrés par des spheres, cones ou cylindres.

Fig. 93. & 94. NOus avons distingué au Chapitre IV différentes sortes de sphéroïdes; mais nous ne parlons ici que des plus réguliers, qui sont faits par la révolution d'une demi-ellipse sur un

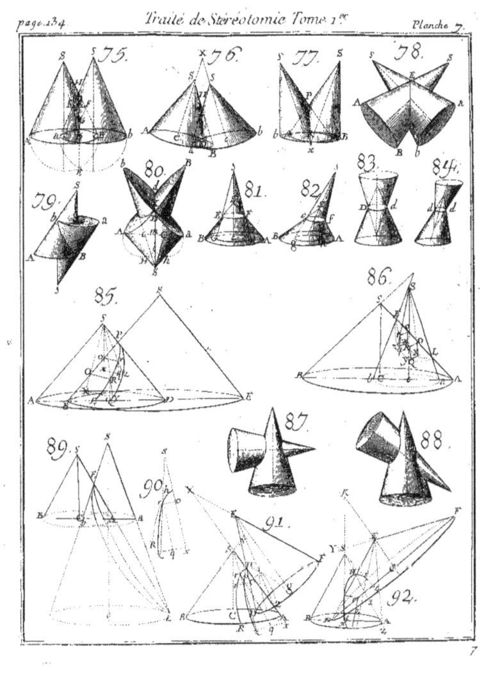
page. 134.
Traité de Stéréotomie Tome 1er.
Planche 7.
75.
76.
77.
78.
79.
80.
81.
82.
83.
84.
85.
86.
87.
88.
89.
90.
91.
92.
7.

de ses axes; sçavoir, de *l'oblong* PLp (*Fig.* 93) sur le grand axe Pp, & de *l'applati*, sur le petit axe AL comme ptp (*Fig.* 94.)

THEOREME XXXIV.

La section faite par la rencontre des surfaces d'un sphéroïde avec celle d'une sphere, d'un cylindre & d'un cone qui le pénetrent, ou qui en sont pénetrés, de maniere que les axes de ces corps se confondent, est un cercle.

Cette proposition est claire, si l'on fait attention à la génération de ces corps, car:

1°. Pour le sphéroïde & la sphere, puisque le sphéroïde est formé par la révolution d'une demi-ellipse DBE ou dbe sur son grand axe DE, ou sur le petit de, & la sphere par celle d'un demi-cercle PFp, l'ordonnée MO ou mi à l'axe commun De, auquel elle est perpendiculaire, étant commune au sphéroïde & à la sphere, formera par sa révolution autour de son point M ou m immobile, un cercle qui sera commun à la sphere & au sphéroïde, dont la circonférence sera à la surface de l'un & de l'autre, par conséquent à leur intersection; *ce qu'il falloit démontrer.* Fig. 95.

2°. Le même raisonnement s'applique naturellement à l'intersection des surfaces du sphéroïde & du cylindre droit (*Fig.* 96) puisque ce dernier est formé par la révolution d'un parallelogramme rectangle MOim, sur son côté Mm; or dans la supposition que ce côté qui est l'axe du cylindre, se confond avec les axes du sphéroïde, soit applatti comme dbe, ou allongé comme DBE, il est visible que les côtés MO & mi sont des ordonnées communes, dont la révolution fait un cercle, qui sera l'intersection commune de ces deux corps. Fig. 96.

3°. Il en sera de même de l'intersection d'un sphéroïde & d'un cone droit, qui est formé par la révolution d'un triangle rectangle SCF ou scf, sur son côté SC ou sc, qui en devient l'axe, passant par les axes des ellipses qui engendrent le sphéroïde, les ordonnées MO & mi seront les rayons des cercles dont la circonférence sera l'intersection des deux surfaces, soit que le sommet S du cone soit au-dehors du sphéroïde ou au-dedans, comme KCF (*Fig.* 97.) auquel cas l'ordonnée commune est nh ou Vu Fig. 98. Fig. 97. & 98.

Application à l'usage.

Cette propoſition fait voir que l'arrête d'enfourchement d'une lunette en berceau ou ébraſée, qui rachete une voute en cul-de four ſurhauſſée ou ſurbaiſſée, dont les impoſtes ſont de niveau à celle de la voute, & dont la direction, c'eſt-à-dire celle de leurs axes, tend au centre du cul-de-four, eſt une circonférence de cercle, en termes de l'art, un plein ceintre.

Fig. 95. De même que l'arrête d'enfourchement d'une niche ſurhauſſée ou ſurbaiſſée, ou plutôt renfoncée ou applatie par ſon plan horiſontal dans une voute ſphérique, avec les mêmes circonſtances de direction de ſon axe au centre de cette voute eſt un cercle, ce qui n'eſt pas rare dans les bâtimens.

THEOREME XXXV.

La ſection faite par la rencontre des ſurfaces d'une ſphere & d'un ſphéroïde, dont l'axe ne paſſe pas par le centre de la ſphere, eſt une eſpece d'ellipſoïdimbre, c'eſt-à-dire, une courbe à double courbure, dont on peut marquer quelque rapport conſtant à une ellipſe.

Fig. 101. Soit une ſphere ABRN, pénetrée par un ſphéroïde APBLp, dont l'axe Pp ne paſſe pas par le centre C de la ſphere. Si l'on ſuppoſe un plan paſſant par le centre & par l'axe du ſphéroïde, il fera pour ſection un cercle dans la ſphere, & une ellipſe dans le ſphéroïde, par le Theorême V, dont l'interſection qui eſt aux points A & B, marquera que ces points ſont communs aux deux ſurfaces, mais non pas les autres points de ces deux courbes, qui ſont l'une en-dedans de la ſphere, l'autre au-dehors du ſphéroïde, de ſorte que ni l'une ni l'autre de ces ſections ne peut être commune à la ſphere & au ſphéroïde.

Préſentement ſi l'on veut lui chercher quelque rapport avec d'autres courbes planes; il faut ſuppoſer un plan perpendiculaire au premier (comme nous avons fait juſqu'ici) paſſant par les points communs A & B, lequel fera deux ſections de même eſpece que les précédentes; ſçavoir, une ellipſe AKB dans le ſphéroïde, & un cercle AMB dans la ſphere, repréſentés ici en perſpective; d'où il ſuit évidemment que la commune ſection de de ces deux surfaces est une courbe à double courbure, puisqu'elle ne peut être en même-tems cercle & ellipse, & cette courbe étant tournée du côté du pole P du sphéroïde, a des ordonnées à son axe courbe AYB, toujours moindres que celles de l'Ellipse plane de la section faite par les points communs A & B dans le rapport des ordonnées à l'axe P*p* du sphéroïde, qui passe l'un par l'axe soustendant AB, l'autre par l'axe courbe AYB. Pl. 8. Fig. 101.

On pourroit considérer le sphéroïde comme une infinité de petits cones tronqués (*Fig.* 101) faits par la section de plusieurs plans *e e*, perpendiculaires à son axe P*p*, & c'est ainsi en effet qu'on le réduit le plus souvent pour la pratique de la Coupe des Pierres; ces cones tronqués auroient tous leur sommet sur l'axe P*p* prolongé par exemple en S, & les côtés du cone *se*, *se* seroient tangentes au sphéroïde. Alors on pourroit trouver la courbe de la section solide par les analogies de celle du cone dans la sphere, comme au Theorême XIV; mais à chaque cone on auroit un nouveau sommet S, & parce que le nombre de ces cones à la surface du sphéroïde est infini, il y auroit autant de sommets que de points dans l'axe prolongé, de sorte que la courbe de cette section n'est pas de la même espece que l'ellipsoïdimbre telle que nous l'avons défini.

Cependant elle y a quelque rapport, la différence est que les ordonnées à l'axe de l'ellipse, & celles à l'axe courbe de la section solide n'ont pas des excès ou des défauts les unes à l'égard des autres en raison arithmétique, comme les côtés du triangle, mais en raison géométrique, comme les racines des quarrés des ordonnées des ellipses planes, faites par des plans passant par ces ordonnées & l'extrêmité de l'axe du sphéroïde, ce que l'on va démontrer comme il suit.

Ayant supposé comme ci-devant le sphéroïde APL*p* (*Fig.* 101) qui pénetre une sphere ABRN, & que les points A & B sont communs à leurs surfaces, soit AKB*h* l'ellipse faite par la section d'un plan passant par AB perpendiculairement à celui qui passe par l'axe du sphéroïde & le centre C de la sphere. Soit aussi AMB*m* le cercle fait par la section du même plan dans la sphere.

Si par le centre C on tire une perpendiculaire CE à l'axe P*p*, elle le coupera au point D, duquel pour centre & pour rayon DH ou DN, moitié de HN considérée comme corde de la

Fig. 101. ſphere, ayant décrit un demi-cercle HEN, il rencontrera en x la demi-ellipſe PAp du ſphéroïde, & donnera ainſi un point x commun aux deux ſurfaces, par lequel menant une perpendiculaire xy à l'axe Pp, on aura xy pour ordonnée de la ſection ſolide. Mais parce que la ſection plane paſſant par A & B coupe l'axe au point g, l'intervalle gy ſera la différence des profondeurs des deux ſections dans la ſphere, & la ligne Fg, perpendiculaire, à Pp, ſera l'ordonnée de la ſection circulaire de la ſphere, & Gg celle de l'ellipſe dans le ſphéroïde. Or, par la propriété de l'ellipſe, $Py \times yp : Pg \times gp :: \overline{xy}^2 : \overline{Gg}^2$, donc ſi l'on connoît la longueur des ordonnées on trouvera leur diſtance, & ſi on connoît leur diſtance, c'eſt-à-dire la profondeur de l'axe courbe à la ſection plane par AB, on connoîtra les longueurs des ordonnées, & par conſéquent leur différence.

Il en ſera de même ſi par le point P on fait paſſer un plan par les ordonnées or de la ſection ſolide, & nq de l'ellipſe plane, leſquelles ſont ici exprimées en façon de perſpective à l'égard du cercle AMB & de l'ellipſe AKB, qui ſont repréſentés de même, parce que ces deux plans étant en partie confondus enſemble, & ayant le diametre commun AB, feroient auſſi confondus avec ce diametre, ſi l'on n'aidoit un peu l'imagination.

Pour voir ces ordonnées plus diſtinctement, il faut les conſidérer, comme ci-devant, dans un plan perpendiculaire au premier PANR, & paſſant par le pole P, comme PR, alors faiſant un demi-cercle IQR ſur IR, corde de la ſphere, & une demi-ellipſe PVL ſur PL, comme grand axe, dont u eſt le centre, & ſur uZ, moyenne proportionelle entre xu & ut, pour moitié du petit axe, l'interſection V du demi-cercle IQR, & de la demi-ellipſe PVL donnera un point V de la ſection ſolide, duquel abaiſſant une perpendiculaire Vo ſur PR, on aura le point o à l'axe courbe de cette ſection, & le point n à l'axe droit, par une analogie ſemblable à la précédente $Po \times oL : Pn \times nL :: oV : nz$.

COROLLAIRE.

158. D'où il ſuit qu'on peut trouver autant de points qu'on veut de l'axe courbe, & leur diſtance à l'axe droit, ſur un plan paſſant par le point P perpendiculairement au plan paſſant par

l'axe P*p* du ſphéroïde & le centre C de la ſphere ; puiſque nous avons démontré au Theorême V. que toutes les ſections planes des ſphéroïdes, leſquelles ſont obliques à leurs axes ſont des ellipſes, & que celles de la ſphere ſont des cercles, on aura toujours à l'interſection de ces deux courbes un point commun, qui ſera à la circonférence de la ſection ſolide.

USAGE.

159. Cette propoſition fait voir quelle eſt la courbe de l'enfourchement d'une niche renfoncée ou raplatie dans une voute ſphérique, ſi les impoſtes ne ſont pas de niveau, c'eſt-à-dire, que l'un des deux ſoit au-deſſus ou au-deſſous de l'autre, quoique chacune ſoit de niveau entr'elles, ou que les unes ſoient de niveau, & les autres rampantes ; alors la courbe de l'arrête qui ſe fait à la rencontre des deux ſurfaces, eſt une courbe à double courbure, dont les *aplombs* ne ſont pas dans une ligne droite, comme au Theorême précédent, & cette courbe a quelque rapport avec celle que nous avons appellée ellipſoïdimbre, parce que les ordonnées à ſon axe courbe ont toujours un rapport connu avec celle de la ſection elliptique ou ſphéroïde, coupée par un plan paſſant par AB.

La même choſe arrivera ſi les niches, au lieu d'être renfoncées ou raplaties horiſontalement, étoient ſurhauſſées ou ſurbaiſſées verticalement ; la ſeule différence qu'il peut y avoir eſt le changement du rapport des ordonnées qui ont dans un cas, un excès ſur celles de l'ellipſe, & dans l'autre un défaut, mais toujours en même proportion.

THEOREME XXXVI.

La ſection faite par la rencontre des ſurfaces d'un cylindre droit & d'un ſphéroïde, dont l'axe eſt perpendiculaire à celui du cylindre, eſt un cicloïmbre.

Soit un cylindre AB*b*a, dont l'axe *m n*, prolongé en C & *c*, eſt perpendiculaire à celui d'un ſphéroïde allongé P*fpg* formé par la révolution de la demi-ellipſe P*fp* ſur ſon grand axe P*p* ou applati P*dpe*, formé par une ſemblable révolution ſur le petit axe PO*cp*. Ayant ſuppoſé ces corps coupés par un plan paſſant par leurs axes, & une ſeconde fois par un autre plan per- Fig. 59.

Fig. 99. pendiculaire au premier, & passant par les points A & B, a & *b* communs aux deux surfaces du cylindre & du sphéroïde, on reconnoîtra que cette seconde section fera un cercle dans le cylindre & une ellipse dans le sphéroïde, laquelle sera semblable à celle de sa section par l'axe P*p*. La rencontre des deux surfaces n'est donc pas dans un plan, puisque l'ellipse est hors du cylindre, & le cercle au-dedans du sphéroïde; cependant elle doit passer par les points A & B ou *a* & *b*.

Supposant un troisieme plan perpendiculaire au premier, passant par l'axe du cylindre, ou parallelement à cet axe, il fera un cercle dans chaque sphéroïde, & un parallelogramme dans le cylindre. Soit le quart d'un de ces cercles *d*H ou *gh*, & le point X ou *x*, celui où il rencontre le côté du cylindre, ce point sera commun aux deux surfaces, d'où si l'on abaisse la perpendiculaire XY ou *xy* sur l'axe C*c*, qui le coupera en Y ou en *y*, ce point sera un de ceux de l'axe courbe AYB ou a*yb* de la section solide; mais parce que toutes les ordonnées à cet axe sont perpendiculaires aux côtés du cylindre, & qu'elles se terminent toutes à sa circonférence, il suit qu'elles sont toutes égales & paralleles à celles de sa base, ce qui est évident; donc tous les diametres droits seront aussi paralleles & égaux à ceux de la base du cylindre, comme nous l'avons démontré en pareil cas au Theorême XVIII, donc la section solide est un cicloïmbre; *ce qu'il falloit démontrer.*

La différence qu'il y a de celui qui se fait à la rencontre des spheroïdes différemment posés à l'égard du grand ou petit axe, est que le cicloïmbre, fait à la rencontre des surfaces du cylindre & du sphéroïde allongé, s'approche du grand axe en creusant pour ainsi dire dans ce sphéroïde, & qu'à celle du sphéroïde applati, il s'éloigne du petit axe en s'approchant de la surface, comme on le voit dans la Figure 99 par les lignes AYB & a*yb*.

COROLLAIRE.

160. Il est aisé de trouver autant de points que l'on voudra de l'axe courbe, en tirant par un point quelconque K de la ligne *ab* une ligne K*l* parallele à l'axe C*c*, & décrivant sur O*r* & *m*a pour rayons, des arcs de cercles. Si l'on fait K*t* = K*s* & *tz* parallele à C*c* pour côté du cylindre, elle coupera l'arc *sr* en *z*, par où on menera *zq* perpendiculaire à L*l*, laquelle

donnera sur O r un point g qui sera celui de la courbe que l'on cherche.

On appliquera ici tout ce que nous avons dit du rapport des profondeurs de la section solide au Theorême XVIII, soit en les considérant comme les fleches des cordes inscrites dans différens cercles, ou comme les sinus verses des ordonnées prises pour des sinus droits.

THEOREME XXXVII.

La section faite par la rencontre des surfaces d'un cylindre & d'un sphéroïde, dont les axes ne se rencontrent pas, est une espece d'ellipsimbre.

Et peut être une ellipse dans certains cas.

Soit (*Fig.* 100) un cylindre ABba, qui rencontre obliquement un sphéroïde allongé ou applati. Ayant supposé un plan passant par l'axe du cylindre, qui fera pour section un parallelogramme dans ce corps, & une ellipse dans le sphéroïde, dont les intersections a & b, A & B donnent des points communs à ces surfaces, si l'on coupe ces corps par un plan perpendiculaire au premier & passant par A & B, a & b, la section sera de deux ellipses qui peuvent être égales, en ce cas la section faite par la rencontre des surfaces devient plane; mais comme la différence des sphéroïdes peut donner une infinité d'ellipses différentes, la section sera ordinairement solide à cause de l'inégalité des ellipses du cylindre & du sphéroïde, ce qu'il est aisé d'appercevoir. *Fig.* 100.

Or parce que toutes les ordonnées de cette section doivent être terminées à la surface du cylindre aussi-bien qu'à celle du sphéroïde, il suit qu'elles doivent toutes avoir un rapport d'égalité avec celles de l'ellipse plane, qui est la section oblique du cylindre suivant la ligne AB, ce que nous avons assez expliqué aux Theorêmes IX & X, pour qu'il ne soit pas nécessaire d'entrer ici dans un plus grand détail. Il y a même si long-tems que nous rebattons la même démonstration, appliquée à différentes occurrences, que je crains que le Lecteur ne se trouve offensé de la défiance qu'il semble qu'on ait de sa pénétration, en entrant dans un trop grand détail.

COROLLAIRE.

On peut facilement appercevoir les changemens que les cylindres scalenes causeroient aux sections faites par la rencontre des surfaces des sphéroïdes, puisque les sections obliques qu'on a supposé elliptiques, peuvent être circulaires, & les perpendiculaires se trouver aux axes des ellipses.

Application à l'usage.

Cette proposition & la précédente font voir quelle est la courbe de l'arrêté d'enfourchement d'un berceau, qui rachete une voute sphéroïde surhaussée ou surbaissée, ou directement ou obliquement. Ce cas n'est pas rare dans l'Architecture; telles sont les lunettes de la voute sphérique surbaissée de la Chapelle du Saint Sacrement du Val de Grace, dont les naissances sont au-dessus de celles du cul-de-four, ou hémisphéroïde aplati.

THEOREME XXXVIII.

La section faite par la rencontre des surfaces d'un sphéroïde & d'un cone, dont l'axe rencontre celui du sphéroïde, perpendiculairement ou obliquement, est ordinairement courbe à double courbure, telle qu'est l'ellipsoïdimbre; mais dans certains cas elle peut être une ellipse plane.

Fig. 101. La démonstration en est aisée; car 1°. si l'axe du cone SC passe hors du centre C du sphéroïde, ou qu'il y passe, mais qu'il coupe obliquement son axe FG, comme celui du cone D s E, il est clair dans ces deux circonstances, que le plan perpendiculaire à celui qui passe par les axes SC du cone, & FG du sphéroïde qu'on suppose aussi (comme nous l'avons toujours fait) passer par les points communs aux deux surfaces A & B, ou *a* & *b*, fera deux ellipses, l'une dans le cone coupé obliquement, comme en a *b*, l'autre dans le sphéroïde, lesquelles ne seront les mêmes que lorsque leurs deux axes seront égaux, hors de ce cas ces sections étant inégales, il est clair que la section solide sera une courbe à double courbure, telle que celle que nous avons appellée ellipsoïdimbre, qui aura des excès ou des

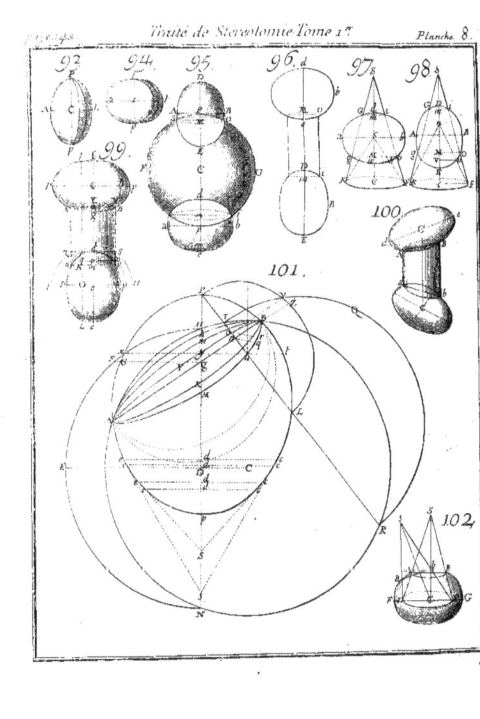
92
94.
95.
96.
97
98.
99.
100.
101.
102.

défauts sur l'ellipse plane du cone, dans le rapport des profondeurs de l'axe courbe. 2°. Si l'axe du cone passe par le centre C du sphéroïde, & perpendiculairement à son axe FG, il se fera deux sections en AB, dont l'une sera un cercle dans le cone, & l'autre une ellipse dans le sphéroïde ; & par conséquent la section solide sera une courbe à double courbure de même espece que les précédentes, avec cette différence que les excès ou les défauts de ses ordonnées sur la section plane du cone seront comparés à un cercle & non pas à une ellipse. Pl. 8. Fig. 102.

Application à l'usage.

Les lunettes évasées dans les voutes en cul-de-four surhaussées ou surbaissées, ou *sur un plan ovale*, c'est-à-dire, un sphéroïde oblong ou applati, sont le sujet de ce Theorême, qui fait voir, 1°. que l'arrête d'enfourchement est à double courbure, lorsque l'axe de la lunette, c'est-à-dire la direction de son milieu, tend au centre. 2°. Qu'elle l'est ordinairement si elle est biaise, & que cependant il peut arriver dans ce cas qu'elle soit ellipse plane.

Nous n'ajoutons rien ici des courbes composées des sections des sphéroïdes, nous croyons en avoir dit assez ci-devant pour mettre le Lecteur en état d'en juger par la comparaison des précédentes des autres corps ronds, il est tems d'en venir aux Problêmes, qui donnent les moyens de tracer toutes sortes de sections.

Si quelqu'un est curieux d'entrer d'une maniere plus sçavante & plus générale dans la Théorie des courbes à double courbure, il peut s'instruire parfaitement dans le beau Traité de M. CLAIRAUT, dont nous avons parlé. Il ne faut pour l'entendre qu'une médiocre connoissance du calcul Algébrique, tant il est clair & méthodique dans ses démonstrations.

TRAITÉ DE STEREOTOMIE.

LIVRE SECOND.

De la description des lignes courbes formées par la section des corps.

LES corps peuvent être coupés par des surfaces planes ou par des surfaces courbes.

Les lignes courbes formées par les sections de la premiere espece, peuvent être décrites sur des surfaces planes & sur des surfaces courbes; mais celles de la seconde espece ne peuvent être exactement décrites que sur des surfaces courbes, si j'en excepte peu de cas. La raison est, que les lignes courbes formées par l'intersection des surfaces de deux corps, peuvent être considérées comme étant sur la surface qui coupe, & sur celle qui est coupée puisque l'intersection est commune à tous les deux; par conséquent si on coupe une sphere, un cone, ou un cylindre par une surface plane, la courbe peut être considérée comme étant sur le plan qui coupe, & sur la surface de la sphere du cone ou du cylindre

dre qui eſt coupé; ainſi elle peut être décrite ſur deux ſurfaces de différente eſpece, l'une plane, l'autre courbe; & ſi les ſurfaces qui ſe coupent ſont toutes deux courbes, il eſt à préſumer que la ſection ne convient point aux planes; il en faut cependant excepter certains cas où la même interſection eſt commune à deux ſurfaces courbes & à une troiſieme qui eſt plane; telles ſont les interſections des ſurfaces de deux ſpheres, quelquefois de deux cylindres, & de deux cones en certaines circonſtances de poſition & de grandeur, dont nous avons parlé au Livre précédent.

PREMIERE PARTIE

De la deſcription des ſections planes ſur des plans.

LA plupart des ſections planes que nous avons pour objet dans cet Ouvrage, ſont ces quatre ſortes de courbes qu'on appelle les *Sections coniques*, quoiqu'elles ne ſoient pas toutes particulieres au cone, puiſqu'il y en a deux qui conviennent auſſi à la ſphere & au cylindre.

Nous en avons cependant quelqu'autres à décrire, comme la ſection plane de l'anneau & la ſpirale: cette derniere n'eſt pas proprement une ſection de corps ordinaire, à moins qu'on ne la conſidere comme celle d'un coquillage; mais à cauſe qu'elles ſont de peu d'uſage en comparaiſon des autres, nous jettons toute notre attention ſur les ſections coniques.

La maniere de les décrire n'eſt pas toujours la même, on eſt ordinairement aſſujetti dans la pratique à les faire paſſer par certains points ou lignes données en dedans ou en dehors, qui en changent totalement la deſcription; c'eſt ce qu'on appelle les *données*, qu'on peut tellement varier, que la ſolution des Problemes néceſſaires pour réſoudre tous les cas poſſibles, fourniroit aſſez de matiere pour un gros volume; nous nous bornons ici à ceux qui peuvent être d'uſage dans l'Architecture.

CHAPITRE I.

De la description du cercle.

Pl. 6. Fig. 72.

NOus avons peu de choſes à dire du cercle, parce que les élémens ordinaires de la Géométrie en traitent aſſez au long pour la pratique des arts, & que nous ſuppoſons dans tout cet Ouvrage, que le Lecteur eſt initié dans cette ſcience. Nous voulons ſeulement ſuppléer à ce qu'on n'y trouve qu'indirectement pour la ſolution d'un cas qui ſe préſente aſſez ſouvent en Architecture, tant pour l'exécution des traits des voutes, que de certains arrondiſſemens de mur, dont le rayon eſt ſi grand, qu'on ne trouve pas commodément une place pour le faire mouvoir ſur un centre; ſoit parce que le lieu du centre eſt embaraſſé, ou enfermé dans quelque bois ou bâtiment, ſoit parce que la longueur de ce rayon cauſe de la difficulté dans l'uſage du *ſimbleau*. Car ſi on ſe ſert de corde elle s'allonge & altere la régularité du contour; ſi on lui ſubſtitue une chaîne qui ſemble ne devoir pas s'allonger, elle a auſſi ſes inconvéniens, en ce que le frottement interrompt ſon mouvement, lorſqu'elle eſt poſée à plat ſur une aire horiſontale ou inclinée, & fait varier ſon extenſion, quelque précaution qu'on prenne, ce qui doit arriver néceſſairement, puiſqu'il eſt démontré en Méchanique que quelque petit que ſoit ce frottement ou ſon poids, ſi elle étoit pendue par ſes extrêmités, elle ne peut ſe mettre en ligne droite, il faut que cette puiſſance du milieu, frottement ou peſanteur s'anéantiſſe; & pour que la courbure reſte toujours égale, il faut que la puiſſance ou l'effort de la main qui tire ſoit toujours parfaitement égal, ce qui eſt moralement impoſſible. De ſorte qu'on ne peut s'aſſûrer de décrire régulierement un arc de cercle par ce moyen; celui de faire un ſimbleau avec des perches eſt le plus ſûr, mais il a ſes incommodités, lorſqu'il en faut ajouter pluſieurs bout-à-bout, il faut le ſoutenir bien droit pour le faire mouvoir ſans le plier, & ſuppoſer que le milieu n'eſt occupé par aucun mur ni matériaux. Il eſt donc fort agréable de pouvoir éviter toutes ces incommodités par une pratique de Geométrie que voici.

PROBLEME I.

Par trois points donnés tracer un arc de cercle par plusieurs autres points trouvés, ou par un mouvement continu, sans le secours du centre.

On ne peut à moins de trois points déterminer ni tracer un arc de cercle, puisque par deux points donnés, on en peut faire passer une infinité de différentes grandeurs, mais ces points peuvent être donnés dans des circonstances qui occasionnent différentes manieres de le tracer : car 1°. ou on les donne tous trois à la circonférence, 2°. ou l'on n'y en donne que deux, & le troisieme en idée pour le centre, en déterminant seulement la longueur du rayon, sans en marquer la position à l'égard des points donnés.

Au premier cas les points peuvent être donnés à distances égales entr'eux, ce qui arrive souvent en Architecture, où l'on détermine ordinairement les points des naissances, & celui de la clef pour les voutes, ou celui du milieu pour les arrondissemens des murs; ou bien ces points sont donnés à distances inégales. Ces différentes circonstances peuvent donner occasion à différentes manieres de décrire l'arc. Pl. 9. Fig. 103.

Soit (*Fig.* 103) les points ADB donnés aux deux extrêmités & au milieu de l'arc qu'on doit tracer. Ayant tiré les cordes AB, AD, DB, on fera du point A pour centre & d'une ouverture de compas prise à volonté, l'arc *f*K terminé en *f* & en K aux cordes AD & AB, puis de la même ouverture, & du point B pour centre, on décrira l'arc indéfini FE, dont le point F est sur la corde DB; ensuite par le point A on tirera autant de lignes droites qu'on voudra avoir de points de l'arc proposé entre D & B, par exemple ici pour trois, les lignes AX, A*x*, A*y* qui couperont au hasard l'arc *f*K aux points *g*, *h*, *i*, ensuite on portera les parties de cet arc prises entre *f* & K, sur l'arc FE en dehors de F en E. Ainsi *fg* en FG, *fh* en FH, *fi* en FI, & par le point B & les points FGHI on tirera des lignes droites, dont les sections, avec les précédentes, donneront autant de points de l'arc demandé ; sçavoir BI, coupant A*y*, donnera le point *y*; BH, coupant A*h*, donnera le point *x*, &

BG coupant A *g*, le point X; on en fera de même pour l'autre côté AD.

Fig. 104. Secondement, si le point donné D n'est pas au milieu, comme à la Figure 104, on peut trouver plusieurs points correspondans à ce point D considéré comme dans un plus grand ou plus petit arc. Du point a pour centre & pour rayon a D, ayant fait l'arc DE, du point *b* pour centre & de la même ouverture de compas, on fera l'arc *ed* égal à DE, qui donnera un quatrieme point *d*, puis on tirera la droite D *b* qui coupera cet arc en F: du point D pour centre & de la même ouverture de compas a D on fera l'arc *f* 3 = F *d* qui donnera le point 3; on tirera *d* a qui coupera l'arc *f* 3 en G; du point a pour centre & de la distance *d* 3 pour rayon, on fera l'arc *g* 4, = G 3 qui donnera le point 4, ainsi de suite, on trouvera autant de points qu'on voudra, par lesquels avec une regle pliante on tracera l'arc a D *b*, qui est celui qu'on cherche.

DÉMONSTRATION.

Dans la premiere construction où les angles DAB & ABD sont égaux, les lignes AX, A *x* & A *y* font des angles avec la corde AB plus petits que DAB de la quantité d'une partie de l'arc *fk*, qui en est la mesure: par exemple AX, de la quantité *fg*, de laquelle on a augmenté l'angle ABD, en tirant par le point G au dehors, la ligne BX qui rencontre AX au point X; donc la somme des angles XAB, XBA est égale à celle des angles DAB, DBA, dont le supplément a deux droits, AXB est égal à l'angle qui est à la circonférence ADB: donc (par la 21 du 3e. Livre d'Euclide) le point X est à la circonférence du même arc de cercle, que les points donnés ADB, ainsi des autres *x* & *y*.

Dans le deuxieme cas il est visible qu'on a fait l'angle *b d* a = a D *b*, de même que l'angle D *b d* = *b* D 3; a *d* 3 = *d* a 4; donc tous les points trouvés sont dans le même arc que les donnés a D *b*, puisque les angles faits dans chaque segment sont toujours égaux à ceux que font les cordes des points correspondans D & *d*, *d* & 3, 3 & 4, D & 5, &c. *ce qu'il falloit faire.*

COROLLAIRE.

De la propriété du cercle dont nous venons de faire usage,

on tire une maniere *de décrire un arc de cercle organiquement par un mouvement continu ſans le ſecours du centre & ſans connoître la longueur du rayon*, mais ſeulement par le moyen de trois points donnés.

Car (*Fig.* 107) ſi l'on fait avec deux regles de bois GE, EI aſſemblées par le moyen d'une troiſieme FH, un angle GEI égal à l'angle ABD, dont le ſegment AEBD eſt capable, & qu'on faſſe couler cet inſtrument entre deux cloux ou chevilles A, D, le crayon qui ſera au ſommet E de l'angle que font ces deux regles, tracera l'arc demandé AEBD, lequel paſſera par les trois points donnés A, B, D. *Fig.* 107.

Il faut remarquer que chacune des regles EG, EI doit avoir en longueur au moins l'intervalle des deux points A & D les plus éloignés, afin que le ſommet E étant tranſporté en D, la branche EG touche & s'appuye encore au point A, qui en doit régler la direction.

AUTREMENT.

On peut encore tracer l'arc demandé par un mouvement continu avec une autre machine, mais plus compoſée que la précédente. Ce ſont deux roues AB, DE de diametres inégaux, aſſemblées ſur un eſſieu commun FC, ſur lequel la plus grande AB eſt fixe, & l'autre ED eſt mobile, enſorte qu'on peut l'approcher ou l'éloigner de la premiere autant qu'il eſt beſoin, & l'arrêter par quelque cheville à la diſtance où elle doit être; enſuite appuyant ſur l'eſſieu vers le milieu M on fait tourner cette eſpece de train boiteux, dont les roues décrivent deux arcs de cercles concentriques; il eſt clair que leurs rayons ſont d'autant plus longs que les diametres des roues ſont moins inégaux, & qu'elles ſont plus éloignées entr'elles; en ſorte que ſi elles étoient infiniment peu différentes, leurs traces ſeroient des lignes droites. *Fig.* 106.

Cette machine, qui eſt de l'invention de PERRAULT, eſt plus ingénieuſe qu'utile; car il eſt moralement impoſſible de la faire mouvoir avec l'uniformité qu'elle demande, puiſque l'expérience nous fait voir qu'il eſt très-difficile de conduire en ligne droite un train de deux roues égales, à plus forte raiſon en ligne courbe deux inégales; ſoit par le défaut de la direction de la main, ſoit par l'inégalité du frottement de l'eſſieu & du terrein sur lequel on la fait rouler, de sorte qu'on ne pourroit s'assûrer de la régularité de l'arc qu'on veut tracer. Quoiqu'il en soit de l'exécution, si l'on veut connoître la longueur du rayon que la trace de la grande roue décrit, il n'y a qu'à faire cette analogie; comme la différence A *d* des deux rayons des roues AC, D *c* est au demi-diametre AC de la grande, ainsi la distance D *d* des deux roues est au rayon SC du cercle ou arc que la grande décrit, d'où par l'inverse on tire l'analogie nécessaire pour trouver la distance des deux roues, lorsque le rayon SC est donné, en faisant CA : CS : : *d*A : *d*D, ce qui est clair à la seule inspection de la Figure, à cause des triangles semblables SCA, D*d*A.

Par où l'on voit qu'avec deux petites roues de 6 à 7 pouces de diametre & un petit essieu, on pourroit tracer les ceintres des plus grandes voutes, si l'exécution répondoit à la justesse du principe sur lequel la machine est fondée, mais je n'en conseille à personne l'usage, par les raisons que j'en ai rapporté.

Erreur du trait de Maître BLANCHARD.

Maître BLANCHARD dans son Traité de la Coupe des bois, (page 6) a voulu résoudre le Problême dont il est ici question, par un *trait* dont il est à propos de montrer l'erreur pour en désabuser les ouvriers qui n'ont pas assez de connoissance pour l'appercevoir.

Fig. 105. Supposant les trois points donnés ADB (*Fig.* 105) il décrit un parallelogramme AEFB, il tire les cordes AD, DB, qu'il divise en un certain nombre de parties à volonté, par exemple ici en quatre aux points *b c d*, sur lesquels il éleve autant de perpendiculaires *b x*, *c y*, *d z*. Puis divisant le côté AE en un même nombre de parties égales aux points *e*, *f*, *g*, il tire des lignes droites au point D, qui coupent les précédentes aux points *x y z*, qu'il prétend être la circonférence du même arc de cercle où sont les trois points donnés ADB.

Il est très-aisé de faire voir qu'il se trompe grossierement par la seule inspection de la Figure de sa construction, faite dans un quart de cercle comme en DG, puisqu'elle donne au lieu du
Fig. 105. quart de cercle DSG une courbe DYZG, qui est considerablement au-dedans; mais il convient de justifier la figure par le raisonnement Géométrique. Il est démontré dans les Elémens

d'Euclide au Liv. 3. prop. 14, que les lignes équidiſtantes du centre dans le cercle ſont égales entr'elles; par conſéquent les lignes LX, *i*Z équidiſtantes (par la conſtruction) du milieu K de la corde DG, c'eſt-à-dire du rayon CS, doivent être égales; mais elles ne le ſont pas, donc elles ne ſont pas terminées à la circonférence du cercle. *Fig. 105.*

Pour voir cette inégalité d'un coup d'œil, il n'y a qu'à porter la longueur G*m* en DM, & tirer MG qui coupera LX environ au tiers de ſa longueur en *x*, quoique le point X ſoit déja au dedans du cercle DSG, par conſéquent il s'en faut d'environ la moitié de la longueur *iz* que le point *z* parvienne au cercle en *r*.

DÉMONSTRATION.

Pour le démontrer, ſoit (*Fig.* 105) la ligne KY prolongée en H, à laquelle on menera par les points *o* & *m* les paralleles O*p*, *mq*.

A cauſe des triangles ſemblables GHK & G O *p*, on aura GO : GH : : G*p* : GK; mais GO $= \frac{3}{4}$ de GH, donc G*p* ſera auſſi les $\frac{3}{4}$ de GK; par conſéquent *p* K eſt la huitieme partie de DG, & D*p* les $\frac{5}{8}$; or à cauſe du triangle iſoſcele rectangle O*p*G, la ligne *p* O ſera égale à *p* G.

Préſentement pour rendre la démonſtration ſenſible aux Ouvriers, nous ſuppoſerons chacune des huit parties ſous-diviſée en dix, afin de faire mieux connoître la différence des longueurs des lignes LX & *iz*.

A cauſe des triangles ſemblables DLX, D*p*O, on aura D*p* (50) : *p*O (30) : : DL (20) : LX (12) & à cauſe des triangles ſemblables D*qm*, D*iz*, on aura D*q* (70) : D*i* (60) : : *qm* $=$ *q*G (10) : *iz* ($8\frac{4}{7}$); donc les lignes LX & *iz* ſont entr'elles comme 12 eſt à $8\frac{4}{7}$, c'eſt-à-dire, qu'elles ſont conſidérablement inégales, par conſéquent que les points X & *z* ne peuvent être à la circonférence du même cercle; on ne voit par cette démonſtration que le rapport de ces lignes entr'elles; ſi quelqu'un eſt curieux de connoître plus préciſément que par le tracé de la figure, celui qu'elles ont à celles qui parviennent juſqu'au cercle en S ou en *r*, on le pourra par la maniere ſuivante.

Tous ceux qui ſont un peu initiés dans l'Algebre ſçavent que l'équation primitive du cercle (nommant *d* le diametre, *x* l'abſciſſe, & *y* l'ordonnée) eſt $dx - xx = yy$, ainſi on cher-

Fig. 105. chera le diametre en quarrant DK & KC, & tirant la racine quarrée de leur somme, qui sera égale au rayon DC, & son double au diametre $= d$, ensuite pour avoir l'abscisse x, on ajoutera la longueur Ki au rayon, ou on en retranchera KL; par le moyen de ces deux grandeurs connues, on aura $dx - xx$, dont on tirera la racine quarrée, de laquelle on ôtera la longueur CK, le reste sera la longueur ir, qui parvient au cercle en r; & par ce calcul on trouvera que le point X est au-dedans du cercle d'environ une partie de trois, & z de quatre, je dis environ à cause des fractions qui restent.

Ce que nous démontrons ici dans le quart de cercle, se peut démontrer facilement de tous les arcs d'un moindre nombre de degrés; on trouvera seulement que la différence des longueurs des lignes LX & iz diminuera, mais elle subsistera toujours; ainsi la pratique de Maître Blanchard sera toujours fausse pour faire un arc de cercle, elle pourroit seulement servir à faire un arc de section conique ouverte, à laquelle il n'a pas pensé, & dont il n'est pas question.

Il nous reste à donner la solution du *second cas* de ce problême, où l'on ne suppose que deux points donnés à la circonférence de l'arc de cercle demandé, & au lieu du troisieme point, la longueur du rayon indépendamment de sa position qui donneroit le centre, duquel on ne veut, ou on ne peut faire aucun usage.

Fig. 108. Soient (*Fig.* 108) les deux points donnés L & M ayant tiré la ligne LM de l'un à l'autre, on aura la corde de l'arc demandé, & parce que le rayon est donné de longueur, on aura les trois côtés d'un triangle isoscele LMC, dont on peut trouver l'angle C par la Trigonométrie, ou méchaniquement par un triangle semblable, fait par le moyen d'une échelle. La moitié de l'angle LCM sera le supplément à deux droits de l'angle LNM, nécessaire pour tracer l'arc demandé par le moyen de la description organique, dont nous venons de parler au cas précédent, avec deux regles qui feront l'angle LNM, dont le segment LHNM est capable.

Fig. 109. Ou bien on cherchera (*Fig.* 109) le point X, milieu du segment AXB, par le moyen de la fleche MX; pour cet effet, ayant quarré le rayon donné AR, & la moitié AM de la corde AB, on retranchera le quarré de AM, & du restant on extraira la racine quarrée du quarré de AR pour avoir le côté MR, lequel étant

étant retranché du rayon AR, donnera MX pour la fleche que l'on cherche, & par conféquent le point X milieu de l'arc demandé. Par le moyen de ce point X & des deux autres A, B on tracera l'arc par plufieurs points, comme nous l'avons dit au premier cas.

On peut propofer un *troifieme cas* de ce problême, en donnant une mefure déterminée au contour de l'arc qu'on veut décrire, au lieu des deux points de fes extrêmités, & enfuite la longueur du rayon; alors on trouvera l'angle LMN par un calcul affez fimple. *Fig. 108.*

Premierement par le moyen de la longueur du rayon, il fera aifé de trouver la circonférence entiere en le doublant, & faifant l'analogie ordinaire, comme 7 eft à 22, ou 100 à 314, ainfi le diametre donné eft à la circonférence totale mefurée en pieds, pouces & lignes. Enfuite par une feconde analogie, on trouvera le nombre de degrés que doit contenir l'arc d'une longueur donnée, en difant comme le nombre des pieds, pouces & lignes, trouvé par la premiere analogie pour la circonférence entiere, eft au nombre des pieds, pouces & lignes de l'arc donné en développement ou rectification; ainfi 360 degrés, valeur totale de la circonférence, eft au nombre de degrés que vaut l'arc propofé, dont la longueur du contour eft donnée; alors on aura un angle dont le fupplément à deux droits, fera l'angle cherché LNM. Ainfi fuppofant l'angle trouvé de 60 degrés, on l'ôtera de 180 valeur de deux droits; il reftera pour l'angle cherché 120 degrés, qu'on formera avec deux regles, fi on veut décrire l'arc organiquement, comme nous l'avons dit au premier cas.

Démonftration du deuxieme & troifieme cas.

L'angle LNM vaut la moitié de l'arc fur lequel il eft appuyé, & l'angle L*d*M vaut de même la moitié de l'arc LNM, donc ils valent pris enfemble la moitié du cercle, c'eft-à-dire deux angles droits; & par conféquent la moitié de l'angle LCM, qui eft égale à l'angle L*d*M, par la 20 du 3e. d'Euclide, fera le fupplément à deux droits de l'angle cherché LNM; *ce qu'il falloit démontrer.*

USAGE

Ce problême eſt néceſſaire pour l'exécution de pluſieurs traits de la coupe des pierres, où il faut tracer des arcs de cercle dont les centres ſont extrêmement loin; par exemple pour trouver l'arc de développement de la baſe de la porte en tour ronde en talud, qui eſt celle d'une portion de cone dont le ſommet qui doit être à la rencontre des côtés du cone prolongés, c'eſt-à-dire les côtés de la Tour en talud, peut être à une diſtance conſidérablement éloignée de la baſe; ſuppoſant par exemple que la tour eut ſeulement 15 pieds de rayon, 30 de hauteur, & un dixieme de talud, le ſommet du cone qui ſeroit le centre du développemenr, ſeroit à 150 pieds loin de la circonférence; ce qui rend les préceptes du Pere DERAND & de ſon Sectateur M. de LA RUE impraticables, ſans le ſecours de ce problême.

Il eſt encore néceſſaire pour trouver les arcs des panneaux de doële des premieres aſſiſes des voutes ſphériques, ſphéroïdes, & ſur le noyau dans le ſyſtème de pratique qui exécute ces voutes par le développement des cones tronqués, comme nous le dirons en ſon lieu.

Fig. 109. Je me ſers ordinairement de la deuxieme pratique du ſecond cas pour faire les arrondiſſemens des contreſcarpes de nos fortifications, par le moyen d'un panneau A *de* BX fait d'une planche taillée, comme la partie hachée de la figure, que je mets ſur le revêtement, le faiſant courir de piquets en piquets; mais comme le parement eſt en talud, & que cet arc de cercle augmente de rayon à meſure que le mur s'éleve, je fais faire un panneau convexe ſur le derriere qui eſt à plomb, pour ſervir à jauger l'épaiſſeur qui regle le contour du parement en talud à chaque aſſiſe; & je trouve que cette méthode conduit facilement les ouvriers.

Si l'arc de cercle qu'on doit décrire étoit ſi grand qu'on ne pût ſe ſervir du compas pour faire les angles qu'on doit prendre égaux entr'eux, il faudroit ſe ſervir du *demi cercle* ou Graphometre, & de piquets d'alignement, au lieu de lignes tracées à la regle ou au cordeau, dont on trouveroit l'interſection par la rencontre des deux rayons viſuels des points A & B pour centre de l'inſtrument. C'eſt ainſi que l'Architecte de la nou-

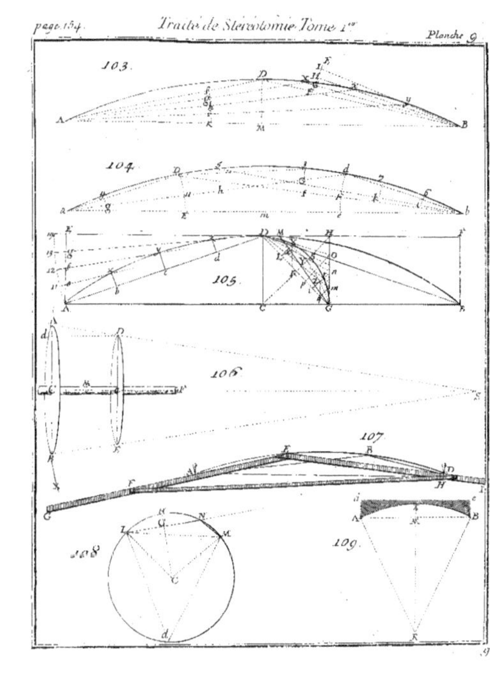

velle Ville de *Carls-Rouhe*, qu'a fait bâtir le Margrave de Bade-Dourlack, auroit pû tracer les rues concentriques au Château, qui ont deux & trois cens toises de rayon, comme je puis l'estimer à vûe d'œil.

CHAPITRE II.

De l'ellipse, premierement considérée comme étant faite.

PROBLEME II.

Trouver 1°. *le centre*; 2°. *les diametres conjugués*; 3°. *les axes*; 4°. *les foyers d'une ellipse donnée.*

1°. SOit l'ellipse donnée DEIG (*Fig.* 110) on tirera les lignes OO, *oo* paralleles entr'elles, & terminées à la circonférence de l'ellipse. On les divisera en deux également en *r* & R, par où on fera passer une ligne DI qui sera un diametre : le point C, milieu de ce diametre, sera *le centre* que l'on cherche. 1°. Pour le centre. *Fig.* 110.

2°. Si par le centre C on tire une ligne EG parallele à OO, cette ligne EG sera *un diametre* conjugué au diametre DI, parce qu'il est parallele aux ordonnées *or* OR & à la tangente T*t*, tirée par le point D du diametre DI. 2°. Pour un diametre.

3°. Si du point C comme centre & d'une ouverture de compas prise à volonté, on décrit un arc KH qui coupe la circonférence de l'ellipse en K & en H, & que de ces points comme centres & d'une ouverture de compas prise aussi à volonté, on fasse une section de deux arcs de même rayon en Z, la ligne AB tirée par les points C & Z, & terminée à la circonférence de l'ellipse de part & d'autre, sera *un des axes*, & la ligne LM qui lui sera perpendiculaire, passant par le centre C, sera *l'autre axe*. 3°. Pour les axes.

4°. Si l'on prend l'intervalle AC avec un compas, & qu'on s'en serve comme de rayon d'un cercle, qui auroit L ou M pour centre, faisant des arcs qui coupent l'axe AB aux points F & *f*, ces points seront les *foyers de l'ellipse*. 4°. Pour les foyers

DEMONSTRATION.

Par la définition (Art. 20) les diametres sont des lignes qui coupent en deux également toutes les lignes paralleles entr'elles, par conséquent aussi la surface de l'ellipse, puisqu'on peut considérer sa surface comme composée d'une infinité de lignes paralleles infiniment proches.

2°. Par la définition (avant l'Art. 24) le diametre parallele à ces lignes, & à la tangente *t* T est appellé *conjugué* au premier DI.

3°. Par la construction, les points K & H sont également éloignés du centre C, & l'on a fait AZ perpendiculaire sur la corde qui seroit tirée de H en K, laquelle seroit une double ordonnée, qu'elle couperoit en deux également & à angle droit, ce qui ne convient qu'à un axe par la définition.

4°. Enfin les points F & *f* sont les foyers de l'ellipse, parce que la somme des lignes FL, L*f* est égale, par la construction, à la ligne AB; & si les lignes FD, D*f* prises ensemble lui sont aussi égales, le point D sera à la circonférence de l'ellipse. (Art. 29.)

USAGE.

On trouvera dans la quatrieme Partie de ce Traité des occasions continuelles de faire usage de ce Problême, parce que l'ellipse est la courbe la plus ordinaire dans la coupe des pierres.

PROBLEME III.

Par un point donné mener une tangente à une ellipse donnée.

Le point donné peut être à la circonférence ou au-dehors.

Fig. 111. 1°. S'il est à la circonférence, par exemple en D (*Fig.* 111) & que les foyers F*f* soient donnés, on menera à ce point D des lignes FD, *f*D qui feront un angle en D, qu'on divisera en deux également par la ligne D*n*; si par ce point D on fait TD perpendiculaire à D*n*, cette ligne TD ou T*t* sera la tangente que l'on cherche.

Ou bien on fera *f* a = au grand axe GA, on tirera a F qu'on divisera en deux également en *t* d'où tirant une ligne au point donné D, la ligne *t* D sera la tangenge demandée.

2°. Si on n'a pas les foyers, ayant trouvé le centre C (*Fig.* 111) on menera par le point donné D le diametre DB, & un autre à volonté comme GA, par l'une des extrêmités duquel A ou G on menera AE parallele à DB, qui rencontrera l'ellipse en E, par où l'on menera au point G la ligne EG, laquelle sera une ordonnée au diametre DB, à laquelle si on tire une parallele par le point D, cette ligne t T sera la tangente demandée. Pl. 10. Fig. 111.

3°. Si le point donné D est hors de l'ellipse, comme en d, ayant mené par le centre C la ligne dC, on fera CK perpendiculaire à Cd, & égale à CL, intersection de la ligne Cd, & de la circonférence de l'ellipse; ensuite ayant tiré dK, on lui fera la perpendiculaire KH, qui coupera dC prolongée en H, on portera la distance CH en Ci sur la ligne Cd, ensuite on menera au diametre Lm une ordonnée quelconque* par la construction précédente, ce qui est aisé; car il ne s'agit que de mener une parallele à mL par un point pris à volonté, comme oP, la diviser également en deux au point q, & mener qC ou sa parallele or, à laquelle on menera une parallele iK par le point i, qui rencontrera la circonférence en K, la ligne menée de ce point k au point donné d hors de l'ellipse, sera la tangente que l'on cherche.

* Voyez l'art. 36. l. 1.

Et si l'on prolonge Ki en k ce point sera encore à l'attouchement d'une autre ligne menée de d en k, de sorte que du même point donné d, on peut mener deux tangentes à l'ellipse AEKGA, une d'un côté, l'autre de l'autre.

DEMONSTRATION.

Pour le premier cas de ce Problême, il est démontré dans les sections coniques que les angles FDt, & f DT sont égaux entr'eux; si on ajoute de part & d'autre les angles FDn, & fDn égaux entr'eux par la construction, les angles nDt & nDT seront aussi égaux entr'eux, par conséquent droits; donc tT sera une tangente au point D. Fig. 112.

Secondement. (*Fig.* 111). A cause des paralleles AE, CB, GC : CA : : GS : ES; mais AC, demi-diametre est égal à GC, GS = SE, laquelle est une ordonnée au diametre DB, puisqu'il la divise en deux également; & (par la construction) Dt ou tT est parallele à SE; donc Dt est une tangente de l'ellipse au point D, *ce qu'il falloit faire.*

Troisiemement. Par la construction, on a fait CH troisieme proportionelle à la distance du centre C au point d, rencontre de la tangente Kd & du demi-diametre CL prolongé en d, & à ce demi-diametre CL, on a fait aussi Ci = CH, donc dC : CL :: CL : Ci, distance du centre C à la sous-tangente $i\,d$; donc * dK & dk sont des tangentes à l'ellipse aux points K, ou k menées du point donné d hors de cette courbe; *ce qu'il falloit faire.*

* Art. 46.

USAGE.

Ce Problême est nécessaire pour éviter les jarrets dans la jonction des lignes droites avec des arcs elliptiques, dans plusieurs circonstances d'arrondissemens des parties droites contigues aux courbes, comme il arrive souvent dans l'Architecture, parce que l'angle fait par la rencontre d'une courbe & de la tangente est le plus petit qu'on puisse imaginer; donc il differe infiniment peu de la ligne droite à la jonction de la courbe, par conséquent la transition de la ligne droite à la courbe devient imperceptible à la vûe.

De l'ellipse considérée comme à faire.

PROBLEME. IV.

Un diametre quelconque & une ordonnée à ce diametre étant donnés, trouver son conjugué.

Fig. 113. SOit AB (*Fig.* 113) le diametre donné & ED son ordonnée, du point C, milieu de AB, ayant élevé une perpendiculaire CH, on décrira le quart de cercle HFB, on menera ensuite, par le point E de la rencontre de l'ordonnée avec le diametre AB, une ligne EG parallele & égale à CH, qui coupera le cercle en F, par où & par l'extrêmité D de l'ordonnée ED, ayant tiré la ligne FD, on lui menera par le point G la parallele GL, qui rencontrera ED prolongée en L. Je dis que EL sera égale au demi-diametre conjugué que l'on cherche; ainsi ayant mené par le point C la ligne IK parallele à EL, on portera du centre C de part & d'autre CK & CI égale à EL.

DEMONSTRATION.

A cause des paralleles GL, FD, on aura EG : EL :: EF :

ED, mais EG (Conftr.) = CH & EL = CK, donc EF : CH :: ED : CK; c'eft-à-dire, que les ordonnées au diametre AB dans le cercle font en même raifon que celles de la courbe qui pafferoit par les points K & D, ce qui eft une propriété de l'ellipfe; * donc CK, ou fon double KI, eft le diametre conjugué à AB; *ce qu'il falloit trouver.* * Art. 41.

PROBLEME. V.

Les diametres conjugués étant donnés, trouver les axes de l'ellipfe.

Soient (*Fig.* 112) les lignes AB, DE données pour diametres conjugués d'une ellipfe à décrire, qui fe coupent également en C où eft fon centre. Du point A, extrêmité du plus grand, ayant abbaiffé la perpendiculaire AP, on la prolongera vers G, portant la moitié CD du plus petit en AG. Puis ayant tiré GC, on la divifera en deux également, en m, d'où l'on tirera par le point A la ligne mg, qu'on fera égale à m G; fi du point g on mene par le centre C la droite indéfinie gx, on aura la pofition du grand axe, dont la longueur X x fera déterminée en portant de part & d'autre du centre C la fomme des lignes Cm, mA en CX & Cx; enfuite on élevera au point C une perpendiculaire à gx, fur laquelle on portera de part & d'autre la longueur Ag de C en Y, & de C en y; la ligne y Y fera le petit axe; *ce qu'il falloit trouver.* Fig. 112.

DEMONSTRATION.

Du point C pour centre & pour rayon CX, on décrira un quart de cercle XH, & l'on menera par le point A la ligne Ko, perpendiculaire à XC qui paffera à l'interfection K de l'arc de cercle HX, & de la droite CG, on fera At parallele à Cg & tu à Ko.

Par la fuppofition, le point A qui eft à l'extrêmité d'un des diametres, eft à la circonférence de l'ellipfe AEBD, il faut démontrer que les points X & Y font à la même circonférence, & à l'extrêmité des axes. Puifque $mg = m$C (par la conftruction) mt fera égale à mA, & tC = Ag = CY (par la conftruction). Or à caufe des triangles femblables CKo, Ctu, Ko : Ao = tu :: CK = CX = CH : Ct = CY; donc (Art. 41) le point Y eft à la circonférence de l'ellipse, de même que le point X, comme il est aisé de le prouver par la même raison.

Et parce que les lignes CX & CY sont perpendiculaires entr'elles, ce sont des demi-axes; donc X x & Y y sont les axes demandés; *ce qu'il falloit démontrer.*

COROLLAIRE.

Pl. 10. Fig. 112. De-là on tire une maniere aisée de décrire l'ellipse par un mouvement continu, au moyen d'un instrument composé de trois pieces; sçavoir, d'une petite branche droite C m, d'un triangle m AP, dont l'angle m est attaché par un pivot en m à cette branche, & d'une grande regle qu'on applique sur le diametre DE, à laquelle la petite branche C m est attachée sur le point C par un pivot sur lequel elle peut tourner, ainsi que l'angle m du triangle à son autre extrêmité m : si l'on conduit avec la main l'angle P en droite ligne au long de la regle DE, le crayon posé au sommet de l'angle A décrira en même-tems la demie ellipse XY x; on peut même sans remuer la regle faire passer le triangle A m P, & la branche m C de l'autre côté de la regle DE; mais sa largeur couvrira une partie qu'on ne pourra tracer, c'est pourquoi il faudra la changer de côté.

Il faut remarquer que la ligne GP n'est pas toujours la somme des demi-diametres CD, & de la perpendiculaire AP, mais qu'elle en est quelquefois la différence, lorsque la direction de la branche C m tombe entre les points A & P.

USAGE.

Cette proposition est très-utile dans plusieurs traits de la coupe des pierres où les axes conjugués sont donnés, comme aux arcs-droits des *descentes*, en ce qu'elle fournit les moyens de tracer les ellipses par le mouvement continu du trait du jardinier, dont nous parlerons au Problême VII.

PROBLEME VI.

Un axe & un point à la circonférence de l'ellipse étant donnés, trouver l'autre axe.

Ce Problême n'est qu'une espece de Corollaire du Problême IV,

IV, parce que les ordonnées aux axes étant des perpendiculaires en donnant un point à la circonférence, c'est comme si l'on donnoit une ordonnée à l'axe grand ou petit.

Premierement, *le grand axe étant donné, si l'on cherche le petit.* *Fig. 114.*

Soit AB le grand axe (*Fig.* 14) & D le point donné à la circonférence de l'ellipse, on abaissera de ce point sur AB la perpendiculaire indéfinie OF, puis du point C, milieu de AB, pour centre, & CB pour rayon, on décrira un quart de ce cercle B *b* qui coupera OF en R; on portera sur OF le rayon CB, qui donnera le point F, & la longueur OD en C *d*, parallelement à OF. Par les points R & *d*, on tirera R *y*, qui coupera l'axe donné AB en *y*.

Si de ce point *y* on tire au point F une ligne *y* F, elle coupera CD prolongé en X; je dis que CX est la moitié du petit axe que l'on cherche.

Secondement, *le petit axe étant donné, si l'on cherche le grand.*

Par le point D donné à la circonférence, on tirera sur CX la perpendiculaire D *d*; puis du point C pour centre, & la moitié CX du petit axe donné pour rayon, on décrira le quart de cercle XE qui coupera D *d* au point V, & la perpendiculaire AB sur le milieu C au point E, par les points E & V, on tirera E *z* qui coupera CX prolongée au point Z; si par les points Z & D on tire la droite ZB, elle coupera la perpendiculaire AB au point B: je dis que CB est la moitié du grand axe que l'on cherche.

DEMONSTRATION.

Pour le premier cas, à cause des triangles semblables O *y* R, *y* C *d*, & *y* OF, *y* CX, on aura *y* O : OR : : *y* C : C *d*, & *y* O : OF : : *y* C : CX, donc OR : OF = C *b* = CB : : OD = C *d* : CX; donc * le point X est à la circonférence de l'ellipse, & à l'extrêmité de l'axe conjugué à AB. * *Art.* 41.

Pour le second cas, à cause des triangles semblables ZCE, Z *d* V & ZCB, Z *d* D; on aura Z *d* : *d* V : : ZC : CE, & Z *d* : *d* D : : Z *c* : CB; donc *d* V : *d* D : : CE = CX : CB; donc (par l'Art. 41) le point B sera à l'extrêmité du grand axe; *ce qu'il falloit trouver.*

USAGE.

Entre plusieurs usages de ce Problême, on fera voir au quatrieme Livre qu'il est nécessaire pour le trait du quartier de vis suspendu, suivant la maniere du P. Derand & de M. de LA RUE, & pour le trait de la trompe sphérique dans un angle saillant.

Il pourroit aussi servir pour la diminution des colonnes, si au lieu de la conchoïde de NICOMEDE, qu'on y employe ordinairement, on vouloit se servir d'un arc elliptique, le petit axe donné est le diametre de la base; le point à la circonférence est l'extrêmité du diametre sous l'astragle du chapiteau, éloigné du petit axe des deux tiers ds la longueur de la colonne, si le renflement est au tiers.

PROBLEME VII.

Les axes d'une ellipse étant donnés, la décrire par plusieurs points, ou par un mouvement continu.

Fig. 110. Premierement, par plusieurs points trouvés au compas. (*Fig.* 110.)

Ayant pris la moitié du grand axe pour rayon, on portera une des pointes du compas en L, d'où, comme centre, on décrira des arcs qui couperont cet axe en F & f pour avoir les foyers.

De ces points F & f pour centres, & d'un intervalle pris à volonté pour rayon, pourvû qu'il soit moins grand que fA, ou FB; on décrira des arcs de cercle en quatre endroits 1, 2, 3, 4, au-dessus & au-dessous de l'axe AB, comme en 1 n, 2 n, 3 n, 4 n, puis on portera la même longueur du rayon de A en P, & de l'ouverture PB (reste de la longueur du grand axe) pour rayon, on décrira des mêmes centres F & f des arcs de cercle, qui couperont les précédens aux points 1, 2, 3, 4, qui seront à la circonférence de l'ellipse. On recommencera pareille opération avec des ouvertures de compas plus ou moins grandes, pour avoir encore quatre autres points; & ainsi on trouvera tant de points & si près les uns des autres, qu'on jugera à propos pour tracer ce contour à la main de l'un à l'autre avec assez d'exactitude, ou mieux dans le grand, avec une regle pliante également mince, qu'on peut arrêter & courber par le moyen de quelques pointes de cloux plantés sur les points trouvés en dedans & en dehors, ou tous en dehors en appuyant de la main gauche par dedans, pendant qu'on trace de la droite.

Secondement, par un mouvement continu, on peut le faire de plusieurs façons.

1°. Par le moyen d'un cordeau, on fait ce que nous venons de faire avec le compas ; on plante deux cloux aux foyers F & *f*, trouvés comme nous venons de le dire ; puis ayant fait une boucle au bout du cordeau, & une autre à distance de celle-ci, parfaitement égale à la longueur du grand axe AB, on met chacune de ces boucles à un clou des foyers ; & comme le cordeau est lâche, on pousse son pli FD*f* pour le faire tendre, & y faire couler un crayon D, ou une pointe de quelque outil ; ainsi le même cordeau qui faisoit le pli FD*f* fera au milieu le pli FL*f*, & le crayon qui étoit en D, sera transporté en L, ce qui est si connu de tous les ouvriers, qu'il est inutile de l'expliquer. Cette construction, qu'on appelle *le trait du jardinier*, quoique méchanique, donne l'ovale Géométrique, que j'appelle toujours *ellipse*, pour la distinguer des autres ovales. *Fig. 110.*

Il est clair que pour avoir l'ellipse entiere, il faut faire passer le cordeau en dessous d'AB, comme au-dessus.

DEMONSTRATION.

Nous avons dit à l'article 29 du premier Livre, qu'une des principales propriétés de l'ellipse consiste dans l'égalité de la somme des deux lignes tirées des foyers au même point de la circonférence, avec la longueur du grand axe ; donc la courbe tracée est la vraie ellipse, qui est une des sections coniques, puisque la construction par plusieurs points trouvés au compas, & le cordeau par le mouvement continu, fournissent toujours la même égalité, *ce qu'il falloit faire.*

USAGE.

Cette pratique est très-aisée, mais peu exacte dans les grands ouvrages, parce que le cordeau s'allonge selon qu'il est plus ou moins long & tors, & que l'on pousse le crayon dans le pli avec une force plus ou moins grande. Une chaînette est moins sujette à cet inconvénient, mais elle a les siens ; car outre qu'elle cause des ondulations, elle est encore un peu susceptible de l'inégalité d'extension, causée par son poids dans un plan vertical, ou par son frottement sur un plan horisontal ; de forte qu'elle ne peut se remettre en ligne droite, suivant les loix de la Méchanique, puisque ce poids ou ce frottement sont une troisieme puissance qui fait effort contre celles des bouts, lesquelles ne peuvent en tirant l'une contre l'autre, faire dresser la chaîne, que lorsque la troisieme est infiniment petite; c'est pourquoi nous allons proposer une autre maniere organique qui n'a pas ces défauts.

Seconde Methode de tracer l'ellipse par plusieurs points, sans le secours des foyers, seulement avec deux ouvertures de compas, ou sans compas, par le moyen d'un cercle & d'une mesure constante.

Fig. 116. Soient (*Fig.* 116) les axes donnés AB, HF: on portera la moitié du petit axe CH de C en E sur le grand, & l'on divisera leur différence EB en deux également en M.

Du point C pour centre, & de l'intervalle CM pour rayon, on décrira un cercle: il nous suffit ici pour exemple d'en mettre le quart N 2 M: sur la circonférence de ce cercle, on prendra à volonté autant de points qu'on en voudra pour tracer l'ellipse avec plus ou moins d'exactitude, comme ici les points 1, 2, 3, desquels comme centres & toujours du même intervalle CM pour rayon, on décrira de petits arcs qui couperont l'axe AB prolongé aux points M, *g*, *h*, d'où l'on tirera à leurs centres 1, 2, 3, des lignes 1 M, 2 *g*, 3 *h*, sur lesquelles on portera toujours la moitié de la différence des demi-axes ME, ou MB en 1 *x*, 2 *x*, 3 *x*, laquelle donnera tous les points *x*, *x*, *x* à la circonférence de l'ellipse demandée.

DEMONSTRATION.

Du point C pour centre & des longueurs CA, & CH pour rayons, on décrira deux quarts de cercles AQ*b*, *rq* H; puis par un des points trouvés, comme P, on tirera les lignes *r* Q, & PL perpendiculaires aux axes; & enfin par le centre C, la ligne C*q*.

A cause des paralleles *r* C, P*q*, on aura C*q* : CQ : : *r* P : *r* Q; mais C*q* = CH, & CQ = C*b*; donc CH : C*b* : : *r* P : *r* Q; c'est-à-dire, que les ordonnées de l'ellipse à l'axe AB, sont proportionelles à celles du cercle AQ*b* au même axe qui en est le diametre; donc (Art. 41 du premier Livre) le point P est à la circonférence de l'ellipse; *ce qu'il falloit démontrer.*

La même organiquement par un mouvement continu.

Ayant divisé la différence A*e* des deux demi-axes CA, C*h* en deux également en *m*, ou leur somme *e* B en M, on assemblera deux regles égales chacune à la moitié MB; par le moyen d'une cheville ou d'un clou arrondi, comme C*d*, *d*G en *d*, ou deux regles d'inégale longueur, l'une DC égale à la différence A*m*, l'autre D*a* au demi-axe AC; puis ayant pris une troisieme regle de longueur égale à quatre fois C*d*, ou deux fois *e* B, pour la premiere construction, avec les regles C*d*, *d*G, ou seulement au grand axe pour la seconde, on attachera à son milieu C, la regle C*d*, ou CD, avec un pivot; en sorte que le point C soit sur l'alignement d'un de ses côtés *e* G, puis on portera sur la branche *d* G la longueur A*m*, pour y poser un crayon en *x*, ou sur la regle D*a* en D*g*, pour y poser une pointe propre à faire couler le long de la regle AB, & le crayon en *a*. Dans cette disposition il ne s'agit que de faire couler le point G, dans le premier cas, ou *g* dans le second, au long de la regle AB, les crayons posés en *x*, ou en *a* traceront l'ellipse qu'on demande, comme il est clair par la démonstration précédente, pour la construction par plusieurs points, puisque celle-ci est parfaitement la même réduite en instrument. Fig. 118.

Autre maniere organique avec l'instrument appellé compas d'ovale.

Lorsqu'il ne s'agit que de former un quart d'ellipse, le compas à ovale est une simple équerre, sur les côtés de laquelle on fait couler deux pivots attachés à certaine distance, à une regle au bout de laquelle est un crayon pour le tracer. D'où il suit que pour une ellipse entiere, il faut assembler quatre équerres séparées par une coulisse, pour laisser le passage de ces pivots; supposant qu'on ne veuille tracer qu'une demi-ellipse, il faut un instrument composé de deux équerres avec une coulisse entre deux, comme on voit à la *Fig.* 117. ABCE; & afin que la branche du milieu soit ferme, on y ajoute des liens, comme *mn*, MN, qui empêchent qu'elle ne puisse s'incliner vers A ni vers B. Fig. 117.

On prend ensuite une troisieme regle RT, qu'on fait entrer dans trois anneaux de fer ou de cuivre quarrés H, G & K, dans

Pl. 10. Fig. 117. lesquels on l'enfile, & afin de pouvoir les fixer où l'on veut, on y ajoute une vis.

A deux de ces anneaux faits en façon de petite boëte, tient une queue en forme de pivot conique, qu'on fait entrer par les bouts de la rainure CE, & dans la rainure AB, si l'on en fait une, qui n'est nécessaire que pour mieux assûjettir le mouvement de la regle RT; c'est pourquoi on fait ces rainures plus larges au fond que par le haut, & les pivots étant coniques, quoiqu'ils puissent être cylindriques. A la boëte K, au lieu de pivot, on met un crayon ou une pointe, comme on le juge à propos pour mieux tracer.

L'instrument étant ainsi fait, il ne s'agit plus que de sçavoir déterminer la distance des pivots HG entr'eux, & à l'égard du crayon K, pour tracer l'ellipse suivant la longueur des axes donnés.

Ayant porté sur le grand axe AB la longueur CD de la moitié du petit, de A en F, la différence des deux demi-axes FC, sera cette distance qu'on cherche du pivot H au pivot G; & la longueur CD sera celle du pivot G au crayon K.

Les pivots & le crayon étant ainsi arrêtés par le moyen des vis, afin qu'ils ne puissent varier; il n'y a qu'à faire mouvoir la regle RT sur ses pivots, ensorte qu'il y en ait toujours un engagé dans la rainure des coulisses AB, EC, qui sont ici à angle droit, parce que les axes sont donnés; & à mesure que la regle tournera sur ces deux pivots, le crayon K tracera l'ellipse demandée.

J'ai dit que ces deux coulisses étoient à angle droit, parce que les deux axes sont donnés; car si au lieu des axes on avoit donné deux diametres conjugués, elles devroient faire entr'elles d'autres angles que ces diametres, un obtus d'un côté, & un aigu de l'autre, qui seront d'autant plus aigus & obtus, que

Fig. 115. les diametres conjugués approcheront de l'égalité; ainsi (*Fig.* 115.) ayant porté la distance CB de D en F, on fera la coulisse inclinée à l'égard du diametre donné AB, suivant la ligne CF, ou ce qui est la même chose, suivant les angles FCB & ACF, & l'on aura le crayon en D, & les deux pivots en P & F, de sorte que si les lignes CB & DP étoient parfaitement égales, cet instrument ne pourroit plus avoir lieu.

Il faut remarquer que la distance DP qui est la différence

de la perpendiculaire FP, & du demi-diametre CB, peut tomber entre les points D & P, si le demi-diametre CB est plus petit que DP.

Secondement, qu'on peut s'épargner la peine de faire une coulisse sur AB, pourvû qu'on tienne le pivot G, (*Fig.* 117) ou P, (*Fig.* 115) toujours appliqué à la regle AB. *Fig.* 117.

Si l'on vouloit en même-tems tracer une seconde ellipse parallele, ou à peu près, à la premiere, il n'y auroit qu'à ajouter un quatrieme anneau en X, pour y appliquer un second crayon, comme on a fait en K; mais ces deux ellipses ne seront pas semblables, parce que leurs diametres ne seront pas proportionnels, de sorte qu'elles ne peuvent pas être la section d'un berceau ou cylindre creux de même épaisseur; la raison est que si des demi-axes CD, CB, on ôte des quantités égales D*d*, BL, les restes C*d*, CL ne sont plus en même proportion, C*d* n'est plus à CL, comme CD à CB; car supposant CD = 2, CB = 4, D*d* = 1, C*d* sera à CL, comme 1 à 3, ce qui est tout différent du rapport supposé CD : CB : : 2 : 4.

DEMONSTRATION.

Du point C pour centre, & de l'intervalle de la moitié du grand axe CB pour rayon, on décrira le quart de cercle SB, & par le point K, on tirera sur CB la perpendiculaire O*r*, qui coupera le cercle au point O, & du centre C la ligne CO, qui sera parallele à HK, parce que OK est parallele à CH, & que HK = CS = CO; donc COKH est un parallelogramme. Que HK soit égal à CS, cela est évident par la construction, puisque GK = AF, & GH = CF, & CS ou BC = CA; or à cause des paralleles, on aura CO : GK : : O*r* : K*r*; mais CO = CS, & GK = CD; donc CD : CS : : *r*K : *r*O : donc (Art. 41) la courbe DKB est une ellipse.

Il faut remarquer, 1°. Que les deux triangles rectangles GHC, GK*r*, qui sont semblables, varient continuellement par le changement de position de la regle RT, en sorte que les côtés CH, CG, G*r*, *r*K augmentent ou diminuent, & cependant ils ne font jamais que la somme des quarrés de leurs hypotenuses qui sont constantes, HG, KG.

2°. Que l'intervalle CH, qui est la distance du centre C à un pivot, eſt toujours égal à l'excès KO de l'ordonnée du cercle, ſur celle de l'ellipſe.

D'où l'on peut tirer une maniere aiſée de trouver autant de points que l'on voudra d'une ellipſe à peu près parallele à une autre donnée, comme *d x* L, en imitant ce qui a été fait avec l'inſtrument. Il n'y a qu'à porter l'intervalle OK en CH, ou *ok* en C*h*, pour avoir les inclinaiſons de pluſieurs lignes HK, *hk*, ſur leſquelles on portera la diſtance donnée D*d* en KX, & *kx*, pour mener par les points donnés & trouvés *d*, X, *x*, L l'ellipſe demandée, à peu près équidiſtante à DK*k*B donnée.

Fig. 111. Si l'on veut qu'elle ſoit exactement équidiſtante, il faut connoître les foyers F*f*, (*Fig.* 111.) mener de chacun une ligne au point donné D, ou tout autre pris à volonté, & diviſer l'angle FD*f* en deux également par une ligne D*n*, ſur laquelle on portera du point D la largeur du bandeau, archivolte, ou tout autre ouvrage qu'on veut faire exactement de même largeur par tout.

Fig. 117. Pour rendre cette opération plus facile, il n'y a qu'à prendre au contour de l'ellipſe donnée, ou toute autre courbe, pluſieurs points à volonté pour centre 1, 2, 3, &c. deſquels avec l'intervalle donné D*d* pour la largeur, on fera autant d'arcs de cercles, auſquels on menera à la main une courbe tangente *attd*, qui ſera celle qu'on cherche.

Mais il faut obſerver qu'une telle courbe, & toute autre qui n'eſt pas une concentrique ſemblable à la courbe donnée, n'eſt pas convenable aux ceintres qui doivent prendre leur naiſſance ſur un piédroit, parce qu'elle y feroit un jarret en *a* avec le piédroit *ap*, lequel ſera d'autant plus ſenſible & choquant à la vûe, que l'intervalle D*d* ſera grand; car il eſt viſible que les perpendiculaires à la courbe 1 *a*, & A*a* ſe couperont en quelque point comme en *a*; de ſorte que tout l'arrondiſſement de la naiſſance A 1, ſe réduit à la courbe intérieure en un ſeul point *a*, où ces deux perpendiculaires ſe croiſent; par conſéquent puiſque une partie ſemblable s'y trouve de moins, il s'y fera un angle avec le diametre AB, plus aigu que l'angle mixte *a*A 1, qui eſt droit à ſon origine A, ou infiniment peu différent du droit, & égal à celui d'un piédroit perpendiculaire ſur AB; donc l'angle mixte de la courbe *da*, avec le piédroit *ap* perpendiculaire ſur AB, fera un angle différent qui ſera d'autant plus

plus aigu, que l'arc A 1 sera grand, par conséquent un jarret; ce qui est insupportable en Architecture.

COROLLAIRE.

De ce que nous venons de dire, il suit encore que la méthode de ceux qui prennent la mesure de la largeur à l'intervalle des deux courbes sur les diametres de l'ellipse donnée, comme l'enseigne le P. DECHALES, Liv. 5. Prop. 21, est encore très-fautive; car il est visible que si cette distance est, par exemple, D*y* sur D*n*, ou D*u* sur DC, le point *u* s'approche plus de la circonférence que le point *y*, par conséquent l'ellipse ne sera plus équidistante à l'extérieure AD*m*G donnée; de sorte qu'en cet endroit, le bandeau ou archivolte qu'on se propose de faire de même largeur, se trouvera plus étroit. Or la ligne D*n* qui divise l'angle FD*f* en deux également, ne tombe jamais sur les rayons, que lorsque le point D est à l'extrêmité du petit diametre ou axe; car (par la troisieme Prop. du sixiéme Livre d'Euclide,) la ligne qui divise un angle d'un triangle *f*DF en deux également, coupe la base de ce triangle proportionellement aux côtés; mais les rayons ou demi-diametres coupent tous la base *f*F en deux également en C, donc ils ne divisent pas l'angle FD*f* en deux également; nous démontrerons encore d'un autre maniere la fausseté de cette pratique au Chap. VIII. du quatrieme Livre.

Fig. 111.

Alia interior ellipsis non tantùm concentrica, sed *etiam æquali intervallo* distans ab interiori, quæ distantia sumatur secundùm radios à centro procedentes.

REMARQUE.

Quoique le *compas à ovale* soit un assez bon instrument, on peut s'en épargner la façon, & opérer très-juste dans les grands ouvrages en cherchant plusieurs points de la circonférence de l'ellipse qu'on se propose de faire, sur lesquels on appuye une regle pliante fort mince, & d'une épaisseur bien égale, qu'on arrête de chan, ou avec les mains, ou avec des pointes de clouds, comme nous l'avons dit ci-devant, au long de laquelle on peut tracer un contour aussi ferme & aussi net qu'avec aucun instrument; voici d'autres Problêmes pour l'une & l'autre méthode.

PROBLEME VIII.

Les diametres conjugués étant donnés, tracer l'ellipse par plusieurs points, ou par un mouvement continu, sans connoître les axes ni les foyers.

Fig. 115. Soient (*Fig.* 115) les diametres conjugués AB, ED; par le point D, extrêmité du plus grand, on tirera sur AB la perpendiculaire indéfinie FP, sur laquelle on portera la longueur AC, de D en F, d'où l'on tirera au centre C la ligne FC; ensuite du point I, pris à volonté sur CD, on menera une parallele IG à la ligne FP, & une autre IH au diametre AB. Si du point G, où IG coupe FC, pour centre, & pour rayon DF ou AC, on fait un arc de cercle qui coupe IH en H & *h*; je dis que les points H & *h* sont à la circonférence de l'ellipse.

DEMONSTRATION.

Soit pris CL sur AB égale à HI, & menée LH qui sera parallele à CD.

A cause des paralleles IG, PF, on aura CD : DF : : CI : IG, mais DF = GH = AG, par la construction, & CI = LH; & à cause du triangle rectangle HIG, $\overline{IG}^2 = \overline{GH}^2 - \overline{HI}^2 = CA - \overline{CL}^2$ = au rectangle BL × LA (par la cinquieme du deuxieme Livre d'Euclide) donc si au lieu de CI on met son égale LH, & au lieu de DF son égale CA, on aura $\overline{CD}^2 : \overline{LH}^2 : : \overline{CA}^2$: BL × LA : donc le point H est à la circonférence de l'ellipse; *ce qu'il falloit démontrer.*

COROLLAIRE.

D'où il suit qu'on peut décrire une ellipse par un mouvement continu autour de deux axes conjugués sans autre instrument qu'une regle & une fausse équerre, ou deux autres regles qui fassent un angle égal à FCB, trouvé comme nous venons de l'enseigner, & une troisieme percée, suivant les distances P, D, F, pour mettre une cheville en P & en F, assez saillantes pour pouvoir y appuyer les regles FC, & CB; on mettra un crayon au troisieme trou en D, ou une pointe propre à tracer l'ellipse; si l'on fait couler le point F où est la cheville le long de la regle FC, & la cheville P le long de la regle CB, le crayon D tracera le quart de l'ellipse D *h* B; & si l'on en fait de même de l'autre côté de la ligne FC, transportant la regle CB en CA, de même que la regle FP, on tracera l'autre quart d'ellipse AHD, qui fera avec le précédent la demie-ellipse ADB, *ce qu'il falloit faire* par un mouvement continu. Pour ne pas changer la regle CB, il faut la faire longue, en sorte qu'elle excéde les points A & B de chaque côté, de la longueur de DP.

USAGE.

Ce problême peut servir à tracer des arcs rampans, & les projections des faces elliptiques en talud, dont on n'a ordinairement que les diametres conjugués, pour s'épargner la peine d'en chercher les axes; mais on peut le faire par plusieurs points d'une maniere encore plus simple.

SECONDE MANIERE.

Soient les diametres conjugués AB, DE: (*Fig.* 121) ayant mené par le point D la ligne DT, parallele à AB, & par le point C la perpendiculaire CK, qui rencontrera DT au point K, on prolongera cette ligne vers F. Du point C pour centre, & pour rayon CK, on décrira le quart de cercle HK, & du même centre & pour rayon le demi-diametre CB, on décrira un autre quart de cercle FB, que l'on divisera en autant de parties égales ou inégales que l'on voudra, 1, 2, 3, F. Il convient pour la commodité & la promptitude de l'opération qu'elles soient égales, parce qu'il faut diviser l'autre quart de cercle HK, en un même nombre de parties, & si elles étoient inégales, il faudroit qu'elles fussent proportionelles à leurs correspondantes. Par chacune de ces divisions 1, 2, 3, dans l'un & l'autre quart de cercle, on menera des paralleles au diametre CB, comme a a, *b b*, *c c*, dans le quart de cercle HK: & 1 L, 2 M, 3 N, dans le quart de cercle BF; ensuite par les mêmes points 1, 2, 3, du même quart de cercle FB, on menera d'autres lignes 3 *g*, 2 *h*, 1 *i* paralleles à FC, par conséquent perpendiculaires à AB, *Fig.* 121.

lesquelles couperont ce diametre aux points g, h, i; on menera par ces points des lignes gc, hb, ia, paralleles à CD, lesquelles couperont les précédentes a a, bb, aux points a, b, c qui seront à la circonférence de l'ellipse.

Ces points étant trouvés, il sera bien aisé de trouver ceux de l'autre côté du diametre ED; car il n'y aura qu'à porter les longueurs oa, pb, qc, en oa, pb, qc, sur les mêmes lignes a a, bb, cc, de l'autre côté du diametre CD: on aura ainsi plusieurs points à la circonférence de l'ellipse, par lesquels menant une ligne courbe à la main, ou avec une regle pliante, on aura la demie-ellipse, & l'ellipse toute entiere si l'on veut; puisque la moitié CDB est égale à l'autre, qui passeroit par ACE, mais disposée en sens contraire.

DÉMONSTRATION.

A cause des paralleles au diametre AB, & des divisions égales en nombre & proportionelles dans les quarts de cercle HK, & FB, les rayons CK & CF sont divisés proportionellement, de même que les lignes CK & CD le sont aussi entr'elles; donc CD : Cq : : CF : CN; & CD : Cp : : CF : CM; & CD : Co : : CF : CL, mais Cq = gc Cp = hb, & Co = ia: & par la même raison g3 = CN, h2 = CM, & i1 = CL, donc gc : hb : : g3 : h2, c'est-à-dire, que les ordonnées au diametre du cercle, & celles au diametre de l'ellipse sont en même raison
Art. 41. entr'elles; *ce qu'il falloit démontrer.*

PROBLEME. IX.

Allonger ou racourcir les ellipses en telle raison qu'on voudra, en sorte qu'elles soient toujours les sections d'un même cylindre.

Soit (*Fig.* 119) le demi-cercle BFE, la base d'un cylindre
Fig. 119. quelconque; ayant abaissé sur son diametre BE, autant de perpendiculaires que l'on voudra or, or, cF, on joindra l'axe AB, qu'on suppose donné ou pris à volonté, au diametre BE, sous quelque angle que l'on voudra comme ABE, & l'on achevera de former le triangle, en tirant une ligne par les extrêmités A, E; ensuite par tous les points o, o & c, on menera des paralleles à la ligne AE, jusqu'à la rencontre de l'axe AB aux

points *h*, *h*, C, par lesquels on élevera sur AB autant de perpendiculaires indéfinies *hi*, *hi*, CD qu'on fera égales aux ordonnées *or*, *or*, CF, en sorte qu'elles soient terminées aux points *ii* D, par lesquels on fera passer une courbe à la main, ou avec une regle pliante, & l'on aura la circonférence de l'ellipse demandée ; nous n'en mettons ici que la moitié pour rendre la figure plus simple, l'autre moitié étant parfaitement égale. Pl. 10. Fig. 119.

DÉMONSTRATION.

Si l'on suppose le demi-cercle EFB relevé en E*d*B, & la demie-ellipse ADB perpendiculaires au plan du triangle ABE, toutes les perpendiculaires aux diametres EB, AB le seront à ce plan ; donc les distances des sommets correspondans F, D, *r* & *i*, qui sont les mêmes que *d*D, R*i*, seront égales aux distances *ho*, C*c* du plan ABE ; puisque les lignes *or* ou *o*R & *hi*, leur sont perpendiculaires, & que ces mêmes *or* & *hi* sont égales entr'elles ; donc elles formeront autant de parallelogrammes, comme *c*CD*d* ; donc si la figure E*d*BDAE est une moitié de cylindre, la ligne C*c* sera son axe, & D*d* qui lui est parallele, sera son côté, c'est-à-dire à la surface : il en sera de même de toute autre jonction des sommets *i* & *r* ou R, comme *hi*, R*o*, *i*R qui sera parallele & égale à *ho*, laquelle est parallele à C*c* ; donc *i*R sera parallele à l'axe C*c*, & par conséquent à la surface du cylindre ; *ce qu'il falloit démontrer.*

Que la ligne ADB soit une ellipse, nous l'avons fait voir au Problême précédent ; puisqu'à cause des paralleles AE, *ho*, C*c*, les lignes EB, & AB sont divisées proportionellement, & que les ordonnées à ces diametres sont égales entr'elles, & par conséquent proportionelles à celles du cercle, par la construction ; donc la courbe ADB est une ellipse géométrique.

Il est à propos que je rende raison pourquoi j'ajoute ici l'épithete *géométrique* au nom propre de l'ellipse formée par ce Problême ; c'est que DAVILER, fameux Architecte, qui a fort bien écrit sur son Art, étoit assez peu versé en Géométrie pour ne pas connoître l'exactitude de cette opération, s'imaginant apparemment qu'elle produisoit une courbe d'une nouvelle espece ; ce qui lui a donné occasion de lâcher une absurdité, dont j'ai montré le faux au commencement, & en plusieurs endroits de cet Ouvrage, *la sévérité des regles de Géométrie*, (dit-il, pag.

274.) *eſt inférieure à la pratique, comme la méthode des cherches ralongées vaut mieux que les figures géométriques, d'autant qu'en cet Art la pratique eſt préférable à la théorie.* Quelle miſere d'entendre ainſi raiſonner un Auteur, un Maître de l'Art, & ce qui eſt encore plus ſingulier, en appeller au Tribunal d'un *ouvrier*, qui n'eſt qu'un eſpece de ſinge d'un Géometre, dans les traits de la coupe des Pierres dont il parle! *Le meilleur* (dit-il) *eſt de prendre quelque habile ouvrier pour ſe conduire, parce qu'il ſoulage & inſtruit.* Quelle inſtruction peut donner un homme qui n'agit que par mémoire, & par une imitation ſervile de ce qu'il a vû faire à un Maître qui ſouvent étoit auſſi borné que lui, incapable de rendre raiſon de ce qu'il enſeignoit à ſon Diſciple, par conſéquent ſuſceptible d'adopter le faux, comme le vrai? N'eſt-ce pas choiſir un aveugle pour ſe conduire? Car enfin remontons à ces Maîtres; de qui ont-ils pû ſe tranſmettre ces préceptes, que d'un Géometre? Un tel raiſonnement ne vaudroit pas la peine d'être relevé, s'il n'étoit trop commun parmi les Architectes, & oſerois-je le dire parmi les Ingénieurs, où il n'eſt auſſi que trop ordinaire d'entendre exalter le mérite de la ſeule pratique. Il me ſemble ouir ces Chirurgiens qui ſe mêlent de Médecine, décrier les Médecins tant qu'ils peuvent; fiers d'avoir fait quelques cures, par le moyen de quelques remedes qu'ils ont tiré de cette ſcience & appliqué au hazard, ils avancent hardiment que la pratique vaut mieux que toute la théorie de la Faculté: mais revenons à notre ſujet, cette digreſſion m'entraîne au-delà des bornes d'une ſimple remarque.

COROLLAIRE I.

Il eſt évident que ſi au lieu du diametre AB on en avoit pris ou donné un plus petit comme aB, la conſtruction auroit été parfaitement la même; cette ligne auroit été diviſée auſſi proportionnellement à la ligne EB, aux points *l*, *m*, *n*, & a; & en élevant ſur ces points autant de perpendiculaires à aB, égales aux correſpondantes *or*: on aura autant de points à la circonférence d'une ellipſe, qui ſera beaucoup plus courte que la précédente, & qui ſera cependant toute à la ſurface du même cylindre, par la même raiſon.

COROLLAIRE II.

D'où il suit : 1°. Que si l'angle B*c*C est aigu ou obtus, le Cylindre en question sera scalene ; de sorte qu'il pourra arriver que si l'on prenoit un diametre égal à BE qui fit avec C*c* un angle égal à B*c*C, la section sera encore un cercle, comme par exemple E*x*. Fig. 119.

2°. Que si au lieu du demi-cercle EFB, pris pour base d'un cylindre scalene, on avoit le demi-cercle AGB, & que l'on prit le diametre EB pour l'axe d'une ellipse racoucie, on trouveroit par la même construction *cf* égale à la moitié du grand axe de cette ellipse, en portant CG en *cf*, & *h*L en *o*K ; & ainsi de suite pour toutes les ordonnées.

COROLLAIRE III.

Non-seulement on peut transformer ainsi une ellipse en une autre plus ou moins allongée, ou une ellipse en un cercle, qui soit la base d'un même cylindre, mais aussi l'on peut encore transformer une portion moindre que la demie ellipse, ou que le demi-cercle en une autre plus allongée & plus accourcie, en telle raison que l'on voudra, sans qu'il soit nécessaire d'en avoir les diametres, par le seul allongement des abscisses, & la répétition des ordonnées correspondantes.

Soit (*Fig.* 120) un Secteur de cercle BC*e*, ou simplement un arc D*e* qu'il faut convertir en portion d'ellipse *d*E qui soit section d'un même cylindre, dont D*e* est portion de la base. Ayant mené par les extrêmités D & *e* deux lignes droites D a, *e* a qui fassent entr'elles un angle droit ou quelconque en a ; on divisera la ligne a D en autant de parties égales qu'on voudra, comme ici en trois, & l'on menera par les points 2 & 3 des paralleles 2*p*, 3*p* à la ligne a*e* ; ensuite ayant fait à part l'angle *d*AE, égal à l'angle D a*e*, on divisera A*d* en même nombre de parties égales ou proportionelles ; si les divisions de la premiere ligne a D étoient inégales, & par les points 2 & 3 de division de la ligne donnée A*d*, on menera des lignes 2 P, 3 P, paralleles & égales aux précédentes, correspondantes aux mêmes divisions 2*p*, 3*p* ; la ligne courbe qui sera menée par les points EP*p d*, sera la portion *d'ellipse que l'on cherche.* Fig. 120.

Pour sentir la raison de ce Corollaire, il faut achever le cercle, en trouvant le centre C de l'arc donné D*e*, & mener

Fig. 119. & 120. CB parallele à a D, qui coupera les lignes $p\ 2$, $p\ 3$ prolongées aux points f & g.

Présentement, puisque à la Figure 119 nous avons opéré sur les diametres AB, EB; on peut considérer le triangle ABE, comme une section par l'axe du cylindre, dont le rayon CB de la Figure 120 peut représenter une partie de la section de ce plan avec la base B$y$$e$B, & la ligne AD, celle d'un plan parallele à la section par l'axe, lequel retranche des lignes paralleles fp, gp, des parties égales $f\,2$, $g\,3$, non-seulement dans le cercle de la base, mais encore dans l'ellipse de la section; par conséquent, puisque les ordonnées de l'ellipse doivent être égales à celles du cercle de la base du cylindre, si l'on retranche des correspondantes des parties égales, les restes doivent encore être égaux; mais les abscisses, par la construction, sont proportionelles, donc l'arc Ed de la section oblique du cylindre correspond parfaitement à l'arc eD de sa base, *ce qu'il falloit faire.*

USAGE.

Ce Problême est sans contredit le plus utile de tous ceux dont on peut faire usage pour la coupe des pierres; car comme la plûpart des voutes sont des cylindres droits ou scalenes, & coupés obliquement par des différentes rencontres de plans ou de cylindres égaux, ou de bases elliptiques égales, on a continuellement besoin d'allonger ou de racourcir les courbes des ceintres, ce que les ouvriers appellent la *cerche ralongée.*

Quant à l'usage du second Corollaire, il est aussi fréquent en plusieurs rencontres, par exemple pour trouver les joints de tête de la porte en tour ronde, &c. comme on le verra au quatriéme Livre.

De la parabole.

PROBLEME X.

L'axe d'une parabole & un point à sa circonférence étant donnés, la tracer par plusieurs points & par un mouvement continu.

Pl. 11. Fig. 122. Soit (*Fig.* 122) SO 4 l'axe donné, & D le point de la parabole à son contour. Ayant tiré de ce point une perpendiculaire DO sur l'axe SO, on tirera la ligne SD, sur laquelle au point

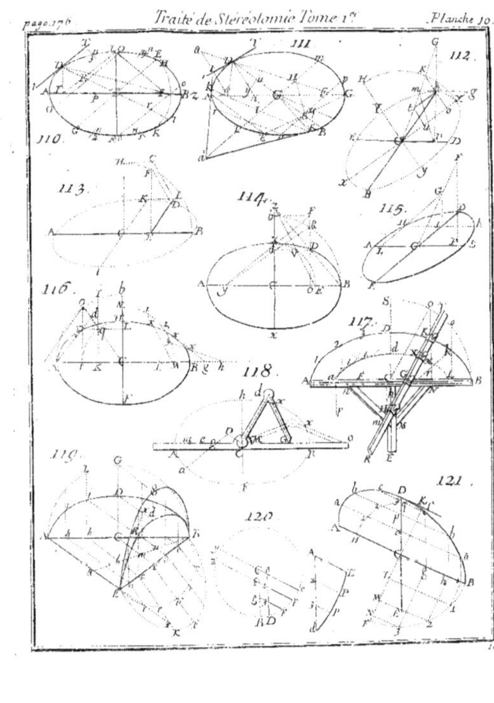
110.
111.
112.
113.
114.
115.
116.
117.
118.
119.
120.
121.

point D, on fera la perpendiculaire D4, qui coupera l'axe SO prolongé au point 4; la longueur O4 sera le parametre de la parabole, qu'on divisera en quatre parties égales, dont on en portera une de part & d'autre du sommet S en F, pour avoir le foyer F, & en G sur l'axe 4 S prolongé pour avoir la directrice H*h*, laquelle est une perpendiculaire à l'axe prolongé d'un quart du parametre au-delà du sommet S, nous en dirons l'usage ci-après. Pl. 11. Fig. 121.

On tirera ensuite autant de perpendiculaires que l'on voudra à l'axe SO, pour avoir la même quantité de points au contour de la courbe comme *i* K, dont les points *i* & *i* sont pris à volonté; ou bien on cherchera le parametre, en prenant au contour de la parabole un point K à volonté, par lequel & par le sommet S, on menera KS *a* indéfinie, puis portant en S *b* la longueur *i*K, on tirera par le point *b* une perpendiculaire à l'axe prolongé, laquelle coupera K *a* au point *a*, la ligne *b a* sera le parametre qu'on cherche, dont le quart porté de S en G, donnera la section de l'axe & de la directrice. Ensuite ouvrant le compas de l'intervalle G *i*, à chaque point *i* en particulier, on posera une des pointes en F, d'où comme centre, on décrira un arc qui coupera en K chaque perpendiculaire en *i* K, pour laquelle on a pris l'intervalle *i* G correspondant; faisant de même pour toutes les lignes, on se servira du même centre F, & par tous les points SKKD on tracera à la main ou avec une regle pliante une courbe qui sera la parabole que l'on cherche; on en fera de même pour l'autre côté SC *d*.

DEMONSTRATION.

La ligne O 4, par la définition du parametre, à la premiere construction, ou *a b* à la seconde, ayant été faite troisieme proportionelle à l'axe SO, & à l'ordonnée OD ou *i* K, est le parametre de la parabole, dont le quart est la distance du sommet S au foyer F & au point G par où passe la directrice.

Or la distance de cette ligne est toujours égale à celle du foyer à l'extrêmité de l'ordonnée, comme il est démontré dans les sections coniques, donc la courbe SKD est une parabole.

Seconde maniere par un mouvement continu.

On prendra un cordeau égal à la distance OG, dont on attachera un bout sur la branche EL, d'une équerre HEL, me-

Pl. 11. Fig. 112. ſurant ſa longueur depuis le point E de ſon angle, & l'autre bout ſera arrêté à un clou au foyer F; enſuite ayant poſé la branche EL ſur l'axe SO, & l'autre branche EH ſur la directrice HA, on y appliquera une regle HR, puis appuyant avec un crayon ou une pointe ſur le cordeau pour le tenir appliqué contre la branche EL, on reculera l'équerre le long de la regle HR, & à meſure qu'on l'écartera de l'axe SO, toujours parallelement à elle-même, le crayon coulant dans le pli du cordeau au point C, tracera la parabole d'un côté de l'axe; on tranſportera enſuite l'équerre pour tracer l'autre moitié du côté oppoſé.

Il eſt évident que cette opération eſt préciſément la même que la précédente, mais exécutée d'une maniere méchanique; puiſque l'on aura par tout CE = CF, comme l'on a eu G*i* = FK, ce qui eſt la propriété de la parabole.

USAGE.

La deſcription de la parabole n'eſt pas d'un fréquent uſage dans la coupe des pierres; elle ſert cependant pour tracer les arcs de face des trompes quarrées par devant dans un angle droit: l'axe qui eſt la ligne du milieu de niveau à l'impoſte eſt donné, & la rencontre du milieu de la trompe avec l'aplomb au bout de cette ligne, eſt le point donné au contour de la parabole.

Elle peut auſſi ſervir à tracer un arc rampant, dont les piédroits ſont en ſurplomb, dans une circonſtance dont nous parlerons dans la ſuite. Elle ſert encore à tracer les jambages des cheminées les plus propres à réflechir la chaleur du feu, comme l'a démontré M. Gauger dans la Méchanique du feu, où il en fait voir l'avantage ſur ceux qui *ſont paralleles* entr'eux.

Comme cette courbe reſſemble ſi fort à la *chaînette*, que quelques Mathématiciens s'y ſont mépris, comme le grand Gallilei, & après lui Blondel, dans ſes Problêmes de l'Architecture, Parent, & le P. Castel dans ſa Mathématique univerſelle; on pourroit s'en ſervir à tracer les ceintres des voutes dont on fait les vouſſoirs égaux. Je crois auſſi avoir lû quelque part, qu'un fameux Architecte ſe ſervoit de la parabole dans les ceintres des lunettes dans un berceau.

Enfin on pourroit faire uſage de ce Problême pour le renflement & la courbure du profil de diminution des colonnes, au lieu des deux manieres usitées : l'axe donné est le diametre de la base, l'abcisse est la différence des deux demi-diametres à la base, & sous le chapiteau, c'est-à-dire, la diminution d'un côté; le sommet est l'extrêmité de ce diametre, & le point à la circonférence est celui de diminution du diametre supérieur, c'est-à-dire, son extrêmité sous l'astragale.

De l'hyperbole.

PROBLEME XI.

Le centre, le sommet & un point au contour de l'hyperbole étant donnés, la décrire par plusieurs points & par un mouvement continu.

SOit le centre C, le sommet S & le point D à la circonférence, la ligne CO menée du centre par le sommet S en O sera l'axe prolongé, auquel la perpendiculaire OD sera une ordonnée. Des points S & D pour centres, & pour rayon une ouverture de compas prise à volonté, on fera des sections d'arcs en *p* & *q*, pour mener par ces points une ligne *p.q*, laquelle étant prolongée, s'il le faut, coupera l'axe CO en V, d'où comme centre & de l'intervalle VS, ou VD, on décrira le demi-cercle SDG qui rencontrera SO prolongée en G: ensuite ayant porté la longueur OG sur la ligne DO prolongée en OH, on lui menera par le point S la parallele indéfinie IST; on prolongera SC en R, faisant CR = CS: on tirera RH qui coupera IT en I; on portera la longueur SI en SK, pour avoir la ligne KR, qu'on divisera en deux également au point M, où sera le centre d'un demi-cercle RTK, dont elle sera le diametre, & dont l'arc coupera la ligne ST en T; puis ayant divisé ST en deux également au point N, on portera la distance CN en CF; le point F sera un des foyers de l'hyperbole, & si on porte la distance SF en R*f*, on aura l'autre foyer. *Fig. 125.*

Cette préparation étant faite, si l'on veut trouver plusieurs points de l'hyperbole avec le compas, d'une ouverture *f* L prise à volonté, pourvû qu'elle soit plus grande que *f* S pour rayon, & du point *f* pour centre, on fera un arc *l* L; ensuite on portera le même intervalle *f l* de R en *o*; par exemple, sur l'axe prolongé, & l'on prendra la différence *o* S de cet intervalle & du premier axe RS, & de cette différence *o* S pour rayon, & du

Pl. 11. Fig. 122. foyer F pour centre, on fera un autre arc xy, qui coupera lE au point x, lequel sera à la circonférence de l'hyperbole : on trouvera de même autant de points que l'on voudra de cette courbe.

Seconde maniere par un mouvement continu.

Ayant pris une regle f E d'une longueur convenable, qui excede la plus grande distance fD du foyer opposé f, au point donné D ; on lui fera un trou au bout f pour y passer un clou, sur lequel elle sera mobile ; on portera sur cette regle la longueur RS du premier axe de f en Q ; ensuite on prendra un cordeau de longueur égale à QD, dont on attachera un bout à l'autre foyer F, puis posant la regle fE sur F o, on étendra le cordeau qui est lâche dans cette situation, en le tirant par un pli de F en S le long de la regle, & en l'écartant par le bout E ; l'autre restant fixe en f, on appuyera sur le pli du cordeau avec un crayon ou une pointe d'outil contre la regle, en le faisant couler vers D, & l'on tracera ainsi l'hyperbole, comme nous l'avons dit de l'ellipse & de la parabole.

DÉMONSTRATION.

On a cherché une troisieme proportionelle OG à l'abscisse OS, & à l'ordonnée OD, pour trouver par son moyen le parametre SI, car HO = OG : SI : : RO : RS ; mais aussi le parametre est troisieme proportionelle au premier axe RS, & au second b Y, donc en cherchant une moyenne proportionelle ST entre SR & SI = SO, on aura b CY qui lui est égale. Or il est démontré dans les sections coniques, que la distance du centre C au point N, milieu de ST, est égale à celle de ce centre au foyer, parce que SN est moyenne proportionelle entre RF & SF, ou ce qui est la même chose, entre fS & SF, comme il est évident par la construction ; donc les points f & F sont les foyers. Il est aussi démontré que la différence des lignes fD, FD, tirées des foyers à un point de l'hyperbole, est égale au premier axe RS ; donc l'hyperbole est décrite par les points S & D ; *ce qu'il falloit faire.*

Il est clair que la seconde opération par un mouvement continu, est précisément la même que la premiere par plusieurs points, puisque l'on y a pris la différence FD du premier axe RS, pour en faire la distance du foyer au crayon D ; ce n'est donc que la même chose faite méchaniquement avec un cordeau, au lieu d'un compas.

COROLLAIRE.

Si les deux axes sont donnés, les foyers se trouvent très-facilement en élevant du point S une perpendiculaire S*d* = CD, & tirant C*d* qui sera la distance du centre C au foyer F, que l'on transporte en F par un arc *d*F sur le premier axe prolongé. *Fig. 124.*

Il faut remarquer que dans l'Architecture où les cones sont presque toujours donnés & le point où la position du plan de leur section dans le triangle par l'axe du cone, les deux axes sont aussi toujours donnés; car (*Fig.* 124) soit ADB le triangle par l'axe, & le plan coupant HSC prolongé; si l'on prolonge aussi le côté BD jusqu'à la rencontre du plan en X, la distance SX est la longueur du premier axe, lequel étant divisé en deux également en C, la ligne CD sera la moitié du second axe; & si par le centre C on tire deux lignes droites CP & CT, paralleles aux côtés DA, DB, on aura aussi les Asymptotes, dont on peut faire usage pour décrire l'hyperbole par plusieurs points. Cependant comme il peut arriver que le triangle par l'axe du cone ne soit pas donné, parce que l'on peut considérer les sections coniques hors du cone, nous allons faire voir comment l'on peut trouver les asymptotes d'une hyperbole, dont on ne connoît que le centre, le sommet & une ordonnée, de même que dans la proposition précédente, ou seulement un diametre & une ordonnée.

PROBLEME XII.

Etant donnés le centre, le sommet & une ordonnée à l'hyperbole, ou seulement un premier diametre & une ordonnée, en trouver les asymptotes & la décrire par plusieurs points.

Soit (*Fig.* 125) le centre C, le sommet S & l'ordonnée DO, on aura l'intervalle CS pour la moitié d'un diametre, dont le double SP sera le diametre entier, auquel (étant prolongé) la ligne DO est une ordonnée qui lui sera perpendiculaire, si ce diametre est un axe. *Fig. 125.*

Par le point S on menera AB parallele indéfinie à DO, & par le point donné D au contour de l'hyperbole, on tirera la ligne DP qui coupera AB en A; on fera SG égal à AS, & par

Fig. 125. le point G ayant mené GR parallele à DO ou AB, on tirera la droite DSR qui coupera GR au point R, la ligne GR sera le parametre que l'on divisera en deux également en M; on portera la longueur GM de S en *h*, & sur *h*C, comme diametre, ayant décrit un demi-cercle, on menera SN perpendiculaire à C*h*, laquelle étant moyenne proportionelle entre le demi-diametre CS, & le demi-parametre GM = S*h*, sera égale à la moitié du diametre conjugué au premier SP: on portera donc la longueur SN en SB, qui est parallele à DO (par la construction) la ligne menée du centre C par le point B, sera une asymptote: la même distance portée de l'autre côté vers A donnera aussi le point par où doit passer l'autre asymptote CE; *ce qu'il falloit premierement trouver.*

Les asymptotes étant données, il est très-facile de trouver autant de points que l'on voudra au contour de l'hyperbole; car ayant fait O*d* égal à l'ordonnée OD prolongée de part & d'autre vers *r* & *r*, on tirera à volonté les lignes *qr*, Q*r* par les points D & *d*, ensuite portant les longueurs D*r*, *dr* de *q* en I, & de Q en *i*, on aura les points *i* & *i* qui sont à l'hyperbole; on tirera autant de ces lignes Q*r* qu'on voudra trouver de points *i*, & par ces points & les points D, S, *d*, on tracera une courbe à la main ou avec une regle pliante, laquelle donnera le contour de *l'hyperbole qu'on cherche.*

On voit, comme au Problême précédent, que si on a la moitié du diametre conjugué, toute l'opération est abrégée, puisqu'il ne s'agit que de la porter de S en B pour avoir le point B de l'asymptote qu'on doit mener par le centre C donné.

La démonstration de ce Problême dépend de quelques propriétés des sections coniques que nous ne pouvons rappeller ici; on les trouvera dans tous les Traités des sections coniques.

La principale est, que les lignes qui traversent les hyperboles d'une asymptote à l'autre, sont coupées également par leurs diametres; & parce que les ordonnées DO & *d*O sont égales, comme dans toutes les sections coniques, les restes D*r* & *dr*, sont aussi égaux; ce qui fait la base de l'opération.

USAGE.

On rencontre assez souvent des hyperboles, lorsqu'il s'agit de faire des voutes ou d'autres corps coniques. La description de cette courbe est nécessaire, 1°. pour faire l'épure de la porte en tour ronde & en talud suivant notre méthode; 2°. pour le trait de la trompe conique à trois pans; 3°. pour la trompe en tour ronde érigée sur une ligne droite; 4°. pour les joints de la corne de vache; 5°. pour les naissances des arrieres-voussures bombées; 6°. pour la nouvelle arriere-voussure de Marseille; 7°. pour les lunettes ébrasées dans une voute sphérique; 8°. pour les arcs rampans dont les piédroits seroient en surplomb dans certains cas; 9°. pour les joints montans des arrondissemens coniques des angles en talud; 10°. pour la solution du Problême qui donne la maniere de tirer les joints de tête des ceintres elliptiques ou hyperboliques par des points donnés hors de ces courbes; 11°. enfin le Problême précédent peut servir si l'on veut au trait de la courbe de diminution & de renflement des colonnes, au lieu de la conchoïde de Nicomede. L'hyperbole selon moi vaudroit mieux pour la grace du contour, parce que si on les diminuoit à la maniere des anciens dès le bas, le fust de la colonne auroit plus de grace étant portion d'hyperboloïde que de cone tronqué; & par la nature de l'hyperbole la partie inférieure de la colonne auroit le plus grand arrondissement qui diminueroit & se redresseroit en montant sous le chapiteau; ce qui auroit une grande analogie avec celui que la nature fait aux arbres, & par conséquent une plus grande beauté, qui est une plus parfaite imitation de la nature.

On auroit donc pour le sommet le côté de la base, pour point à la circonférence de l'hyperbole & pour ordonnée celui de la diminution sous l'astragale du chapiteau, & pour le centre la distance du module ou demi-diametre de la colonne à la base portée sur la prolongation de ce diametre hors de la colonne, ce qui tombe dans le cas du Problême précédent.

De tout ce que l'on vient de dire & de plusieurs autres endroits où nous avons parlé des sections coniques, on peut conclure que ceux qui disent comme LA RUE dans son Traité de la coupe des pierres, que les sections coniques ne sont pas nécessaires dans la pratique, n'en connoissent pas les usages.

SCHOLIE.

Par une construction semblable à celle de ce Problême, on peut décrire au-dehors ou au-dedans d'une section conique quel-

Fig. 127. conque une courbe semblable, dont il suffit d'avoir un seul point donné.

Soit pour exemple (*Fig.* 127) une ellipse donnée PTB, dans laquelle on en veut décrire une asymptotique par un point donné *e*; on tirera à volonté par ce point *e* une ligne 1, 2, qui coupera l'ellipse donnée aux points 1, 2, on portera l'intervalle *e* 1, de 2, en *f*, le point *f* sera un second point de l'ellipse demandée, lequel servira à en trouver un troisieme, en menant par *f* une ligne aussi à volonté *g* 4; on portera l'intervalle 3 *f*, de 4 en *g*, où sera un troisieme point, lequel servira à en trouver un quatrieme *h*, en tirant 5 *g* 6, & portant *g* 5 en 6 *h*, ainsi de suite.

Ce que nous disons ici pour l'ellipse, convient aussi à la parabole & à l'hyperbole; c'est pourquoi M. de LA HIRE a appellé les Figures semblables inscrites ou circonscrites à une section conique avec cette propriété, *asymptotiques*, en ce que l'une peut être considérée à l'égard de l'autre, comme une asymptote courbe, j'explique ce nom que j'adopterai quelques-fois pour éviter les périphrases, parce que j'ai connu un grand Mathématicien qui ne le trouvoit pas à son gré.

PROBLEME XIII.

Par cinq points donnés qui ne soient pas en ligne droite, tracer une section conique quelconque par un mouvement continu, sans en connoître les axes, les diametres, les centres, ni les foyers.

Fig. 126. Soient (*Fig.* 126) les points donnés AB*c*DE, par lesquels on veut faire passer une section conique qui se trouvera suivant leur situation une ellipse, une parabole, ou une hyperbole; dans l'exemple proposé, ils conviennent à une ellipse. Ayant tiré par deux de ces points, comme A, B, une ligne FG, prolongée au-delà des points A & B, on tirera les lignes A*c*, AB, AE, & B*c*, BD, BE: ensuite on prendra avec deux regles, ou avec l'instrument qu'on appelle sauterelle, les angles DAF, DBG, dont on appliquera le côté AD en A*c*, la branche AF se rangera sur A*x*, de même la branche BD de l'autre angle étant portée en BE, l'autre branche BG se rangera en B*c*; on en fera de même des angles BE*h*, BDI, & l'on aura l'intersection des côtés E*h* avec A*x* au point *x*, & *i*, avec BY, au point

point Y. On tirera la ligne droite xY ; enfuite ayant fait avec les mêmes fauterelles ou quatre regles les angles BAD, ABD mobiles fur les points A & B, comme fur des pivots, on fera croifer les deux branches de la fauterelle tout le long de la ligne droite xY, comme par exemple en k, les deux autres branches Ag, Bf fe croiferont en un point comme L, qui fera à la circonférence de la fection conique ; on continuera de même en promenant la croifée de k tout le long de xY ; mais lorfque les branches Bf, Ag feront au-deffous de B & A du côté de la ligne xY, il faudra en prolonger l'alignement par une regle appliquée au long de Ag ou de Bf.

La démonftration de cette conftruction eft un peu trop longue pour lui donner place ici : il fuffira de dire qu'il eft démontré dans les Traités des fections coniques, qu'on peut en faire paffer plufieurs différentes par quatre points donnés, mais non pas par cinq ; or fuppofant (comme il eft vrai) que ce mouvement organique ne peut produire qu'une courbe du fecond ordre, fi les points fe trouvent difpofés pour une ellipfe, il n'y en aura qu'une qui fatisfaffe à la propofition. On peut voir fur cela le fçavant Livre de M. *Mac-laurin*, intitulé *Geometria Organica*.

PROBLEME XIV.

Deux touchantes avec les points d'attouchement à une fection conique, & la direction d'un feul diametre étant donnés, trouver autant de points que l'on voudra de cette courbe, fans connoître le centre de la fection, ni la grandeur d'aucun diametre.

Soient les deux touchantes données AD, DB (*Fig.* 129) qui touchent la fection conique cherchée aux points A & B ; foit auffi la ligne AP, portion d'un diametre dont on n'a pas la longueur mais feulement la pofition, c'eft-à-dire l'angle DAP, qu'il fait avec la touchante AD ; ayant tiré la droite AB d'un point d'attouchement à l'autre, on la divifera en deux également en F, par où l'on tirera la ligne droite DFC indéfinie, qui fera portion d'un diametre fur lequel on cherche un point de la courbe. *Fig.* 129.

On fçait que fi la fection eft une parabole, cette ligne DC fera parallele à AP, autre pofition de diametre donnée : fi elle doit être une ellipfe, les lignes AP & DC feront convergentes

Pl. 11. Fig. 129. vers C; & si elle doit être une hyperbole, elles seront divergentes, & concourront hors de la courbe.

Par le point F on tirera FG parallele à AP qui coupera AD au point G, & l'on divisera GD en deux également en I; par le point G on menera GH perpendiculaire à AD, puis du point I pour centre & de l'intervalle IA pour rayon, on fera un arc H*h* qui coupera GH au point H: ensuite on menera A*d* parallele à DC, on fera AK égale si l'on veut à GH, ou l'on en prendra une partie aliquote, comme la moitié, le tiers, ou le quart, ou on la fera plus grande, & l'on fera A*d* égal à AD, ou à la même partie aliquote que AK l'est de GH, & l'on tirera par le point D la ligne *d*E, jusqu'à la rencontre de AB prolongée s'il le faut en E, par où l'on tirera EK qui coupera DC au point *x*, lequel sera un de ceux de la courbe.

Pour avoir ensuite un autre point de cette courbe, on menera par le point *x* une ligne *ab* parallele à AB, & l'on fera la même opération sur les lignes A*a*, & *ax*, & B*b* & *bx* qui seront deux tangentes données, qu'on a fait ci-devant sur les deux AD, DB, & l'on aura deux autres tangentes, dont une sera toujours une partie de AD; & ainsi de suite jusqu'à ce qu'on ait cinq points de la courbe pour la tracer par un mouvement continu, par le Problême XIII, ou que les points trouvés soient multipliés & approchés autant qu'on le souhaite, pour la tracer exactement à la main ou à la regle pliante.

DÉMONSTRATION.

Il est démontré dans les sections coniques, qu'un diametre, lequel étant prolongé, passe par la rencontre de deux tangentes, coupe en deux parties égales la ligne qui passe par les deux points d'attouchement; & par conséquent toutes celles qui lui sont paralleles; & par l'inverse, que si l'on divise une ligne qui passe par les points d'attouchement de deux autres en deux également, & que de leur rencontre & par le milieu de cette ligne on en mene une autre prolongée, elle passera par le centre de la section conique si elle en a un; or par la construction nous avons coupé AB en deux parties égales en F; donc la ligne DFC est un diametre.

Voyez la Hire l. 2. p. 39.

Nous avons aussi dit, Article 46, que la partie de ce diametre coupée par la ligne AB, qui joint les points d'attouchement, celle qui eſt coupée par la courbe de la ſection, c'eſt-à-dire, le demi-diametre de celles qui ont des centres, & l'intervalle du centre au concours des deux tangentes, ſont contiuuellement proportionelles; donc ſuppoſant ce centre en C, qui ſera dans cette propoſition (ſi l'on veut) hors de la Figure 129, il ſera toujours vrai que CF : C *x* : : C *x* : CD, & que AP & DC doivent coucourir au centre de la ſection, ſi elle en a un; mais parce que l'on a fait HG moyenne proportionelle entre AG & GD, ſi l'on porte GH en AI, la ligne I *x* ſera parallele à AP, comme FG l'eſt à AP (par la conſtruction). Préſentement, à cauſe des trois lignes CF, C *x*, CD qui ſont en proportion continue, ou des trois AG, AI, AD, on aura CF : C *x* : : F *x* : *x* D, ou : : AG : AI, c'eſt-à-dire : : AK : A *d* (par la conſtruction;) donc à cauſe des paralleles A *d* & FD, on a F *x* : *x* D : : AK : K *d* : : CF : F *x* : : C *x* : CD; donc le point *x* eſt à la ſection, puiſqu'il coupe FD de maniere que C *x* eſt une moyenne proportionelle entre CF & CD; *ce qu'il falloit démontrer.* Fig. 129.

Nous avons dit que ſi CD eſt parallele à AP, la ſection ſera une parabole; alors le point G tombera en D, & AI deviendra la même que AD, d'où il ſuit qu'il ſuffit de diviſer FD en deux également en *z* pour avoir ce point à la parabole; ce qui ſe trouveroit auſſi par la premiere conſtruction, parce que AK & K *d* ſeroient égales, & par conſéquent F *x* & *x* D qui leur ſont paralleles dans le triangle ADE.

Si les lignes DC & AP concourent au-dehors, la conſtruction ſera toujours la même, mais renverſée; telle eſt l'hyperbole à l'égard de l'ellipſe.

USAGE.

Cette propoſition peut ſervir dans l'arrondiſſement des angles des figures irrégulieres, par exemple, pour une cage d'eſcalier dans un angle aigu ou obtus, dont on prend la naiſſance à des points donnés par la convenance du lieu : elle peut auſſi ſervir pour les arcs rampans où l'on a trois tangentes & trois points d'attouchement donnés; mais pour ceux-ci, nous donnerons le Problême ſuivant.

PROBLEME XV.

Trois tangentes à une section conique & leur point d'attouchement étant donnés, trouver celle des sections qui doit les toucher, & les lignes nécessaires pour la décrire.

Premierement, on peut facilement connoître la nature de la section conique demandée par les observations suivantes.

Fig. 131. 1°. Si deux de ces tangentes sont paralleles, comme AS, BO la section ne peut être qu'un cercle ou une ellipse, parce qu'il n'y a que ces deux qui rentrent en elles-mêmes : elle sera un
* Fig. 130. cercle si les tangentes *p c*, *c* T * sont égales de même que T *i* & *i r*, & une ellipse, si elles sont inégales, comme *p* E, EF *
* Fig. 131. & RS, ST, &c.

2°. Si deux de ces tangentes n'étant pas paralleles, concourent en X (*Fig.* 127) du côté opposé au troisieme point d'attouchement T donné, comme PA, RB, la section demandée sera encore une ellipse par la même raison, ou un cercle.

3°. Si les deux tangentes extrêmes AS, BO étant prolongées, concourent du côté du troisieme point d'attouchement T donné, & que la tangente moyenne soit parallele à la ligne
Fig. 128. RP (*Fig.* 128) qui passe par les points d'attouchement P & R des extrêmes, comme SO parallele à RP; il sera encore facile de connoître quelle est la courbe qui satisfait à la question.

Ayant divisé RP en deux également en *m*, on tirera *m*X qu'on divisera en deux également en T.

1°. Si la tangente moyenne SO passe par ce point T, la courbe demandée sera une parabole.

2°. Si cette ligne passe au-dessous comme en E *l*, elle sera une ellipse.

3°. Si elle passe au-dessus du côté de X, comme en *h y*, elle sera une hyperbole.

* Fig. 132. 4°. * Si la tangente moyenne SO n'est pas parallele à RP, qui passe par les deux points d'attouchement des extrêmes, on connoîtra encore facilement quelle est la section qui satisfait à la proposition; car ayant prolongé RP & SO, jusqu'à ce qu'elles concourent en Y, il ne s'agit que d'examiner le rapport des parties des lignes SY & PX, si SY : SO :: XO : OP, la courbe sera une parabole; si le rapport de SY à YO, est moindre que

celui de XO à OP, elle ſera une ellipſe; s'il eſt plus grand, elle ſera une hyperbole.

Premiere ſolution pour la parabole. Ayant diviſé RP en deux également en M, & tiré MX qui coupera SO en T, on lui menera par les points P & R, les paralleles PQ, RV juſqu'à la rencontre de SO prolongée, qui les coupera aux points V & Q; on diviſera enſuite les lignes TX, PQ, RV en un même nombre de parties égales, par exemple ici en trois, à commencer le compte des diviſions vers la ligne SO; les lignes menées par les points correſpondans 1 & 1, 2 & 2, ſe couperont en des points *y* & *z*, Y & Z qui ſeront à la circonférence de la parabole; ainſi menant une ligne à la main, ou avec une regle pliante par les points R*zy* TYZP, on aura le contour de la ſection qui touche les trois lignes données. Fig. 133.

Seconde ſolution pour l'ellipſe & l'hyperbole. Par les points d'attouchement donnés RTP, ayant tiré les lignes RT, PT (*Fig.* 134) on les diviſera en deux également en N & *n*, par où & par les points S & O, on menera les lignes NS, *n* O, leſquelles étant prolongées, ſe couperont au point C, où ſera le centre de la ſection, par le moyen duquel on a déja un diametre en portant CT en C*t* ſur la même ligne prolongée; ainſi la queſtion ſera réduite à celle-ci: *un diametre & une ordonnée à ce diametre étant données, trouver ſon parametre, & autant de points que l'on voudra de la ſection.* Fig. 134.

Par les points P & *t* ayant mené VP*t*, qui coupera SO prolongée en V; on portera VT en TD ſur le diametre T*t* prolongé (*Fig.* 134.) & ſur la prolongation, on menera D 3 parallele à SO, qui ſera terminée au point 3 par la droite PT 3; par ce point, on menera 3 Q parallele & égale à DT, & l'on diviſera les longueurs 3 Q & TV en même nombre de parties égales, par leſquelles & par le point T on menera les lignes 1 T*y*, 2 T*z*, & du point *t* par les diviſions de TV, les droites *ty*, *tz*, qui couperont les précédentes aux points *y* & *z*, & qui ſeront à la circonférence de l'ellipſe (*Fig.* 134) ou de l'hyperbole (*Fig.* 135) ſi par les points *y* & *z*, on mene des paralleles *yf*, *zf* à SO, qui couperont le diametre T*t*, (*Fig.* 134, ou ſa prolongation (*Fig.* 135 en *e* & *g*, & qu'on faſſe *ef* = *ey*, *g*F = *g*P, (*Fig.* 134) ou *g*R = *g*E (*Fig.* 135) on aura les points *t*, *f* & *f* correſpondans à ceux de l'autre côté de la courbe, & on pourra la tracer à la main ou avec une regle pliante; *ce qu'il falloit faire.* Fig. 134. & 135.

DÉMONSTRATION.

Fig. 134. *Premierement*, pour l'invention du centre de la section. Puisque les lignes RT & TP qui joignent les points d'attouchement sont divisées en deux également en N & n, & que les lignes NS & n O passent par la rencontre * des tangentes; elles sont dans la direction des diametres, par conséquent chacune d'elles passera par le centre qui sera au point C qui leur est commun, & le point T étant à la circonférence, la ligne menée par CT sera encore un diametre égal à $2\,CT = Tt$, par la construction; & parce que SO tangente passe par T, toute ligne comme gP qui lui sera parallele, sera une ordonnée à ce diametre, par le moyen de laquelle on a trouvé son parametre, qui doit être une troisieme proportionelle au premier Tt, & au second inconnu qu'on suppose ici pour la facilité de la démonstration égal EI (*Fig.* 134).

Art. 50. Voyez la Hire l. 2. p. 19. L'Hôpital Art. 20.

Ayant mené tI jusqu'en SO prolongée en u, & ayant fait comme dans la construction $TW = Tu$, W 4 parallele à SO, & tiré T 4, la ligne W 4 sera le parametre du diametre tT; car si l'on appelle tT, $2a$; CI, b; Tu, d; 4 W, x; à cause des triangles semblables Ttu, CtI, on aura $2a : d :: a : b$, & à cause de $TW = Tu$, & des triangles semblables T 4 W, TIC, on aura $a : d :: b : x$, donc en multipliant ces deux analogies, on aura $2aa : dd :: ab : bx$, & $2aabx = ddab$, & retranchant de part & d'autre ab: on aura $2ax = dd$, c'est-à-dire que le rectangle de $2a = Tt$ par $x = 4W$, sera égal au quarré de $dd = 2\,CI = EI$, donc 4 W est le parametre qui est égal pour toutes les ordonnées gP, ez, ey au diametre Tt, auquel il est troisieme proportionelle; *ce qu'il falloit démontrer.*

COROLLAIRE.

De-là on tire la maniere de connoître quelle est la section qui convient aux trois tangentes données; car si les lignes qui passent par les rencontres des tangentes & les milieux des lignes qui joignent les points d'attouchement, concourent en-dedans, comme à la Fig. 134, la section est une ellipse: si elle concourt en-dehors, *Fig.* 135 c'est une hyperbole, & si elles ne concourent point, qu'elles soient paralleles, c'est une parabole, *Fig.* 133.

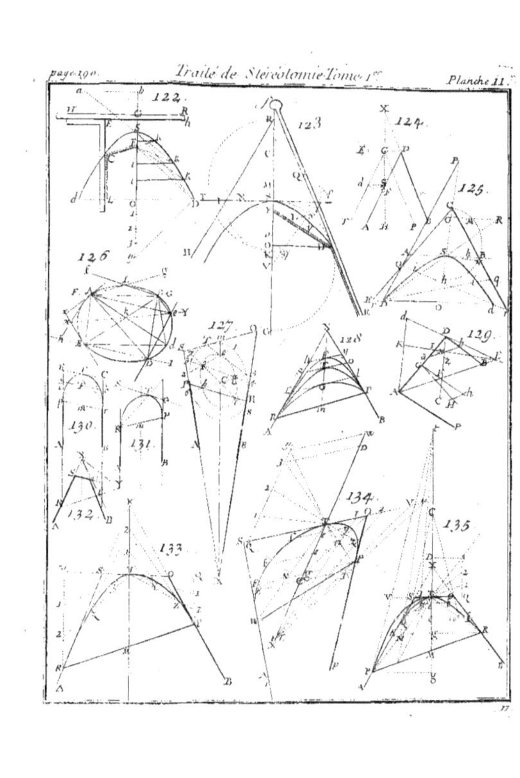

CHAPITRE III.

De la description de quelques courbes usuelles dans l'Architecture, lesquelles ne sont pas des sections coniques.

PROBLEME XVI.

Tracer une ovale du quatrieme ordre formée par la section plane d'un corps cylindrique, annullaire, horisontal ou rampant, c'est-à-dire, helicoïde.

SOit (planche 13. *Fig.* 149) la moitié d'un corps cylindrique annulaire DIGF *g i*, dont les côtés *i* DI extérieur, & *g* FG intérieur, sont des cercles concentriques au centre C, & dont l'axe courbe est dans le même plan que ces deux cercles. Soit un autre plan perpendiculaire à celui-ci qui coupe le corps annullaire suivant la ligne AB; il faut décrire la courbe formée à la surface de ce corps par la section du plan. PL. 13. Fig. 149.

Sur *i g*, diametre du corps cylindrique, ayant fait le demi-cercle *i h g*, qui représente la moitié de sa base; on divisera ce diametre *i g* en autant de parties que l'on voudra avoir de points de la courbe pour sa moitié, jusqu'à une ligne CD, qui sera prise pour rayon du cercle extérieur, & perpendiculairement sur i I; par les points de division 1, 2, 3, 4, on fera du même point C pour centre autant d'arcs concentriques, prenant successivement pour rayons de ces arcs C 1, C 2, C 3, C 4, & terminant ces arcs à la ligne AB par où passe le plan coupant aux points K, L, M, par lesquels on élevera autant de perpendiculaires indéfinies sur AB, & pour en déterminer la hauteur, on élevera de même sur le diametre *i g* autant de perpendiculaires par les points 1, 2, 3, 4, lesquelles couperont le demi-cercle *i h g* aux points *s*, *t*, *h*, *u*, *x*; ensuite portant les longueurs 1 *s* en K *k*, 2 *t* en L *l*, 3 *u* en M *m*, & 4 *x* en EÆ; on aura les points *k l m* Æ, par lesquels on fera passer une courbe tracée à la main, ou avec une regle pliante. On portera les ordonnées correspondantes de l'autre côté de CD en N *n*, O *o*, P *p*, & on aura tout un côté de cette ovale depuis son axe AB, auquel l'autre sera égal, si l'on a besoin de le tracer: ce que

Pl. 13. Fig. 149. nous n'avons pas fait dans cette Figure pour ne la rendre pas trop confuse.

A l'égard du milieu où est le plus grand abaissement de l'inflexion, il sera trouvé par l'arc tangent à la ligne AB qui est ici 4 E, & sa hauteur 4 *x* portée en EÆ.

COROLLAIRE I.

Si le plan coupant approche plus près du point F que la ligne AB, l'inflexion au milieu sera plus grande; de sorte que si le plan coupant passe par F au point d'attouchement du cercle *g* FG, qui est le côté intérieur de l'anneau, la courbe se divise en deux, & le point Æ tombe sur le point F, parce que le point *g* correspondant de la base *ihg* est dans le même plan que le point F, par conséquent l'ordonnée EÆ, se réduit à rien. Si au contraire le plan coupant AB, toujours perpendiculaire à CD, passe par le point T milieu de FD l'inflexion de la courbe cessera vers son milieu où elle sera très-peu courbe & presque droite; & au contraire à mesure que le plan AB s'approchera de D, toujours perpendiculairement à CD, la courbe deviendra de plus en plus courbe vers son milieu, & ressemblera fort à une ellipse, ce que l'on peut facilement concevoir par la transposition des ordonnées 1 *f*, 2 *t*, *c h*, qui vont en s'élevant, & qui se rapprochent à mesure que le plan coupant s'approche de D, & parce que l'ordonnée 4 *x* qui s'abaisse à l'égard de *c h* n'a plus lieu, lorsque le plan coupant passe en T, ou en-deçà vers D, de même que l'ordonnée 3 *u* n'a plus lieu, lorsque le plan coupant AB est plus près de D que le point 3 de la base *ihg*, n'est éloignée du point *i*, & ainsi des autres.

COROLLAIRE II.

Il est évident que si le corps annullaire est fort épais à l'égard du vuide de son milieu *g* FG, la section sera plus sensiblement pliée dans la partie intérieure, c'est-à-dire quand la section se fait au-dedans de T, & plus arrondie en-dehors.

A l'égard de la seconde partie de ce Problême qui concerne la courbe faite par la section d'un corps annullaire, dont l'axe n'est pas dans un même plan, mais élevé en hélice tournante autour d'un axe, comme le lierre autour d'un arbre; nous avons dit

dit qu'elle étoit la même que la précédente, avec cette seule différence que ses ordonnées K*k*, L*l*, M*m* sous la Figure 149, ne font pas un angle droit avec leur axe a*b*, mais un angle aigu aK*k*, aL*l*, &c. lesquelles cependant seront toujours paralleles entr'elles, & inclinées à leur axe suivant le même angle. Pl. XIII. Fig. 149.

Ainsi pour tracer la courbe du corps cylindrique hélicoïde coupé par un plan parallele à l'axe de l'hélice; on commencera par tracer la section d'un corps annullaire horisontal, de même demi-diametre de révolution CD, & de même diametre de base *i g* : ensuite ayant fait une ligne *a b* qui représente la section du plan vertical AB, avec l'horisontal *a b* on élevera au point *a*, une ligne *a*a perpendiculaire à *a b*, & d'une longueur *a* a, qui sera déterminée par l'élévation de l'hélice sur l'horison au point où le plan vertical coupe le côté extérieur montant du corps cylindrique hélicoïde ; & de ce point a de hauteur donnée, on tirera la ligne a*b* inclinée, qui sera l'axe de la section qu'on cherche ; il ne s'agit donc plus que de diviser cet axe en même raison que l'axe AB du corps annullaire est divisé, pour cela il n'y a qu'à en transporter les divisions des abscisses sur l'horisontale *a b*, ou (si on les met sur le même axe ED, ensorte que AB soit parallele à *a b*) on ne fera qu'abaisser des paralleles à ED, par les divisions KLME, &c. lesquelles couperont l'axe incliné a*b*, en des points KLME, &c. sur lesquels on portera les ordonnées de la base *ihg*, aux points correspondans aux nombres 1, 2, 3, 4, comme l'on a fait ci-devant, & comme la Figure 149 le fait voir très-sensiblement.

La seconde différence qu'il y a de cette courbe à celle du corps annullaire, est qu'elle n'est pas uniforme à chaque moitié le long de son axe a*b*, à cause de l'obliquité de ses ordonnées ; elle est plus arrondie vers *a* du côté de l'angle aigu, que vers *b* du côté de l'angle obtus, la raison en est claire ; car quoique toutes ces ordonnées soient paralleles, les distances de leurs sommets ne sont pas égales ; en effet si l'on tire des lignes droites des points a & *b*, aux points *k* & P, quoique les côtés a K & p*b* soient égaux, de même que K*k* & P*p* ; il est évident, par la Géométrie élémentaire, que dans les triangles *p b* P, a*k*K, qui ont deux côtés égaux qui comprennent des angles différents, la base opposée à l'angle obtus sera plus grande que celle de l'angle aigu.

DÉMONSTRATION.

Si l'on suppose un plan passant par l'axe du corps annullaire cylindrique, & sur ce plan plusieurs cylindres d'inégale grandeur, mais concentriques au centre C, & dont l'axe commun soit perpendiculaire au même plan *i* DIC, les sections de leurs surfaces coupées par ce plan feront autant de cercles concentriques; & si l'on suppose un second plan AÆB perpendiculaire au premier, & coupant le corps annullaire & les cylindres, il fera dans chaque cylindre un parallelogramme dont les côtés seront perpendiculaires au plan *i* DIC, comme K*k*, L*l*, M*m*, &c. & chacun de ces côtés aura une partie commune à l'ordonnée du cercle qui seroit fait par la section C*i*, CK, ou CD, d'un troisieme plan coupant le corps cylindrique perpendiculairement à celui qui passe par son axe courbe, par le centre C, & l'origine de chaque ordonnée K, L, M, E, &c. comme C*y*, lequel feroit pour section un demi-cercle égal à *ihg*, que nous prenons pour base de ce corps; donc tous les points *klm*Æ, &c. sont au contour de la courbe, *ce qu'il falloit faire.*

Nous avons dit au Livre I. de quel usage étoit cette courbe dans les voutes sur le noyau & la vis St. Giles (*Fig.* 152) on en verra l'application au trait de ces voutes, au Livre IV; voilà à peu près toutes les sections des corps, dont nous devons connoître les courbes.

Des courbes formées par les sections du coin-conoïde.

Ce seroit ici le lieu de donner la maniere de tracer les courbes qui se forment dans le coin-conoïde lorsqu'il est coupé par des plans en différentes positions à l'égard de son axe; mais comme il y en a de circulaires & d'elliptiques dont nous avons suffisamment parlé ci-devant, & qu'afin de donner une plus parfaite connoissance de celles qui sont particulieres à ce corps, nous en avons mêlé la théorie avec la pratique, dans l'addition que nous avons faite au premier Livre de cette nouvelle Edition, on pourra y avoir recours pour les décrire par plusieurs points trouvés de deux manieres, ou par le calcul, ou simplement avec la regle & le compas.

De la ſpirale.

QUoique la ſpirale ne ſoit pas une ſection de ces corps réguliers qui ſont le principal objet de notre Stéréotomie, elle eſt cependant une ſection de ceux que la nature produit, & que l'Architecture imite en pluſieurs rencontres, tels ſont certains coquillages, & quelques cornes d'animaux : par cette raiſon nous avons cru devoir lui donner place dans la deſcription des courbes uſuelles pour la conſtruction & la décoration des édifices.

Il n'y a pas de courbe dans la Géométrie qui puiſſe être ſujette à plus de variété que la ſprirale ; M. VARIGNON dans un Mémoire inſéré dans ceux de l'Académie des Sciences en a fait voir différentes générations, qui peuvent être pouſſées à l'infini ; nous qui n'en voulons qu'à la pratique, nous nous contenterons d'en donner les premiers principes.

PROBLEME XVII.

Tracer la ſpirale la plus ſimple & la plus uniforme, qu'on appelle la ſpirale d'Archimede.

Du centre C (*Fig.* 136) & de l'intervalle CA pour rayon pris à volonté pour celui d'une révolution entiere de la ſpirale ; ayant décrit un cercle A, 3, 6, 9, A, on en diviſera la circonférence en autant de parties qu'on voudra avoir de points au contour de la ſpirale ; on la diviſe commodément en 12 comme dans cette Figure, parce qu'en portant ſix fois le rayon à la circonférence du cercle, on n'a plus qu'à diviſer en deux chaque ſixieme, & tirer les diametres A 6, 9, 3, &c. on peut multiplier cette diviſion autant que l'on voudra, pour avoir la courbe plus exactement. Enſuite on diviſera le rayon CA en autant de parties qu'on a diviſé la circonférence, pour trouver par leur moyen ſur chaque différente poſition du rayon AC, la longueur du rayon de la courbe, laquelle partant du point A, s'approche continuellement de ſon centre C ; ou ce qui eſt encore mieux, ſi l'on veut la conſidérer autrement, partant du centre C, s'en

PL. 12. *Fig.* 136.

écarte continuellement, en tournant autour de ce centre à l'infini, si l'on veut.

Du centre C, & pour rayon l'intervalle C 1, partie de CA, on décrira l'arc 1 *a*, lequel coupant le rayon C *a* 1, de la premiere division de la circonférence A 1, donnera le point *a* au contour de la spirale; ensuite du même centre, & d'un intervalle plus petit d'une division C 2; on décrira entre les rayons C *a* 1, C *b* 2, l'arc 2 *b* qui donnera le point *b* sur le rayon C *b* 2. On continuera de même pour trouver les autres points *c*, *d*, *e*, *f*, *g*, *h*, &c. en diminuant toujours le rayon d'une douzieme partie, jusqu'à ce qu'on ait parcouru toute la valeur du cercle A 3 6 9 A, & alors on aura une révolution entiere de la spirale, qui revient au rayon AC, d'où elle étoit partie.

Le cercle qui enferme la premiere révolution s'appelle *cercle circonscrit*, & celui qui répond à plusieurs, ou qui est au-dehors ou au-dedans du point A, s'appelle *cercle de révolution*, & les arcs 1 *a*, 2 *b*, 3 *c*, *arcs de révolution*.

COROLLAIRE I.

Il suit par cette génération que les parties du rayon AC, sont essentiellement proportionelles aux arcs de révolution, ou ce qui est la même chose, à ceux du cercle circonscrit; de sorte que si le rayon AC en parcourt la vingt-quatrieme ou trente-sixieme partie, ce rayon diminuera ou augmentera pour chaque arc de révolution d'une vingt-quatrieme ou trente-sixieme partie, &c.

COROLLAIRE II.

Il suit encore que lorsqu'on veut avoir plus d'une révolution, par exemple une & demi, ou deux & un quart; il faut diviser le rayon AC, que nous supposons toujours pris à volonté, en un nombre de parties convenables à ce dessein, par exemple pour une & demi, dans la supposition de la division de celle du cercle en douze, on divisera le rayon en dix-huit parties, & pour deux & un quart en vingt-sept, & alors on aura plus d'un point de la spirale sur chaque rayon du cercle de révolution; on tracera enfin d'un point à un autre, une ligne courbe, à la main, ou avec une regle pliante, & l'on aura la spirale qu'on demande si on la veut réguliere; mais parce qu'on veut quelquefois en allonger ou raccourcir le contour suivant les différents effets qu'on se propose; nous dirons comment on peut le varier. Pl. 12. Fig. 140.

COROLLAIRE III.

Si après avoir tracé une spirale comme en *Acfi*C du côté droit, on retrace la même tournée du côté gauche, comme la ponctuée *Akfl*C, qui croise la précédente en *f*, partant de la même origine A, & aboutissant au même centre C; il se formera un entrelas, dont le milieu a la figure d'un cœur C*ifl*C, qui peut servir aux ornemens des grilles de fer contourné, & autres ouvrages de pareille nature, qui ont été fort à la mode dans les roses des vitraux de l'Architecture Gothique.

PROBLEME XVIII.

Allonger ou racourcir le contour de la spirale, en telle raison que l'on voudra.

L'on peut résoudre ce Problême d'une infinité de manieres; car on peut faire les rayons des arcs de révolution dans le rapport des ordonnées de telles abscisses de courbe que l'on voudra choisir, & les arcs de révolution dans le rapport de leurs ordonnées; ce qui rend ce Problême très-général. On peut aussi sans varier les arcs de révolution, les faire tous d'un nombe égal de degrés, & varier seulement les rayons de ces arcs en telle raison que l'on voudra, comme dans celle des tangentes ou des secantes, ou des puissances, comme des racines, des quarrés, des cubes, &c. Les Architectes se servent dans leur volute Ionique du rapport des tangentes: j'en vais donner un exemple, où l'on peut augmenter l'inégalité des divisions en élevant le rayon à diviser AC, (*Fig.* 137) au-dessus du point P, où est l'angle droit du sinus total RP, par exemple en C (*Fig.* 138).

Soit donc le rayon donné AC pour le plus grand de la spirale (*Fig.* 137) dont on veut que le contour se resserre plus que la spirale réguliere, à mesure qu'elle approche du centre C, & à laquelle on veut faire faire deux révolutions. Ayant transporté ce rayon en aC, (*Fig.* 138) & ayant pris à volonté le point R, en sorte qu'ayant mené à ce point une ligne CR, elle fasse avec Fig. 137 & 138.

Fig. 137. & 138. a C, un angle obtus a CR, on tirera a R, & du point R pour centre & pour rayon RC, on fera l'arc CD qui coupera DR au point D; on divisera cet arc en vingt-quatre parties pour deux révolutions, & par chaque division, & par le centre R, on tirera autant de lignes jusqu'à la rencontre de a C, qui donneront vingt-quatre divisions inégales diminuant vers le point C; on portera ces divisions sur le rayon AC (*Fig.* 137) où l'on les marquera par des chiffres, pour éviter la confusion, & on opérera sur ce rayon de la même maniere qu'au Problême précédent; ce qui donnera une spirale, telle qu'on la voit à la Figure 137.

COROLLAIRE.

De-là on tire la maniere de faire une spirale dans une autre pour lui servir de compagne, qui forme avec elle une côte élevée, ou une creusée en canal, comme aux volutes des chapiteaux des colonnes de certains Ordres d'Architecture, en sorte qu'elles se resserrent plus ou moins au gré de l'Architecte, quoique partant si l'on veut d'un même point D, elles viennent aboutir au même centre C par différents chemins; ainsi la spirale D*i*KL*mn*C se rapproche plus de sa compagne A 3 6 9 12 C que la spirale DEFGHC, quoique l'une & l'autre partent du même point D, & arrivent au même centre C.

Fig. 137. & 139. Soit (*Fig.* 139) la ligne A 12, égale à la distance donnée de la premiere révolution à la seconde, & dans cet intervalle un point D à volonté pris pour la naissance de la spirale intérieure, que l'on placera aussi sur le rayon AC de la Fig. 137; on fera 12 S perpendiculaire & égale à 12 A, puis on tirera SD & SA: sur S 12, on portera tous les intervalles de la premiere spirale pris sur les rayons tirés du centre C, C...

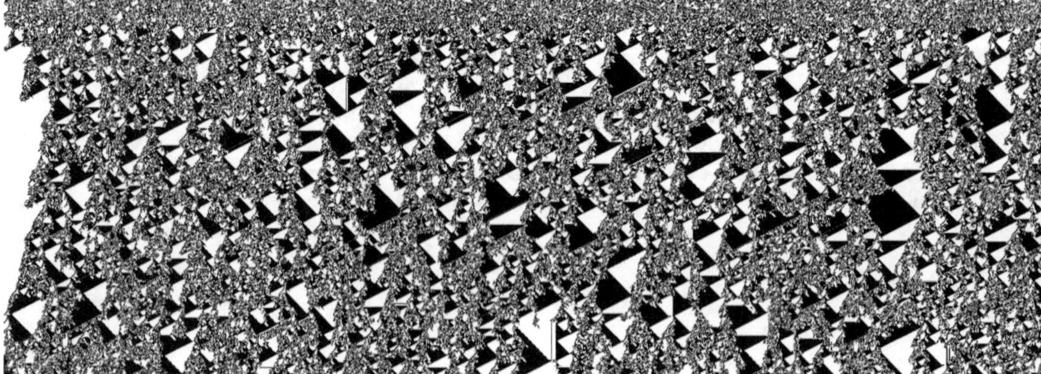

on auroit eu une compagne de la ſpirale, qui auroit commencé & fini au même point que la précédente, mais qui n'auroit pas ſuivi la diſtance proportionnelle triangulaire.

On peut non-ſeulement changer les longueurs des rayons, mais encore le rapport des arcs de révolution, ce qui peut fournir le moyen de faire une infinité de ſpirales, toujours différentes; car on peut faire ce rapport égal à celui des ordonnées d'une courbe quelconque Géométrique ou Méchanique, comme l'a imaginé M. VARIGNON, qui nous a ouvert le chemin à des variations infinies de ſpirales, où il s'en trouve d'un contour très-agréable: je vais donner un exemple de celles qu'il appelle *paraboliques verticocentrales*, c'eſt-à-dire, qui ont leur ſommet au centre de la ſpirale, choiſiſſant la plus ſimple, qui eſt celle qu'on tire du cercle; il ſera aiſé d'en faire l'application à l'ellipſe, aux autres ſections coniques, ou à telle courbe qu'on voudra.

Spirale circulaire, ou elliptique, ou parabolique, &c.

Soit, (*Fig.* 140) la ligne AX priſe pour l'axe d'une ſpirale, dont la courbe génératrice eſt un quart de cercle CLR: ſoit AC, le plus grand rayon de la ſpirale, & le point C pour ſon centre, la ligne AC ſera priſe pour l'axe de la courbe qu'on choiſit pour *génératrice*, laquelle eſt ici un cercle dont elle ſera le rayon, & le point A le centre: l'axe de la ſpirale AX, ſon centre C, & la courbe génératrice C 6 R étant donnés, on ſe déterminera au nombre de révolutions qu'on veut qu'elle faſſe, & l'on prendra une ligne conſtante ST, qui ſoit contenue dans la plus grande ordonnée RA de la courbe génératrice RLC, autant de fois que l'on veut de révolutions completes ou incompletes: nous la ſuppoſerons dans cet exemple contenue deux fois & demi dans RA, pour avoir deux tours & demi de la ſpirale; enſuite il faudra toujours faire cette analogie. *Fig.* 140.

Comme la ligne conſtante ST,

Eſt à l'ordonnée variable de la courbe génératrice,

Ainſi le cercle de révolution 12, 9, 6, 3,

Sera à l'arc de révolution au premier tour, ou au cercle de révolution, plus à un arc de ſeconde révolution donné.

A l'arc de révolution cherché; ſi la courbe génératrice eſt une

Pl. 12. Fig. 136. ellipse, une parabole, ou une hyperbole, &c. la spirale s'appellera *elliptique, parabolique, ou hyperbolique, &c.*

Pour s'épargner le calcul de cette analogie, on divisera la ligne donnée ST en autant de parties égales qu'on voudra, pour servir d'échelle propre à connoître le rapport de cette constante avec les ordonnées du cercle tirées par des points de l'axe AC, qui seront pris pour les termes des rayons des arcs de révolution, comme C 1^a, C 2^a, C 3^a, C 4^a, &c. lesquels termes seront aussi ceux des abscisses de cet axe AX; supposant dans cet exemple la ligne ST divisée en 12, & le cercle de révolution 12, 9, 6, 3, aussi en 12, ou si l'on veut en 360 degrés, dont 30 répondront à une division de ST; on divisera l'ordonnée AR en 30 parties égales pour deux révolutions & demi, & par ces divisions *bcde*F, &c. on menera des perpendiculaires à l'ordonnée AR, ou ce qui est la même chose des paralleles à l'axe AC, qui couperont la courbe génératrice ALC aux points 1, 2, 3, 4, 5, 6, par lesquels on menera des perpendiculaires à l'axe AC, qu'elles couperont aux points 1^a, 2^a, 3^a, 4^a, 5^a, 6^a; ensuite par chacun de ces points, & du point C pour centre, on décrira des arcs de révolution proportionnés à la partie de la constante ST, par exemple pour la premiere, l'arc 1^a, 1^r de 30 degrés; 2^a, 2^r, de 60 degrés; 3^a, 3^r, de 90 degrés; 4^a, 4^r, de 120 degrés, & ainsi de suite; ce qui se fait facilement en divisant le cercle en 12, & augmentant d'une douzieme de sa circonférence à la rencontre du rayon auquel elle doit se terminer; comme on le voit dans la Figure aux points 1^r, 2^r, 3^r, 4^r, 5^r, &c; par tous ces points trouvés, on tracera une courbe à la main, ou avec une regle pliante, & l'on aura une spirale, telle qu'on se la propose pour le nombre des révolutions: nous donnerons même le moyen de fixer les intervalles des révolutions, comme on le jugera à propos.

Nous ferons remarquer auparavant qu'on peut trouver les rayons des arcs de révolution d'une autre maniere; on transportera les divisions de la ligne ST sur CO ^{r}, perpendiculaire à CA, par exemple en 6, 7, 8, 9, 10, d'où tirant des paralleles à CA, qui couperont la courbe génératrice aux points *fghikl*, on aura des longueurs 6*f*, 7*g*, 8*h*, 9*i*, 10*k*, &c. qui seront celles des abscisses, qu'on doit prendre pour rayons des arcs de la seconde révolution BDSV, prenant celle-ci pour exemple

exemple en partie seulement; ainsi *cu* sera égal à CV, 90 *s*, à CS; & CD à 60 *d*, &c &, sans prendre la peine de faire des arcs de révolution, il ne s'agit que de porter ces parties sur les rayons qui leur conviennent, c'est-à-dire, les correspondans au nombre des divisions de la constante plus ou moins, une ou plusieurs révolutions, comme L 3r, donnera le point B sur CA, *l*3 sur C 11r, *k* 10 sur C 10r, *i* 9 sur C 9r, *h* 8 sur C 8r, &c.

PL. 12. Fig. 140.

COROLLAIRE I.

D'où l'on tire le moyen de *fixer la premiere révolution de la spirale, à telle distance que l'on veut du centre C, sur l'axe AC*: car si l'on veut, par exemple, qu'elle commence en B, on menera par ce point B la ligne BL perpendiculaire à l'axe AC, jusqu'à ce qu'elle rencontre la courbe génératrice en L, par où menant LS parallele à l'axe AC, qui coupera l'ordonnée RA au point S, la distance SR sera la longueur de la ligne constante qui est ici égale à ST, laquelle a toujours un certain rapport avec la circonférence du cercle de révolution 12, 3, 6, 9; mais ce point B étant une fois déterminé, on n'est plus le maître de changer les autres révolutions; elles se trouvent réglées par le rapport des parties de la constante SR trouvée avec les arcs de révolution.

COROLLAIRE II.

L'inverse du Corollaire précédent est claire à la seule inspection de la Figure; car si l'on veut connoître à quel point de l'axe AC se terminera la premiere révolution, il n'y a qu'à tirer par le point S, extrêmité de la constante ST, posée de R en S, une ligne SL parallele à l'axe, jusqu'à ce qu'elle coupe la courbe génératrice en L; & par ce point L, mener la perpendiculaire LB au même axe, laquelle donnera le point B que l'on cherche : si la ligne ST est contenue plusieurs fois dans AC, on trouvera de même tous les points de révolution sur l'axe.

COROLLAIRE III.

Il suit naturellement de cette construction : 1°. Que si au lieu du cercle on avoit pris un quart d'ellipse pour courbe génératrice, & qu'on eut mis à la place de RA, la moitié de son

Pl. 12. Fig. 140. grand ou de son petit axe, on auroit allongé ou resserré la spirale : 2°. Que plus la ligne ST sera contenue de fois dans AR, plus la spirale sera arrondie, & au contraire ; par où l'on voit que cette construction, indépendamment du changement qui provient de la courbe génétratrice qu'on peut choisir, donne une grande facilité de se contenter sur son contour plus ou moins redoublé : au lieu de poser le sommet de la courbe génératrice au centre de la spirale, on peut la mettre dans une situation différente, mais alors la spirale qui en résultera, ne sera plus du nombre de celles qu'on appelle *vertico-centrales* dont nous parlons : je vais donner un exemple d'un autre espece que M. Varignon appelle *co-centrales.*

Fig. 141. Soit (*Fig.* 141) la courbe HYP, une hyperbole équilatere, dont AC & C 24 sont les asymptotes, lesquelles font un angle droit en C, où je pose le centre de la spirale, & par conséquent celui du cercle de révolution DEFG, que je fais d'une ouverture de compas prise à volonté, & dont je divise la circonférence en tel nombre de parties que je veux avoir de points de la spirale à chaque révolution : par exemple en douze. Ensuite ayant pris aussi à volonté une ligne constante, par exemple CG, je la divise aussi en douze parties égales, c'est-à-dire en un même nombre que la circonférence du cercle de révolution, & par chacune de ces parties, je mene des paralleles à une des asymptotes AC, que je prends pour l'axe AX de la spirale ; & parce que cette premiere parallele rencontre l'hyperbole hors de cet axe en H, je commence aussi ma spirale au point 1 *r*, éloigné de l'axe AX d'une douzieme partie de la révolution A 1 *r* du point 2, où la seconde division de la constante CG, donne le point 2 ; je fais un arc 2, 2 *r* de deux douziemes de la révolution, qui me donne le point 2 *r*, & ainsi de suite, comme aux spirales paraboliques verticocentrales ; mais enfin parce que l'hyperbole HYP, ne parvient jamais à son asymptote CG, cette spirale ne fera que tourner autour du centre C, dont elle approchera toujours à chaque révolution, sans pouvoir jamais y arriver.

Je ne m'arrêterai pas aux différences des positions des courbes génératrices, qui croisent l'axe de la spirale ; je dirai seulement qu'alors il se forme deux spirales, une d'un côté, l'autre de l'autre de cet axe, lesquelles sont égales & tournées en sens contraire, comme nous l'avons dit de la spirale d'Archimede,

(*Fig.* 136) si les deux parties de la courbe génératrice sont égales; mais si elles sont inégales, il est clair que la figure de cœur qui en résulte deviendra irréguliere, un côté étant plus ou moins enflé que l'autre; ce qui n'est d'aucun usage pour les ornemens d'Architecture. C'est pourquoi je passe sur les variétés infinies qui en peuvent résulter, les exemples que je viens de donner étant suffisans pour exercer les Architectes & les Artistes qui ont des ornemens à tracer dans des agréables variations de contour de spirales.

J'avertirai seulement; 1°. Que si la courbe génératrice se ferme du côté de l'axe de la spirale, comme si l'on prenoit un demi-cercle ou une demie-ellipse au lieu de leur quart, la spirale ne continueroit pas à tourner du même sens, depuis la plus grande ordonnée; mais elle se rebrousseroit & reviendroit en quelque façon sur ses pas, ayant sa concavité tournée du même côté.

2°. Que si l'on prend pour courbe génératrice une hyperbole équilatere co-centrique, c'est-à-dire, dont le centre soit le même que celui de la spirale, celle qui en sera engendrée, n'aura ni commencement ni fin; c'est-à-dire, qu'elle commencera à une distance infinie de son centre, & n'arrivera jamais à ce centre, & cependant que lui donnant un commencement, elle coupera son axe après la premiere révolution; ce qui est une suite des propriétés des asymptotes, qui approchent à l'infini de l'hyperbole sans pouvoir y arriver, comme nous venons de le dire.

3°. Que si l'on prend pour courbe génératrice une courbe logarithmique, au lieu de l'hyperbole, la spirale qui en sera engendrée aura un commencement & n'aura point de fin; ou si elle a une fin, elle n'aura point de commencement, selon que l'on mettra son asymptote sur l'axe, ou perpendiculairement à l'axe de la spirale.

On peut faire la même chose par le moyen de l'hyperbole, en mettant le centre de la spirale, non au centre de l'hyperbole, mais sur une de ses asymptotes à quelque distance de ce centre; ce qui fournit un moyen très-commode pour tracer une infinité de volutes qu'on peut faire venir d'un point éloigné du centre & de l'axe, & les faire finir au milieu par un *œil* circulaire, comme font les Architectes à la volute Ionique, parce que l'on peut sauver plus délicatement le jarret qui se fait à la jonction de la spirale & de cet *œil*, si elle est de la nature de celles qui tournent autour de leur centre sans y arriver; par la même raison, on fait aussi plus parfaitement la jonction de la branche droite du limon avec *la volute ou limaçon* qui le termine au bas des escaliers les plus à la mode.

On peut encore changer toutes sortes de spirales en les élargissant ou en les resserrant de telle maniere que l'on voudra, par le moyen de la réduction des quarreaux changés en parallelogrammes & même en trapezes; si on vouloit la resserrer d'un côté plus que de l'autre, supposant par exemple que suivant un dessein que je me propose, je trouve la spirale ALBVC (*Fig.* 140) trop ouverte sur son diametre 2r C 8, je n'ai qu'à faire des parallelogrammes resserrés suivant cette condition, comme on voit à la
Fig. 142. Fig. 142, & tracer sur l'original des quarrés en même nombre, ce que l'on n'a pas fait ici pour éviter la confusion, parce que tous les Dessinateurs sçavent réduire au quarreau du petit au grand, & qu'il n'y a ici d'autre différence que celle de la figure des quarreaux qui sont quarrés dans l'original & oblongs dans la réduction; ce qui fait une figure dissemblable, mais cependant encore proportionnelle en un sens.

USAGE.

La spirale est une courbe dont on fait usage en Architecture en plusieurs sortes d'ouvrages; premierement elle est très-fréquente dans les ornemens de serrurerie & de sculpture; on l'employe pour les volutes des chapiteaux Ioniques & Composites en petit, & en grand dans les amortissemens de différentes pieces d'Architecture, particulierement pour les consoles & les terminaisons des contreforts ou piliers butans qu'on éleve pour arcbouter les voutes des nefs & des dômes des Eglises, comme on en voit en quatre différens endroits au-dehors du Val-de-Grace à Paris, & dans toutes les Eglises modernes, tant en Italie qu'ailleurs. Les Architectes qui ont du goût pour tracer l'ornement, leur donnent des contours tâtonnés en renflant ou en resserrant chaque partie, selon qu'ils trouvent que l'œil est plus ou moins satisfait: s'ils avoient connoissance des secours de la Géométrie, je ne doute point qu'ils ne réussissent beaucoup mieux dans la grace du contour, lequel étant intrinséquement régulier, se présente par toutes ses parties avec une

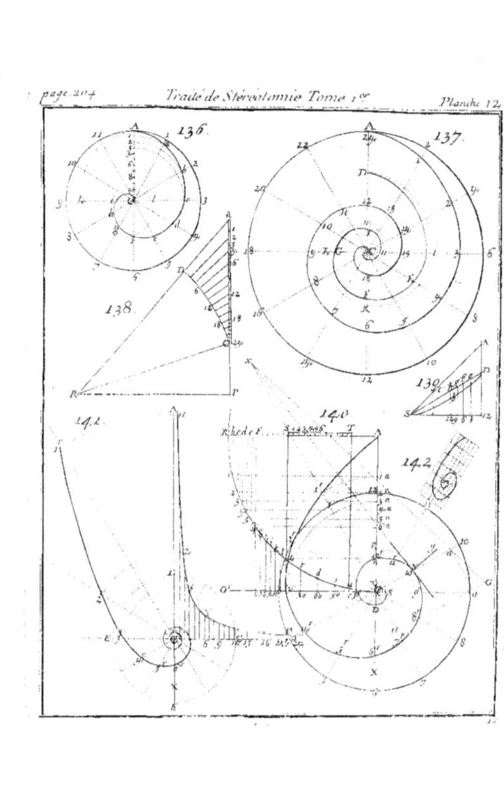
page.204
Traité de Stéréotomie Tome 1er
Planche 12.
136.
137.
138.
139.
140
141.
142.

uniformité qui ne contente pas moins l'esprit que les yeux ; ce que l'on ne peut se flatter de faire par le seul tâtonnement.

Enfin la spirale est une courbe nécessaire pour former la base des enroulemens qui s'élevent en limace, comme sont ceux que l'on fait aux extrêmités des limons des escaliers, que les ouvriers appellent *limaçons* : la *circulaire*, telle que nous venons de la donner à la Figure, convient mieux à l'évasement des premieres marches, & à la jonction du limon droit que la spirale d'Archimede, ou la volute des Architectes, comme j'en ai fait l'expérience chez moi où je l'ai employée, & celle qui est hyperbolique co-centrale encore mieux; nous donnerons ci-après la maniere d'en tracer les joints.

Des arcs rampans.

EN termes d'Architecture les lignes qui ne sont ni verticales ni horisontales, mais inclinées à l'horison, sont appellées *rampantes*, & les arcs dont les naissances ne sont pas de niveau entr'elles, l'une étant plus basse que l'autre, sont appellés *arcs rampans*, tels sont les *arcs-droits* des descentes biaises, dont les naissances du ceintre de face sont de niveau, & les arcades pratiquées au-dessous des rampes des terrasses ou des escaliers.

Pour expliquer géométriquement & plus généralement la signification de ce terme à l'égard des lignes courbes, on peut dire que toutes celles dont les ordonnées ne sont pas perpendiculaires à un diametre vertical, lorsqu'elles sont paralleles à la ligne qui passe par les naissances de l'arc, sont des courbes rampantes & *des arcs rampans*.

Il est bon de faire remarquer ici que les appareilleurs appellent particulierement *courbe rampante*, celle du limon de la *vis-à-jour* ; mais nous ne croyons pas devoir ici nous priver d'une expression générale pour nous conformer à un langage si peu respectable.

PROBLEME.

Changer en arc rampant un arc de cercle, ou d'une courbe quelconque.

Soit donné (*Fig.* 143) l'arc de cercle AHB qu'on suppose Fig. 143.

Pl. 13. Fig. 143. ici un demi-cercle, quoiqu'il puisse être un segment plus ou moins grand; sur le milieu C de la corde AB, on élevera une perpendiculaire indéfinie C *h*, à laquelle on menera deux paralleles par les extrêmités A & B; ensuite on prendra sur C *h* un point *c* à volonté pour le sommet d'un angle C *c b* qu'on fera égal au complement de l'inclinaison qu'on veut donner à la rampe avec une ligne de niveau *b* N, & l'on tirera la ligne *a b* qui sera terminée par les paralleles indéfinies A *a*, B *b*, dont les intersections en *a* & *b* donneront les points des naissances haute & basse de l'arc rampant qu'on se propose de faire.

Ensuite ayant tiré à volonté plusieurs paralleles OO, *i i*, DF à la corde AB, qui couperont CH aux points *r*, G, *e*; on portera les abscisses C *r*, CG, C *e* & CH, en *c* R, *c g*, *c* E, & *c h*: & par les points R *g* E, on menera des paralleles à *a b*, sur lesquelles on portera de part & d'autres les longueurs *r* O, G *i*, *e* D du demi-cercle qui donneront les points *o*, I, *f*, *h*, *d*, &c. par lesquels on tracera à la main, ou avec une regle pliante le contour de l'arc rampant *a h b*, qu'on demande.

On peut faire la même chose d'une autre maniere, en menant à volonté (*Fig.* 144) autant de paralleles que l'on voudra à la ligne C *h*, prolongées indéfiniment, & portant sur chacune de ces paralleles, comme *o* R, & *o* D, les longueurs O *r* & O *d* comprises dans le segment de cercle donné, en OR & OD, au-dessus de la ligne inclinée *a b*, & l'on aura autant de points que l'on voudra *a* R *h* D *b* de l'arc rampant demandé, qui est, comme l'on voit, une portion d'ellipse.

Fig. 144.

Second exemple pour toute autre courbe que le cercle.

Fig. 145. Soit (*Fig.* 145) une spirale DBHL *c* que l'on veut faire ramper en tout ou en partie; ayant pris pour axe la verticale AB, qui passe par le centre de la spirale, à laquelle les Architectes ont donné le nom de *cathete*; on lui menera à volonté autant de perpendiculaires qu'on voudra avoir de points de la spirale rampante, comme DA, EH, FN, GI, &c. que l'on prolongera jusqu'à ce qu'elles rencontrent une autre ligne *a b*, parallele à AB & distante à volonté, qu'elles couperont aux points *a h l k b*: ensuite on fera l'angle *h k i* égal au complement de l'inclinaison que l'on veut donner à la rampe, pour déterminer la position d'une des ordonnées *k i*, à laquelle on menera des paralleles indéfinies par les points trouvés *ahlk*, comme *ad*, *he*, *ln*, *co*, *kg*, fur lefquelles on portera les longueurs des ordonnées à l'axe AB, comme AD en *ad*, HE en *he*, LF en *lf*, &c. fuivant leur ordre ; & l'on aura les points *defgbinhmlc*, par lefquels on tracera à la main une fpirale, qui eft celle qu'on demande. Fig. 145.

Troifieme exemple, pour les Figures mêlées de différentes courbes, par exemple (*Fig.* 146) un contour de baluftre droit qu'on veut rendre rampant pour porter un appui de rampe d'efcalier. Fig. 146.

Ayant mené des perpendiculaires à l'axe AB, c'eft-à-dire, à la ligne du milieu du baluftre droit, jufqu'à la rencontre d'une parallele CD, pofée à diftance prife à volonté, on menera par tous les points de rencontre autant de lignes inclinées à CD, fuivant la pente de la rampe donnée, ou déterminée par la fituation des lieux, qui couperont une troifiéme parallele *ab* prife pour l'axe du baluftre rampant à diftance prife à volonté, en des points correfpondans aux divifions du baluftre droit, qui feront les milieux des diftances des côtés du baluftre rampant, comme on vient de le dire pour la fpirale dans l'exemple précédent ; ce que la Fig. 146 expofe fenfiblement à la vûe.

USAGE.

Ce Problême & particulierement les deux derniers exemples, font la bafe de la pratique de tous les ornemens de bois, de pierre, ou de fer que l'on met aux appuis des rampes des efcaliers ; car ayant commencé par tracer régulierement les baluftres, guillochis & enroulemens de rinceaux & autres deffeins, tels qu'on les veut dans une fituation horifontale, on en ralonge les parties inférieures, & on racourcit les fupérieures dans une fi jufte proportion, que l'œil n'eft point choqué de ce changement ; & bien loin de caufer de la difformité dans les contours des ornemens, il femble au contraire qu'il y furvient une variété agréable à la vûe.

Il peut auffi fervir pour les ceintres des arcades & voutes rampantes, lorfqu'on n'a aucune fujettion de hauteur ou de direction de piédroit ; parce qu'alors il n'y a qu'à changer l'arc circulaire en rampant ; mais à caufe des différences qui peuvent y furvenir, nous devons y pourvoir par un Problême général.

Des courbes qui conviennent à ces ſortes de voutes & d'arcades qu'on appelle Arcs-rampans.

NOus avons parlé au Problême précédent de la tranſmutation des courbes dont les ordonnées ſont horiſontales en courbes inclinées à l'horiſon; il s'agit à préſent de trouver le moyen de faire paſſer une courbe par certains points donnés, qui ſont ceux des impoſtes & des clefs des arcs rampans, avec cette circonſtance qu'elle ſoit touchée par les lignes droites qui paſſent par ces points, leſquelles doivent auſſi être données de poſition ou de direction.

Les lignes qui doivent toucher les arcs rampans, ſont premierement les deux *piédroits* ou *jambages* qui portent l'arcade; leſquels peuvent avoir trois ſituations différentes, 1°. ou verticale, lorſqu'ils ſont *à plomb*, en termes de l'Art; 2°. ou inclinés en *ſurplomb*; 3°. ou inclinés en *talud*.

Secondement, une ligne réelle ou imaginaire qui termine la hauteur de l'arc rampant, laquelle peut auſſi être horiſontale, ou inclinée à l'horiſon.

La ſituation la plus ordinaire des piédroits eſt la verticale; cependant quelquefois, pour plus de ſolidité, on leur donne du talud, & quelquefois auſſi, pour mieux buter & appuyer une voute ou un mur, on les fait en ſurplomb; ce cas eſt plus rare dans la pratique que le précédent, car on ne fait plus guere d'arcs-boutans comme dans l'Architecture Gothique; les Modernes tâchent de cacher la néceſſité de ces eſpeces de contreforts par des moyens plus agréables à la vûe, comme ſont des groupes de colonnes, ou des conſoles renverſées.

La ſituation la plus naturelle à la termination de la hauteur d'un arc rampant, ſemble être une ligne horiſontale; en effet il peut toujours être terminé par une telle ligne, qui devroit être appellée la ligne de *ſommité*; cependant on appelle ainſi toute ligne donnée qui traverſe les piédroits prolongés, & qui doit toucher la courbe de l'arc rampant.

Outre ces trois lignes eſſentielles aux arcs rampans, qu'elles doivent toucher, on en conſidere une quatrieme, qui joint leurs points d'attouchement aux piédroits qu'elle coupe, leſquels ne ſont

ſont pas de niveau, par la nature de cette eſpece d'arc ; on l'appelle *la ligne de rampe*.

Les différences de poſition de ces quatre lignes; ſçavoir, des deux piédroits, de la ligne de ſommité & de la ligne de rampe, font toute la difficulté & la variété des cas où il faut chercher les courbes convenables.

Il eſt évident à tous ceux qui ſçavent un peu de Géométrie, qu'on peut trouver une infinité de courbes qui peuvent toucher les trois premieres lignes droites dans tous les cas, ou du moins dans pluſieurs de ceux qu'on peut propoſer; mais on ſe borne en Architecture à celles des ſections coniques qui ſont les plus connues, pour éviter les difficultés que les autres entraînent avec elles, ou dans leur conſtruction, ou dans la maniere de leur mener des tangentes en certaines circonſtances marquées.

Pour moi je trouve qu'à cette difficulté près les ſpirales de M. VARIGNON, donnent un contour de ceintre autant & plus agréable à la vûe que celui des ſections coniques qu'on peut employer pour un arc rampant : je pourrois parler auſſi de la ſpirale d'ARCHIMEDE ; mais on ne peut pas la varier autant que celles-là. Or cette difficulté n'eſt pas petite, ſi l'on vouloit opérer géométriquement ; on peut même dire qu'elle eſt inſurmontable, car ARCHIMEDE a démontré que la ſous-tangente de la ſpirale étoit égale à la circonférence du cercle de révolution ; d'où il ſuit que ſi l'on pouvoit lui tirer une tangente, on auroit trouvé la quadrature du cercle. Cependant ſuppoſant la rectification de la circonférence du cercle, qu'on connoît ſuffiſamment pour ne pas trouver d'erreur dans la pratique ; on peut mener des tangentes à cette ſpirale, comme nous le dirons ci-après.

On demandera s'il eſt de néceſſité indiſpenſable que la courbe du ceintre de l'arc rampant touche les deux piédroits, & pourquoi ?

A cela je réponds, ce que j'ai déja dit ailleurs, que puiſque l'arc doit être une continuation du piédroit, il doit ſe faire une tranſition inſenſible de la ligne droite du piédroit à la courbe de l'arc rampant ; or l'alliance de la ligne courbe avec la droite, ne peut ſe faire qu'au point de l'attouchement, où l'angle qu'elles font enſemble eſt infiniment grand, par conſéquent imperceptible à la vûe, puiſqu'il differe infiniment peu de la ligne droite, l'œil ne peut être trompé que par cet artifice; toute autre jonction ailleurs qu'au point d'attouchement devient difforme & choque la vûe: l'Architecte de la Chapelle de Versailles n'a pas senti ce défaut, lorsqu'il a fait des arcs rampans sous les arcboutans au-dessus des bas-côtés; car leur jonction au grand mur est un bon pli bien marqué; c'est un arc coupé & appliqué contre ce mur sans art & sans naissance naturelle, sur un piédroit, ou sur un dosseret.

Le plus grand sujet de variation des arcs rampans vient de la ligne de sommité, qu'il est au choix de l'Architecte d'approcher ou d'éloigner des impostes de l'arc, & de lui donner telle direction & inclinaison qu'il juge à propos, suivant le dessein qu'il se propose, & l'égard qu'il a à la situation des lieux, comme lorsque l'arc rampant doit soutenir un pallier, ou se terminer sous un plinte de niveau, la ligne de sommité devient horisontale. Quelquefois il convient de donner à cette ligne une direction parallele à celle de la ligne de rampe, comme lorsque l'arc rampant soutient une seconde rampe égale & parallele à la premiere, quelquefois plus ou moins inclinée; si cette seconde rampe, ou un plinte ou corniche au-dessus est inclinée plus ou moins; dans ces deux dernier cas, le point d'attouchement de la ligne appellée de sommité, n'est pas au sommet de la courbe; je veux dire à l'endroit le plus élevé, comme les Figures 148 & 150 le font voir: puisque ce point est variable, il s'agit de le trouver, lorsqu'on a déterminé la distance & l'inclinaison de la ligne de sommité.

PROBLEME XX.

La direction des piédroits, la ligne de rampe, & celle de sommité d'un arc rampant étant donnés, décrire la section conique qui doit lui servir de ceintre.

Ou en termes Géométriques.

Trois lignes inclinées entr'elles qui doivent toucher une section conique, dont les points d'attouchement des deux extrêmes sont donnés, trouver celui de la moyenne, & les lignes nécessaires pour décrire cette courbe.

Soient les piédroits AR, BP (*Fig.* 147, 148, 150, 151) la

ligne de rampe RP, la ligne de sommité SO: Premierement, si les piédroits AR, BP sont paralleles entr'eux, aussi-bien que les lignes de rampe RP, & de sommité SO; * il est clair que le point d'attouchement de cette derniere est donné au milieu de SO au point T, parce qu'en ce cas la section qui satisfait au Problême est une ellipse, comme nous l'avons dit ci-devant, & que la ligne Tt qui passera par le milieu de RP, sera un diametre conjugué à la ligne de rampe où sera le centre C, parce que BP & SO étant des tangentes, les lignes qui leur sont paralleles, & qui passent par le centre C, sont des diamertes conjugués; cela ne souffre point de difficulté.

* *Fig.* 147.

Dans tous les autres cas où les lignes de rampe & de sommité ne sont pas paralleles; quoique les piédroits soient paralleles entr'eux, ou ne le soient pas; on trouvera le point T, où la courbe doit toucher la ligne de sommité, comme il suit.

Fig. 148. 150, 134, & 151.

Ayant prolongé les lignes RP & SO données jusqu'à ce qu'elles concourent en Y; par le point S on menera une parallele DE à OR, si les piédroits ne sont pas paralleles, comme aux Figures 150 & 151, laquelle ne sera qu'un piédroit prolongé, s'ils sont paralleles, comme à la Figure 148, elle coupera RY en D; ensuite ayant porté DS en SE, ou Figure 148, PS en SE, on tirera ER qui coupera SO au point T, où sera celui d'attouchement que l'on cherche.

Ce point étant trouvé: 1°. Il sera facile de décrire la section conique qui doit toucher les trois lignes AO, OS, SB aux points R, T, P, par le Problême XIV.

2°. On pourra aussi la décrire par le Problême XIII, parce qu'on a cinq points donnés; si elle est une ellipse ou une hyperbole, dont le centre soit dans l'étendue du plan où on veut la décrire; car menant des paralleles à SO par les points donnés à la circonférence P & R qui couperont le diametre Tt en V & u: si on fait $Vp = PV$, $ur = uR$, $qC = Cu$, & qu'on meme par q une parallele à SO, sur laquelle on prenne qn, $qN = uR$, ur & $Ct = CT$, on aura déja huit points de l'ellipse.

Fig. 150.

3°. Supposant que le centre se trouve loin hors de l'étendue de la surface, sur laquelle on veut la décrire; on pourra en trouver autant de points que l'on voudra par le Problême XV, car on a deux tangentes, & la position d'un, & même de deux diametres Sm & OM, qui passent par les points S & m, O & M, supposant PT & TR divisés en deux également en m & M.

Fig. 150. 4°. On peut par ce moyen trouver les diametres conjugués ; car puisque T t est donné, en faisant C t = CT, que son conjugué doit passer par le point C trouvé, comme au Problême XV, & parallelement à SO, il ne s'agit plus que de trouver sa longueur de part & d'autre du point C ; ce que l'on peut faire par le Problême IV, puisqu'on a une & même deux ordonnées au diametre t T ; sçavoir Ru & Pu, ou par un autre méthode que voici.

Ayant mené par le centre C une ligne FG parallele à SO ; on menera aussi RK parallele à Tt ; ensuite on cherchera une moyenne proportionelle entre CK & CG, laquelle donnera Cz pour moitié du diametre conjugé à Tt par l'Art. 46 qui dit que les lignes menées du centre à la tangente, & coupées par une ordonnée, sont divisées en raison continuellement proportionnelles CK : Cz : : Cz : CG.

DEMONSTRATION.

Nous avons dit dans nos préliminaires sur les sections coniques, Art. 48, que les tangentes à une section conique qui se rencontrent, & qui sont terminées par d'autres lignes tirées par deux points d'attouchement, se coupent en raison harmonique ; ce que nous avons dit être démontré dans les Traités de ces sections : or la tangente OY est coupée par la ligne RP prolongée, qui passe par deux points d'attouchement R & P, & par les tangentes RO & PS, qui passent par ces mêmes points R & P ; donc on a trois points d'une division harmonique ; sçavoir, O, S, & Y, il reste à prouver que le quatrieme T est bien trouvé.

A cause des triangles semblables YOR, YSD, on aura YO : OS : : YS : SD = SE, & à cause des triangles semblables ORT, SET, on aura OR : SE : : OT : ST ; donc, par raison d'égalité, YO : OS : : OT, ST ; *ce qu'il falloit démontrer.*

REMARQUE.

Cette proposition renferme quinze Problêmes que François BLONDEL a donnés pour trouver les courbes des sections coniques qui peuvent toucher toutes sortes de piédroits & de lignes de sommité en quelque position qu'ils puissent être pour former un arc rampant ; ainsi elle abrege beaucoup cette matiere.

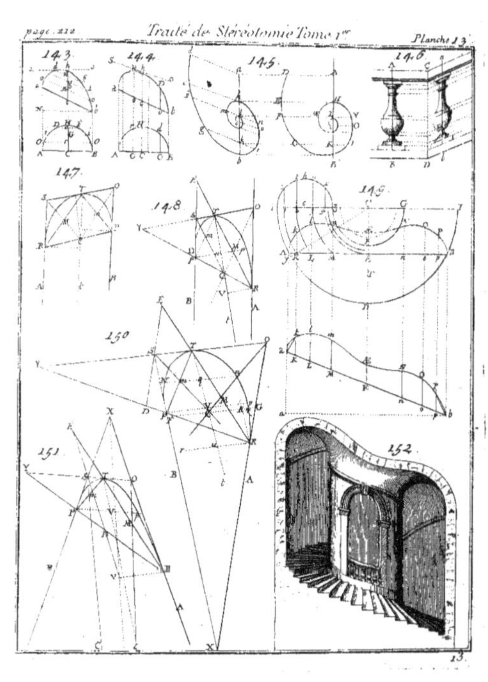
143.
144.
145.
146.
147.
148.
149.
150.
151.
152.

CHAPITRE IV.

De l'imitation des courbes régulieres par des compositions d'arcs de cercles.

LOrsqu'on aime la régularité, on ne se sert point de ces courbes qui n'ont que de la ressemblance avec les régulieres, dont elles ne sont que des copies imparfaites, formées par la composition de plusieurs arcs de cercles de différents rayons; l'original est sans contredit préférable à la copie. Cependant l'ignorance des propriétés des courbes, même les plus communes, comme sont les sections coniques & les spirales, jointe à une plus grande facilité apparente de tracer des arcs de cercle, & peut être encore celle d'en tirer les joints de tête pour les traits des voutes, ont fait chercher plusieurs moyens de les imiter par un assemblage de portions de cercle; & comme l'ellipse est une des plus usuelles, les Dessinateurs & les Architectes se sont efforcés pendant long-tems, mais inutilement, de l'imiter parfaitement sans jarrets par 3 ou 5 portions de cercle, les axes étant donnés. Pour s'en convaincre, il n'y a qu'à jetter les yeux sur les Planches du Livre du P. DERAND, particulierement sur celle du Chapitre XIX, où la position des centres de ses arcs rampans produit des jarrets trop considérables à leur contour pour qu'on puisse les imputer au Graveur.

On reconnoît les mêmes défauts dans une partie des deux Planches du Livre de BOSSE, sur la *maniere de dessiner l'Architecture*, quoiqu'il eut recueilli ce qui s'étoit fait de mieux jusqu'à son tems. La découverte d'une méthode plus exacte étoit réservée à des Géometres, tels que M. PITOT & CAMUS, tous deux de l'Académie des Sciences. Nous inférons ci-après le seul Problême du premier qu'il fit exécuter à l'arche du pont de l'Isle Adam sur l'Oise, en 1720, dont le ceintre est une anse de panier surbaissée, composée de trois arcs de 60 degrés chacun. Comme M. CAMUS depuis peu a beaucoup étendu cette théorie de l'imitation des ellipses par trois & cinq arcs de cercle rassemblés suivant les différentes circonstances données, nous renverrons le Lecteur aux Elémens de Géométrie qu'il a fait, en 1750, pour les Ingénieurs Militaires dont il est l'Examinateur, que le Roi a fait imprimer, & dont il gratifie chacun des 300 Officiers de ce Corps, ainsi que du Cours de Mathématique, que cet Académicien continue pour leur usage.

Le *trait* de faire des demi-ovales ou anses de panier de cinq arcs de cercle passoit, lorsque l'on fit le pont de Compiegne, pour une rareté qu'un Architecte me vantoit ; à quoi je répondis qu'il auroit été meilleur & plus beau, si au lieu de cinq centres il n'avoit eu que deux foyers. En effet quelque méthodique que soit cette composition, il est peu de circonstances où son contour satisfasse le coup d'œil aussi pleinement que l'uniforme simplicité de celui de l'ellipse naturelle des sections coniques; cependant puisqu'il faut se prêter à une plus grande facilité d'exécution pour les appareilleurs ordinaires qui ne connoissent que le cercle, je vais dévoiler en deux mots le secret d'en faire un bon usage pour les ceintres.

Regle générale.

Tout l'art d'imiter les courbes par différents arcs de cercles, consiste à poser les deux centres des arcs qui se joignent sur une même ligne droite, qui passe au point de leur jonction, afin que la perpendiculaire qu'on lui tireroit à ce point fût tangente commune de l'un & de l'autre arc au même point; la raison est, 1°. que l'angle de l'arc avec la tangente étant infiniment petit de part & d'autre du point d'attouchement, le rayon est presque aussi exactement perpendiculaire sur cet arc, qu'il l'est sur la tangente, à une différence près, qui est infiniment petite. 2°. Que l'angle composé de ces deux presque droits, sera infiniment grand, par conséquent ses côtés seront dirigés en une ligne si peu différente de la ligne droite, que l'œil ne peut en appercevoir le pli; tels seroient tous ceux d'un polygone, d'une infinité de côtés infiniment petits inscrits dans le cercle.

Cependant l'œil Géometrique, qui est un Juge sévere, apperçoit fort bien le changement subit de la convéxité & de la concavité, particulierement si les rayons des deux arcs qui se joignent, sont considérablement différents en longueur, comme il est souvent nécessaire qu'ils le soient pour former une demi-ellipſe de trois arcs; alors les gens les moins connoiſſeurs ſentent bien cette irrégularité, ſans en ſçavoir la raiſon; c'eſt pourquoi je ne conſeille à perſonne d'avoir recours à cet artifice de l'ignorance. Quoique je donne ici les meilleures regles pour en cacher les défauts, je ne le fais que pour contenter ceux qui aiment à s'épargner de la peine, au préjudice d'une plus grande perfection d'ouvrage, ou lorſque la choſe n'eſt pas aſſez de conſéquence pour mériter plus de ſoin, ou pour en faciliter l'exécution aux ouvriers qui ne ſont pas capables d'une opération plus parfaite.

PROBLEME XXI.

Deux arcs étant donnés, imiter une ellipſe par un aſſemblage de quatre arcs de cercles.

Ou ce qui eſt le même, imiter une demi-ellipſe par trois arcs de 60 degrés chacun.

Soit le grand axe AB (*Fig.* 153) & la moitié du petit axe CD: on portera premierement la longueur CD de cette moitié ſur le grand axe en B*y*, pour avoir la différence des deux demi-axes C*y*, qu'on diviſera en deux également en F, puis on portera CF en C*z*, ſur *zy*, comme diametre; on fera le demi cercle *z* E*y*, qui coupera CD en E, on portera la longueur *z* E en *z* S, & la diſtance CS d'un côté à l'autre, CS en C*s*: les points *s* & S feront les centres des petits arcs des extrêmités de l'ovale, & les lignes AS & *s* B leurs rayons; enfin des points *s* & S, comme centres, & de l'intervalle *s* S, on fera le triangle équilatéral ST*s*, dont le ſommet T ſera le troiſieme centre que l'on cherche; & les côtés de ce triangle prolongés, détermineront la jonction des grands & petits arcs en *i* & I, ſur leſquels on prendra T*s*+*s*B pour rayon du grand arc; ainſi les trois arcs ſeront de ſoixante degrés chacun, & auront des rayons communs; *ce qu'il falloit faire.* PL. 14. *Fig.* 153.

DEMONSTRATION.

Soit AC $= a$, CD $= b$ & l'inconnue C*s* $= x$, d'où il ſuit que S*s* $=$ ST $= 2x$, & CT $= \sqrt{3xx}$; ainſi DT $= b + \sqrt{3xx}$; mais DT $=$ SI ou SA $+$ ST; $a - x + 2x$ donne cette équation $\sqrt{3xx} + a - b + x$, d'où l'on tire $x = \frac{1}{2}\overline{a-b} + \sqrt{\frac{1}{2}\overline{a-b}^2 + \frac{1}{4}\overline{a-b}^2}$, par la construction ; $CY = a - b$ & $CZ = \frac{1}{2}\overline{a-b}$, ainsi $CE = = \sqrt{\overline{a-b} \times \frac{1}{2}\overline{a-b}}$, & $ZE = \sqrt{\frac{1}{2}\overline{a-b}^2 + \frac{1}{4}\overline{a-b}^2}$; mais $CS(x) = CZ\,\frac{1}{2}\overline{a-b} + ZS$ ou $ZE\,\sqrt{\frac{1}{2}\overline{a-b}^2 + \frac{1}{4}\overline{a-b}^2}$; donc $x = \frac{1}{2}\overline{a-b} + \sqrt{\frac{1}{2}\overline{a-b}^2 + \frac{1}{4}\overline{a-b}^2}$; *ce qu'il falloit démontrer.*

PROBLEME XXII.

Imiter par deux arcs de cercle les portions d'ellipses faites sur deux diametres, qui ne sont pas des axes conjugués, dont l'un est terminé par deux tangentes à ses extrêmités, & dont le conjugué est déterminé par une troisieme tangente donnée de position.

On ne peut imiter avec une composition de deux arcs de cercle rassemblés, toutes sortes d'ellipses faites sur des diametres conjugués, qui ne sont pas des axes, & qui doivent toucher une ligne donnée de situation & de distance ; mais on peut faire ensorte que l'ovale touchera la parallele de la troisieme tangente donnée.

Pour connoître si le Problême peut être résolu par des arcs de cercle.

Fig. 154. Soient (*Fig.* 154) PD & RG deux tangentes aux points B & A, & D*g* une troisieme ligne qui doit toucher l'ovale proposée à faire ; on portera la longueur DB sur la ligne D*g* en D*b*, & la longueur *g*A en *g a* : si ces deux points *a* & *b* ne tombent pas au même point, le Problême ne peut pas être résolu ; parce qu'il est démontré dans la Géométrie élémentaire *, que si d'un point *d* ou G pris hors du cercle, on lui mene deux tangentes *d*B, *d*T, ou GA, GT, elles sont égales entr'elles ; supposant donc la ligne D*g* donnée ; il faut pour résoudre ce Problême, faire D*b* = DB, & *g a* = *g* A, tirer A*a* & B*b*, le point T de leur intersection sera celui d'attouchement de la tangente *d*G, auquel on tirera la perpendiculaire indéfinie TC, & par les deux autres points d'attouchement A & B donnés, faisant B*c* perpendiculaire sur *d*P, & AC perpendiculaire sur RG, les points C & *c*, où ces lignes couperont TC, seront les centres des arcs de cercle qui doivent représenter l'ellipse proposée à faire, dans le cas où elle peut en approcher le plus. Si la ligne D*g* donné

*Eucl. l. 3. pr. 37.

donnée de position est au-dessous du point T, comme EF, il faut faire E h = EB, & F i = FA, tirer B h & A i, lesquelles étant prolongées, se couperont au point T, qui est celui de l'attouchement que l'on cherche, par lequel ayant tiré une parallele d G à la donnée D g ou EF, on reconnoîtra que la somme des lignes B d & AG sera égale à celles des parties d T & GT. *Fig.* 154.

DEMONSTRATION.

A cause des paralleles D g & d G, ou EF, DB : D b :: d B : d T, & g A : g a :: GA : GT, mais g A = g a (par la construction) & DB = D b, donc d T = d B, & GA = GT; donc le point T est celui de l'attouchement de la ligne DG; *ce qu'il falloit trouver.*

COROLLAIRE I.

D'où se tire la maniere de *faire toutes sortes d'arcs rampans, avec des portions de cercle dans quelque position que soient les piédroits entr'eux, paralleles, en surplomb, ou en talud, & en quelque situation que soit la ligne de sommité d G*: en voici des exemples pour les piédroits paralleles entr'eux, qui sont les plus ordinaires.

Premier cas où la ligne de sommité d G est horisontale, & les piédroits à plomb. Soit (*Fig.* 155) la ligne de rampe donnée AB, sa hauteur sur l'horison BO étant porté sur O b d'alignement à la ligne horisontale AO, on divisera A b en deux également en m, d'où l'on élevera la perpendiculaire m T: puis du centre m & pour rayon A m, on décrira l'arc de cercle AT jusqu'à la rencontre de m T; ensuite ayant pris sur m T, la longueur m c = OB, le point c sera le centre du second arc BT qui rencontrera le premier au point d'attouchement T, ce qu'il falloit faire pour en rendre la jonction imperceptible. *Fig.* 155.

Second cas où la ligne de rampe AB est parallele à celle de sommité d G.

Ayant divisé l'horisontale AO en deux (*Fig.* 156) également en m, & élevé en ce point la verticale m T, qui coupera la ligne de sommité d G au point T, il faut faire A d = d T, comme nous l'avons dit au commencement de cette proposition; puis au point T faire TC perpendiculaire à d G, ou ce qui est la même chose à la parallele AB; le point C où cette perpen- *Fig.* 156.

diculaire coupera l'horisontale AO, sera le centre du grand arc de cercle AT : puis menant B*e* parallele à AO, elle coupera TC au point *c*, où sera le centre du second arc TB, qui se joindra au grand au point d'attouchement en T, comme il est nécessaire.

Fig. 157. *Troisieme cas* où la ligne de sommité D*g* (*Fig.* 157) n'est pas parallele à la ligne de rampe AB.

Ayant trouvé le point T, comme on l'a dit au commencement de ce Problême, on tirera TC perpendiculaire à D*g*, & B*c* parallele à A*o*, on aura comme au cas précédent, les points C & *c* pour les centres des deux arcs qui doivent former le rampant ATB.

DEMONSTRATION.

On voit que dans le fond tous ces cas ne different en rien pour la construction : car, 1°. (*Fig.* 155) puisque AO & *d*G sont paralleles entr'elles, de même que CT & A*d*; il est évident que A*d* = *d*T, & puisque C*b* = CA = CT, & O*b* = OB, BG sera égal à CO = TG, donc les deux tangentes de chacun de ces arcs AT, TB sont égales, par conséquent elles conviennent au cercle, & les centres C & *c* étant sur une même ligne, la même tangente *d*G est commune aux deux arcs de différens cercles.

Les deux cas suivans sont démontrés par le principe général qui établit la position des centres, & les mêmes conditions des tangentes, dont nous venons de parler.

COROLLAIRE.

Delà on tire la maniere de tracer *l'ovale pointue*, s'il est permis d'user ici de ce mot, pour exprimer l'inégalité de son contour aux extrêmités de son grand axe, laquelle à cause de sa conformité avec le contour d'un œuf appellé en latin *ovum*, est nommée en Architecture un *ove*. Comme c'est un ornement dont on fait grand usage dans les corniches, & qu'on en trouve de faux traits dans les Livres, je vais tâcher de les corriger. ALBERT DURER dans sa Géométrie en donne deux faux, l'un qu'il tire du cone, dont le contour fait un jarret à chaque extrêmité du grand axe, comme il seroit facile de le démontrer, si la chose en valoit la peine ; l'autre trait, qui a été suivi par quelques Auteurs, est une composition d'arcs de cercle, où il a fait encore une erreur grossiere, joignant les second & troisieme arcs au-dessus du point I en S au-dehors des rayons communs DI : 3 I.

Soit donné le petit diametre AB pour la plus grande largeur de l'ove ; on le divisera en quatre parties, & on prolongera ce diametre de part & d'autre, de trois de ces parties, faisant DA & B 2 égales à *m* B : puis du point C, milieu de AB, pour centre, on décrira un cercle AHBE, dont on divisera les quarts de circonférence AE, BE en deux également aux points 3 & 4, par lesquels on menera les lignes DI, 2 *i*, qu'on fera égales à DB ou 2 A, en décrivant deux arcs BI, A *i* des points D & 2 pour centres, lesquels arcs étant continués, se couperont au point *x*, par où & par le centre C, on tirera la ligne H *x* : ensuite des points 3 & 4 pour centres, & de l'intervalle 3 I pour rayon, on décrira deux arcs qui se couperont en *y* sur la ligne H *x* : on divisera l'intervalle E *y* en deux également en *c*, par où on tirera les lignes 3 G, 4 *g*, qui rencontreront ces arcs en G & *g* ; enfin du point C pour centre, & de l'intervalle *c* G ou *c g* pour rayon, on décrira l'arc G *g*, qui achevera l'ovale en ove. Fig. 158.

Il est aisé de voir qu'on peut allonger ou racourcir cet ove, en remontant ou rabaissant les centres 3 & 4, & le dernier *c*.

Les Architectes placent ordinairement cet ove dans une niche, dont *Bosse* regle ainsi le contour. Il fait HL perpendiculaire & égale au diametre HE ; il la divise en deux également en O, & la moitié OL en quatre parties égales ; il divise ensuite le grand axe HF en trois également, & ce tiers en cinq : il porte une de ces cinquiemes de F en *p*, & de l'intervalle S *p* tiers de FH, il décrit un arc F z ; il ne dit pas de combien de degrés, ce qui seroit cependant nécessaire pour avoir les intervalles des rayons *q* K, z N, qui sont les cordes & les rayons de ces arcs.

Toute cette construction n'est qu'une fantaisie & un goût de dessein arbitraire imité apparemment des restes des corniches antiques, où l'on voit ces niches formées de différentes façons, en côtes relevées & divisées entr'elles par des ornemens de feuilles, & quelquefois de dards ; ce qui n'est pas de notre sujet.

Nous avons donné ci-devant la maniere de décrire des demi-ovales, par le moyen de trois arcs de cercle de 60 degrés chacun; supposant les axes donnés; il nous reste à montrer comment on peut les faire de tant d'arcs de cercles que l'on voudra, soit régulierement en ovale, ou irrégulierement en portion d'ove; ce qui est nécessaire pour tracer différentes sortes de *cavets*, ou moulures creuses, & les contours de certains amortissemens qu'on appelle *piédouches*.

Fig. 159. Soient, par exemple, (*Fig.* 159) donnés plusieurs points A, 1, 2, 3, B, rangés d'une façon convenable au contour creux qu'on se propose, on prendra l'intervalle A 1 pour côté d'un triangle équilatéral A 1 D, & du point D pour centre, on décrira l'arc A 1: ensuite ayant tiré la corde 1, 2, & l'ayant divisée en deux également en *m*, on y élevera une perpendiculaire *m e*, qui coupera 1 D prolongée en *e*, où sera le centre du second arc de cercle 1, 2; on tirera de même la corde 2, 3, & sur son milieu M on élevera la perpendiculaire MC, qui coupera 2 *e* prolongée au point C, où sera le centre du troisieme arc 2, 3: ainsi de suite, on aura le dernier centre *f*.

La raison de cette pratique est claire par la seule construction, où l'on reconnoît l'application de la regle générale, en ce qu'il y a deux centres sur la ligne droite, où se fait la jonction des arcs qui doivent se toucher, c'est-à-dire avoir une tangente commune, comme TN, qui touche également les arcs 2, 1 & 2, 3, *ce qu'il falloit faire pour éviter tout jarret.*

COROLLAIRE.

Il suit de cet exemple, que quoique nous ayons composé des arcs rampans de deux seuls arcs de cercle d'un nombre de degrés égaux ou inégaux, on peut encore mieux les former de tel nombre d'arcs que l'on voudra; car si l'on conçoit la Figure 159 changée de situation, & qu'on prenne les points A & *p* pour des impostes, il est visible que la courbe A 1 2 3 *p* peut servir pour un ceintre d'arc rampant; mais alors elle sera moins une imitation de l'ellipse, que de la spirale à laquelle le Problême suivant servira d'introduction.

PROBLEME XXIII.

La différence de hauteur des impostes A & H, & l'intervalle horisontal DA des piédroits d'un arc rampant étant donnés, tracer un ceintre composé d'autant d'arcs de cercle que l'on voudra, inégaux en rayons, mais égaux en nombre de degrés, ou si l'on veut d'une partie *de plus avec certaines circonstances.*

Soit (à la Figure au-dessus du chiffre 160) le ceintre ABH qu'on se propose de faire, par exemple, de cinq arcs de cercles; sur la hauteur donnée DH, comme diametre, on décrira un demi-cercle HID, qu'on divisera en cinq parties égales, c'est-à-dire, en cinq arcs, dont on tirera les cordes, ausquelles on menera des paralleles tangentes au cercle, pour lui circonscrire la moitié d'un décagone : ensuite ayant prolongé la ligne AD vers *n*, on portera successivement les cinq côtés de D en *n*. *Fig. 160.*

On divisera *n* A en deux également en X, par où on menera X*x* parallele & égale à DH, sur laquelle, comme diametre, ayant décrit un demi-cercle, on lui circonscrira le même polygone, mais tourné différemment, en commençant par porter une moitié de côté en X 1, & *x* 5, sur les paralleles DA & H 5, on fera C 3 égale à *o* 2, distance du centre *o*, à un angle du polygone, & des points 3 & 1, 3 & 5 pour centres & pour rayon le côté du polygone, on fera des intersections d'arcs qui donneront les points 2 & 4, pour tirer par les points 2, 3, 4, 5 les côtés qu'on prolongera indéfiniment vers B, E, F, G; enfin des points 1, 2, 3, 4, 5 pour centres & pour rayons 1 A, 2 B, 3 E, 4 F, 5 G, on décrira des arcs AB, BE, EF, FG, GH qui formeront ensemble sans aucun jarret le ceintre qu'on demande : si le nombre des côtés du polygone n'est pas complet, qu'il y ait une moitié de plus, il y aura aussi un arc de cercle moindre que les autres; ce qui arrivera toujours lorsque les côtés feront ensemble la moitié d'un nombre impair, comme du triangle équilatéral, du pentagone, de l'eptagone, &c.

Il n'est pas nécessaire de rendre raison de cette construction pour le concours des arcs de cercle qui se rencontrent au point commun d'attouchement; il suffit de dire pourquoi on a porté les côtés du polygone circonscrit sur la ligne AD prolongée;

c'eſt pour avoir l'axe Xx, & le centre C du polygone générateur qui doit être au milieu d'une ligne compoſée de la donnée DA & de l'ajoutée Dn; parce que chaque rayon des arcs de ſuite diminue de la longueur d'un côté du polygone 1 2, 2 3, 3 4, &c. par conſéquent tous enſemble diminuent de la quantité Dn, au-dedans d'un demi-cercle qui auroit XA ou Xn pour rayon, & feroit partie du cercle de révolution de la ſpirale dont cet arc rampant eſt une moitié. On voit par-là la raiſon de la conſtruction de la Figure 155, où nous avons porté la hauteur OB en Ob ſur AO prolongée, parce que nous étant propoſé de faire un ceintre de deux arcs de 90 degrés chacun, qui ſont la moitié du cercle, le polygone générateur en doit être le quarré, dont la hauteur OB eſt un côté qui doit être diminué ſur la longueur du rayon du ſecond arc : ce que l'on verra plus clairement au Problême ſuivant, qui n'eſt qu'une eſpece de Corollaire de celui-ci.

J'ai dit qu'il falloit que l'arc rampant fit une demi-révolution, parce que j'ai ſuppoſé les piédroits à plomb paralleles entr'eux; mais s'ils étoient en talud, il faudroit qu'il en fit plus, & en ſurplomb moins, par la raiſon que nous avons ſouvent répetée, que les piédroits doivent être tangens aux arcs à leurs naiſſances.

PROBLEME XXIV.

Imiter la ſpirale par des portions d'arcs de cercle.

Suivant le principe général que tous les arcs inégaux doivent ſe joindre à un point commun d'attouchement, pour qu'on n'en apperçoive pas la jonction, il ne s'agit pour imiter la ſpirale que d'avoir toujours deux centres de ſuite ſur un même rayon, il faudroit encore que ces rayons diminuaſſent toujours dans une certaine proportion qui pourroit beaucoup varier, & que les angles qu'ils font entr'eux fuſſent égaux ou variables, auſſi dans une certaine proportion, comme nous l'avons dit des ſpirales; ce que l'on peut bien concevoir après ce que nous avons dit de cette courbe, & l'exécuter ſuivant l'intention qu'on a de faire plus ou moins de révolutions, en imitant la ſpirale réguliere; mais comme il ne s'agit pas dans cette imitation d'une ſi grande préciſion, qui ne peut convenir à une compoſition d'arcs de cercle, il nous ſuffit de donner la maniere générale de faire ce qu'on appelle en Architecture *volute*.

Ayant pris un point C pour centre de la ſpirale ou volute, (*Fig.* 160) on prendra ce point pour le milieu du côté d'un polygone quelconque : nous donnons ici pour exemple l'hexagone, (*Fig.* 160 *&* 161) & on le fera de telle grandeur que l'on voudra, à l'égard du plus grand rayon que l'on veut donner à la volute, & de l'intervalle que l'on veut occuper par les rayons oppoſés, dont on peut compter la diminution par le nombre des changemens des centres de chaque arc, & la longueur des côtés du polygone ajoutés enſemble. Les Architectes, qui, pour terminer les révolutions vers le centre, y font un cercle qu'ils appellent *l'œil* de la volute, ſe reglent par la grandeur de cet œil, auquel ils aſſignent un certain nombre de parties du module, c'eſt-à-dire, d'une diviſion faite ſur le diametre de la colonne, ſuivant leurs ſyſtèmes arbitraires. *Fig.* 160.

Pour nous qui ne propoſons qu'une maniere générale, dont on peut facilement déduire les particulieres, nous dirons ſeulement qu'ayant fait un polygone quelconque (*Fig.* 161) & ayant pris le milieu d'un de ſes côtés pour centre de la ſpirale, on tirera de ce point C à tous les angles du polygone des diagonales C 4, C 5, C 3, C 2, & enſuite s'étant fixé un nombre de révolutions, on y inſcrira autant de Polygones ſemblables au premier, qui auront toujours un de leurs côtés commun avec le premier 6 C 1, & les côtés de ces polygones ſeront encore en telle raiſon que l'on voudra, ſelon qu'on ſe propoſe de faire reſſerrer la volute plus ou moins vite. *Fig.* 161. *&* 162.

Cette diſpoſition étant faite, on prolongera tous les côtés de ces polygones d'une part ſeulement, & à volonté, autant à peu près qu'il convient à la longueur des rayons, ſuivant le premier AC qui a été donné, comme on voit dans la Figure 160, 1 2 *a*, 2 3 *b*, 3 4 *c*, 4 5 *d*, 5 G *e*, G 1 *f*, & 1 2 *a*, qui acheve la révolution. Enſuite du centre 2, & pour rayon 2 *a*, on fera l'arc *a b* terminé en *b* par le rayon 2 *h b* 1; du centre 3, & de l'intervalle 3 *b* pour rayon, on décrira l'arc *b c*; du centre 4, & pour rayon 4 *c*, on décrira l'arc *c d*, & ainſi de ſuite, en changeant de centre à chaque arc, poſant la pointe du compas ſur un des angles du polygone, & arrêtant l'autre au rayon fait du côté de ce polygone prolongé. *Fig.* 160.

Après la premiere révolution, on continuera de même pour la ſeconde ſur le polygone inſcrit immédiatement dans le premier; & au bout de cette ſeconde révolution, on continuera

Fig. 161. ſur les angles du troiſieme polygone, ſuivant l'ordre des chiffres de la Figure 161.

Il faut remarquer que la ſeconde révolution, commençant par deux centres 6, 7, qui ſont ſur un rayon commun, ne doit point faire de jarret avec la premiere; mais elle fait une ſorte d'irrégularité, en ce que la diſtance du centre 6 au centre 7, n'eſt pas égale à celle du centre 5 au centre 6, comme elle l'a été depuis le point 1 juſqu'au point 5, & comme elle le doit être enſuite aux intervalles 8, 9, 10, 11 & 12; la même choſe arrive à la troiſieme révolution. Cependant les Architectes qui donnent la Géométrie à bon marché, diſent comme D'AVILER, que la *volute de Goldman*, qui eſt faite ſur ce principe, eſt *Géométrique*, quoiqu'elle ne ſoit qu'un cas de notre méthode, dont la ſeule différence eſt, que ſon polygone central eſt un quarré, comme on voit en la Figure 162; mais en fait de volute Ionique, on n'a pas beſoin d'y regarder de ſi près; car les Architectes n'en veulent qu'à une décoration de goût, & non pas à une grande préciſion.

COROLLAIRE I.

Il ſuit que ſi l'on veut *aggrandir la volute* en-dehors, on peut en aggrandiſſant les rayons, continuer les arcs de ſuite, en changeant de centre ſur les mêmes angles des polygones, ou ſur d'autres circonſcrits ſur le même côté 6 C 1.

COROLLAIRE II.

Secondement, que ſi l'on veut *faire un double trait* qui vienne auſſi en ſe reſſerrant avec le premier, ayant déterminé la largeur ai ſur le rayon ca, on cherchera le côté d'un polygone ſemblable au premier, qui ſoit en même raiſon que ci, ca, par cette analogie $ca : ci :: c1 : cx$ appellant x le point qui ſera à l'angle du ſecond polygone ſur le rayon ſous $2b$; la petiteſſe de la Figure ne nous a pas permis d'exprimer ces différences, de peur d'y jetter de la confuſion : nous ne diſons point comment cela ſe fait par les lignes, car nous ſuppoſons que nous parlons à des Lecteurs qui ſçavent trouver une quatrieme proportionelle à trois lignes données, comme il eſt enſeigné chez EUCLIDE, *liv. 6, prop.* 12.

REMAR-

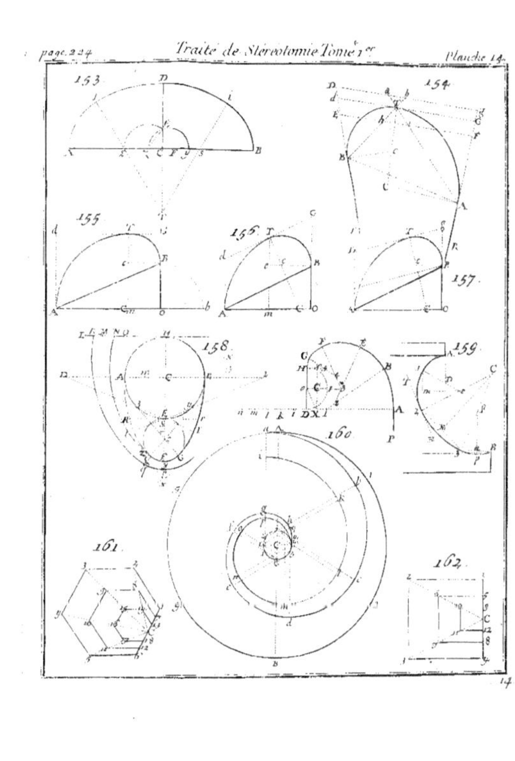
153
154
155
156
157
158
159
160
161
162

REMARQUE.

On voit par la Figure 162, que la volute de GOLDMAN que D'AVILER donne comme la plus convenable au chapiteau Ionique, n'eſt qu'un cas de notre maniere générale d'imiter la ſpirale par des arcs de cercle, en prenant pour le polygone central le quarré au lieu des autres polygones qui ont plus de côtés, d'où réſulteroient cependant des volutes plus parfaites.

CHAPITRE V.

De la diviſion des ſections coniques par des lignes droites perpendiculaires à leurs arcs.

ON ſçait que la perpendiculaire à un arc n'eſt autre choſe que celle qui fait des angles droits avec la tangente de cet arc au point d'attouchement; ainſi il faut conſidérer chaque point de diviſion comme celui d'un attouchement, y ſuppoſant une tangente réelle ou poſſible, à laquelle il faut tirer une perpendiculaire par le point d'attouchement donné, ou par un autre point pris hors de la courbe; ce qui s'exécute différemment pour chacune des ſections coniques.

I°.

Pour le cercle.

PROBLEME XXV.

Par un point donné, tirer une perpendiculaire à un arc de cercle, dont on ne connoît pas le centre.

Il peut y avoir trois cas dans ce Problême: 1°. ou le point donné eſt dans l'arc; 2°. ou hors de l'arc 3°. ou à l'extrêmité de l'arc. Pl. 15. Fig. 163.

Si le point donné eſt à la circonférence en D, (*Fig.* 163) on prendra de part & d'autre deux longueurs égales D*e*, D*f*; & des points *e* & *f* comme centres, & d'une ouverture de compas priſe à volonté pour rayon, on fera une interſection d'arcs en *g*, par où & par le point D, on tirera la ligne *g* D, qui eſt celle qu'on cherche.

Fig. 163. Secondement, ſi le point donné eſt hors de l'arc DGB, comme en *d*: du point *d* pour centre & pour rayon d'un intervalle pris à volonté, on tracera l'arc *h i* qui coupera le donné AGB aux points *h* & *i*, deſquels comme centres, & de la même ouverture de compas, ou de telle autre qu'on voudra pour rayon, pourvû qu'elle ſoit plus grande que la moitié de la diſtance des centres *h* & *i*, on fera une interſection d'arcs en *b*; ſi par les points *b* & *d* on tire une ligne *b d*, la partie *d* G ſera celle que l'on cherche.

3°. Si le point donné eſt ſur l'extrêmité de l'arc donné AGB en B, & qu'on ne puiſſe pas le prolonger au-delà de ce point; 1°. par la maniere ordinaire, ayant porté à volonté deux longueurs égales BK, K *l* pour faire avec d'autres ouvertures pour rayons, à volonté l'interſection en P du même rayon BP, & du point K pour centre, on fera un arc en R, & de KP pour rayon, & du centre B on fera une interſection en R, la ligne RB ſera la demandée. Autrement on portera trois longueurs égales priſes à volonté ſur cet arc comme en K, *l*, *m*, & par le premier cas ayant fait KP & *l* N perpendiculaires ſur l'arc AGB, & égales entr'elles; on tirera les lignes *l* P, KN qui ſe couperont au point O; enſuite ayant tiré BP, & fait B *q* = KO par le point *q*, on menera KR = KN, ou BP; enfin par les points R & B on tirera RB qui ſera la ligne que l'on cherche.

DÉMONSTRATION.

Par les élémens de Géométrie, il eſt évident que ſi l'on tire les cordes *e f* & *h i*, la perpendiculaire ſur le milieu eſt auſſi perpendiculaire aux arcs dont elles ſont ſous-tendantes; or les deux opérations ont été faites comme ſi les cordes avoient été tirées de *e* en *f*, & de *h* en *i*, & qu'on voulut leur tirer des perpendiculaires, & les diviſer en deux; donc les lignes D *g* & *d* G ſont perpendiculaires à l'arc AGB; de ſorte que ſi l'on prolongeoit ces lignes, elles ſe rencontreroient au centre du cercle en *c*.

La raiſon de la conſtruction du troiſieme cas n'eſt pas moins claire, car les triangles *l* KP, KBR ont été faits égaux; mais le côté KP eſt perpendiculaire à l'arc *l* KB (par la conſtruction;) donc BR le ſera auſſi au même arc, *ce qu'il falloit faire.* Pl. 15. Fig. 163.

USAGE.

Ce Problême ſert à tracer les joints de tête de tous les ceintres circulaires des voutes, afin que les arrêtes des angles des vouſſoirs qui les compoſent, ſoient d'égale réſiſtance; c'eſt ce que les ouvriers appellent le *trait quarré ſur la ligne courbe*, & *au bout de la ligne courbe*, lorſqu'il s'agit de faire le joint à une extrêmité, comme en BR.

Les ouvriers ont coutume de faire la même opération ſur les arcs qui ne ſont point circulaires, comme les ſurbaiſſés ou ſurhauſſés, qui ſont des portions d'ellipſes ou d'autres courbes; cependant elle ne convient qu'au cercle, & eſt défectueuſe dans les autres courbes; l'erreur à la vérité n'en eſt pas bien ſenſible, lorſque l'on ne ſe ſert que d'une petite longueur des rayons d'interſection, & qu'on prend une fort petite corde ou portion d'arc dans les grandes voutes; mais dans les petites, & lorſqu'on prend un grand arc de l'ellipſe ailleurs qu'aux environs de ſes axes, elle peut être fort ſenſible: en un mot elle eſt contraire à la régularité, à la ſimétrie, & peut nuire à la ſolidité, comme nous l'avons expoſé.

LEMME.

La perpendiculaire ſur le milieu de la corde d'un arc de ſection conique autre que le cercle, & qui n'eſt pas un des axes, eſt oblique à cet arc.

Soit (*Fig.* 164) l'arc ADPB portion d'une ellipſe, d'une parabole, ou d'une hyperbole, & le point D ou P, qui ne ſoit pas à l'extrêmité d'un des axes de la courbe: ſi ayant fait $bP = Pe$, des points *b* & *e*, comme centres, on fait des interſections d'arcs en *g* & *h* avec des rayons égaux, de longueur priſe à volonté, je dis que la ligne menée par ces deux points *g* & *h*, qui eſt perpendiculaire à la corde *be*, ne la ſera point à ſon arc *bPe*. Fig. 164.

DÉMONSTRATION.

Une ligne n'eſt perpendiculaire à un arc, que lorſqu'elle

PL. 15. Fig. 164. l'eſt à ſa tangente au point P où elle le rencontre; mais ſi P*t* perpendiculaire à P*h* eſt une tangente, la corde *b e* qui lui eſt parallele, & coupée en deux également en *m* par la ligne P*h* ſera une ordonnée, & cette ligne P*h* ſera un diametre; or il n'y a de diametres perpendiculaires aux ordonnées que les axes, donc le point P eſt ſur un axe; ce qui eſt contre la ſuppoſition.

Secondement, il eſt démontré qu'on ne peut mener qu'une tangente par un point P; cependant il eſt clair que par cette conſtruction on pourroit en mener pluſieurs; car ſi au lieu des points *b* & *e*, équidiſtans de P, & centres des interſections *g* & *h*, on en prend deux autres auſſi équidiſtans de P*e*, comme B & *r*, la corde *r*B ne ſera plus parallele à *b e*, & par conſéquent la perpendiculaire *x*P*y* ne ſe confondra point avec la premiere *g h*, mais elle la croiſera; & cependant encore au même point P, *r*P égalera BP, comme *b*P étoit égal à P*e*, par la conſtruction; la raiſon en eſt fort ſenſible; car les arcs de l'ellipſe n'étant pas d'une courbure égale comme ceux du cercle, les cordes égales ne ſous-tendent pas des arcs égaux, celle qui eſt plus près du grand axe, répond à un plus grand arc que celle qui eſt près du petit axe, où la courbe ſe redreſſe & approche plus de ſa corde; donc par la méthode des ouvriers, on trouve pluſieurs joints de tête différemment inclinés à l'arc, & cependant il n'y en a qu'un ſeul de bon, qui eſt la perpendiculaire à la tangente au point de diviſion du joint, donc leur méthode eſt mauvaiſe; *ce qu'il falloit démontrer*.

On auroit fait peu d'attention à la pratique des ouvriers, ſi elle n'avoit été enſeignée par les Auteurs qui ont écrit de la coupe des pierres, leſquels ont dû en ſentir l'irrégularité, en ce qu'elle ne fait pas des angles égaux de part & d'autre du joint des vouſſoirs; de ſorte que l'arrête de l'un eſt aigue, & l'autre obtuſe, ce que nous avons cru devoir faire remarquer avant que d'établir la vraie maniere de tirer les joints ſur les arcs de toute autre ſection conique que le cercle.

PROBLEME XXVI.

Par un point donné à la circonférence d'une ſection conique, tirer une perpendiculaire à ſon arc.

Il faut premierement connoître les foyers de la ſection, ſoit ellipse, parabole, ou hyperbole; & s'ils ne sont pas donnés, il faut les chercher par les Problêmes II. X, & XI.

Par les foyers F & *f* des trois Figures 164, 165, 167, on tirera au point donné D les lignes droites FD & *f* D, qu'on prolongera en M & L, *Fig.* 164, & seulement en L, Fig. 165, parce que la parabole n'ayant qu'un foyer, on tirera par le point D la ligne DM, parallele à l'axe OFH, & pour l'hyperbole, (*Fig.* 167) il ne sera nécessaire de prolonger que FD en L, parce que la ligne *f* D du foyer opposé, donnera l'angle *f* DL dont on a besoin. *Fig.* 164, 165 & 167.

Du point D comme centre, & d'un intervalle pris à volonté, on fera un arc LXM qu'on divisera en deux également en X, par où & par le point donné D, on tirera XD, qui sera la ligne qu'on cherche.

DÉMONSTRATION.

Soit tirée par le point D, *t* DT perpendiculaire à DX: il est démontré dans tous les Traités* des sections coniques, que les lignes droites menées des deux foyers à un même point de la courbe, par lequel passe une tangente, font des angles égaux avec cette tangente *t* T; mais ces angles *f* DT & FD*t*, (*Fig.* 164) sont égaux à leurs opposés au sommet *t* DL, TDM; si on leur ajoute à chacun la moitié de l'angle LDM, les angles *t* DX & TDX, seront égaux entr'eux, donc ils seront droits; or (par la construction) cet angle LDM est divisé en deux également, donc la ligne XD qui le divise, sera perpendiculaire à la tangente *t* T, & par conséquent à l'arc; *ce qu'il falloit démontrer*.

* *Apollonius. l.* 3. *prop.* 48 & pour la Par. *l.* 1. *p.* 33.

La même démonstration est claire dans la Figure 167, avec cette différence qu'il n'est pas nécessaire de prolonger *f* D, mais seulement FD en L, parce que l'angle *f* DT est au-dehors de l'hyperbole, & qu'il n'y a que son égal TDF, dont un côté est dedans.

A l'égard de la Figure 165 pour la parabole qui n'a qu'un seul foyer F que l'on puisse déterminer, on peut suivant le sistème de la Géométrie de l'infini la considérer comme un ellipse infiniment allongée; alors son second foyer étant infiniment loin, la ligne NDM qui en seroit tirée au point D, seroit parallele à l'axe OT: il en résulte en effet la même égalité des angles ND*t*, FDT, comme il est prouvé par d'autres moyens; ainsi la même construction pour tirer une perpendiculaire à l'arc d'une section conique, ou plutôt à la tangente au point d'attouchement, est la même pour toutes; excepté pour le cercle où les deux foyers sont réunis à son centre.

AUTREMENT.

On peut démontrer cette proposition si l'on veut admettre l'axiome que M. de ROBERVAL établit pour l'invention des tangentes, que *la direction du mouvement d'un point qui décrit une ligne courbe, est la touchante de la ligne courbe en chaque position de ce point là*: or la direction des lignes tirées à un point de l'hyperbole de chacun des foyers tend à l'éloigner également, donc la ligne qui divise également l'angle de ces lignes est la touchante, & dans l'ellipse l'une de ces lignes tend autant à s'éloigner, que l'autre à s'approcher du foyer, donc la ligne qui divise leur angle est la tangente.

USAGE.

On auroit pû intituler ce Problême pour en exprimer l'application à la pratique, *maniere de tracer les joints de tête des ceintres faits d'arcs de sections coniques*, & on en auroit indiqué tout d'un coup l'usage pour la coupe des pierres; mais comme nous n'avons pas encore expliqué ce que c'est que *joint*, il convenoit d'énoncer la proposition en termes généraux.

Je dirai en passant, que ce Problême est fondé sur une vérité qui a fourni de merveilleuses inventions dans la Catoptrique pour réfléchir la lumiere, parce que *l'angle d'incidence est égal à l'angle de reflexion*; c'est de-là que j'en avois tiré la pratique que je donne pour les joints, avant que j'eusse sçû que M. BLONDEL l'avoit déja fait dans ses Problêmes d'Architecture, mais il n'a pas pourvû au cas suivant.

PROBLEME XXVII.

Par un point donné hors de la circonférence d'une section conique, lui mener une perpendiculaire.

Ce Problême n'est pas si simple que le précédent, & se résout différemment pour la parabole & pour les deux autres sections coniques, l'ellipſe & l'hyperbole ; c'eſt un Problême *de minimis.*

1°. *Pour la parabole* : (*Fig.* 165.)

Soit le point donné P hors de la parabole, on en abaiſſera une perpendiculaire PH ſur l'axe OS prolongé vers T s'il le faut; *Fig.* 165.
on fera HK égale à la moitié du parametre, c'eſt-à-dire, à 2 FS; on diviſera enſuite l'intervalle KS en deux également au point *m*, où l'on fera *m*C perpendiculaire à l'axe OS, & égale au quart de HP : ſi du point C pour centre, & pour rayon l'intervalle CS, on décrit un arc de cercle, il coupera la parabole ASB au point *x*, qui eſt celui que l'on cherche, par lequel & par le point donné P, tirant une ligne P*x*, elle ſera perpendiculaire à la courbe, ou plutôt à la tangente T*t* au point *x*.

Nous ne pouvons pas donner la démonſtration de cette conſtruction dans toute ſon étendue, parce qu'elle ſuppoſe des propoſitions qu'il ſeroit trop long de rappeller ici & de démontrer ; nous indiquerons ſeulement ſur quoi elle eſt fondée ; du point *x* ayant mené la tangente *x*T juſqu'à l'axe OS prolongé, ce qui eſt facile à faire en portant la diſtance de l'ordonnée K*x* au ſommet de l'axe S, au-delà du ſommet de S en T : on trouve par les propriétés de la parabole & du cercle qu'elle coupe, que les triangles PE*x*, & *x*KT ſont ſemblables, & leurs angles K*x*T & P*x*E égaux, auſquels ajoutant l'angle commun T*x*E, on reconnoîtra que l'angle T*x*P eſt droit ; *ce qu'il falloit faire.*

2°. *Pour l'ellipſe.*

Soit (*Fig.* 166) l'ellipſe ADB, & le point P donné hors de la circonférence, par lequel il faut tirer une perpendiculaire à l'arc AD à un point inconnu *x*, qu'il faut trouver ſur cet arc, lequel point ſoit celui d'attouchement d'une ligne *t*T, à laquelle P*x* ſoit perpendiculaire. *Fig.* 166.

On commencera par chercher le parametre de l'axe AB, comme nous l'avons dit au Problême II, où en portant le demi-axe CD en C*d* ſur AB, on tirera AD ; & par le point *d*, on lui menera une parallele *de*, qui donnera ſur CD le point *e*, par lequel on tirera AF, qui ſera coupée en F par une parallele BF menée à CD par l'extrêmité B du diametre AB ; la ligne BF ſera le parametre, lequel ſera porté de B en *f*, & de *f* en K,

Fig. 166. parallelement à DC prolongée ; par le point K, on tirera l'indéfinie AG : ensuite on prendra la distance CH du centre C à la perpendiculaire PH abaissée sur le diametre AB du point P donné, & on la portera de A en *g* sur AB, on portera H*g* de A en N sur l'axe BA prolongé en N, par où on menera MNS parallele à DC ; par le point N on menera NL parallele à PC tirée du point donné P au centre de l'ellipse C, & terminée à la rencontre de PH prolongée en L, ce point L donnera la distance LH d'une ligne MQ, qu'il faut mener parallelement à l'axe AB, les deux lignes MS & MQ seront les asymptotes d'un arc d'hyperbole P*xy* qui coupera l'arc AD au point *x*, que l'on cherche pour tirer la ligne demandée P*x*.

On peut encore trouver la distance de la ligne MQ, en portant PH sur AC qui tombe ici en *g*, & tirer *g*G jusqu'à la rencontre menée par le point G parallelement au diametre AB de AG, la ligne MQ sera l'asymptote.

Les asymptotes étant données, il est aisé de trouver autant de points que l'on voudra de l'hyperbole, qui doit donner le point *x* par son intersection avec l'ellipse AD (par le Problême XII.) ; il n'y a qu'à tirer à volonté par le point P une ligne quelconque qui coupe les asymptotes, par exemple, SPR en S & en R : si l'on porte PS en R*y*, le point *y* sera un de ceux de l'hyperbole, par lequel on tirera d'autres lignes à volonté, comme Y*y*V, qui donneront par la même construction d'autres points de cette courbe vers *x* & Z, en portant la distance *y*Y en V, *r* en-deçà & au-de-là de *x*, & par les points P*x*Z*r*, on tracera l'hyperbole P*xry* qui coupera l'ellipse AD au point *x*, par où & par le point P donné, si l'on tire la droite P*x* qui est une corde de l'hyperbole, cette ligne sera celle que l'on cherche, laquelle sera perpendiculaire à l'ellipse, ou plutôt à sa tangente *t* T au point *x*.

3°. *Pour l'hyperbole.*

Fig. 167. Soit (*Fig.* 167) l'axe donné RS, le centre C, la moitié du second axe CV, par le moyen duquel on trouvera CK moitié du parametre, comme on l'a dit au Problême XII ; ou en faisant VK perpendiculaire sur VR, par le point K, on fera K*r* perpendiculaire à RS, & égale à CR, & on tirera la ligne R*r* : ensuite par le point donné P, ayant mené PE parallele à K*r* ;

on

on portera CE en Re, & on tirera eh parallele à Kr; on portera aussi la distance eh de C en H, par où on menera HG parallele à Kr, & par H la ligne HI parallele à CP, laquelle coupera PE au point I, par lequel on menera GIN parallele à RS; les deux lignes Gg, GN, sont les asymptotes d'une seconde hyperbole, laquelle passant par le point donné P, doit aussi passer par le point X que l'on cherche; la ligne droite menée de P par X satisfera à la proposition, en ce qu'elle sera perpendiculaire à l'arc de l'hyperbole SB, ou plutôt à sa tangente tT au point X; *ce qu'il falloit faire.* Pl. 15. Fig. 167.

Introduction à la démonstration.

La démonstration de ce Problême dépend d'une autre proposition, qui est que si l'on prend sur un axe d'ellipse ou d'hyperbole un point plus éloigné d'une de ses extrêmités que la longueur de son demi-parametre, & que la distance du centre de cette ellipse ou hyperbole à une ordonnée au même axe, soit en même raison avec la distance de cette ordonnée au point donné hors de la courbe, que l'axe à son parametre; la ligne menée de ce point à celui de la courbe où se termine l'ordonnée, est la plus petite de toutes celles qu'on y peut mener. Cela supposé, comme il est démontré au Livre VII. *prop.* 6 des sections coniques de M. de la HIRE, soit prolongé Px en p, où cette ligne rencontre l'axe AB, & tirée dx parallele à PH, il ne s'agit que de démontrer que l'axe est au parametre, comme Cd est à dp (*Fig.* 166). Fig. 166.

Par le point x soit mené dxX, parallele à PH, qui coupera PC en X, & par le point p, où Px prolongée, rencontre l'axe AB soit menée pz aussi parallele à PH : pour diminuer le nombre des signes, soit nommé l'axe AB (a) le parametre BF (b) par la construction $a:b::$ PL : LH :: CN : NH; donc (par la cinquiéme du sixiéme d'EUCL.) les triangles NHL, PHC sont semblables entr'eux, lesquels sont semblables encore aux triangles Gpz, CdX, à cause des paralleles dX & pz; donc Cd : Cp :: dX : pz; & Cp : Cd :: pz : dX, en divisant Cd : Cd — Cp = dp :: dX : dX − pz = qX; & en composant C d + dp = Cd + zq : zq :: dX + qX : qX :: CH + HN : HN :: a : b; donc Cd : pd :: a : b, donc px (par la proposition citée ci-dessus) est un *minimum*, par conséquent aussi

P x, qui est par la même raison perpendiculaire à la tangente T t, p P étant une ligne droite ; *ce qu'il falloit démontrer pour l'ellipse.*

Nous omettons la démonstration pour l'hyperbole, elle est fondée sur le même principe, & sera facile à déduire de la précédente, en faisant attention aux asymptotes & à leurs propriétés ; il faut seulement ajouter, où l'on retranche pour l'ellipse. Le peu d'usage que nous avons à faire de cette courbe, n'exige pas que l'on s'y arrête plus long-tems.

USAGE.

Ce Problême de mener une perpendiculaire à une courbe par un point donné au-dehors, ne tombe gueres dans la pratique de l'Architecture pour la coupe des pierres, parce qu'on fait ordinairement les divisions de joints par des points pris sur les arcs des ceintres, comme il a été enseigné au Problême précédent. Cependant comme il peut arriver dans une décoration de voussoirs à crossettes, ou pour tirer quelques rayons sur une ellipse, qu'on auroit besoin de ce Problême : nous avons crû devoir le joindre au précédent pour la perfection de la doctrine, dans laquelle on ne doit pas négliger ce qui n'est pas d'un fréquent usage, parce que les Livres sont plus utiles pour les cas extraordinaires, que pour ce qui se pratique tous les jours, dont on peut s'instruire facilement ; d'ailleurs c'est un contentement à l'esprit de sçavoir ce qu'on auroit à faire, si le cas arrivoit.

Je dois avertir d'une petite difficulté qui peut se présenter & embarrasser un Lecteur peu versé dans ces matieres ; c'est que la perpendiculaire tirée par le point donné P hors de l'ellipse sur l'axe AB, peut tomber hors de cette ellipse sur la prolongation de l'axe ; alors l'hyperbole ne peut rencontrer l'ellipse. Pour y remédier, au lieu d'abaisser la perpendiculaire sur un axe, il faut l'abaisser sur son conjugué, & faire la même opération.

De la division des spirales par des perpendiculaires à leurs arcs.

PROBLEME XXVIII.

Par un point donné au contour de la spirale, tirer une perpendiculaire à son arc.

PRemierement, il est évident que lorsque les spirales ne sont qu'une imitation des vraies courbes méchaniques par une composition d'arcs de cercles, comme sont les *volutes* des Architectes; il n'y a pas plus de difficulté à mener des perpendiculaires à leurs arcs par des points donnés qu'au cercle; puisque chacun d'eux a son centre différent, auquel cette perpendiculaire prolongée doit aboutir.

Secondement, s'il s'agit de la spirale d'ARCHIMEDE, ou des autres de VARIGNON, on ne peut donner la solution de ce Problême, qu'en supposant la rectification de la circonférence du cercle de révolution; car ARCHIMEDE a démontré que la soustangente de la spirale à la fin de la premiere révolution étoit égale à la circonférence du cercle circonscrit; & comme nous ne pouvons faire la division proposée, que par une perpendiculaire à la tangente de la courbe au point donné; ce Problême est un de ceux dont la solution Géométrique sera aussi long-tems à trouver que la quadrature du cercle.

Cependant supposant le rapport du diametre du cercle à sa circonférence, comme 7 est à 22, ou 100 à 314, ce qui est suffisant pour la pratique des arcs, il sera aisé de trouver les tangentes à la spirale d'ARCHIMEDE en tel point que l'on voudra marquer à son contour.

Soit (*Fig.* 168) la spirale ADBPC, qui fait deux révolutions completes, la premiere de C en B, la seconde de B en A: si le point donné pour mener une perpendiculaire à cette courbe est en B, à la fin de la premiere révolution, ayant tiré BC au centre C, on lui fera une perpendiculaire BG égale à la circonférence du cercle qui auroit BC pour rayon, ou à la moitié, comme dans cette Figure, à laquelle menant GT parallele & égale à BC ou à sa moitié, si l'on n'a pris que la moitié de la circonférence; du point T on tirera TB qui sera la tangente, à la- Fig. 168.

Fig. 168. quelle si l'on tire par le point B donné, la perpendiculaire BX; cette ligne sera celle qu'on demande.

Si le point donné est en A, à la fin de la seconde révolution; on fera de même une perpendiculaire sur CA, que l'on fera égale à la circonférence du cercle qui a CA pour rayon, ou à son tiers, comme dans cette Figure, sur laquelle faisant tg parallele & égale au premier rayon BC, ou à son tiers, la ligne t A sera la tangente au point A, & la perpendiculaire Ax, celle qu'on demande.

Nous prenons ici des parties aliquotes semblables, pour que la Figure n'occupe pas trop de place; ce qui ne change rien à la position des tangentes, parce qu'on sçait que les triangles semblables ont les angles opposés aux côtés homologues égaux.

Si le point donné est en P dans l'intervalle de la premiere révolution, ayant tiré comme ci-devant PC & sa perpendiculaire PH, on portera sur PH la longueur de la circonférence du cercle Phi, qui a CP pour rayon, & faisant HI parallele à PC & égale à BC rayon, de la révolution complette, on menera IPT qui sera tangente au point P, & la perpendiculaire Px sera elle qu'on chercche.

Si le point donné étoit en q, entre la premiere & la seconde révolution BEq A, on en agiroit encore de même, ne portant pour la perpendiculaire à la sous-tangente que le premier rayon BC.

La démonstration de cette construction, qui est de M. PERSONIER de Roberval, est fondée sur un principe des mouvemens composés qu'on peut voir dans la premiere collection des Mémoires de l'Académie des Sciences, & sur les 19 & 20e. prop. des spirales d'ARCHIMEDE.

Ou pour abréger, il faut multiplier l'arc de révolution (x) par son rayon (y) & le diviser par le rayon (a) du cercle de la premiere révolution, suivant la formule de M. VARIGNON $\frac{xy}{a}$ pour trouver les sous-tangentes de cette spirale.

Présentement il faut voir comment on doit tirer les soustangentes des autres spirales d'un degré plus élevé que celle d'ARCHIMEDE, comme sont les paraboliques, verticocentrales, & les hyperboliques cocentrales, dont nous avons donné la construction ci-devant.

Appellant (m) le degré de cette courbe, M. VARIGNON trouve pour expression générale des sous-tangentes de ces premieres

$\frac{mxy}{a}$, c'eſt-à-dire, qu'il faut rectifier l'arc de révolution EN, (*Fig.* 140, PLANCHE 12) compris depuis l'axe AX, juſqu'au point donné N, le multiplier par ſon rayon CN, & par le degré (m) de la courbe génératrice qui eſt ici 2, puis diviſer ce produit par le rayon de la premiere révolution complete, & l'on aura la longueur Cx de la ſous-tangente Cx; ainſi ayant tiré du centre C la droite CN au point donné N, on lui menera par le point C la perpendiculaire Cx égale à la longueur trouvée par quotient de cette diviſion, qui ſera priſe ſur la même échelle qui aura ſervie à meſurer le contour de l'arc de révolution pour le rectifier, & les deux rayons de l'arc de révolution incomplete, & de la révolution complete. PL. 12. *Fig.* 140.

Ou bien ſi l'on veut trouver la longueur de la ſous-tangente ſans calcul, on le peut de la maniere qui ſuit, avec la regle & le compas.

On portera ſur le rayon CN prolongé le double de ſa longueur en Cn; & ſur CH perpendiculaire à ce rayon, la longueur CH égale à l'arc de révolution rectifié, puis ayant fait H9 parallele & égale à Cn, on portera ſur la même H9 prolongée la longueur CD du rayon de la premiere révolution complete de 9 en G, laquelle révolution ſe compte depuis le centre C; enfin par les points G & n, on tirera la ligne Gnx qui rencontrera HC prolongée en x; la ligne menée du point x par le point donné N, ſera la tangente que l'on cherche.

La raiſon de cette opération eſt facile à concevoir: ſuppoſant que l'expreſſion Algébrique $\frac{mxy}{a}$ pour les ſpirales paraboliques verticocentrales a été démontrée par M. VARIGNON, comme elle l'eſt en effet dans les Mémoires de l'Académie des Sciences, il eſt clair que je conſtruits cette équation qui eſt dans ce cas $\frac{2xy}{a}$, c'eſt pourquoi je porte le double du rayon CN $= y$ en Cn pour avoir un parallelogramme C9 $= 2xy$; enſuite pour le diviſer par a, c'eſt-à-dire, par le rayon de la premiere révolution complete, qui eſt CD, parce que la ſpirale fait deux révolutions & demi de C en A, je porte CD (a) de 9 en G, pour tirer Gnx qui ſeroit la diagonale d'un rectangle fait de HG par Hx, ſuivant laquelle les complemens ſont égaux (par la quarante-troisieme du I. Livre d'EUCLIDE) ainsi le rectangle Hn qui est un de ces complemens, sera égal à celui qu'on peut supposer de l'autre côté de cette diagonale, lequel ayant pour un de ses côtés $9\,G = CD = a$, aura par conséquent l'autre égal à Cx qu'on cherche; puisqu'en divisant un rectangle par une de ses racines, le quotient donne l'autre.

On sera peut-être surpris que j'applique à l'exemple que je donne d'une spirale circulaire, l'expression des sous-tangentes, des paraboliques verticocentrales : il ne faut pas prendre ici le nom de parabole dans la signification seule de celle d'APOLLONIUS, mais aussi pour les autres de différens degrés, qui sont tous désignés par la lettre m; ainsi il faut remarquer que le quart de cercle dans cette situation est une espece de demi-parabole. En effet, suivant la Géométrie de l'infini, cette courbe n'est qu'un demi-cercle infiniment allongé, puisque dans le cercle, les quarrés des ordonnées sont entr'eux comme les rectangles des abscisses; & dans la parabole, dont le diametre ou plutôt l'axe est infini, les abscisses ne différant que d'une longueur finie, elles sont censées égales, mesurées depuis le point de rencontre de l'ordonnée à la partie qui s'allonge infiniment; d'où il suit que les quarrés des ordonnées de la parabole sont comme leurs abscisses, donc l'expression des sous-tangentes convient au quart de cercle verticocentral, puisqu'elle convient de plus à d'autres courbes, dont les abscisses sont entr'elles, comme les puissances quelconques de leurs ordonnées, ainsi que le démontre M. VARIGNON.

On a pû remarquer que j'ai pris le nombre *deux* pour la valeur de m, parce que la parabole & le cercle sont du second degré, sur quoi on pourroit me demander quelle est la courbe parabolique du premier degré, puisque celle-ci est du second; à quoi je répondrai que c'est le triangle, s'il est permis de le mettre au rang des sections coniques & des courbes; car on peut lui trouver des abscisses & des ordonnées, comme je l'ai dit au I. Livre page 16; & sous cette considération on peut le regarder comme la génératrice de la spirale d'ARCHIMEDE, dont les arcs de révolution sont entr'eux comme leurs rayons; c'est pourquoi l'expression m s'évanouit, de sorte que celle des sous-tangentes se réduit à $\frac{xy}{a}$ qui est plus simple que la précédente, dont nous avons donné la construction $\frac{2xy}{a}$, où nous avons doublé la longueur de CN, qu'il ne faut pas doubler à la spirale d'ARCHIMEDE.

La même construction que nous avons donnée pour trouver les sous-tangentes des spirales paraboliques vertico-centrales, sert pour trouver celles des hyperboliques cocentrales, dont nous avons donné un exemple à la Figure 141, avec cette différence que l'expression Algébrique devenant négative, il faut opérer en sens contraire, c'est-à-dire, prendre les sous tangentes du côté opposé.

REMARQUE.

Il arrive assez ordinairement que les sous-tangentes deviennent si longues, qu'elles ne peuvent être contenues dans la surface sur laquelle on trace l'épure, c'est-à-dire, le dessein de grandeur naturelle à l'ouvrage qu'on se propose; pour remédier à cet inconvénient, il faut ne prendre que le tiers ou le quart, ou toute autre partie des longueurs données, & mettre la sous-tangente sur le rayon perpendiculairement, & à une distance proportionelle du centre C.

USAGE.

Le principal usage du Problême qui enseigne la maniere de mener des tangentes aux spirales est, comme nous l'avons dit, pour la coupe des joints des volutes, consoles, limaçons & autres ouvrages en spirale, qu'on peut faire de pierre de plusieurs pieces; mais il faut remarquer que le listel de la volute étant composé de deux spirales différentes, l'une qui forme l'arrête extérieure, l'autre l'intérieure, la perpendiculaire à la tangente de l'une des deux ne l'est pas à l'autre; de sorte que si le joint est en bonne coupe sur une arrête, il sera en fausse coupe sur l'autre; mais comme ce mal est sans remede, à moins que de faire le joint courbe, il convient pour la plus grande régularité de tracer entre les spirales de ces deux arrêtes une moyenne par les divisions de la moitié de la largeur du listel, ou de celle du limon, s'il s'agit du limaçon, & mener les perpendiculaires aux tangentes sur les points de division pris sur cette spirale moyenne; ainsi la fausse coupe se divisera partie ſur l'arrête extérieure, partie ſur l'arrête intérieure.

Le ſecond uſage de ce Problême eſt pour faire un *œil* circulaire au milieu de la ſpirale qui puiſſe ſe raccorder avec elle ſans aucun jarret à la jonction de ces deux courbes ; car ayant déterminé ſur la ſpirale un point, où l'on veut qu'elle ſe joigne à *l'œil* circulaire, il faut mener par ce point une tangente & une perpendiculaire à cette tangente par le même point, ſur laquelle on prendra le rayon du cercle qui doit former l'*œil*, & par ce moyen les deux courbes ſe joindront par une tranſition inſenſible ſans aucun jarret.

D'où il ſuit que le centre de *l'œil* ne tombera pas ſur le centre de la ſpirale, parce qu'il n'y a que le cercle dont la perpendiculaire à la tangente paſſe par le centre; cette propriété ne lui étant pas commune avec la ſpirale.

Cette perfection de jonction des deux courbes ſe trouve obſervée dans la volute de GOLDMAN, qui n'eſt pas pour cela une ſpirale Géométrique quoiqu'en diſe D'AVILER, mais une compoſition d'arcs de cercle, dont la ſuite des rayons n'eſt pas en raiſon exactement uniforme, comme je le dirai en ſon lieu; ainſi la cathete d'une volute en ſpirale Géométrique ou Méchanique paſſant par le centre de *l'œil*, ne doit pas paſſer par celui de la ſpirale, ou ſi l'on veut qu'elle paſſe par le centre de la ſpirale, elle ne paſſera pas par celui de *l'œil*; c'eſt à l'Architecte à choiſir l'un des deux, l'éloignement de ces deux centres peut être plus ou moins grand, ſuivant la grandeur ou la petiteſſe de *l'œil* de la volute, & la diſtance du point d'attouchement de la ſpirale (où ſe fait la jonction) de ſon centre, ſi le rayon de l'œil eſt plus petit que cette diſtance, ſon centre tombera au-dedans, s'il eſt plus grand, au-dehors.

Des diviſions de quelqu'autres courbes uſuelles par des perpendiculaires à leurs arcs.

OUtre les courbes des ſections coniques & les ſpirales; il s'en trouve encore d'autres à diviſer par des perpendiculaires à leurs arcs, dans quelques *traits* de la coupe des pierres; mais ſi rarement qu'il n'eſt pas fort néceſſaire de s'arrêter à en chercher les tangentes.

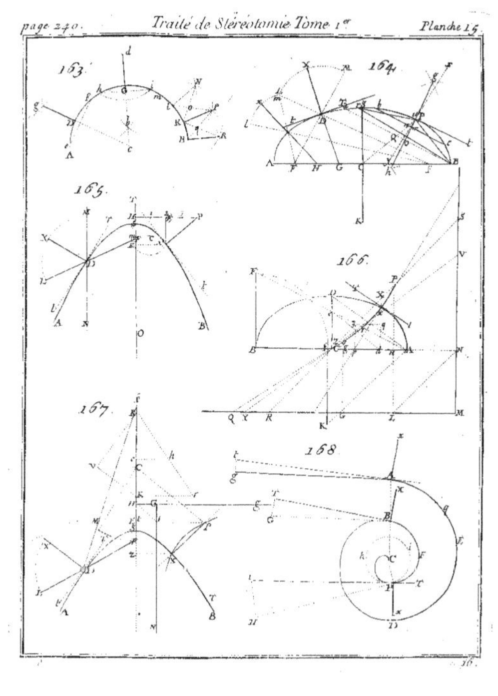
page 240.
Traité de Stéréotomie Tome 1er
Planche 15
163.
164.
165.
166.
167.
168.

La premiere est celle d'une espece de cicloïde, qui est la courbe dévelopente de la circonférence de la face de la *Trompe érigée sur une ligne droite*, suivant le trait du P. DERAN, sur laquelle il faut tirer les joints de tête, ce qu'il fait en opérant sur cette courbe comme sur un arc de cercle, en prenant de part & d'autre des ouvertures de compas égales, & faisant des deux distances, comme centres des arcs de cercle qui se coupent, & donnent à peu près cette perpendiculaire, & suffisamment pour qu'on n'en puisse appercevoir l'irrégularité, si l'on prend de petites distances du point donné à diviser; nous donnerons un autre trait de la même trompe, où l'on n'a pas besoin de cette opération.

La seconde est cette courbe du quatrieme ordre dont nous avons parlé, qui est la section d'un anneau ou d'une hélice : dans celle-ci on n'a pas besoin de faire des joints de tête réguliers, parce qu'elle n'est pas employée pour une face apparente; & quand elle le seroit, l'inclinaison des joints se trouveroit déterminée par celle de l'arc droit de la voute qui n'est qu'un demi-cercle ou une demi-ellipse.

La troisieme seroit la chaînette qu'on pourroit employer pour mettre l'équilibre entre les voussoirs égaux; mais outre qu'au lieu de cette courbe on pourroit se servir de la parabole qui en est très-peu différente, c'est que l'une & l'autre ne conviennent guere aux ceintres, si l'on a quelque égard à l'agrément de leur contour, & à celui de leur naissance à l'imposte, lorsque les piédroits sont à plomb : cependant les Curieux pourront se satisfaire sur la maniere de décrire cette courbe méchaniquement, dans le second Tome, (Planc. 33, Fig. 50) au Chapitre V. & sur celle de la décrire par plusieurs points trouvés Géométriquement, au troisieme Tome, après le IIIe. Problême du Chapitre douzieme (Planc. 110. Fig. 230) l'art de lui tirer une tangente par un point connu & par conséquent la coupe d'un joint de tête de voussoir. Si par un hazard extraordinaire il se présentoit d'autres courbes à diviser, on pourra s'en tirer en opérant comme sur un arc de cercle, & corrigeant à la vûe ce qui pourroit paroître défectueux.

SECONDE PARTIE DU SECOND LIVRE.

CHAPITRE V.

De la description des sections des corps qui ne doivent, ou ne peuvent être décrites que sur des surfaces concaves ou convexes.

LES sections dont nous avons parlé dans la premiere Partie de ce Livre ont été considérées comme devant être décrites sur des surfaces planes, quoiqu'elles soient originaires des surfaces courbes : il s'agit à présent de les tracer sur les surfaces qui leur sont naturelles, de même que celles qui ne peuvent être décrites sur des plans, ausquels elles ne peuvent s'adapter. Cependant, parce que les points des contoures de ces dernieres ne peuvent se trouver que par le secours des lignes droites qu'on ne peut chercher sur des surfaces courbes, en ce qu'elles ne sont pas à la surface du solide, mais au-dedans, comme sont les rayons, les ordonnées & les abscisses; il a fallu avoir recours à une représentation imparfaite & défigurée, faite sur une surface plane par des paralleles abaissées sur cette surface de plusieurs points de la courbe : ce qu'on a appellé *la projection*, du mot latin *projicere*, qui veut dire jetter, comme si tenant un corps en l'air, on jettoit ou laissoit tomber de chacun de ses points une goute d'encre sur un plancher, la suite de ces goutes liées par une ligne continue, donneroit une figure qui seroit la projection de ce corps.

De la projection.

Le mot de projection a plusieurs significations, il peut s'appliquer à l'action de jetter, mais nous la resserrons ici à la description d'un corps formée sur un plan par des perpendiculaires à ce plan, où si l'on veut l'étendre encore davantage, par des paralleles menées des angles de ce corps ou de plusieurs points de son contour sur ce plan en quelque situation qu'il soit à son égard.

Il suffit cependant à l'usage que nous en devons faire, de considérer les lignes verticales & les horisontales, parce que c'est à ces deux genres de situations constantes, & que l'on peut toujours déterminer, qu'on doit rapporter les lignes inclinées à l'horison. Selon cette restriction nous pouvons dire, pour nous accomoder aux termes de l'Art, que la projection d'un corps est la trace de plusieurs *à-plombs*, abaissés de leurs angles ou de leurs contours pour en faire *le plan* ou Ichnographie, ou de plusieurs lignes de niveau tirées de même de ses angles, ou de son contour sur une surface *à-plomb*, pour en faire les *profils* ou les *élévations*.

COROLLAIRE GÉNÉRAL.

D'où il suit que la projection faite sur un plan vertical ou horisontal, raccourcit la représentation de toutes les lignes & surfaces qui ne sont pas paralleles au plan sur lequel on la fait.

Car soit (*Fig.* 169) la ligne AB, dont on fait la projection sur le plan *gh*: il est évident que si cette ligne étoit dans la situation aB parallele à ce plan, les perpendiculaires aD, BF abaissées de ses extrêmités seroient aussi paralleles & égales, & par conséquent que la représentation DF seroit égale à aB; mais que si l'on transporte le point a en A sans mouvoir le point B, on raccourcira la représentation de cette ligne de la distance qu'il y aura de la perpendiculaire aD à AE qui est égale au sinus verse aS de l'angle aBA de l'inclinaison de la ligne AB abaissée à son extrêmité A au-dessous de la ligne horisontale aB, si la projection se fait par des verticales; donc la représentation EF sera plus petite que la ligne AB. PL. 16. *Fig.* 169.

On peut démontrer cette vérité d'une maniere plus simple en menant A*c* parallele à EF, parce qu'alors on reconnoîtra que la projection d'une ligne qui n'est pas parallele au plan de description, est toujours égale au côté d'un triangle rectangle, dont la ligne objective est l'hypotenuse; d'où nous tirons la proposition suivante, qui est fondamentale pour tracer les desseins qu'on appelle *épures* pour la coupe des pierres.

THÉOREME.

Les projections des lignes courbes qui sont dans un plan perpendiculaire à un ou plusieurs autres plans de description, sont des lignes droites, dont les divisions faites par des paralleles menées par plusieurs points de ces courbes, sont toujours en même proportion avec les abscisses co-ordonnées.

Fig. 170. Premierement il est clair que la projection d'une ligne courbe qui est dans un plan perpendiculaire à celui de description est une ligne droite; car puisque toutes les lignes menées des points de la courbe sur le plan de description, sont dans le même plan; on ne doit plus considérer que la section des deux plans, laquelle suivant la Géométrie élémentaire est nécessairement une ligne droite : ainsi la projection de l'ellipse ABDE, (*Fig.* 170) est la ligne *a d* dans le plan *g h*, & la ligne *be* dans le plan *gh*, & la ligne *be* dans le plan *gk*, l'une *ad* est horisontale sur le plan horisontal, & l'autre *b e* verticale sur le plan vertical; & les points c^1, & c^2 de ces deux lignes sont la représentation de trois points rassemblés en un; sçavoir, c^1 qui représente les points B, C, E; & C^2 les points A, C, D: de sorte que *c a*, *c d* sont les représentations d'un quart ou d'une moitié d'ellipse; ce qui est visible, & à quoi il faut s'accoutumer pour concevoir tout ce que nous dirons dans la suite sur des Figures où nous n'exprimeront souvent les lignes courbes que par des droites.

Quant à la seconde partie de ce Théorême touchant le rapport des divisions faites par des paralleles menées de plusieurs points des courbes; nous n'étendrons la démonstration qu'aux sections coniques, qui sont presque les seules dont nous avons affaire, particulierement du cercle & de l'ellipse.

Fig. 171. Soit une ligne *k* L ou *b e* (*Fig.* 171) coupée par des paralleles *at*, Q*s*, P*r*, le rectangle de *a*T×T*d* : *k*T×TL :: Q*c*× *cq* : *kc*×*cl*; il en est de même des rectangles faits par les parties de la ligne *be* coupées par les paralleles *at*, Q*s*, P*r*; donc les points T, c, z, sections de lignes tirées des points a, Q, P, sur la ligne kL, donnent des divisions sur cette ligne qui sont en même rapport entr'elles que celles que les mêmes points a, Q, P donnent sur la ligne be, quoique différemment située à l'égard de l'arc aP de l'ellipse au-dedans de la courbe.

Il ne sera pas difficile de faire voir que le même rapport subsistera à l'égard des lignes qui sont hors de la courbe, par exemple, de gH; car si l'on mene par le point g une ligne gf parallele à be, il est évident que les divisions rs & st sont égales à zn & nm: mais à cause des paralleles at, Qs, Pr, les triangles gtM, gsN, grO sont semblables; donc rs = zn : st = nm :: ON : NM :: zc : cT, donc la projection des points P, Q, a, ou p, q, d, faite par des lignes paralleles entr'elles, donne toujours des divisions qui sont en même rapport entr'elles, sur les plans différemment situés à leur égard, soit au-dedans, soit au-dehors de la courbe, & quelque angle que les lignes de projection fassent avec ces plans; *ce qu'il falloit démontrer.*

COROLLAIRE I.

D'où il suit que la projection faite sur des plans perpendiculaires aux paralleles de projection, n'est pas une représentation plus réguliere des objets, que celle qui est faite par des lignes obliques, & que cette maniere de représenter les corps est Géométrique, puisqu'elle conserve toujours un certain rapport des parties des courbes projettées.

COROLLAIRE II.

De-là il suit que si l'on fait la projection d'un cercle par des lignes paralleles, perpendiculaires, ou obliques au plan de description, les divisions correspondantes des deux côtés de la ligne de projection qui passe par son centre, seront égales entr'elles, à cause de l'uniformité de cette courbe : il en sera de même à l'égard de l'ellipse, lorsque la projection se fera par des lignes perpendiculaires au plan de description.

Ce que nous disons du cercle & de l'ellipse est encore vrai à l'égard de la parabole & de l'hyperbole, lorsque les lignes de projection sont paralleles à leurs axes.

On peut étendre ce Théorême à d'autres courbes qu'aux

Sections coniques, comme aux ſpirales & aux ovales faites par la ſection des corps annullaires dont nous avons parlé : en un mot la projection conſerve toujours une certaine régularité de rapport, qui eſt le ſeul moyen d'adapter à une ligne droite quelques propriétés d'une ligne courbe, & d'appliquer ſur un plan les ſurfaces concaves ou convexes, ſans confuſion de leurs parties, quoiqu'elle transforme quelquefois une courbe en une autre.

THEOREME.

La projection d'un cercle qui n'eſt pas parallele à ſon plan de deſcription eſt une ellipſe, & au contraire celle de l'ellipſe peut être un cercle; & celle des ellipſes, paraboles ou hyperboles, eſt une courbe d'une même eſpece plus ou moins allongée.

Fig. 172. Soit (*Fig.* 172) le quart de cercle AEFC dans le plan AEHC, ſur lequel on fait la projection de ce même quart de cercle ſuppoſé élevé ſur ce plan en D, de l'intervalle de l'arc DE, meſure de ſon angle d'inclinaiſon DAE, le rayon AC demeurant immobile ſur le plan. Des points D & G, pris à volonté à la circonférence du quart de cercle, ayant abaiſſé ſur le même plan les perpendiculaires D*d*, G*g* qu'il faut ſuppoſer telles, quoiqu'elles ne le ſoient pas dans la Figure, à cauſe de la perſpective; ſi par les points *d* & *g* on tire les droites A*d*E, B*g*F perpendiculaires au rayon AC, on aura deux triangles ſemblables A*d*D, B*g*G rectangles en *d* & *g* par la conſtruction, & dont les angles en A & B ſont égaux, puiſqu'ils ſont celui de l'inclinaiſon des deux plans des quarts de cercle DAC & EAC, donc A*d* : AD : : B*g* : BG; mais AD = AE & BG = BF; donc AE : A*d* : : BF : B*g*, c'eſt-à-dire, que les ordonnées de la courbe ſont entr'elles comme celles du cercle; ce qui n'appartient qu'à l'ellipſe, * *& qu'il falloit démontrer.*

* L. 1. art. 41.

On auroit pû démontrer la même choſe tout d'un coup en conſidérant le cercle à la ſurface d'un cylindre ſcalene, dont la ſection perpendiculaire à l'axe eſt une ellipſe; car les lignes de projection étant multipliées à l'infini, & paſſant à la circonférence d'un cercle formeroient la ſurface d'un cylindre.

Par ce moyen on démontre tout d'un coup la ſeconde partie

de ce Théorême, qui dit que la projection d'une ellipse est souvent un cercle, & ordinairement une ellipse plus ou moins allongée; car l'ellipse considérée à la surface du cylindre droit se réduit à un cercle à sa base; & si le cylindre est coupé plus ou moins obliquement, soit qu'il soit droit ou scalene, la section est une ellipse plus allongée ou plus racourcie.

La même démonstration sert pour la troisieme partie, qui dit que la projection des paraboles & hyperboles sont des courbes de même espece, comme il a été dit au Théorême III, qui ne different de celle qu'on veut représenter par la projection, qu'en ce qu'elles sont plus ou moins allongées ou racourcies, suivant le plus ou moins d'obliquité de la section; car les lignes de projection multipliées à l'infini forment un corps cylindrique, qui a pour base une parabole ou une hyperbole, c'est l'inverse du Théorême III.

COROLLAIRE.

D'où il suit que plus les lignes de projection font les angles aigus, avec le plan de la Figure qu'on veut projecter, plus la Figure se resserre; de sorte que si ces lignes font un angle infiniment aigu, elles tombent dans le plan de la Figure, & la réduisent à une ligne droite, comme nous l'avons dit ci-devant.

USAGE.

L'application de cette proposition se présente tous les jours à la pratique de la coupe des pierres & des autres ouvrages d'Architecture; car la projection, c'est-à-dire, en termes de l'art, le *plan* d'une porte, soit en plein ceintre, soit surhaussée, soit surbaissée dans un mur en talud, comme sont ordinairement ceux des revêtemens des fortifications, est une ellipse fort resserrée, suivant le plus ou le moins d'inclinaison du talud, & celui d'un joint de lit d'une niche sphérique en coquille est de même une ellipse qui se resserre vers la clef, où elle devient une ligne droite, & s'ouvre vers les impostes, où elle devient un arc de cercle.

Ces deux propositions sont encore nécessaires pour l'intelligence des Figures suivantes, & des traits en général, où l'on représente souvent les cercles & les ellipses par des lignes droites qui en font la projection, ou par des ellipses extrêmement resserrées.

De la description du cercle sur les surfaces concaves ou convexes de la sphere, du cone, & du cylindre.

PROBLEME XXIX.

Par deux ou trois points donnés sur la surface d'une sphere, décrire un cercle.

ON doit considérer la surface de la sphere, comme composée de deux Figures, l'une concave, l'autre convexe; cette différence n'est pas un objet pour la théorie, où l'on n'a pas égard à l'impénétrabilité des corps, mais bien pour la pratique qui ne peut opérer sur l'une comme sur l'autre.

Premierement s'il s'agit de décrire un cercle majeur dans la surface concave; il suffit qu'on ait deux points donnés, pourvû qu'on connoisse le diametre de la sphere, & qu'ils ne soient pas diamétralement opposés; car il est clair, par la génération de la sphere (*Art.* 1.) que le diametre d'un cercle devient l'axe de la sphere, lorsqu'on le fait mouvoir autour de ce diametre; par conséquent qu'il est commun à tous les cercles qui passent par l'axe de la sphere.

Si les deux points donnés sont moins éloignés que de 180 degrés, on ne peut y faire passer qu'un cercle majeur, mais une infinité de cercles mineurs de différentes grandeurs; d'où il résulte que, pour ceux-ci, ce n'est pas assez de deux points donnés, il en faut trois pour en déterminer la position & la grandeur, parce qu'il en faut chercher le diametre comme il suit.

Fig. 173. Soient les trois points donnés A, B, E (*Fig.* 173) dans la surface concave de la sphere; on en mesurera les distances pour en faire à part, sur une muraille ou autre surface plane, un triangle ABE, puis par les points B & E, on tirera aux lignes AE, AB des perpendiculaires B *d*, E *d* qui se rencontreront au point *d*; si par ce point *d* & l'opposé A, on tire une ligne A *d*, elle sera le diametre qu'on cherche.

COROLLAIRE.

De cette méthode on tire celle de trouver le diametre d'une sphere;

ſphere ; car ſi avec un cordeau de longueur arbitraire, & d'un point P pris à volonté pour pole, on décrit un cercle ſur la ſurface concave, en ayant trouvé le diametre par la pratique précédente, on fera un triangle iſoſcele de la longueur du diametre AE pour baſe, & des deux longueurs du cordeau AP, EP pour côtés, ſur leſquels on fera aux points A & E, deux perpendiculaires qui ſe rencontreront au point D : la ligne PD ſera le diametre de la ſphere qu'on cherche. Cela ſuppoſé pour décrire un cercle majeur par les deux points donnés A & B) *Fig.* 173) il faut tracer à part ſur une ſurface plane un quart de cercle (*Fig.* 174) ou ce qui eſt la même choſe un triangle rectangle iſoſcele, dont les jambes *a c*, *p c* ſoient égales au rayon de la ſphere, l'hypotenuſe *ap* ſera la corde d'un arc de 90 degrés qui ſervira à trouver le pole du cercle propoſé. *Fig.* 173. *Fig.* 174.

Des points A & B comme centres, & la corde AP pour rayon, on fera une interſection de deux arcs de cercle qui ſe couperont en P où ſera le pole, duquel on décrira le cercle majeur EABF, qui eſt repréſenté ici en perſpective, c'eſt-à-dire qu'on y fixera le cordeau, une perche, ou un ſimbleau, pour tracer le cercle dans la ſurface concave de la ſphere à peu près comme on ſe ſert du centre ſur une ſurface plane. *Fig.* 173.

J'ai dit dans la ſurface concave, parce qu'il eſt viſible qu'on ne peut pas opérer de même ſur la convexe, ſur laquelle au lieu de ſe ſervir de la corde *ap* (*Fig.* 174) pour rayon des interſections qui donnent le pole ; il faut ſe ſervir de l'arc *alp* ; c'eſt pourquoi il faut un inſtrument pour y ſuppléer, ou un compas à pointes courbées, ſi la ſphere eſt petite, comme ſont dans l'artillerie les boulets & les bombes ; mais ſi la ſphere eſt grande comme une voute, au lieu d'un cordeau, il faut ſe ſervir d'un aſſemblage de trois pieces de bois *p* H, H *g*, *g a* aſſemblées à angle droit, dont la grande H *g* ſoit égale à la corde *p a*, & les deux autres à la fleche *f l* ; & pour les entretenir en cet état, il faut les lier par des liens ou écharpes IK, *i k*, qui les empêchent de s'ouvrir ou de ſe fermer. *Fig.* 174.

Pour trouver le pole d'un cercle mineur, dont on a trois points donnés (*Fig.* 175) on décrira ſur une ſurface plane par le moyen du triangle APE le cercle AE *d*, puis ayant diviſé l'arc BE en deux également en *m*, on tirera le diametre *m t* perpendiculairement à BE, ſur le milieu C duquel on mene- *Fig.* 175.

ra la perpendiculaire X c x, puis du point m ou t pour centre ; Fig. 175. & de l'intervalle du demi-diametre de la ſphere pour rayon, on décrira des arcs de cercle qui couperont la perpendiculaire X x au point G qui repréſente le centre de la ſphere, duquel & avec le même rayon on décrira des arcs qui couperont la ligne X x aux points x & X, où ſeront les poles du cercle mineur ABE d que l'on cherche ; ainſi les diſtances X m ou x t, ſeront les rayons des interſections des arcs de cercle qu'on fera des points B & E, comme centres pour avoir le point d'un des poles, comme nous l'avons dit ſur la Figure 173.

Ou bien méchaniquement & avec une exactitude ſuffiſante pour la pratique, on enfilera trois cordeaux égaux dans un anneau (*Fig.* 173) en S pour la ſurface convexe, & en P pour la concave, qui ſeront d'une longueur proportionnée à peu près à celle qu'on juge à vûe d'œil, & un peu plus longue ; on les nouera enſemble par un bout, & on attachera les autres aux points donnés, puis faiſant couler l'anneau en rapprochant de la ſurface de la ſphere les trois cordeaux également tendus, on parviendra exactement au pole, où l'on attachera un des cordeaux pour tracer le cercle demandé ſur la ſurface de la ſphere. Cette méthode a cela de commode qu'elle peut ſervir ſur la ſurface convexe, en éloignant l'anneau au-deſſus du pole autant qu'on le voudra, pour éviter le frottement du cordeau qui ſert de ſimbleau, lequel doit être tangent à la ſphere, pour n'être point plié ſur la ſurface convexe, où ce pli, ou plutôt cette courbure cauſeroit des ondulations par le frottement.

Mais ſi on avoit un cercle majeur à décrire, comme les ſocles ou les côtés d'une couverture de dôme, tels qu'on en voit à celui des Invalides ; on ne pourroit aſſez élever le point S pour éviter le frottement, c'eſt pourquoi il faut ſe ſervir du niveau ou du plomb ; ſi les cherches doivent être de niveau comme les ſocles, ou à plomb comme les côtes, ou ſi de tels ornemens étoient inclinés, comme des entrelas de cercles, il faudroit avoir au pole une perche perpendiculaire à la ſurface convexe par la pratique dont nous parlons qui ſerviroit à alligner le cordeau, afin qu'en le courbant, il ne ſe détournât point de ſa direction; parce que pour peu qu'il ſe courbe à droite ou à gauche, il ſe racourcira & donnera de faux points du cercle propoſé.

DEMONSTRATION.

Premierement, il eſt clair qu'ayant trouvé la corde de 90 degrés de la circonférence de la ſphere, & l'ayant appliquée aux deux points donnés, la rencontre de deux de ces cordes égales eſt le pole qui eſt toujours éloigné de 90 degrés d'un grand cercle, par la ſeizieme propoſition des ſphériques de THEODOSE. *Fig. 155.*

Secondement, pour trouver le diametre d'un cercle dont on a trois points donnés, nous avons élevé des perpendiculaires ſur AB & AE pour avoir la poſition de ce diametre, parce que (par la trente-unieme Prop. d'EUCL. *l.* 3) l'angle droit eſt toujours dans le demi-cercle ; & puiſque les lignes B*d* & E*d* ſont bien poſées, leur rencontre ſe terminera au point de la circonférence du cercle diamétralement oppoſé au point A : la même conſtruction eſt encore plus intelligible dans le Corollaire pour trouver le diametre de la ſphere.

Troiſiemement il eſt démontré dans la treizieme propoſition des ſphériques de THEODOSE, que ſi dans la ſphere un cercle en coupe un autre en deux également & perpendiculairement, les poles de celui qui eſt coupé, ſont dans la circonférence de celui qui le coupe & à diſtances égales ; or il eſt viſible que le cercle mineur ABE*d* eſt coupé en deux également par ſon diametre *mt*, lequel eſt la corde d'un cercle majeur, dont le diametre X*x* eſt élevé perpendiculairement ſur cette corde ; par conſéquent les points X & *x* ſont les poles du cercle ABE*d*, & les lignes X*m*, X*t*, *xm* & *xt*, les diſtances, ſont les tangentes de ces poles au cercle ; car quoique les deux cercles majeur & mineur ſoient dans cette Figure ſur un même plan, il faut les concevoir à angle droit l'un à l'autre ; de ſorte que ſuppoſant le mineur dans le plan du papier, le majeur ſeroit élevé en l'air perpendiculairement en tournant ſur la corde *mt*, qui doit êtr immobile.

USAGE.

Ce Problême eſt néceſſaire aux Peintres, aux Sculpteurs en ſtuc ou en plâtre, & aux marbriers qui ont des ornemens circulaires à tracer dans la ſurface concave d'une voute ſphérique, ou ſur la ſurface convexe, comme par exemple des ſocles, des côtes d'arcs doubleaux, des bordures de bas relief, ou des ouvertures feintes, ou des entrelas circulaires.

A l'égard des ouvertures vrayes ou feintes faites après coup dans une voute sphérique ; je dirai en passant que VIVIANI *a trouvé le moyen de percer une voute hémisphérique en quatre endroits pour des fenêtres, en sorte que le reste de la voute soit géométriquement quarrable.*

Quoique cette proposition n'ait aucun rapport à notre sujet qui n'a pour but que la division des surfaces & non pas leur étendue ; je crois qu'on ne sera pas fâché de cette petite digression : la construction de ce Problême consiste à diviser la base de l'hémisphere par deux diametres à angles droits, sur lesquels on fait quatre petits demi-cercles pour bases de quatre moitiés de cylindres droits qui percent l'hémisphere ; le restant des quatre ouvertures qu'ils font, est quarrable, c'est-à-dire, qu'on en peut trouver la surface géométriquement. On a vû par nos principes au Théorême VII. que la courbe que font chacun de ces demi-cylindres étoit une ellipsimbre ; il ne s'agiroit plus que de quarrer l'espace enfermé dans ces ellipsimbres pour avoir la surface totale de l'hémisphere ; mais quoique la Géométrie ne soit pas parvenue à ce degré de perfection, elle nous fournit pour la pratique des moyens suffisamment exacts.

PROBLEME XXX.

Par un point donné sur la surface d'un cylindre, tracer un cercle.

Si le cylindre est droit, & que la base soit donnée, il n'y a point de difficulté ; il n'y a qu'à suivre le contour de la base à distance égale prise toujours parallelement à l'axe, soit avec une regle ou un cordeau, ou en petit, avec cet instrument de Menuisier qu'on appelle *Trusquin* ; mais si l'on n'a pas la base, ou parce qu'elle est oblique ou rompue, ou embarrassée par quelque corps qui la couvre, comme si l'on vouloit tracer un ornement circulaire, tel qu'une base ou une astragale à un pilier Gothique en place ; il faut commencer par mener plusieurs paralleles à l'axe, & tracer le cercle, s'il est question d'un cylindre scalene, comme une ellipse sur un cylindre droit, ainsi que nous le dirons ci-après ; nous parlerons seulement ici du cylindre droit.

Premiere maniere de tracer des paralleles à l'axe du cylindre, *la base étant donnée.*

Soit une base droite ou oblique ABDE; ayant applani cette base, on y menera deux lignes gG, fF paralleles entr'elles, qu'on divisera en deux également en M & *m*, par où si l'on tire la ligne BE, son milieu C sera l'extrêmité de l'axe du cylindre: on en fera autant sur la base opposée pour trouver l'autre extrêmité du même axe; ensuite ayant posé une regle HI à volonté sur cette base, pourvû qu'elle passe par le pied C de l'axe, on tracera la ligne AD: posant aussi une autre regle KL sur la base opposée, on la fera tourner sur l'extrêmité de l'axe, jusqu'à ce que regardant l'une par l'autre, leur direction soit parallele; en sorte que celle du côté où l'on regarde couvre si bien l'autre, que les deux lignes supérieures ou inférieures de ces regles se confondent en une, ce qu'une personne seule peut faire en arrêtant une des regles dans sa position, & tenant l'autre pour la tourner comme il convient, pour faire en sorte que le rayon visuel rase les deux regles, de maniere qu'elles ne paroissent point se croiser, ce qu'on appelle *bornoyer*, parce que l'on ferme ordinairement un œil, & que nous avons exprimé par des lignes qui partent d'un œil *æ*, à la Fig. 177, en cette situation si on trace des diametres sur les bases, la ligne menée à la surface du cylindre par l'extrêmité de ces diametres ainsi correspondans, est une parallele à l'axe du cylindre, par exemple D*d*. Fig. 177.

Lorsque les bases sont embarrassées comme à un pilier en place, qui est engagé par le haut & par le bas, on est obligé d'avoir recours à des manieres méchaniques pour tracer des paralleles à l'axe.

La premiere & la plus simple, est celle de se servir du plomb pour les cylindres posés bien verticalement comme des piliers ronds; & s'ils sont inclinés, c'est d'appliquer de *champ* une regle fort large OP, & dont les côtés opposés sont bien paralleles le long du pilier, & la tourner de maniere qu'en regardant par dessus cette regle, elle ne croise point la ligne tangente du pilier; en sorte que les rayons visuels *æ*O, *æ*P rasent l'un & l'autre, la surface du pilier; la ligne tracée sur la même surface cylindrique au long du côté de la regle qui appuye sur le cylindre, est une parallele à l'axe.

La seconde maniere, qui est encore méchanique, est de tra-

Fig. 176. cer avec un compas d'un point C pour centre, & d'une ouverture prise à volonté une ligne courbe *d*E*e*, sur la surface du cylindre, comme l'on décrit un cercle sur une surface plane; ensuite d'une ouverture de compas un peu plus grande que la premiere, mais moindre que la longueur de l'arc de cylindre, dont elle est la corde developpée, c'est-à-dire rectifiée, on décrira sur du carton un demi-cercle, ou seulement un secteur de cercle qui en approche, dont on posera le centre en C, & l'ayant appliqué & plié sur la surface du cylindre, on y en tracera le contour qui coupera celui de la courbe précédente en deux points X & *x*, par lesquels si l'on tire une ligne droite, on aura la parallele à l'axe qu'on cherche, à laquelle il sera facile d'en tirer d'autres par des points donnés s'il le faut. On peut faire la même chose avec un cordeau, mais moins exactement; cela supposé comme une préparation nécessaire pour tracer les cercles & les ellipses à la surface du cylindre.

Si le cylindre est droit, il ne s'agit que de faire des sections perpendiculaires aux lignes paralleles à l'axe : ainsi on prendra à volonté les points *x* & X pour centres, & de tel intervalle qu'on voudra pour rayon, on fera des intersections d'arc en H & en K, & plus loin en *h* & en *k*, ou plus près en *l* & *i*, & l'on appliquera sur ces points *k*K, *li*, H*h* une regle pliante, avec laquelle on tracera le cercle autour du cylindre s'il est droit; car s'il est scalene, la section perpendiculaire à l'axe sera une ellipse, auquel cas pour décrire un cercle par le point donné, il faut mener par ce point un contour parallelele à la base, ou faisant un angle sous-contraire.

Fig. 180. Pour tracer des lignes paralleles à l'axe dans la surface concave d'une portion de cylindre, comme dans une voute, (*Fig.* 180) au lieu de prendre deux paralleles des deux côtés du centre, on les prendra toutes deux du même côté, comme *af*, *be*; on les divisera chacune par le milieu en M & *m*, & on menera par ces milieux la ligne *d*C qui sera un diametre; mais parce que le cylindre n'est pas complet, ce diametre ne sera terminé que d'un côté en *d*, & ne l'étant pas au-delà de C, on ne pourra en avoir le milieu C, qu'en répetant la même opération par deux autres lignes *ih*, K*g* qui donneront un second diametre E*c* qui coupera le premier en C, centre de la base où passera l'axe du cylindre. On en fera autant à la base opposée, & l'on aura l'autre extrêmité de cet axe, auquel il ne sera pas difficile de mener des paralleles, en tendant un cordeau d'un bout de l'axe à l'autre, & bornoyant par cette ligne deux points dans la surface concave; de sorte que cet axe soit dans le même plan, & que le cordeau les couvre à l'œil qui doit être un peu éloigné du cordeau, du côté opposé aux points que l'on veut marquer sur la surface concave, pour y tracer une parallele à l'axe du cylindre.

DEMONSTRATION.

La premiere maniere de tracer une parallele à l'axe du cylindre est fondée sur ce que les ordonnées à un diametre sont coupées en deux également par ce diametre; lequel étant aussi divisé en deux également, donne le centre de la base du cylindre, soit qu'elle soit circulaire ou elliptique; or quelle qu'elle soit, l'axe passe par son centre, & les deux regles HI, KL que l'on dirige par le rayon visuel dans le même plan passant par l'axe, donnent aussi les côtés du parallelogramme par l'axe, dont les côtés opposés sont paralleles; donc D*d* est une ligne parallele à l'axe; *ce qu'il falloit faire.* *Fig.* 177.

La seconde maniere de tracer une parallele à l'axe du cylindre par le moyen d'une regle d'une certaine largeur, quoique méchanique, est exacte dans son principe; car puisqu'elle est dirigée par les rayons visuels dans un plan tangent au cylindre, ce plan ne le touchera que suivant une ligne parallele à l'axe, & le plan de la regle étant de largeur égale d'un bout à l'autre, fera un parallelogramme, dont un côté sera sur le plan tangent, & l'autre sur le cylindre, toujours également éloigné de la ligne d'attouchement; donc il lui sera parallele, & par conséquent à l'axe.

La troisieme maniere, quoique méchanique, est aussi exacte dans son principe; on trace sur le cylindre deux courbes à double courbure *d*E*e*, *m*MB de différente nature, qui ne peuvent se rencontrer qu'en quatre points; sçavoir, deux de chaque côté en X*x* d'une section par l'axe AG; celle de ces courbes qui est tracée avec le compas, a tous ses diametres passans par le centre C, courbes de courbures inégales, à la réserve de *d e* qui est droit, & de contour inégalement long, qui ont cependant des sous-tendantes toujours égales, lesquelles sont les lignes droites qu'on imagine passer par les deux points du compas; & au contraire celle qui est tracée avec un cercle *Fig.* 176.

Pl. 16. Fig. 176. plié, à tous ses diametres de contour également long, & toutes les sous-tendantes inégales. Chacune de ces courbes a un diametre droit qui leur est commun sur le côté AB, & un ciculaire qui lui est perpendiculaire; sçavoir, CE dans la premiere, & CM pour la seconde; tous les autres sont elliptiques, dont la courbure se redresse à mesure qu'ils approchent de AB; de sorte qu'étant tous inégaux de chaque côté, ils ne peuvent aboutir au même point que lorsqu'ils approchent également de ce diametre droit, qui est le côté du cylindre, comme en X & *x*, donc la ligne X *x* est parallele au côté, & par conséquent à l'axe; *ce qu'il falloit faire.*

Quant à la maniere de tracer le cercle sur la surface du cylindre, il est clair que l'on suppose que le cylindre soit droit, parce que les points K *i*, *k* H étant chacun également éloignés des points *x* X, sont dans un même plan perpendiculaire au côté *x* X du cylindre, par conséquent à son axe, auquel ce côté est essentiellement parallele.

D'où il résulte une section parallele à la base, c'est-à-dire, un cercle.

Mais aussi il est clair que si le cylindre étoit scalene, cette section perpendiculaire au côté seroit une ellipse qui ne seroit point parallele à la base; ainsi pour décrire un cercle à la surface d'un cylindre scalene, il faut en avoir la base, tirer des paralleles à l'axe sur la surface, c'est-à-dire plusieurs côtés, & porter sur chacun de ces côtés la même distance du point donné au contour de la base, pour avoir autant de points que l'on a de côtés; mais alors on ne peut plus se servir de la regle pliante posée de plat pour tracer le cercle, parce que la direction de son pli se tourne perpendiculairement au côté du cylindre, au lieu que celle du contour du cercle le coupe obliquement d'un angle égal à celui que l'axe fait avec le plan de la base; mais on peut s'en servir en la posant de *chan*, c'est-à-dire, sur son épaisseur appliquée sur ces points trouvés, parce que l'ellipse est une courbe plane, & qu'une regle d'une largeur beaucoup plus grande que son épaisseur étant pliée, se dirige facilement sur un plan; il n'en seroit pas de même s'il s'agissoit d'une courbe à double courbure, il faudroit alors que l'épaisseur fut égale à la largeur, afin qu'elle ne fit pas plus de résistance à se plier d'un côté que de l'autre.

Enfin la derniere opération pour tirer des paralleles à l'axe

dans

dans une ſurface concave de portion de cylindre, eſt la même que la premiere redoublée, parce que le centre de la ſection étant dans chaque diametre, il ſera dans le point de concours des deux où ils ſe croiſent.

USAGE.

Ce Problême eſt un des fondamentaux de la conſtruction des voutes cylindriques, parce qu'il ſert à trouver l'arc droit des berceaux circulaires ou elliptiques, ou pour le ceintre entier, ou pour une petite portion, telle qu'eſt un vouſſoir, pour y poſer la *cerche*, c'eſt-à-dire le modele de la courbe, lequel doit être préſenté perpendiculairement à une ligne parallele à l'axe; car pour peu que cette ligne lui fût inclinée, le modele de la courbe circulaire ou elliptique marqueroit une concavité ou une convéxité, laquelle étant continuée ſuivant la direction d'une ligne qui croiſeroit la direction de l'axe, donneroit une ſurface différente de celle qu'on ſe propoſe, comme on peut l'appercevoir par la différence de la ſection du plan qui paſſeroit par cette courbe. Ce Problême peut encore ſervir à tracer ſur une doële de berceau des ornemens de Peinture ou de ſtuc, comme des arcs-doubleaux.

La maniere de faire des paralleles à l'axe, peut être employée au même uſage, par exemple, à diriger une corniche dans un berceau rampant, dont la régularité de l'impoſte ſeroit douteuſe; ce qu'on a ſouvent lieu d'examiner à cauſe du peu d'exactitude des Ouvriers dans les voutes même les plus ſimples.

Enfin ce Problême eſt néceſſaire pour la conſtruction de ceux qui ſuivent.

PROBLEME XXXI.

Par un point donné à la ſurface d'un cone, faire paſſer un cercle.

Premier cas. Lorſque le cone eſt droit, & que le ſommet eſt donné; il ne s'agit que de fixer un cordeau ou une regle au ſommet, & de ce point, comme pole, décrire un cercle, en tournant ſur la ſurface concave ou convexe, cela eſt très-ſimple.

2°. Mais ſi le ſommet n'eſt pas donné comme dans un cone tronqué, il faut tirer ſur la ſurface du cone deux lignes droites, c'eſt-à-dire deux côtés, leſquels étant prolongés, ſe rencontreront au ſommet du cone.

Pour tirer ces côtés, il suffit d'appliquer une regle bien droite sur la surface du cône, en sorte qu'elle ne laisse point de jour entr'elle & cette surface. Si cependant le cone tronqué étoit d'une grande circonférence, on pourroit s'y tromper, parce que la surface étant d'une convéxité peu sensible, vers la base surtout, on pourroit biaiser la regle sans s'en appercevoir; c'est pourquoi si l'on veut opérer exactement, il faut tirer des paralleles sur les plans des bases opposées, que nous supposons premierement paralleles entr'elles, & faire pour cette espece de cone tronqué la même opération que nous avons faite à la Figure 177, pour trouver le côté du cylindre; alors on sera sûr que la rencontre des côtés du cone trouvés par ce moyen, en donnera exactement le sommet, si l'on veut s'en servir, mais on peut s'en passer. Car ayant trouvé deux côtés du triangle par l'axe du cone qui divise les deux bases en deux parties égales, on subdivisera chacune de ces parties en un même nombre de parties égales, & l'on tirera des lignes droites des unes aux autres, à la base supérieure & inférieure, comme l'on voit à la Figure 186; la distance du point donné à la surface du cone prise de l'une des bases, & portée sur chacune de ces lignes ou côtés du cone, donnera des points par lesquels on menera à la main une ligne courbe qui sera le cercle demandé.

Il faut remarquer ici qu'on ne peut pas se servir pour le tracer d'une regle pliante posée de plat, parce que la surface de la largeur s'appliquant perpendiculairement au côté du cone, la direction de son pli donneroit une courbe qui s'écarteroit des points marqués, pouvant être une ellipse, une parabole, ou une hyperbole, suivant l'ouverture de l'angle du sommet du triangle par l'axe; ce qui est clair, mais on peut s'en servir en la posant de *cant* ou de champ; on se sert encore de la regle d'une autre maniere, on bornoye par son côté deux ou trois points, suivant lesquels on la tient appuyée d'un côté, & en l'air par l'autre, puis fermant un œil, on suit avec le crayon l'alignement de cette regle, sans changer l'œil de place.

Si les bases opposées du cone tronqué ne sont pas paralleles, il est clair que l'une étant circulaire, l'autre sera elliptique, & que c'est de la circulaire qu'il faut prendre les mesures de la distance du point donné.

Mais supposant que la base circulaire est seule plane, & que la partie tronquée n'est pas applanie, on peut encore tracer les côtés sur la surface du cone en prenant des points à son contour équidistans d'un troisiéme au milieu des deux, & de ces points, comme centres, faire des intersections d'arcs; comme si on élevoit une perpendiculaire sur une surface plane, & sur les côtés ainsi trouvés, tracer le cercle par le point demandé, comme nous venons de le dire.

Troisieme cas. Lorsque le cone est scalene, quand même son sommet seroit donné, on ne peut plus s'en servir comme d'un pole pour tracer le cercle par le point donné, ni de la distance du point donné à la surface mesurée sur un côté jusqu'à la circonférence de la base, parce que le contour du cercle parallele à la base, est inégalement distant de celui de la base, quoique les plans de l'un & de l'autre soient supposés paralleles, & par conséquent équidistans.

Il faut alors (*Fig.* 179) abaisser une perpendiculaire SP du sommet S du cone scalene donné ASB sur le plan de sa base AB prolongé; ce qui est une opération familiere à ceux qui sçavent bien faire des Cadrans pour trouver le pied du stile, & qui est un Problême du XI Livre d'EUCLIDE, Prop. XI. Ceux qui ne sont pas Géometres, le font par le moyen d'une équerre qu'ils posent d'un côté sur le plan, & appuyent l'autre au sommet S, & en la tournant sur le côté SP marquent le point P, par lequel si l'on tire une ligne par le centre C, on aura le triangle rectangle APS, & par conséquent l'obliquangle ABS, qui est la plus oblique de toutes les sections par l'axe du cone, c'est-à-dire qui en marque le plus long côté AS, & le plus petit BS. Fig. 179.

Ayant décrit ce triangle sur une surface plane, & le demi-cercle A 2 B, moitié de la base du cone, on le divisera en autant de parties qu'on voudra avoir de points du cercle demandé, comme ici en quatre, aux points 1, 2, 3, d'où l'on tirera des perpendiculaires sur le diametre AB, qui le couperont aux points E, C, G, desquels on tirera des lignes au sommet S; puis par le point donné D ou *d*, s'il est dans ce triangle ASB, on tirera une ligne D *d* parallele à AB; & s'il n'y est pas, nous verrons par la suite de l'opération ce qu'il faut faire pour tirer cette parallele.

Du point E pour centre & pour rayon ES, on fera un arc S *h* qui coupera AB prolongée en *h*, d'où l'on tirera au point 1 la ligne 1 *h* qui sera le côté du cone passant par le point 1; on

Fig. 168. trouvera de même les côtés 2 *k*, & 3 *l* qui aboutiront en *b*, *k*, *l*, à différens points donnés sur AB prolongée par la transposition des lignes CS & GS.

Ensuite du point E pour centre & pour rayon E*e*, où ES coupe D*d*, on fera un arc *ef*, qui donnera sur AB le point *f*; la ligne *fx* menée parallelement à E 1, donnera sur le côté 1 *h* le point *x* que l'on cherche, qui est un de ceux de la circonférence du cercle demandé, pris sur le côté 1 *h*, dont la projection est ES dans le triangle par l'axe ASB; le rayon C*m* donnera un point auprès de G, d'où tirant G*y* parallele à C 2, on aura le point *y*: ainsi des autres.

Si le point donné D n'est pas sur les côtés du triangle par l'axe ASB, mais qu'il soit par exemple en *g*, ayant tiré par le sommet du cone le côté S*g*, il coupera la base au point 3, d'où ayant trouvé le côté 3 *l*, on portera sur ce côté la distance donnée 3 *z* égale à 3 G pris sur la surface du cone; puis de *z* tirant *zb* perpendiculaire sur AB prolongé, la distance G*b* donnera sur GS le point *g* par où doit passer la parallelle D *d*, pour trouver les points de la circonférence du cercle demandé, comme nous venons de le dire.

Il n'est pas nécessaire de parler ici du cercle de la section sous-contraire, parce qu'il est aisé d'y suppléer, en faisant attention qu'au lieu d'opérer sur la ligne D *d* parallele à la ligne AB, il faut tracer une autre ligne NB, ou sur une de ses paralleles qui fasse avec SA un angle égal à l'angle SBA.

DEMONSTRATION.

Il est clair par la nature du cone que l'on ne peut trouver de lignes droite à la surface, que celles qui sont menées du sommet à la circonférence de sa base que toutes ces lignes sont égales dans le cone droit, & inégales dans le scalene; que lorsqu'elles sont égales, qui en a une les a toutes; mais que lorsqu'elles sont inégales, on ne peut les trouver par la projection sur le triangle par l'axe ASB, comme on a trouvé ci-devant les côtés du cylindre sur le parallelogramme par l'axe, parce que les lignes ES, CS, GS, sont les côtés d'un triangle rectangle, dont le côté du cone qui leur répond est l'hypotenuse. Or il est clair qu'en transportant, par exemple, ES en E*h*, le côté E 1 restant immobile à angle droit sur AB, la ligne 1 *h* représente exactement le côté du cone, & 1 x la distance de la base à une section parallele faite par un plan perpendiculaire au triangle par l'axe ASB, & parallele à la base.

PL. 16. Fig. 179.

Que les angles SE 1, SC 2, SG 3 soient droits, c'est une suite de la construction. parce que le plan du triangle par l'axe ASB passe par la ligne SP qui a été faite perpendiculaire au plan de la base AB; c'est-à-dire du demi-cercle A 2 B; par conséquent toutes les lignes E 1, C 2, G 3, perpendiculaires à la commune section AP de ces deux plans, sont perpendiculaires à toutes celles qui sont tirées dans le plan ASP, comme SE, SC, SG, &c.

Nous avons supposé dans ce Problême que le cone étoit droit, ou incliné sur une base circulaire; mais si l'on n'avoit qu'une base elliptique, & qu'on voulut tracer un cercle sur le cone, il faudroit chercher l'angle de l'inclinaison d'un plan coupant celui de la base, dont la section fût un cercle, pour avoir le profil du triangle par l'axe du cone elliptique. Comme cette proposition n'a été donnée par aucun des Auteurs des Traités des sections coniques que je connoisse, & que j'y ai trouvé de grandes difficultés, j'ai eu recours au célebre M. BERNOULLI, un des premiers Mathématiciens de notre siecle, qui a bien voulu m'en donner la solution; il est convenu „ que ce Problême étoit „ du nombre de ceux qui, quand on ne s'y prend pas bien, en- „ gagent dans un calcul pénible, & conduisent à des équations „ de quatre dimensions, & que sa solution étoit une chose nou- „ velle.

Ce grand homme * qui a le bonheur d'avoir deux fils, nommé Daniel & Jean, qui marchent à grand pas sur ses traces dans les hautes Sciences, comme il a paru par plusieurs Ouvrages de Mathématique de leur façon, ayant parlé au second (qui a remporté deux prix de l'Académie des Sciences de Paris) de ma question il l'a résolu d'une autre maniere, dont il a bien voulu me faire part. On la verra à la suite de celle de M. son pere, que je mets ici mot à mot, persuadé que ce qui vient des grands hommes doit être conservé sans altération; dans cette idée j'aurois copié en entier la lettre qu'il m'a fait l'honneur de m'écrire, s'il n'y avoit répandu des expressions si obligeantes sur mon Ouvrage, que je ne pourrois les répeter sans pécher contre la modestie. Il n'en falloit pas moins pour me faire supprimer les marques de sa politesse & celles de la bienveillance dont

* Il est mort depuis la premiere Edition de ce Traité.

il m'honore, à laquelle je suis extrêmement sensible.

PROBLEME XXXII.

Etant donné un cone ASB droit, sur une base elliptique ADB, dont AB est le petit axe, dont le plan doit être conçû perpendiculaire au plan du triangle isoscele ASB; on demande la position d'un plan incliné sur l'ellipse, dont la section dans le cone soit un cercle.

Fig. ✠ pres de la Fig. 182.

1°. J'appellerai le *grand côté* du cone elliptique la droite SD, (ou S*d*) tirée du sommet S à l'extrêmité D du grand demi axe de l'ellipse, dont le plan doit être considéré comme perpendiculaire au plan du triangle isoscele ASB.

DÉFINITIONS.

2°. *Le petit côté* du cone sera SA tirée du sommet S à l'extrêmité A du petit axe de l'ellipse.

Soient nommées

La hauteur ou l'axe du cone SC $= a$
Le petit demi-axe de l'ellipse CA ou CB $= b$
Le grand demi-axe de l'ellipse CD $= c$

Le grand côté du cone SD $= \sqrt{cc + aa} = n$, la différence du quarré de CD, & du quarré de CA, c'est-à-dire, $cc - bb = hh$, & partant $\sqrt{cc - bb} = h$, pour faire une ligne droite égale à h on a $\sqrt{cc - bb}$, il n'y a qu'à décrire un demi-cercle sur CD, & y inscrire la corde Ca égale à CA, tirant ensuite l'autre corde Da, on aura D$a = \sqrt{cc - bb} = h$: ou bien dans l'angle droit ACD, tirés une hypotenuse AF égale à CD, on aura CF $= \sqrt{cc = bb} = h$: notez que le point F sera un des foyers de l'ellipse.

Solution. Le plan de l'ellipse ADB étant perpendiculaire au plan du triangle ASB, je cherche la position d'une ligne droite yY dans le triangle isoscele ASB, laquelle passe par le centre C de l'ellipse, & sur laquelle si on dresse un plan aussi perpendiculaire au plan ASB, je veux que ce plan dressé fasse dans le cone par sa section un cercle, dont le diametre sera yY, & CD une ordonnée commune à l'ellipse & au cercle, parce que le plan de l'ellipse & le plan du cercle se coupent dans la droite CD : il faudra donc, par la propriété du cercle, que CD soit la moyenne proportionelle entre les deux segmens du diametre Cy & CY, & partant que le rectangle Cy × CY de ces deux segmens soit égal au quarré de l'ordonnée CD, & c'est ce qu'il faut exécuter. *Fig. près de la Fig. 182.*

Ayant prolongé Yy jusqu'à SE perpendiculaire à SC, soit SE $= x$: on aura, à cause des triangles semblables SyE, & AyC, SE : AC : : Ey : yC, & *componendo* SE + AC : AC : : Ey + yC ou EC : yC, c'est-à-dire, $x + b : b :: \sqrt{xx+aa} : y\text{C} = b\frac{\sqrt{xx+aa}}{x+b}$. Pareillement, à cause des triangles semblables SYE, BYC, on aura SE : BC : : EY : CY, & *dividendo* SE — BC : BC : : EY — CY, ou EC : CY, c'est-à-dire, $x - b : b :: \sqrt{xx+aa} : \text{CY} = b\frac{\sqrt{xx+aa}}{x-b}$; or le rectangle yC× CY devant être égal au quarré de CD, j'aurai d'abord cette égalité $b\frac{\sqrt{xx+aa}}{x+b} \times b\frac{\sqrt{xx+aa}}{x-b}$ ou $\frac{bbxx+bbaa}{xx-bb} = cc$, d'où on trouve par la réduction $xx = \frac{bbcc+bbaa}{cc-bb} = bb\frac{mm}{hh}$, par conséquent $x = b\frac{m}{h}$; *ce qu'il falloit trouver.*

Construction Géométrique.

Faites cette analogie : *Comme h ou* $\sqrt{\text{CD}^2 - \text{AC}^2}$ *ou CF est à b ou AC, ainsi m ou SD est à une quatrieme*; je dis que si vous prenez SE égale à cette quatrieme, & que vous tiriez par le centre C la droite EY, la partie yY interceptée entre les deux petits côtés SA & SB, prolongée, fera la position & la grandeur du diametre cherché; sur lequel si on dresse un plan perpendiculaire au triangle ASB, la section de ce plan fera dans le cone un cercle, donc aussi tous les autres plans paralleles à celui-ci, feront par leurs sections tout autant d'autres cercles.

SCHOLIE.

Que si vous aimez mieux trouver trigonométriquement l'angle de l'inclinaison de la section; sçavoir, l'angle ACy, qui est égal à l'angle E, vous n'avez qu'à faire cette analogie, comme ES est à SC, ainsi le sinus total est à la tangente de l'angle cherché AC y.

COROLLAIRE.

On en trouve maintenant tout ce que l'on veut, par exemple, C x, ou la distance du centre de l'ellipse au centre du cercle; car $yY = yC + CY = b\frac{\sqrt{xx+aa}}{x+b} + b\frac{\sqrt{xx+aa}}{x-b} =$ (en substituant la valeur de x) $\frac{cn}{m+h} + \frac{cn}{m-h} = \frac{2mcn}{mm-hh} =$ en substituant la valeur de $mm-hh$ qui est $= aa+bb = nn$) $\frac{2mcn}{nn} = \frac{2mc}{n}$, donc la moitié $\frac{mc}{n} = Yx$ ou yx, & en retranchant Cy, ou $\frac{cn}{m+h}$, il reste C$x = \frac{mc}{n} - \frac{cn}{m+h} = \frac{mmc - nnc + hmc}{mn-hn} =$ (en substituant pour $mm - nn$ sa valeur $cc - bb$, ou hh) $\frac{hhc+hmc}{mn+hn} = \frac{hc}{n}$: ainsi C$x$ sera la quatrieme proportionelle de n, h & c, c'est-à-dire, de SA $\sqrt{CD^2 - AC^2}$ & CD, ou de SA, CF & CD.

Ce que vous trouvez, (c'est toujours M. BERNOULLI qui parle en réponse) que *le quarré de la moitié du diametre* yY *qu'on cherche, est égal au quarré de la moitié du grand axe CD, de la base, plus au quarré de Cx*; n'est autre chose qu'une application d'une proposition du II. Livre d'EUCLIDE, qui est qu'une ligne droite comme yY étant coupée également en x, & inégalement en C, le quarré de la moitié yx est égal au rectangle des segmens inégaux yC × CY plus au quarré de l'interceptée Cx. Car, comme j'ai remarqué ci-dessus, le rectangle yC × CY doit être égal au quarré de CD; donc on aura aussi Yx^2 ou $yx^2 = CD^2 + cx^2$, comme vous avez trouvé; ceci est encore confirmé par ce que je viens de démontrer en dernier lieu, où j'ai trouvé Y$x = \frac{mc}{n}$, C$x = \frac{hc}{n}$ & CD $= c$; il faut donc faire voir qu'effectivement $\frac{mmcc}{nn}$ sera $= cc + \frac{hhcc}{nn} = \frac{nncc+hhcc}{nn}$; or il est clair que $mm - nn$ étant égal $cc - bb$

$bb = hh$, on aura $nn + hh = mm$, donc $\frac{nncc + hhcc}{nn}$ devient $= \frac{mmcc}{nn}$; ainsi on a $Yx^2 = \frac{mmcc}{nn}$, & aussi $CD^2 + Cx^2 = \frac{mmcc}{nn}$, par conséquent $Yx^2 = CD^2 + Cx^2$.

Vous dites, Monsieur, que vous ne connoissez pas CX, parce que l'angle ASX vous est inconnu: voilà CX trouvé, puisqu'il est égal $\frac{hc}{n}$ indépendamment de l'angle ASX, si pourtant par curiosité on veut trouver cet angle, je m'y prendrai en telle maniere.

Dans le triangle ACy, on a trouvé l'angle ACy, l'angle CAy est donné, le côté AC est aussi donné: de ces trois choses données, on trouve CyA, & le côté Ay, donc dans le triangle xyS, on aura l'angle xyS, & les deux côtés xy & yS, ce qui sert à trouver l'angle xyS que l'on cherche.

Quant au côté Ay on le trouve immédiatement par la premiere similitude des deux triangles SyE, CyA en faisant comme SE + AC est à AC, ainsi Sy + yA, ou SA, est à Ay, c'est-à-dire, $x + b : b :: n \frac{nb}{x+b} =$ Ay, & mettant pour x sa valeur $\frac{bm}{b}$ on aura $\frac{nb}{x+b}$, ou A$y = \frac{hn}{m+h}$; faisant donc comme $m + h$ ou SD + Cd est à h ou Cd, ainsi n ou SA est à une quatrieme: cette quatrieme sera celle à laquelle il faut prendre Ay égale, & tirant ensuite par le centre de l'ellipse C la droite y CY, cette droite sera encore le diametre du cercle cherché; ce que j'ai voulu remarquer par occasion.

En supposant au lieu d'un cone droit, un cone scalene ou oblique sur une base elliptique; on résoudra le Problême par la même méthode, & avec la même facilité.

Autre solution du même Problême, par M. Jean BERNOULLI le fils.

Supposé que le point y soit le point cherché dans la ligne AS, par lequel le plan dont est question doit passer.

Ayant tiré de ce point la ligne yH perpendiculaire à la base AB du triangle ASB, & la ligne yK parallele à la même base qui joigne les deux côtés SA & SB de ce triangle, je nommerai

SA = SB (le petit côté du cone) $= d$
SD (le grand côté du cone) $= e$
CD (le demi grand axe de l'ellipse) $= a$
AC = CB, le demi petit axe $= b$
FC (la distance du foyer F au centre C de l'ellipse) $= f$
Ay (la distance de l'extrémité A du petit axe au point cherché y) $= x$

Ces dénominations étant faites j'aurai SC (l'axe du cone) $= \sqrt{dd - bb}$, & SA (d) : SC ($\sqrt{dd-bb}$) : : Ay (x) : IC, ainsi IC $= y$H $= x\sqrt{dd-bb}$, pareillement SA (d) : AC (b) : : Sy ($d - x$) : yI ; on aura yI $=$ IK $=$ HC $= \frac{bd - bx}{d}$; or $\overline{yC}^2 = \overline{yH}^2 + \overline{HC}^2$, donc yC $\frac{\sqrt{xx - 2bbx + bb}}{d}$. Pour trouver CY, je fais cette analogie yK $= 2y$I : CB : : yY : Cy ; *& dividendo*, yK $-$ CB $\left(\frac{bd - 2bx}{d}\right)$: CB (b) : : yY $-$ CY $= y$C $\left(\frac{\sqrt{xx - 2bbx + bb}}{d}\right)$: CY ; on trouvera CY $=$

$$d\,\frac{\frac{\sqrt{xx - 2bbx + bb}}{d}}{d - 2x}.$$

Maintenant puisque le cercle cherché & la base du cone se coupent dans la ligne CD, celle-ci sera une corde du cercle ; la ligne y Y en sera une aussi, & même elle en sera un diametre, ayant pour appliquée le demi-grand axe CD, par conséquent le rectangle des segmens de ce diametre où yC$\times$CY sera égal à $\overline{CD}^2$, c'est-à-dire, $\frac{dxx - 2bbx + bbd}{d - 2x} = aa$, & en retranchant bb de part & d'autre $\frac{dxxx}{d - 2} = aa - bb =$ (par la propriété de l'ellipse) $\overline{CF}^2 = ff$, donc $xx = -\frac{2ffx}{d} + ff$ & $x = -\frac{ff}{d} + \frac{f}{d}\sqrt{ff + dd}$, ou (en substituant pour $\sqrt{ff+dd}$, sa valeur e) $x = \frac{fe - ff}{d}$; faisant donc comme d ou SA est à f ou

FC, ainsi *e* — *f*, ou SD — FC, est à une quatrieme : cette quatrieme sera la cherchée.

Les Corollaires qu'on pourroit tirer de cette solution, sont les mêmes que ceux de la précédente.

Pour réduire ces deux solutions à la pratique de la regle & du compas, qui est la plus commode pour les Artistes, on opérera ainsi à la premiere.

Du centre C & CD moitié du grand axe pour rayon, on fera l'arc D *d* qui rencontrera BA prolongé en *d* : si l'on tire *d* S, cette ligne représentera le grand côté du cone.

Par le foyer F & le point A, extrêmité du petit axe, ayant tiré l'indéfinie FA *e*, on portera sur cette ligne la longueur du grand côté du cone S *d*, de F en *e*, par où on menera *eg* parallele à AB, qui coupera CS en *g* : par le sommet S on menera la ligne SE, parallele & égale à *eg*; & enfin par les points E & C on tirera EY qui coupera les côtés SA & SB prolongés en *y* & Y, la partie *y* Y sera le diametre du cercle que l'on cherche; laquelle étant divisée en deux également en *x*, le point *x* en sera le centre.

Si de ce même point *x* par S on tire *x* S, cette ligne sera l'axe du cone.

Pour la seconde solution : ayant tiré une ligne A *e* faisant un angle quelconque avec AS, on portera la longueur CF, distance du centre au foyer de l'ellipse, de A en *o* sur A *e*, & de *d* en *n* sur *d* S, puis faisant SV égal à S *n* sur *o* S, on tirera par les points V & C la ligne VY, qui coupera AS en *y*, où est le point cherché; ainsi la ligne *y* Y sera le diametre du cercle demandé, qu'on tracera sur la surface du cone elliptique de la même maniere que l'ellipse sur le cone droit circulaire, dont nous parlerons après celle de décrire l'ellipse sur le cylindre.

USAGE.

Cette proposition sert pour les *traits* des voutes coniques appellées trompes, tant droites que biaises, c'est-à-dire, dont les bases (qui sont leurs faces) sont perpendiculaires ou obliques à leurs axes, parce que les joints de doele & les faces des trompillons sont toujours des cercles ou portions de cercles paralleles à cette base : d'ailleurs quand même les faces ne seroient pas planes, comme sont celles des trompes sur le coin qui sont angulaires, les convexes & les concaves des tours rondes & creuses, & les ondées, comme celle d'anet, il faut toujours pour la facilité de l'exécution supposer une base circulaire du cone droit ou oblique, de laquelle, comme d'un terme, on porte les allongemens au-dehors, ou les reculemens en-dedans des parties excédentes ou défaillantes des concavités ou des convéxités des faces.

De la description de l'ellipse sur les surfaces concaves ou convexes du cylindre & du cone.

PROBLEME XXXIII.

Le grand axe d'une ellipse avec un point à la surface du cylindre, dont la distance à un des axes est connue, étant donnés, y tracer l'ellipse.

ON peut trouver les points nécessaires pour décrire une ellipse sur la surface du cylindre de deux manieres, ou sur des cercles paralleles à la base, ou sur des lignes droites paralleles à l'axe; comme la premiere est la plus longue & plus composée dans l'opération, parce qu'outre plusieurs cercles qu'il faut décrire sur des surfaces courbes, il faut encore au moins une parallele à l'axe du cylindre, nous lui préferons la seconde.

Fig. 176. Si le point donné est à une des extrêmités du grand axe, par
Fig. 178. exemple en L, on fera sur une surface plane à part (*Fig.* 178) un angle *l g a* égal à celui de l'axe du cylindre sur la base, droite, si le cylindre est droit & aigu ou obtus, s'il est scalene sur un des côtés de cet angle comme *a g*, on portera le diametre du cylindre, puis du point *g* comme centre, & de la longueur de l'axe de l'ellipse pour rayon, on tracera un arc de cercle qui coupera le côté *a l* en *l*, la ligne *g l* sera la position de l'axe de l'ellipse dans le parallelogramme par l'axe du cylindre; puis on décrira sur *a g* comme diametre le demi-cercle *a n o p g*, qu'on divisera en autant de parties égales qu'on voudra avoir de points de l'ellipse comme ici en quatre aux points *n*, *o*, *p*, par lesquels on menera des perpendiculaires sur *a g* qu'on prolongera jusqu'au diametre *g l*; les lignes comprises entre les diametres *a g*,

& *g l*, feront les diftances du contour du cercle de la bafe à l'ellipfe demandée ; on tranfportera fur le contour de la bafe du cylindre (*Fig.* 176) les divifions *a*, *n*, *o*, *p*, *g* de la Figure 178, & par ces points on tirera des parallelеles à l'axe, fur lefquelles on portera les diftances QR, *c* S, *q u* de la Figure 178, & l'on aura fur la furface du cylindre les points L, N, O, P, G, par lefquels on tracera à la main l'ellipfe demandée. *Fig.* 176. & 178.

Si le point donné eft ailleurs qu'aux extrêmités du grand axe, la même conftruction fubfiftera, mais elle demande une préparation pour la pofition du cercle qui doit repréfenter la bafe du cylindre : on décrira fur le grand axe *g l* de l'ellipfe une demi-ellipfe, ou feulement le quart d'ellipfe où le point donné P fe trouve dont on connoît par la fuppofition l'arc P *g*; puis ayant mené fur la furface du cylindre par ce point une ligne *r* P parallele à l'axe, on y portera la diftance *q u* iffûe de l'ordonnée P *u*, & par le point P on tracera un cercle fur la furface du cylindre, qui repréfentera celui de la bafe, & on continuera comme au cas précédent.

DEMONSTRATION.

Le grand axe de l'ellipfe doit toujours être dans le plan du parallelogramme par l'axe du cylindre, parce qu'il partage l'ellipfe en deux parties égales, comme ce parallelogramme partage le cylindre ; or le triangle *l a g* repréfente une partie du plan de ce parallelogramme, & le plan de l'ellipfe eft auffi perpendiculaire à celui de la fection par l'axe du cylindre, donc les diftances des points du contour de la bafe à ceux de l'ellipfe prife fur des paralleles à l'axe, font égales à celles des points correfpondans des diametres de l'un & de l'autre, comme font *q u*, *c* S, QR, puifqu'on peut fuppofer à chaque point *p*, *o*, *n* une fection perpendiculaire au plan *g a l*, fuivant les lignes *p q*, *o c*, *n* Q qui feront auffi des parallelogrammes, où les ordonnées de l'ellipfe *u* P & SO, RN feront des côtés paralleles, parce que les deux plans de la bafe & de l'ellipfe font perpendiculaires au troifiéme *g a l*, par conféquent (par la neuvieme du XI Liv. d'EUCL.) les lignes *p q* & *u* P feront égales entr'elles, de même que les diftances *q u* & *p* P, non dans cette Figure 178, mais à la furface du cylindre *Fig.* 176, ainfi des autres *c* S & *o* O, QPL & *l n* N ; quoiqu'elles ne le foient pas dans la Figure, où ces deux plans ne peuvent être représentés dans leur vraie situation l'un à l'égard de l'autre, parce qu'ils doivent être en l'air perpendiculairement au plan *g a l*; donc l'opération est exacte.

USAGE.

Ce Problême est d'un très-fréquent usage dans la coupe des Pierres; car la plus grande partie des voutes sont des berceaux souvent biais par tête, ou parce qu'ils ne sont pas horisontaux, comme les descentes, ou parce que le mur de face est en talud, ou parce que leur direction est oblique à ce mur par la contrainte des lieux; dans tous ces cas, on suppose une section perpendiculaire au berceau que l'on appelle *l'arc droit*, d'où on avance sur des paralleles à l'axe du berceau les distances qui excédent l'arc droit pour former une face elliptique; ce que l'on verra plusieurs fois au IV. Livre.

PROBLEME XXXV.

Un point étant donné à la surface du cone, qui soit à l'extrêmité du grand axe de l'ellipse donnée, ou d'une ordonnée connue, tracer l'ellipse sur la surface courbe du cone.

Lorsqu'on a le grand axe d'une ellipse, on a toujours sa position dans le cylindre, en quelques points qu'on place ses deux extrêmités, elle sera toujours égale; il n'en est pas de même dans le cone: si le point de position n'est pas déterminé, l'ellipse que l'on peut trouver avec un grand axe donné peut varier, en ce que son petit axe peut être plus ou moins grand, & selon qu'il sera incliné à la base, l'ellipse sera plus ou moins différente du cercle de cette base; de sorte qu'à moins qu'on n'ait le point de position de l'extrêmité du grand axe, il faut encore connoître le petit, ou une ordonnée, auquel cas on trouvera la situation
Fig. 181. du grand axe de l'ellipse dans le triangle par l'axe du cone.

On commencera (*Fig.* 181) par chercher le parametre de l'axe donné EL & de l'ordonnée connue, comme nous l'avons dit au Problême XV, ce qui est facile; on inscrira ensuite le triangle par l'axe du cone *b* S *a* dans un cercle S *a b*, puis on cherchera une quatrieme proportionelle à l'axe donné, à son parametre, & au côté S *a*, qui donnera sur S *a* la longueur *a* P; par le point P on menera PD parallele à *b a*, qui coupera le cercle au point D, par où & par le point S on tirera l'indéfinie SDF, sur laquelle portant la longueur de l'axe donné de S en K, on menera par le point K la ligne KL parallele à S *b*, & par le point L la ligne LE parallele à SK; cette ligne EL sera l'axe donné dans la position où il doit être pour que l'ellipse soit telle qu'on la demande à la surface du cone, dont *b* S *a* est la section du triangle par l'axe, auquel le plan coupant le cone doit être perpendiculaire. Cette préparation étant faite.

Soit (*Fig.* 183) le triangle par l'axe du cone BSA, l'axe de l'ellipse EL & l'axe du cone SC, du point C, milieu de la base BA, on décrira le demi-cercle BMA, & des points E & L extrêmités de l'axe de l'ellipse, ayant abaissé des lignes E *e*, L *l* perpendiculaires à BA, ou paralleles à l'axe SC; on divisera l'intervalle *e l* en deux également en *c*, on décrira de ce point, comme centre, & pour rayon *c e* le demi-cercle *e r s t l*, qui sera la projection de la moitié de l'ellipse proposée. *Fig.* 183.

On prendra ensuite sur le côté BE autant de parties égales que l'on voudra avoir de points à la circonférence de l'ellipse, par lesquelles on menera des paralleles à BA, comme 4 *f*, 3 *i*, 2 *d*, 1 *b*, *o* L jusqu'à la rencontre de l'axe EL, & par les points *f*, *i*, *d*, *b*, on abaissera des perpendiculaires à la base BA prolongées jusqu'au cercle *e s l*, comme *b u*, *d t*, *i s*, *f r* qui couperont sa circonférence aux points *r*, *s*, *t*, *u*, par lesquels & par le centre C on tirera les lignes C *r* 4^b, C *s* 3^b, C *t* 2^b, C *u* 1^b, qui donneront sur la base du cone les points 4^b, 3^b, 2^b, 1^b, par lesquels & par le sommet S on tirera des lignes droites sur la surface qu'on n'a pas marqué dans la Figure 183, mais bien dans la Figure 185, qui auroit dû être de grandeur égale à l'autre, si la place l'avoit permis; ces lignes serviront à trouver les points de la circonférence de l'ellipse, en portant les divisions correspondantes à leur origine, par exemple B 4 sur 4 S en 4 *r*, B 3 sur 3 S en 3 *s*, B 2 sur 2 S en 2 *t*, B 1, sur 1 S en 1 *u*, & l'on aura ainsi des points à la surface du cone, par lesquels menant une ligne courbe à la main, on aura l'ellipse proposée.

DÉMONSTRATION.

Fig. 181. Premierement, pour la position de l'axe EL, il faut démontrer qu'il doit être à son parametre comme aS est à aP.

Si l'on suppose un plan qui coupe le cone parallelement à la base, comme en mn, le cercle qu'il fera par cette section aura une ordonnée GI commune avec l'ellipse EIL, à l'intersection des deux plans du cercle & de l'ellipse; donc $\overline{GI}^2 = nG \times Gm$ & $LG \times GE : \overline{GI}^2$ :: EL est à son parametre; or à cause des paralleles LE & SF, qui font les triangles semblables LGn, SFa, on aura LG : Gn :: SF : Fa, & EG : Gm :: SF : Fb, donc $\overline{SF}^2 : Fa \times Fb$ :: EL est à son parametre; or à cause du cercle SDab * $FD \times DS = Fa \times Fb$, donc l'axe EL est à son parametre :: $\overline{SF}^2 : FD \times FS$ :: $aS : SP$; *ce qu'il falloit démontrer.*

* *Eucl. l.* 3. *p.* 36.

Secondement, pour rendre raison de la maniere dont on a trouvé les points à la circonférence de l'ellipse.

Fig. 183. Il est clair par ce que nous avons dit de la projection au Theorême, que celle de l'ellipse EL est un cercle, ou sa moitié un demi-cercle esl, & que si l'on suppose des plans perpendiculaires à celui du triangle par l'axe BSA, & paralleles à cet axe SC du cone, leurs intersections avec le plan de l'ellipse se fera suivant les ordonnées qui sont égales dans l'ellipse & dans le cercle qui est sa projection, puisqu'elles sont communes aux deux sections, dont les points r, s, t, u, sont dans leur position horisontale, à l'égard du point C qui représente l'axe.

Il ne reste plus qu'à déterminer leur hauteur au-dessus de la base BA du cone, laquelle doit être trouvée sur des lignes à la surface qui passent par les points r, s, t', u, & par le sommet S, lesquelles sont représentées par la projection $Cr4^b$, $Cs3^b$, $Ct2^b$, $Cu1^b$, & parce qu'on ne peut pas avoir ces hauteurs verticalement, mais sur la surface inclinée du cone, il faut concevoir plusieurs plans paralleles à la base, & passans par les points f, o, i, d, b, dont les sections seront des cercles qui couperont les lignes tirées par les points de la base 4^b, M 3^b, 2^b, 1^b, en des points qui seront à la circonférence de l'ellipse, puisqu'ils coupent tous l'ellipse en deux points, & que les lignes 4^bS, 3^bS, 2^bS, 1^bS, la coupent aussi aux points des ordonnées marquées, donc chaque intersection des cercles & des lignes

gnes correſpondantes, qui tirent, de même que les cercles, leur origine des points *f, o, i, d, b*, ſera un des points de l'ellipſe; *ce qu'il falloit trouver.* Fig. 183.

Si le cone eſt droit, les diviſions E 4, 3 4, 3 2, ſont égales ſur tous les côtés tirés de la baſe du cone à ſon ſommet S; ainſi l'on peut ſans tracer les cercles porter ces intervalles ſur chaque côté du cone tiré des points correſpondans 4^b M 3^b, 2^b, 1^b, de la baſe au ſommet; puiſque les cercles paralleles les coupent tous en parties égales.

Si le cone eſt ſcalene les diviſions ne feront plus égales, mais ſeulement proportionelles, & alors on ne peut ſe diſpenſer de tracer les cercles pour avoir les points de leur interſection avec les différens côtés plus ou moins inclinés, ſuivant l'obliquité du cone.

USAGE.

Ce Problême eſt une introduction à la conſtruction des trompes coniques en talud, ou en ſurplomb, ou biaiſes, dont les faces ſont elliptiques.

PROBLEME XXXV.

Un point étant donné à la ſurface d'un cone pour ſommet d'une parabole, décrire cette courbe ſur la ſurface concave ou convexe.

Soit (*Fig.* 184) le triangle ASB, la ſection du cone donné par ſon axe SC & par le point donné P, tracé ſur une ſurface plane; on menera par ce point P une ligne P*a* parallele au côté SB, qui coupera la baſe du triangle en *a*. Du point C, milieu de cette baſe, pour centre, & pour rayon CA, on décrira un demi-cercle B*y*A qui repréſentera la moitié de la baſe du cone; enſuite ayant diviſé la ligne P*a*, qui repréſente l'axe de la parabole demandée, en autant de parties égales ou inégales qu'on voudra avoir de points à ſa circonférence, comme auſſi aux points *q*, *r*, *s*, on menera par ces points des paralleles à AB, qui couperont l'axe du cone SC aux points *o*, 1^c, 2^c, *s*, & le côté SA aux points P *t u* V, deſquels on abaiſſera ſur BA des perpendiculaires qui la couperont aux points PT *u* V; & des points *q*, *r*, *s*, d'autres perpendiculaires ou paralleles à l'axe prolongées au-deſſous de BA. Enfin du point C comme centre & Fig. 184.

pour rayons les longueurs CT, C*u*, CV, on décrira des arcs de cercle concentriques TQ, *u*R, SV qui couperont les paralleles à l'axe SCS aux points Q, R, S a, la ligne courbe menée par ces points PQRS a dans le demi-cercle de la base du cone B*y* A sera la projection de la parabole demandée, par le moyen de laquelle on la tracera sur la surface concave ou convexe du cone, comme on va le dire.

Fig. 182. Soit (*Fig.* 182) le cone *b*S*a* égal à celui de la Fig. 184, ce qu'on n'a pû observer dans cette Planche faute de place, mais que l'on peut supposer; on menera du sommet S par le point P donné à la surface, une ligne droite SA sur laquelle ayant porté les distance S*t*, S*u*, SV, SA de la Figure 184 aux points 1, 2, 3, 4, on tracera par chacun de ces points un cercle par le Problême XXXI. sur lequel on portera de part & d'autre de la ligne SA l'arc de la projection qui est correspondant à cette division, par exemple l'arc TQ qui est le premier au-dessous du sommet P de 1 en Q, l'arc *u* R de 2 en R, & enfin l'arc VS de la Fig. 184, en 3 S de la Fig. 182, & par les points P, Q, R, S, *x*, ainsi trouvés d'un côté, & les équidistans de l'autre côté de la droite SA, on tracera à la main ou avec une regle pliante, mince & large, posée de cant, la parabole demandée; j'ai dit avec une regle mince & large, parce que cette courbe, quoique décrite sur une surface convexe ou concave, est plane dans son contour.

DÉMONSTRATION.

La raison de cette construction est facile à trouver pour peu qu'on fasse attention à la Figure 184: car premierement on coupe le cone en plusieurs tranches paralleles à la base, qui font autant de sections circulaires de rayons inégaux, qui sont transportés sur celui de la base CA par les perpendiculaires P*p*, *t*T, *uu*, VV; de sorte que le centre C qui représente, en un seul point de projection, tout l'axe SC, représente aussi tous les centres de ces sections répandus sur cet axe *o*, 1^c^, 2^c^ *s*, & toutes les paralleles à l'axe *q* 1 Q, *r* 2 R, *s* CS, *a* a, représentent des sections verticales des plans, qui coupent ces cercles perpendiculairement au triangle par l'axe BSA, & par les points d'intersection, où les diametres des cercles coupent l'axe de la parabole; par conséquent ils donnent les cordes de ces arcs circulaires par l'interſection des deux plans perpendiculaires entr'eux, & du troiſieme P*a* qui forme la parabole par ſa ſection dans le cone, où ſe terminent les arcs des ſections circulaires.

Les longueurs des cordes des demi-arcs TQ, *u*R, VS, A a étant ainſi trouvées, il eſt clair qu'elles ont été bien tranſportées ſur le cone à la Figure 182, & dans leurs juſtes places; & par conſéquent que les points à la circonférence de la parabole ont été trouvés ſur la ſurface concave ou convexe du cone; *ce qu'il falloit faire.*

Il eſt auſſi clair par ce que nous avons dit ci-devant de la projection des ſections coniques, & par le Théorême III du I. Livre, que la courbe PQR a, tracée dans le plan de la baſe B *y* A, eſt encore une parabole, quoique différente de celle de la ſection propoſée P *a*.

Nous avons dit au Problême X à quoi ſert la deſcription de la parabole.

PROBLEME XXXVI.

Le premier axe d'une hyperbole, & un point qui ſoit une de ſes extrêmités étant donné à la ſurface du cone, tracer cette courbe ſur la ſurface concave ou convexe.

Soit (*Fig.* 184) le triangle BSA la ſection par l'axe du cone, par le point donné H on prolongera indéfiniment le côté AS vers K, puis du point H pour centre & pour rayon la longueur du premier axe donné HK, on fera un arc qui coupera AS prolongé en K; ſi de ce point K par H on mene une ligne droite KY, on aura la poſition de l'axe de l'hyperbole dans le cone, laquelle étant donnée il n'y a qu'à faire ſa projection de la même maniere qu'on a fait celle de la parabole, ce que la Figure fait ſuffiſamment voir, ſans qu'il ſoit néceſſaire d'en répeter la conſtruction. On obſervera ſeulement, 1°. qu'elle eſt beaucoup abrégée, lorſque l'axe KH eſt parallele à l'axe du cone SC; parce que la projection *hy* eſt une ligne droite qui termine tout d'un coup tous les arcs 1 E, 2 C, 3 I. 2°. Que ſi l'axe HY panche vers S, la projection du contour aura ſa concavité tournée vers B, & au contraire ſi cet axe panche en-dehors. *Fig.* 184.

Nous avons dit au Problême XII, à quoi ſert la deſcription de l'hyperbole.

Corollaire général ſur la projection des ſections coniques.

Il ſuit de la méthode dont nous venons de faire uſage pour décrire les ſections coniques ſur le cone, qu'on peut auſſi très-commodément l'employer pour *décrire ſur un plan toute ſorte de ſection conique, le triangle par l'axe du cone, & un axe de la ſection étant donnés dans ce triangle.*

Car ſi au lieu de prendre les arcs de la projection des tranches paralleles qui donnent des cercles concentriques, terminés par la projection du plan qui forme la ſection, on prend les cordes de ces arcs rangées ſucceſſivement ſur un axe à angle droit, ce ſeront autant d'ordonnées, par l'extrêmité deſquelles on fera paſſer la courbe que l'on cherche.

Premier exemple pour l'ellipſe.

Fig. 183. Soit le triangle par l'axe du cone BSA (*Fig.* 183) dans lequel l'axe EL de l'ellipſe eſt donné; ayant diviſé cet axe en autant de points que l'on voudra *b, d, i, f*, on abaiſſera par ces points & par les extrêmités EL des perpendiculaires à la baſe BA, au-delà de laquelle on les prolongera en *r, s, t, u*; enſuite ſur *e l* comme diametre, ſi l'on fait un demi-cercle *e r s t u l*, il coupera toutes ces paralleles aux points *r, s, t, u*, qui déterminent la longueur des ordonnées qui conviennent à l'ellipſe aux points *b, d, i, f*; ainſi ayant élevé des perpendiculaires à cet axe ſur ces diviſions, on portera les longueurs des ordonnées au cercle qui eſt la projection de l'ellipſe ſur ces perpendiculaires; ſçavoir, R*r* ſur *fg*, D*s* ſur *i h*, F*t* ſur *d i*, G*u* ſur *b*K, & l'on aura les points E, *g, h, i*, K, L, par leſquels on tracera la demie-ellipſe à la main, ou avec une regle pliante.

Second exemple pour la parabole.

Fig. 184. Soit le triangle par l'axe du cone BSA (*Fig.* 184) & l'axe de la parabole P*a* donné dans ce triangle, ayant diviſé cet axe par pluſieurs plans paralleles à la baſe BA, & paſſant par les points pris à volonté *q, r, s*, on fera la projection des cercles qu'ils font dans le cone, & la projection de la parabole *a*RQ*p*, comme nous l'avons dit ci-devant; par les paralleles *a a*, *s* S, R*r*, Q*q*, P*p*, on fera des perpendiculaires ſur P*a* aux points *q, r, s*, ou, pour éviter la confusion des lignes, sur une parallele P^2 A, & l'on portera sur ces perpendiculaires les sinus des arcs QT, R*u*, SV; sçavoir *a* a, S 3, R 2, Q 1, lesquels seront rangés successivement aux points correspondans de l'axe de la parabole, comme 1 Q en *q* Q^2, 2 R en *r* R^2, 3 S en *s* S^2, & *a* a en A a^2, & l'on aura les points Q^2, R^2, S^2, a^2, par lesquels on tracera la parabole à la main ou avec une regle pliante. *Fig.* 177.

Troisieme exemple pour l'hyperbole.

Soit (*Fig.* 184) le triangle par l'axe du cone BSA, & l'axe de l'hyperbole donné HY dans ce triangle; ayant divisé cet axe en autant de parties qu'on voudra par des plans qui coupent le cone parallelement à sa base, en *f*, *g*, *i*, & ayant fait la projection des arcs de cercle qui passent par les points *e*, *d*, *i*, par le moyen des paralleles à l'axe SC; on tirera autant de perpendiculaires à l'axe HY donné ou à quelqu'autre égal, & également divisé comme *h*B, sur lesquelles on portera les sinus des demi-arcs de la projection, 1 E, 2 D, 3 I, B *y* correspondans à chaque division; c'est-à-dire, les perpendiculaires sur B *h* tirées des points F, G, I, B qu'on transportera en F f^2, G g^2, I i^2, B y^2, & par les points *h*, f^2, g^2, i^2, y^2, on tracera à la main une courbe qui sera l'hyperbole que l'on cherche.

La démonstration de ces pratiques est la même que celle que nous avons donnée de la description de ces courbes, sur des surfaces concaves ou convexes; en effet il n'y a rien de changé, excepté qu'au lieu de prendre les arcs de la projection pour les porter de part & d'autre d'un côté du cone, sur des cercles paralleles à la base, ici l'on prend les demi-cordes de ces mêmes arcs sur des lignes paralleles à cette base sur un plan.

Remarque sur cet usage.

On peut toujours se servir de la méthode de la projection dans l'Architecture pour la coupe des pierres, parce que les cones sont ordinairement donnés, de même que les axes des sections dans ces cones, & parce qu'on est toujours obligé de faire des *plans* & des profils; on a aussi la projection des divisions de ces cones par les tranches qui sont ordinairement les rangs des pierres; il ne s'agit que d'y reconnoître les cordes qui sont les ordonnées & abſciſſes, leſquelles ſont toûjours égales ſur le côté du cone & ſur l'axe de la parabole, & dans les autres ſections où elles ſont inégales ſur le côté du cone & ſur l'axe, elles ſont toujours en même raiſon avec celles de l'axe, parce que l'un & l'autre ſont diviſés par des paralleles à la baſe du cone. Comme cette pratique de projection eſt d'une très-grande importance pour former ce deſſein que les Architectes appellent *l'épure*, nous l'expliquerons plus au long au Livre ſuivant.

Si l'on a bien compris la maniere de tracer les ſections coniques par ce moyen, il ne ſera pas difficile de concevoir qu'il eſt applicable à toutes les autres courbes qui peuvent ſe former ſur des corps réguliers & même irréguliers, comme on va l'expliquer ci-après.

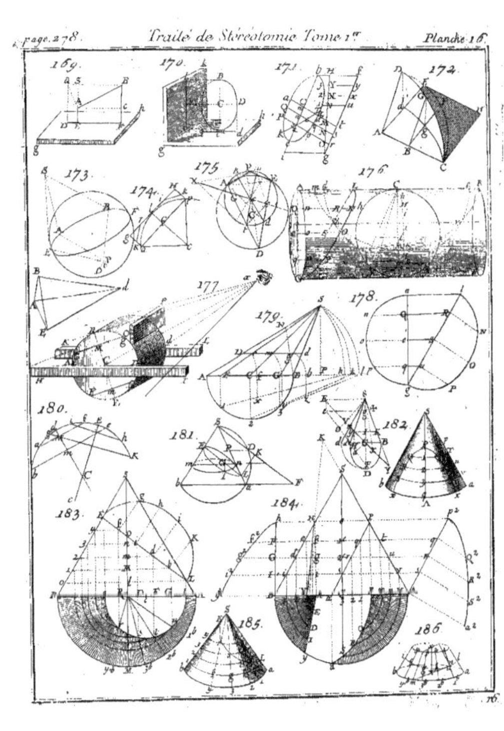

TROISIEME PARTIE
DU SECOND LIVRE.

CHAPITRE VII.

Des ſections qui ne peuvent être décrites que ſur des ſurfaces courbes, & par le moyen de la projection ſur des ſurfaces planes.

PROBLEME GÉNÉRAL.

Trouver tant de points que l'on voudra du contour des courbes faites à la Surface des ſpheres, cones & cylindres qui ſe pénetrent mutuellement.

LORSQU'IL s'agit de décrire des courbes qui ſont dans une ſurface plane, on trouve les points de leur contour par le rapport des ordonnées aux abſciſſes de leurs axes ou de leurs co-ordonnées; mais pour celles qui ne ſont pas dans un plan, ce rapport ne ſuffit pas, parce que leurs axes ou diametres n'étant pas des lignes droites, les abſciſſes ne ſont pas droites; ce ſont des courbes auſquelles il faut mener d'autres ordonnées à une ligne droite, qui eſt comme leur ſous-tendante, pour en trouver la courbure par différentes diſtances de la corde à l'arc; de ſorte que le rapport de deux lignes connues ne peut ſuffire, puiſque de quelque façon qu'un plan coupe la ſphere, le cone, ou le cylindre, il ne produira qu'une ſection conique ou un parallelogramme; & ſi l'on ſuppoſe un ſecond plan perpendiculaire ou incliné à ce premier, leur commune ſection ſera bien une droite, dans laquelle il doit ſe trouver un point de la ſection ſolide, mais cette ligne n'en détermine pas la poſition, il faut avoir recours à un troisieme plan qui coupe les deux premiers dans certaines circonstances, pour déterminer ce point sur la ligne où l'on sçait qu'il doit être; tels sont les points du contour de ces courbes à double courbure, que j'appelle ici des sections *solides*, parce qu'elles proviennent de la section d'un solide coupé ou pénetré par un autre solide, & non pas par un plan, comme les sections coniques.

Dans le nombre des trois plans qu'il faut supposer pour trouver les points de ces courbes, il y en a toujours un donné, qui fait une section conique, dont l'axe est la sous-tendante de la courbe à double courbure, que nous pouvons appeller *imbriquée*, parce qu'elle est faite en contour de tuile creuse, ou qui est tangent à un des sommets de cette courbe, pour les distinguer des autres courbes à double courbure qui ont plus d'une infléxion.

Le second plan doit être parallele au premier, pour y trouver les ordonnées à l'axe courbe de la section solide, & les comparer à celles de la section conique qui leur correspondent.

Enfin le troisieme plan doit couper les deux précédens par les ordonnées de la section conique & de la solide *imbriquée*, pour en trouver les distances, ou par des perpendiculaires, ou par des lignes inclinées d'une inclinaison connue.

Si l'on entend bien ce principe, on verra que tous les Problêmes proposés à résoudre, n'en sont qu'une application, suivant la différence des cas.

On reconnoîtra aussi que cette méthode, toute simple qu'elle est, est très-Géométrique, & la clef de tous les traits des enfourchemens des voutes, qui font presque toute la difficulté de l'art de la coupe des pierres.

Il ne s'agit donc, 1°. que de couper les solides qui se pénetrent par des plans paralleles entr'eux, comme par tranches, qui font toujours des sections semblables dans chaque corps, mais différentes de l'un à l'autre.

Secondement, de reconoître dans chacune de ces tranches la partie commune aux deux corps: car si l'on trace sur un plan les deux sections différentes, dans leur distance respective, on verra qu'elles se coupent en deux points de leur contour, qui sont communs aux deux surfaces de ces corps.

Troisiemement, de suivre, je veux dire lier par des traits les points communs aux deux surfaces, passant de l'un à l'autre sur les surfaces courbes, même pour avoir la courbe naturelle, ou sur une surface plane, pour en avoir l'imitation produite par la projection, comme nous l'avons expliqué ci-devant.

Or puisque suivant la Géométrie de l'infini, on peut considérer les solides comme composés d'une infinité de tranches paralleles infinimenent minces, dans lesquelles les ordonnées & les abscisses des sections planes, augmentent ou diminuent dans un rapport connu ; on peut déterminer une infinité de points au contour des courbes à double courbure, qui ne sont pas applicables sur une surface plane, ou les applatir pour ainsi dire, en les réduisant par la projection à des courbes planes, sans y faire d'autre changement, que d'en supprimer la troisieme dimention ; ce qui est nécessaire pour y parvenir par gradation, comme l'on fera dans tous les Problêmes suivans.

On peut rendre la méthode de trouver plusieurs points des courbes à double courbure plus ou moins aisée, suivant la situation que l'on donne aux plans qui coupent les corps en tranches paralleles ; lorsque les axes des cones & des cylindres qui se pénetrent, sont paralleles entr'eux, la situation la plus commode des tranches, est d'être perpendiculaires à ces axes, parce qu'alors les points communs ne sont que les intersections de différens cercles : si les axes de ces corps se coupent à angle droit, la situation des tranches doit être parallelele à l'un des deux pour avoir un cercle & un parallelogramme, ou une hyperbole & un cercle, ou obliquement pour avoir deux ellipses qui se coupent ; tout cela deviendra plus sensible par les exemples des Problêmes suivans.

Du Cicloïmbre.

PROBLEME XXXVII.

Tracer un cicloïmbre sur deux cylindres inégaux qui se pénetrent à angle droit.

SOIT (*Fig.* 187) le cylindre OL a *b* pénetré par un plus petit T *t u* V, c'est-à-dire d'un plus petit diametre, dont l'axe *x* X tombe perpendiculairement sur celui du grand C *c* : il faut tracer la courbe qui se fait à l'intersection des deux surfa- PL. 17. *Fig.* 187.

Pl. 17. Fig. 187. ces sur l'un ou l'autre de ces deux cylindres. Pour y parvenir, il faut commencer par faire la préparation suivante.

Ayant fait à part sur un plan un quart de cercle CAB, dont le rayon CA soit égal à celui du gros cylindre; sur le rayon CB prolongé, & du point B pour centre, on décrira un autre quart de cercle DEB, dont le rayon DB sera égal à celui du petit cylindre, & parallele à AC; on divisera l'arc DE en autant de parties égales qu'on voudra, par exemple, en quatre, aux points 1, 2, 3, par lesquels on menera hors du quart de cercle DE, des paralleles à AC, & d'autres paralleles à CE comme 1 *i*, 2 *h*, 3 *g*, D *d*, jusqu'à la rencontre de l'arc A *d* B en *d*, *g*, *h*, *i*, par où on menera d'autres paralleles à AC indéfinies. Sur DB prolongée, on prendra *o b* pour une partie du côté du gros cylindre, & plus grande que le diametre du petit, on la divisera en deux également au point *m*, duquel on portera de part & d'autre les distances DI, DH, DG, DF en *m t*, *m* 1, *m* 2, *m* 3, & par tous ces points *m*, 3, 2, 1, *t*, on tirera des perpendiculaires à *o b*, sur chacune desquelles on portera successivement & dans l'ordre des divisions correspondantes de part & d'autre du point *m*, les divisions du rayon CB ou leurs égales, qui sont les distances de la tangente DB à l'arc A *d* B; sçavoir, D *d* en *m* F, 6 *g* en 3 *q*, 5 *h* en 2 *r*, 4 *i* en 1 *s*, & de même de l'autre côté de *m*, tirant vers le point *u*, & l'on aura la projection d'une moitié de la courbe solide, qui se fait par l'intersection des surfaces des deux cylindres, laquelle projection n'est pas absolument nécessaire, mais très-utile pour se conduire dans la description de la courbe sur les surfaces convexes ou concaves des cylindres, comme on le verra au IVe. Livre.

Cette préparation étant faite, si l'on veut décrire le cicloïmbre, 1°. *sur le grand cylindre.*

Ayant tracé une parallele à son axe, comme *o b*, on portera les distance *m* 3, *m* 2, *m* 1, *m t* d'un côté d'un point *m* pris à volonté, & autant de l'autre vers *u*, & par les points *m*, 3, 2, 1, *t*, &c. on tracera autant de cercles paralleles eutr'eux, & perpendiculaires au côté *o b*, sur lesquels on portera suivant l'ordre des divisions correspondantes de l'arc AB, de part & d'autre du point *m*, les arcs de cercle B *d* sur le cercle représenté ici par la ligne droite *m* F, B *g* sur l'arc 3 *q*, B *h* sur 2 *r*, & B *i* sur 1 *s*; ce que l'on voit plus distinctement dans la Figure 188, où ces arcs sont dessinés en perspective avec des lettres semblables à celles de la Figure 187 ſur l'arc A*d*B repréſenté par l'arc aKB repréſenté par l'arc aKB, B*g* par *b*G, B*h* par *b*H, & B*i* par l'arc *b*I; ce qui donnera ſur les arcs de cercles paralleles, tracés ſur le gros cylindre, les points K, G, H, I, *t*, par leſquels on tracera à la main une courbe qui ſera le cicloïmbre propoſé; on en fera de même pour les autres quarts de cette courbe qui ſont tous égaux entr'eux, & au quart qui en paroît dans la Figure 188. *Fig.* 187. & 188.

Il faut remarquer que la courbe *t*F*u*, qu'on a tracée dans la Figure 187, eſt celle de l'axe courbe du cicloïmbre, repréſenté dans la Figure 188, par la ligne courbe *t*Y, qui paſſe par le milieu des cordes de tous les arcs retranchés du gros cylindre.

Secondement, ſi l'on veut tracer le cicloimbre *ſur le petit cylindre*, on décrira ſur la ſurface un cercle dont la projection (*Fig.* 187) eſt la ligne droite *tmu*, & ayant diviſé ſa circonférence en parties égales à celles de l'arc DE, du quart de cercle DEB; on menera par les points de cette diviſion autant de paralleles à ſon axe, leſquelles ſeront perpendiculaires au cercle, ſi le cylindre eſt droit, comme nous le ſuppoſons, & ſur chacune de ces paralleles repréſentées (*Fig.* 188) par les lignes *k*K, *g*G, *h*H, *i*I, T*t*, on portera les longueurs D*d*, 6*g*, 5*h*, 4*i*, de la Figure 187, ſuivant leur ordre, & depuis le cercle tracé *tmu*, qui eſt leur terme commun, leſquelles longueurs rapportées quatre fois de ſuite, donneront les points par où paſſe le cicloïmbre ſur le petit cylindre, par leſquels on tracera la courbe à la main; *ce qu'il falloit faire.*

DÉMONSTRATION.

La raiſon de cette opération ſe déduit facilement de notre Problême général; car ſi l'on ſuppoſe le grand cylindre coupé par pluſieurs tranches paralleles entr'elles, & perpendiculaires à ſon axe, ces tranches ſeront toutes renfermées entre deux cercles; mais le même plan qui coupe chaque tranche du grand, étant auſſi ſuppoſé couper le petit cylindre parallelement à ſon axe, fera des tranches compriſes entre deux parallelogrammes inégaux, dont l'un ſera plus large que l'autre; de ſorte qu'on a une ſuite de cercles égaux coupés par des parallelogrammes

Fig. 187. & 188. inégaux, dont les rapports des côtés font exprimés par les lignes tangentes BD, B 6, B 5, B 4, par lesquelles les autres côtés qui traversent ceux-ci à angle droit, font exprimés par les lignes D*d*, 6*g*, 5*h*, 4*i*, dont les plus éloignés du point B qui est sur l'axe du petit cylindre, font coupés plus loin de la tangente DB par l'arc A*d*B, suivant l'ordre des sinus verses des arcs B*d*, B*g*, B*h*, B*i*, comme nous l'avons dit au Théorême XVIII; *ce qu'il falloit faire.*

USAGE.

Ce Problême est la base de la pratique des traits de la coupe des Pierres où il s'agit de trouver les arrêtes des enfourchemens des berceaux inégaux qui se croisent à angle droit, dont nous avons fait un petit détail à l'application du Théorême cité.

On peut même y comprendre ceux qui se croisent obliquement, dont la différence du trait n'est qu'une modification de cette pratique, comme on le va voir au Problême suivant.

PROBLEME XXXVIII.

Tracer une ellipsimbre formée par la section d'une sphere pénetrée par un cylindre dont l'axe ne passe pas par le centre de la sphere.

Fig. 189.

Soit (*Fig.* 189) une sphere ou une portion de sphere ARB*t*, dont le centre est C, pénetrée par un cylindre DEFG, qui entre dans la sphere de tout son contour; on la divisera, suivant le Problême général, par tranches paralleles entr'elles & perpendiculaires à l'axe du cylindre, par des lignes droites 1*r*, 2*s*, 3*t*, qui représenteront les plans coupans ces deux corps, lesquels feront toujours pour sections deux cercles, dont on aura les rayons sur ces lignes, si on les considere comme les intersections d'un plan passant par l'axe du cylindre, & de ces plans qui lui sont perpendiculaires. On prendra donc le rayon du cylindre DX, & des points *f*, *e*, *d*, intersections de l'axe X*x* du cylindre, & des perpendiculaires à cet axe 1*f*, 2*e*, 3*d* prises à volonté, & en aussi grand nombre que l'on voudra avoir de points pour centres, on décrira des arcs ou des demi-cercles

1 4 o, 2 5 p, 3 6 q, & des points h, g, i pour centres, pris au milieu des cordes de la sphere R r, S s, T t, on décrira d'autres demi-cercles, qui couperont les précédens aux points 4, 5, 6, par lesquels on abaissera des perpendiculaires sur les lignes 1 r, 2 s, 3 t, qui les couperont aux points n, m, l, lesquels donneront la projection des points de la courbe à double courbure, que j'appelle ellipsimbre, par lesquels on tracera la ligne A, l, m, n, B, qui sera son axe courbe. Pl. 17. Fig. 189.

Cette préparation étant faite, 1°. si l'on veut tracer l'ellipsimbre sur le cylindre; après avoir tracé une parallele à son axe, par exemple AD, on portera sur cette ligne les intervalles des divisions qui ont été prises à volonté A 3, A 2, A 1, par lesquels on tracera autant de cercles paralleles entr'eux & perpendiculaires à l'axe du cylindre, que nous supposons droit; ensuite on portera de part & d'autre de la ligne AD tracée à la surface du cylindre, les arcs des cercles déterminés par l'intersection de ceux de la sphere; sçavoir, l'arc 1 4 sur le premier cercle, l'arc 2 5 sur le second, & 3 6 sur le troisieme, & par les points A, 6, 5, 4, B, on tracera à la main une moitié de l'ellipsimbre, & l'autre de l'autre côté également, ce que la Figure 189 ne peut exprimer, parce que les demi-cercles 1 4 o; 2 5 p; 3 6 q doivent être relevés en l'air par l'imagination perpendiculairement au plan de la section par l'axe du cylindre, & qu'ils ne représentent encore qu'une moitié de la courbe, l'autre étant de l'autre côté de la ligne AD sur le cylindre.

Secondement, si l'on veut tracer l'ellipsimbre sur la surface de la sphere; au lieu de la ligne AD que nous avons prise pour milieu des arcs, dont la Figure nous donne les moitiés, on tracera sur la sphere un cercle majeur * passant par les points A & B, sur lequel on portera les intervalles des divisions faites par les paralleles 1 r, 2 s, 3 t qui sont les arcs AT, AS, AR, AB, par lesquels on décrira autant de cercles paralleles entr'eux & perpendiculaires au majeur, & l'on portera de part & d'autre de ce cercle majeur les arcs des cercles mineurs déterminés par l'intersection des demi-cercles du cylindre, qui sont dans les plans correspondans. Ainsi l'on portera sur le premier l'arc R 4, sur le second l'arc S 5, sur le troisieme l'arc T 6, & l'on aura sur la surface de la sphere les points A, 6, 5, 4, B, par lesquels on tracera à la main une courbe qui sera l'ellipsimbre proposée:

* Prob. XXIX.

Fig. 189. on en fera autant de l'autre côté de l'arc ARB, ſur la ſurface de la ſphere, pour l'autre moitié de l'ellipſimbre.

On peut encore tracer cetre courbe ſur le cylindre & ſur la ſphere d'une autre maniere.

Premierement, ſur le cylindre, on peut tracer une ellipſe par les points A & B (par le Probl. XXXV) & ayant pris ſur cette ellipſe les arcs correſpondans aux parties de l'axe A*z*, AY, de la projection, on fera paſſer par les points *z* & Y des paralleles l'axe du cylindre, ſur leſquelles on portera les longueurs *zl*, Y*m* de la projection, leſquelles donneront les points *l*, *m* & *n* qui ſeront à la circonférence de l'ellipſimbre; mais cette maniere eſt plus longue. On traceroit de même ſur la ſphere un cercle majeur AB, d'où, comme terme, on porteroit les arcs correſpondans aux longueurs *lz*, *m*Y, pour avoir les points *l*, *m* & *n*; mais cette maniere, qui ſeroit plus longue, ſeroit moins correcte dans l'exécution : on ne la propoſe ici que comme une idée des différens moyens qu'on peut employer pour parvenir à la même fin.

DÉMONSTRATION.

La raiſon de la premiere conſtruction eſt toujours fondée ſur le Théoreme général de la diviſion des corps en tranches paralleles, par le moyen deſquelles on a pluſieurs interſections des cercles inégaux de la ſphere & du cylindre, dans leſquelles ſont les points de la rencontre des deux ſurfaces, & par conſéquent de l'ellipſimbre, car quoique l'on ait tracé ces différens cercles ſur le plan de la Figure, qui eſt celui qui paſſe par l'axe du cylindre, il faut les redreſſer par l'imagination perpendiculairement à ce plan; ce qui ne change rien à leur diſtance relative au plan tangent ſuppoſé ſur la ligne AD du cylindre, puiſque les lignes 4*n*, 5*m*, 6*l* lui ſont paralleles, comme elles le ſont auſſi à l'axe de la ſphere CP : & puiſque la courbe doit toujours avoir des points communs aux deux ſurfaces, il ſuit qu'elle paſſera par les interſections des courbes formées par le plan qui coupe les deux corps; *ce qu'il falloit trouver.*

On parviendra auſſi à la même deſcription, ſi au lieu de faire les tranches perpendiculaires à l'axe du cylindre, on les lui fait paralleles; alors les points de la courbe ſe trouveront à l'interſection des cercles de la ſphere & des parallelogrammes du cylindre : c'est toûjours le même principe différemment appliqué.

Si le cylindre n'étoit pas droit mais scalene, il arriveroit du changement pour les Figures des sections; car supposant les tranches perpendiculaires à son axe, elles seroient circulaires dans la sphere & elliptiques dans le cylindre, & elles n'y seroient circulaires que lorsque les tranches seroient obliques à l'axe & paralleleles à la base, ou bien faisant une section souscontraire; ce qu'il est aisé de se représenter & de concevoir sans le secours d'une Figure : cependant pour aider l'imagination, on peut s'exercer sur une boule & un cylindre en relief coupé, c'est-à-dire taillé, avec de la craye, ou autre matiere tendre.

L'usage de ce Problême est indiqué au Théorême X pour les enfourchemens des lunettes pratiquées dans une voute sphérique.

PROBLEME XXXIX.

Les diametres des deux cylindres inégaux qui se pénetrent, & l'inclinaison de leurs axes qui se rencontrent étant donnés, tracer l'ellipsimbre formée par la rencontre de leurs surfaces.

La construction de ce Problême est si semblable à celle du pénultieme, que la seule inspection de la Figure 190, en fera voir la différence, qui ne consiste que dans la préparation, où au lieu de deux quarts de cercles, il faut faire deux quarts d'ellipses : au lieu de les placer à angle droit sur le côté du grand cylindre, il faut donner à leurs axes l'inclinaison qu'ils doivent avoir sur ce côté.

Soit cependant pour une plus ample explication (*Fig.* 190) la moitié du grand cylindre QB pénetré par un plus petit T*m*, dont l'axe X*x* fait avec l'axe *c*C du grand, l'angle X*xc*; on prendra la ligne *hx* pour moitié du grand axe d'une ellipse, & le rayon *e*C du demi-diametre du grand cylindre pour moitié du petit axe, on décrira sur un plan à part le quart d'ellipse NDE, dont le centre sera C; ensuite ayant prolongé la moitié du grand axe CN jusqu'en M, ensorte que NM soit égale à *hm*, prise pour moitié du grand axe d'un autre quart d'ellipse, on prendra pour moitié du petit axe la ligne NH égale au demi-diametre de la base TV du petit cylindre, & l'on décrira le quart d'ellipse H 2 1 M; ensuite ayant tiré par H la ligne DL parallele à CM, on divisera le quart d'ellipse HM en autant *Fig.* 190.

Fig. 190. de parties égales qu'on voudra, par exemple, ici en trois aux points 2 & 1, par lesquelles on menera 1 G, 2 F, paralleles à CM, & ML, 1 K, 2 I, paralleles à HN. Cette préparation étant faite, on divisera la circonférence du petit cylindre T*m* en quatre, & le quart en autant de parties égales que celui de l'ellipse HM, par exemple ici en douze, puisque le quart HM est divisé en trois. 1°. Si l'on veut avoir la projection de cette division sur la ligne A*m*, on fera *h i* = HI, *h k* = HK, & *h m* = HL, ou NM : ensuite on menera par ces points *h*, *i*, *k*, des paralleles à l'axe X*x* du petit cylindre, prolongées au-delà des points *h*, *i*, *k*, sur lesquelles on portera les distances de la tangente HN au quart d'ellipse EDN; sçavoir, HD en *h d*, *p* F en *pf* & *if*, *o* G en *og* & K*g*, & par les points *t*, *g*, *f*, *d*, *f*, *g*, *m*, on tracera la courbe qui représente l'axe courbé de l'ellipsimbre, ou la projection de son contour.

2°. Présentement si l'on veut tracer l'ellipsimbre sur le petit cylindre *t m*, on tracera une ellipse sur la surface, dont la circonférence coupera les paralleles R*g*, S*f*, L*d*, &c. aux points *o*, *p*, *h*, *i*, *k*, de chacun desquels, comme d'un terme, on portera les distances HD en *hd*, *p* F en *if* & *pf*, *o* G en *og* & en *kg*, & ainsi de même de l'autre côté du cylindre, & par les points trouvés sur les paralleles à l'axe du cylindre, on tracera à la main la courbe qui sera l'ellipsimbre proposée.

3°. Si l'on veut tracer cette courbe sur le grand cylindre QB, ayant tracé une ligne AB parallele à son axe C*c*, on prendra à volonté un point *h* pour celui du milieu, de la section duquel on portera de part & d'autre les distances HI, HK, HL, pour avoir sur cette ligne A*m* les points *o*, *p*, *h*, *i*, *k*, par lesquels on tracera, par le Problême XXXV, autant d'ellipses paralleles entr'elles, suivant l'inclinaison donnée A*hd*; ensuite on portera de part & d'autre de la ligne A*m* sur chacune de ces ellipses, les arcs correspondans du quart d'ellipse EDN; sçavoir, ND sur *hd*, NF sur *pf* & *if*, NG sur *og* & *kg*, & par les points *g*, *f*, *d*, *f*, *g*, qui terminent les arcs des ellipses tracées sur le cylindre, on fera passer une ligne courbe de chaque côté de la ligne A*m*, qui sera l'ellipsimbre proposé.

DEMONSTRATION.

La raison de cette construction est toujours déduite du même Problême

Problême général que les précédentes. On coupe les deux corps par tranches paralleles, qui sont dans le petit cylindre des parallelogrammes, parce que les plans coupans sont paralleles à son axe, & dans le grand cylindre les sections des mêmes plans sont des ellipses. Or parce que toutes ces ellipses sont égales, elles sont représentées par le quart d'ellipse EDN, qui a été fait dans la préparation; & parce que tous les parallelogrammes sont inégaux, on a exprimé la moitié de leurs côtés par les lignes HI, HK, HL qui sont les distances des points 1, 2, H, par lesquels passent les plans qui coupent le petit cylindre; car si l'on releve, par la pensée, le quart d'ellipse H 2, 1 M à angle aigu sur le plan de l'ellipse EDN, ensorte que les demi-axes CN & NM fassent un angle égal à l'angle *x h m*, c'est-à-dire, dans la Figure, que NM soit posée sur NA; il est clair que la projection de la ligne HN se réduira à un point N, placé au milieu du petit cylindre, comme est le point *h*, la projection du point 2 se fera sur NA à une distance égale à HI qui est, par la construction, *hi* pour un côté, & *hp* pour l'autre, & tout le quart d'ellipse M 1 2 H sera dans un plan tangent au grand cylindre QB, suivant la ligne *h m*, partie de son côté A*m*, & les intervalles des divisions H, 2, 1, M à l'ellipse qui est la section du même plan dans le cylindre, seront exprimés par les lignes HD, *p* F, *o* G, qui sont perpendiculaires à la tangente HN, & paralleles à l'axe NC. Ces distances sont entr'elles comme les sinus verses, ou les fleches du double des arcs DN, FN, GN, lesquelles sont aussi entr'elles comme les sinus verses des arcs de cercle correspondans à la base du cylindre, comme nous l'avons démontré ailleurs; ce que nous avons représenté à la Figure 191, qui est la vûe de la précédente par le bout du gros cylindre, comme il sera facile de le reconnoître par les mêmes Lettres placées aux points correspondans; mais doubles, parce qu'elle fait voir les deux côtés, & par conséquent les parallelogrammes des sections du petit cylindre. Mais, par la construction, les longueurs de ces fleches, ou ce qui est la même chose, des longueurs qui leur sont égales, ont été portées de *h* en *d*, de *i* en *f*, &c. donc la courbe *t d m* est l'axe courbe de l'ellipsimbre, & marque sa profondeur dans le cylindre QB; & parce que l'on a porté les intervalles des arcs de l'ellipse DE, qui est égale à toutes les autres sections paralleles sur chacune

Fig. 190.

Fig. 191.

des ſections correſpondantes, on aura la rencontre des parallelogrammes du petit cylindre avec les ellipſes du grand, où ſont les points communs à leurs deux ſurfaces; donc ils ſont à la circonférence de l'ellipſimbre, & cette courbe paſſera par tous ceux qui ont été ainſi déterminés; *ce qu'il falloit faire.*

L'uſage de ce Problême a été indiqué au Théorême XIX; il ſert pour les enfourchemens des berceaux, ou parties de berceaux ſurhauſſés ou ſurbaiſſés, ou qui ſont biais, c'eſt-à-dire, inclinés entr'eux, ſuppoſant que leurs axes ſe rencontrent.

PROBLEME XL.

Les diametres de deux cylindres qui ſe pénetrent de toute leur circonférence, ſans que leurs axes ſe rencontrent, & l'inclinaiſon de leurs côtés entr'eux étant donnés, tracer l'ellipſimbre formée par la rencontre de leurs ſurfaces.

La Figure 192 eſt faite pour mettre ſous les yeux la différence de ce Problême avec le précédent, qui ne conſiſte qu'en ce que les axes des cylindres ne ſe rencontrent pas, & la Figure 193 pour la conſtruction.

On peut diſtinguer deux cas dans cette propoſition; le premier, lorſque le petit cylindre tombe perpendiculairement ſur le côté du grand, c'eſt-à-dire, ſur des lignes paralleles à ſon axe; le ſecond, lorſque les lignes paralleles à l'axe du petit cylindre tombent obliquement ſur celles qui ſont auſſi paralleles à l'axe du grand cylindre. Si leurs côtés ſont perpendiculaires entr'eux, on fera pour la préparation des quarts de cercles ou demi-cercles égaux à leurs baſes, comme on a fait au Problême XXXVII pour le cicloïmbre; & ſi leurs côtés ſont obliques, on fera pour la préparation des demie-ellipſes & quarts d'ellipſes, comme à la Figure 193.

Soit E a *b* D un quart d'ellipſe de la ſection oblique d'un plan coupant le cylindre DEGF, parallelement à l'axe du petit cylindre qui pénetre le grand, comme on voit à la Figure 192; ſoit auſſi KH*b* la moitié de l'ellipſe faite dans le petit cylindre par la ſection d'un plan tangent au grand; on diviſera à volonté ſa circonférence aux points 1, 2, 3, 4, & par ces diviſions on menera des paralleles à l'axe H*x*, qui coupe le quart d'ellipſe du grand cylindre en *m* & *x*, plus ou moins loin

Fig. 193. & 194.

du centre C, par où passe l'axe du grand cylindre ; supposant que la position du petit cylindre dans le grand est donnée en a*b*GF, ces lignes 1 O, 2 N, *m*M, 3 *n*, 4 *o*, étant prolongées vers le quart d'ellipse E a*b* D, le rencontreront aux points 1, 2, *m*, 3, 4 ; on menera aussi par le point H la ligne H*d*, parallele au diametre K*b*, de même que 3 *e* & 4*f*, qui rencontrent le côté du cylindre G*b* prolongé en *d* aux points *e* & *f*, cette préparation étant faite. *Fig.* 193. & 194.

Pour décrire l'ellipsimbre sur la surface du grand cylindre DEGF, on commencera par tirer une ligne *dd* parallele à son axe par le Problême XXX, sur laquelle ayant pris le point M pour le milieu de la section, on prendra de part & d'autre de ce point sur la ligne *dd*, les distances *bf* de la Figure 193 de la préparation, que l'on portera en M*f* ; *be* que l'on portera en M*e*, & *bd* que l'on portera en M*d*, aussi de part & d'autre du point M : ensuite on fera passer par tous ces points des ellipses qu'on tracera sur la surface du grand cylindre, suivant l'angle de l'inclinaison du côté du petit cylindre sur le grand ; par exemple, IKL (*Fig.* 192) ou des cercles, si le petit cylindre tombe à angle droit sur les côtés du grand.

Sur chacun de ces cercles ou ellipses, on portera de part & d'autre de la ligne *dd*, les arcs de cercle ou d'ellipse déterminés par les paralleles à l'axe du petit cylindre, qui passent par les divisions de la section elliptique ; sçavoir, *m a* de la Fig. de la préparation sur MA, & *m b* sur MB, l'arc *m* 1 en *f* 1 d'un côté & de l'autre du milieu M, & l'arc *m* 4 sur *f* 4 aussi de part & d'autre ; enfin l'arc *m* 2 sur *e* 2, & *m* 3 sur *e* 3, & par les points *d*, 3, 4, B, 4, 3, *d*, 2, 1, A, 1, 2, on fera passer une courbe qui sera l'ellipsimbre proposée sur la surface du gros cylindre.

Pour tracer cette courbe sur le petit cylindre, on fera la même chose qu'au Problême précédent ; ce qu'il est inutile de répeter, la seule difficulté qu'il y aura, c'est qu'ici les deux côtés de la courbe n'étant pas égaux, le quart du petit cilindre ne suffit pas pour donner les points des quatre parties, comme aux Figures 187 & 190 ; il faut avoir toutes les distances d'une moitié de la courbe à la tangente K*b* : ainsi ayant décrit une ellipse autour du petit cylindre, telle que la feroit la section d'un plan tangent au grand, on la divisera en deux depuis le point d'attouchement représenté dans la pré-

Fig. 193. & 194. paration par le point *b*, & ayant divisé sa demie-circonférence en parties égales à celles de la demie-ellipse *b* HK; sçavoir, *b* 4, 43, 3 H, &c. on menera par chacune de ses divisions des paralleles à l'axe du petit cylindre, sur lesquelles on portera successivement d'un côté & de l'autre les distances de la tangente K*b* à l'arc de l'ellipse a*b*; sçavoir, *o* 4, *n* 3, M*m*, N 2, O 1, K a, lesquelles donneront des points par lesquels on tracera l'ellipsimbre proposée.

Si l'on vouloit avoir la projection de cette courbe sur un plan, au lieu des arcs que l'on a tracés dans la Figure 194, en maniere de perspective sur le grand cylindre, il faudroit en prendre les cordes ou demi-cordes, & la construction, à cela près, seroit toujours la même.

DEMONSTRATION.

Cette construction émane du même principe que les précédentes. On suppose les deux cylindres coupés en tranches par des plans paralleles entr'eux & à l'axe du petit cylindre, dans lequel ils font pour section des parallelogrammes, dont les intervalles sont marqués par ceux des lignes 4*f*, 3 *e*, H*d* qui dépendent de la division qu'on a voulu faire du contour du petit cylindre pris sur un cercle, s'il est perpendiculaire au côté du grand, ou sur une ellipse s'il est oblique, comme dans le cas présent, parce qu'on suppose ce petit cylindre coupé par un plan tangent au grand, afin d'avoir un terme d'où l'on puisse compter de combien chaque ligne parallele à l'axe s'avance au-dessous de ce plan, pour atteindre à la surface du grand cylindre; c'est-à-dire, à la courbe que ce plan fait dans ce grand cylindre. Or cette courbe est un cercle, lorsque le petit cylindre est perpendiculaire au côté du grand, & une ellipse, lorsqu'il lui est oblique, & parce que tous les plans des tranches sont paralleles, toutes les ellipses qu'ils font, sont aussi égales entr'elles, de sorte que dans la préparation on fait servir une ellipse pour toutes, ainsi l'ellipse E a *b* représente celle qui est faite par le plan passant par les points 2 3 *e*, par 1 4 *f* & K*b*; or dans chaque intersection des parallelogrammes du petit cylindre & des ellipses du grand, il n'y a que deux points communs; sçavoir, a *b* pour celle du milieu, 1, 4, pour l'intersection de la tranche suivante, & 2, 3, pour la troisiéme, lesquelles étant espacées de part & d'autre de la ligne AB, donnent les points du contour de l'ellipsimbre, *qu'il falloit trouver.*

L'usage de ce Problême a été indiqué au Théorême XX.

PROBLEME XLI.

La position d'un cylindre dans un cone qu'il pénetre étant donnée, décrire l'ellipsimbre formée par la rencontre de leurs surfaces.

Ce Problême comprend plusieurs cas qui peuvent tous se résoudre de la même maniere; car 1°. ou les axes du cylindre & du cone sont paralleles entr'eux, 2°. ou ils se coupent, 3°. ou perpendiculairement ou obliquement, 4°. où ils ne sont pas paralleles & ne se coupent pas, 5°. & alors l'axe du cylindre est perpendiculaire au plan passant par l'axe du cone, 6°. ou il lui est incliné, 7°. ou il n'entre pas totalement dans ce plan, lorsqu'il lui est perpendiculaire, 8°. ou il n'y entre pas aussi, lorsqu'il lui est incliné. *Fig.* 195.

Tous ces différens cas se peuvent résoudre par la même pratique qui a été expliquée au Problême général, en coupant le cone & le cylindre en plusieurs tranches par des plans paralleles entr'eux, dont la situation à l'égard des axes du cone & du cylindre est arbitraire : il y a cependant en cela du choix pour la commodité de l'exécution; car il convient de les situer de maniere qu'ils donnent toujours les sections les plus simples, nous les avons mis dans la Figure 195, perpendiculairement à l'axe du cone, pour avoir l'intersection de deux cercles, l'un dans le cone, l'autre dans le cylindre, lorsque les axes SC & X*x* sont paralleles entr'eux. Si l'on avoit disposé les tranches parallelement aux axes, on auroit eu pour intersection celle d'un parallelogramme & d'une hyperbole, qui est moins facile à tracer que le cercle.

Si les axes sont inclinés entr'eux comme SC & Q *q*, le plan *y* G coupant les deux corps, donnera dans le cone un cercle, & dans le cylindre une ellipse, dont *y* K sera la moitié du grand axe, & le diametre de la base du cylindre, le petit axe; ainsi il ne s'agit que de décrire cette ellipse, & la couper par un cercle qui ait pour rayon 1 *i*, & parce que toutes les ellipses qui seront faites par les sections des autres plans paralleles à *yy* sont égales, on peut ne décrire qu'une ellipse, & la couper par les cercles inégaux qui feront les sections des plans paralleles dans le cone, en mettant leurs centres dans la distance où ils doivent être de celui de l'ellipse. Par ce moyen on aura une suite d'arcs de cercles & d'ellipses, lesquels étant transportés sur les surfaces du cone & du cylindre, comme nous l'avons dit aux Problêmes précédens, donneront autant de points à la circonférence de l'ellipsimbre, qu'on voudra multiplier le nombre des tranches par des sections paralleles; cela est clair après les exemples des Problêmes précédens; cependant pour ne pas devenir obscur en voulant être concis, nous en feront l'application à la pratique.

Fig. 195. Soient pour le premier cas où les axes sont paralleles, les plans *y* G, Y *n* paralleles entr'eux & perpendiculaires aux axes SC du cone, & X*x* du cylindre; du point 1 pour centre & pour rayon 1 *i*, on décrira un quart de cercle 1 *di*, & du point H pour centre, & pour rayon le demi-diametre HG du cylindre, on décrira un autre quart de cercle qui coupera le précédent au point Z, duquel si on abaisse une perpendiculaire sur *y* G, on aura le point 5 pour projection du point Z, & un de ceux de l'axe courbe *b* 5 a de l'ellipsimbre; on trouvera de même un autre point *f* des cet axe par l'intersection des deux cercles *o e m* du cone, & N *z n* du cylindre; cette préparation étant faite.

Pour tracer l'ellipsimbre sur le cone, ayant tiré du sommet S une ligne à sa base, qu'on prendra pour le milieu de l'ellipsimbre, on placera sur cette ligne les points *b a* de ses deux extrêmités dans leur distance du sommet S, & ensuite les points *i* & *m*, par lesquels on fera passer deux cercles, sur lesquels on portera de part & d'autre de la ligne droite les arcs *i* Z & *m z*, qui donneront les points *z* & Z, par lesquels on fera passer à la main la courbe qui sera l'ellipsimbre demandée; on n'a pas fait de Figure pour cette transposition des arcs trouvés, parce qu'elle est à peu près la même qu'à la Figure 182 ou 185 de la Planche 16.

Pour le second cas, où l'axe du cylindre tombe obliquement sur celui du cône, on agira de même qu'au précédent, excepté que sur le cylindre AVTB, où il se fait des ellipses par la section oblique des plans *y* G, Y *n*, on tracera des ellipses égales qui auront pour grand axe la ligne *y y* ou YY, & pour petit axe le demi-diametre de la base VT du cylindre; ainsi le point P qui eſt à la rencontre des deux ſurfaces ſe trouvera par l'interſection du cercle du cone, dont 1 I ſera le rayon, & de l'ellipſe *y* P *y*; de même que le point O, par l'interſection du cercle du cone qui a pour rayon 2 L, & de l'ellipſe YOY. Fig. 195.

Si des points O & P, on abaiſſe les perpendiculaires O*o* & P*p* ſur les lignes *y* G, Y *n*, on aura les points *p* & *o*, qui ſeront la projection des rencontres des ſurfaces O & P, & ſur l'axe courbe de l'ellipſimbre qui ſera la courbe B *p o* A; cette préparation étant faite.

Si l'on veut tracer l'ellipſimbre ſur le cone, on tirera par ſon ſommet une ligne droite, ſur laquelle ayant placé les points B & A ſommets de la courbe, on y marquera auſſi les points I & L, par où on fera paſſer des cercles, ſur leſquels on prendra de part & d'autre de la droite du milieu les arcs IP, LO, & l'on aura les points P & O, par leſquels & par le point A & B on tracera à la main l'ellipſimbre demandée, comme au cas précédent.

Pour tracer la même courbe ſur le cylindre, on commencera par tracer les lignes R a, & FN diamétralement oppoſées & paralleles à ſon axe, ſur leſquelles on portera les points *b* & *a* pour les extrêmités de la courbe, & les points *g* & N, dans leur diſtance à ces points; on fera paſſer par les points *g*, N & *a* des cercles paralleles à ſa baſe pour le premier cas, & des ellipſes pour le ſecond cas, & l'on portera ſur ces cercles les arcs *gz*, NZ pour le premier, & *y* P & YO pour le ſecond, pour les points a ou A on prendra la demi-circonférence pour avoir les points *b z*, Z a d'un côté de la parallele à l'axe, & autant de l'autre, ou B *p* OA d'un côté, & de même de l'autre de la ligne qui paſſe par le ſommet du cone & le milieu de la ſection; par ces points ainſi trouvés on tracera l'ellipſimbre demandée.

Mais ſi le cylindre étoit perpendiculaire au plan du triangle par l'axe du cone, on ne pourroit plus faire uſage de la même conſtruction, parce que les plans coupant le cone perpendiculairement à ſon axe, couperoient le cylindre parallelement à ſon axe, & y feroient pour ſection des parallelogrammes, dont les côtés ne détermineroient point la rencontre des deux ſurfaces, alors il faut avoir recours aux tangentes des ſections du cone.

Soit donc (*Fig.* 196) le cylindre DO*p d* qui eſt perpendiculaire à l'axe SC du cone, lequel eſt coupé par un plan paſſant Fig. 196.

Fig. 196. par l'axe X *m* du cylindre, & SC du cone; on coupera l'un & l'autre de ces corps par des lignes H *n*, F *m*, IN qui donneront sur l'axe SC les points *n*, *m*, N, desquels comme centres & pour rayons *ng*, *m*M, N *k*, on décrira des arcs de cercle *gy*, M *z*, *kx*, ausquels on tirera les tangentes *gh*, M*f*, *ki*, égales aux ordonnées de la base du cylindre GH, XF, KI, & par les points *h*, *f*, *i*, on menera des paralleles à l'axe du cylindre, jusqu'à la rencontre des arcs, comme *hy*, *fz*, *ix*, lesquelles serviront à tracer la courbe, comme nous le dirons ci-après.

Ayant tracé sur le cylindre une ellipse par les points donnés
Fig. 199. E & L par le Problême XXXIII, comme *e*, *h*, *f*, *i l*, (*Fig.* 199) on menera par les points *h*, *f*, *i*, donnés à la circonférence de cette ellipse des paralleles à son axe G*y*, F*z*, I*x*, sur lesquelles on portera les longueurs trouvées *hy*, *fz*, *ix*, qui donneront sur ces paralleles les points *y*, *z* & *x*, par lesquels & par les points *e* & *l* on tracera à la main une courbe, qui sera celle qu'on demande.

Si l'on veut tracer la même ellipsimbre sur le cone, dont le
Fig. 197. triangle SBA de la Figure 196 est la section par l'axe, on opérera comme aux cas précédens; ainsi supposant celui de la Figure 197 (qui est plus petit faute de place dans la Planche) égal à celui de la Figure 196, on commencera par tirer du sommet S à la base une ligne droite quelconque SB, sur laquelle on portera les distances SE, S*g*, SM, S*k*, SL de la Figure 196, & ayant tracé sur la surface de ce cone des cercles passant par les points *g*, *m*, *k*, on prendra de part & d'autre de ces points, les arcs *gy*, M*z*, *kx*, de la Figure 196, qu'on portera de part & d'autre de la ligne SB, & l'on aura des points *e*, *y*, *z*, *x*, L, *x*, *z*, *y*, *e*, par lesquels on tracera à la main la courbe proposée, supposant, comme je viens de le dire, un rapport entre les Figures 196 & 197 qu'on n'a pû observer faute de place; mais comme il ne s'agit ici que d'une explication, on peut supposer égales des Figures inégales.

Lorsque le cylindre qui pénetre le cone est perpendiculaire à son triangle par l'axe, & que les axes ne se rencontrent pas, les tangentes aux arcs de cercle des sections faites par les plans coupant les cones par tranches paralleles, ne sont pas égales de part & d'autre des côtés du cylindre prolongés comme dans le cas précédent; c'est pourquoi il faut disposer la Figure comme on le voit à la Figure 200.

Ayant

Ayant placé le centre C de la base du cylindre, par lequel passe l'axe qui tombe perpendiculairement au triangle BSA par l'axe du cone; on décrira de ce centre un cercle *or* DRO que l'on coupera aussi bien que le cone par des plans paralleles entr'eux, & à l'axe du cylindre & perpendiculaires à celui du cone; lesquels plans sont représentés par les lignes 1 4, 2 5, 3 6, qui coupent le cercle de la base du cylindre aux points *or*, *d*D, OR, par lesquels on tirera à ces lignes des perpendiculaires indéfinies *o*T, RG, *d*E, DF; ensuite ayant décrit des demi-cercles 1 *h* 4, 2 F 5, 3 G 6, on leur menera des tangentes L *h*, EF, TG paralleles à leurs diametres 1 4, 2 5, 3 6, lesquelles détermineront les longueurs des cotés du cylindre hors du cone, pour les paralleles à l'axe qui passent par les points *o d* O, *r* DR; ainsi le côté du cylindre qui passe par le point *d* sort du cone de la longueur *y* E, celui qui passe par le point O sort du cone de l'intervalle *x* T, & ainsi des autres; & parce que les points G & F sont très-près du point d'attouchement des tangentes, ils sortent très-peu du cone. Pl. 17. Fig. 200.

Présentement pour tracer cette courbe sur le cylindre, on opérera de même qu'à la Figure 199, excepté qu'en celle-là nous avons supposé les distances de l'ellipse qui coupe le cylindre égales de part & d'autre de son axe, & qu'ici elles sont inégales.

Pour tracer la même courbe sur le cone, on suivra aussi la même méthode qu'à la Figure 197, excepté que l'on ne portera pas les mesures des arcs paralleles sur les deux côtés de la ligne SB, mais tous d'un côté.

Ou bien on tracera sur le cone une hyperbole HY tangente au cercle de la base du cylindre pour servir de terme, d'où on mesurera les arcs qui coupent les côtés du cylindre; car les points de la courbe seront toûjours dans l'interfection des cercles des tranches du cone paralleles à la base, & des côtés du cylindre paralleles à son axe.

La même opération sert pour les cas où le cylindre n'entre dans le cone que d'une partie de la circonférence, comme on le voit dans la même Figure 200 au cercle D *g* 6.

Secondement, si au lieu de faire les tranches paralleles par des plans perpendiculaires à l'axe du cone, on veut les faire paralleles à l'axe du cylindre, la solution du Problême sera également Géométrique, mais un peu plus difficile, parce qu'au lieu de cercles dans le cone, on aura pour section des ellipses, des paraboles ou des hyperboles, suivant l'inclinaison de l'axe du cylindre à celui du cone; mais aussi on n'aura dans le cylindre que des parallelogrammes.

Afin qu'on puisse choisir la maniere qui convient le mieux, nous allons donner un exemple de la courbe formée par la pénétration d'un cylindre à l'axe du cone.

Fig. 201. Soit (*Fig.* 201) le triangle par l'axe du cone *b* S *a*, l'axe de ce cone SC, celui du cylindre X *c* qui le rencontre, ou qui ne le rencontre pas; supposons premierement qu'il le rencontre; la section plane de ce cylindre par un plan perpendiculaire à celui qui passe par son axe, & suivant la rencontre avec l'axe SC sera une ellipse, dont EL sera le grand axe, & le petit axe sera le diametre DF de la base du cylindre. Soit la moitié de cette ellipse E *d* L que l'on traversera par autant de lignes droites paralleles que l'on voudra avoir de doubles points de la courbe comme 4 1, 5 2, 6 3, qui couperont l'axe au point *o c* O, par lesquels on menera des paralleles à l'axe du cylindre jusqu'à la rencontre du côté S *b* du cone, comme O *g*, *c* I, *o* H; chacune de ces lignes sera une partie de l'axe de la courbe qui sera faite dans le cone par la section d'un plan parallele à l'axe du cylindre, & les points *g*, I, H en seront les sommets; dans l'exemple présent ces courbes seront des ellipses, parce que les lignes *g* O, I *c*, H *o* prolongées, rencontreront en dedans les deux côtés du cone S *b* & S *a* prolongés; mais si le cylindre avoit été incliné suivant la ligne E *e*, parallele à SA, ces courbes seroient des paraboles. Quelles que puissent être ces sections, elles seront toujours semblables entr'elles, quoique inégales; on a donc l'axe & le sommet de ces sections, & l'on a aussi deux points à leur contour que donne une double ordonnée 4 1, 5 2, 6 3, car à cause de l'uniformité du cone on peut concevoir le côté SO du cone en l'air sur le côté SC dans un plan perpendiculaire au plan SC *a*, comme on le voit représenté en perspective dans la Figure 198; mais parce qu'on ne peut pas faire cette préparation sur le solide, on décrira ces courbes sur le plan du triangle *b* S *a*, en portant les longueurs des axes O *g*, *c* I, *o* H sur l'axe SC en OG, *c* C & *o* K, & par les points 4 G 1, 5 C 2, 6 K 3, on décrira les ellipses ou les paraboles, ou hyperboles que les plans des tranches font dans le cone, & par les points R *d r* des ordonnées de la demi-ellipse E *d* L, on menera des paralleles à l'axe SC jufqu'à la rencontre des courbes 4G1, 5C2, 6K3, aux points *p*, *q*, *v*.

Cette préparation étant faite, on pourra tracer l'ellipfimbre fur le cone, en traçant une ligne SB (*Fig.* 198) de fon fommet S à la bafe pour fervir de milieu à la courbe, fur laquelle ayant porté les longueurs S*e*, S*g*, SI, SH, S*l* de la Figure 201, & fur les côtés S*b*, S*a* de la Figure 198 des longueurs égales à, S4 S1, S5, S2, S6, S3 : on tracera fur la furface du cone les ellipfes, paraboles ou hyperboles qui doivent paffer par ces trois points, fur lefquelles on portera de part & d'autre de la ligne SB, les arcs K*u*, C*q*, G*p*, lefquels donneront les points par lefquels & les deux fommets *e* & L, on tracera à la main l'ellipfimbre demandée. Fig. 198.

Pour tracer la même courbe fur le cylindre, il faut ajouter à la préparation des tangentes à ces arcs, comme KT pour avoir la diftance de ces tangentes aux arcs des courbes formées par les plans des tranches fur les côtés du cone, & alors on s'en fervira pour décrire l'ellipfimbre fur le cylindre, comme on a fait à la Figure 197; il faut encore remarquer ici que les Figures 201, 198, n'ont pas été faites d'une grandeur rélative, quoiqu'on les fuppofe telles, faute de place dans la Planche.

Si l'axe du cylindre ne rencontroit pas celui du cone, comme à la Figure 200, mais que l'ellipfe faite par le plan du triangle par l'axe coupant le cylindre fût à côté, il faut en prolonger les ordonnées jufqu'à l'axe & chercher les fommets des fections, & tranfporter la ligne du milieu à côté de celle qui paffe par les fommets des fections coniques de la quantité dont elle doit être éloignée du plan paffant par l'axe de l'ellipfe, qui fera dans le cone une hyperbole, prenant cet intervalle fur l'arc de la fection conique qui coupe cette hyperbole; ce qui n'eft pas difficile à concevoir par les exemples que nous avons donné pour trouver les points des ellipfimbres fur les arcs des fections coniques formées par les tranches paralleles à l'axe du cylindre : de forte que la préparation peut fervir à tracer les fections folides, où le cylindre n'entre pas dans le cone de toute fa circonférence.

DEMONSTRATION.

Le même principe qui a fervi de bafe aux démonftrations des Problêmes précédens, s'applique fi naturellement à celui-ci,

Fig. 196. qu'il ne demande qu'une médiocre attention.

Premierement, pour la Figure 196, il faut se représenter que les lignes *g h*, M*f*, *k i*, qui sont représentées dans le plan du triangle BSA lui doivent être perpendiculaires, de même que les lignes GH, XF, KI qui sont les ordonnées au diametre D*d* de la base du cylindre, & les correspondantes, que l'on a fait égales, doivent aussi être censées paralleles, & dans le même plan que les arcs de cercle *g y*, M*z*, *k x*; de sorte que si l'on imagine des lignes paralleles à l'axe X*m* du cylindre passant par les points *hfi* qui sont à la surface, ces lignes, qui en seront des côtés, rencontreront les arcs en certains points, comme *y*, *z* *x*, qui seront ceux de l'immersion du côté du cylindre dans le cone, par conséquent communs aux deux surfaces & à la circonférence de la courbe formée par leur intersection, donc les arcs *g y*, M*z*, *k x* sont la mesure de la distance des points de l'ellipsimbre à son axe droit EL sur la surface du cone.

Mais parce qu'on ne peut pas prendre les mêmes mesures dans le cylindre, lorsqu'on veut tracer la même courbe à la surface, on a recours à la supposition d'un plan tangent au cone, & perpendiculaire à celui qui passe par l'axe du cylindre, & le côté EL du cone, lequel plan tangent fait dans le cylindre une ellipse, parce qu'il le coupe obliquement suivant la ligne EL, qui est inclinée à l'axe X*m*: or cette ellipse est toute hors du cone, & les lignes *gh*, M*f*, *ki* sont des ordonnées à son axe EL, puisqu'elles lui sont supposées perpendiculaires, & qu'elles ont été faites égales à celle du cercle de la base du cylindre; donc la distance des extrêmités de ces ordonnées aux arcs de cercle du cone, prises sur des paralleles à l'axe du cylindre, donne exactement les points d'immersion des côtés passant par les points *h*, *f*, *i* de la circonférence de l'ellipse plane, tangente au cone; donc ces distances ont dû être portées, comme il a été dit à la Fig. 199, pour avoir les points de l'ellipsimbre *qu'il falloit décrire*.

Ce que nous pouvons ajouter touchant les pratiques indiquées par les Figures 200 & 201, ne sera qu'une plus ample explication de la premiere: il faut toujours se représenter que par le moyen des plans paralleles coupant la base du cylindre & le cone en même-tems, on s'est donné des points à la surface du cylindre, comme *o*, *r*, D, &c. (*Fig.* 200) & R*dr* (*Fig.* 201) par lesquels on doit faire passer des paralleles à l'axe du cylindre pour avoir des côtés marqués à la surface; & parce que

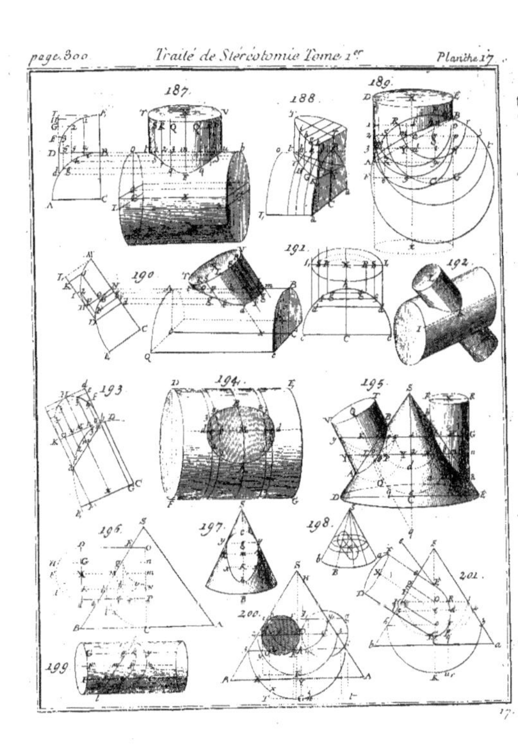
page. 300
Traité de Stéréotomie Tome 1er
Planche 17
187.
188.
189.
190.
191.
192.
193.
194.
195.
196.
197.
198.
199
200.
201.

ces côtés, dans la ſuppoſition de la Figure 196, ſont perpendiculaires au plan du triangle par l'axe, ils n'y ſont exprimés ſuivant les regles de la projection que par un point; il faut donc les coucher ſur le même plan de ce triangle, auſſi-bien que les arcs des ſections circulaires du cone, qui n'y ſont exprimées ſuivant les mêmes regles de la projection 1 4, 2 5, 3 6, & par ce moyen on trouve les interſections de ces arcs avec les côtés du cylindre, leſquelles donnent des points communs aux deux ſurfaces, c'eſt-à-dire, des points de la courbe que l'on doit tracer ; & par conſéquent on eſt obligé de ſuppoſer des plans tangens au cone, comme nous venons de le dire. Il faut tirer des tangentes à chacun des arcs des ſections du cone, leſquelles ſeront toutes dans le même plan qui eſt ſuppoſé couper le cylindre & faire une ellipſe.

La derniere pratique a été ſuffiſamment expliquée par la conſtruction, & par ce qui a été dit ci-devant.

L'uſage de ce Problême a été indiqué au Théorême XXVI, il ſe préſente aſſez ſouvent dans les fortifications où les murs ſont preſque toujours en talud, & où il y a des arrondiſſemens qui ſont par conſéquent des portions de cones tronqués, dont les ſommets ſont quelquefois en bas, comme aux arrondiſſemens des contreſcarpes & des flancs concaves, & quelquefois en haut, comme aux tours en talud & arrondiſſemens des orillons; dans l'Architecture civile il eſt plus rare.

Des ellipſimbres compoſées.

PROBLEME XLII.

Tracer une ellipſimbre compoſée, formée par la pénétration d'une ſphere & d'un cylindre, dont la circonférence n'entre qu'en partie dans la ſphere.

CE Problême ſe réſoudra comme tous les précédens par notre méthode générale, en traçant des perpendiculaires à l'axe du cylindre (*Fig.* 202) qui traverſent auſſi la ſphere, par leſquelles on ſuppoſe autant de plans paralleles entr'eux, & perpendiculaires au plan paſſant par l'axe du cylindre & le centre de la ſphere, dont les ſections ſeront des cercles dans l'un & l'autre de ces corps. PL. 18. *Fig.* 202.

Fig. 202. Soit donc la ſphere AB $k\,b$ A pénetrée par le cylindre DEGF, dont l'axe eſt XX, par lequel & par le centre C de la ſphere, ces deux corps ſont coupés par un même plan : on menera par le centre C un diametre PCp parallele à cet axe, & ayant tiré à ces deux lignes autant de perpendiculaires qu'on voudra $a\,1$, $b\,2$, $d\,3$, $e\,4$, &c. des points $a\,b\,d\,e$, &c. pour centres & pour rayons $a\,h$, $b\,i$, $d\,k$, &c. on décrira autant d'arcs de cercles (les quarts ſuffiſent) & des points o, p, q, r, &c. pris ſur l'axe du cylindre pour centres, & pour rayons les demi-diametres de la baſe $o\,1$, $p\,2$ &c. on tracera autant d'autres arcs de cercle juſqu'à la rencontre des précédens faits dans la ſphere ſur les mêmes diametres prolongés. Les points de leurs interſections x & x ſeront communs aux deux ſurfaces ; & ſi de ces points on abaiſſe des perpendiculaires aux mêmes diametres, on aura leur projection ſur le plan paſſant par l'axe du cylindre & le centre de la ſphere, ſur lequel ils donneront autant de points de l'axe courbe de la ſection P$y\,y\,x\,p$.

Cette préparation étant faite, on s'en ſervira pour tracer l'ellipſimbre compoſée, comme on a fait pour les ellipſimbres ſimples, en traçant autant de cercles ſur la ſphere & ſur le cylindre, commençant à compter la meſure des arcs $h\,x$, $i\,x$, Kx, depuis un cercle majeur, dans lequel ſeront les deux poles P & p de tous ces arcs ; & ſur le cylindre par tracer un côté EG ou DF, d'où l'on meſurera à droite & à gauche les arcs $1\,x$, $2\,x$, $3\,x$, $4\,x$, ou leur ſupplément, comme il conviendra le mieux, parce qu'il eſt toujours plus commode de prendre & de porter les meſures des arcs qui ſont au-deſſous de 90 degrés, que ceux qui ſont plus grands, à cauſe de la rondeur du cylindre.

La démonſtration de ce Problême eſt trop ſemblable à celle des précédens pour s'y arrêter ; chaque arc de cercle qu'on a fait ici dans le plan du papier, qui eſt celui qui paſſe par l'axe du cylindre & le centre de la ſphere, peut être relevé à angle droit ſur ce plan ſur les lignes qui en ſont les diametres ou les rayons, ſans qu'il arrive aucun changement à leur interſection x, & à leur projection y qui eſt dans le même plan, & dans celui de l'arc.

L'uſage de ce Problême a auſſi été indiqué au Théorême XI, il eſt inutile d'en répeter l'explication.

PROBLEME XLIII.

Tracer une ellipsimbre composée, formée par la pénétration de deux cylindres, dont la circonférence de l'un n'entre qu'en partie dans l'autre.

Il y a deux cas dans ce Problême qui n'en changent point la construction; car les cylindres se coupent à angles droits ou obliquement. De quelque façon qu'ils se croisent, il faut toujours supposer qu'ils sont coupés par des plans tangens à chacun des cylindres qui les coupent réciproquement, & perpendiculairement aux plans passans par chacun de leurs axes; de sorte que si les cylindres se croisent à angle droit, les sections de ces plans tangens à un des cylindres seront dans l'autre des cercles; & s'ils se traversent obliquement, les sections faites par les mêmes plans seront des ellipses dans l'un & l'autre cylindre; cela supposé, nous choisissons à la Figure 203, le cas où ils sont perpendiculaires pour plus grande facilité. *Fig. 203.*

Soit le cylindre YLNI vû par la base représenté par le cercle AE*a*B, lequel est pénétré par un autre cylindre *d*A*a*D, qui n'entre pas dans le premier de toute la circonférence; en sorte qu'il reste une partie FB de son diametre au dehors, laquelle répond au double de l'arc D*g* de la base D*g a*, étendue ici par supposition sur le plan du parallelogramme DA passant par son axe *l l*.

Ayant tiré un diametre A*a* sur la base du premier cylindre BAE*a*, lequel est ici confondu avec le côté du second, quoiqu'il puisse passer entre C & B, ou entre C & E; on tirera sur une des extrêmités de ce diametre la perpendiculaire *d*A, ou *a*D qui représentera le plan tangent au grand cylindre, & le diametre de la base du petit, sur lequel on tracera le demi-cercle D*m a* qui représentera la moitié de cette base, laquelle doit cependant être à angle droit sur le plan du parallelogramme *d*A*a*D, mais dont le changement de situation n'en fait aucun aux intersections des lignes qu'on en doit tirer.

On divisera ensuite l'une des deux bases des cylindres, en parties égales ou inégales; nous diviserons par exemple ici l'arc du demi-cercle *a*BA, ou seulement le quart du cercle BA en parties égales ou inégales B*r*, *rq*, *qp*, *pn*, *n*A, & par ces

Fig. 203. points *n*, *p*, *q*, *r*, on tirera des paralleles à l'axe *ll* du cylindre DA prolongées jusqu'à l'arc de la base *dm*A, ou D*ma*, qu'elles rencontreront aux points *g* K *mo*.

Cette préparation étant faite, si l'on veut tracer l'ellipsimbre sur le grand cylindre YN, on commencera par faire à sa surface un cercle parallele à sa base, n'importe où, si les cylindres se coupent à angle droit, ou une ellipse, suivant l'obliquité de la direction des côtés du second cylindre qui le pénetre. On transportera sur ce cercle les divisions B*r*, B*q*, B*p*, B*n*, en *b*R, *b*Q, *b*P, *b*N de part & d'autre du point *b*, qui a été pris à volonté à la surface du cylindre, si la section est un cercle, ou un point correspondant au point B, s'il est une ellipse; & par les points *b*, R, Q, P, N, *a* on menera autant de paralleles à l'axe du grand cylindre; puis ayant tracé un cercle pour le milieu de la section, si on ne l'a pas fait du premier coup, on portera sur ces paralleles à l'axe toutes les ordonnées de la base du petit cylindre de part & d'autre du cercle pris pour le milieu, comme ici a*a* suivant l'ordre de leur position à l'égard du point B, milieu de la division; ainsi on portera l'ordonnée *cf* provenant du point B en *cf* sur le gros cylindre de part & d'autre du point *c*, *gh* quatre fois en *gh*, sur les deux paralleles R*h*, R*h*; on continuera de même en portant *i*K deux fois sur chaque parallele QK de part & d'autre des points *i* & *i*, & ainsi de suite; & l'on aura les points *o*, *m*, K, *h*, *f*, *h*, K, &c. par lesquels on tracera à la main l'ellipsimbre demandée.

Si l'on veut tracer la même courbe sur le cylindre DA, on tracera un cercle à la surface par un point pris à volonté, ou une ellipse, si les deux cylindres se coupent obliquement, on divisera la circonférence de ce cercle en parties égales à celles de la base *dm*A au haut de la Figure, en portant de suite les arcs *df*, *fh*, *h*K, K*m*, *mo*, & recommençant à l'autre demi-cercle; & par tous ces points de divisions ayant tracé autant de paralleles à l'axe du cylindre, on portera de part & d'autre du cercle pris pour le milieu des longueurs des demi-cordes 1*r*, 2*q*, 3*p*, 4*n*, qui donneront des points *r*, *q*, *p*, *n*, par lesquels on tracera la courbe qui est l'ellipsimbre demandée, laquelle sera égale à la précédente, quoique sur un cylindre différent.

DEMONS-

DEMONSTRATION.

Pl. 18. Fig. 203.

Pour démontrer ce Problême, il suffit de représenter les différens effets des sections des plans qui coupent les deux cylindres par tranches, suivant notre principe général; car si l'on imagine les deux cylindres coupés par des plans paralleles entr'eux & à un des deux axes, il est évident qu'ils feront des parallelogrammes dans celui où les tranches sont paralleles à son axe, & des cercles dans l'autre, si les cylindres se pénetrent à angle droit, ou des ellipses égales s'ils se coupent obliquement; mais comme l'on peut supposer les sections des plans successivement paralleles aux deux axes, on aura des parallelogrammes & des cercles dans chaque cylindre qui donneront par différens moyens les mêmes points de la courbe, ce que nous avons fait dans cette construction pour abreger; car nous pouvions également diviser le second cylindre DA en cercles paralleles à *d*A, & prendre sur chacun, à commencer du côté *d*D, les arcs correspondans à chacun de ces cercles, rassemblés sur la base *d m* A, c'est-à-dire, qu'au cercle du milieu passant par F & B, on auroit porté deux fois l'arc *df*, ensuite aux deux collatéraux deux fois l'arc *dh*, & ainsi de suite; mais comme l'usage des lignes droites est plus commode & plus exact dans l'exécution, que celui des courbes tracées sur des surfaces courbes, on a choisi les unes préférablement aux autres, puisque l'une & l'autre maniere doit également donner les points du contour de l'ellipsimbre *qu'il falloit trouver.*

USAGE.

Nous avons fait remarquer au Théorême XXI que l'usage de cette courbe étoit assez fréquent dans les ceintres des voutes, parce que la plupart sont cylindriques, & que souvent une voute n'est percée que par une portion de cylindre, comme il arrive aux abajours & aux descentes de cave.

Des ellipſoïdimbres.

PROBLEME XLIV.

Tracer une ellipſoïdimbre formée par la pénétration de la ſphere & du cone, dont l'axe ne paſſe pas par le centre de la ſphere.

LA ſolution de ce Problême étant toujours la même, c'eſt-à-dire, fondée ſur le même principe, il ne s'agit que de tracer des lignes paralleles entr'elles ſur le plan qui paſſe par l'axe du cone & le centre de la ſphere, & qui ſoient perpendiculaires à cet axe, leſquelles ſeront les diametres des cercles que les plans paſſans par ces lignes perpendiculairement au triangle par l'axe du cone, feroient dans le cone & dans la ſphere; les interſections des cercles du cone avec ceux de la ſphere, qui ſont ſur le même plan, donneront les points de la courbe ſur les ſurfaces des deux corps auſquelles ils ſeront communs, & les perpendiculaires abaiſſées des points d'interſection des arcs ſur leurs diametres communs donneront leur projection & les points de l'axe courbe d'ellipſoïdimbre. La Figure
Fig. 204. 204 fait voir que c'eſt ainſi qu'on a tracé l'axe courbe A*d*B par une pratique tout-à-fait ſemblable aux précédentes, ſans qu'il ſoit néceſſaire d'y ajouter une plus longue explication, qui ne pourroit être utile qu'à ceux qui liroient ce Problême ſans avoir lû auparavant quelques-uns des précédens; il ſuffit de dire en leur faveur que le point *y* eſt trouvé par l'interſection des arcs de cercle *d*E*x* & *gfx*, ayant abaiſſé du point *x* la perpendiculaire *xy* ſur le diametre commun E*f* des arcs faits, l'un du centre *d* pris ſur le diametre de la ſphere ID, & l'autre du centre *g* pris ſur l'axe du cone S*h*.

Quand nous diſons que les plans qui forment les tranches des deux corps doivent être perpendiculaires à l'axe du cone, on conçoit bien que ce n'eſt que pour plus de commodité dans l'exécution, comme nous en avons déja prévenu le Lecteur ci-devant, parce qu'alors toutes les ſections dans le cone étant des cercles, ſont les Figures les plus ſimples & les plus faciles à décrire; car rien n'empêche qu'on ne faſſe les tranches paralleles à l'axe; mais alors leurs plans formeroient des hyperboles dans le cone; de sorte que les points de l'ellipsoïdimbre seroient à l'intersection de différentes hyperboles avec différens cercles, j'entends de différentes grandeurs; car les hyperboles seroient toujours semblables, étant formées par des plans paralleles entr'eux. Rien n'empêcheroit de même qu'on ne fit les tranches inclinées à l'axe du cone, mais alors les points de la courbe pourroient être à l'intersection des cercles de la sphere & des trois autres sections coniques, ellipses, paraboles ou hyperboles, suivant l'inclinaison des plans coupans à l'égard de l'axe du cone; car le centre de la sphere étant donné dans le triangle par l'axe du cone, on parviendroit toujours au même but, mais par des voyes plus embarrassantes; ce qu'il faut éviter.

L'usage de ce Problême est indiqué au Theorême XIV pour les enfourchemens des lunettes ébrasées, ou voutes en canoniere, qui rachetent une voute sphérique, ou d'une trompe conique qui rachete un cul-de-four.

PROBLEME XLV.

Décrire une ellipsoïdimbre formée par la pénétration du cone dans le Cylindre, à la rencontre de leurs surfaces.

Soit (*Fig.* 205) le cercle *k*BA*i*, qui représente la base du cylindre, & le triangle SD*d*, celui qui est la section du cone par son axe SC, lequel passe ou ne passe pas par le centre X de la base du cylindre: les intersections de ce cercle avec le triangle donnent les points communs aux deux surfaces du cone & du cylindre; sçavoir, deux points dans son immersion AB, & deux autres dans son émersion *i*K, lesquels sont par conséquent à l'ellipsoïdimbre. *Fig.* 205.

On divisera l'arc BA en autant de parties égales ou inégales que l'on voudra, par lesquelles on tirera des perpendiculaires à l'axe SC du cone, comme *gn* 1, *eo* 2 ou *em* 3, & des points *g* & *e* pour centres & pour rayon la partie qui est comprise dans le cone *g* 1, *e* 2 ou *e* 3, on décrira des arcs de cercle 1 R, 2 *u*, 3 *x*, & par les points *n o m* des divisions, on menera des paralleles à l'axe SC jusqu'à la rencontre de ces arcs, qu'elles couperont aux points R, *u*, *x*, lesquels seront au contour de la courbe, si l'on suppose ces arcs relevés en l'air perpendiculairement au triangle par l'axe sur leurs diametres.

Fig. 205. Pour faire usage de cette préparation dans la description de l'ellipsoïdimbre sur le cylindre, on tracera un cercle à sa surface, pour servir de milieu à la courbe, par exemple GH sur lequel ayant transporté les divisions de l'arc BA, à commencer d'un point Q pris pour le point C de la préparation, on portera C*o* & C*p*, en Q*o* & Q*p*, C*n* en Q*n*, &C*m* en Q*m*, & par les points *n*, *o*, *p*, *m* on menera des paralleles à l'axe du cylindre, sur lesquelles, à commencer du cercle GH, on portera de part & d'autre de ce cercle les ordonnées des arcs 1 R, 2 *u*, 3 *x*, qui sont *n* R en *r n*, *o u* en *o u*, *m x* en *m x*, & par les points *r*, *u* *x*, &c. trouvés à la surface du cylindre, on tracera à la main une courbe qui sera l'ellipsoïdimbre proposée.

Secondement, si on veut tracer la même courbe sur le cone, on tirera du sommet S deux côtés à sa surface diamétralement opposés, comme SD, S *d*; on prendra sur chacun d'eux, les distances SB, SA, & S *k*, S *i*, si l'on veut tracer la petite section, & sur le côté SD ayant porté les intervalles B 1, B 2, on tracera par les points 1 & 2 des cercles paralleles à la base, sur lesquels on portera de part & d'autre de ce côté, les arcs 1 R, 2 *u*, & dans l'autre côté, aussi de part & d'autre, l'arc 3 *x*, & par les points R, *u*, *x*, on tracera sur le cone à la main, ou avec une regle ou baguette ronde & pliante, la courbe qui sera l'ellipsoïdimbre demandée.

Si l'axe du cone étoit incliné au côté du cylindre, il est clair qu'au lieu de cercles, il faudroit tracer des ellipses.

La Figure fait voir aussi d'un coup d'œil, comment on doit faire la projection de cette courbe, en tirant par les points donnés *n*, *o*, *m* des paralleles à l'axe du cone, lesquelles étant traversées par une perpendiculaire GH sur le même plan, si l'on porte de part & d'autre de cette ligne sur chaque parallele l'ordonnée correspondante du cercle fait par chaque tranche, on aura les points T, *r*, *u*, *x*, *t*, &c. par lesquels menant une courbe, on aura la projection de l'ellipsoïdimbre demandée.

La démonstration de ce Problême est facile à appercevoir, si l'on se représente les arcs 1 R, 2 *u*, 3 *x* élevés perpendiculairement sur leurs diametres, & sur le plan du triangle par l'axe du cone; car alors les ordonnées *n* R, ou *m x* représentent les côtés du cylindre qui passent par les points R, *u*, *x*, de la surface du cone, où sont leurs intersections; & par conséquent les points communs aux deux surfaces qui font au contour de l'ellipsoïdimbre; *ce qu'il falloit trouver.*

Nous avons indiqué au Théorême XXVI l'usage de cette courbe; nos *embrasures* dans les tours, ou dans les *flancs concaves* sans talud, ou des portes ébrasées dans les murs arrondis par leurs plans sans talud, sont des portions de cones qui pénetrent des cylindres.

PROBLEME XLVI.

Décrire une ellipsoïdimbre formée par l'intersection des surfaces de deux cones, dont les axes se coupent.

Cette courbe se décrira par notre méthode générale, en coupant les deux cones par des plans paralleles entr'eux, & perpendiculaires à l'axe de l'un des deux; la courbe sera à l'intersection des cercles & des ellipses, dont on a les centres & les diametres ou rayons, & les axes des ellipses que l'on trouvera dans le plan qui passera par les deux axes; la Figure 207, & ce que nous avons dit tant de fois en pareilles constructions suffisent pour mettre cette pratique sous les yeux. *Fig. 207.*

L'usage de ce Problême est principalement pour les embrasures ou portes ébrasées en tour creuse ou ronde & en talud, supposant qu'elles soient droites, c'est-à-dire, que leur axe ou ligne de direction, soit perpendiculaire à la tangente du mur arrondi, ou à la corde qui est le diametre de la porte ou embrasure; si la direction est rampante, ce sont deux cones dont les axes se coupent obliquement.

Des ellipsoïdimbres composées.

PROBLEME XLVII.

Tracer une ellipsoïdimbre composée sur les surfaces du cone & de la sphere qui se pénetrent.

LA solution de ce Problême n'a rien de particulier, que la maniere de trouver les axes droits des deux parties des courbes qui se croisent pour n'en faire qu'une des deux; ce qui détermine leurs points d'infléxion dans le plan passant par l'intersection de ces deux axes, perpendiculairement à celui qui passe par l'axe du cone.

Fig. 206. Soit la Figure 206, la section d'un cone par son axe, & d'une sphere par son centre; si l'on tire du sommet S une tangente STD au cercle de la sphere PTH, les lignes tirées des points E & H, où la sphere coupe le cone au point d'attouchement T, seront celles que l'on cherche, & le point y, projection du point x, intersection des arcs Tx de la sphere faite du centre F, & Gx du cone du centre m, sera celui de l'inflexion formée par la rencontre de deux portions d'ellipsoïdimbre de la partie supérieure & de l'inférieure du cone; les autres points se trouveront à l'ordinaire par l'intersection des arcs de la sphere, dont les centres sont sur son diametre Pp parallele à l'axe du cone, & des arcs des sections du cone, dont les centres sont sur son axe Sm.

Application des pratiques précédentes aux courbes quelconques formées par les intersections des cylindres, & les cones.

Puisque l'on connoît que les sections des spheres, sphéroïdes, cones & cylindres faites par des plans, sont toûjours du nombres de celles qu'on appelle coniques qui ne sortent jamais du second degré, & que lorsqu'ils sont paralleles, elles sont toûjours semblables: quelle que puisse être la section de ces corps qui se pénetrent, soit à l'égard de leurs axes ou de leurs côtés, on trouvera toujours sur chaque tranche l'intersection de deux de ces courbes, qui donnera deux points de la courbe plane ou à double courbure, qui se forme par la rencontre des deux surfaces; ce qui suffit pour suppléer dans la pratique à ce qui peut manquer à notre Théorie, concernant les paraboloïdimbres, hyperboloïdimbres ou autres possibles, comme on voit aux Figures 207 & 208. *Fig. 207. & 208.*

De la description des hélices & limaces.

Quoique les hélices ne soient pas du nombre de ces courbes qui sont produites par la section des corps, ausquelles nous nous sommes bornés: elles sont si usuelles en Architecture, qu'on a besoin très-souvent de les tracer.

Le mot d'*hélice* vient du Grec *helisso*, c'est-à-dire, *circumvolvo*, je tourne autour; quelques Mathématiciens ont appliqué ce nom à la spirale, qui est une courbe plane, c'est-à-dire, décrite sur un plan; mais la plupart l'ont réservé pour celles qui s'élevent au-dessus d'un plan en tournant autour d'un corps, come le lierre, les liserons & les *convolvulus* autour d'un arbre. Pour moi, qui tache d'éviter les périphrases, j'en resserre la signification à celles qui tournent autour d'un corps cylindrique sans s'approcher de leur axe, pour les distinguer de celles qui en approchent, que j'appelle *limaces*, en quoi je la distingue encore d'une autre courbe qui est dans un plan, que l'on appelle le *limaçon de M. Pascal*, laquelle est une espece de spirale.

Je divise encore les hélices en régulieres & irrégulieres; les régulieres sont celles qui montent autour d'un corps cylindrique d'un mouvement uniforme, comme sont les vis, dont l'intervalle de chaque révolution, qu'on appelle le *pas de la vis*, est toujours égal; les irrégulieres sont celles dont les pas de chaque révolution augmentent ou diminuent suivant une certaine proportion que l'on s'est fixée.

PROBLEME XLVIII.

Tracer une hélice sur un corps cylindrique.

Pour décrire cette courbe, on tracera un cercle autour du cylindre, s'il est droit sur une base circulaire, ou une ellipse s'il est scalene, mais droit sur une base elliptique, & l'on en divisera la circonférence en autant de parties égales qu'on voudra, comme (Figure 209) en sept pour la moitié qui paroît, c'est-à-dire, 14 pour le circuit entier; & par ces divisions on menera autant de paralleles à l'axe du cylindre; ensuite on réglera l'intervalle des révolutions à volonté, & l'on en divisera un comme OA ou à son égal BD, en autant de parties égales qu'on a divisé la circonférence de la base du cylindre (dans l'exemple présent en 14 parties) & l'on en portera sur chaque parallele à l'axe une de plus qu'à la précédente. Ainsi commençant à rien au point O, on portera une de ces divisions sur la parallele *ag* au point 1, sur la seconde *bh* deux, au point 2, sur la troisieme *ci* trois au point 3, & ainsi de suite jusqu'à ce qu'on

Fig. 209.

Fig. 209. soit parvenu à la moitié au point 7; alors on retournera vers le point A en faisant la même augmentation, & continuant ainsi jusqu'au sommet du cylindre.

Si l'hélice est irréguliere, que les divisions de D à B soient dans le rapport des tangentes ou des sécantes, ou d'autres progressions; la construction sera toujours la même, & la même proportion regnera entre les pas de la vis, qu'on a fait régner dans l'intervalle d'un seul.

COROLLAIRE.

D'où il suit que si deux hélices de bases différentes, c'est-à-dire, de différens diametres, font un même nombre de révolutions autour d'un axe commun, les intervalles des pas auront plus grande raison à leur base, plus elles seront petites, & au contraire plus petite raison à l'égard des plus grandes; c'est-à-dire, que les pas de la vis, quoiqu'également distans, seront plus inclinés, & les autres plus couchés.

USAGE.

Ce Problême sert à plusieurs Ouvrages. Premierement à tracer les grandes vis, les colonnes torses, les naissances des voutes tournantes & rampantes, comme la vis Saint-Giles, & les joints de doële des mêmes vis, les limons tournans, que les appareilleurs appellent *la courbe rampante*, le dessous des marches tournantes des vis, les appuis des fenêtres & balustres dans les tours rondes ou creuses, &c. comme nous l'expliquerons au IVe. Livre.

Des limaces.

Les limaces sont, comme nous l'avons dit, des hélices qui s'approchent continuellement de leur axe. Or elles peuvent en approcher en telle raison qu'on voudra faire régner entre les lignes droites tirées des points de la courbe perpendiculairement à leur axe; ainsi on peut décrire cette courbe sur tous les corps coniques, sphériques, ou conoïdes & sphéroïdes, ellipsoïdes, paraboloïdes, ou hyperboloïdes, ou tout autre corps formé par la révolution de quelque courbe sur son axe;

nous

nous donnons ici pour exemple le cone & la sphere (*Fig.* 210 & 211.) *Fig.* 210. & 211.

On peut encore faire régner une certaine progression entre les intervalles de chaque révolution de cette courbe, ou les faire égaux suivant le dessein qu'on se propose.

PROBLEME XLIX.

Tracer une limace sur un cone ou sur une sphere, ou sphéroïde.

Fig. 210. & 211. On divisera la base du cone (*Fig.* 210) où la base circulaire ou elliptique d'une hémisphere ou hémisphéroïde en autant de parties égales que l'on voudra, par lesquels on tirera autant de lignes droites au sommet du cone, ou autant de cercles ou ellipses au pole P de la sphere ou du sphéroïde. Ensuite on divisera le côté du cone en un même nombre de parties, si l'on ne veut qu'une révolution, ou si l'on en veut plusieurs en un plus grand nombre, comme du double, triple ou quadruple, & l'on fera ces parties égales si l'on veut, ou diminuant suivant un certain rapport; par exemple pour le cone, on peut les faire diminuer suivant le rapport des paralleles à la base d'un triangle isoscele formé par deux des côtés du cone & par la premiere division prise à volonté, & pour l'hémisphere, par les arcs paralleles à la base d'un triangle sphérique, comme *cd*P (*Fig.* 211) dont la base *cd* sera prise à volonté pour le premier intervalle; ce qui donnera une échelle de divisions inégales, qu'on portera sur chaque ligne du cone tendant au sommet, comme sur *a* S (*Fig.* 210) une division, sur *b* S deux, sur *c* S trois, & ainsi de suite.

Pour la sphere, on portera sur les cercles tendant au pole, les mesures suivies de même avec leur augmentation d'une partie sur chacune.

USAGE.

Il n'est pas sans exemple que l'on ait fait des édifices en limaces. On a gravé une estampe que j'ai du projet d'une Chapelle pour le milieu du Louvre, dont le sommet se terminoit en limace; on croit que la Tour de Babel étoit de même, comme on le voit dans le Traité qu'en a fait le P. *Kirker*;

le Cavalier *Borromini* a fait ainſi le chapiteau qui couronne toute la voute de l'Egliſe de Saint Leon de la Sapience, à Rome; mais ſans avoir recours à l'application de ce Problême dans les Edifices en grand, on la peut trouver aſſez ſouvent dans le petit, pour de certains ornemens de volutes ſaillantes ou rentrantes. La nature nous donne de merveilleux exemples des variétés de cette courbe dans une infinité de coquillages de Mer & de terre; j'en ai vû (voyez mon voyage de la Mer du Sud en 1716) au Chili de coniques gravés de canelures à côtes entre chaque *pas* ou intervalles de l'hélice qui diminuoient de longueur, de largeur & de profondeur dans une merveilleuſe proportion juſqu'à la pointe, où elles devenoient imperceptibles à la vûe; ce que le plus habile Artiſan aidé des ſecours de la Géométrie auroit bien de la peine à imiter.

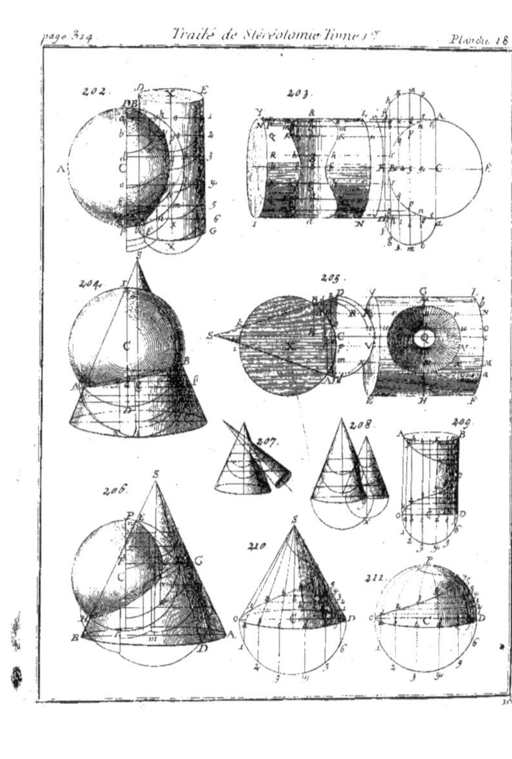

TRAITÉ DE STEREOTOMIE.

LIVRE TROISIEME.

De la deſcription des diviſions des ſolides.

DANS les deux Livres précédens nous n'avons eu pour objet que la Figure des lignes & des ſurfaces formées par les ſections des corps, & l'art de les décrire. Préſentement nous embraſſons l'eſpace compris entre une, deux ou pluſieurs ſections; c'eſt-à-dire, les parties ſolides qui réſultent de la diviſion des corps coupés par des ſurfaces planes ou courbes, & nous nous propoſons de chercher les moyens de les repréſenter ſur un plan autant exactement qu'il eſt poſſible, afin de trouver les longueurs de leurs côtés, & leurs angles plans & ſolides, tant rectilignes que mixtes.

Pour m'expliquer en termes de l'art, il s'agit ici de cette eſpece de *deſſein* que les Architectes appellent le *trait* & l'*épure*, dans lequel conſiſte toute la difficulté de la coupe des pierres.

Je vais tâcher d'éclaircir cette matiere, & d'en donner les

principes en la réduisant à un petit nombre de regles appuyées de leurs raisons, & dont l'application sera d'autant plus facile, que le Lecteur est déja pleinement instruit de la maniere de décrire toutes les especes de courbes qui peuvent y être mêlées.

On sçait qu'il est impossible de représenter exactement un solide sur une surface plane : non-seulement celui qui en a de courbes, mais encore celui qui n'est compris que par des planes, puisqu'elle ne peut jamais en représenter qu'une, & un solide en a au moins quatre, ordinairement dans l'usage de l'Architecture six, & quelquefois davantage. On a donc été obligé de considérer les solides dans les différentes rélations & situations de leurs parties, par le moyen desquelles on parvient à les représenter à différentes reprises.

Tantôt pour connoître la distance horisontale de leurs angles, on les a supposé comme applatis sur un plan horisontal; tantôt pour connoître leur hauteur, on les a conçû comme applatis sur un plan vertical; quelquefois pour connoître d'un coup d'œil toutes leurs surfaces & en voir le rapport, on les a rangé de suite sur une surface plane. Enfin pour sçavoir quels sont les angles que ces surfaces font entr'elles, on en a mesuré les angles mixtes, curvilignes & rectilignes par le moyen des cordes des côtés courbes, ou avec des instrumens; jusqu'ici on n'a rien imaginé de mieux.

On peut donc réduire tout l'art de tracer une *épure* à quatre sortes de descriptions : la premiere a pour objet les mesures horisontales; on l'appelle en termes d'Architecture le *plan*, en langage de Mathématique l'*Ichnographie*, ou la *projection horisontale*. Nous sommes obligés d'adopter ce dernier pour éviter les équivoques dans les raisonnemens Géométriques, où le mot de *plan* signifie en général une surface plane quelconque; secondement, pour éviter les manieres de parler qui renferment une espece de contradiction, comme le dire *le plan d'un point, ou d'une ligne* pour signifier sa projection : troisiemement, pour éviter la cacophonie, lorsqu'il faudra dire *le plan d'un plan*, au lieu de sa projection.

La seconde espece de description des solides a pour objet les mesures verticales; on l'appelle dans le langage des sciences *Ortographie*, & en termes d'Architecture elle a différens noms. Celle qui représente les faces des édifices, ou de leurs parties, s'appelle *élévation* : celle qui en fait voir les dedans, ſuivant une ſection faite par leur largeur, s'appelle *profil*, & celle qui repréſente auſſi les dedans ſuivant leurs longueurs, s'appelle *coupe* & profil.

La troiſiéme eſpece de deſcription des ſolides, qui fait partie du deſſein de l'épure, a pour objet l'étendue des ſurfaces ; on l'appelle en termes de l'Art le *développement*, parce qu'elle raſſemble & étend ſur une ſurface plane, celles dont le ſolide eſt comme enveloppé ; celle-ci n'a pas de nom particulier uſité dans les Livres ; mais puiſque les précédentes en ont qui ſont dérivés du Grec, rien n'empêche qu'on l'appelle avec feu M. de LAGNY, de l'Académie des Sciences, *l'épipedrographie*. *Mémoires de l'Acad. 1727.*

La quatrieme eſpece de deſcription néceſſaire à l'épure a pour objet les ouvertures des angles rectilignes, curvilignes & mixtes, formés par les termes des ſurfaces planes & courbes, & par l'inclinaiſon qu'elles ont entr'elles. Celle-ci n'a pas de nom propre, on l'appelle la maniere de trouver les *buveaux*, quelques-uns beuveaux ou bevaux, mais plutôt ſuivant l'étimologie du Latin *bivium*, les *biveaux* ; on peut avec le même M. de LAGNY l'appeller la *Goniographie* : ces quatre eſpeces de deſſeins ſont eſſentiels à l'épure, & les ſeules néceſſaires ; car quoiqu'il y ait une cinquieme maniere de repréſenter les ſolides par la *Scénographie*, c'eſt-à-dire, la perſpective, on n'en peut tirer aucun ſecours pour la coupe des pierres, parce qu'elle change les meſures des ſolides repréſentés, en diminuant les parties qui s'éloignent du devant du tableau.

De l'arrangement des deſſeins dans l'épure.

La confuſion que l'on trouve dans les deſſeins des Livres qui traitent de la coupe des Pierres, vient ſouvent de la multiplicité des eſpeces de repréſentations que l'on raſſemble dans la même épure ; car ſouvent on y joint le plan au profil, quelquefois encore à l'élévation, & l'on mêle les uns avec les autres ſans diviſions ; ce qui demande une grande attention pour démêler ce qui appartient à chacune ; en effet ſouvent la même ligne fait partie du plan & de l'élévation, & ſert encore au profil.

Souvent les objets verticaux ſont renverſés, comme ſi au lieu de monter ils tomboient du haut en bas ; quelquefois ils ſont placés de côté, quoiqu'ils doivent être verticaux; ſouvent on fait des lignes & des arcs de cercle inutiles à la conſtruction, qui ne ſervent qu'à indiquer les alignemens, les égalités des lignes tranſpoſées, ou l'ouverture de leurs angles : il arrive auſſi, ſuivant les circonſtances, que pour analiſer une projection, on ſe ſert pour plus de commodité & abréger l'opération d'un angle droit qu'on a trouvé fait, quoique pour un ſujet différent. Ce double emploi de lignes trouble l'attention des Lecteurs, ou exige une fatiguante contention d'eſprit pour démêler ces différentes conſidérations.

La néceſſité de raſſembler pluſieurs objets dans une petite Planche rend cet embarras preſque inévitable; d'autant plus qu'il a ſon utilité pour indiquer plus ſenſiblement leurs rapports.

Malgré les ſoins qu'on a pris pour éviter la confuſion, il eſt bon d'avertir le Lecteur qu'il ne doit compter de connéxité néceſſaire entre les lignes des deſſeins, que celle qui eſt annoncée ou indiquée par le diſcours qu'on y a joint, dans lequel on aura ſoin de dire que cette ligne qui étoit de l'élévation ou du *plan* doit être conſidérée, par une autre ſuppoſition, comme étant du profil; mais lorſqu'on aura omis cet avertiſſement, & qu'il ſera queſtion de profil, il faut abandonner l'idée qu'on attachoit à une ligne, comme faiſant partie du plan, & prendre celle qui convient au profil dont on a parlé.

Quoiqu'il ſoit plus naturel de mettre chaque eſpece de deſſein à part; il eſt cependant vrai que cette ſimplicité d'objet indique moins ſenſiblement les rapports des lignes, & que l'on trouve en cela moins de commodité qu'à raſſembler, & même quelquefois à mêler les *plan*, *profil* & *élévation* : on tiendra cependant pour arbitraire l'arrangement de leurs ſituations, les uns auprès des autres, ou dans les autres, au-deſſus, au-deſſous, ou à côté; pourvû que les parties en ſoient diſtinctement décrites.

CHAPITRE I.

De la projection en général.

NOus avons déja expliqué dans la ſeconde partie du II. Livre, ce que nous entendons par le mot de projection; il ſuffit de répeter ici que c'eſt la deſcription d'un corps faite par des lignes perpendiculaires à un plan, tirées de chacun des angles & divisions réelles ou imaginaires de ce corps; telle est la trace de la goutiere d'un comble qui décrit la Figure de son contour sur la terre. Pl. 19.

On conçoit aisément, suivant cette définition, que le même corps posé de différentes manieres donne différentes Figures de projection; ainsi un dez posé à plat sur une de ses surfaces, (*Fig.* 212) aura pour projection le quarré sur lequel il est appuyé, parce que les perpendiculaires tirées des quatre angles solides qui sont hors du plan de description, sont les mêmes que celles qui sont à la jonction des quarrés perpendiculaires entr'eux; mais si le dez est supposé n'être appuyé que sur un de ses angles, les perpendiculaires tirées des six sommets des autres angles formeront sur ce plan le contour d'un exagone qui sera régulier, si le huitieme angle se trouve dans la même perpendiculaire au plan que le premier, comme on voit (*Fig.* 223).

D'où il suit: 1°. Que pour faire la projection d'un corps, il ne suffit pas d'en concevoir parfaitement la Figure; mais il faut connoître ou déterminer la position de ses angles; parce que la variation de cette position change les mesures des distances horisontales ou verticales, que l'on cherche dans ce genre de dessein; car les perpendiculaires tirées des angles solides s'approchent ou s'éloignent, suivant l'inclinaison des surfaces des solides, & se confondent quelquefois; de sorte que deux points différens ne sont représentés que par un seul sur le plan de description.

2°. Qu'une seule projection verticale ou horisontale ne suffit pas pour exprimer sur un plan la Figure, ou la situation d'un solide à l'égard de ce plan, mais qu'elles sont nécessaires toutes les deux; parce que les mêmes corps en différentes positions peuvent avoir la même projection. Ainsi une piramide quadrilatere droite, ou un cone droit, par exemple (*Fig.* 215 & 218) appuyée sur son sommet, lorsque son axe est perpendiculaire au plan de description, a pour projection un quarré, & le cone un cercle, comme s'il étoit appuyé sur sa base, (*Fig.* 214 & 217).

3°. Parce que les corps différens peuvent avoir la même projection; ainsi un cone, un cylindre, une vis & une sphere donnent également un cercle pour projection (*Fig.* 216 217,

PL. 19. 218, 219 & 220); de même qu'un cube, un parallelepipede & une piramide quadrangulaire donnent aussi un quarré pour projection (*Fig.* 212, 213, 214 & 215); un anneau & une hélice ont également chacun une couronne de cercle ou d'ellipse pour projection (*Fig.* 221 & 222); ou si nous prenons des exemples dans l'Architecture, nous trouverons que le *plan* d'une voute sur le noyau & celui d'une vis Saint-Giles de même diametre ne différent en rien; celui d'une voute en plein ceintre droit surmontée & surbaissée, ou inclinée en descente, donnent aussi le même parallelogramme dans leur projection, ainsi que les voutes cylindriques & les sphériques donnent le même *profil.*

4°. Parce que des corps ronds ont des projections rectilignes égales ou semblables à celles des corps terminés par des surfaces planes, ainsi (*Fig.* 224) un cone couché a pour projection un triangle rectiligne, de même qu'une piramide (*Fig.* 225) & un cylindre ou une vis donne un parallelogramme, aussi-bien qu'un prisme rectiligne (*Fig.* 226, 227 & 228) & même un mixte (*Fig.* 229).

5°. Parce que la projection change souvent la nature des choses, la projection d'une ligne perpendiculaire au plan de description n'est qu'un point; celle d'un plan en pareille situation n'est qu'une ligne; celle d'une ligne courbe qui seroit dans ce plan devient une ligne droite, ou si elle est inclinée à ce plan, elle peut changer d'espece, comme nous l'avons dit au Livre précédent; de cercle, elle peut devenir ellipse, ou d'ellipse elle peut devenir un cercle.

6°. Enfin, parce que de la projection des solides, il en résulte quelquefois des Figures si différentes de celles de leurs surfaces, qu'on ne peut les prévoir qu'avec une grande attention, comme nous l'avons fait remarquer de celle du cube posé sur un de ses angles, lorsque le diametre qui passe par les opposés, est perpendiculaire au plan de description, sa projection est un exagone régulier; pour qu'on n'en doute pas, je vais en donner la démonstration.

Fig. 223. Soit (*Fig.* 223) le cube AE posé sur son angle B; en sorte que sa diagonale SB soit perpendiculaire au plan PL: ayant divisé les trois surfaces quarrées qui comprennent l'angle solide S par des diagonales, comme le quarré ASDG par la diagonale AD, à cause de l'égalité des quarrés, ces diagonales seront égales

égales entr'elles, & formeront un triangle équilatéral parallele au plan de description, parce que ce triangle est la base d'une piramide triangulaire droite, dont l'axe, qui est partie du diametre, est perpendiculaire au plan de description (par la supposition), donc la projection de ce triangle sera aussi un triangle égal à la base de cette piramide. La même chose arrivera à l'égard des trois autres surfaces du cube, qui comprennent l'angle solide opposé B, dont les divisions des quarrés par des diagonales retrancheront une piramide égale à la précédente, mais renversée & tournée différemment, en sorte que les angles de l'une seront au-devant des faces de l'autre, & à distances égales; puisque, par la supposition, les côtés & leurs inclinaisons sont égaux. Ces deux triangles équilatéraux donneront donc la position de six des angles du cube, & les deux autres qui sont aux extrêmités du diametre, réunis par la projection dans un même point, tomberont au milieu des deux triangles équilatéraux, & seront le centre de l'exagone; donc la projection du cube ainsi posé, est un exagone régulier. Fig. 223.

Pour faire connoître les angles élevés & ceux de la projection, on a marqué les uns & les autres des mêmes lettres différenciées par des majuscules.

Il suit de ces remarques, que pour sçavoir si un solide est contenu dans un autre, par exemple, un tétraedre dans un cube, ou un autre solide dans un parallelepide, tels que sont ordinairement les quartiers de pierres de taille; il faut faire autant de projections de ce solide, que le parallelepipede a de surfaces qui ne sont pas répetées dans leurs opposées, c'est-à-dire trois, parce qu'il en a six, & appliquer chacune de ses projections à la face qui lui convient, pour sçavoir si elle n'excéde point.

Dans l'Architecture, ces projections ne se font que sur des plans horisontaux & verticaux, parce qu'on ne s'y conduit que par l'*aplomb* & le *niveau*. Ainsi des trois, il y en a toujours une horisontale, qui est appellée le *plan*, & deux verticales, dont l'une est *le profil*, pour ce qui est vû de côté, & la troisiéme est l'*élevation*, pour ce qui est vû de face. Mais parce qu'un solide peut-être compris par des surfaces inégales de tous côtés, le cas peut arriver qu'on ait besoin de six projections; sçavoir de deux horisontales, & de quatre verticales, c'est-à-dire, une pour chaque face du parallelepipede dans lequel on doit former le solide.

CHAPITRE II.

De l'Ichnographie, ou Projection horisontale,

En termes de l'Art,

DU PLAN.

DAns le dessein que nous avons de conduire le Lecteur par des principes généraux à la connoissance des propriétés particulieres des sections des corps, pour trouver les modeles des parties qui composent différentes especes de voutes, il auroit suffi de ne faire mention que de celles des spheres, cones & cylindres, comme nous avons fait jusqu'à présent ; mais à cause que ce IIIe. Livre est une préparation à la pratique de la coupe des pierres, il nous a semblé à propos d'entrer dans le détail de l'Architecture, & d'en parler le langage, dont nous avons joint ici une explication, à laquelle on pourra avoir recours pour en entendre les termes usités ; mais comme elle n'est pas assez ample pour donner une parfaite intelligence des rélations des ceintres, nous commencerons par y suppléer.

Des différences respectives des ceintres.

On sçait que les différentes sections des corps ronds, tels que sont les voutes, produisent différentes lignes à leur surface courbes ou droites, lesquelles ont chacune un nom pour les désigner ; les sections transversales & *continues*, sont souvent appellées *ceintres*, les parties de ces sections interrompues par la liaison des voussoirs, s'appellent *joints de doële*. Les sections longitudinales s'appellent *joints de lit* : celles-ci sont droites dans les cones & cylindres, & courbes dans les spheres & les anneaux & hélices ; les parties de ces sections qui sont dans l'épaisseur de la voute, s'appellent *joints de tête*.

Les intervales ou divisions des joints de lit doivent être continués avec une certaine régularité, tantôt en lignes droites paralleles, quelquefois en se rapprochant avec une certaine uniformité, comme concourant à un point fort éloigné; souvent en lignes courbes paralleles, ou concourant à un même point, comme aux voutes sphériques.

Lorsque les joints de lit sont paralleles entr'eux, comme aux voutes cylindriques, il est clair que les ceintres circulaires & elliptiques qui les traversent, doivent être divisés en un même nombre de parties proportionnelles; de sorte que si deux ceintres ne sont pas paralleles entr'eux, dans les voutes en berceau, l'un étant circulaire, l'autre sera nécessairement elliptique, ou tous les deux seront elliptiques, & les divisions de l'un déterminent nécessairement celles de l'autre pour la quantité & la grandeur des *voussoirs*, qui sont les pierres qui la composent. Cette dépendance respective oblige l'Architecte à se déterminer sur la courbe qu'il veut former à une face de la voute plutôt qu'à l'autre, ou à celle qui résulte de la section d'un plan perpendiculaire à son axe. Celui de ces ceintres, auquel il fait le plus d'attention, & qu'il choisit pour faire la division la plus réguliere de ses voussoirs, s'appelle le *ceintre primitif*; l'autre dont la courbure & les divisions dépendent de la suite des joints de lit, & de la différence de position à l'égard de celui-ci, s'appelle *ceintre secondaire*.

Le ceintre primitif est quelquefois réel comme en ABD (*Fig.* 230) où l'on suppose une face biaise, qui doit paroître & subsister; ou simplement imaginaire & supposé comme I *m a*, (*Fig.* 231) où l'on suppose un plan tangent à une tour, dans laquelle on veut faire une porte, dont le ceintre réel, qui ne peut être décrit sur une surface plane, ne peut servir à régler les divisions des voussoirs, de sorte qu'on est obligé, ou de les développer pour l'étendre sur une surface plane, & alors il devient primitif, ou de supposer un ceintre dans un plan tangent à la tour qui est un primitif supposé, parce qu'il ne doit pas subsister, ne servant qu'à déterminer les divisions du réel, qui est le *secondaire*. *Fig. 230.*

Mais si l'on développe le ceintre réel R *m* D sur un plan, pour en faire le ceintre primif, comme lorsqu'on veut que les têtes des voussoirs soient égales, le même ceintre, considéré comme appliqué à la surface courbe de la tour, est un secondaire, soit que la surface soit convexe, comme à la Figure 231, ſoit qu'elle ſoit concave, comme à la Figure 232, où le ceintre ASD eſt ſuppoſé comme primitif, pour régler les diviſions du réel AMD dans le deſſein de l'épure ſeulement. Il faut remarquer que ſoit que ce ceintre primitif ſoit pris ſur la corde de l'arc concave d'une tour, ou ſur un plan tangent à la tour parallele à cette corde, il n'en réſulte aucun changement au ceintre réel I *m a* (*Fig.* 231) ou AMD (*Fig.* 232), & que ce ceintre primitif ſuppoſé, eſt le même que celui de l'arc droit; de ſorte qu'on peut dire alors que l'arc droit eſt le ceintre primitif; mais ſi la diviſion ſe fait ſur un développement, il devient le ſecondaire, en ce que ſes diviſions en dépendent & deviennent inégales, lorſque celles du développé ſont égales.

Fig. 231. *Fig.* 232.

Si le ceintre primitif ſuppoſé n'étoit pas dans un plan parallele à la corde RD qui eſt perpendiculaire à la direction de la porte, comme L *b* qui lui eſt incliné, alors il y auroit trois ceintres à conſidérer, dont les diviſions ſeroient toutes inégales; ſçavoir, 1°. celles du ceintre primitif imaginaire; 2°. du ceintre réel à la ſurface de la tour; 3°. & du ceintre de l'arc droit dans l'épaiſſeur de la tour, & chacun de ces ceintres ſeroit d'une coubure différente; ſçavoir, circulaire ou elliptique & elliptiſimbre: il faut expliquer ce que nous entendons par l'arc droit.

De l'arc droit.

Le ceintre qui eſt la ſection d'un plan coupant l'axe d'une voute en berceau à angle droit, s'appelle l'*arc droit*; tel eſt l'arc RED (*Fig.* 230) ou ROI (*Fig.* 235 *&* 237) ou ABD (*Fig.* 239). Ce genre de ceintres peut être *primitif* ou *ſecondaire*, ſuivant l'attention principale que l'on a aux faces, ou à l'intérieur d'une voute. Dans les Figures 230 & 235, il ſemble être naturellement le ſecondaire, ſi l'on a principalement en vûe la régularité du ceintre de face apparente ABD. Dans la Figure 239 il eſt primitif, ſi ABD eſt la face apparente, parce qu'elle eſt perpendiculaire à la direction du berceau.

D'où il ſuit, 1°. que l'arc-droit n'eſt à plomb que dans les voutes horiſontales, & qu'il eſt en talud & ſurplomb dans les inclinées, comme ROI, (*Fig.* 235).

Secondement, qu'il n'eſt jamais parallele aux arcs de faces biaiſes à la direction des berceaux, ſoit qu'ils ſoient de niveau ou en deſcente, comme on voit aux Figures 230 & 235, où l'arc RED, ROI n'eſt pas parallele à ABD.

Troisiemement, que l'arc droit de toutes les voutes biaises & en descente, n'est pas d'une courbure ni d'une largeur ou hauteur égale à celle de l'arc de face. Ainsi (*Fig.* 230) supposant l'arc de face circulaire, l'arc droit RED sera surmonté elliptique, dont le petit axe RD sera plus court que le diametre AD; & au contraire (à la Figure 235) si ABD est circulaire ROI sera elliptique surbaissé, dont le demi axe O *c* sera plus petit que le rayon BC. Pl. 19.

Quatriemement, qu'il ne peut y avoir d'arc droit, proprement dit, dans une voute conique, comme dans les trompes, (*Fig.* 236) parce que la surface de sa doële ne peut être à angle droit sur aucun plan, que suivant une ligne tirée de sa base au sommet du cone, dont les côtés sont convergens.

Cependant le P. DERAND appelle *arcs droits* les *biveaux*, c'est-à-dire, les angles de la doële & des lits.

Quelques-uns ont aussi appellé arc-droit le ceintre primitif perpendiculaire à l'axe du cone, parce qu'on s'en sert comme de l'arc-droit pour la division des voussoirs.

Il semble par ce que je viens de dire, qu'il n'y a point d'arc droit dans les voutes courbes par leur projection horisontale; mais si l'on fait attention que l'angle que fait un rayon avec un arc au point d'attouchement de sa tangente est réputé droit, ou infiniment peu différent du droit, on reconnoîtra facilement quels sont les arcs droits des voutes sphériques, sphéroïdes & annullaires.

1°. Que tout cercle majeur d'une sphere ABD (*Fig.* 233) est un arc droit. *Fig.* 233.

2°. Que dans les sphéroïdes il y en a deux; sçavoir, *a* S *b* qui est perpendiculaire à l'axe qui passe par les poles du premier, perpendiculairement au plan de la base ou projection du sphéroïde, comme P, *b*, *p*, *a* (*Fig.* 234) & le second sera PS*p*. *Fig.* 234.

3°. Que l'arc-droit d'une voute *annullaire* est celui dont le diametre tend au centre de l'anneau, s'il est circulaire, comme RI (*Fig.* 238), lequel est perpendiculaire à la tangente TN, & au plan de la projection ADFE, soit que la voute soit horisontale, comme la *voute sur le noyau*, ou qu'elle soit inclinée à l'horison, comme la vis-Saint-Giles. *Fig.* 238.

Si l'anneau est elliptique, comme la voute sur un noyau ovale, son arc droit sera la section verticale, perpendiculaire à la tangente au point de division de l'ellipse, qui est la projection d'un joint de lit ; il en sera de même pour la vis-Saint-Giles sur un plan ovale ; alors la direction du diametre de l'arc droit ne tend plus au centre du noyau.

USAGE.

On connoîtra dans la suite que l'arcdroit est indispensablement nécessaire pour trouver les biveaux & faire les panneaux ; c'est lui seul qui détermine les angles mixtes des doëles & des joints, & qui sert à faire les développemens des surfaces courbes des cylindres, parce qu'étant perpendiculaire à toutes les paralleles à l'axe, dont le nombre infini forme la surface des berceaux, il donne seul les mesures des largeurs de ces surfaces, & par conséquent les intervalles des joints de lit, qui sont patalleles à l'axe du cylindre : il en est de même à l'égard des cylindres pliés sur leurs axes, d'une courbe circulaire ou elliptique, comme dans les voutes sur le noyau.

REGLES DU DESSEIN DE L'ÉPURE.

I.

Du plan, ou de la projection horisontale.

Dans toutes les voutes où l'arc droit & l'arc de face sont inégaux, il faut commencer par *se déterminer sur le choix d'un des deux pour en faire le ceintre primitif.*

La simétrie, la beauté, ou la solidité étant les motifs de ce choix, il ne sera pas difficile de sçavoir lequel il convient de préferer. Lorsqu'une face est apparente, il en faut faire le ceintre primitif, afin que les têtes des voussoirs soient égales, & que leurs joints soient dirigés suivant les perpendiculaires à leurs tangentes aux points de division, si le ceintre est circulaire, elliptique ou de quelqu'autre courbe ; mais si les faces sont cachées, comme lorsqu'une voute est terminée par deux murs, il est plus commode de prendre l'arc-droit pour le primitif ; car il faut remarquer que si l'un est circulaire & l'autre elliptique, celui qui sera pris pour primitif réglera les joints de l'autre en fausse coupe, à moins que l'on ne fasse les lits gauches, parceque les joints de tête du circulaire tendent à l'axe du berceau, & les joints de tête du ceintre elliptique ne tendent pas au centre de l'ellipse par où passe l'axe du cylindre; de sorte que les lits changeroient d'inclinaison insensiblement, ce qui donneroit un lit gauche, & que l'on doit éviter dans la pratique, à cause de la difficulté de l'exécution.

Remarque sur le choix du ceintre primitif aux voutes extradossées.

Un Architecte est assez le maître de choisir pour ceintre primitif l'art de face, ou l'arc droit, lorsqu'une voute n'est pas extradossée; mais lorsqu'elle l'est, il ne convient pas toujours qu'il choisisse l'arc de face; car s'il s'agit d'un berceau ou d'une voute conique biaise, dont l'arc de face soit circulaire, il est évident (par le Théorême II. du Ier. Livre que) l'épaisseur deviendra plus grande à la clef qu'aux impostes; de sorte que les voussoirs y deviendront plus pesans qu'aux impostes, ce qui est contre la bonne construction, & ce que cependant aucun Auteur de la coupe des pierres n'a remarqué; il convient donc alors de choisir l'arc droit pour centre primitif, le faisant circulaire, ou si l'on veut un peu surmonté. *Fig.* 203.

SECONDE REGLE.

Diviser le ceintre primitif en autant de parties égales qu'on veut avoir de rangs de pierres ou voussoirs, & régulierement en nombre impair.

Cette opération considérée géométriquement, est presque toujours impossible, parce qu'elle dépend de la trisection de l'angle qu'on n'a pas encore trouvée; mais cette précision est inutile dans les Arts, il suffit de chercher ces divisions en tâtonnant, d'autant plus qu'elles sont arbitraires, puisqu'on peut faire sans difformité des voutes de pierres d'une largeur inégale; pourvû que chaque rang soit exactement parallele, & que la différence des largeurs soit peu sensible.

Nous ajoutons que les divisions doivent être en *nombre impair*, afin qu'il ne se trouve point de joint au milieu du ceintre; mais une pierre également appuyée sur les deux côtés de la voute qu'elle doit fermer dans l'exécution, on l'appelle pour cette raison *la clef*, nom qui n'est pas affecté à une seule pierre, mais au rang de voussoirs qui est le plus élevé: ce n'est pas qu'un joint sur le milieu d'un ceintre tirât beaucoup à conséquence pour la solidité; mais il choqueroit la vûe & la bonne ordonnance.

Il en faut cependant excepter les pans des voutes sphériques établies sur un quarré; on doit leur tracer un joint au milieu dans l'épure seulement, mais non pas dans l'exécution, parce que ce joint n'est que l'angle d'un voussoir qui fait enfourchement, dont les branches se réunissent à cette ligne du sommet; c'est pourquoi on divise le nombre des voussoirs de chaque côté en parties égales.

Par la même raison de simétrie, il ne convient pas de diviser le côté d'un ceintre, depuis la clef jusqu'à l'imposte, en plus grand nombre de voussoirs que l'autre, à moins que les impostes ne soient pas de niveau entr'elles, comme dans les arcs rampans, ou que la quantité des voussoirs soit assez grande de chaque côté, pour qu'on ne s'apperçoive pas d'un rang de plus ou de moins; c'est pourquoi lès arcs rampans peuvent être divisés en nombre pair.

La raison pour laquelle il faut commencer par la division du ceintre primitif, est qu'il faut avoir la projection horisontale des joints de lit de chaque rang de voussoir, qu'on ne peut tailler qu'après en avoir déterminé les largeurs par le nombre qu'en doit contenir le contour du ceintre, & que lorsque les voutes sont biaises, ces largeurs de tête deviennent inégales, soit dans les arcs de face, soit dans les arcs-droits qui ne sont pas paralleles entr'eux; de sorte qu'il faut prévoir ce que la largeur d'une tête biaise doit donner à l'arc droit, ou ce que celle de l'arc droit donnera d'augmentation à l'arc de face biaise.

TROISIEME REGLE.

Diviser les arcs extérieur & intérieur du ceintre primitif, qui comprennent l'épaisseur de la voute, en parties proportionelles par des perpendiculaires à ces arcs aux points de leurs divisions, pour régler l'inclinaison des joints de tête.

Nous avons donné au II Livre, Problêmes 26, 27 & 28, la

la maniere de tirer ces lignes, qu'on appelle les *joints de tête*, comme 11, 22, 33, 44 (*Fig.* 237, 238, 239 & 240) non-seulement pour les ceintres circulaires, mais aussi pour toutes sortes de courbes des sections coniques, & nous avons fait voir que la pratique des ouvriers n'est pas exacte pour d'autre courbe que pour le cercle. Pl. 19.

Sur quoi il y a trois choses à remarquer. La premiere, que l'on doit tirer les joints de tête perpendiculairement aux tangentes des courbes des ceintres, aux points de leur division, dans les arcs de face seulement, où l'on a la liberté de les incliner comme l'on veut; mais non pas aux ceintres elliptiques des arcs-droits lorsqu'ils sont secondaires, parce que les lits des voussoirs ne seroient pas continués dans un même plan, comme nous l'avons dit ci-devant.

La deuxieme, que lorsque le ceintre primitif est circulaire, les joints du secondaire elliptique, doivent être tirés au centre de l'ellipse, plutôt que perpendiculairement à la tangente sur la division, parce que les plans des lits doivent tous s'entrecouper dans l'axe du berceau cylindrique, comme on l'enseignera au IVe. Livre de différentes manieres.

La troisieme, qu'aux arcs de face elliptiques, il faut se contenter de faire les joints de tête perpendiculaires aux arrêtes de doële, parce qu'on ne peut les faire en même-tems perpendiculaires à celle de l'extrados d'une ellipse concentrique semblable, que par le moyen d'une courbe qui ne convient ni au joint de tête ni au lit, qu'il faut affecter de faire toujours plan. La raison est que les arcs des ellipses asymptotiques, c'est-à-dire, concentriques & semblables, ne sont pas paralleles comme ceux de deux cercles, par conséquent la perpendiculaire à la tangente de l'une ne peut se réunir avec celle de l'arc proportionnel de l'autre.

La premiere raison sur laquelle est fondée cette division proportionelle de l'arc extérieur & de l'intérieur, qui comprennent l'épaisseur de la voute, concerne la solidité, parce que les têtes des voussoirs deviennent par cette construction en forme de coin plus large du côté extérieur que de l'intérieur; la circonférence de l'un étant plus grande que celle de l'autre, les parties aliquotes en sont aussi plus grandes, de sorte que la pierre ne peut passer par l'ouverture inférieure de l'intervalle de deux voussoirs, qui est plus étroit à la doële qu'à l'extrados;

ainsi étant pressée par sa pesanteur contre les voussoirs collatéraux, qui se servent mutuellement d'appui les uns aux autres, elle est soutenue en l'air par la résistance des derniers appuis, qui sont les piédroits, lesquels doivent avoir assez de force pour contrebalancer l'effort que ces voussoirs ou especes de coins font pour les écarter.

Nous avons encore deux autres raisons de cette construction; la premiere concerne la simétrie, afin de conserver toujours une inclinaison uniforme des joints de tête sur la courbe du ceintre; car quand même les parties de l'arc extérieur & de l'intérieur ne seroient pas proportionnelles, la voute n'en subsisteroit pas moins, pourvû que celles de l'intérieur soient toujours plus petites que celles de l'extérieur; il n'en résulteroit d'inconvénient que de la difformité, & une inégale impulsion des voussoirs contre leurs collatéraux.

La seconde raison est pour une plus grande solidité, parce que les plans qui passent par les joints de tête, qu'on appelle les lits, étant perpendiculaires à la tangente de l'arc au point de sa division, font avec la doële de part & d'autre le plus grand angle qu'ils puissent faire, qui est le droit, ou infiniment peu différent du droit; car si on le faisoit obtus d'un côté, il rendroit l'autre aigu.

Or il importe que les résistances des *arrêtes*, c'est-à-dire des angles des pierres, soient égales pour porter également la charge, car il est clair que la plus forte feroit casser la plus foible, comme l'expérience le fait voir aux platebandes, où l'on est forcé d'en agir autrement; ce que nous ferons remarquer au Livre suivant, en donnant les moyens d'y remédier.

QUATRIEME REGLE.

Abaisser des perpendiculaires de chacun des points de division de l'arc extérieur & de l'intérieur sur le diametre commun prolongé où il le faut, pour en avoir la projection sur une ligne droite.

Fig. 237, 238 & 239. Soient (*Fig.* 237, 238 & 239) les arcs ABD extérieur, & *abd* intérieur, divisés en parties proportionnelles A 1, 1 2, 3 4, & *a* 1, &c. par les lignes 1 1, 2 2, 3 3, 4 4, on abaissera sur le diametre commun *ad*, & sur son prolongement AD des perpendiculaires de chaque point de division 1, 2, 3, 4, lesquelles pour l'arc extérieur (*Fig.* 239) feroient 1 E, 2 F, 3 G, 4 H, & pour l'intérieur 1 *e*, 2 *f*, 3 *g*, 4 *h*, pour avoir les projections des divisions de l'arc extérieur aux point E, F, G, H, & de l'intérieur aux points *e*, *f*, *g*, *h*. PL. 19. *Fig.* 239.

Les perpendiculaires dont il est ici question, sont ordinairement en œuvre des verticales, c'est-à-dire, en termes de l'art des *à-plombs*; & lorsque le diametre du ceintre n'est pas horisontal, comme il arrive aux arcs rampans, au lieu du diametre on substituera une ligne horisontale, jusqu'à laquelle on prolongera ces perpendiculaires au-dessous du diametre incliné.

La raison de cette opération est qu'elle fournit une maniere commode de trouver l'inclinaison de chaque corde des arcs du ceintre divisé en voussoirs, en ce que chacune de ces cordes devient l'hypotenuse d'un triangle rectangle, dont la projection donne la longueur de la jambe horisontale *a e* pour le premier de l'intérieur a *e* 1 (*Fig.* 239) & *e f*, ou son égale 1 K pour le second triangle 1 K 2; de sorte qu'il ne reste plus qu'à trouver la hauteur de l'autre jambe du triangle rectangle *e* 1 ou K 2, pour avoir les deux extrêmités de l'arc, ou de sa corde, *a* & 1, ou 1 & 2 pour avoir sa position à l'égard de l'horison; ce que la différence des perpendiculaires sur le diametre donne facilement, en retranchant de la hauteur 2 *f* la premiere hauteur *e* 1.

Il est visible que ces différences de hauteurs ou ces hauteurs à l'imposte *a* sont les sinus droits de l'inclinaison des cordes des divisions des ceintres, & que les lignes horisontales trouvées par la projection *a e*, *e f* sont leur sinus de complément.

Or, avant que de creuser les arcs dans la pierre, on commence toujours par en trouver les cordes, pour plusieurs raisons, qu'on verra dans la suite. Cette pratique est la fondamentale de toutes les projections, on la trouvera répetée à chaque trait de la coupe des Pierres au IVe. Livre; *c'est pourquoi il est bon d'y faire attention.*

Il faut remarquer que quoique les lignes qui sont la projection des arcs soient verticales dans l'exécution, il n'importe dans le dessein de l'épure en quelle situation on les trace, pourvû qu'elles soient toujours perpendiculaires à une ligne supposée horisontale.

Cet avertissement n'est pas inutile pour les Commençans qui trouvent étrange que dans l'épure on place les ceintres quel-

Fig. 239. quefois dans une situation renversée, ou pour la commodité de l'arrangement de la Figure, à laquelle on joint le plus souvent les parties contigues, ou pour éviter la confusion des lignes qui se croisent, ou pour s'accommoder à la place du papier ou du mur sur lequel on fait le trait.

L'imagination doit redresser les plans couchés sur d'autres plans, avec lesquels ils doivent faire des angles droits, aigus, ou obtus; or en quelque situation qu'on les suppose, les perpendiculaires à leur commune intersection donneront toujours les mêmes points de projection des arcs; ainsi (*Fig.* 239) si l'on suppose les arcs BD, MD & *b d*, *p d* égaux entr'eux, & également divisés aux points 3, 4, *o* & *n*, il est évident que les perpendiculaires tirées à leur intersection commune CD, donneront les mêmes points de projection *g* & *h* pour les points *o* & *n*, comme pour les points 3 & 4; ainsi dans les traits, on trouvera des ceintres placés indifféremment en tout sens, suivant la commodité de la figure & du papier.

CINQUIEME REGLE.

Mener par les points de projection des divisions des ceintres, des lignes droites ou courbes, comme il convient à la direction des joints de lit de chaque espece de voute, qui en expriment la projection.

Fig. 237. & 238. Soit (*Fig.* 237 & 238) la ligne *a d*, le diametre d'un ceintre sur lequel on a trouvé par la projection les points *e*, *f*, *g*, *h*, qui expriment les divisions des joints 1, 2, 3, 4, si la voute est cylindrique comme à la Figure 237; pour trouver la direction des joints de lit, & la tracer, il ne s'agit que de mener des paralleles à l'axe, ou aux côtés du berceau par les points *e*, *f*, *g*, *h*, comme *e k*, *f l*, *g m*, *h n*, & si le berceau n'est pas droit, mais tournant, comme une voute sur le noyau circulaire (*Fig.* 238), au lieu de lignes droites, on tirera des arcs de cercles concentriques à ses côtés, ou des arcs d'ellipses, si cette voute tourne en ellipse, & l'on aura la direction des joints de lit, comme *e k p*, *f L q*, *g m r*, *h n s*.

Fig. 233. Si la voute est sphérique, comme à la Figure 233, du point C pour centre, il faut décrire autant de cercles concentriques par les points de projection des joints; on aura de même la direction de ces joints, qui est encore parallele aux piédroits de la voute.

Enfin si la voute est conique, comme à la Figure 240, ayant trouvé la projection des divisions du ceintre primitif AMB, aux points F, D, N, O, on tirera par ces points & par le sommet intérieur du cône S les lignes SF, SD, SN, SO, qui seront les directions des joints de lit. Fig. 240.

On voit par là que dès qu'on a la projection des divisions du ceintre primitif, on a aussi la direction des joints de lit exprimée sur le plan horisontal.

Il faut seulement excepter de cette remarque les voutes sphériques ou sphéroïdes, dont les joints de lit sont dirigés à des poles horisontaux, parce que leurs projections sont des ellipses qui se croisent aux poles, comme les sommets de deux cônes égaux tournés en sens contraire sur un axe commun, qu'on pourroit inscrire dans le sphéroïde.

La raison de cette opération est que les voussoirs doivent être couchés suivant leur plus grande longueur dans une situation horisontale, ou qui en approche autant qu'il est possible, pour leur donner une meilleure assiette; or lorsqu'ils sont rangés suivant la direction d'un berceau horisontal, où ils sont toujours horisontaux dans un sens, ils s'appuyent totalement sur leurs lits; mais dans les voutes inclinées, ils appuyent sur leurs têtes, quelquefois autant que sur leurs lits.

Secondement, on prolonge la direction des joints de lits dans la longueur, ou dans le circuit de la voute, afin de leur donner la grace d'une simétrie de lignes droites ou courbes paralleles aux impostes, lesquelles font une espece d'ornement dans les voutes sphériques; & si on s'écarte de cette disposition en inclinant les joints, c'est encore pour en faire un ornement plus singulier par un arrangement d'arcs.

On pourroit observer une pareille simétrie à l'égard des joints montans, qu'on appelle joints de doële, qui les traversent, comme je l'ai vû exécuté au Pont d'Avignon sur le Rhône, dans la partie qui subsistoit sur le petit bras de la Riviere; mais il en résulte deux inconvéniens, l'un pour la construction, en ce que l'on n'a pas la liberté d'y employer des pierres de longueurs inégales, l'autre pour la solidité, parce que les parties ne sont pas liées ensemble; de sorte que, dans l'exemple que je viens de citer, le quart, la moitié & même les deux tiers du Pont pouvoient tomber sans entraîner le reste, ce que l'Architecte avoit peut être fait à dessein.

Il peut encore arriver qu'une partie de voute s'affaisse davantage en ôtant les ceintres que les voisines, dont l'appareil a pu être mieux exécuté, & que cela fasse ainsi des inégalités dans la doële ; enfin l'usage est de prolonger par une suite réguliere les joints de lit, & non pas ceux de doële, qui ne doivent faire aucune suite que lorsqu'on veut affecter de la déliaison.

Les lignes de la projection des joints de lit, quoique simples dans l'épure, sont la représentation de trois lignes de la voute ; sçavoir, de l'intervalle vuide qui reste entre deux voussoirs, que l'on remplit quelquefois de mortier, & des deux angles ou arrêtes de ces deux voussoirs, qui se touchent à la surface de la doële ; c'est pourquoi on les appelle en termes de l'art *le plan des arrêtes des joints de lit* : diction impropre qu'on ne peut adopter, puisqu'on ne peut dire le plan d'une ligne, mais bien la *projection* d'une ligne.

L'on verra au Livre suivant de quel usage sont les projections des joints de lit ; nous dirons seulement à l'égard des voutes cylindriques, qu'elles servent à couper proportionnellement les diametres des différens ceintres, sur lesquels élevant des perpendiculaires égales à celles qui tombent des divisions du ceintre primitif, on trouve les hauteurs & les divisions des joints de chaque ceintre ; ainsi (*Fig.* 239) à cause des paralleles *ap*, *ee*, *ff*, &c. les diametres *ad* & *pq* sont divisés proportionellement, de même que *pq* & *rs* ; de sorte que le diametre *ad*, projection de l'arc primitif *a*, *b*, *d*, est divisé proportionellement, au diametre *rs* ; & parce que les hauteurs du berceau sont supposées égales par tout, en faisant *yt*, *zu* égales à *e*1, *f*2, on aura les divisions du troisieme ceintre ; ce qui sera expliqué plus au long dans la suite. *Fig.* 239.

Si après avoir fait la projection des joints de lit de la doële ou intrados, on en fait autant pour ceux de l'extrados ; on trouvera les points des divisions des ceintres extérieurs, lesquels étant joints par une ligne aux intérieurs, donneront l'inclinaison des plans des lits. Mais pour ne pas multiplier les lignes, on ne tire ces projections que dans le besoin ; nous les omettons presque toujours dans cet Ouvrage, pour éviter la confusion dans les traits de l'épure, où elles causent un embarras qui n'est pas un petit obstacle à l'intelligence des traits de la coupe des pierres.

Pour faire la projection des joints de lit des voutes coniques, dont les sommets sont loin, ou seulement hors de l'étendue de la surface sur laquelle on la veut tracer, il ne suffit pas d'avoir la projection des joints d'un ceintre primitif, il en faut un second, parce que ces lignes n'étant pas paralleles entr'elles, doivent tendre à un point qui est le sommet du cone; & si le second ceintre n'étoit pas parallele ou semblable au primitif, on pourroit être embarassé pour alligner ces joints, dont il n'y a qu'un seul point donné par la projection sur le diametre du ceintre primitif; voici un moyen aisé de le faire.

PROBLEME I.

Par un point donné auprès de deux lignes convergentes, en mener une troisieme qui tende au même sommet de l'angle qu'elles feroient si elles étoient prolongées.

Soient (*Fig.* 241 & 242) les lignes AB & CE inclinées entr'elles, & le point D entre les deux ou au-dehors; on tirera à volonté par ce point la ligne DAC (*Fig.* 242) ou ADC (*Fig.* 241) qui coupe les deux lignes données en A & en C; on lui menera ensuite une parallele BE, à telle distance qu'on voudra, & les diagonales AE, BC par les points où cette parallele coupe les lignes données. Du point D par H, section des diagonales, on tirera DG, & transportant la grandeur GE, de B en X, on tirera DX qui sera la ligne cherchée. *Fig.* 241 & 242.

DEMONSTRATION.

A cause des triangles semblables ADH, EGH, on a AD : EG : : AH : EH, & les triangles semblables ACH, EBH donnent AH : EH : : AC : BE; donc aussi AD : EG ou BX : : AC : : BE; *ce qu'il falloit faire.*

SIXIÊME REGLE.

Les lits des voutes cylindriques & coniques doivent être, autant qu'il est possible, des surfaces planes.

La raison est, que la surface plane étant la plus simple, elle est par conséquent la plus facile à exécuter, & la plus propre à s'adapter ſur une ſemblable ; en ſorte que l'intervalle des joints devienne le moindre qu'il eſt poſſible dans l'exécution. On éprouve en effet que lorſque les ſurfaces ſont courbes aux lits & aux joints, elles ſont rarement aſſez bien exécutées dans leur concavité ou leur convéxité pour que l'une s'ajuſte bien dans l'autre ; on eſt toujours obligé d'y retoucher, & de les préſenter ſouvent pluſieurs fois avant que l'une & l'autre ſurface s'ajuſtent bien enſemble. C'eſt par cette raiſon, que plutôt que de faire des lits gauches, on aime mieux les faire en fauſſe coupe, comme dans les deſcentes biaiſes, & dans ce trait qu'on appelle *la corne de vache*, où l'on tire les joints du centre du petit ceintre, lequel étant excentrique au grand, ne peut avoir pour joint la même ligne, puiſque le rayon du petit ne peut pas être perpendiculaire aux arcs du grand, dont les rayons partent d'un autre point.

On pourroit cependant excepter certaines voutes irrégulieres, comme des berceaux elliptiques par un bout, & circulaires par l'autre, dont les faces ſont apparentes, parce qu'outre la difformité qui en réſulteroit ſur chaque face, où les joints de tête ſeroient en fauſſe coupe, les lits plans pourroient couper les doëles à angles trop aigus, qui ſeroient ſujets à faire caſſer les arrêtes des vouſſoirs en les taillant, en les poſant, ou à la ſeule charge.

SEPTIEME REGLE.

Les lits des voutes ſphériques ou ſphéroïdes ſont des ſurfaces courbes.

Fig. 233. La raiſon eſt, qu'ils ſont formés par la révolution des joints de tête *e* 1, *f* 2, *g* 3, autour de leur axe BC auquel ils ſont inclinés ; d'où il ſuit qu'ils ſont alternativement concaves & convexes pour s'adapter les uns dans les autres, comme des cornets.

REMARQUE.

Les lits des voutes cylindriques, ſphériques, & coniques régulieres ſont des ſurfaces qui ont toujours deux côtés paralleles, ſoit qu'elles ſoient planes, ou qu'elles ſoient courbes.

La raiſon eſt, que les voutes ſont ordinairement d'une même épaiſſeur ; or comme les lits s'étendent du dedans au dehors, ils

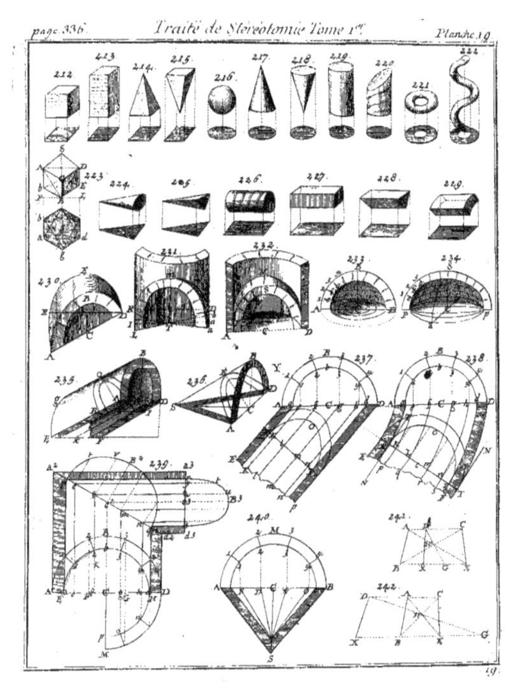

ils sont terminés d'un côté par la doële, & de l'autre par l'extrados, qui sont paralleles, au moins horisontalement.

Et quoique la voute ne soit pas extradossée d'une égale épaisseur, si elle est cylindrique & qu'elle s'épaississe vers les reins, (suivant la courbe que M. PARENT a trouvé pour balancer la poussée par l'augmentation d'épaisseur des voussoirs, dont on parlera au IVe. Livre) il seroit encore vrai que les lits auroient deux côtés paralleles entr'eux, parce que cette épaisseur coupée suivant la direction de la voute, seroit toujours la même à chaque lit, la différence ne tombant que sur les surfaces des joints de doële ou de tête, & non pas sur les lits, où la puissance qui résiste au poids doit toujours être égale, à égale distance du point d'appui.

HUITIEME REGLE.

Pour connoître si l'on peut prendre des mesures sur une projection, il faut examiner si l'objet qui est projetté, étoit parallele au plan de description.

Nous avons donné la raison de cette regle, lorsque nous avons démontré que la projection faite par des lignes perpendiculaires à un plan, racourcissoit toujours l'objet projetté, qui n'étoit pas parallele à ce plan, parce que sa longueur étoit l'hypotenuse d'un triangle rectangle, dont la projection n'est que le côté. C'est par cette raison, que pour avoir les mesures des voussoirs des descentes biaises, il en faut faire deux projections, l'une horisontale qui donne des mesures trop courtes, & l'autre suivant la rampe sur un plan qui lui soit supposé parallele. Ainsi l'on verra dans le IVe. Livre, que quoique la maniere de tracer une voute en descente biaise rachetant un berceau par équarissement, soit la même que celle de tracer une porte biaise en surplomb, il faut mesurer le biais de la porte sur le plan de niveau, & celui de la descente sur le plan incliné, appellé *plan suivant la rampe*, parce que le plan de niveau est trop court ; ce qui fait voir la nécessité de faire un profil des rampes, ou ce qui est la même chose, leur projection sur un plan vertical, pour faire ensuite une nouvelle projection sur un plan incliné, par le moyen duquel on puisse trouver les mesures des voussoirs, dont les joints de lit sont paralleles à la rampe.

CHAPITRE III.

De l'Ortographie, ou de la projection sur un plan vertical.

I°.

DU PROFIL.

ON ne peut trouver par le moyen de la projection horisontale ou *plan* ichnographique, que des mesures horisontales, comme nous venons de le dire; mais parce qu'on a aussi besoin des mesures verticales, & quelquefois des projections sur un plan incliné, qu'il faut rapporter à un plan vertical, cette maniere de dessein, qu'on appelle *profil*, n'est pas moins nécessaire que la précédente, qu'on appelle *le plan*.

La projection verticale change de nom, suivant la situation dans laquelle on représente les objets; s'ils sont représentés par le côté, suivant leur profondeur on l'appelle *profil*; s'ils sont représentés dans leur intérieur, suivant une longueur parallele à leur surface qu'on suppose ôtée, on l'appelle *coupe*; & s'il sont vûs en face, on l'appelle *élévation*.

Cette différence qui ne consiste que dans la dénomination, n'en fait aucune dans la maniere de faire les représentations. C'est toûjours une projection sur un plan vertical, & à bien prendre la chose, c'est encore la même que pour faire la projection horisontale; car il n'y a qu'à supposer une position de plan vertical, au lieu d'un plan horisontal, & mener sur ce plan des lignes horisontales au lieu de verticales, par les angles ou divisions de l'objet. S'il ne s'agissoit ici d'introduire le Lecteur dans les principes d'un art, dont il faut lui donner des idées distinctes, nous aurions confondu le plan, le profil & l'élévation sous le même nom de *projection*; car les regles qui en constituent la différence ne sont purement qu'accidentelles.

PREMIERE REGLE.

Pour les voutes cylindriques.

Un ceintre ſuppoſé en ſituation verticale étant donné, il faut mener par tous les points de ſa diviſion en vouſſoirs des lignes horiſontales, jusqu'à la rencontre d'une ligne verticale ou ſuppoſée telle, pour en faire le profil.

Cette regle ne differe de la quatrieme du Chapitre précédent, qu'en ce que ces lignes ne ſont pas menées ſur le diametre horiſontal, mais ſur une ligne qui lui eſt perpendiculaire, comme AE (*Fig.* 243) ſur le rayon CA, ſur laquelle on a mené les paralleles à l'horiſon BE, 4*f*, 3*g*, 2*h*, 1*i*, pour avoir les hauteurs des points 4, 3, 2, 1, raſſemblées ſur cette ligne AE. Pl. 20. Fig. 243.

On pouvoit au lieu des horiſontales BE, 4*f*, 3*g*, &c. abaiſſer des perpendiculaires 4*p*, 3*q*, 2*r*, 1*s*, comme l'on a fait ci-devant pour la projection horiſontale, & tranſporter avec le compas la longueur de chacune de ces lignes ſur AE, à commencer du point A; ſçavoir, *p* 4 en A*f*, *q* 3 en A*g*, &c. & l'on auroit eu les mêmes points E, *f*, *g*, *h*; mais il convient pour la pratique de les chercher par des perpendiculaires ſur AE, parce qu'elles en font connoître les origines, & le point de diviſion qu'on a voulu repréſenter. Cette méthode empêche la confuſion, d'autant plus que chaque point de la ligne AE en repréſente toujours deux, lorſque les ceintres ſont également diviſés dans chacune de leurs moitiés, comme ils le ſont ordinairement, ou doivent l'être pour plus de régularité; ce qui fait que dans nos Figures de profil, 243 & 244, nous ne mettons qu'un quart de cercle, qui eſt une moitié de ceintre, au lieu du demi-cercle qui fait un ceintre tout entier. On peut remarquer qu'il eſt indifférent de placer la verticale du profil hors du cercle, comme AE, à la Figure 243, ou dans le cercle, comme *h*R, à la Figure 245.

La raiſon pour laquelle on raſſemble ainſi toutes les hauteurs des diviſions d'un ceintre ſur une ſeule ligne, eſt premierement pour faire voir l'effet d'une voute vûe de côté, où les directions des joints de lit ſe reſſerrent à meſure qu'ils approchent du ſommet, quoiqu'en effet ils ſoient diſtribués autour du ceintre à diſtances égales.

Pl. 20. Secondement, pour changer la direction de ces joints, lorsque les berceaux sont inclinés, comme à la Fig. 245, ou se rencontrent sous quelque angle que ce soit, comme on voit à la Figure 244, ce qui détermine les hauteurs inégales des berceaux de même largeur, qui sont inclinés entr'eux.

Troisiemement, pour trouver les hauteurs des divisions des ceintres des faces inclinées à l'horison; car en les supposant sur un plan vertical, comme CBA (*Fig. 244*) & les rassemblant sur une ligne aussi verticale CB; il ne s'agit plus que d'incliner cette ligne, comme en C *b*, dans la situation où elle doit être à l'égard de l'horison, c'est-à-dire, suivant son talud, & par des arcs de cercle B *b*, *fn*, *gm*, &c. on aura toutes les hauteurs de ces divisions *b* V, *nu*, *mt* *lx*, *ky*, lesqu'elles sont différentes des premiers BC, 4 *p*, 3 *q*, 2 *r*, 1 *s*, qui étoient plus grandes.

SECONDE REGLE.

Mener des paralleles à la direction des voutes en berceaux, par les points de leur projection sur une ligne verticale, pour y marquer les joints de lit, & lorsque ces paralleles rencontrent une ligne de jonction de deux berceaux, reproduire ces mêmes lignes parallelement à la direction du second berceau, & ainsi d'un troisieme.

Fig. 244. & 245. Cette regle se comprendra facilement par l'exemple de la Fig. 245, où l'on a représenté une descente *hnp* R, & à la Figure 244, une autre HD, qui aboutit à deux berceaux horisontaux EDC *b* dans le bas, & HG, *c*3, *b*3 dans le haut.

Ayant trouvé par la regle précédente les divisions de la ligne C *b*, égales à CB, on tirera par les points trouvés *n*, *m*, *l*, *k*, les paralleles *n x*, *m y*, *l* Y, *k z*, jusqu'à la rencontre de la ligne ED, qui représente le plan de l'ellipse commune aux deux cylindres EDC *b* & HD, & par les points *x*, *y*, Y, *z*, on tirera autant de paralleles à la ligne EH ou DG, qui donneront les intervalles des joints de lit du second berceau, plus resserrés jusqu'à la seconde ligne HG, d'où on les reproduira parallelement à H *b*3, direction du troisieme berceau, où ils le seront encore plus. On continueroit de même pour les directions des lits d'un quatrieme, s'il y en avoit.

La raison de cette opération est que les joints de lit doivent être continués en ligne droite, parallelement à la direction des piédroits des voutes & à leurs impostes : c'est pourquoi ils sont représentés par des lignes paralleles dans le *profil*, comme nous l'avons dit du *plan*; la seule différence est que les paralleles de la projection horisontale se resserrent vers les impostes, & que dans le profil elles se resserrent vers la clef, & les intervalles de ces paralleles, mesurés perpendiculairement, sont les sinus droits de l'inclinaison des cordes des arcs de chaque voussoir; comme les intervalles des paralleles de la projection horisontale, sont les sinus de leurs complémens. Ainsi ayant trouvé les uns & les autres par ces deux sortes de projection, on a les deux jambes du triangle rectangle, dont l'hypotenuse est la corde de l'arc du ceintre que comprennent les divisions de chaque voussoir; par conséquent on a la position de cette corde à l'égard de l'horison, & l'angle qu'elle doit faire avec la corde de l'arc suivant, soit qu'il soit portion de cercle ou d'ellipse.

TROISIEME REGLE.

Transporter toutes les perpendiculaires tirées des divisions du ceintre primitif au rayon vertical, sur le demi-diametre de chaque berceau, pour avoir la courbe des ceintres secondaires, tant des arcs-droits, que des inclinés.

Soit (*Fig.* 244) le quart de cercle CBA, moitié du ceintre primitif, divisé à sa circonférence aux points 1, 2, 3, 4; ayant tiré par ces points les perpendiculaires à son demi-diametre vertical, comme 1 *i*, 2 *h*, 3 *g*, 4 *f*, on les transportera sur tous les différens demi-diametres des berceaux. 1°. Comme l'incliné en talud C *b*. 2°. le vertical *b* V, qui est l'arc-droit. *Fig.* 244.

3°. L'incliné de rencontre ED.

4°. Le perpendiculaire à la direction c^2, b^2, qui est l'arc-droit de la descente HD.

5°. L'incliné de rencontre HG.

6°. Le vertical de sortie c^3, b^3, qui est aussi un arc-droit, en un mot par-tout où l'on voudra avoir le changement des ceintres que donnent les différentes sections des plans passans par ces demi-diametres. Ainsi pour former le ceintre de l'arc-droit du berceau rampant HD; ayant tiré à volonté la perpendiculaire b^2, c^2, qui coupera les paralleles originaires des points 1, 2, 3, 4, aux points *d*, *d*, *d*, on portera sur chacune de

Fig. 244. ces paralleles les longueurs corespondantes au ceintre primitif AB, des ordonnées 1 *i*, 2 *h*, 3 *g*, 4 *f*, en *d* 1, *d* 2, *d* 3, *d* 4, & l'on aura l'arc-droit surbaissé b^2, a 2. On transportera aussi les mêmes ordonnées perpendiculairement sur les divisions de la ligne HG, pour avoir l'arc de rencontre H, 3, *i*, *g*; enfin sur la ligne c^3, b^3, comme le marquent les mêmes chiffres, pour avoir le dernier ceintre de face supérieure b^3, a^3. On observera la même construction à l'égard de la ligne DE, si l'on vouloit avoir le ceintre de rencontre des différens berceaux, avec cette seule différence, qu'au lieu des lignes obliques qui les coupent au profil, il faut leur mener des perpendiculaires sur chacune des divisions que donnent ces lignes, comme on voit en en G*g*, *u* 1, V 2, V 3; ce qu'on n'a pas fait dans cette Figure, pour éviter la confusion.

La raison de cette opération, est que les largeurs des berceaux étant par tout égales, leur différence ne peut être que dans les hauteurs. Quoique les berceaux soient inclinés à l'horison, les ordonnées paralleles au plan qui passe par les impostes seront des horisontales, & par conséquent égales à celles qui étoient paralleles au rayon AC, lesquelles déterminent les largeurs, & coupent les demi-diametres, qui sont dans des plans verticaux en parties proportionnelles, telles que doivent l'être les abscisses des ellipses.

Si les berceaux étoient rampans suivant les impostes, alors la ligne AC deviendroit inclinée au rayon vertical CB, & toutes les autres ordonnées lui seroient paralleles.

Sur quoi il est aisé de remarquer qu'il n'est pas indifférent de prendre pour ceintre primitif une face couchée en talud, comme C*b*, ou sa hauteur verticale *b*V, qui est l'arc-droit du berceau horisontal; puisque si l'un est en plein ceintre, l'autre sera surbaissé ou surmonté; c'est à l'Architecte à voir ce qui convient le mieux à son dessein.

Des profils des berceaux à double obliquité.

Tous les profils dont nous venons de parler ne supposent qu'une obliquité, ou de direction à l'égard du plan vertical, comme les descentes, ou d'inclinaison de face, comme les taluds; mais il en est d'autres qu'on ne peut exprimer dans les profils, sans racourcir ou les faces ou les axes; de sorte qu'on ne peut plus y prendre de mesure. Telles sont les obliquités du biais simple, du biais & du talud joints ensemble, ou de la descente & du biais; parce qu'alors si le plan de description est parallele à une des directions, il ne l'est pas à l'autre.

On verra dans le IVe. Livre la maniere de faire les profils de ces différentes especes de voutes obliques, & de suppléer par le plan horisontal, & par de seconds profils aux racourcissemens qui se trouvent dans les parties du premier, qui n'y peuvent être dans leurs mesures.

Comme nous ne donnons ici que les regles générales, nous n'entrerons point dans le détail de toutes les différentes compositions d'obliquité; mais nous ferons voir comment on peut les réduire en une seule.

PROBLEME II.

Réduire toutes les différentes obliquités de biais, de talud & biais, de biais & descente, de descente talud & biais, en une seule, pour ne faire qu'un profil, qui exprime toutes ces obliquités & conserve les mesures que l'on y doit prendre.

Ce Problême, qui est le principe secret & mistérieux de la méthode de DESARGUES, sera détaillé au IVe. Livre pour toutes sortes de berceaux en particulier, où nous expliquerons ce qu'il a caché sous des noms impropres, qu'on trouve dans le Livre de BOSSE.

Premierement, il est clair que toutes les obliquités qui ne sont pas de directions différentes, peuvent se réduire à une seule; ainsi (*Fig.* 244) dans une descente HD, le talud HG, ou le surplomb ED étant perpendiculaires au plan vertical passant par l'axe du cylindre DG, peuvent être exprimés dans le même profil différemment situé, sans aucun changement. Car si je prends DG pour une horisontale, quoiqu'elle soit inclinée, il n'en résultera d'autre changement que celui de nom; sçavoir, que HG, que j'avois appellé talud à l'égard de l'horison G a^3 ou CD, s'appellera surplomb à l'égard d'un horison DG, & qu'au contraire DE, qui étoit en surplomb, deviendra un talud. Ainsi j'ai déja réduit deux obliquités de descente & talud en une seule de surplomb, & celle de descente & surplomb en une de talud. *Fig.* 244. & 245.

Pl. 20. Fig. 245. Secondement, (*Fig.* 245) je puis changer une obliquité simple en une autre obliquité connue sous un nom différent. Si, par exemple, je considere le demi-berceau R, *h*, *n*, *p*, comme incliné à l'horison OR, je puis le considérer aussi comme horisontal sur R *p*, mais biais à l'égard d'une ligne de face R *h* considérée comme étant dans le plan de supposition horisontal *h* R *p*; au lieu que dans la premiere supposition, elle étoit verticale dans le même plan considéré en situation verticale, sans qu'il en arrive d'autre changement que celui du *niveau* en *à plomb*. La seule différence qui en résulte, est la transposition de la clef au lieu où étoit l'imposte, & la division des voussoirs qu'on commencera à une extrêmité d'un rayon, au lieu de la commencer à l'autre, si l'arc de face est circulaire; mais s'il étoit surbaissé ou surhaussé, il en résulteroit une transposition d'axe du grand au lieu du petit, & du petit au lieu du grand; ce qui arrivera à l'arc droit, si l'arc de face est circulaire.

Au reste il est clair que cet arc droit n'est pas susceptible d'aucun autre changement, quand même on augmenteroit ou diminueroit le talud, le biais, la descente, ou le surplomb.

Si cependant les obliquités des faces sont doubles de différentes directions, comme de biais & talud tout ensemble, ou descente & de biais; alors on ne peut pas les réunir en une par la seule transposition du niveau en à plomb, il faut chercher la position du diametre de plus grande obliquité, qui est celui de la section d'un plan passant par l'axe perpendiculairement à la face du berceau.

Figure au-dessus de 247. Soit AB (dans la Fig. au-dessus du chiffre 247) le diametre horisontal d'un berceau, dont la direction horisontale de son piédroit est AG, & celle de son axe qui lui est parallele est CX, faisant avec AB l'angle aigu XCA. Soit aussi l'inclinaison de sa face en talud, suivant un angle donné SCT, ou son complément TCB; du point C pour centre & CA pour rayon, ayant décrit un cercle ASBK, qui coupera CT en T, on tirera de ce point T une parallele à ACB, & du point A une perpendiculaire A *x* à l'axe donné CE, qui coupera T *t* en *t*. Si par ce point *t* & le centre C, on tire une ligne DI, on aura l'obliquité simple *t* C, composée des deux PC du biais, & *t* P du talud, laquelle sera la projection d'un plan passant par l'axe perpendiculairement à la face, & par conséquent celle d'une partie de l'axe sur le diametre de la plus grande obliquité. Pour détacher

ces

ces deux lignes confondues par cette projection, on menera par le point t une perpendiculaire indéfinie tF, qui rencontrera la ligne de talud TC prolongée en F : je dis que l'angle tCF est celui de l'axe avec le diametre de la section de la face coupée par un plan passant par l'axe & perpendiculairement à cette face. *Fig. au-dessus du chiffre 247.*

DÉMONSTRATION.

Soit tirée Ax perpendiculaire à EC qui rencontrera Tt au point t ; si l'on suppose deux cylindres horisontaux de bases égales & de différentes directions de biais & de talud, que nous exprimerons par celles de leurs axes EC oblique sur AB, & SC qui lui est perpendiculaire. Si l'on fait mouvoir ces deux cylindres en sens contraire, chacun autour de son axe, il est clair que le point T décrira un arc de cercle en l'air, dont la projection est la ligne Tt, & que le point A tournant autour de l'axe XC décrira un autre arc, dont la projection est Ax, qui rencontrera le précédent en un point en l'air, qui sera exprimé au plan horisontal par le point t, commun aux deux diametres, & la ligne tC sera la projection du rayon CT dans un plan vertical, commun aux deux bases des cylindres ; lequel rayon est aussi commun à la base d'un troisieme cylindre, qui auroit pour axe DC, & pour inclinaison de sa face l'angle DCF. Car si l'on fait mouvoir le diametre TCF autour de cet axe, il est clair que le point F décrira en l'air un arc, dont Ft est la projection ; par conséquent au lieu de considérer les deux cylindres précédens, je puis ne considérer que le troisieme, dont l'obliquité FCD sur son axe CD rassemble celle des deux autres, supposant toujours des bases égales.

Il est visible que si l'on prolonge la perpendiculaire jusqu'à la circonférence du cercle en H, & qu'on tire HC, on aura un angle DCH égal à DCF ; & par conséquent que le diametre de plus grande obliquité pourra être représenté en dessus en HK, ou en dessous en FT, & l'axe par HC ou DC, puisque l'angle de leur rencontre est toujours le même en C.

Cela supposé, si l'on prend DI pour diametre de la base, il sera évident qu'il sera celui de la plus grande obliquité, puisque le plan tHC passe par l'axe HC & par la perpendiculaire Ht qui est horisontale sur une ligne DI, qui est dans un plan incliné coupé par un vertical. Or cette ligne Ht qui est le sinus droit

Fig. au-dessus du chiffre 247. de l'angle HCD, est la plus courte de toutes celles qu'on peut mener d'un point H de l'axe au diametre DI; par conséquent l'angle HCD est le plus petit de tous ceux que l'axe peut faire avec un des diametres de la base; *ce qu'il falloit démontrer.*

Corollaire I.

De la connoissance de cet angle, il suit qu'on peut faire le profil d'un berceau à double obliquité, suivant les mêmes regles que pour ceux qui n'en ont qu'une, ou deux de même direction, réduites à une; la différence qu'il y aura, c'est qu'au lieu de prendre la base horisontale de la face donnée pour celle de la projection des divisions de son ceintre en voussoirs, on prendra le diametre trouvé DI, sur lequel on abaissera des perpendiculaires des points de ces divisions; ce qui oblige à la description d'un peu plus de la moitié de la base, ajoutant au-dessous de AB l'arc BI = AD; ainsi pour faire la projection des impostes A & B, on menera de ces points sur le diametre DI les perpendiculaires A *a*, B *b* qui donneront des points *a* & *b*, lesquels ne seront plus aux extrêmités du diametre de la base, comme ils étoient auparavant. Cependant il est visible que si par ces points *a* & *b*, on mene des paralleles *a* X, *b m*, à l'axe HC, on retombera dans le cas de la pratique ordinaire de la Figure 245, supposant l'angle AR *p* égal à l'angle DCH de celle ci; soit qu'on réduise les deux obliquités au simple biais, ou à la simple descente droite.

Corollaire II.

Puisque cette construction change l'angle XCA du premier Biais en HC *a*, celle du piédroit AG sera transportée en *a* X parallement à l'axe, & les lignes *a r* & *b* R perpendiculaires à l'axe, exprimeront le demi-diametre de l'arc droit, passant par les joints de lit des impostes. Il en sera de même pour tous les autres joints de lit; ce qui fait voir comment on peut revenir à la même pratique de profil qui a été expliquée à la Figure 244, où l'on a fait l'arc droit a^2, b^2, par le moyen du demi diametre c^2, b^2, perpendiculaire à l'axe DG, divisé en ses abscisses, c'est-à-dire, qui font des distances équivalentes à des hauteurs des retombées; ce que nous expliquerons plus au long dans le cinquieme Chapitre du quatrieme Livre.

Fig. au-dessus du chiffre 247.

COROLLAIRE III.

Si au lieu de considérer le diametre AB, comme horisontal dans un plan incliné, on le considere comme étant dans un plan vertical, le diametre DI sera incliné à l'horison; & si l'on veut aussi supposer DI horisontal, AB sera incliné à l'horison, & *m* L, perpendiculaire à DI sera une verticale, laquelle sera perpendiculaire à l'axe horisontal HC, quoique tous les autres diametres possibles lui soient inclinés; d'où il suit que quelque biaise que soit une voute, il y aura toujours une tête de lit où il ne se trouvera point du tout de biais, & qui sera parfaitement à l'équerre.

COROLLAIRE IV.

Il suit aussi que tous les angles des têtes des lits des voussoirs compris entre *m* & D seront obtus, & entre *m* & I ils seront aigus, plus ou moins selon qu'ils approcheront des extrêmités D ou I; ce qui doit s'entendre aussi des côtés opposés au-dessous du diametre DI, parce que les côtés des cylindres étant paralleles à leur axe, l'angle de chacun de ces côtés avec un diametre donné, est égal à celui que fait l'axe avec ce même diametre.

COROLLAIRE V.

Puisque les angles que l'axe fait avec chacun des diametres du cercle de la base du cylindre ou face du berceau, sont tous inégaux, il suit qu'on peut faire une infinité de profils différens d'un même cylindre scalene, dans lesquels il paroîtra plus ou moins incliné; en sorte que s'il est fait par le diametre perpendiculaire à celui de plus grande obliquité, le profil de ce cylindre, ou, ce qui est le même, d'un berceau biais, sera le même que celui d'un droit.

COROLLAIRE VI.

Si l'on tire aussi une perpendiculaire *n u* à l'axe HK, elle représentera un des diametres de l'arc droit, lequel étant supposé

Fig. au-dessus du chiffre 247. circulaire, la courbe de la face sera une ellipse, dont le grand axe sera dans la plus grande obliquité DI, le petit axe en m L, qui lui est perpendiculaire ; ce qui donne une facilité pour en tracer le ceintre.

Corollaire VII.

Au reste, de quelque courbe que soit le ceintre de face, ou celui de l'arc-droit, la maniere de trouver le diametre de la plus grande obliquité sera toujours la même ; car le demi-diametre CT sera égal à FC, quoique l'on substitue une ellipse au lieu du cercle THF, & les perpendiculaires Tt & Ax aux directions SC, EC se rencontreront toujours au même point t, si sans égard à l'arc de face, on prend sur AC une longueur égale à CF ou CT, ce qui est indépendant du ceintre de face. En effet il est clair que quand même on ne prendroit que la moitié de ces lignes, les perpendiculaires t T & At, qu'on peut considérer comme les côtés d'un parallelogramme, ne feroient que se rapprocher parallelement, & par conséquent se couperoient toujours dans la même diagonale t C ; ce qui suffit pour donner l'angle DCF de l'axe avec le diametre de plus grande obliquité qu'on cherche.

Corollaire VIII.

Puisque l'inclinaison du diametre DI, de plus grande obliquité, avec la ligne horisontale donnée pour base de la face AB, & l'angle de cette ligne DI, avec celle qui représente l'axe HC, sont les seules choses essentielles à la réduction de l'obliquité ; il est clair que leur transposition au-dessus ou au-dessous de la ligne AB, ne change rien à la construction, & qu'ainsi il importe peu que l'axe soit en HC ou en FC, pourvû que l'une & l'autre de ces lignes fassent le même angle avec la ligne DI, & qu'ainsi il importe peu de faire le profil du talud au-dessus ou au-dessous de la ligne AB ; mais en ce cas il faut changer le côté de la perpendiculaire à l'axe de A en B.

Secondement, il faut observer que le talud & le surplomb, la descente & la montée, à ouvertures d'angles égales avec l'horisontale AB, donneront toujours le même angle de l'axe HC avec le diametre DI, mais en différens sens ; de sorte que les directions opposées donneront des angles de différente nature, l'un aigu & l'autre obtus; mais qui seront toujours les supplémens à deux droits l'un de l'autre.

Troisiemement, que les profils des angles d'inclinaison perpendiculaires à une même direction, comme la descente & le talud, la montée & le talud, doivent être rangés d'un même côté au-dessous de l'horisontale AB, lorsque l'un doit être soustrait de l'autre, & des deux côtés, lorsqu'ils doivent être ajoutés; sçavoir, le talud au-dessous, & la descente au-dessus, comme nous le ferons voir au IVe. Livre, parce que si l'on retranche de l'angle de la montée celui du talud, l'angle de la face avec l'axe, qui étoit déja aigu, le devient encore plus. Et si l'on retranche le talud de l'angle de la descente, qui est équivalent à un surplomb à l'égard de l'axe considéré en situation horisontale, & par conséquent obtus, le surplomb diminue & approche plus du droit; ce sera la même chose si l'on ajoute l'angle du talud au complément du surplomb ou descente; cet angle qui étoit aigu, avec cette addition, approchera plus du droit, par conséquent l'obliquité de l'axe sur la face diminuera.

Des profils des voutes coniques.

Les profils des trompes & autres voutes coniques qui seroient faits suivant les mêmes regles que ceux des cylindriques ou berceaux, seroient inutiles pour la construction des traits.

La raison est, que les projections des joints de lit n'étant pas paralleles entr'elles, ne peuvent l'être aussi à un même plan vertical; par conséquent (par le I. Coroll. du Chap. V. du II Livre) ces points ne peuvent y être représentés dans leurs justes mesures; ils seront tous plus courts au profil que dans la réalité, excepté un qui peut être dans un plan vertical. Ainsi supposant le profil S*h*P (*Fig.* 247) formé sur la projection SPL, il ne s'y trouvera de mesure juste, que la longueur du milieu de la clef S*h*, dont SH est la projection horisontale. Car il est visible que l'imposte SL, ou son égale SP, est plus courte à son profil SP; puisque SP est l'hypotenuse d'un triangle rectangle, dont SH = S*a*P est un côté; les autres lignes S*n*, S*o*, qui représentent les joints de lit, seront un peu moins racourcies, à mesure qu'elles approchent du plan vertical S*h*B. *Fig.* 247.

D'où il suit, que puisque tous ces profils racourcissent inégalement les joints de lit, on ne peut en trouver toutes les valeurs rassemblées dans un seul plan, comme celles des joints des berceaux, excepté aux voutes qui sont des portions de cones droits sur une base circulaire; parce qu'alors la valeur de tous les joints de lit est donnée sans le secours du profil dans le seul plan horisontal, ces lits étant tous égaux à celui d'une des impostes.

QUATRIEME REGLE.

Dans les traits des voutes coniques scalenes, il faut faire autant de profils qu'il y a de joints de lit dont les hauteurs ou les projections horisontales sont inégales, pour en trouver la juste valeur.

J'entends par le mot *scalene*, non-seulement la voute dont la projection horisontale ou verticale est un triangle scalene, mais aussi celle dont le plan horisontal est un triangle isoscele, & dont l'axe est droit sur sa base, qui n'est pas circulaire, mais elliptique ou de quelqu'autre courbe.

Fig. 247. Soit (*Fig.* 247) SAB, le plan horisontal d'une trompe que nous considérons comme biaise, quoiqu'elle soit droite, pour ne pas multiplier les Figures; sur AB, comme diametre de la base du cone, qui est la face de la trompe, ayant décrit la courbe de son ceintre, comme le demi-cercle AHB, ou une demi-ellipse, & l'ayant divisé en ses voussoirs aux points 1, 2, 3, 4; on abaissera des perpendiculaires de chacun sur AB, pour en avoir la projection horisontale aux points D, E, F, G, d'où par le sommet S du cone, on tirera les lignes DS, ES, FS, GS, qui seront les projections des joints de lit à la doële, dont il faut chercher la valeur par le profil.

Puisque tous les joints rencontrent le plan horisontal en S, il est visible qu'ils sont tous chacun l'hypotenuse d'un triangle rectangle dont on a les deux côtés donnés; sçavoir, la hauteur des points 1, 2, 3, 4, sur le plan horisontal, & la distance de leurs projections D, E, F, G, du sommet S, dans la projection horisontale.

Ainsi on peut faire ces profils de différentes façons qui viennent toutes à la même fin.

1°. On peut élever aux points D, E, F, G, des perpendiculaires égales aux hauteurs D 1, E 2, F 3, G 4, & tirer les hypotenuses demandées, comme E 2 en E*e*, D 1 en D*d*, les lignes S*e* & S*d*, seront les vraies longueurs des joints de lit. *Fig. 147.*

2°. Pour abréger & profiter des angles droits tout faits, on peut porter les projections sur la base BA prolongée ; par exemple, ES en E*x*, & DS en DY, les lignes *x* 2, & Y 1, seront les vraies longueurs des joints de lit, ausquels les opposés correspondans aux points 3 & 4, seront égaux, parce que le cone est droit; il n'en seroit pas de même s'il étoit scalene, la trompe étant biaise.

Ces deux manieres sont bonnes en elles-mêmes; mais lorsqu'il y a beaucoup de voussoirs, elles produisent une multiplicité de lignes qui cause de la confusion; c'est pourquoi je crois qu'il convient mieux de porter tous les profils hors du plan sur une base commune.

3°. On prendra une ligne quelconque qui passe par le sommet S hors du plan, comme, SL sur laquelle on transportera par des arcs de cercle, faits du même point S pour centre, toutes les longueurs des projections SC, SF, SG en K, L, *n*, où l'on élevera des perpendiculaires KH, L 3*f*, *n* 4, les lignes 3*f*S, 4S seront les profils des joints de lit, passant par les points 3 & 4, & HS, celui du milieu de la clef, comme il est évident par la construction, qui est la même que la précédente. Cette méthode débarrasse le *plan*, & les arcs CK, FL, G*n*, marquent les origines des profils, pour qu'on ne s'y méprenne pas. Le reste de la Figure sert pour les discours suivans.

Les valeurs des joints de lit étant trouvées, il sera facile de faire les profils des surfaces des lits, c'est-à-dire, des sections du cone par des points donnés à la circonférence de sa base, & par son sommet, S perpendiculairement à chaque tangente menée par ces points; parce que si la base est circulaire, on a trois côtés du triangle de cette section; sçavoir, l'axe qui est commun à tous, le rayon de la base ou face, qui est toujours le même, si elle est circulaire, & le joint de lit trouvé; l'angle de supplément à deux droits du rayon avec le joint de lit, est le profil de la tête de lit.

Mais si la base est elliptique ou de quelque autre courbe, alors la section du lit prolongée ne passera plus par l'axe du cone, mais toujours par le sommet S, & la rencontre du joint de tête avec le plan horisontal sera facile à trouver; car supposant N*e* un joint de tête perpendiculaire à la courbe ondée A*e* H,

Fig. 247. il n'y a qu'à le prolonger jusqu'à la rencontre du diametre de la face AB en E, la ligne SE sera la section qui tient lieu d'axe, E *e* celle du rayon de la face ; ainsi avec le joint de lit, on aura le triangle de la section intérieure du cone, dont l'angle de supplément à deux droits sera le profil de la tête du voussoir.

On voit par ce qui précede qu'on n'a pas la même facilité qu'aux berceaux où cet angle est toujours égal à celui d'un diametre de la base avec l'axe du cylindre, parce que les côtés du cone sont convergens.

Nous n'avons considéré jusqu'ici qu'une seule obliquité dans le cône ; si l'on doit avoir attention à plusieurs, comme lorsqu'une trompe est biaise & en talud, il faut réduire ces deux obliquités en une, de la même maniere que nous l'avons dit pour les berceaux, & ayant trouvé le diametre de plus grande obliquité, & son angle avec l'axe, on fera le profil d'une voute à double ou triple obliquité, comme pour la simple biaise.

PROBLEME III.

Tracer le profil d'une voute conique à double ou triple obliquité, de biais, talud & descente.

Puisqu'on ne peut exprimer la longueur d'une ligne inclinée à un plan que par sa projection sur un plan qui lui soit parallele, il est clair qu'on ne peut faire un profil d'un cone scalene que dans un plan parallele à celui qui passant par son axe est perpendiculaire à la base, & ce profil ne peut encore servir qu'à trouver les mesures des trois lignes qui sont dans ce plan ; sçavoir, des deux côtés, le plus long & le plus court, & de l'axe du cone ; ainsi il est inutile de vouloir entreprendre un profil d'un cone scalene sur tout autre diametre que celui de la plus grande obliquité.

Nous en avons déja dit autant pour les profils des cylindres scalenes ; mais à cause que les côtés sont paralleles à l'axe, l'obliquité ne leur cause aucun changement comme aux cones, où ils s'alongent & se racourcissent continuellement de part & d'autre de la section perpendiculaire par l'axe.

Ainsi le Problême se réduit à chercher cette section.

Pl. 22. Fig. 265. Soit (Planche 22, *Fig.* 265) le cercle AHBK, la base du cone : ayant tiré par le centre C un diametre quelconque DE prolongé

longé vers G, on portera de C en G la plus grande obliquité, comme celle du biais, & l'autre du talud en GP, perpendiculairement à GE; la ligne PB, menée par le centre C, fera la section d'un plan perpendiculaire à la base AHBK, & passant par l'axe du cone, laquelle réduit les deux obliquités de biais & de talud en une seule de simple biais PC, plus grande qu'aucune des deux autres, étant l'hypotenuse d'un triangle rectangle, dont elles sont les côtés. Pl. 12. Fig. 265.

Présentement on peut trouver tous les côtés du cone sans avoir recours à aucune nouvelle projection; on élevera PX perpendiculaire sur PB, & égale à la hauteur du cone, ou distance perpendiculaire de la base au sommet. Puis ayant pris à volonté au contour de la base autant de points que l'on voudra 1, C, 3, E, 5, 6, 7, D, on prendra les intervalles de chacun de ces points au point P, & on les portera sur PB aux points 7° 6° 5° 3°, & par ces points, & le sommet X, on tirera les lignes XA, X7°, X6°, X5°, X3° XB qui seront les vraies longueurs des côtés du cone, avec lesquels chacun en particulier, la longueur de l'axe XC, & le rayon CA forment autant de triangles, on aura les profils de toutes les sections du cone, & par conséquent, en prenant les supplémens des angles du côté & du rayon; tous les profils des têtes des lits.

Si l'on compare ce profil avec celui de la projection verticale *Sde*, faite sur une base *de* parallele au diametre donné DE, on reconnoîtra qu'aucune de ses lignes n'est égale ni à la longueur ni à l'inclinaison qu'elle doit avoir sur le plan de la base; & par conséquent qu'elles sont inutiles pour y prendre aucunes mesures de profil, ce qui est assez clair sans démonstration, puisque IC = GC est plus petit que PC, & la hauteur PX = IS, il suit que l'angle ICS est plus grand que PCX, par conséquent le profil de projection n'a pas assez d'obliquité.

USAGE.

Ce Problême nous servira à faire voir qu'on peut beaucoup abréger les traits des voutes coniques biaises, en descente, en surplomb, ou en talud; lorsque nous parlerons des traits particuliers, dans le IVe. Livre, Chap. VI., puisqu'on peut réduire toutes ces obliquités différentes en apparence à une seule, comme aux berceaux: la montée peut être réduite en talud sim-

Fig. 265. ple, la descente en surplomb simple, la montée en talud à un talud plus oblique de la quantité du talud, la descente en talud, à un surplomb moins oblique de la quantité du talud, le biais en talud ou en surplomb, à un plus grand biais, comme on le voit dans cet exemple; de sorte que toutes les obliquités étant réduites en une, il ne reste plus qu'à voir quel angle le diametre donné DE fait avec celui de la plus grande obliquité AB, pour y rapporter les projections des points de division en voussoirs, qu'on a coutume de faire sur le diametre donné ordinairement horisontal, ou incliné, s'il s'agissoit d'une face rampante.

Si au lieu d'une projection verticale sur le diametre DE, on avoit voulu la faire sur le diametre C 6, au lieu du biais GC, on auroit eu pour toute obliquité de l'axe celle du talud GP, qu'il auroit fallu porter de I en *p* sur l'horisontale *dp*, & tirer *p* S qui donne une obliquité d'axe toute différente. Enfin si on avoit proposé le profil sur le diametre HK perpendiculaire à PC, toute l'obliquité se seroit évanouie, la ligne SI auroit représenté l'axe, alors le profil du cone scalene n'auroit en rien différé de celui du cone droit.

D'où il suit que d'une infinité de profils possibles, il n'y en a qu'un qui puisse donner les mesures des côtés & de l'axe d'un cone scalene.

Remarque sur les profils en général.

Les multiplicités des lignes qu'on trouve dans les traits, viennent principalement des profils; or je regarde comme une maxime que

On doit éviter autant qu'il est possible l'assembage de plusieurs profils sur un même plan, & particulierement les lignes inutiles qui n'indiquent que de loin, & par de longs renvoys, leurs origines; c'est pourquoi lorsqu'on a un grand nombre de voussoirs dans une face, il convient mieux de mettre les profils chacun à part, ou du moins une partie d'un côté, l'autre de l'autre, que de les mettre sur les bases de leur projection.

La raison de cette maxime est toute simple; lorsque les objets se présentent en trop grand nombre, ils partagent trop notre attention, & fatiguent l'esprit occupé à démêler ceux que nous devons choisir, ce qui arrive particulierement, lorsque les lignes de doële & d'extrados sont tirées & comme mêlées ; secondement, parce qu'il est aisé de se tromper & de prendre les unes pour les autres.

J'ajoute qu'il faut retrancher les lignes inutiles qui ne servent qu'à indiquer par de longs circuits les origines des profils, parce qu'on en trouve souvent de cette espece dans les traits des Auteurs de la Coupe des Pierres, qui embrouillent extrêmement les épures.

Je puis donner pour exemple le profil d'une descente à la Figure 248, où le parallelogramme AE est la moitié du plan horisontal d'un berceau avec ses projections de joints de lit 1^pN, 2^pn provenant des divisions 1, 2, de la moitié du ceintre de face HA ; le parallelogramme *h e* est le profil de ce berceau, où l'on veut situer les joints de lit dans la distance qu'il convient. La maniere ordinaire, est de les y conduire par de longs circuits des lignes que l'on voit dans la Figure $1\ 1^a\ 1^d$, $2\ 2^a\ 2^d$, H *a h*, que l'on peut supprimer sans se priver de l'indication de l'origine des profils, comme on voit à la Figure 245 ; car ayant fait à l'ordinaire la projection horisontale des joints de lit par le moyen du ceintre AHB, divisé en ses voussoirs aux points 1, 2, 3, 4, on trouvera les profils des mêmes joints de lit, en répetant la moitié de l'arc de face en OL*h*, & menant par ses divisions 1, 2 des horisontales 1 D, 2 *d*, qui donneront sur la ligne de profil AR*h* les points *d* & D, par où on menera des paralleles à la rampe R *p*, lesquelles seront les profils demandés; ce qui supprime, comme l'on voit, beaucoup de lignes droites & d'arcs de cercles inutiles, & marque de plus près l'origine de chacune des lignes de profil, sans offusquer inutilement le Lecteur. Fig. 248. Fig. 245.

De l'élévation.

Il est encore une espece d'Ortographie, c'est-à-dire, de représentation des hauteurs, qu'on appelle l'*élévation*, laquelle ne différe du profil, qu'en ce qu'elle a pour objet les parties extérieures & apparentes au-dehors, au lieu que le profil est destiné pour exprimer les profondeurs aussi-bien que les hauteurs.

Dans tous les traits il est de nécessité indispensable de faire l'élévation de la face de la voute dont il s'agit, pour trouver les intervalles horisontaux des joints de lit, & leur hauteur au-dessus des impostes, du moins à leur origine sur l'arc de face; c'eſt-là le principal uſage que l'on fait de l'élévation: cependant nous ferons voir que cette eſpece de projection verticale d'un corps ou d'une voute quelconque, conduit à ſon exécution, autant que celle du *plan* & du *profil*.

Il eſt clair que lorſqu'on veut faire uſage de cette eſpece de deſſein, il doit être aſſujetti aux loix de la projection verticale, comme le profil; c'eſt-à-dire, qu'elle doit être faite ſur un plan parallele à l'objet ou à la partie que l'on en veut repréſenter.

D'où il ſuit, 1°. qn'on ne peut faire d'élévation d'un corps cylindrique, ſur laquelle on puiſſe prendre d'autres meſures, que ſuivant ſa longueur, parce qu'il n'y a que les côtés paralleles à ſon axe qui ſoient en ligne droite, par conſéquent qui puiſſent être paralleles au plan de deſcription. Quant aux parties de ſon contour repréſenté en élévation, il eſt clair qu'elles ſont toutes inégales; ſe racourciſſant d'autant plus qu'elles s'éloignent de l'axe du cylindre.

2°. Qu'on ne peut trouver que trois meſures ſur l'élévation d'un corps conique; ſçavoir, les trois côtés du triangle par l'axe du cone qui eſt parallele au plan de deſcription, dont deux ſont des côtés du cone, & le troiſieme le diametre de ſa baſe.

3°. Qu'on ne peut prendre qu'une ſeule meſure ſur l'élévation d'un corps ſphérique, concave ou convexe; ſçavoir, le diametre du cercle parallele au plan de deſcription.

Le peu d'utilité de ces deux dernieres eſpeces d'élévations, nous diſpenſe d'en donner des exemples, il ſuffit de celui d'un corps cylindrique, ſur lequel eſt tracée une ligne quelconque, que nous ſuppoſerons ici une hélice, pour montrer comme on doit faire l'élevation d'un eſcalier à vis dans les deſſeins d'Architecture.

Fig. 249. Soit (*Fig.* 249) la couronne de cercle a D *b d*, le plan horiſontal d'une tour dans laquelle eſt un eſcalier, il ſuffit d'en tracer la moitié, parce que nous la ſuppoſons également diviſée de part & d'autre. Ayant diviſé ſon contour en un certain nombre de marches, s'il s'agit d'un eſcalier, ou en parties égales arbitraires, s'il s'agiſſoit d'une hélice tracée à la ſurface de ce corps, on menera par le centre C une perpendiculaire CE au diametre *a b*, qu'on prolongera autant qu'on le jugera à propos; puis ſur cette ligne ayant pris à volonté un point D, on lui menera une perpendiculaire qui ſera parallele à a*b*, & par tous les points des diviſions du contour de la couronne de cercle, on menera des paralleles à l'axe CE indéfinies. On marquera ensuite successivement chaque hauteur de marche sur cet axe CE, s'il s'agit d'un escalier, ou les parties aliquotes d'une révolution, s'il s'agit d'une vis ou d'une colonne torse, & par toutes ces divisions on menera des paralleles à la base AB, qui rencontreront les paralleles à l'axe CE, en des points 1, 2, 3, *a*, 5, 6, 7, M, &c. par lesquels on tracera à la main la courbe D*a*M*b*E, qui sera la représentation de l'hélice sur la surface extérieure du cylindre ou de la tour. Fig. 249.

Il est aisé de voir que celle de la surface intérieure *efg* du *plan* se tracera de la même maniere. Il faut seulement observer que quoique les largeurs soient moindres, les hauteurs doivent être les mêmes pour l'hélice extérieure & intérieure, parce que s'ils s'agit d'escalier, c'est la même hauteur de marche; il en sera de même des autres hélices, qui font leur révolution en même-tems; c'est pourquoi les points DME deviennent communs à l'extérieure & à l'intérieure. L'élévation qui doit donner les premieres mesures du plan horisontal de l'épure, ne contenant d'autre difficulté que celle de tracer le genre de courbe qu'on se propose pour ceintre de la voute, nous n'avons rien à ajouter à ce qui a été dit au II. Livre.

CHAPITRE IV.

Des moyens de faire les plans, profils & élévations des Figures irrégulieres.

IL y a deux sortes d'irrégularités dans les voutes; l'une consiste dans leurs contours, qui peuvent n'être ni circulaires ni elliptiques, mais de quelqu'autre courbe de fantaisie; telles sont les faces des trompes ondées, comme cette voute conique qu'on appelle trompe D'ANET, (*Fig.* 247).

L'autre consiste dans la courbure de leurs surfaces qui ne sont ni cylindriques, ni coniques ni sphériques, telles sont celles de la plupart des arrieres-voussures.

Le moyen le plus facile de connoître ces irrégularités, est de les comparer à des Figures régulieres, ou par *inscription* ou par *circonscription*. Les contours peuvent être connus par l'une &

par l'autre maniere; mais les surfaces irrégulieres ne peuvent l'être que par le moyen de la circonscription, dans la pratique de la coupe des pierres, où il ne s'agit que d'ôter & non pas d'ajouter, comme dans les ouvrages de Stuc. On peut donc comparer le contour d'une Figure irréguliere à une réguliere par son excès sur la réguliere inscritte, ou par son défaut à la réguliere circonscrite.

Fig. 247. Soit, par exemple, une trompe ondée (*Fig.* 247) dont la projection horisontale est la Figure SAHB, on peut en retrancher le cone droit SAB, en tirant la ligne AB perpendiculairement sur son axe SC, & regarder le reste de la Figure, qui est haché, comme un excès de ce cone, que l'on peut trouver en tirant du sommet S autant de lignes qu'on voudra, comme SE, SD, SC, qu'on prolongera jusqu'aux extrêmités de cet excès, & l'on aura les lignes E*e*, D*d*, CH, qu'il faudra ajouter en ligne droite aux premieres, soit en projection pour en avoir le plan horisontal, soit en profil, comme V*h*, xc^2, yd^2.

Au lieu de comprendre un petit cone dans une plus grande Figure, on peut tirer une perpendiculaire sur l'axe SH, & former un cone droit SPL qui la renferme toute entiere; & alors ayant tiré des lignes droites SN, SO du sommet S du cone, on en retranchera les parties *e*N, *d*O pour avoir les points *e* & *d* du contour irrégulier de la face ondée, & autant d'autres que l'on voudra par la même maniere, en cherchant leur défaut audedans du cone circonscrit SLP.

L'une & l'autre méthode peut avoir ses applications suivant les différentes circonstances; la circonscription qui donne de plus grandes mesures, peut avoir son incommodité dans les grands Ouvrages, & l'inscription pourroit être plus sujette à de petites erreurs d'exécution, mais en elles-mêmes, elles sont également correctes.

Ce que nous disons ici des contours irréguliers par leurs ondulations, devient plus aisé pour ceux qui sont composés de lignes droites, parce qu'il suffit de tirer des lignes par leurs angles, pour en avoir la position & le contour régulierement; c'est pourquoi on peut, pour plus grande précision, inscrire les contours ondés dans des poligones.

La voye de l'inscription & de la circonscription est plus commode dans les berceaux dont les faces sont irrégulieres, parce qu'il ne s'agit que de tirer des lignes paralleles à leur direction,

& des perpendiculaires aux extrêmités des parties les plus faillantes, pour les infcrire dans des parallelogrammes.

Soit, par exemple (*Fig.* 250), la projection horifontale d'une porte fur le coin AEDPB, dont la face intérieure AMB eft arrondie; on circonfcrira à cette Figure irréguliere mixte le parallelogramme BAGI, dans lequel on tirera autant de paralleles à AG, comme *g* F, *g* F que l'on voudra avoir de points au profil. *Fig.* 250.

On formera enfuite fur GI, comme diametre, le demi-cercle GHI pour ceintre de l'arc droit, que ces lignes prolongées couperont aux points 1, 2, H, 3, 4.

La projection horifontale étant ainfi préparée, on fera pour le profil un fecond parallelogramme a S*di* fur les côtés BA, IG prolongés; enfuite ayant porté les hauteurs *g* 1, *g* 2, DH, en aS, a 2, a 1, on menera par ces points 1, 2, S des paralleles à la bafe a*i*, fur lefquelles on portera les excès du parallelogramme GABI fur le plan horifontal de la porte EAMBPD; ainfi on portera F 1 *q* en 1 K, F 2 *q* en 2 L, CM en S*m*, & par les points *m* LK a, on tracera à la main une courbe qui fera le profil de la moitié concave de la face intérieure de la porte.

Pour tracer le profil de la moitié de la face extérieure faillante, on portera de même l'excès GE du plan horifontal en *ic* du profil, *g* 1 *p* en *e* 1 *f*, *g* 2 *p* en *e* 2 *f*, & par les points *d*, 2 *f*, *if*, *c*, *d*, 1 *f*, 2 *f*, *c* on tracera à la main une courbe qui fera la moitié de la face extérieure.

Pour abréger le tranfport des hauteurs, on peut tracer le quart de cercle *i*, 14, 23, *dh* égal à GH du plan horifontal, & également divifé, & par ces divifions 14, 23, mener des paralleles à la bafe *i* a du profil, lefquelles marquent plus fenfiblement leurs origines.

La raifon de cette opération de circonfcription, eft que les lignes droites & les perpendiculaires font les termes les plus fimples d'où l'on puiffe commencer à mefurer les obliquités & les finuofités des faces; par ce moyen on abrege la réduction des faces courbes en lignes droites & en triangles rectilignes, dont il faudroit chercher en particulier les angles, les côtés, & leur fituation refpective.

Cette maniere eft néceffaire pour former les profils qui font des projections verticales; mais pour lever ceux qui font des fections des corps, on peut la rendre plus facile, & l'abréger comme nous l'allons dire.

PROBLEME IV.

Tracer sur un plan un contour semblable & égal à celui d'un corps quelconque supposé coupé par ce plan,

En termes de l'art,

LEVER UN PROFIL.

Soit un corps quelconque, (*Fig.* 246) dont le contour soit
Fig. 246. de telle irrégularité que l'on voudra ; on donne ici pour exemple un roson & des moulures ABCDE, il faut imiter exactement le contour de la section qui seroit faite par ce plan, s'il le coupoit comme pourroit faire une scie.

On placera le carton ou la planche sur laquelle on veut tracer le profil dans la situation où l'on veut qu'il soit à l'égard du corps dont on veut imiter le contour ; par exemple, d'un plafond sous lequel on la mettra à plomb, ou contre un mur, de niveau ; on l'arrêtera & on la tiendra ferme en cette situation, pour qu'elle ne varie pas, car l'obliquité changeroit l'imitation.

On appuyera cette planche contre les parties les plus saillantes, comme en E, ensuite ayant posé une regle R*r* perpendiculairement sur un des côtés de ladite planche KL, par le moyen d'une équerre FQG, on prendra avec le compas ou une mesure de bois qui servira de jauge le plus grand enfoncement *b*B, qu'on transportera sous la partie la plus saillante E*e*, pour voir si la planche sera assez large pour le contenir de E en *e*, perpendiculairement au côté KL ou HI, que nous supposons droit, & parallele si l'on veut ; puis on fera couler une branche de l'équerre GQ sur le côté KL, en sorte qu'une partie de son épaisseur déborde assez la planche, pour qu'on puisse appuyer la regle mobile R*r* contre l'autre branche de l'équerre QF, à laquelle elle doit toujours être appliquée, & couler le long, en la poussant dans les creux, & la retirant dans les saillies.

On présentera ainsi la regle sous chaque enfoncement, comme en B & en D, portant toujours la même ouverture de compas B*b*, ou la même jauge ou mesure de bois, de B en *b*, & de D en *d*, & l'on marquera sur la planche les points *b* & *d*, de même sous chaque saillie A*m*CE, marquant les points que la mesure

mesure donnera le long de la regle en M *c* & *e*. On continuera de même en faisant couler l'équerre & la regle pour avoir autant de points que l'on voudra, par lesquels on tracera à la main le contour *a b c* M *c d e* sur la planche, de laquelle si l'on retranche la partie supérieure avec la scie ou autrement, on aura le profil que les Ouvriers appellent, pour les moulures, un *calibre*, lequel s'ajustera parfaitement aux moulures du plafond, suivant la même ligne AE; en sorte que si l'on vouloit y faire une cloison, il en boucheroit exactement les vuides. *Fig.* 246.

On peut même par ce moyen lever les contours des enfoncemens recouverts comme en S; car tirant avec l'équerre la perpendiculaire RS, & la portant à même distance de BR en *b r*, & faisant *r s* égale à RS, on aura l'enfoncement S; ainsi des autres.

DEMONSTRATION.

Il est clair par la construction, que la regle ne change point de situation à l'égard de la ligne KL, à laquelle elle est toujours perpendiculaire, puisqu'elle est toujours une prolongation d'un côté de l'équerre, & que tous les points du corps sont également éloignés du contour tracé, donc les deux courbes sont paralleles & égales, puisque leurs abscisses sont communes, & les ordonnées sont égales par la construction.

USAGE.

Ce Problême de pratique est d'un fréquent usage en Architecture, particulierement dans les réparations des vieux édifices, où il faut racorder des ornemens saillans & renfoncés, ou des ceintres corrompus, c'est-à-dire, de courbure irréguliere, ou par faute de construction, ou par l'affaissement qui s'est fait. Faute de sçavoir user de ce moyen, les Ouvriers sont obligés de tâtoner long-tems, en présentant plusieurs fois le profil qu'ils ont levé pour voir ce qu'il faut ôter d'un côté, & ajouter de l'autre; en quoi ils consomment beaucoup de tems & de peine, qu'ils pourroient s'épargner par la pratique simple de ce Problême.

De la supposition des surfaces planes pour parvenir à l'imitation des courbes terminées par des sections planes.

Et pour la coupe des Pierres, en termes de l'art,

Des doëles plates.

La raison qui nous engage à supposer des lignes droites auprès des courbes pour en connoître les sinuosités, nous oblige aussi à supposer des surfaces planes au-devant des courbes, pour en connoître la concavité ou la convéxité, particulierement lorsquelle est irréguliere; & si leur courbure est réguliere, & leur surface supposée terminée par des plans, la supposition d'une surface plane au-devant de la courbe sert à faire connoître la position & la distance de ses angles.

Ainsi avant que d'entreprendre de creuser une portion de cylindre (par exemple) terminée par quatre ou plusieurs plans, il faut former une surface plane pour y situer les quatre angles de cette portion de cylindre à leur distance respective; le modele de cette Figure pour les doëles des voussoirs s'appelle le *panneau de doële plate*; c'est un plan passant par la corde de l'arc du ceintre compris dans le voussoir, lequel touche nécessairement trois des angles du voussoir, & ordinairement quatre; & comme les ceintres sont divisés en plusieurs parties dans leur contour, suivant le nombre de voussoirs qui composent la voute, les doëles sont divisées en autant de surfaces planes ou de doëles plates qui réduisent le cylindre en prisme, le cone en piramide, & la sphere en polyedre.

La raison de cette supposition est, 1°. que dans des opérations composées, il convient pour la facilité & la sûreté de l'exécution de commencer par des simples; ainsi avant que de creuser une surface courbe, on en doit premierement situer les bornes dans leur juste distance; ces bornes sont les angles solides des voussoirs, desquels il y en a au moins trois qui peuvent être appliqués à une surface plane, & ordinainement quatre. Il arrive de plus, que si ces voussoirs sont faits pour une voute conique ou cylindrique, on peut placer sur la même surface plane les côtés opposés qui sont droits; de sorte qu'ayant formé une surface plane, ce qu'on appelle en termes de l'art *dressé un parement*, on y peut placer une grande partie du contour d'un voussoir, qui doit y rester lors même qu'il sera achevé; il ne reste qu'à creuser celle qui est concave, laquelle est comprise dans ces bornes.

Secondement, cette supposition est nécessaire pour trouver l'inclinaison des surfacs planes des joints avec les courbes des doëles ou des têtes, parce que ces inclinaisons peuvent changer à chaque voussoir, comme il est visible dans les voutes de ceintres elliptiques surhaussés ou surbaissés, où l'angle de la doële avec le lit change continuellement d'ouverture; or il est plus aisé d'appliquer des biveaux ou des récipiangles rectilignes sur des surfaces planes, que des biveaux d'angles mixtes, parce que ceux-là peuvent s'ouvrir & se resserrer par la construction de l'instrument, & s'adapter à tous les angles, au lieu qu'il faut changer de modele d'angle mixte à chaque position des joints de la courbe du ceintre elliptique.

Troisiemement, lorsque les doëles ou autres surfaces des voussoirs sont *gauches*, c'est-à-dire, dont les angles ne sont pas dans un même plan, c'est une espece de nécessité de supposer une surface plane qui passe par trois de ses angles, pour trouver la position du quatrieme ou cinquieme, s'il y en a; car de même qu'on ne peut connoître la nature des lignes courbes, que par les propriétés des lignes droites inscrites ou circonscrites, ou ordonnées à quelque diametre, aussi on ne peut connoître les surfaces courbes qui ne sont pas régulieres, que par leurs distances à des surfaces planes, en mesurant les longueurs des lignes perpendiculaires à ce plan, ou dont l'inclinaison est connue, terminées à différens points de la surface courbe, à laquelle on la compare. Et parce qu'il n'y a que le seul triangle qui soit nécessairement dans un plan, les surfaces de plus de trois côtés peuvent avoir leurs angles en différens plans; puisqu'elles peuvent être divisées en triangles; ainsi une doële plate de quatre côtés, peut être divisée en deux triangles; celle de cinq en trois, & ainsi de suite. Or les surfaces courbes irrégulieres peuvent être coupées par plusieurs plans, de maniere que leurs angles soient dans un même plan; une tuile creuse, quoique d'une courbure conique, s'adapte si bien sur une planche que ses quatre angles la touchent. Une portion de cylindre, une portion de sphere, telles que sont celles des voussoirs des voutes régulieres, a la même propriété. Il n'en est pas de même d'une portion d'arriere-vouſſure de Marſeille ou de Saint-Antoine, &c; un vouſſoir poſé ſur une planche ne la touchera que par trois de ſes angles, & le quatrieme reſtera en l'air. Pour connoître de combien il s'écarte de ce plan, il faut que la diſtance en ſoit meſurée par une perpendiculaire abaiſſée de ſon ſommet ſur cette ſurface plane; donc il importe de ſuppoſer un plan pour trouver la ſituation des parties des ſurfaces irrégulieres, & les faire avec la préciſion néceſſaire.

De la ſuppoſition des ſurfaces cylindriques ou coniques de baſe quelconque, pour parvenir à la deſcription & formation des ſurfaces courbes terminées par des lignes courbes à double courbure.

Le moyen des doëles plates que nous venons de propoſer, eſt très-avantageux dans la pratique de la coupe des pierres, ſoit pour former avec ſûreté & facilité les vouſſoirs des voutes de ſurfaces régulieres ou gauches, ſoit pour le ménagement des matériaux, mais il devient inutile pour la formation des ſurfaces courbes, cylindriques, coniques, ſphériques ou gauches qui ſont terminées par des lignes courbes à double courbure; c'eſt pourquoi il faut avoir recours aux ſuppoſitions de ſurfaces cylindriques, qui coupent la ſurface donnée ſuivant deux directions, dont la rencontre ſe fait à la courbe à double courbure qu'on cherche.

Nous entendons par le mot de ſurface cylindrique, non-ſeulement celle d'un cylindre ordinaire, qui a pour baſe un cercle ou une ellipſe, mais une courbe quelconque connue ou inconnue, Géométrique ou Méchanique, telle que la donne la projection d'une courbe à double courbure ſur un plan horiſontal ou vertical.

Il eſt des ſurfaces gauches dont les arrêtes qui les terminent, ou celles de certaines ſections qu'on y peut faire, ſe trouvent facilement par la ſeule inſcription dans un cylindre ou un cone, à la ſurface duquel cette courbe conſerve une progreſſion connue. Telle eſt celle de la vis, ſoit qu'elle faſſe ſes révolutions parallelement, ou plutôt à égale diſtance de ſon axe, ou qu'elle ſe reſſerre en limace; ainſi ſuppoſant une vis ordinaire, dont les révolutions ſont toujours équidiſtantes de ſon axe, il eſt

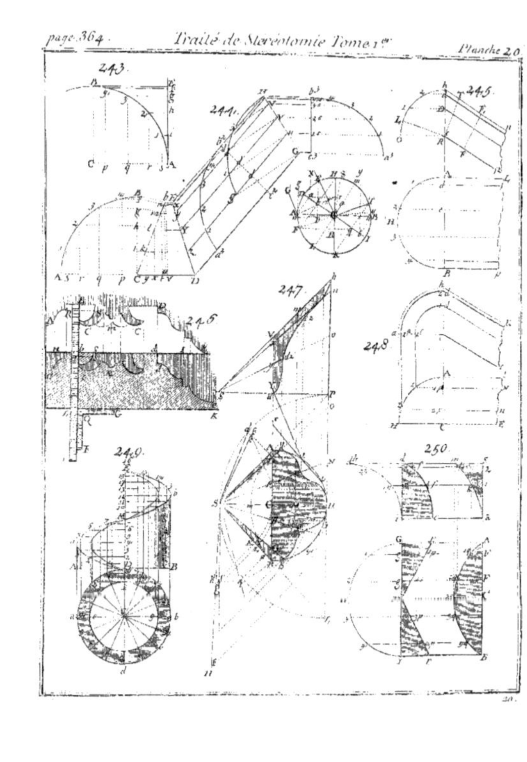
243.
244.
245.
246.
247.
248.
249.
250.

clair que le plan de la projection perpendiculaire à cet axe, est un cercle, & qu'on la peut inscrire dans un cylindre régulier droit, de la base duquel elle s'éleve également, ou suivant une progression connue.

De-là on tire la pratique de faire le profil ou élévation de cette espece de courbe à double courbure ; comme nous l'avons expliqué ci-devant, en proposant pour exemple l'élévation d'un escalier à vis dont le contour sur le cylindre est une hélice tangente aux extrêmités des marches.

Si le contour de la vis n'étoit pas toujours équidistant de son axe, la construction du profil seroit encore la même, avec cette différence que si la base du cylindre dans lequel elle peut être inscrite, est elliptique, il faut choisir pour la ligne de base du profil un axe, ou un diametre convenable au dessein qu'on a de trouver les points de station les plus écartés ou les plus resserrés.

Si la vis se resserroit en montant, au lieu de l'inscrire dans un cylindre, il faudroit l'inscrire dans un cone ou dans une sphere ou sphéroïde, & mener toutes les lignes de division au pole, à quoi nous ne nous arrêtons pas, parce que ce cas arrive rarement en Architecture, au lieu que celui des vis cylindriques est d'un usage continuel, non-seulement pour les escaliers, mais encore pour les appuis rampans des tours rondes, circulaires ou elliptiques.

La plupart des courbes à double courbure ne fournissent pas les mêmes facilités pour être décrites, que la vis, par deux raisons ; l'une, c'est que le cylindre dans lequel on peut l'inscrire, est très-souvent irrégulier, c'est-à-dire, qu'il n'a pas pour base une portion de cercle ou d'ellipse ; de sorte qu'il faut commencer par chercher le contour de cette base, par le moyen de la projection. En second lieu, parce qu'ayant cette courbe, & par conséquent la surface du cylindre qu'on peut élever audessus, on ne peut déterminer sur le cylindre aucun point de la courbe à double courbure, parce qu'on ne connoît pas la distance des points de la base du cylindre à ceux de la courbe qu'on cherche, comme on la connoît dans l'exemple de la vis ; de sorte qu'on est obligé de considérer cette courbe à double courbure par un autre situation perpendiculaire à la premiere, d'en chercher la projection, & d'élever sur la courbe qu'elle donnera pour base un second cylindre perpendiculaire au premier, à la surface duquel cette courbe doit encore se trouver.

Or puisqu'elle est dans chacune des surfaces cylindriques trouvées, il est évident qu'elle sera dans leur commune intersection; ce qu'il faut remarquer comme un principe de pratique des plus importans que nous ayons à proposer, & dont on verra une application continuelle, lorsque nous parlerons des voutes composées.

Pour éclaircir cette doctrine, & la rendre sensible par un exemple, nous choisirons ici une arriere-voussure de Saint-Antoine biaise & surbaissée, qui est une surface gauche, dans laquelle nous trouverons des courbes des sections planes, & des courbes à double courbure très-propres à donner une juste idée de la maniere de faire les plans, profils & élévations de toutes sortes de surfaces les plus difficiles à représenter, d'où l'on tire la maniere de les former, tant en pierre qu'en bois.

Pl. 21. Fig. 251. Soit (*Fig.* 251) le trapeze AEDB le plan horisontal d'une voute, dont la surface est gauche, comme celle que nous donnons pour exemple. Il faut premierement supposer que l'on en connoît les sections planes & paralleles suivant une direction; car si l'on n'en connoît rien, on ne peut rien deviner, puisque le raisonnement n'est qu'une conséquence tirée de quelque connoissance antérieure, ou suivant les Philosophes *procedere a noto ad ignotum.*

Supposons donc que l'on connoît les courbes de toutes les sections paralleles à la ligne du milieu CM, ou par une convenance, ou par une détermination arbitraire, comme on les connoît en effet dans l'arriere-voussure de Saint-Antoine, puisque c'est sur leur détermination que l'on en fait le trait. Il n'importe que ces courbes soient portions de cercle ou d'ellipse ou d'autre courbe; nous n'avons pas besoin d'en connoître la nature, pourvû qu'elles soient données, cela suffit.

Ayant mené des paralleles à la ligne du milieu CM en telle quantité qu'on le jugera à propos, pour avoir un nombre suffisant de points des courbes que l'on cherche, on menera par les points p^1, p^2, C, p^3, p^4, &c. où ces paralleles coupent la ligne AB qu'on prend pour base du ceintre de face, autant de perpendiculaires à cette ligne, qui couperont le ceintre de face donné A*h*B aux points ^{1}, ^{2}, *h*, ^{3}, ^{4}, où seront les hauteurs des profils, c'est-à-dire, des courbes de toutes les sections planes qui passent par les lignes du plan horisontal Ep^1, np^2, MC, Np^3, &c. paralleles à CM. Fig. 251.

Si l'on mene par toutes ces hauteurs des horisontales *h* H, 33, 22, II, & qu'on les fasse égales à leurs correspondantes qui sont tirées dans le plan horisontal MC = *h* H, Np^3 = 33, $np2$ = 22, &c. on aura deux points de chacune des courbes des sections faites par des plans paralleles entr'eux, & parce qu'on les doit supposer connues ou données, comme dans l'exemple présent, où elles sont ordinairement des quarts d'ellipse, ou des arcs de cercle presque tous moindres que le quart, il sera aisé de décrire ces sections. Or comme elles doivent être dans des plans perpendiculaires au plan A*h*B, ce qu'il est impossible de faire sur le papier, à moins qu'on n'y applique des pieces découpées volantes, on est réduit à les ranger de suite sur le même plan, comme on voit à la Figure, ou toutes d'un seul côté, ou pour éviter la confusion des lignes, partie d'un côté, par exemple vers A, partie de l'autre vers B. Fig. 241 & 242.

Toutes ces courbes ainsi placées, donneront facilement la position de tous les points qu'on y voudra marquer, par exemple leur milieu en *m*. Car si l'on mene par ces points autant d'horisontales *m x y* paralleles à AB, elles couperont en *y*, les verticales *h* C, $3p^3$, $2p^2$, $1p^1$, &c. qui sont à l'intersection du plan vertical A *h* B, & des plans qui se coupent perpendiculairement suivant ces verticales. La courbe tracée à la main par tous les points *y y*, sera l'élévation de celle qui passe par le milieu de la doële de l'arriere-voussure, quoiqu'elle en soit bien éloignée dans cette représentation.

Il en sera de même pour celle qu'on voudroit faire passer au tiers ou au quart, en travers d'une imposte à l'autre.

Il est encore visible que cette méthode sert à tracer des paralleles aux arrêtes de devant A*h*B, ou du fond EMD; car il n'y a qu'à prendre sur les arcs des sections planes des longueurs données égales, comme 1 *d*, 2 *d*, 3 *d*, H *d*, &c. pour le haut, & $p^1 e$, $p^2 e$, C *e*, $p^3 e$, $p^4 e$, pour le bas, ensuite mener par tous les points *d* & *e* des horisontales jusqu'à l'intersection des verticales correspondantes, qu'elles couperont aux points *x*, *x*, *x*, & celles menées par les points *e*, *e*, en *z*, *z*, la ligne courbe tirée par ces points *x*, *x*, *x*; *z*, *z*, *z*, sera la proction verticale;

c'est-à-dire, l'élévation des lignes paralleles aux arrêtes qui ne les seront cependant pas dans cette élévation.

La méthode que nous employons pour trouver les points des courbes projettés sur un plan vertical, servira pour trouver la représentation des mêmes points sur le plan horisontal; il n'y a qu'à répeter toutes ces sections planes de suite sur leurs bases horisontales Ep^1, np^2, MC, &c. & par les points donnés *d*, *m*, *e*, de toutes ces courbes leur tirer des perpendiculaires *dx*, *my*, *ez*, & l'on aura sur le plan horisontal ABDE d'autres courbes *xx* X *xx*, *yy* Y *yy*, *zzz*, qui seront en termes d'Architecture, les *plans*, c'est-à-dire, les projections horisontales des courbes qu'on cherche; lesquelles représentent des paralleles à AB, comme *x*, *x*, *x*, ou à ED, comme *z*, *z*, *z*, ou qui passent par le milieu de la doële, comme *yyy*.

Fig. 252. & 253. Pour abréger l'opération, on rassemble toutes ces courbes sur un profil M*h*AB (*Fig.* 252) que l'on peut faire différemment suivant les courbes que l'on veut tracer; par exemple, si l'on vouloit s'en servir pour chercher les points d'une courbe formée par une section plane G*g* parallele à ED (*Fig.* 253) il faut rassembler les origines de toutes les courbes des sections planes, que j'appellerai primitives en un seul point M, parce que si l'on porte la longueur MK du plan horisontal, en M*k* sur la base MA du profil, & qu'on lui éleve une perpendiculaire *k*L, elle coupera toutes les courbes des sections primitives M1, M2, M3, M*h*, &c. en des points *vuu*, qui donneront les hauteurs de la courbe plane ou section plane de la voute sur la base G*g*; ainsi il n'y a plus qu'à les porter successivement suivant leur ordre en *iu*, *iu*, *iu*, pour avoir les points *u*, *u*, *u*, de cette courbe.

Si au contraire on vouloit chercher les points de la courbe, qui seroit une section plane parallele à AB, comme I*g*; il conviendroit de rassembler l'origine supérieure de toutes les sections sur une même ligne verticale C*h*Q (*Fig.* 254) par la même raison que dans l'exemple précédent; ensuite on couperoit ce profil par la perpendiculaire R*r*, dont la distance CR seroit égale à celle du plan horisontal CR, laquelle donneroit les points S*ss* pour les hauteurs de la courbe.

Mais si la section étoit oblique à l'une & à l'autre face AB & ED, comme en *g*O, cette abréviation n'a plus lieu, il faut porter

ter à part sur la base du profil toutes les longueurs EO, *no*, M*o*, & par les points *o*, *o*, du profil élever des perpendiculaires qui couperont les courbes correspondantes en des points *t*, *t*, *t*, qui seront les hauteurs cherchées, qu'il faut porter sur des perpendiculaires qu'on élevera sur *g*O aux points *o* pour avoir les points *t*, *t*, *t*. Fig. 255.

De la maniere dont nous venons de trouver les courbes planes, & les courbes à double courbure, qu'on peut imaginer dans une surface gauche par des sections transversales, il sera aisé de tirer la méthode de trouver les projections de celles qu'on peut imaginer suivant la longueur ou direction de la voute, comme celle d'une ligne parallele à l'imposte AE ou BD; telle seroit l'arrête de la longueur d'une traverse de batis de ménuiserie, dont l'arriere-voussure seroit revêtue.

Car si on fait à volonté plusieurs sections planes transversales, comme A*h*B, IS*g*, &c. paralleles entr'elles, & qu'ayant pris sur les courbes de ces sections une partie égale, comme A*d*, I*d*, &c. on abaisse de ces points des perpendiculaires *db*, *de* sur les diametres AB & I*g*, elles les couperont en des points *be*, &c. par lesquels ou tracera à la main une courbe qui sera la projection de l'arrête *d* d'une section courbe parallele à l'imposte AE, quoique cette projection ne la soit pas.

Il suit encore de la même méthode, que l'on peut trouver non-seulement des courbes longitudinales & transversales, qu'on peut imaginer sur la surface gauche d'un côté à l'autre, ou d'une face à l'autre, mais encore des projections des courbes à double courbure qui rentrent en elles-mêmes, comme si l'on vouloit faire un panneau ou un ornement circulaire ou elliptique dans la doële d'une arriere-voussure; ce que l'on exécute tous les jours depuis qu'elles sont devenues à la mode.

Sur quoi il faut remarquer qu'il est impossible de décrire un cercle, ou une ellipse parfaite sur une surface courbe irréguliere, mais seulement une Figure qui approchera d'autant plus du cercle ou de l'ellipse, que la surface sur laquelle on le décrit sera moins concave ou convexe; nous excepterons seulement les cas des surfaces sphériques, sphéroïdes, coniques, cylindriques & annulaires, où le centre de la Figure qu'on décrit se trouve au pole ou dans un axe. Ainsi quoiqu'on trace avec le compas une Figure semblable à un cercle sur la surface de l'arriere-voussure qui nous sert d'exemple, ce n'est qu'une

Fig. 253. apparence de cercle, laquelle en réalité est une courbe à double courbure, dont on peut trouver autant de points que l'on voudra, par la projection, sur le plan horisontal ABDE, où elle donnera une courbe en ovale pointue, comme on voit QX*qz*, & sur le plan vertical A*h*B une courbe resserrée vers le haut, comme Q*hqz*.

Fig. 251. Premierement ayant déterminé la position du centre de ce cercle sur la section primitive du milieu H*m*ᶜ C en *m*ᶜ pour l'élévation, & M *m*ᶜ H pour le plan horisontal, & les longueurs égales de ses rayons sur la même courbe, l'un vers *d*, l'autre vers *e*; on on aura les projections verticales de ces points en X & en *z* sur *h*C, & leur projection horisontale en X *z* sur CM.

Ensuite on fera des sections planes, qui passent par le point Y du plan horisontal en différentes directions à volonté; on prendra sur ces courbes des rayons égaux, dont on cherchera les projections, comme nous l'avons dit des autres points *d* & *e*, & l'on aura ainsi autant de points que l'on voudra en projection verticale ou horisontale; c'est-à-dire, qu'on en aura, en termes de l'art, les *plans* & profils; ce qui suffit pour former la Figure requise en pierre ou en bois, comme nous le dirons au IVᵉ. Livre, Chap. VI.

Remarque sur l'usage.

La regle de pratique que nous venons d'établir, toute simple qu'elle est dans son principe, étant une suite naturelle de ce que nous avons dit jusqu'à présent touchant la projection, est le *précis de toute la science de la coupe des pierres & des bois.*

Dans la coupe des pierres il convient de faire, autant que l'on peut, des sections planes pour la commodité de l'appareil & de l'exécution, lorsqu'on en est le maître, comme il arrive souvent.

Mais dans la coupe des bois pour les revêtemens de lambris de Menuiserie, ou pour les incrustations des ornemens de marbre, on ne peut éviter les courbes à double courbure, parce que les ornemens qui conviennent à ces sortes d'ouvrages, consistent en bandes paralleles, ou en bordures circulaires ou elliptiques, ou en courbes de contour arbitraire. Ainsi on peut regarder l'exemple que nous venons de donner pour tracer les projections des courbes qu'on suppose dans une voute, & particulierement dans celles dont les doëles sont gauches, comme le fondement & le précis de toute la science des Menuisiers & des Marbriers, dans les Ouvrages les plus difficiles qui se présentent pour les traits de la coupe dont ils ont besoin. Je puis même avancer que ce Problême seul, contient tout le Livre de la coupe des bois du Sieur BLANCHARD, qui n'en est qu'une application à différens cas; car quoiqu'il ne tire pas les lignes de projection depuis leur origine jusqu'à leur base naturelle, horisontale ou verticale, mais seulement par des portions paralleles à ces bases, apparemment pour éviter la confusion des lignes, sa pratique ne differe en rien de la notre, comme nous allons le montrer sensiblement. Fig. 251.

Soit (*Fig.* 251) une des sections planes & primitives quelconque, par exemple, Imp^1, dont la base horisontale est la ligne droite P^fp^1, & la verticale IP^f. Soit dans cette courbe Imp^1 les points *d*, *m*, *e*, dont on veut avoir les projections, on menera pour celle du point *d* l'horisontale *df*, qui coupera la verticale $1f$ en *f*, la distance $1f$ est celle que les Ouvriers appellent le *gauche de la courbe* pour l'élévation; ensuite pour avoir celle du point *m*, on menera *mo* jusqu'à l'aplomb qui tombera de *d*, que l'horisontale *mo* rencontrera en *o*, la ligne *do* sera le *gauche* de la couche *dm*; de même tirant *e* 7 jusqu'à l'aplomb *m* 7, la ligne *m* 7 sera le *gauche* de la courbe *me*: enfin *et* sera le gauche de la courbe ep^1, considéré seulement, comme dans les précédentes projections, en qualité d'élévation, c'est-à-dire, de projection verticale & pour l'horisontale, ce seront les lignes *fd*, *om*, 7*e*, tp^1, comme on le voit clairement. Or il est évident que toutes ces lignes étant paralleles aux lignes IP^f, & P^fp 1, sont égales à toutes leurs parties *If*, *fg*, *g* 9, 9 P^f, pour l'élévation, & P^f9, 98, 8 *t*, tp^1, ce qui n'a pas besoin de démonstration, puisqu'elles sont terminées par des lignes paralleles; il est donc indifférent de prendre *fd* pour P^f9, *om* pour 98, 7*e* pour 8*t*, sur le plan horisontal, & *do* pour *fg*, *m* 7 pour *g* 9, & *et* pour 9 Pf; ainsi l'on peut reconnoître une entiere uniformité entre la méthode du Sieur BLANCHARD & celle-ci.

C'est à celui qui fait le trait d'une coupe de bois ou de pierre à éviter la confusion des lignes, pour ne pas s'embrouiller; mais aussi on peut dire à la faveur des lignes entieres, qui don-

Fig. 251. nent les points qu'on cherche ſans tranſpoſition, qu'elles guident plus ſûrement; car dans une longue opération, on eſt ſujet à prendre une ligne pour l'autre, ou à les tranſporter où l'on ne doit pas; par exemple, une horiſontale au profil, ou une verticale au plan horiſontal; c'eſt pour cette raiſon que nous avons cru devoir répeter les ſections planes primitives au plan horiſontal & à l'élévation, pour que l'œil fut conduit dans la poſition des points de projection depuis leur origine.

Application à l'uſage.

Lorſqu'on a la baſe d'une ſurface cylindrique, ſur laquelle eſt l'arrête courbe que l'on veut former, on en applique le panneau ſur un parement, c'eſt-à-dire, une ſurface plane que l'on dreſſe ſur le bois ou la pierre que l'on veut tailler, pour en tracer exactement le contour. Enſuite on abat le bois à l'équerre ſur cette baſe, en ſuivant ſon contour, ce qui fait une portion de cylindre droit; lorſque cette ſurface cylindrique eſt formée, on éleve des perpendiculaires à la baſe par les points qu'on a marqué dans ſon contour, par exemple, *z*, *z*, *y y*, de la Figure 251; enſuite on porte ſur chacune de ces perpendiculaires la hauteur que l'on a trouvée dans l'élévation, comme $p^1 z$, $p^2 z$, C*z*, $p^3 z$, &c. qui donnent ſur la ſurface cylindrique des points, par leſquels on trace la courbe de l'arrête du bois ou de la pierre qu'on taille; ce que l'on entendra mieux par les traits particuliers au quatrieme Livre, Chapitre VI.

Pour s'épargner cette ſuite d'opérations de tirer des perpendiculaires à la baſe, & d'y porter les hauteurs qui leur conviennent; comme auſſi pour tracer le contour de la courbe à double courbure plus régulierement, on fait des développemens des ſurfaces cylindriques, qu'on trace ſur des corps flexibles, comme du carton, du fer-blanc, des lames de plomb, &c. & on les applique enſuite ſur les ſurfaces qu'on veut tailler, c'eſt un des grands ſecours de l'art, dont nous allons parler.

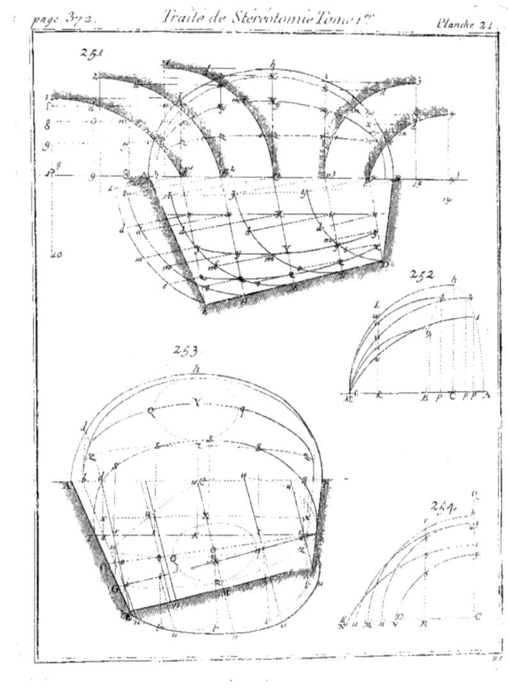
page 372.
Traité de Stéréotomie Tome Ier.
Planche 21.
251
252
253
254

CHAPITRE V.

De l'Epipedographie ou description des surfaces des solides, déployées sur des plans,

En termes de l'Art,

DU DEVELOPPEMENT.

LEs surfaces des corps qui composent les voutes, sont presque toujours en partie planes, & en partie courbes.

Les planes sont les *lits* & quelquefois les *têtes*; les courbes sont toujours les doëles, quelquefois les têtes, & quelquefois aussi les lits. L'art de faire le développement de toutes ces surfaces consiste à les réduire toutes en planes, même les courbes, quoiqu'elles ne puissent le devenir sans changer de nature, & que cet artifice soit encore inconnu à la Géométrie, qui ne peut rectifier les cercles, ni les ellipses qui sont les bases des surfaces courbes.

Nous n'avons pas besoin dans la pratique de pousser cet art à la perfection Géométrique; premierement, parce qu'avant que de creuser ou arrondir un corps, on fait, suivant la méthode des suppositions dont nous venons de parler, une surface plane, qui passe par la corde de l'arc concave de sa base, ou par la tangente d'un arc convexe, réduisant ainsi les corps ronds en polyedres. *Fig.* 144.

Secondement, parce que lorsqu'il s'agit de rectifier un arc de cercle ou d'ellipse, comme il arrive quelquefois, par exemple, aux portes en tour ronde, aux trompes sur une ligne droite, & à quelques enfourchemens, on le fait d'une maniere assez juste, quoique Méchanique, pour n'en pas sentir l'erreur dans l'opération. Il ne s'agit que de prendre avec le compas, plusieurs parties à volonté, si petites que les cordes soient sensiblement égales aux arcs dont elles sont les sous-tendantes, & ajouter ces cordes de suite sur une ligne droite pour en avoir la somme.

Cependant, comme il y a une maniere Géométrique de parvenir à une précision plus parfaite que celle où l'opération peut atteindre, nous croyons devoir insérer ici le Problême que nous devons à M. SAURIN, de l'Académie Royale des Sciences, par lequel on peut approcher infiniment de la quadrature du cercle, dont on parle tant dans le monde, laquelle dépend de la rectification de sa circonférence.

PROBLEME V.

Trouver une suite de lignes droites qui approchent de plus en plus de la rectification d'un arc de cercle donné, tant en dessus qu'en dessous.

Pl. 22. Fig. 255. Soit (*Fig.* 255, l'arc donné AD, moindre que la demi-circonférence ADB. Ayant fait AT perpendiculaire sur le diametre AB, on tirera la corde BD qu'on prolongera jusqu'à la rencontre de la ligne AT en T, ensuite on divisera l'arc AD en deux également en F, & l'arc AF encore par le milieu en G, & ainsi de suite, autant que l'on voudra approcher de l'exactitude de la rectification de l'arc AD. Après quoi on tirera la corde AF, qu'on prolongera jusqu'à ce qu'elle rencontre BT au point H, par lequel on menera HI perpendiculaire à AH: on tirera de même la corde AG qu'on prolongera jusqu'à ce qu'elle rencontre la ligne HI au point K, par lequel on menera aussi KL perpendiculaire à AK; on peut réïtérer cette opération, jusqu'à ce qu'on soit parvenu à la plus petite division de l'arc donné.

Je dis que l'arc AD est plus grand que la ligne AH, & plus petit que la ligne AI, plus grand que AK, & moindre que AL, & ainsi de suite. De sorte que dans le cas présent, l'excès & le défaut de la ligne droite sur la courbe, est déja dans la différence des lignes AK & AL, qui sont presque sensiblement égales entr'elles, & par conséquent pourroient être prises dans la pratique pour égales à l'arc sans erreur sensible; de sorte qu'il est presque inutile de pousser l'opération plus loin, quoiqu'on le puisse.

DEMONSTRATION.

Si l'on tire par le point D la tangente MDN, on reconnoîtra que les lignes DM, AM, MT sont égales entr'elles; car

Pl. 22. Fig. 255.

l'angle MDT, ou son opposé au sommet NDB, qui a pour mesure la moitié de l'arc BD (par la 32 du IIIe. Livre d'EUCLIDE) sera égal à l'angle ATB, puisque les triangles BDA, TDA sont semblables, parce qu'ils le sont au triangle TAB, avec lequel ils ont chacun un angle T & B commun, & un angle droit en D; par conséquent l'angle BTA sera égal à l'angle BAD; or BAD a aussi pour mesure la moitié de l'arc BD, donc le triangle DMT étant isoscele, le côté MD sera égal à MT, & il sera aussi égal à MA, parce que MD & MA sont des tangentes aux points D & A (par la 3e. du IIIe. Livre d'EUCL.) dont l'arc AD qui est moindre que ces deux tangentes AM, MD, sera moindre que AT, qui est égal à leur somme.

Si l'on tire ensuite par le point F, moitié de l'arc AD la corde BF, & qu'on la prolonge jusqu'à ce qu'elle rencontre AT en P, on prouvera de même que l'arc AF est moindre que AP; or menant du centre C la ligne CE perpendiculaire à la corde AD, elle divisera cette corde & son arc en deux également, de sorte qu'elle passera par F qui est le milieu de l'arc AD par la construction, & il se formera deux triangles semblables AFE, AHD, & APF, AIH, qui font voir que AH est double de AF, & AI double de AP, puisque AD est double de AE, donc la ligne droite AH, qui n'est égale qu'aux deux cordes des deux moitiés de l'arc AD, sera moindre que cet arc, & la ligne AI sera plus grande que l'arc, parce qu'elle est égale à quatre tangentes de sa moitié AF, comme AI est égale aux deux tangentes du tout AM, MD. On prouvera de même que l'arc AD est plus grand que la droite AK, qui n'est égale qu'à quatre fois la corde de l'arc AG, quart de AD, & que AL est plus grande, parce qu'elle est égale à huit tangentes aux deux extrémités de cet arc AG, prises comme AM & MD.

Du développement des corps compris par des surfaces planes.

Développer un corps, c'est étendre sur une surface plane toutes celles dont il est enveloppé, pour en voir d'un coup d'œil le rapport & l'étendue.

D'où il suit qu'il ne suffit pas de les arranger de suite en toute sorte d'ordre & de combinaison.

1°. Parce qu'on ne pourroit distinguer le rapport des côtés qui doivent être communs à deux ſurfaces contigues, & ſe réunir dans l'enveloppement.

2°. Parce qu'étant raſſemblés ſans intervalles, lorſque la ſomme des angles des ſurfaces contigues deviendroit égale à quatre droits, ils composeroient une ſurface plane, qui ne pourroit plus être pliée pour envelopper le corps d'où elles ont été tirées, ſans être diviſée & ſeparée en pluſieurs morceaux.

3°. Qu'on ne pourroit connoître la plus grande longueur & largeur que l'arrangement naturel de toutes les ſurfaces doit occuper, par exemple, dans le développement du cube, (*Fig.* 263) qui eſt une croix, la plus grande longueur du développement eſt de quatre quarrés de ſuite, & ſa plus grande largeur de trois; mais ſi l'on mettoit deux rangs de trois quarrés de ſuite, ils composeroient une ſurface plane qui ne pourroit plus être pliée, parce que quatre angles droits ſeroient raſſemblés aux mêmes points *a*, *b*, *c*, *d*; or il eſt démontré dans les Elémens de Géométrie, (EUCL. Liv. II. Prop. 21.) que la ſomme des angles plans qui en compoſent un ſolide, eſt moindre que quatre droits.

4°. Il pourroit arriver dans l'enveloppement, que deux ſurfaces tomberoient l'une ſur l'autre, & que l'une des deux manqueroit ailleurs, comme ſi l'on rangeoit celles du cube en façon d'équerre, le dernier quarré d'une branche tomberoit ſur le pénultieme de l'autre; il faut de plus examiner de combien d'angles plans eſt compoſé l'angle ſolide du corps qu'on veut développer, pour voir ſi le développement peut être replié ſans diviſion ni tranſpoſition des ſurfaces; ainſi pour le Tetraedre, qui eſt le premier corps régulier, il ne faut pas raſſembler plus de trois angles des ſurfaces de ce corps en un point; parce que ſi l'on en joignoit quatre, comme à la Figure 259, elles formeroient, étant pliées, un angle ſolide qui ſeroit celui de l'Octaedre.

D'où il ſuit que le développement du Tetraedre ne ſouffre que deux combinaiſons, ou comme à la Figure 257, ou comme à la Figure 258, il en eſt de même du développement du cube, dont l'angle ſolide n'eſt compoſé que de trois angles plans; mais parce qu'on ne peut joindre quatre de ſes ſurfaces enſemble, comme au Tetraedre, ſans joindre auſſi quatre angles égaux à quatre droits; il ſuit que ſon développement ne ſouffre que deux combinaiſons qui forment, l'une la croix Latine, comme me on voit à la *Fig.* 263, l'autre un T. Suivant ces principes le développement des corps réguliers sera très-facile; car il ne s'agit que de répeter la même surface dont il est composé, dans l'ordre qui convient à la nature de leurs angles: mais le nombre de ces corps est très-petit comme l'on sçait, il n'y en a que cinq; sçavoir.

Le Tetreadre, qui est enveloppé de quatre triangles équilatéraux.

Le cube, de six quarrés égaux.

L'Octaedre, de huit triangles équilatéraux.

Le Dodecaedre, de douze pentagones égaux.

Enfin *l'Icosaedre*, de vingt triangles équilatéraux; nous ne donnons point les Figures de ces développemens, elles sont faciles à faire après ce que nous venons de dire, & d'ailleurs se trouvent dans tous les Livres de Géométrie.

Il est d'autres corps solides régulierement irréguliers, formés par les sections des angles solides des réguliers coupés par des plans qui les émoussent, ce que l'on peut faire à tous les corps réguliers & irréguliers, & qui produira différentes Figures par la section, & différens Poligones qui seront les restes de ces sections. Ainsi en coupant les angles du Tetraedre, on aura un solide enveloppé de quatre triangles, & d'autant d'exagones réguliers ou irréguliers, si l'on veut. Le cube coupé de même deviendra composé de six octogones réguliers ou irréguliers, & de huit triangles équilatéraux. L'octaedre deviendra composé de huit exagones réguliers ou irréguliers & de six quarrés, &c. Et si l'on coupe encore leurs angles solides, on formera de nouvelles Figures de surfaces & de nouveaux poligones des restes; ce qui n'est pas d'usage pour notre sujet, mais qui sert à nous mener à la connoissance de l'impossibilité de faire un développement d'un polyedre, qui seroit enveloppé d'une infinité de surfaces infiniment petites & différentes, tel qu'on peut se le représenter dans la sphere; car sans pousser bien loin la section qu'on pourroit appeller l'*émoussement* des angles solides des polyedres, si l'on émousse les angles de l'icosaedre également par des sections planes, qui formeroient dix pentagones réguliers & des restes quadrilateres, d'où résulte un polyedre de trente surfaces inégales; on trouvera déja une Figure qui approchera tellement de la sphérique, qu'on la jugera telle, lorfqu'on la regardera d'un peu loin ; en effet elle eſt déja propre à rouler comme une boule.

Les ſolides qui nous intéreſſent ici pour en faire le développement, ſe réduiſent principalement aux pyramides & aux priſmes, parce qu'ils nous conduiſent à la connoiſſance de celui des cones & des cylindres, qui ſont les Figures les plus ordinaires aux voutes, que nous avons toujours pour objet dans cet Ouvrage ; d'autant plus qu'ils nous fourniſſent auſſi les moyens de développer la ſurface de la ſphere, quoiqu'imparfaitement, mais ſuffiſamment pour les beſoins de la pratique ; comme on l'enſeignera au IVe. Livre, Chap. VII.

PROBLEME VI.

Faire le développement d'une piramide quelconque, droite ou ſcalene.

On ſuppoſe premierement, que le polygone de la baſe eſt connu ; ſecondement, que l'on connoît la hauteur du ſommet de la pyramide ſur le plan de la baſe, & ſa projection ſur ce plan.

Si la piramide eſt droite, il eſt évident que la projection du ſommet eſt au centre du polygone qu'elle a pour baſe, parce qu'elle ne panche d'aucun côté, ſuivant ſa définition.

D'où il ſuit qu'il n'y a de pyramide exactement droite, que celle qui a pour baſe un polygone régulier ; car ſi ce polygone n'a pas tous les côtés égaux, quoiqu'inſcrit dans un cercle, la projection du ſommet ſera plus près d'un côté que de l'autre ; par conſéquent la face qui a pour baſe le côté qui en approche le plus, ſera plus inclinée, & celle qui en approche le moins, ſera plus couchée ; c'eſt-à-dire, en termes de l'art que l'une aura plus, l'autre moins de talud, ainſi elle paroîtra plus pancher d'un côté que de l'autre, quoique ſon ſommet ſoit à plomb ſur le centre du cercle dans lequel ſa baſe eſt inſcrite.

Que les côtés d'une telle baſe approchent plus ou moins du centre ; cela eſt démontré dans la quinzieme prop. du IIIe. Livre d'EUCLIDE, puiſque ce ſont des cordes inégales d'un cercle.

Ce ſera encore pis, ſi la baſe de la pyramide eſt un polygone irrégulier, qui ne puiſſe être inſcrit dans un cercle, parce qu'alors non-seulement les faces, mais encore les arrêtes auront des taluds inégaux; de sorte que la pyramide panchera de tous côtés.

Cette observation fournit la raison d'une singularité qu'on fait remarquer aux Voyageurs qui passent à Soleure en Suisse; une des tours de l'enceinte, qui est en forme de petit bastion à cinq côtés, & couverte d'un comble en pyramide extrêmement haut, comme les éguilles des anciens clochers, paroît toujours pancher du côté où on la regarde; les gens qui ne sont pas Géometres attribuent cette merveille à la grande industrie de l'Ouvrier, qui en a fait la charpente. Je fus en effet frappé de cette apparence, mais je reconnus bientôt que c'étoit une suite nécessaire de l'irrégularité & de l'imparité du polygone de de la base, où par la nature du pentagone, un angle est diamétralement opppofé à une face; ce qui présente un grand talud d'arrête contre un moindre talud de la face, si le Spectateur est placé sur la perpendiculaire à ce diametre; & s'il s'en écarte, l'apparence du talud d'une arrête s'allonge, & l'autre se racourcit. Revenons à notre sujet: si la pyramide est droite réguliere, la hauteur étant donnée, il sera aisé de trouver les longueurs des arrêtes, qui sont les côtés qui comprennent ses surfaces; car (*Fig.* 260) il n'y a qu'à quarrer le rayon *ed* de la base, & la hauteur *cs*, & tirer la racine quarrée de leur somme on aura le côté *sd*, lequel étant donné, suffit pour tous les autres qui lui sont égaux; alors le développement d'une pyramide droite ne consiste qu'à répeter & ranger de suite autant de triangles isosceles qu'il y a de côtés à la base, & ajouter la surface de cette base, comme on voit à la Figure 261, qui est le développement de la pyramide pentagone, Fig. 260. *Fig.* 260. & 261.

Si la pyramide est scalene, c'est-à-dire, oblique sur sa base, l'opération devient un peu plus composée, parce que les triangles de ses surfaces étant inégaux, il en faut chercher les côtés; & pour y parvenir, ce n'est pas assez d'avoir la hauteur du sommet sur le plan de la base, il faut encore le point de sa projection.

Soit (*Fig.* 262) la pyramide triangulaire ABCS donnée, s'il s'agissoit d'opérer sur le solide, il faudroit abaisser du sommet S la perpendiculaire SP sur le plan de la base prolongée, ou par le moyen de deux équerres, ou par le Problême de la onzieme prop. du XIe. Livre d'EUCLIDE, pour avoir le point P, *Fig.* 262.

Fig. 162. qui eſt la projection du ſommet S, dans la diſtance où il doit être à l'égard du côté BC de la baſe de la pyramide tracée ſur un deſſein à part. Puis ayant tiré de ce point une droite PD à volonté, on lui fera une perpendiculaire PS égale à la hauteur donnée; enſuite du point P pour centre & des diſtances PA, PB, PC pour rayons, on décrira des arcs A*a*, B*b*, C*c* qui couperont PD aux points *a*, *b*, *c*, par leſquels tirant les lignes *a* S, *b* S, *c* S au point S, on aura les points que l'on cherche. Par le moyen de ces côtés & ceux de la baſe, on décrira trois triangles de ſuite qui formeront le développement de la pyramide, en y ajoutant pour quatrieme celui de la baſe.

DEMONSTRATION.

Puiſque la ligne SP, qui doit être ſuppoſée en l'air, eſt perpendiculaire au plan de la baſe ABC prolongé, elle ſera perpendiculaire à toutes les lignes menées dans ce plan par le point P (par la cinquieme prop. du XIe. Liv. d'EUCL.) : donc les triangles APS, *a*PS, ſont rectangles en P; mais par la conſtruction AP = *a* P & PS eſt commun, donc l'hypotenuſe AS eſt égale à *a* S, & par la même raiſon *b* S = BS & *c* S = CS; *ce qu'il falloit faire.*

Nous pouvons appliquer cette ſolution à toute autre pyramide polygone de quelque nombre de côtés que ſa baſe puiſſe être, puiſqu'il eſt évident qu'elle pourra être réduite en triangles.

COROLLAIRE.

De-là on tire la maniere de *faire le développement d'un cone quelconque*, droit ou ſcalene; car on peut le conſidérer comme une pyramide, dont la baſe a une infinité de côtés infiniment petits; ainſi le cone droit étant enveloppé d'une infinité de triangles iſoſceles, il eſt viſible que ſon développement ſera un ſecteur de cercle, par la comparaiſon de celui de la pyramide pentagone de la Fig. 161, qui l'imite déja beaucoup, quoiqu'en ſi petit nombre de côtés A*b*, *bc*, *cd*, *de*, *ef*, ce qui eſt connu de tout le monde.

Mais ſi ce cone droit étoit coupé par une baſe oblique à ſon axe, il eſt clair qu'il ſe formeroit une ſection différente du cercle, & par conſéquent qu'il en réſulteroit un contour de développement différent du ſecteur.

Pareil changement arriveroit ſi le cone étoit droit ſur une baſe elliptique, ou ſcalene ſur une baſe circulaire ; en ce cas ſi le cone eſt ſcalene, les longueurs de ſes côtés étant inégales, donneront pour contour de la baſe développée une courbe qui ſera toujours inégalement éloignée du ſommet S, excepté dans les points correſpondans, oppoſés non pas diametralement, mais ſuivant les perpendiculaires menées au diametre qui paſſe par le plus grand & le plus petit côté du cone ; de ſorte que cette courbe ne peut plus être un cercle, comme elle étoit dans le cone droit.

On demandera peut-être comment on peut connoître le plus long & le plus petit côté de la ſurface d'un cone ſcalene : le voici.

PROBLEME VII.

La baſe, la hauteur & la projection du ſommet d'un cone ſcalene étant données, déterminer le plus long & le plus petit côté de ſa ſurface.

Soit (*Fig.* 264) le cercle ADBR, la baſe du cone dans le plan de laquelle (prolongé s'il le faut) eſt donné ou trouvé le point P pour la projection du ſommet S; ayant mené de ce point P par le centre C de la baſe ADBR la ligne PC, on fera PS perpendiculaire ſur PCB, & égale à la hauteur donnée ; ſi du ſommet S on mene une ligne au point A, où la ligne PB coupe le cercle de la baſe, je dis que SA ſera le plus petit côté du cone. *Fig.* 264.

Et ſi du même ſommet S on mene SB, où la même ligne coupe le cercle de la baſe, je dis que la ligne SB ſera le plus long côté du cone.

DÉMONSTRATION.

Par la huitieme du IIIe. Livre d'EUCLIDE, la ligne PA eſt la plus courte de toutes celles qu'on peut mener au cercle du point P ; donc le triangle PSA eſt le plus petit de tous les rectangles qui auront pour côté commun la hauteur PS.

Donc SA eſt l'hypotenuſe qui approche le plus de la perpendiculaire SP, par conſéquent qui eſt la plus courte.

Par la même propoſition d'EUCLIDE, la ligne PB étant la

Fig. 264. plus longue de toutes celles qu'on peut mener du point P à la circonférence concave DB 3, il est clair que la ligne SB est celle qui s'éloigne le plus de la perpendiculaire SP, par conséquent qu'elle est la plus longue de toutes celles qu'on peut mener du point S à la circonférence du cercle ADBR, qui est la base du cone.

Donc SA est le plus petit côté du cone scalene, & SB est le plus long; *ce qu'il falloit trouver.*

Cela supposé, il sera facile de faire le développement d'une moitié du cone scalene à laquelle l'autre doit être égale, & abréger ainsi l'opération de moitié; en suivant la même pratique que nous avons donnée pour la pyramide triangulaire.

On divisera le demi-cercle ARB en autant de parties égales ou inégales qu'on voudra avoir de côtés du cone, par exemple, ici en 4, aux points 1, 2, 3, & l'on menera du point P à toutes ces divisions des droites P 1, P 2, P 3, que l'on transportera par des arcs de cercle faits du point P pour centre en $P 1^b$, $P 2^b$, $P 3^b$; si du sommet S on mene des lignes à ces points, il est clair, par le Problême précédent, que les lignes SA, $S 1^b$, $S 2^b$, $S 3^b$, SB font autant de côtés du cone, qui passent par les points donnés à la base A, 1, 2, 3, B; ainsi il ne s'agit plus que d'en faire usage pour le développement.

Fig. 266. Ayant porté à part (*Fig.* 266) la ligne SB de la Fig. 264 en S^d, B^d pour premier côté d'un triangle, on prendra la corde A 1, de laquelle comme rayon, & du point B^d pour centre, on décrira un arc 3 *x*; ensuite ayant pris la longueur $S 3^b$ de la Fig. 264 pour rayon, & du point S^d pour centre, on décrira un arc 3 *y*, qui coupera le précédent au point 3, lequel est un de ceux du développement de la base.

De la même maniere on trouvera le point 2 en faisant le triangle S^d, 3, 2, sur le côté S^d 3 pour base, avec les deux autres donnés dans la Fig. 264; sçavoir, $S 2^b$, & la corde 1, 2, & en continuant ainsi de suite, on formera le polygone S^d, B^d, 3, 2, 1, a^d, S *d*, qui sera le développement, de la moitié de la pyramide octogone, inscrite dans le cone; & si au lieu des lignes droites B^d 3, 3 2, 2 1, 1 a^d, on trace à la main une courbe B^d *e f* R *g a*, on aura le contour de la base du cone, laquelle sera d'autant plus parfaite que le polygone inscrit dans la base du cone aura plus de côtés; ce qui est évident, puisqu'on aura un plus grand nombre de points. Il paroît, par exemple, dans la Figure présente, qu'il auroit été néceſſaire que ce polygone au lieu de huit, eut eu ſeize côtés pour tracer l'arc $B^d e 3$, parce que la courbure de l'arc $B^d 3$ eſt conſidérable à l'égard de la corde $B^d 3$, & qu'il auroit été à propos qu'il eut été de 24 cotés pour tracer l'arc $3f2$, pour avoir deux points dans cet arc, à cauſe du changement de la courbure, mais que l'octogone ſuffit pour la partie 2 1, dont l'arc differe peu de la corde : ainſi du reſte, ſuivant le plus ou le moins d'exactitude qu'on ſe propoſe. Fig. 266.

COROLLAIRE.

De-là on tire la maniere de *faire le développement de toutes les courbes des ſections coniques ſur la ſurface d'un cone quelconque*, lorſque leurs axes ſont donnés dans le triangle par l'axe, & les plus grand & plus petit côtés du cone, ſuppoſant les plans des ſections perpendiculaires à ce triangle par l'axe ASB.

Fig. 264. Car (*Fig.* 264) 1°. *pour l'ellipſe*, ſuppoſant un des axes donné en E*b*, & la baſe du cone diviſée, comme on l'a dit, aux points 1, 2, 3, on menera par ces points des perpendiculaires à la ligne AB, qui la couperont aux points *p* C *q*, par leſquels & par le ſommet S on menera les lignes *p* S, CS, *q* S qui couperont E*b* aux points *f g h*, d'où menant des paralleles à AB juſqu'à la rencencontre des côtés correſpondans $S 1^b$, $S 2^b$, $S 3^b$ qui les couperont aux points *x*, *y*, *z*, je dis que les côtés S*x*, S*y*, S*z* ſeront terminés en E, *x*, *y*, *z*, *b*, à la circonférence de l'ellipſe, & que ſi chacun de ces côtés eſt porté à la Fig. 266, ſur ceux du développement du cone, qui paſſent par les points B^d, 3, 2, 1, a^d, ils donneront les points b^d, x^d, y^d, z^d, E^d, par leſquels traçant à la main une ligne courbe, on aura la moitié de l'ellipſe, qui a pour un de ſes axes la ligne donnée E*b* (*Fig.* 264).

On en fera de même pour la deſcription de la courbe qui eſt le développement d'une parabole ou d'une hyperbole, dont l'axe ſera donné dans le triangle par l'axe du cone ASB.

2°. *Pour la parabole*, ſoit (*Fig.* 264) l'axe donné $P^6 r$, lequel dans la Figure préſente eſt coupé par quatre lignes SB, S*q*, SC, S*r*, par le moyen deſquelles on trouvera autant de points de ſa circonférence de chaque côté, non compris celui du ſommet P^6 ; or ces points doivent être répandus ſur la ſurface du cone développé, comme nous venons de le dire pour l'ellipſe

Fig. 264. & 266. dans l'exemple précédent sur les lignes $S^d B^d$, $S^d 3$, $S^d 2$, $S^d R^d$; ainsi portant la longueur $S p^6$ de la Fig. 264 en $S^d P^d$ de la Figure 266, on aura sur S^d, B^d, le sommet P^d de la parabole développée. Sx porté en S^d, $x3$ sur $S^d 3$, donnera le point 3, provenant de la division de la base 3, à cause de la perpendiculaire $3q$, sur AB; de même on portera Sn en $S^d n$ sur $S^d 2$, qui donnera le point n provenant du point 2 de la base, à cause de 2 C perpendiculaire sur AB; de même enfin Sr en $S R^d$ provenant du point R^d, à cause de Rr perpendiculaire sur AB; la courbe P^d, $x3$, $n R^d$ sera le développement de la parabole proposée.

3°. *Pour l'hyperbole*, on opérera de même que pour la parabole, mais dans la Figure présente où la demi-base du cone n'est divisée qu'en quatre parties, & l'axe de l'hyperbole est donné en Rr, on n'aura qu'un point à sa circonférence entre son sommet H & celui de som amplitude Rr à la base, parce que l'axe Hr n'est coupé que par la ligne pS provenant du point 1 à la circonférence de la base du cone. De sorte qu'on n'aura que trois points pour la moitié du développement de cette hyperbole; sçavoir, le sommet H, en portant SH de la Figure 264 en $S^d h$ de la Fig. 266. 2°. On aura le point o en portant So en $S^d o$ sur S^d, & enfin le point R à la base comme à la parabole où on les suppose communs, par hasard.

Nous n'ajouterons rien ici de la description du cercle produit par une section du cone coupé par un plan parallele à la base, parce qu'il est aisé de voir que les côtés du cone qui le coupent, & par conséquent qui en donnent les points sur la surface conique développée, doivent être proportionnels à ceux qui sont continués jusqu'à la base du cone $S^d B^d : S^d b :: S^d a^d : S^d a$, & de même sur les autres côtés $S^d 3$, $S^d 2$, $S^d 1$. Or ces proportions sont toutes trouvées à la Fig. 264, où la ligne ab coupe proportionnellement les côtés SB, Sb Sq, SC, $S2^b$, St, $S1^b$, SA, aux points b, m, n, o, a; mais si le cercle provenoit d'une section sous-contraire, il tomberoit alors dans le cas du développement de l'ellipse.

Remarque sur certains points des courbes développées sur le cone.

Puisque le côté SA du cone est le plus petit de tous ceux qu'on qu'on peut tirer du sommet S, comme nous l'avons démontré ci-devant, & que le côté SB est le plus grand; il suit que tous les points de la demi-circonférence de la base A 2 B, sont tous inégalement éloignés du sommet S, ou S^d de la Figure 266, au développement de la surface du cone, & que les points B^d & a^d sont comme les termes du plus grand, & du moindre éloignement de la courbe B^d, R^d, a^d. De-là vient qu'on les appelle *points de station*; car dès qu'elle est parvenue en a^d, elle cesse de s'approcher de S^d, & dès qu'elle est parvenue en B^d, elle cesse de s'en éloigner, & recommence à s'en approcher. *Fig. 264. & 266.*

Il en sera de même pour toutes les autres sections coniques, dont les axes E b, $p^6 r$, Hr sont dans le triangle par l'axe ASB.

On peut encore remarquer dans la courbe de développement de la base du cone, qu'elle change de contour par une infléxion semblable à celle d'une S; en sorte qu'elle passe du contour concave $a^d g$ R^d, à l'égard du point S^d au convexe R^d, 2, 3, B^d. Le point R^d qui est le terme & la jonction de ces deux contours différens, est appellé *point d'infléxion*, lequel partage inégalement la courbe, en sorte que la partie concave à l'égard du sommet est toujours la plus grande.

Pour trouver ce point à la base ARB, *Fig.* 264) il faut tirer du point P, projection du sommet du cone S, une tangente PR, le point d'attouchement R sera celui que l'on cherche; ce qui fait voir que la partie A 1 R, convexe à l'égard de P, est toujours plus petite que R 3 B concave à l'égard de ce même point; puisque la tangente ne pourroit toucher la base au point du milieu 2, que lorsque le point P seroit infiniment loin sur la direction Bp prolongée.

La Fig. 267 présente un développement entier du cone, double de la Figure 266.

Du développement des prismes.

Les prismes aussi-bien que les cones peuvent être droits ou obliques sur leurs bases.

Il est évident que le développement des prismes droits est un parallelogramme rectangle composé de tous ceux des surfaces, dont il est eveloppé; puisque les parties prises ensemble sont égales à leur tout, & que les bases étant paralleles, les hauteurs sont toujours égales.

Il n'en eſt pas de même des priſmes ſcalenes, don les côtés ne ſont pas perpendiculaires au plan de leur baſe; car quoiqu'ils ſoient compris entre deux plans paralleles, comme nous le ſupoſons, premierement, il ſuit bien de-là qu'étant paralleles entr'eux, ils ſont tous égaux, mais non pas qu'ils faſſent des angles égaux avec les côtés de leur baſe; d'où il réſulte que chaque ſurface dont le priſme eſt enveloppé, peut être un parallelogramme différent, excepté ceux qui ont pour baſe les côtés du polygone de la baſe du priſme, qui ſont paralleles & égaux entr'eux.

Pl. 13. Fig. 268. Soit (*Fig.* 268) le priſme AC, oblique ſur ſa baſe BCDE, de l'obliquité marquée par la ligne PB, diſtance d'une perpendiculaire HP abaiſſée ſur le plan de la baſe prolongée. Ayant pris à volonté ſur un de ſes côtés, comme ſur HB, un point *d*, on lui menera la perpendiculaire *d* K, qui coupera le côté ſuivant GC au point K, par lequel on tirera de même une perpendiculaire KL, & ainſi de ſuite, juſqu'à ce qu'ayant parcouru le coutour, on ſoit revenu au point *d*.

Fig. 269. On fera enſuite à part (*Fig.* 269) une ligne droite dN^d, ſur laquelle on portera de ſuite les longueurs *d*K, KL, LM, MN^d égales à celles des diſtances perpendiculaires des côtés du priſme AC, & par tous les points $dKLMN^d$, on tirera des perpendiculaires à dN^d, comme *h b*, *g c*, *id*, *ae*, HB, ſur leſquelles on portera de part & d'autre de la ligne dN^d les longueurs qui expriment les diſtances de cette ligne aux angles du priſme; ainſi prenant *d*H de la Fig. 268 on la portera en *dh* de la Figure 269: KG en K*g*; LI en L*i*, &c. d'un côté; & de l'autre *d*B en *db*, KC en K*c*, LD en L*d*, &c. & l'on aura les points *hgia*H vers une baſe, & *bcde*B vers l'autre; par leſquels menant des lignes droites de point en point, on aura la Figure *hgia*HB*edcbh* pour le développement des côtés du priſme, à laquelle joignant les deux baſes X & Q, on aura celui de ſa ſurface entiere, qui eſt ici celle d'un parallelepipede obliquangle compris par ſix ſurfaces, qui ſont autant de parallelogrammes, comme le cube l'eſt par ſix quarrés.

Il eſt clair que de quelques nombres de ſurfaces que puiſſe être ce priſme, le développement ſe fera toujours de même; fut-il d'une infinité de côtés, ce qui le rendroit alors très-ſemblable au cylindre ſcalene, qu'on peut mettre au rang des priſmes en conſidérant ſes ſurfaces comme infiniment étroites.

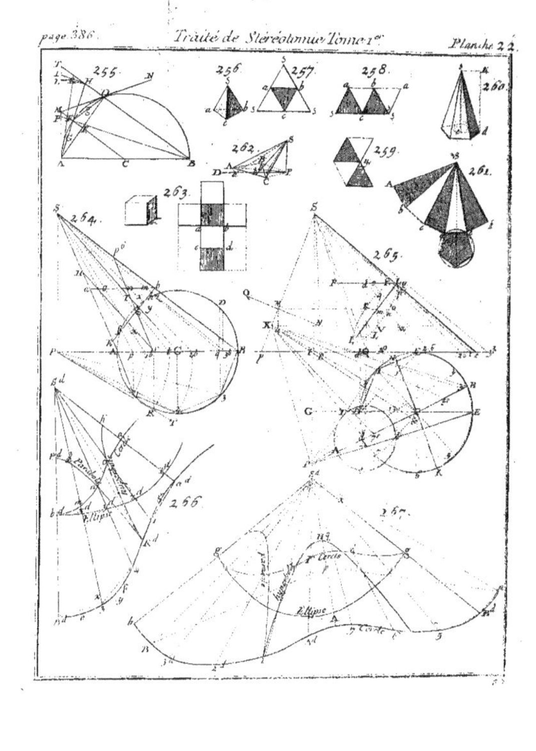
255.
256.
257.
258.
259.
260.
261.
262.
263.
264.
265.
266.
267.

COROLLAIRE I.

De-là on tire la maniere de *faire le développement de la surface du cylindre scalene.*

Soit (*Fig.* 270) le parallelogramme BAFD la section d'un cylindre scalene par son axe, & le diametre de sa base dans la plus grande obliquité, comme on voit à la Figure 271 (quoique plus petite) le diametre BA passant par le point R de la perpendiculaire DR abaissée sur le plan de cette base. *Fig.* 270.

Sur ce diametre BA ayant fait le demi-cercle B*h*A, on le divisera en tel nombre de parties qu'on voudra, égales ou inégales, il n'importe, mais les égales sont plus commodes, & l'on menera par les points de division des perpendiculaires à ce diametre, comme 1*p*, 2*p*, 3*p*, 4*p*, qui le couperont aux points *p* & *p*, par lesquels on menera autant de paralleles au côté BD, comme *p* 5, *p* 6, *p* 7, *p* 8.

Ensuite par un point E pris à volonté sur BD, on lui tirera la perpendiculaire ER qui coupe les paralleles à BD aux points *n*, *o*, *p*, *q*, qui sont ceux des abscisses de l'arc droit ou section perpendiculaire à l'axe, qui est ici une ellipse, dont ER est le petit axe, & BA le grand axe par le moyen desquels on tracera cette courbe, dont le contour rectifié sera le développement de celui du cylindre scalene; mais si l'on se contente du développement des cordes comprises entre les divisions de l'arc droit, on les trouvera en portant sur les paralleles à l'axe, les hauteurs *p* 1, *p* 2, *p* 3, *p* 4 sur les paralleles correspondantes, comme *p* 1 en *n* I, *p* 2 en *o* K; *p* 3 en *p* L, *p* 4 en *q m*; les longueurs EI, IK, KL, L*m*, *m* R jointes ensemble sur une ligne droite, comme E*e* de la Figure 272, feront le développement du contour du cylindre, qui sera d'autant plus exact, que les parties des divisions du demi-cercle B*h*A seront en plus grand nombre.

Présentement pour avoir le développement du contour des bases, ayant porté sur la ligne E*e*, que j'appelle la directrice, les longueurs des cordes R*m* *l*KI*e*, on menera par tous ces points des perpendiculaires à la directrice, sur lesquelles on portera les avances du profil de la Figure 270, comme RA de ce profil en RA de la Fig. 272; *qp* en *m* 1, *pp* en *l* 2, *op* en K 3, *np* en I 4, EB en *e* B, & par les points A, 1, 2, 3, 4, B, on *Fig.* 272.

Fig. 270. & 272. tracera à la main une courbe qui sera le développement du contour de la base, qu'on répetera de l'autre côté en Ab, & de même façon au-dessous en Df, ou bien si les bases sont paralleles, on trouvera la seconde, en portant sur toutes les paralleles à AD la même longueur AD en 1 11, 2 12, 3 13, &c. ce qu'on appelle, en termes de l'art, jauger.

Si enfin on ajoute de part & d'autre les deux cercles des bases b 3 A, D 3f, on aura le développement de la surface totale du cylindre,

Le développement par les cordes est plus usité dans les traits de la coupe des pierres que celui du contour, parce qu'on commence par les doëles plates, dont les cordes sont les largeurs à l'arc droit.

Nous supppofons ici que le profil qui sert à faire le développement est fait sur le diametre de la plus grande obliquité de l'axe sur sa base, pour n'avoir aucun égard aux obliquités des voutes composées de plusieurs inclinaisons de biais, descente, talud & surplomb; parce que nous avons donné la maniere de les réduire toutes à une seule, lorsque nous avons donné les regles du profil.

Quand nous parlons de l'obliquité de l'axe sur sa base, il est évident que nous parlons aussi de celle des côtés du cylindre sur le même plan de la base, par un Corollaire de la huitieme du IIe. Livre d'EUCLIDE, qui dit que si une ligne est perpendiculaire à un plan, toutes ses paralleles le sont, & si elle lui est inclinée; toutes ses paralleles le sont d'un même angle d'inclinaison, mais comme les côtés sont coupés inégalement par un plan perpendiculaire à l'axe, il résulte que les mesures de leurs longueurs au-dessous ou au-dessus de ce plan, sont inégales entr'elles, mais égales à celles du profil fait sur le diametre de plus grande obliquité, comme à la Figure 270 au-dessus & audessous de la ligne ER.

COROLLAIRE

D'où il suit qu'au cylindre ni au cone, les différentes compositions d'obliquités ne doivent rien changer au développement de leurs surfaces, mais seulement aux termes d'où on les commence, ou ausquels on les termine; par exemple, si le développement avoit été commencé sur le côté 3 13, les courbures AbF & A4B n'auroient pas été également étendues de part & d'autre ; mais ce qui auroit été retranché de la courbure convexe 34B d'un côté, auroit été ajouté de l'autre ; ce qu'il est à propos de remarquer pour sentir la raison des inégalités que l'on trouve dans les développemens des doëles, dans les traits des voutes d'obliquités composées, qu'on verra au IVe. Livre, Chap. V. *Fig. 272.*

COROLLAIRE II.

De la maniere de faire le développement du contour des bases des cylindres, on tire aisément celle de tracer sur leurs surfaces développées les cercles & les ellipses qu'on y peut décrire ; il ne s'agit que d'avoir les diametres de ces sections (situées comme elles doivent être) dans le profil ou section du cylindre par l'axe, comme LE ou h G dans le parallelogramme BAFD (*Fig.* 270) lesquels diametres seront coupés par les paralleles à l'axe provenant des divisions du contour de la base 1, 2, 3, 4, comme EL aux points t, t, t, t, & les distances tn, to, tp, tq, LR étant portées sur les perpendiculaires à la directrice (*Fig.* 272) aux points correspondans en-dessus ou en-dessous de cette directrice, donneront sur les côtés des points par lesquels on tracera à la main une courbe FLI, qui sera le développement de l'ellipse, qui a pour diametre EL, & la courbe hgH celle qui a pour diametre au profil la ligne hG. *Fig. 270. & 272.*

COROLLAIRE III.

Il suit de la position des axes donnés dans la section qui est le parallelogramme par l'axe & par le point P, lequel est la projection du sommet de l'axe sur une de ses bases, que l'on connoît les points d'infléxion des courbes, qui sont les développemens des circonférences des cercles & des ellipses qu'on décrit à la surface du cylindre par des sections obliques à l'axe ; car prenant pour exemple l'ellipse, dont le diametre est EL, il est visible que la distance RL étant la plus grande de toutes les autres qt, pt, &c. lorsque la courbe EL sera parvenue au point L, elle commencera à se rapprocher de la ligne Ee, & qu'étant parvenue en E où elle la touche, elle commencera à s'en éloigner ; il en sera de même des points A & B, h & b, *Fig. 270. & 271.*

comme il a été dit à l'égard des développemens des sections coniques sur la surface du cone développée.

DÉMONSTRATION.

La raison pour laquelle on prend une perpendiculaire sur les côtés d'un prisme pour en copier les surfaces, c'est pour en abréger l'opération; car on sçait que pour faire une Figure semblable & égale à une autre, il n'y a que deux manieres, ou de la réduire en triangles, ou de mesurer les distances de ses angles à une ligne donnée par des perpendiculaires, ce qui est proprement & équivalemment réduire tous les triangles en rectangles; de sorte qu'un angle droit sert pour tous. Or on peut bien mettre la premiere maniere en pratique pour les prismes ordinaires, mais non pas pour les prismes d'une infinité de côtés, tels que sont les cylindres; car la largeur des parallelogrammes, & par conséquent des triangles qui en sont les moitiés, est réduite à rien; il ne reste donc de leur dimension que la longueur, & l'on ne peut considérer ces surfaces comme ayant de la largeur courbe, sans reconnoître que les diagonales de ces parallelogrammes mixtes ne seroient plus des lignes droites, mais courbes proportionellement à la courbure de leurs bases, ce qui est évident.

Il est inutile de rendre raison pourquoi on prend une perpendiculaire à l'axe du cylindre pour avoir le développement de son contour; car il est clair que toute autre section que ER augmentant le diametre par son obliquité, augmente aussi le contour, les circonférences des cercles & des ellipses étant entr'elles comme leurs diametres; or de toutes les lignes qu'on peut mener entre deux paralleles, la perpendiculaire est la plus courte; donc la circonférence est aussi la moindre, laquelle est la somme de l'infinité des perpendiculaires tirées aux côtés, infinis en nombre, du prisme cylindrique.

Des développemens composés de deux ou trois especes de surfaces d'un corps coupé en plusieurs parties dans son épaisseur, comme sont dans les voutes celles des doëles & des lits, & même des extrados.

Les Architectes & les Auteurs de la Coupe des pierres ont

coutume de rassembler dans un même dessein de leur épure le développement de la surface intérieure de la voute, qu'ils appellent la doële, & les sections planes, qui sont les intervalles de son épaisseur entre deux voussoirs qu'ils appellent les *lits*, pour en voir d'un coup d'œil la différence & le rapport.

Ce genre de représentation est un assemblage du développement de la doële fait sans interruption, comme il convient aux surfaces cylindriques & coniques, & de celui de l'extrados, qui est de même nature, mais interrompu au milieu, où il est divisé en deux parties séparées; & enfin couvert en partie de celui des surfaces des lits de chaque rang de voussoir, lesquelles sont couchées dans toute leur étendue sur le développement de la doële, laquelle doit être considérée en ces endroits comme double, partie en doële, & partie en lit; & même si l'on veut, encore comme triple si l'on y considere l'extrados, dont nous parlerons peu, parce qu'on en fait rarement usage.

Pour rendre cette explication plus sensible, nous donnerons pour exemple un berceau qui ait une double obliquité, l'une de direction de face sur celle de son axe horisontal, ce qu'on appelle biais, & l'autre d'inclinaison de face à un plan vertical, ce qu'on appelle talud.

Soit (*Fig.* 274) ABFE le plan horisontal de la doële d'un berceau biais, dont C*x* est la ligne du milieu, c'est-à-dire l'axe, qui est biais à l'égard de la ligne AB, base de la face qui est couchée en talud sur cette base, suivant une inclinaison connue ou donnée, par exemple *b* T à l'égard de *a b*, avec laquelle elle fait un angle obtus *a b* T. *Fig.* 274.

Sur AB comme diametre intérieur, & *a b* extérieur, on décrira deux demi-cercles *a* H *b*, A *h* B qui comprendront l'épaisseur du berceau, ausquels on menera par les sommets H & *h* deux tangentes HT, *ht* paralleles à *a b*, qui couperont le profil du talud *b* T aux points T & *t*, & pour connoître combien ces points s'écartent de *l'aplomb*, on fera la verticale V*b* perpendiculaire à *a b*, qui coupera ces tangentes aux points V & *u*, les distances VT, *u t* seront celles dont les sommets de la doële & de l'extrados s'écartent de l'aplomb aux arrêtes de la face.

Présentement pour connoître combien les *aplombs* de ces points s'éloignent de la base *a b*, diametre de la face, on la prolongera vers L, puis on menera par les points T & *t* des paralleles à V*b* qui la couperont aux points L & K; les longueurs

Fig. 274. *b*L & *b*K feront les diftances que l'on cherche, & KL l'intervalle horifontal des arrêtes de la doële & de l'extrados au milieu de la clef que l'on portera perpendiculairement fur le milieu de AB en CK & C l^c pour avoir les demi-axes conjugués aux premiers *ab*, AB, par le moyen defquels on décrira (par le Problême VII du Livre II) les demi-ellipfes AKB, $a l^c b$ qui feront les projections des arrêtes de la face à la doële & à l'extrados.

Cette projection étant faite, on divifera l'arc A*h*B en tel nombre de vouffoirs qu'on voudra, comme ici en cinq, aux points 1, 2, 3, 4, par lefquels on tirera du centre C les joints de tête 1 1e, 2 2e, 3 3e, 4 4e, & des mêmes points des perpendiculaires à la bafe *ab* qu'on prolongera jufqu'aux demi-ellipfes de la projection AKB, $a l^c b$ qu'elles couperont aux points 11, 12, &c. 21, 22, &c. par lefquels on tirera du centre C les projections des joints de tête 11 12, 21 22, par lefquels on menera des paralleles à l'axe C*x*, 11*q*, 12*q*, 21*s*, 22*s*, les trapezes 12*q*, *s* 22, & 11*q*, *s* 21, feront les projections des lits, dont on veut chercher la vraie étendue pour l'appliquer fur le développement de la doële.

Il s'agit préfentement de faire ce développement de la même maniere que nous l'avons dit pour la Figure 270, en commençant par former l'arc droit DR, & étendant fon contour D 1^r, 2^r, 3^r, 4^r R fur une directrice *dd* de la Figure 280, & & portant fur les divifions dD^d, 1, 2, 3, 4, R*d*, les longueurs de la projection *i* 11, *d* 21, *i* 12, *i* 22, d'un côté, & les reftes *iq*, *is*, &c. de l'autre, ce qui donnera les quatre angles des trapezes qui font les furfaces de chaque lit, comme $a^d A^d$, $d^d E$, $e 1^d$QS, $e 2^d$FS, 3^dNG, &c. dont les deux premiers a^dE & B^dK font égaux en tout à ceux des impoftes de la Figure 274, marqués des Lettres *a*E, BN.

Fig. 280. Si l'on joint les extrêmités extérieures de ces trapezes par une ligne courbe, on aura le développement du contour de l'arrête de la doële & de la face, telle eft la ligne A 1^d, 2^d, 4^dB, & la ligne EQFGHI pour le développement du contour de la doële de la face poftérieure, qu'on ne fuppofe pas parallele à la premiere AKB qui eft en talud, mais à plomb fur la ligne *d*N; ce qui fait que ces contours courbes du développement font inégaux, provenant de celui de deux ellipfes inégales.

Pour

Pour éviter la confusion de ce développement, on a coutume de distinguer les lits par une hachure laissant le développement de la doële en blanc. La même Figure donnera le développement de l'extrados si l'on joint par une ligne-courbe les angles extérieurs des lits comme *aee*, b^d, OO, mais non pas entierement dans ses mesures, car il reste au milieu un intervalle *e* O qui est beaucoup plus grand que celui de la clef, parce que les lits prennent leur origine extérieure, partie d'un côté de la clef, partie de l'autre. Pour en faire un contour suivi, il faudroit les ranger tous de suite sur un même côté, comme on a fait à la Figure 280, en transportant le point a^d en Æ, *e* en e^2, &c. alors on auroit une courbe d'extrados qui croiseroit celle de la doële Æ e^1, e^2, O, O, b^d; ce qui n'est point usité dans les traits, n'étant d'aucune utilité. PL. 23. Fig. 280.

Nous ne nous arrêterons pas davantage à l'explication de cette espece de dessein, parce qu'on en trouvera plusieurs exemples dans la construction des traits, au IVe. Livre, il suffit d'en avoir donné une bonne notion pour établir les principes de l'*épure*.

Remarque sur les développemens composés.

Les Auteurs des Traités de la coupe des Pierres ont accoutumé d'accompagner presque tous les traits d'un développement des *doëles* joints à ceux des *lits* dans l'ordre que nous venons de l'exposer. Ce genre de dessein n'est pas inutile dans les traits en petit sur le papier pour voir d'un coup d'œil la Figure & la grandeur des panneaux de lit & de doële ; mais comme il seroit trop incommode & de peu d'utilité de les tracer en grand dans toute l'étendue de l'épure, particulierement lorsque les voutes sont un peu grandes, on peut dire que cette pratique n'est pas nécessaire pour l'exécution. Il suffit de sçavoir faire les panneaux de chacun des lits en particulier sans les assembler, ce qui causeroit infailliblement de la confusion, lorsqu'il y a beaucoup de lits plus larges que les doëles, parce qu'ils croiseroient les uns sur les autres ; c'est pourquoi nous n'avons pas imité ces Auteurs dans notre IVe. Livre, pour ne pas multiplier les lignes inutiles, & donner trop d'étendue aux Figures des Planches, où il ne s'en trouve déja que trop qui embarassent & fatiguent l'attention du Lecteur.

On trouvera peut-être une différence considérable entre le contour du développement de la Figure 280 & celui de la Figure 272 ; mais si l'on y fait attention, elle n'est qu'apparente, parce qu'à cause de la double obliquité du berceau de la Figure 274, le point de station ne se trouve pas au milieu du développement, comme à la Fig. 272, provenant du cylindre oblique 270, où l'on n'a considéré qu'une seule obliquité de *biais* ; pour s'en convaincre, il faut réduire la double obliquité du berceau 274 en une seule, ce que l'on peut faire comme il suit.

Fig. 71. On menera par le point *x*, extrêmité de l'axe, une perpendiculaire *x* Y sur AB, sur laquelle on portera la distance du talud VT de Y en *z* ; si l'on tire du centre C la ligne C *z*, elle donnera la direction de la plus grande obliquité, qui réduit celle du biais CY, & celle du talud Y *z* en une seule C *z*, ce qui est clair.

Pour en concevoir la raison, il faut sçavoir 1°. Que l'axe d'un cylindre scalene, de même que celui du cone scalene dont nous avons parlé, n'est pas incliné également à tous les diametres du cercle de sa base ; 2°. Que la section par l'axe faite par un plan perpendiculaire à celui de la base, forme le parallelogramme le plus oblique ; 3°. Qu'une autre section perpendiculaire à celle-ci forme un parallelogramme rectangle, & par conséquent que les autres sections font des parallelogrammes plus ou moins obliques, selon qu'ils s'approchent ou s'éloignent de ces deux premiers. Ainsi le parallelogramme ABFE n'étant pas dans un plan perpendiculaire au plan de la base *a l^c b*, n'est pas le plus oblique de toutes les sections par l'axe, c'est celui qui passe par C *z*, où est le plus grand biais ; ce que l'on peut démontrer comme il suit. Pour éviter la confusion des lignes dans la Figure, on transportera la longueur Y *z* en YZ, comme si, à talud ou plutôt à pente égale, le berceau étoit incliné en surplomb, & ayant tiré CZ, on lui menera la perpendiculaire Z 8 ; ensuite ayant pris la longueur C *x* de l'axe pour rayon d'un arc 9 8, qui coupera Z 8 au point 8, on tirera 8 C, qui représentera la position de l'axe à l'égard d'un plan qui couperoit le cylindre par l'axe, & le diametre 7 Z, lequel représente, par notre supposition dans le changement de la Figure, celui qui passeroit par C *z*. Il faut démontrer que l'angle 8 CZ, que fait l'axe avec ce diametre, est plus aigu que celui que ce même axe, considéré en C *x*, fait avec un autre diametre AB.

Les deux triangles CY *z* & CZ 8 sont tous deux rectangles,

l'un en Y, l'autre en Z : ils ont tous deux une hypotenuſe éga- *Fig. 274.*
le (par la conſtruction C 8 = C x) & le côté C z plus grand que CY ; donc l'autre côté Z 8 ſera plus petit que x Y, par conſéquent l'angle oppoſé 8 CZ, ſera plus petit que x CY ; *ce qu'il falloit démontrer.*

D'où il ſuit que le point de ſtation de la courbe du développement qui repréſente le cercle de la baſe $a\,l^c\,b$, ou a H b étant au point Z, comme nous l'avons dit de la Figure 272, les parties de cette courbe ne ſont pas égales de part & d'autre du milieu qui repréſente la clef, comme lorſqu'il n'y a qu'une ſeule obliquité de biais ſans talud ; mais elles pourront l'être ſi on les conſidere à égale diſtance du point de ſtation correſpondant au point z, où eſt la plus grande obliquité du cylindre ſur ſa baſe.

Du développement des polyedres & de la ſphere.

Parmi les cinq corps réguliers, le dodecaedre, qui eſt compris par douze ſurfaces égales, qui ſont des pentagones, eſt le premier qui commence à approcher de la ſphere, enſuite l'icoſaedre, qui eſt compris par vingt triangles équilatéraux, eſt déja aſſez rond pour être propre à rouler comme une boule. Mais on ne ſçauroit augmenter le nombre de ſes ſurfaces, & en conſerver l'égalité entr'elles ; de ſorte qu'il n'eſt point de plus gros polyedre régulier que l'on puiſſe comparer à la ſphere, mais il n'eſt pas difficile d'en faire d'irréguliers qui en approchent infiniment. En effet ſi l'on diviſe par la penſée un demi-cercle en un poligone d'une infinité de côtés, la révolution qu'il fera ſur ſon diametre formera un ſolide, qui ſera compoſé d'une infinité de cones tronqués formés par la révolution des cordes de ce demi-cercle, qui ſont inclinées à ſon diametre, comme les côtés du cone ſont inclinés à leur axe. Et ſi l'on diviſe les baſes de chacun de ces cones tronqués en polygones, on aura des pyramides tronquées inſcrites dans ces cones tronqués ; de ſorte que leurs côté ſeront autant de trapezes qui viennent en ſe ré- *Fig. 276.*
treciſſant vers les poles, comme on voit à la Figure 276, & ſe réduiſent enfin en triangles aux deux poles de la ſphere, où les pyramides ſont entieres, comme 2 P 3.

L'arrangement de cette ſuite de trapezes qui forment une ſuperficie de polyedre comparable à celle de la ſphere circonſcrite, peut se faire de deux manieres, ou suivant les Méridiens, c'est-à-dire, les plans coupans la sphere par ses poles, comme à la Figure 277, & alors les trapezes de ses surfaces deviennent tous inégaux de part & d'autre de l'équateur jusqu'au pole P, où ils finissent par un triangle 2*p*2, & parce que cette Figure approche de celle d'un fuseau à filer, on appelle ce développement de la sphere en *fuseaux*.

Fig. 276. & 278. L'autre maniere d'arrangement des trapezes, dont nous faisons un plus grand usage, est suivant les paralleles à l'équateur en forme de zones, & alors tous les trapezes égaux sont rangés de suite, comme à la Figure 278, où l'on suppose la circonférence du parallele divisée en dix parties; en sorte que la zone de cercle AB étant pliée, & le trapeze A étant joint au trapeze B par leur côté commun O *i*, O *i*, il se forme une pyramide peu différente d'un cone tronqué, dont le sommet est en S (*Fig.* 276) parce que le point S est la rencontre de l'axe *x* S du cone, & des cordes *o* 1, 5 4 prolongées, lesquelles cordes sont les côtés du polygone inscrit dans les quarts de cercle C *o* P, C 5 P, dont la révolution a formé l'hémisphere *o* P 5, de sorte que si l'on prend la longueur S *o* pour rayon, & que d'un centre *x* pris à volonté, on fasse deux arcs de cercles concentriques O 5 O, *i* 4 *i* (*Fig.* 278) éloignés de l'intervalle de la corde O 1 de la Figure 276, & que l'arc O 5 O soit fait égal à la circonférence du cercle qui a pour diametre *o* C 5, & l'arc *i* 4 *i* égal à la circonférence du cercle qui a pour diametre 1 4, on aura le développement de la pyramide tronquée *o* 1 4 5 en dix trapezes égaux, rangés sur une même zone de sphere, ou plutôt sur une portion de couronne de cercle, comme on voit dans la Figure 278. La même chose se fera pour le cone tronqué 1 2 3 4, inscrit dans la sphere par la révolution de la corde 1 2, autour de l'axe S[2] C, & l'on aura la portion de couronne de cercle 1[a] 4 1[b], 2 3 2, laquelle étant pliée en rond, faisant joindre les trapezes *a* & *b*, formera la zone du cone tronqué 1 4 3 2, inscrit dans la sphere. Enfin parce que la corde 2 P aboutit au pole P, elle décrira un cone, dont le sommet sera en P, & dont le développement sera le secteur 2[a] 3 2[b], dont la circonférence approchera beaucoup de celle du cercle entier, parce qu'elle doit être égale à celle du cercle qui a pour diametre 2 3 de la Figure 276; par où l'on voit que chacune des couronnes de cercle doit contenir le même nombre de trapezes, quoique leur circonférence diminue à meſure qu'on approche du pole, parce qu'ils diminuent auſſi de largeur.

Remarques ſur l'uſage de ce développement.

On fait uſage de tous ces arrangemens de développemens des polyedres inſcrits dans la ſphere, ſoit en la réduiſant ſimplement en cones tronqués, ſoit en ſubdiviſant ces cones, & y inſcrivant dans chacun une pyramide tronquée ; alors on range leurs ſurfaces, qui ſont des trapezes, ſur les paralleles à l'équateur de la ſphere, comme à la Figure 278, en forme de couronne de cercle, ou ſur les Méridiens, comme à la Figure 277, ce qui forme une figure de fuſeaux.

On peut dire que ce principe eſt celui de la coupe de toutes les voutes ſphériques faites par panneaux.

Mais parce que les cordes des premieres diviſions en vouſſoirs à la naiſſance des voutes, comme *o* 1 donnent des lignes ſi peu inclinées à l'axe de la ſphere, que le ſommet du cone formé par leur prolongation juſqu'à la rencontre de l'axe, eſt ſitué fort loin de ſa baſe ; il arrive que le rayon qui ſert à faire le développement du cone tronqué devient extrêmement long & incommode pour tracer un arc de cercle ; j'ai pourvû à cet inconvénient par le Problême ſuivant.

PROBLEME VIII.

Le diametre AB de la baſe d'un cone droit tronqué, & l'inclinaiſon du côté EB ſur ce diametre étant donnés, trouver autant de points que l'on voudra à la circonférence de la couronne de cercle qui en exprime le développement, ſans en avoir le centre, ou ce qui eſt la même choſe, le ſommet du cone.

Soit (*Fig.* 275) AB le diametre de la baſe inférieure du cone tronqué, DE celui de la ſupérieure, qui eſt donné par l'inclinaiſon du côté BE vers l'axe SC, lequel eſt perpendiculaire ſur le milieu du diametre donné AB ; & EB, DA les côtés qui font partie de ceux du triangle par l'axe ASB, ſi l'on acheve le cone en prolongeant ſes côtés, CX ſera une partie de l'axe CS. *Fig.* 275.

Ayant pris à volonté le point F ſur le côté EB, on menera FG parallele à XC, ou perpendiculaire à CB, & l'on diviſera

Fig. 275. l'angle EFG en deux également par la ligne FL, à laquelle par le point B, on menera la parallele BY, qui rencontrera XC prolongée en Y. Je dis que le point Y sera à la circonférence de la base de la couronne de cercle qui donnera le développement du cone tronqué.

De même ayant pris à volonté sur CB le point H, & mené par le Problême I du IIIe. Livre, la ligne HN, laquelle étant prolongée concourre au même point S que la ligne BE; sur cette ligne HN ayant pris un point K à volonté, & mené comme ci-devant, KI parallele à SY, on divisera de même l'angle NKI en deux également par la ligne MK, à laquelle par le point Y on menera la parallele Y*y*; le point *y* sera à la même circonférence que le point Y. On trouvera en répetant une pareille opération autant de points que l'on voudra, dont on pourra placer les correspondans entre Y & A, sans le secours du centre ou sommet S.

Ce que l'on dit de la base AB du cone tronqué pourra s'appliquer à la base supérieure DE du même cone.

DEMONSTRATION.

Soient prolongés les côtés BE, AD jusqu'à ce qu'ils concourrent au point S, où sera le sommet du cone.

A cause des paralleles FG, SY les angles GFB, YSB sont égaux entr'eux; & à cause des autres paralleles LF, YB, les alternes LFG, FGB, & XYB sont aussi égaux, de même que LFE & YBE; donc les triangles SYB, SYA sont isosceles, donc SY peut être le rayon du même cercle que celui qui aura pour rayon les côtés SB & SA, donc le point Y est à la circonférence du cercle, *ce qu'il falloit démontrer*.

On démontrera de la même maniere que le triangle SY*y* est isoscele, par conséquent que le point *y* est à la circonférence du même cercle qui passera par B & par *y*, & qui aura pour rayon la ligne SB ou SY; donc on pourra trouver autant de points que l'on voudra à cette circonférence sans le secours du centre, *ce qu'il falloit faire*.

USAGE.

Ce Problême sert à rendre praticables quelques traits de la

coupe des Pierres, que le P. DERAND & M. de la RUE ont donné sans remédier aux inconvéniens de la pratique, par exemple, pour faire le développement de la base d'une porte en tour ronde & en talud, parce qu'une telle tour est un cone tronqué, dont le sommet est très-loin. Car supposant qu'elle n'eût que trente pieds de diametre, & un sixieme de talud, qui est un des plus grands qu'on leur donne, si elle est à trente pieds de haut, elle ne sera retrécie à son sommet que de dix pieds; sçavoir, cinq de chaque côté; ainsi les côtés du trapese par l'axe ne se rencontreront qu'à la hauteur de 90 pieds, laquelle ne sera pas encore égale à la longueur du rayon, qui est le côté du triangle par l'axe du cone entier, puisque cette hauteur est verticale, & que le côté est incliné à l'horison. Or une longueur de 93 pieds ou environ, demande une grande place commode pour y tracer un arc avec une corde ou une chainette, qui ne peuvent donner un contour juste, à cause de leur extension qui varie, soit en s'alongeant, lorsqu'on tire plus ou moins, soit à cause du frottement sur une étendue de surface aussi grande, sur laquelle il y a toujours quelques inégalités; cette longueur étant d'ailleurs trop considérable pour faire avec une perche un compas à verge, il en faudroit joindre plusieurs bout-à-bout, & les faire soutenir par plusieurs hommes, qui se meuvent d'un mouvement de rayon, chacun plus ou moins vite, comme il convient à leur distance du centre.

L'autre cas où ce Problême seroit encore très-nécessaire, est pour la formation des panneaux de développement des doëles, des premieres retombées des voussoirs des voutes sphériques, dont les divisions du ceintre de hauteur sont d'un petit nombre de degrés de son contour; c'est à dire où il y a un grand nombre d'assises ou rangs de voussoirs; mais alors le moyen le plus court est de les tailler par supposition de doëles plates, comme nous le dirons au IVe. Livre, Chap. VII.

Après avoir trouvé trois points de la circonférence de la base du cone tronqué; suivant ce Problême, on peut prendre l'angle que font les lignes menées de l'un à l'autre, & par le Problême I. du II. Livre, s'en servir pour tracer, par un mouvement continu, le segment du cercle dans lesquels ils sont.

Du développement des hélices.

Nous avons expliqué au II. Livre ce que nous entendons par le mot d'hélice. Il convient d'ajouter ici qu'on peut en distinguer différentes especes, rélativement aux corps sur lesquels on peut les décrire.

Suivant ce sistême, nous appellerons hélice *cylindrique droite*, celle qu'on pourra décrire sur la surface d'un cylindre droit; *cylindrique scalene*, celle qui sera décrite sur un cylindre de base elliptique, ou incliné à sa base. Hélice *conique ou sphérique*, celle qui sera décrite sur la surface d'un cone ou d'une sphere; nous comprêndrons ces deux dernieres sous le nom de *limace*, parce qu'elles approchent de plus en plus de leur axe.

Nous diviserons encore les hélices cylindriques en régulieres & irrégulieres.

Par le mot de *réguliere*, nous entendons la courbe qui s'éleve au-dessus de sa base d'un mouvement oblique toujours égal, sans s'approcher ni s'éloigner de l'axe autour duquel elle fait des révolutions égales, comme une vis de pressoir.

Par le mot d'irréguliere, nous entendons celle qui fait des révolutions inégales autour de son axe.

Cette inégalité de révolutions peut encore être considérée de deux manieres; 1°. En ce que la courbe s'éloigne & s'approche de son axe, comme lorsqu'elle est à la surface d'un cylindre de base elliptique, ou de quelqu' autre courbe qui rentre en elle-même; 2°. Ou en ce que l'intervalle de la hauteur de ses révolutions augmente ou diminue.

LEMME.

Le développement d'une hélice cylindrique réguliere sur la surface du cylindre droit développé, est une ligne droite; celui des irrégulieres de la seconde espece, & des limaces, est une ligne courbe.

La premiere partie de ce Théorême est claire par la définition; car puisque nous supposons le mouvement de l'hélice autour de son axe d'une obliquité toujours égale sur la surface d'un cylindre, elle n'est pas plus inclinée en un endroit au plan de la base qu'en un autre.

Pour

Pour rendre cette vérité plus sensible, on doit considérer le cylindre comme un prisme d'une infinité de côtés, dont le développement forme un parallelogramme rectangle, si le cylindre est droit, lequel parallelogramme est composé de tous les petits rectangles infiniment étroits, qui enveloppent le prisme, parce que les parties prises ensemble sont égales à leur tout.

Soit, par exemple (*Fig.* 281) une demi-révolution d'hélice A*h* sur le cylindre AE, dont la moitié de la base est le demi-cercle A 1 2 B, ayant rectifié son contour en une ligne droite AK sur le diametre BA prolongé; si l'on divise cette ligne en parties égales, par exemple, ici en trois, & la hauteur de la demi-révolution B*h*, ou son égale AI, aussi en trois parties égales, & qu'on mene par chacune de ses divisions des paralleles aux côtés AK & AI; il se formera neuf rectangles égaux entr'eux, & semblables au grand AH, qui exprime le développement de la moitié du cylindre, dont la diagonale est commune à celles des petits A*y*, *yx* & *x*H, lesquelles expriment chacune l'obliquité de l'hélice qui ne change point, suivant la définition. Or la diagonale AH est une ligne droite, par conséquent la somme ou l'addition de toutes les parties de l'hélice infiniment petites, rangées sur la surface du cylindre développé, forme une ligne droite; *ce qu'il falloit démontrer.* *Fig.* 281.

La démonstration de la seconde partie de ce Theorême suit naturellement de la premiere; car si les révolutions se font d'un mouvement inégal en direction d'inclinaison qui augmente ou diminue les intervalles de chaque révolution, les contours & les hauteurs n'étant plus proportionnels, les petits parallelogrammes ne seront plus semblables au grand A 6, (*Fig.* 282) qu'on peut considérer comme un développement de cylindre, & par conséquent sa diagonale ne sera plus commune à celles des petits infiniment petits, lesquelles faisant aussi, par la supposition, des angles inégaux avec la base AB, où ses paralleles 1 *x*, 2*y*, 3 *z* feront aussi des angles entr'elles, & par conséquent seront rangées en ligne courbe; *ce qu'il falloit secondement démontrer.*

COROLLAIRE I.

D'où il suit qu'autour du même cylindre, on peut former une infinité d'hélices différentes, dont les développemens se ront toujours des lignes courbes, soit que le cylindre soit droit ou scalene; car les révolutions peuvent augmenter ou diminuer en hauteur, suivant telle progression que l'on jugera à propos, ou laissant les hauteurs égales, on peut augmenter ou diminuer la vitesse du mouvement parallele à la base; ce qui est représenté à la Fig. 282, par la différence des longueurs des parallélogrammes AK, K*l*, *lm*, *mn*, &c.

COROLLAIRE II.

Secondement, que le développement d'une hélice cylindrique scalene quoique réguliere, sera encore une ligne courbe, parce que le développement de la base du cylindre scalene n'étant pas une ligne droite, comme celle du contour de la base du cylindre droit, mais une courbe, comme on voit à la Figure 272, il suit que les divisions qui donnoient des parallelogrammes sur le développement de sa surface, en tirant des paralleles à la base & à la hauteur, ne donneront pas des Figures rectilignes, mais des quadrilignes mixtes, dont les paralleles à la base seront courbes, & leurs diagonales de même, mais un peu moins en ce qu'elles participent de la courbure parallele à la base, & de la ligne droite du côté parallele à l'axe; c'est pourquoi nous demandons pour le développement en ligne droite, que le cylindre soit droit sur sa base. Je n'ai point ajouté dans l'exposé du Théorême, que la base fut circulaire ou elliptique, parce que de quelque courbe qu'elle soit, il est toujours évident que si l'axe du cylindre est perpendiculaire au plan de la base, le développement de la surface cylindrique sera toujours un parallelogramme rectangle, qui pourra être divisé en une infinité d'autres semblables, comme AH de la Figure 281, par conséquent, dont la diagonale sera le développement d'une hélice.

COROLLAIRE III.

De ce que nous venons de dire au Corollaire précédent, on tire naturellement la démonstration de la troisieme partie du Théorême, qui dit que les développemens des hélices en limaces sont toujours des lignes courbes, soient qu'elles soient coniques, conoïdes, sphériques ou sphéroïdes; car toutes ces

Figures ne pouvant être développées qu'en les prenant par parties de cones tronqués inſcrits dans leur ſurface, & les développemens des courbes quelconques tracées ſur la ſurface du cone développée étant néceſſairement des lignes courbes, comme nous l'avons démontré aux Figures 266 & 267; il eſt évident que toutes les eſpeces de limaces qu'on y pourra décrire, étant développées ſur la ſurface du cone, ſeront des lignes courbes, parce qu'en diviſant le contour du cone développé en parties égales, & la hauteur de même, on aura au lieu de parallelogrammes mixtes, comme nous venons de le dire ſur le cone ſcalene, des trapezes mixtes, dont les petites parties de l'hélice ſeront les diagonales, participant de la courbure du cercle de la baſe développée ſur le cone, & de la droite qui eſt le côté du cone.

PROBLEME IX.

Faire le développement d'une hélice quelconque ſur une ſurface cylindrique ou conique développée.

Premierement, ſi l'hélice eſt cylindrique réguliere, ce développement eſt très-facile, puiſqu'il ne conſiſte qu'à trouver les extrêmités d'une ligne droite.

Soit (*Fig.* 281) une hélice A*h* GE qui fait une révolution & demie autour du cylindre droit DB, on rectifiera le contour du cercle de ſa baſe, qu'on portera une fois & demi ſur le diametre AB prolongé en A², ou, ce qui eſt la même choſe, on prendra trois fois le contour du demi-cercle A 1 2 B, de B en A², & par le ſommet du cylindre E, on tirera au point A² la ligne droite EA², qui ſera le développement demandé. *Fig.* 281.

Il eſt viſible que ſi l'on n'avoit propoſé que celui d'une demi-révolution, on auroit tiré *h a* du point *h*, tiers de la hauteur BE au point *a*, qui eſt à diſtance de B, de la longueur de l'arc A 1 2 B développé.

Si on avoit demandé une révolution entiere, la ligne F*b* y auroit ſatisfait; d'où l'on peut inferer, 1°. comment on doit faire le développement de telle partie qu'on voudra; 2°. que ſi l'on enveloppe le cylindre d'un triangle iſoſcele comme AHG, il y tracera deux hélices qui ſe croiſeront en *h*.

Secondement, ſi l'hélice eſt cylindrique irréguliere, ou conique ; ayant rectifié le contour de la base auquel elle répond, on divisera la hauteur de chaque révolution en parties proportionnelles à la différence qui regne de l'une à l'autre en croissant ou en diminuant, & l'on divisera le développement du contour de la base en un même nombre de parties égales qu'on a divisé la hauteur des révolutions, que nous avons supposé inégales, puis on menera par chaque division des paralleles à la base qui seront droites au cylindre droit, & courbes au cylindre scalene, lesquelles seront croisées par des lignes droites, paralleles à l'axe dans le cylindre, & tendant au sommet dans le cone ; la ligne courbe menée d'une intersection à la suivante en diagonale, sera le développement de l'hélice demandée.

La même chose se fera pour avoir le développement de l'hélice en limace sur un cone ; mais si la limace, comme une loxodromie sur une sphere, étoit proposée à développer, on ne le pourroit sans interruption ; parce que la sphere ne pouvant être développée que des deux manieres dont nous avons parlé, ou comme à la Figure 277, en fuseaux, ou comme à la Figure 278, en portions de couronnes de cercle, qui laissent des intervalles entr'elles, encore plus grands que les fuseaux ; on ne pourroit avoir le développement de l'hélice en limace, que par petites parties qui seroient les diagonales des trapezes mixtes formés dans différentes zones coniques inscrites à la surface de la sphere.

Voilà ce me semble les principales regles pour faire les *plans*, profils, élévations & développemens des corps comparables aux voutes usuelles ; il nous reste à faire voir de quel usage elles sont pour leur construction, c'est ce que nous allons montrer par deux Problêmes généraux.

PROBLEME X.

Les élévations de deux faces opposées dans des plans paralleles entr'eux, étant données en projection sur un même plan vertical, & la projection horisontale de leurs intervalles étant donnée, trouver la Figure de chaque partie de développement des surfaces d'une voute divisée en plusieurs voussoirs, tant apparente qu'intérieure.

En termes de l'art.

Une double élévation de face antérieure & postérieure, le

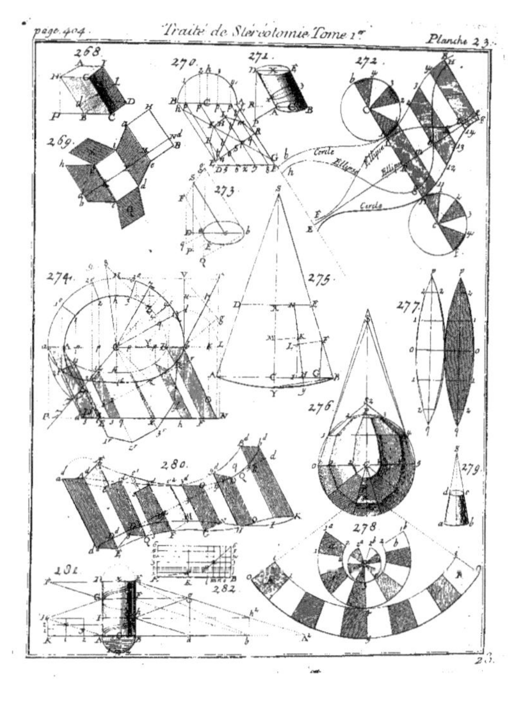
page 404.
Traité de Stéréotomie Tome 1er
Planche 23.
268.
269.
270.
271.
272.
273.
274.
275.
276.
277.
278.
279.
280.
281.
282.
Cercle
Ellipse
Ellipse
Ellipse
Cercle
23.

le plan & le profil d'une voute réguliere étant donnés, *trouver les panneaux de lits, de doële, & de tête.*

Si les faces opposées de l'entrée & de la sortie d'une voute, sont égales & perpendiculaires à une même direction, il est évident qu'elles seront confondues dans l'élévation qui sera réduite à un même ceintre circulaire, elliptique, surhaussé ou surbaissé; telles sont les deux faces d'un berceau droit, projettées sur un même plan vertical. Alors une seule élévation est équivalente à deux; sçavoir, à l'antérieure & à la postérieure, si les faces sont inégales, ou inégalement situées à l'égard du plan horisontal, comme sont celles des descentes, dont l'une est plus haute que l'autre, ou inégalement situées à l'égard du plan vertical, comme dans les voutes biaises, ou si elles participent de l'un & de l'autre, comme les descentes biaises, l'élévation commune aux deux faces sera exprimée par des contours différens qui se croiseront, ou qui ne seront paralleles que dans les voutes coniques droites, quoique les cordes de leurs arcs correspondans aux mêmes divisions puissent être paralleles. Mais soit que les contours soient paralleles ou non, s'ils sont tracés par la même projection verticale sur un même plan, ils conserveront toujours un certain rapport de distance entr'eux, qui servira à trouver tous les côtés des surfaces planes qui terminent les parties de la voute divisée en ses voussoirs.

Pour faire voir l'étendue, & pour ainsi dire la généralité de ce Problême, nous choisirons deux exemples de voutes coniques, l'une droite, l'autre oblique, lesquels étant bien entendus, serviront à la construction de toutes les voutes. Premierement à celle des cylindres qui sont plus simples, & plus faciles que les coniques; secondement aux coniques, dont ils exposent toutes les difficultés; & en troisieme lieu, aux sphériques, lesquelles doivent être réduites, ou en portions de cones tronqués ou en polyedres, qui sont plusieurs parties de pyramides tronquées, dont nous donnons ici les exemples par la réduction des cones en pyramide.

Premier exemple des voutes coniques droites.

Soient (*Fig.* 283) les deux ceintres de face pris à la doële B *l* D extérieur, GKH intérieur, que nous appellons face antérieure & postérieure, réunis par la même projection sur un Pl. 246. Fig. 283.

Fig. 283. même plan avec leurs extrados ALE & F*k*I, décrits du même centre C. Ayant divisé ces ceintres en leurs voussoirs, par exemple, en cinq aux points 1, 2, 3, 4, & tiré les joints de tête par ces points du centre C, 1 5, 2 6, 3 7, 4 8, on fera la projection horisontale de la voute & de ses joints de lit, suivant les regles ordinaires, laquelle sera le trapeze *afie*, dans lequel les deux parallelogrammes *afgb* & *dhie* seront les surfaces horisontales des piédroits à l'imposte dans leurs justes mesures. Il n'en sera pas de même des autres lignes qui sont la projection des joints de lit, elles seront plus courtes que ces joints, parce qu'elle est horisontale, & que ces joints sont inclinés à l'horison dans le même plan vertical.

Il faut commencer par chercher la véritable longueur des joints de lit, parce qu'ils sont les côtés communs aux portions des surfaces de la doële, & aux surfaces des lits. Ce qui se fait par des profils particuliers qu'on peut faire de différentes façons, qui donnent toujours la même longueur; on peut choisir la plus commode.

Premierement, on peut élever sur la projection horisontale d'un joint de lit donnée comme $1p^1$ un plan vertical de toute la hauteur du vuide qui est entre la projection sur le plan horisontal & le véritable joint; ainsi on élevera sur la ligne $1p^1$ au point 1 une perpendiculaire 1T, égale à la hauteur $1t$, de l'élévation, qui est celle de la *retombée*, & au point p^1 la perpendiculaire p^1V égale à celle de la retombée Oe^1, la ligne VT sera le profil & la véritable longueur du joint de lit, dont $1p^1$ est la projection.

Secondement, on peut faire le même profil en supprimant la hauteur de la retombée du point le plus bas; par exemple, 2 du joint de lit, dont la projection verticale est la ligne $2e^2$, & mettant seulement à un des bouts p^2 de la projection horisontale $2p^2$ la hauteur e^2n au-dessus du point 2, qu'on portera de p^2 en 2e perpendiculairement à la projection horisontale donnée $p^2 2$.

Troisiemement, on peut faire le même profil, en transportant toutes les hauteurs, par des lignes paralleles à la base AE de l'élévation, sur une ligne qui lui soit perpendiculaire, comme fL, fC, que toutes les paralleles menées par les points 2 & 1 de l'élévation de la face postérieure, & e^1, e^2 de la face antérieure, couperont en des points f^2, f^1, u qui donneront les hauteurs supérieures & inférieures des joints de lit, dont il sera facile de trouver les inclinaisons, en portant sur ces paralleles les projections horisontales données; par exemple, $1p^1$ en $u\,4\,1$, & $2p^2$ en $f^1\,3^2$, les lignes inclinées menées par les points 4^1, f^1, $3\,2$, f^2, seront les profils & les vraies longueurs des joints de lit. *Fig.* 283.

Il faut remarquer que si la voute est portion d'un cone droit tronqué, dont les faces antérieure & postérieure sont paralleles entr'elles, comme dans cet exemple, il est inutile de faire des profils pour trouver les longueurs des joints; parce qu'en ce cas ces joints sont tous égaux à ceux des impostes, comme ici à *b g* ou *h d*; ainsi dans cette derniere construction de profil, par le moyen des paralleles à la base AE, il suffira de prendre la longueur *g b* d'un point à l'imposte avec un compas, & des points f^1 & f^2 pour centres, faisant des arcs de cercle qui couperont les paralleles $1\,u$ & $2\,f^1$ prolongées aux points $4\,1$, $3\,2$, on aura les mêmes longueurs que par la maniere précédente; mais si la voute est biaise, c'est-à-dire, portion d'un cone scalene, on ne peut les trouver que (comme on vient de le dire) en portant les longueurs de la projection horisontale sur les paralleles correspondantes.

Les longueurs des lignes inclinées aux plans des élévations des faces antérieure & postérieure étant trouvées, la résolution du Problême ne consiste *qu'à faire des triangles rectangles, dont une jambe est donnée par l'élévation, & dont l'hypotenuse trouvée doit être adaptée à l'autre jambe inconnue*, par une section d'arc de cercle qui en est le *lieu*, & qui en détermine la position; ce qu'on concevra mieux par des exemples.

Pour former un panneau de doele plate, par exemple du second voussoir, laquelle est marquée dans l'élévation par le trapeze $1\,e\,1\,e\,2\,2$, ayant tiré la corde $1\,2$, on la prolongera de part & d'autre vers *y* & vers *z*, & des points de division de la face antérieure *e* 1 & *e* 2, on abaissera sur cette corde les perpendiculaires e^1y & e^2z, ensuite on transportera à part où l'on voudra la ligne *y z*, par exemple ici à la Fig. 284, & ayant élevé aux points *y* & *z* deux perpendiculaires indéfinies *y* 21, *z* 22, on prendra la longueur d'un des joints de lit, comme *b g* ou *d h*, ou au profil 41, *f* 1, ou 32, *f* 2; car toutes ces lignes sont égales, parce que le cone est droit; mais s'il ne l'étoit

Fig. 283. & 284. pas, on prendroit la longueur de la ligne 4 1, f 1, & du point 1 pour centre, on fera l'arc 8 21, qui couperoit la ligne y 21 au point 21, & ensuite la longueur de la ligne 32, f 2, & du point 2 de la Fig. 284 pour centre, on fera l'arc de cercle 9 22, qui coupera la perpendiculaire z 22 au point 22; enfin par les points trouvés, on tirera les lignes 21 1, 21 22, 22 2, & l'on aura le panneau de la seconde doële représentée au plan horisontal par le trapeze $1 p^1 p^2 2$, & à l'élévation par $1 e 1$ e 2 2; il en faudroit faire autant pour les autres doëles, si elles n'étoient pas égales comme elles sont dans le cas présent.

A l'égard des panneaux de lit, puisqu'ils sont tous égaux à ceux de l'imposte $afgb$ ou $dhie$, il est inutile de les chercher, on verra dans l'exemple suivant la maniere de les trouver lorsqu'ils sont inégaux.

Il reste à faire voir comment on peut appliquer cette méthode aux voutes dont les faces sont inclinées aux plans verticaux, sur lesquels on doit faire l'élévation; comme par exemple s'il s'agissoit d'une voute *sur le coin* ou *dans l'angle*, dont le plan horisontal seroit *a m d*, *o* M *z*, ou composée de deux portions droites, comme *a m* & *o* M, ou de deux arcs de cercle, comme M *z* & *m d*.

Il faut, par le Chapitre IV. de ce IIIᵉ. Livre, circonscrire à la Figure irréguliere du plan horisontal un trapeze *afie*, dont les côtés opposés *a e* & *fi* soient paralleles entr'eux, & opérer comme si la voute étoit réguliere, suivant ce que nous venons de dire, pour trouver les panneaux réguliers des lits & des doeles, & retrancher de leurs côtés ce que la projection horisontale du plan irrégulier retranche des parties du régulier, suivant la regle que nous avons donnée, page 359, (*Fig.* 250).

Ayant donc fait le panneau de doële de la voute conique réguliere 21, 22, 2, 1, (*Fig.* 284) pour le second voussoir, on élevera des perpendiculaires sur les points S, Q, R, T, où les projections des joints de lit $1 p^1$, $2 p^2$ sont coupées par celles des faces *o* M, *a m*, lesquelles perpendiculaires *q* Q, *s* S, *r* R, *t* T, couperont les profils VT & $2^e 2$ aux points QS & RT qui donneront les excès VS, QT, 2e T, R 2 des côtés du panneau de doële réguliere sur l'inscrite irréguliere. Ainsi on portera la longueur VS en S 21 de la Fig. 284, Q T en Q 1 de la même Figure, 2 R en 2 R, T 2e en T 22, & par les points trou-

trouvés STQR, on tirera des lignes droites ST, QR, qui formeront le trapezoïde QSTR, lequel sera le panneau de doële du second voussoir de la voute conique biaise ou dans un angle, suivant qu'elle est désignée dans la projection horisontale de la moitié *ao*M*m*, ou P*p*M*m*. Fig. 283. & 284.

On en feroit autant pour la voute ébrasée, qui seroit dans une tour ronde, dont la projection est désignée par sa moitié MY*dm*. La seule différence qu'il y auroit, c'est qu'au lieu des lignes droites ST, QR que nous avons tiré au panneau de doële, (*Fig.* 284) pour les faces antérieures & postérieures; il faudroit tirer des portions de ces courbes qui ne sont pas planes, c'est-à-dire, qui ne peuvent être décrites dans un plan, desquelles on pourroit approcher par la circonscription d'un polygone dans le cercle de la projection de la tour ronde & creuse; mais parce que nous devons donner ce trait dans le Livre suivant, nous ne nous étendrons pas davantage sur cette difficulté, il ne s'agit ici que de donner une méthode générale pour tous les polyedres, sans entrer dans le développement des corps ronds cylindriques, sphériques, ou coniques, considérés comme tels, mais seulement comme compris & enveloppés par un grand nombre de surfaces planes inscrites dans les courbes convexes, ou circonscrites aux convexes.

Second exemple des voutes coniques scalenes à double obliquité,

Et en termes de l'art,

Descente biaise ébrasée en canoniere.

Soit (*Fig.* 285) le ceintre de face antérieure à l'arrête de la doële GF*g*, & celui de la face postérieure IE9, avec leurs extrados AB*b*, & HDZ divisés en leurs voussoirs LR 3 4 & PS 7 8, projettés sur la même surface verticale, ce que nous pouvons supposer comme fait & donné suivant l'énoncé du Problême; mais parce que la construction de cette projection est la même que celle de la solution du Problême pour trouver chaque surface des voussoirs en particulier, il est à propos de la mettre ici tout au long pour rendre la chose plus facile à comprendre; parce que la construction tient lieu d'explication. Fig. 285.

Pl. 24. Fig. 285. Soit le trapeze *ahzy* le plan horisontal de la voute ; ÆX la projection de son axe ou ligne du milieu Cc^2 ; p^1, l^1 la projection horisontale du joint de lit LP ; $S^2 R^2$, celle du lit RS ; nous ne prendrons que cette moitié de voute pour éviter la multiplicité des lignes dans la Figure.

On commencera par tirer du point X une perpendiculaire XC sur AÆ*z*, & ayant porté sur la même AÆ la hauteur Æc^2 de la descente ou montée ; c'est-à-dire, de la différence du niveau de la face antérieure AÆ, & de la postérieure Hc^2 ; du point C pour centre & des intervalles CG, CA ou XG*p*, X*a*, on décrira les cercles concentriques GF*g* & AB*b*, l'un pour la doële, l'autre pour l'extrados de la face antérieure. Ensuite par le point c^2 ayant mené HZ parallele à A*b*, du point c^2 pour centre, & pour rayons les longueurs Æ*i*, Æ*h*, on décrira les deux cercles concentriques IE9, HDZ, l'un pour la doële, l'autre pour l'extrados de la face postérieure, laquelle sera ainsi projettée sur le même plan vertical que l'antérieure. Ensuite ayant divisé ces ceintres en nombre de voussoirs égaux, par exemple en 5, aux points LR 34, & PS 78, on joindra les points correspondans par des lignes droites, qui exprimeront sur l'élévation les joints de lit, telles sont GI pour celui de l'imposte, LP pour le premier au-dessus, & RS pour le second.

On tirera aussi à l'ordinaire les joints de tête L*m*, R*t*, de leur centre C, de même que P*q* & ST de leur centre c^2.

Cette préparation étant faite, il sera aisé de trouver tous les côtés des surfaces qui comprennent chaque voussoir.

Premierement, pour les panneaux de tête, il n'y a point de difficulté, ils se prendront sur les élévations. Par exemple, ceux du second voussoir seront les portions de couronnes de cercles *m*LR*t* pour la face antérieure, & *q*PST pour la face postérieure.

Secondement, pour les panneaux de lit, par exemple, pour le premier à l'imposte marqué au plan horisontal par le parallelogramme *ahi*G*p*, & à l'élévation par le parallelogramme AHIG, on commencera par en chercher la véritable longueur par le profil, comme nous l'avons dit à l'exemple précédent, parce que les côtés AH & GI de l'élévation ou projection verticale sont trop courts, puisqu'ils le sont encore plus que ceux de l'horisontale *ahi*G*p*, laquelle est plus racourcie que la desceinte qu'elle repréſente. Pour y parvenir, on y élevera une verticale ÆE ſur la baſe horiſontale AÆ où l'on voudra. Nous faiſons ici ſervir la ligne du milieu de la face poſtérieure, enſuite menant des paralleles indéfinies à cette baſe par les points de diviſion des doëles LP, RS, qui couperont la verticale aux points 1, *p*, 2, *s*. Fig. 285.

On portera ſur les lignes provenant des joints inférieurs LR, comme L *l*, R *r*, les projections des joints de lit; ſçavoir, *i*G*p* en Æ *z*; *p*¹, *l*¹, en 1 *l*; S² R² en 2 *r*, & par les points trouvés *z*, *l*, *r*, on tirera les inclinées *z c*², *l p*, *r s*, qui feront les véritables longueurs des joints de lit. Si l'on avoit un grand nombre de ces joints, on pourroit trouver tous les points des baſes intermédiaires, en faiſant ſeulement Æ *z* égal à *i* G *p*, & E *e* égal à ÆX, en tirant la ligne *z e*, elle couperoit toutes les baſes aux points *l* & *r*, qui ſe trouveroient entre deux; ce qu'il eſt facile d'appercevoir par la ſeule inſpection du plan horiſontal, où elles ſont compriſes & terminées par deux lignes droites *i* Æ, G *p* X.

Après avoir trouvé par les profils, les lignes inclinées qui ſont égales aux joints de lit, il ne s'agit plus que de les adapter aux triangles rectangles, dont elles doivent être les hypotenuſes, pour trouver les angles qu'elles font avec les joints de tête.

On prolongera les joints de tête du petit ceintre du côté de ceux du grand ou au-dehors, comme P *q* en *n*, ou au-dedans comme TS en V, & par les points *m* & L, *t* & R des diviſions de la face antérieure, on tirera aux joints prolongés des perpendiculaires *m n*, LN, *t u*, RV qui formeront pluſieurs triangles rectangles, dont cette conſtruction donnera un côté dans ſa juſte meſure; ſçavoir, celui qui ſera ſur le joint de tête prolongé, les autres deux côtés demeurant raccourcis par la projection; mais parce qu'on a déja trouvé la valeur de l'hypotenuſe par le profil, on a de quoi achever les triangles que ceux de la projection repréſentent, comme on le verra dans les exemples.

Pour le premier joint de lit, qui eſt celui de l'impoſte, on tranſportera la ligne *i* A ou ſon égale IQ avec ſes diviſions H & *o* où l'on voudra, comme à la Figure 288, en *i h*, *o* Q, & l'on tirera les perpendiculaires indéfinies Q *x*, *o u* par les points *o* & Q, enſuite des points *h* & *i* pour centres, & de l'intervalle *c*² *z* du profil, on fera deux arcs de cercle qui couperont ces

Fig. 285. & 288. perpendiculaires aux points *x* & *u*, par lesquels ayant tiré les lignes droites *x h*, *ui* & *xu*, on aura le parallelogramme *xhiu* pour le premier lit de l'imposte, lequel est non seulement plus grand que celui de la projection horisontale *a h i* G *p*, mais encore inégal dans ses angles qui sont un peu moins aigus, comme il paroît dans cette Figure, où celui de la projection horisontale est ponctuée en *h* a^1 g^1 *i*.

Le second & le troisieme panneau de lit se trouveront de même en changeant les triangles rectangles *mn* R, LNP, *tu* T, RVS, en d'autres triangles rectangles plus allongés sur les mêmes bases *n* R, NP, *u* T, VS, par le moyen des hypotenuses trouvées *p l*, S*r*. Ainsi ayant transporté où l'on voudra la ligne P *n* avec ses divisions N, *q*, comme à la Figure 286, on lui

Fig. 286. fera les perpendiculaires *n* M, NL, & des points *q* & *p* pour centres & de l'intervalle *p l* pris au profil, on fera des arcs de cercle en M & en L qui couperont ces perpendiculaires aux points M & L, par lesquels on fera passer des lignes droites qui sont les côtés du parallelogramme M*qp*L, lequel sera égal à la surface du second lit marqué dans l'élévation par le parallelogramme racourci *mq*P L de la Figure 285.

Fig. 287. La Figure 287, fait aussi voir le troisieme lit formé sur la base VS*u*T transportée pour établir dessus un parallelogramme plus allongé que celui de l'élévation *t* TSR, suivant les mêmes regles de décomposition de la projection.

Il ne reste plus à présent qu'à trouver les surfaces des panneaux de doëles plates qui doivent passer par les cordes des arcs des divisions des ceintres de face antérieure & postérieure; ce qui se fera de la même maniere dont on s'est servi pour trouver les lits en abaissant des perpendiculaires sur ces cordes prolongées, s'il le faut, par les divisions du ceintre opposé.

Par exemple, pour trouver la doële plate du premier voussoir, marquée dans la projection horisontale par le trapeze G*p i* p^1 l^1, & à l'élévation par le trapeze GIPL, ayant tiré la corde IP de l'arc postérieur IP, on abaissera du point L de la division de l'arc antérieur sur cette corde, la perpendiculaire LK. On transportera ensuite où l'on voudra la corde PI avec la division K, comme en l^d *k* p^2, au-dessus de la Fig. 288, & on élevera sur le point *k* la perpendiculaire indéfinie k^2 *l*; ensuite du point p^2 pour centre, & de l'intervalle *p l* pris au profil, de l'autre côté on décrira un arc qui coupera la perpendiculaire k^2l au point ^2l, ensuite des points ^2l & l^d pour centres, & de l'intervalle de la corde LG & du joint de lit c^2z, on fera une intersection d'arcs qui se couperont au point ^2G, duquel ayant tiré les lignes $^2G^2l$, $^2Gl^d$, on aura le trapezoïde $^2G^2l$, $^2pl^d$, qui sera la surface de la doële plate du premier voussoir, laquelle doit couvrir la portion concave du cone GLPI, & toucher ses quatre angles. Fig. 285. & 289.

Pour avoir la seconde doële plate marquée au plan par p^1, S^2, R^2, l^1 & à l'élévation par le trapeze LRSP, on prolongera la corde SP vers x; & du point R on abaissera la perpendiculaire R x, ensuite ayant transporté à volonté la ligne S x avec sa division P, comme à la Figure précédente, on élevera sur l'extrêmité x une perpendiculaire indéfinie x^2r, à laquelle on adaptera la ligne du joint de lit sr, prise au profil. Avec cette ligne prise pour rayon, & du point ^2s pour centre on décrira un arc qui coupera x^2r au point ^2r, duquel comme centre & de l'intervalle de la corde RL, on fera un arc de cercle ^3ly; de même du point p^2 pour centre & de l'intervalle du joint de lit pris au profil en pl, on décrira un arc de cercle qui coupera le précédent ^3ly au point ^3l, par lequel ayant tiré les lignes $^3l^2r$, $^3lp^2$, on aura le trapezoïde $^3l^2r^2sp^2$, qui sera le panneau de doële plate, propre à couvrir la portion concave du cone que comprend le second voussoir, ainsi des autres.

Il faut observer que pour avoir les longueurs des joints de lit de l'autre moitié de voute FE $9g$, dont la projection horisontale est Æ 10 gp X, il faut faire de nouveaux profils, parce que les lignes 23 33; 24 34, 10 gp, & zy, que nous supposons être les projections des joints de lit, sont toutes inégales; & parce que leurs hauteurs seront toujours les mêmes que celles de l'autre moitié, si les lits correspondans sont de niveau, il suit qu'elles seront plus inclinées, & par conséquent plus courtes que celles qui leur correspondent dans l'autre moitié de la voute; ce qui est évident par la seule inspection du plan horisontal; puisque la ligne zy approchant plus de la perpendiculaire CX, que ah de l'autre imposte, elle sera plus courte, & toutes les projections des lits entre les deux impostes, seront inégales, plus courtes vers y, & plus longues vers a; ce qui n'arriveroit pas à la Fig. 283 où elles sont égales, à distances égales de l'axe du cone qui est droit.

Il faut remarquer que si les deux ceintres de faces opposées, n'étoient pas de même nature, que l'un fut circulaire & l'autre elliptique, ou l'un surbaissé & l'autre surhaussé, on ne pourroit trouver une doële plate, dont les quatre angles touchassent les quatre coins du voussoir, qui seroit portion de ce cone irrégulier; mais parce que nous ne traitons ici que des Figures régulieres, cette exception n'empêche pas que le Problême ne soit général, parce qu'alors la doële plate, au lieu d'être plane quadrilatere, seroit composée de deux triangles qui seroient dans différens plans; nous donnerons au Livre suivant la maniere de remédier à ces irrégularités.

DEMONSTRATION.

Il est visible par la construction de ce Problême que nous réduisons toutes les surfaces planes qui comprennent le solide appellé *voussoir*, en triangles, la plupart rectangles, dont nous trouvons un côté sur les élévations projettées & rassemblées sur un même plan vertical par le moyen de la perpendiculaire que nous abaissons d'un des angles de cette surface sur le côté opposé, prolongé s'il le faut. Nous avons trouvé l'hypotenuse suivant les regles du profil par un autre triangle rectangle, dont la projection horisontale nous donne un côté, la hauteur de l'extrêmité supérieure de la ligne inclinée donne l'autre; ayant les deux jambes d'un triangle rectangle on a facilement l'hypotenuse qui exprime la descente; or la même est commune à un autre triangle rectangle dont nous ne connoissons qu'un côté par ce Problême; sçavoir, la distance des points de division des joints de tête correspondant dans les faces antérieure & postérieure; mais parce qu'un côté & l'hypotenuse suffisent pour trouver le troisieme côté, dont l'angle droit détermine la position & l'hypotenuse la longueur, l'arc de cercle dont elle est le rayon est le *lieu* du sommet de l'angle qu'il doit faire avec son hypotenuse: enfin connoissant les côtés des deux triangles rectangles, & les distances de leurs hypotenuses paralleles, nous avons formé le quadrilatere compris entre les hypotenuses, qui est ordinairement pour les lits ou un parallelogramme ou un trapeze, & quelquefois un trapezoïde pour les doëles plates, où l'on a vû qu'une même hypotenuse nous sert à deux triangles, dont l'un est rectangle, & l'autre peut ne pas l'être; mais parce que dans celui qui n'eſt pas rectangle nous connoiſſons tous les côtés, il eſt bien aiſé de le former.

On trouve donc les panneaux de lit par l'intervalle des hypotenuſes de deux triangles rectangles poſés ſur une même ligne de baſe, & les panneaux de doële par une ſuite de deux ou trois triangles, dont le premier eſt toujours rectangle par la conſtruction, de meme que le ſecond, lorſque la ſurface eſt diviſée en trois triangles, comme il peut arriver.

Si nous rappellons ici nos principes de projection, nous connoîtrons que toutes les lignes qui ſont paralleles à l'objet projetté ſont dans leurs juſtes meſures ; ainſi les cordes des arcs de face GL & IP, LR PS, qui ſont dans des plans paralleles, ne ſont ni diminuées ni augmentées, donc elles peuvent être priſes ſur l'élévation. D'où il ſuit qu'à chaque doële on a toujours deux côtés à prendre ſur l'élévation, qui ſont les cordes des arcs de têtes ; & deux ſur le profil, qui ſont les joints de lit. Mais comme ces quatre côtés peuvent faire entr'eux des angles différens, parce que la diagonale du trapeze n'eſt pas connue, on abaiſſe une perpendiculaire LK ſur le côté IP, pour en déterminer la poſition à l'égard de ſon oppoſé LG, par le moyen des deux triangles rectangles LKP & LKI, leſquels déterminant la poſition des points L & I donnent la diagonale LI de la doële, troiſieme côté du triangle LGI, que l'on ne connoiſſoit pas auparavant ; donc la *doële plate* eſt exactement trouvée ; *ce qu'il falloit faire & démontrer.* Fig. 285.

A l'égard des panneaux *de tête* il eſt clair qu'ils ne ſont en rien altérés ni racourcis, ni ralongés ſur l'élévation.

Il ne reſteroit plus qu'à trouver les panneaux de l'*extrados*, ſi l'on en avoit beſoin pour avoir les ſix ſurfaces du vouſſoir, mais il n'eſt pas néceſſaire pour l'exécution de les réduire à des ſurfaces planes ; parce que par le moyen du contour des têtes, qui ſont les arcs A *m*, H *q* donnés ſur l'élévation, & leurs côtés *m q*, AH auſſi donnés par les panneaux de lit, on peut former les extrados convexes du premier coup, ſans s'y diſpoſer par des ſurfaces planes, qui ne pourroient être que des tangentes au cone ou au cylindre, dont les angles feroient hors du vouſſoir, bien loin de les y déterminer.

Ce Problême peut ſuffire à trouver toutes les ſurfaces planes des polyedres & de leurs diviſions par le moyen de l'élévation des deux faces projettées ſur un même plan ; il eſt encore une maniere plus simple où l'on peut se passer de la double projection des faces antérieure & postérieure.

PROBLEME XI.

La projection horisontale d'un polyedre & de ses divisions étant donnée avec l'élévation de ses faces, trouver toutes les surfaces dont chacune de ses parties est enveloppée.

Ou en termes de l'art,

Le plan & l'élévation des têtes étant donnés, trouver les panneaux de tête, de lit & de doële plate de toutes sortes de voutes.

Pl. 25. Fig. 290. Nous supposons dans ce Problême comme dans le précédent, que toutes les voutes, quoique parties des corps ronds cylindriques, coniques ou sphériques, sont réduites par les doëles plates en polyedres, c'est-à-dire, les cylindres en prismes, les cones en pyramides, & les spheres & sphéroïdes en portions de pyramides tronquées. Cela supposé, tout l'art de ce Problême consiste à décomposer la projection horisontale en *réduisant toutes les surfaces en triangles, & cherchant dans l'élévation des faces les hauteurs des lignes inclinées pour en trouver les véritables longueurs.*

Il n'est donc question que de trouver les hypotenuses des triangles rectangles, dont un des côtés est connu dans l'élévation, & l'autre à la projection horisontale ou au profil des lignes projettées, soit qu'elles soient réelles ou simplement supposées pour servir de diagonales à des parallelogrammes ou à des trapezes ou trapezoïdes, dont on ne connoît pas les angles, ce qu'on entendra mieux par les exemples.

Premier exemple d'un berceau droit ou biais.

Soit ABFG la projection horisontale d'un berceau biais,
Fig. 290. dont A*h*B est le ceintre de face divisé en ses voussoirs aux points 1, 2, 3, 4, & dont les projections des joints de lit sont les lignes IK, ²*p* P, ³*p* P, LN. Pour trouver la premiere *doele plate*, dont la projection horisontale est le parallelogramme AIKG, on le divisera en deux triangles par une diagonale AK ou IG; il n'importe laquelle, on transportera ensuite une de ces diagonales

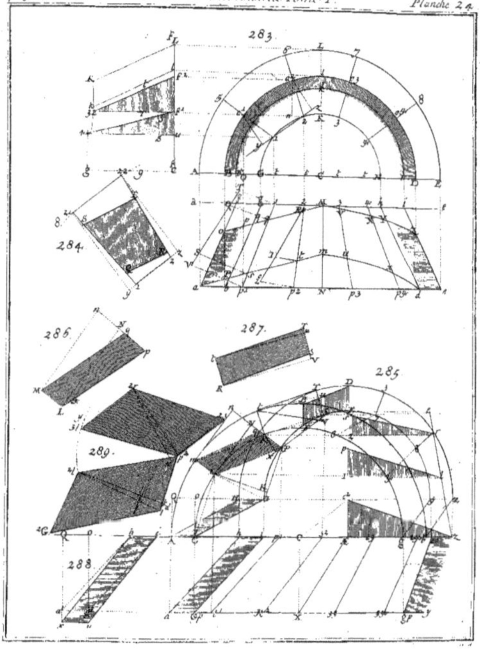

283.

284.

286.

287.

285.

289.

288.

nales comme IG en Ig sur BA prolongé, pour former un triangle rectangle 1 IG, l'hypotenuse 1 g sera la vraie longueur de la diagonale de la premiere doële, dont la projection horisontale est GI. Si au lieu de cette diagonale on avoit pris l'autre AK, on auroit pû transporter la longueur AK en Ik, la ligne k 1 auroit été la longueur réelle de la diagonale de la doële plate, dont AK est la projection, ou bien, au lieu de transporter AK en Ik on peut transporter A 1 en A 1 1 à angle droit sur AK, & tirer la ligne 1 1 K, qui sera celle qu'on cherche; mais il y a moins de commodité en cette maniere, parce qu'il faut faire un angle droit 1 1 AK, au lieu qu'en la précédente on en trouve un tout fait 1 Ig, qui est celui de l'aplomb 1 I sur la base AB, qu'on est obligé de faire pour avoir la projection du point 1 & du joint de lit IK.

Pl. 15. Fig. 290.

Une des deux diagonales de la doële plate étant trouvée, on a la surface de cette doële, parce qu'on a tous les côtés de chacun des triangles par lesquels on l'a divisé par les diagonales; car la corde A 1 est le côté qui est dans le plan de la face, lequel n'est point changé dans l'élévation, & les côtés GA ou KI de la projection ne sont pas altérés dans leurs mesures, parce que le joint de lit de la voute est parallele à IK, & que GA est celui de l'imposte; donc on a les trois côtés de chacun des triangles, qui sont les moitiés de la doële. Ainsi faisant à part la ligne i^2g^2 égale à la ligne 1g, si des points i^2 & g^2 pour centre & pour rayon des longueurs A 1 & AG, on fait une intersection d'arc de cercle en a & en k de part & d'autre de la diagonale i^2g^2; on aura ces points a & k, par lesquels tirant les lignes ag^2, a1[2], kg^2, ki^2 on aura un parallelogramme qui sera la surface de la doële plate dans toute son étendue, & en même-tems les angles que font ses côtés. On peut se servir de la ligne K 1 1 pour rectifier l'opération, parce qu'elle doit être égale à la diagonale ak.

Si au lieu de la premiere doële on avoit voulu tracer la seconde, on auroit de même divisé sa projection KI 2 p P par une diagonale IP ou ou K 2 p, dont on auroit trouvé la véritable longueur en portant à angle droit sur une de ses extrémités la longueur d 2, qui est la différence des hauteurs des divisions des joints de lit 1 & 2, & l'hypotenuse K[2] d auroit donné la véritable longueur de la diagonale de la seconde doële, sur laquelle on auroit formé de part & d'autre deux triangles avec la

Fig. 290. corde 1 2, & le joint de lit KI, comme à l'exemple précédent, ce qui est clair de soi-même. Ou pour s'épargner la peine de faire un angle droit, on auroit profité de celui de l'aplomb 2 *d* 1 sur la ligne 1 *d*, en transportant la longueur de la diagonale 2 *p* K en *d z*, la distance de *z* à *z* auroit donné la même longueur *z z* que K 2 *d*. Ou encore, par une maniere plus abrégée, pour trouver tout d'un coup la différence de niveau des deux points 1 & 2, & profiter de l'angle droit que fait l'*aplomb* 2 2 *p* sur le diametre AB, il n'y a qu'à prendre le plus petit aplomb 1 I, & le transporter sur le plus grand en 2 V, & la longueur de la diagonale 2 *p* K en 2 *p y*, la ligne *y* V sera celle que l'on cherche; car il est visible que les triangles *y* 2 *p* V & *z d* 2 sont égaux entr'eux, de même que les triangles *z d* 2 & 2 *p* 2 *d* K; puisque les jambes qui comprennent l'angle droit sont égales par la construction.

Les panneaux de lit se feront aussi facilement par la même méthode. Premierement celui de l'imposte est tout fait dans la projection horisontale, parce qu'il est de lui-même horisontal, c'est le parallelogramme BDEF: les autres lui seroient égaux si le berceau étoit droit, mais parce qu'on le suppose biais, quoiqu'ils soient tous composés de côtés égaux, ils sont inégaux par leurs angles: ceux qui approchent le plus de la clef sont toujours moins obliquangles.

Soit proposé à faire le panneau du premier lit marqué à l'élévation par le joint de tête 4 *q*, & au plan par le parallelogramme NLOR, que l'on divisera en deux triangles par une diagonale ON, laquelle représente celle du lit, qui est une surface inclinée à l'horison; par conséquent cette diagonale est plus longue que sa projection ON. Il en faut trouver la mesure, comme nous avons fait pour la doële, en portant sur le plus grand à plomb *q* O, qui a servi à faire la projection, le petit 4 L de *q* en Q 3, ensuite ayant transporté la longueur ON en O *n*, on en tirerera *n* Q qui sera la longueur effective de la diagonale NO.

Présentement si l'on porte cette longueur *n* Q en quelqu'endroit à part comme à la Fig. 291, en $n^1 o^1$, & qu'on forme de part & d'autre deux triangles avec les côtés 4 *q* & RO, on aura le parallelogramme $n^1 7 l o^1 r$, qui sera la surface du premier lit, dont les angles sont déja moins aigus que ceux de l'imposte; ainsi des points n^1 & o^1 pour centres, & de l'intervalle NL pour rayon, on fera les arcs 7 *l*, *r* 8, & des mêmes centres, & de l'intervalle 4 *q* on fera des arcs qui couperont les précédens aux points *l* & *r*, par lesquels tirant les lignes *nr*, *ro*, *nl*, *lo*, on aura le parallelogramme $n^1 7 l^1 r$, qui sera la surface du lit de dessus du premier rang de voussoirs, & celle du lit de dessous du second. On voit encore ici qu'au lieu de porter la longueur 4 L en *q* Q pour avoir la hauteur extérieure du joint de lit sur celui de la doële, on pouvoit faire 4 *o* perpendiculaire sur *q o* & sur *o* 4, prolongée en n^2, porter la longueur ON de la projection de O en *n*, on auroit eu l'hypotenuse $n^2 q$ égale à *n* Q. Fig. 290. & 291.

On voit aussi qu'au lieu de la diagonale ON on pouvoit tirer l'autre LR; & porter LR de O en *r*, la ligne *r* Q auroit donné la véritable longueur de cette diagonale, dont on pouvoit se servir comme de l'autre; il n'importe en quelque endroit qu'on fasse ces triangles rectangles, pourvû que leurs côtés soient des longueurs convenables, le plus ou le moins de facilité dans la construction décide des moyens. On a toujours un côté donné sur l'élévation, qui est le joint de tête 4 *q* ou 3 6, & l'autre à la projection NL ou OR.

Si les faces du berceau n'étoient pas paralleles entr'elles, comme si GY en étoit une, on pourroit toujours les supposer paralleles, & après avoir fait les panneaux on en retrancheroit les longueurs 9 N d'un côté, & 10 R de l'autre, suivant les regles de la circonscription, & le panneau seroit réduit au trapeze 9 LO 10, comme on a vû au premier exemple du Problême précédent; ce qui peut s'appliquer à une face courbe en la renfermant dans un polygone par sa projection horisontale.

Second exemple d'un berceau en descente.

La différence qu'il y a de ce second exemple au premier, consiste en deux choses.

Premierement en ce que la projection horisontale ne fournit point de mesure des joints de lit de la voute comme au berceau de niveau, parce que ces joints étant inclinés à l'horison, sont racourcis dans la projection, où ils sont représentés par une ligne horisontale; mais cette ligne fournit le moyen de trouver l'inclinée, en ce qu'elle est la base d'un triangle rectangle, dont l'autre jambe, qui est la hauteur de la descente, est donnée; par conséquent il est aisé de former le triangle rectangle, qui est le profil de la descente, & de trouver son hypotenuse, qui est la ligne inclinée que l'on cherche.

Fig. 293. Ainsi (*Fig.* 293.) puisque B *a*, KL & autres projections des joints de lit sont trop courtes, on élevera à une extrêmité *a* une perpendiculaire *a* a², que l'on fera égale à la hauteur de la descente qu'on suppose être ici la ligne *a* A, & du point B par a² ayant tiré B a², cette ligne sera la véritable longueur de tous les joints de lit, qu'on suppose dans cet exemple paralleles & égaux.

Si les projections des joints de lit n'étoient pas paralleles, comme il arrive dans les voutes coniques, dont nous avons donné des exemples au Problême précédent, il est visible qu'il faudroit faire un profil pour chacun, parce qu'ils sont tous inégaux, si le cone est scalene.

La seconde différence de cet exemple d'une voute en berceau biaise & en descente, est que les longueurs des diagonales sont un peu plus difficiles à trouver, en ce que leur hauteur n'est pas égale, de sorte qu'on ne peut tirer ces hypotenuses de même sommet sur une même base, comme à l'exemple précédent d'un berceau de niveau; mais de deux sommets différens, & pour la commodité de l'exécution, sur deux différentes lignes de base.

Pour concevoir la raison de cettte différence, il faut faire attention que la surface de la doële d'un berceau horisontal, étant divisée en deux triangles par deux diagonales; chacune d'elles

Fig. 292. va de bas en haut, comme (*Fig.* 292) de *n* en *b*, & de *r* en *l* à hauteur égale *l b*, *n r*; mais que si cette surface est inclinée suivant ses joints de lit, comme à la Fig. 296, la doële I *q* BA, on verra que les deux diagonales BI, A*q* ne sont plus également inclinées à l'horison, celle qui part du point I le plus élevé descend plus qu'elle ne faisoit de toute la quantité de la hauteur de la descente AB, & l'autre qui part du point A peut monter ou descendre suivant la différence qu'il y a entre la hauteur verticale ID de la surface, & la hauteur de la descente AD, ou être de niveau comme A*q*.

Si l'*aplomb* de la retombée marquée à la Fig. 293, par la ligne 2 D, est plus grand que la hauteur A *a* de la descente du berceau, la diagonale LQ (*Fig.* 293.) ou AL (*Fig.* 294.) au lieu de descendre du point A monte encore en L de la quantité *d* L; donc l'*aplomb* A 2 ou son égal *b* L excéde la descente A *a*;

mais si la descente A e étoit plus grande que l'aplomb de retombée 2 A, ou son égal F g la diagonale LQ ou A g, descendroit du point A de la différence g D de l'aplomb de la retombée 2 A & de la descente A e. *Fig. 293. & 294.*

Pour prendre une idée nette de ces différences, nommons la hauteur A a ou A e de la descente a, celle de la retombée 2 A, b, leur différence, d; il est clair que la diagonale qui partant du sommet 2 vient au bas de la descente, a toujours pour unique hauteur $a + b$, ce qui est invariable; mais celle de l'autre diagonale qui part du point A sera variable suivant le rapport d'a à b, à son extrêmité opposée au point A; car lorsque a sera plus grand que b elle sera descendante, parce que la hauteur totale $a + b = 2b + d$ est diminuée de $b + d = a$, qui est par la supposition plus grand que b, c'est-à-dire $a - d$; mais si a est plus petit que b, cette diagonale sera ascendante, parce que la hauteur totale $a + b$, qui est alors égale à $2a + d$, ne sera diminuée que de la hauteur a qui est moindre que b par la seconde supposition; il restera donc $a + d$ plus grand que a, cela supposé.

Soit (*Fig.* 293) le plan horisontal B a IE du berceau en descente, avec la projection de ses joints de lit faite à l'ordinaire par les à plomb abaissés des divisions de son ceintre 1, 2, 3, 4. Soit la hauteur de la descente l'intervalle A a pour former le panneau de doële, par exemple du second voussoir 1 2, dont la projection horisontale est le parallelogramme KL 2p Q, on le divisera en deux triangles par une diagonale LQ ou 2 p K il n'importe, une suffit; nous n'en mettons ici deux que pour faire voir qu'il n'est pas indifférent de prendre l'une ou l'autre pour en trouver la juste longueur. *Fig. 293.*

On commencera par chercher la valeur de la projection du joint de lit KL égale à B a qui est trop courte, & qu'on trouvera en faisant la ligne $a\,a^2$ perpendiculaire sur a B & égale à la hauteur A a, la ligne B a^2 sera déja un côté d'un des triangles que forment les diagonales LQ ou K 2p; ensuite on cherchera la valeur de l'autre côté L 2 p ou son égal KQ, qui est aussi trop court, parce qu'il représente la corde 1 2 qui est inclinée à l'horison, & comme cette corde est dans sa juste mesure à l'élévation, elle sera le second côté de chacun de ces triangles. Il ne reste plus qu'à trouver le troisieme qui est la valeur d'une diagonale, laquelle n'est point inclinée suivant la

Fig. 293. pente a ²B, comme nous l'avons fait voir, mais l'une plus & l'autre moins; celle qui vient du point 2 plus haut que le point 1, est plus inclinée que la ligne B a², & sa hauteur est, comme nous l'avons dit, la somme de l'aplomb 2 D & de la descente ²t ²p = A a; il faut donc porter la hauteur 2 D en I ²t pour avoir cette somme I ²p, & la longueur de la diagonale ²p K, en ²p k & tirer la ligne 1 k qui sera sa juste mesure.

Mais si l'on veut avoir la valeur de la diagonale LQ, qui a pour origine le point 1 projetté en L, lequel est plus bas que le point 2, il faudra porter la longueur 2 D de ²p en N, pour avoir la différence N ²t de l'*aplomb* 2 D & de la descente ²t ²p, & porter la longueur de la diagonale LQ de ²t en O, la ligne NO, hypotenuse de ce triangle rectangle, sera la valeur de la ligne LQ.

Pour s'épargner la peine de faire une ligne 1 D perpendiculaire sur 2 D, qui donne la différence 2 D des hauteurs des points 1 & 2, il n'y a qu'à prendre avec le compas la hauteur 1 L & la porter en 2 N sur l'aplomb le plus long, on aura tout d'un coup la différence N ²p = 2 D; parce que l'angle L ²p 2 est droit, 1, 2 = LN, côté du même parallelogramme, & 1 D = L ²p, donc N ²p = 2 D.

Par la même construction on trouvera le panneau de lit marqué à l'élévation par le joint de tête 3 ²3, & au plan horisontal par le parallelogramme *s* R S *r*, dans lequel on tirera les diagonales R *r*, ou S *s*, une des deux suffit pour le diviser en deux triangles, & on aura leur valeur par la même méthode qu'on a employé pour trouver celle de la doële. On examinera quelle est celle qui vient du point le plus élevé 2 3, qui a donné le point S pour sa projection, d'où l'on conclurra que la diagonale S *s* est la plus grande, qui doit avoir pour hauteur la somme de l'*aplomb* 2 3 *d*, & de la hauteur OS de la descente, c'est pourquoi l'on portera 3 *d* en O *u*, la ligne S *u* sera la hauteur de la diagonale S *s*; ainsi en portant S *s* en SV la ligne *u* V sera sa juste mesure; pour la diagonale R *r*, il n'y a qu'à porter la hauteur 2 3 *d* en RT pour avoir sa différence *y* T avec celle de la descente OS, laquelle différence est ici presqu'insensible, de sorte que la ligne R *r* est égale à la grandeur de projection, c'est-à-dire, que cette diagonale est horisontale dans le panneau de lit, par conséquent égale à la projection R *r*.

On peut ici, comme à l'article précédent, trouver la différence 2 3 *d* tout d'un coup, en portant la plus petite hauteur d'aplomb 3 R en 2 3 O.

Les longueurs des diagonales, tant de la doële que du lit étant trouvées, on les transportera en quelqu'endroit à volonté, comme en Kt^2 (*Fig*. 295) & des points K & t^2, comme centres & pour rayons les intervalles 1 2 & B a², de la Figure 293, on fera des interfections d'arcs de part & d'autre de la diagonale Kt^2, qui donneront les points t^1 & q, par lesquels tirant les lignes Kt^1, $t^2 t^1$, $q t^2$, q C on aura un parallelogramme égal à la surface de la doële plate. *Fig. 295. à gauche.*

De la même maniere ayant transporté la longueur V *u* en *s* SO (*Fig*. 295 *à droite*) on prendra la longueur du joint de tête 3 2 3, & du joint de lit B a² & de ces intervalles pour rayons & des points *s* SO pour centres, on fera des interfections d'arcs en RT & *r* 3, qui donneront les points RT & *r* 3, par lesquels tirant les lignes *r* 3 SO, *r* 3 *s* 3, RTSO, RT *s* 3 on aura un parallelogramme qui sera égal à celui de la surface du panneau de lit. *Fig. 295. à droite.*

Troisieme exemple d'une voute en canoniere en descente, qui est une conique scalene tronquée.

La différence de cet exemple au précédent consiste 1°. en ce que les projections des joints de lit étant toutes inégales, & plus courtes que les joints qui sont inclinés à l'horison, il faut trouver la valeur de chacune en particulier par un profil semblable à celui de l'imposte D *a* a², en élevant une perpendiculaire à une de leurs extrêmités égale à la hauteur de la descente *a* a², au lieu que dans l'exemple précédent un seul suffisoit pour tous. *Fig. 292.*

Secondement, en ce que les hauteurs des diagonales se trouvent encore différemment, quoique toujours suivant le même principe.

Soit donc (*Fig*. 297) le plan horisontal d'une descente en canoniere D *ab* E, avec les projections de tous ces joints de lit O *l*, P *n*, &c. soit A *a* la hauteur de la descente, A *h* B le ceintre de face de la partie postérieure ébrasée; DSE celui de la face antérieure, l'un & l'autre divisé en nombre égal de voussoirs aux points 1, 2, 3, 4, desquels on a abaissé les aplomb 1 L, 2 N, & 1 O, 2 P, lesquels ont donné les projections des joints de lit *l* O, *n* P suivant l'usage ordinaire, & les trapezes

Fig. 297. D a l O, & O l n P pour projection des doëles. On les divisera en triangles par des diagonales n O l P (une seule suffit) & l'on en trouvera la valeur, à peu près comme dans l'exemple précédent, ayant égard à leur origine & à leur côté opposé pour trouver par le moyen de leur hauteur au-dessus du plan horisontal leur inclinaison & leur longueur. Ainsi pour avoir la véritable longueur de la diagonale n O, qui répond par le point n à la plus grande hauteur de l'aplomb 2 n, & par le point O, à la plus petite hauteur de l'aplomb 1 o de la face antérieure, on ôtera la plus petite de la plus grande, & leur différence sera la hauteur d'une des extrêmités de cette diagonale au point n. Or il n'importe de prendre cette différence en haut ou en bas; si on la prend en bas en portant O 1 de n en 1 o, il faudra tirer une horisontale par ce point 1 o; mais si l'on porte O 1 sur le haut du point 2 au point I, la ligne a b servira d'horisontale toute tracée; de sorte que si l'on porte la longueur de la diagonale n O de n en K, & qu'on tire la ligne KI, cette ligne sera la valeur de la plus grande diagonale représentée au profil par la ligne 23 o 1, qui est trop courte par les raisons que nous avons donné en parlant des profils des cones, Chap. IV.

Cette ligne KI peut suffire pour trouver le panneau de la doële, dont la projection est O l n P; on la transportera où l'on

Fig. 298. voudra comme à la Figure 298, en 2 n 2 °; puis du point 2 n pour centre & de l'intervalle de la corde 1, 2 de la Figure 297 pour rayon, on fera un arc de cercle L 5, & du point 2 ° & pour rayon l^2 O, valeur du joint de lit, dont la projection est l O, que l'on aura trouvé en faisant $l l^2$ égale à l L, & perpendiculaire à O 1; on aura le triangle 2 ° 1 L 2 n qui sera la valeur de celui de la doële O l n. On trouvera de la même maniere la valeur de l'autre triangle OP n, en faisant du centre 2 ° & de l'intervalle de la corde 1 2 du ceintre DSE l'arc 6 p, & du point 2 n pour centre & pour rayon la valeur de P n que l'on n'a pas mis dans cette Figure, on décrira un autre arc qui coupe le précédent en ^2p, le triangle 2 ° p 2 n sera la valeur de celui de la projection OP n.

Si au lieu de prendre la diagonale n O on avoit voulu prendre l'autre l P, on auroit pris la hauteur de l'*aplomb* 2 P du ceintre de face antérieure, & on l'auroit porté sur l'aplomb 1 L de l'autre ceintre A h B qui a donné la projection du point de l'extrêmité opposée de cette diagonale, & on auroit eu le point i; ensuite

ensuite portant la longueur lP de l en k, la ligne ik auroit donné sa valeur ou mesure, exprimée au profil par la ligne $14\,p^2$ qui étoit trop courte, parce que c'est un profil de cone. Si l'on porte cette longueur 2 P de bas en haut, de l en $2p$, on aura la hauteur de l'horisontale 2 P p^2 terminée au point p^2 du profil. *Fig. 297 & 289.*

Il faut remarquer que les longueurs des diagonales trouvées sont plus grandes que celles du profil 14 p^2, & 23 o 1, parce que n'étant pas paralleles au plan vertical de ce profil, elles y sont racourcies par la projection verticale ; de sorte qu'un tel profil est inutile pour les mesures ; on ne l'a fait que pour indiquer le rapport des lignes cherchées, & pour en faire voir l'inclinaison & la position, afin qu'on conçoive plus facilement les raisons de la construction.

Il n'est pas nécessaire d'expliquer la maniere de faire le panneau de lit, on s'y prendra de la même façon que pour la doële, en divisant sa projection QRts en diagonales, dont on trouvera les longueurs réelles par le moyen de leur hauteur sur l'horison à l'extrêmité élevée, laquelle hauteur sera la différence de celle des retombées, par exemple du joint de tête 3 6, qui est Vt, si l'on porte de t en q la longueur de la projection de la diagonale tQ, on aura pour sa valeur la ligne Vq, de même que ur est celle de la ligne sR de la projection. Ces diagonales transportées à part, comme à la Fig. 299, avec les joints de tête 3 6, & la valeur des joints de lit sQt R, donneront un parallelogramme t6, R6, Q3, s3, qui sera le lit du joint 3 6, de la même maniere qu'on a trouvé celui de la doële dans l'exemple précédent de la Fig. 293 ; avec cette seule différence qu'il faut faire un profil pour chaque projection de joint de lit Qs Rt, parce que ces lignes étant la projection de lignes inégales, une seule hypotenuse ne peut servir pour tous les joints de lit, comme dans la Fig. 293, ce que nous avons déja fait remarquer, mais que nous n'avons pas fait à la Fig. 297, pour éviter la multiplicité des lignes.

Quatrieme exemple d'une voute sphérique réduite en polyedres par des doëles plates.

Nous avons fait voir, en parlant des développemens, que la sphere pouvoit être réduite en portions de cones tronqués, & ces cones en pyramides tronquées, de sorte qu'on pourroit renvoyer le Lecteur à l'exemple précédent; puisque si l'on suppose le demi-cercle B*h*E (*Fig.* 300) divisé en cinq parties aux points 1, 2, 3, 4, & qu'ayant tiré les cordes B 1, 1 2, 2 3, 3 4, 4 E l'on fasse mouvoir ce demi-cercle autour de son rayon C*h*, les cordes B 1, 1, 2 produiront par leur révolution deux cones tronqués, dont la section par par l'axe du premier est le trapeze B 1 4 E, & le trapeze 1 4 3 2 celle du second; & si ces trois cones tronqués inscrits dans la sphere sont réduits en pyramides tronquées, nous retombons dans le cas de l'exemple précedent, avec cette différence que celui-ci est plus facile & plus simple, parce que ces pyramides sont droites sur leurs bases, & que nous en supposons les axes en situation verticale; au lieu qu'au précédent nous avons supposé l'axe incliné à l'horison.

Fig. 300.

Soit cependant pour une plus ample explication de la Fig. 300, le demi-cercle ACFS la projection d'une hemisphere, ou plutôt d'un quart de sphere, dont les cercles concentriques BME, GNL & IOK sont les projections des joints de lit de la doële réduite en portions de cones tronqués, dans lesquels on inscrira un poligone d'un nombre de côtés égal à celui de la quantité des voussoirs que l'on doit mettre à chaque rang, en faisant ces voussoirs égaux ou inégaux, il n'importe; la régularité de ce polygone n'est pas nécessaire, parce qu'il doit enfin être réduit au cercle pour derniere opération.

Fig. 300. Soit, par exemple, BGNM la projection d'une doële d'un voussoir du premier rang, l'ayant divisé par la diagonale GM en deux triangles, on cherchera la véritable longueur de cette diagonale, qui est plus courte que la ligne inclinée qu'elle représente. On portera, comme dans les exemples précédens, la longueur GM en G*m* sur l'horisontale AF au pied de la hauteur de l'aplomb 1 G, la ligne *m* 1 sera la longueur réelle, dont MG est la représentation. On peut donc former un trapeze *bgnm* (*Fig.* 302) qui sera égal à celui de la doële plate, dont la projection est BGNM (*Fig.* 302) parce qu'on a tous les côtés des deux triangles inégaux dans lesquels il a été divisé par la diagonale GM; car les côtés égaux BG & MN sont donnés par la corde B 1 de l'élévation qu'ils représentent, & les cordes BM & GN sont données dans la projection de leur longueur naturelle, parce que ces cordes sont celles des cercles des joints de lit qu'on suppose horisontaux, par conséquent paralleles & égaux à ceux du plan horisontal de la projection, où ils sont rassemblés.

Ayant porté la longueur de la ligne *m* 1, de la Fig. 300, en quelqu'endroit à part comme en *gm* (*Fig.* 302), du point *g* pour centre & de l'intervalle de la corde GN de la Figure 300, on fera un arc de cercle vers *n*, & du point *m* pour centre & de l'intervalle de la corde B1 de l'élévation pour rayon, on fera un autre arc de cercle *n* I, qui coupera le précédent au point *n*, par lequel tirant les lignes *ng*, *nm* on aura le plus petit des deux triangles *gnm* de la division du trapeze par la diagonale MG. La même corde B1 sera le rayon d'un arc *b* 5 fait du centre *g*, & la corde MB de la Fig. 300, sera le rayon d'un autre arc fait du point *m* pour centre, lequel arc coupera le précédent *b* 5 au point *b*, qui sera le sommet du second & plus grand triangle *mbg*. *Fig.* 300. & 322.

On trouvera de même la surface de la doële d'un voussoir du second rang, dont la projection horisontale est le trapeze GION, en portant IN en I *n* sur l'horisontale AF, & la hauteur de la retombée 2 D en *i* I, la ligne *in* sera la longueur réelle, dont la diagonale IN est la projection; de sorte que le trapeze GION deviendra plus allongé, comme on le voit à la Fig. 302 en *g* IO *n*.

Par la même méthode on trouvera les surfaces des lits que l'on pourroit aussi réduire à des trapezes rectilignes, si l'on vouloit tirer une tangente P*t* sur le milieu *t* de l'arc Q*q*, qui est la projection du joint de lit de l'extrados d'un voussoir, dont la projection seroit la portion de couronne de cercle LQ*qr*; mais cette circonscription est inutile pour l'exécution; il suffit que le panneau de lit soit rectiligne de trois côtés QL, L*r*, *rq*; quoique son quatrieme côté *qt*Q soit une portion de cercle, il ne fait aucune difficulté pour l'usage de la coupe des pierres.

Ayant fait la projection du lit dont la ligne 4 14 de l'élévation représente exactement la largeur & l'inclinaison, on prendra avec le compas la longueur de l'aplomb 4 L qu'on portera sur le plus grand 14 Q en 14 *u*, & l'on portera la longueur Q *r* de la diagonale qu'on aura tiré dans la projection de Q en V, la ligne V *u* sera sa juste longueur, laquelle étant mise à part (*Fig.* 301) servira de base pour former les deux triangles du trapeze qui exprime la surface du lit, dont tous les côtés sont donnés. Les côtés Q *l* & *r q* sont égaux au joint de tête 4 14, le côté *lr* égal au côté L *r* de la projection horisontale, & le côté *Fig.* 301.

Q*q* égal auſſi à celui de la projection, ſoit qu'on le prenne par la corde de ſon arc, pour lui circonſcrire l'arc, ſoit qu'on le prenne par ſa tangete, ſoit qu'on le prenne par l'arc même, qu'il eſt aiſé de tracer du premier coup, en prenant ſur le côté Q*l* prolongé la longueur du rayon FC, & alors au lieu d'un trapeze rectiligne on aura un trapezoïde mixte *lrq*Q.

DEMONSTRATION.

La conſtruction de ce Problême & les explications que nous y avons mêlé, portent leur démonſtration.

Premierement il eſt clair que toutes ſortes de figures rectilignes peuvent être réduites en triangles, & que les curvilignes peuvent être réduites en rectilignes par l'inſcription ou la circonſcription, par le moyen de quoi on peut, du moins par approximation, connoître leur excès ou leur défaut; mais toujours aſſez exactement pour la pratique.

Secondement il n'eſt pas moins clair qu'en trouvant la hauteur des lignes inclinées ſur un plan horiſontal, ſur lequel la projection les a racourcies, on ne fait que décompoſer cette projection; en ſorte que l'on remet les côtés & les angles du ſolide dans la ſituation où ils étoient avant qu'ils fuſſent projettés, & il eſt clair qu'on en trouve par ce moyen les juſtes longueurs. Or ayant les trois côtés d'un triangle, il eſt eſt évident qu'on a les angles de trapeze ou de telle autre ſurface que l'on voudra, dont il eſt partie; car un de ſes angles devient un de ceux de la figure quadriligne ou polygone qu'il compoſe ou par ſa repétition, comme il arrive dans les parallelogrammes, ou par ſa jonction avec celui d'un autre triangle mis de ſuite, car le tout eſt égal à ſes parties, donc cette méthode eſt applicable à toutes ſortes de ſurfaces planes; mais comme les courbes peuvent encore être inſcrites dans des polyedres, comme nous l'avons dit de la ſphere, il ſuit que cette méthode eſt univerſelle, & que l'ayant bien compriſe, on peut l'appliquer & trouver par ſon moyen toutes les ſurfaces dont les ſolides ſont enveloppés, ce qui étoit propoſé au Problême.

Remarque ſur l'uſage.

Non-ſeulement ce Problême peut ſervir à trouver les panneaux des lits & des doëles planes, mais encore ceux des lits & des doëles ou têtes gauches, en inſcrivant leur projection dans

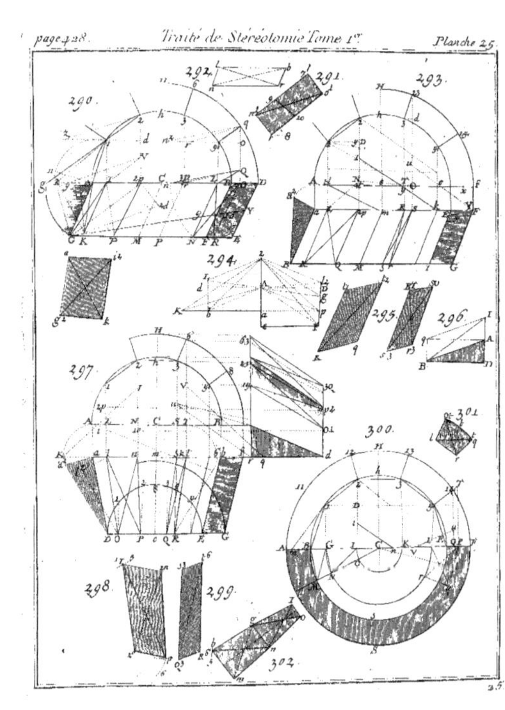
290.
291.
292.
293.
294.
295.
296.
297.
298.
299.
300.
301.
302.

des triangles, comme aux vis St. Gilles & aux arrieres-voussures; car on peut toujours faire passer une surface plane par trois points. Cependant comme la division des doëles donne des figures quadrilignes qu'il faudroit diviser en deux par des diagonales, pour les réduire en triangles; il arriveroit qu'il faudroit encore trouver l'inclinaison que les plans de ces deux triangles feroient entr'eux, supposant que le quadriligne soit gauche, ce qui obligeroit à une seconde opération, qu'on peut s'épargner par des méthodes plus commodes & plus abrégées, que nous donnerons au quatrieme Livre, lorsqu'il s'agira des traits des voutes qui ont des lits ou des paremens de doële ou de tête gauches. Il suffit d'avoir établi une méthode générale & fondamentale. Il ne reste plus qu'à trouver les angles des plans qui terminent & enferment les solides.

CHAPITRE V.

De la Goniographie, ou description des angles.

En termes de l'Art,

Des moyens de trouver les biveaux.

Il semble que lorsqu'on a la figure & la juste grandeur des surfaces qui comprennent un solide, il est inutile de chercher les angles qu'elles font entr'elles; puisque leur assemblage dans l'ordre où elles doivent être, forme un solide d'une figure déterminée, dont les angles ne peuvent varier sans le changement de quelques-unes de ses surfaces; mais il faut considérer ici que notre objet n'est pas de rassembler des surfaces pour en composer un solide; mais de diviser un solide en parties qui ayent leurs surfaces égales à celles qu'on a trouvé par les regles & les Problêmes précédens, en retranchant d'une plus grosse masse tout l'excès dont elle surpasse celui qu'on se propose de faire; & parce qu'il faut abattre, tailler & creuser successivement une surface par le moyen de sa contigue, qui doit en déterminer la position; il suit qu'on ne peut leur donner l'inclinaison qu'elles doivent avoir entr'elles, sans connoître les angles de leurs plans pour approfondir plus ou moins la place du modele qu'on doit y appliquer, lequel regle les angles de leurs côtés, & pour trouver par leur situation celle d'une troisieme, quatrieme & cinquieme surface, dont elles sont les termes.

La seconde raison qui nous oblige à la recherche des angles des plans, c'est qu'on ne fait pas des panneaux pour toutes les surfaces qui comprennent un voussoir. On fait rarement ceux des extrados, & s'il s'agissoit d'opérer par la syntese, on ne pourroit se dispenser de les faire, lorsqu'ils sont composés de plusieurs surfaces, comme il arrive aux enfourchemens.

Nous ne croyons pas qu'il soit nécessaire d'expliquer ici ce que nous entendons par les angles des plans; la sixieme définition du onzieme Livre D'EUC. nous enseigne, que l'angle de rencontre de deux plans qui se coupent est mesuré par celui que font deux lignes droites, perpendiculaires à leur commune section, menées au même point; la raison nous fait sentir que c'est le moyen le plus simple de connoître leur inclinaison mutuelle; cependant comme cette regle est le fondement de l'usage qu'on doit faire de ces instrumens propres à copier & transporter les angles qu'on appelle beuveaux, ou selon moi, *biveaux*, du Latin *bivium*, un chemin fourchu, il ne sera pas inutile d'en faire une proposition générale, applicable aux surfaces courbes des corps réguliers, aussi-bien qu'aux droites.

Il faut remarquer qu'on ne doit pas confondre les *angles des plans* avec *les angles plans*; car quoique les angles d'inclinaison des plans soient dans des plans qui leur soient perpendiculaires, nous entendons par le mot *d'angle plan*, celui des côtés d'une surface plane, & par *angle des plans*, celui de deux surfaces.

LEMME.

L'angle d'inclinaison de deux surfaces quelconques, planes ou courbes, mesuré par des lignes obliques à leur commune section, est plus aigu que celui qui est mesuré par des perpendiculaires à cette commune section, menées à un même point.

PL. 26. Fig. 303. Soient deux surfaces planes ABCD, BFED, qui sont inclinées entr'elles, dont la commune section est la ligne droite BD; si d'un point *h* pris sur cette ligne on lui tire deux perpendiculaires; sçavoir, *gh* dans un plan, & *ih* dans l'autre, & que d'un autre point *k* pris sur la même ligne, on tire aux points *g* & *i* les lignes *kgki*; je dis que l'angle *ghi* est plus grand que l'angle *gki*.

DÉMONSTRATION.

A cause des angles droits en *h*, les lignes *ik* & *kg*, qui sont les hypotenuses des triangles rectangles *ihk* & *ghk* sont plus grandes que les côtés *gh* & *hi*; donc si l'on applique sur un même plan les deux angles *gki* & *ghi*, qui sont ici dans différens plans, le sommet *h* tombera au-dessous du sommet K; & si l'on tire une ligne *gi* pour base commune de ces deux triangles *ghi*, *gki*; on reconnoîtra (par la 21 prop. du premier Livre d'EUCL.) que l'angle *gki* est plus aigu que l'angle *ghi*; *ce qu'il falloit démontrer* premierement pour les sections des surfaces planes. Fig. 303.

Secondement si les surfaces sont, l'une plane l'autre courbe, ou toutes deux courbes des courbures régulieres des spheres, cones & cylindres; il sera encore vrai que les lignes courbes qui seront dans des plans perpendiculaires à la commune section, c'est-à-dire à une tangente de la courbe formée par cette section, seront plus courbes que celles qui s'éloignent de ce point d'attouchement.

Soit pour exemple une portion de zone de sphere K*b*GH*d*L, qui est coupée par un plan IFGK, telle qu'est la rencontre d'une doële avec son lit. Il est clair que si par le point *b* de la commune section des surfaces courbe & plane, on mene la tangente *b*T, & qu'on lui mene les perpendiculaires *b*a & *bd*, dont l'une *b* a soit dans le plan du lit, & dont l'autre *bd* soit la corde de l'arc *bmd*, portion de la sphere, le plan qui passera par *bmd*, passera par le centre de la sphere; & si l'on prend un autre point comme E dans la section du lit & de la doële, & que l'on tire E*d*, le plan qui passera par E*d* ne passera pas par le centre de la sphere. Or dans le cercle de toutes les lignes qui sont tirées d'un point hors du centre à la circonférence la plus courte est celle qui étant prolongée passe par le centre, de même dans la sphere, l'arc le plus court entre deux cercles paralleles, est celui du cercle majeur, dont le plan passe par le centre de la sphere & les poles de ces cercles, c'est-à-dire, qui coupe à angle droit leurs plans. Fig. 304.

Fig. 304. Pour concevoir cette vérité, soit prolongée la ligne droite a*b* en C, puisqu'elle est perpendiculaire à la tangente *b*T, elle passera par le centre C de la section circulaire K*b*G; & si du point *d*, que je suppose à la surface de la sphere, on tire sur la ligne a*b*C, la perpendiculaire *d*D égale à la hauteur du point *d* sur le plan FGKI de la section plane de la sphere, & du point D une ligne au point E, il est clair (par la 15 du IIIᵉ. Liv. d'Euc.) que la ligne D*b* qui passe par le centre C sera plus courte que DE qui est dans le même plan, & ne passe pas par le centre. Il se formera donc deux triangles rectangles perpendiculaires au plan de la section; sçavoir, *bd*D, E*d*D, qui ont pour côté commun *d*D; & puisque le côté ED est plus grand que *db*, l'hypotenuse *d*E sera aussi plus grande que *db*; donc l'angle a*bd* sera plus grand que aED (par l'Article précédent). Or l'arc *bmd* étant dans un plan perpendiculaire au plan FGKI, section de la sphere, & passant par son centre, passera aussi par le pole, & sera portion d'un cercle majeur, laquelle sera plus petite que celle du cercle mineur E*nd*, comme nous le démontrerons au quatrieme Livre; donc l'angle mixte a*bmd* est plus grand que l'angle mixte aE*nd*; *ce qu'il falloit démontrer.*

Cete démonstration pourra s'appliquer aux autres sections coniques, où il est démontré *de maximis & minimis*, que la perpendiculaire au point d'attouchement d'une tangente est la plus courte de toutes celles qu'on peut tirer d'un point donné à son contour, parce qu'une telle ligne est un *minimum.*

De-là on peut inférer, que non-seulement aux angles mixtes, mais encore aux curvilignes, formés par la rencontre de deux surfaces courbes, il faut prendre la mesure de l'ouverture des branches du biveau perpendiculairement à la tangente commune de l'une & de l'autre.

COROLLAIRE.

Il suit de-là que l'art de former les biveaux ou modeles des angles des surfaces qui se rencontrent, consiste à trouver une sous-tendante aux perpendiculaires menées sur chaque surface à la ligne droite ou courbe de leur intersection, ce qui est aisé dans les angles rentrans, mais qui ne se peut dans les angles saillans, que par le moyen de quelqu'instrument, ou en prolon-

geant

geant ces perpendiculaires, par le moyen de quelques regles ou cordeaux.

L'instrument propre à cet usage est composé de deux branches mobiles, qui sont assemblées à leur extrêmité par un pivot & une charniere, dont le frottement est assez rude pour qu'elles demeurent immobiles à l'ouverture où on les a mis ; on l'appelle *sauterelle*, ou *fausse équerre*, ou *compas d'appareilleur*, comme on verra à la premiere planche du quatrieme Livre ; mais parce qu'on a besoin de prendre des angles mixtes ou curvilignes, & qu'avec cet instrument on ne peut prendre que les angles rectilignes, ou ceux des cordes des surfaces curvilignes concaves, & point du tout des convexes, on est obligé de faire un autre instrument pour chaque angle de cette espece, qu'on appelle *beuveau* ou plutôt *biveau*.

Comme il y a plus de difficulté à former des angles mixtes & curvilignes que des rectilignes, qui sont aisément déterminés par la connoissance de leurs sinus ou de leurs sous-tendantes, on doit toujours commencer par les angles rectilignes des surfaces planes supposées au-devant des courbes, comme sont les doëles plates.

PROBLEME XII.

Trois angles plans qui forment un angle solide étant donnés, trouver les angles d'inclinaison de ces plans entr'eux.

Ou en termes de l'Art pour la Coupe des Pierres

Trois panneaux étant donnés, trouver les biveaux de leurs assemblages.

On peut résoudre Méchaniquement ce Problême, en joignant les trois angles ou panneaux donnés, ensorte qu'ils forment l'angle solide, & en prenant avec la sauterelle ou récipiangle les angles des plans, observant qu'il faut que les branches de la sauterelle soient posées suivant des lignes perpendiculaires à l'intersection des plans si elle est en ligne droite, ou à sa tangente en un point où l'on mesure l'angle, c'est pourquoi il faut se servir d'une équerre pour en placer un côté sur l'intersection, & faire servir l'autre à régler la position de la branche de la sauterelle sur chaque surface.

Mais ces opérations ne sont bonnes que pour des Ouvriers ; l'esprit n'y trouve pas la même satisfaction que dans les Géométriques, ni la même sûreté & commodité.

Fig. 305. & 306. Soient donc (*Fig.* 305) les trois plans AB, AC, AD qu'il faut rassembler, en sorte qu'ils fassent un angle solide en A. Il faut trouver l'angle d'inclinaison du plan AD avec le plan AC, & celui du même plan AD avec le plan AB.

On décrira sur une même surface plane les trois angles plans qui doivent former le solide, & on les rangera de maniere qu'ils soient contigus par les côtés AL & AK. Des points E & F pris sur les autres côtés à volonté ou à distance égale du point A, on tirera sur les côtés AL & AK prolongés, s'il le faut, les perpendiculaires EG, FH, qu'on prolongera jusqu'à leur point de rencontre en I, duquel pour centre & de l'intervalle HF pour rayon, on tracera un arc en K, qui coupera en ce point K le côté AH prolongé ; je dis que si par les points I & K on mene la ligne IK, l'angle HIK sera égal à celui de l'inclinaison des plans AC, AD entr'eux.

De même que si du point I pour centre & de l'intervalle GE, on fait un arc de cercle qui coupe AG prolongée en L, & que l'on tire la ligne IL, l'angle LIG sera égal à celui de l'inclinaison mutuelle des plans AB, AD.

DEMONSTRATION.

Supposons que les plans AC AB se meuvent autour des lignes AK, AL comme des couvercles de boëtes sur leurs charnieres, jusqu'à ce que les lignes AF, AE se rassemblent en une seule qui seroit en l'air, mais que nous représentons dans la Figure par une ligne AM, le plan AD restant immobile, les lignes MG, MH, qui seroient perpendiculaires aux interfections AL, AK seroient les mêmes qui étoient auparavant en EG & HF ; soit enfin tirée la ligne MI.

Puisque la ligne LG (*Fig.* 305) ou LG (*Fig.* 306) est perpendiculaire à la ligne GM qui est en l'air, & à GI qui est dans le plan, elle sera perpendiculaire au plan du triangle MGI (par la 4e. du XIe. d'Euc.) & réciproquement on démontrera de la même maniere que le plan du triangle MIH est perpendiculaire au plan AD, d'où il suit (par la 19. du XIe. d'Euc.) que la ligne MI sera perpendiculaire au plan AD, & que le triangle

MIH sera rectangle en I, quoiqu'il ne le soit pas dans la figure, où l'on ne peut le représenter exactement, parce que la ligne IM est en l'air hors du plan du papier. Donc l'angle MHI est celui de l'inclinaison des plans AD, AC, auquel l'angle HIK a été fait égal par la construction; car l'on a fait HI perpendiculaire sur AK pour avoir un angle droit en H, & IK = HF = HM; donc les triangles MIH supposé en l'air, & IHK sont égaux en tout, puisqu'ils sont rectangles l'un en H l'autre en I, que le côté IH est commun aux deux, & que HK est égal à IM; donc l'angle MHI est égal à l'angle HIK, c'est-à-dire, à celui de l'inclinaison des plans AD, AC; *ce quil falloit démontrer.*

On démontrera de même que l'angle GIL est égal à l'angle MGI, qui est celui de l'inclinaison des plans AB, AD. Les mêmes lettres dont on a marqué les lignes de la Figure 306, font voir l'application de ce Problême à un voussoir de voute en berceau biaise, répeté à la Fig. 307 avec des ombres, pour en mieux exprimer la figure. *Fig. 306. & 307.*

Il faut remarquer qu'il peut arriver que le point I tombe hors du plan AD, ce qui ne change en rien la démonstration, comme on peut le voir dans la Fig. 306.

Seconde maniere en réduisant les plans donnés en triangles pour en former des pyramides.

La maniere précédente de résoudre le Problême est la plus simple, car elle ne suppose que des angles plans donnés, quoique dans la Figure on ait dessiné des parallelogrammes. On a pû remarquer que nous n'avons fait attention qu'à un de leurs angles. Celle-ci ne suppose rien de plus que les bases; mais elle se fait un peu différemment sans le secours des triangles rectangles, dont le sommet de l'angle droit tombe hors des côtés des angles donnés en cherchant les bases triangulaires des pyramides. C'est pourquoi nous représentons ici quatre triangles pour les quatre surfaces qui l'enveloppent.

Soient les trois triangles ABC, AEC, EDC donnés, qui sont autant de surfaces d'une pyramide triangulaire, lesquelles étant jointes ensemble, forment un angle solide en C. Il faut pour trouver les angles que ces plans font entr'eux, commencer par chercher le quatrieme triangle, qui est la base, ou une *Fig. 308.*

Fig. 308. surface de la pyramide, lequel triangle est formé par les côtés de chacun des trois autres opposés au sommet C, tels sont dans cet exemple BA, AE, ED, desquelles on formera un triangle AEb^d, qu'on rangera ensuite de AEC sur le même plan.

Cette préparation étant faite en façon de développement, on pourra chercher les angles de tels plans qu'on voudra. Supposons premierement qu'on demande celui que les plans AEC, CED font entr'eux. On prendra un point G à volonté sur le côté commun EC, par lequel on lui tirera une perpendiculaire FH, qui coupera AE en F, & ED en H. On portera la distance EH de E en *h* sur le côté Eb^d, puis ayant tiré *h*F, on aura trois lignes *h*F, FG, GH, avec lesquelles on fera un triangle, prenant si l'on veut FG pour base. Du point F pour centre & de l'intervalle F*h* pour rayon on fera un arc vers *x*, & du point G pour centre & GH pour rayon, on en fera un autre aussi vers *x*, qui coupera le précédent au point *x*, l'angle FG*x* sera celui des plans AEC, CED.

Présentement si l'on veut trouver celui des plans AEC, ACB, on prendra sur le côté commun AC un point *i* à volonté, par lequel on menera sur AC la perpendiculaire KL. On portera la distance AK sur AB, en A*k* sur A*bd*, puis on tirera *k*L. On formera un triangle avec les trois lignes K*i*, *i*L, L*k*, l'angle *yi*K, sera celui que l'on cherche.

Il est visible que pour trouver le troisieme angle des plans AEC, AEb^d, il faut tirer sur le côté commun AE une perpendiculaire *m*O, faire EM égal E*m*, & un triangle *mnz* avec les trois lignes *mn*, *n*O, OM l'angle *mnz* sera le proposé.

Application à la pratique.

Quoique les panneaux triangulaires ne soient pas fort communs dans la Coupe des pierres, il s'en trouve cependant dans les naissances des enfourchemens & aux doëles des trompes; mais parce que les angles trop aigus se cassent facilement, on les émousse pour creuser le sommet du cone dans une seule pierre qui rassemble tous les angles des panneaux de doële triangulaire, que l'on réduit par ce moyen à des trapezes; mais ce qu'on ne fait pas en œuvre, on doit le faire dans l'épure, parce qu'on retranche du panneau triangulaire ce que l'on juge à propos à chaque côté de l'angle aigu qu'on veut supprimer.

L'opération en est plus simple & plus facile que si on cherchoit d'abord un trapeze.

Soit, par exemple (*Fig.* 309) un voussoir de trompe conique, tel qu'on le voit dessiné avec des ombres à la Figure 310, dont les panneaux de tête T, de doële plate D, & des lits L & L sont donnés, on demande les angles qu'ils doivent faire entr'eux, afin qu'on en puisse prendre les ouvertures avec la fausse équerre, & s'en servir pour abbattre la pierre qu'il faut enlever pour y appliquer les panneaux donnés. *Fig.* 309.

On commencera par réduire en triangles toutes les figures des panneaux donnés, qui sont ici très-différentes; car celui de la doële est triangulaire, ceux des lits sont des trapezes rectilignes, & celui de la tête est un trapezoïde mixte.

Ayant arrangé de suite les panneaux donnés, ensorte que ceux dont on cherche les biveaux ayent un côté commun, on les divisera en triangles par des diagonales, comme celui de tête ABDC par les lignes AD, BC, ceux de lit a aCSX, BD*s x*, par les lignes a S, B*s*.

Présentement supposons qu'on demande le biveau de lit & de doële. On prendra sur le côté commun CS un point G à volonté, par lequel on lui tirera la perpendiculaire FH, puis du point S pour centre & de l'intervalle S a pour rayon, on fera un arc a E; & du point D pour centre & de l'intervalle DA pour rayon, on décrira un autre arc AE, qui coupera le précédent au point E, d'où on tirera au point S la ligne ES.

Ensuite du même point S pour centre, & de l'intervalle SF pour rayon, on décrira un arc F*f*; qui coupera la ligne ES au point *f*, duquel comme centre & de l'intervalle FG, on décrira un arc vers *g*, & du point H pour centre & de la longueur HG pour rayon, on en décrira un autre qui coupera le précédent au point *g*, les lignes *gf* & *g*H formeront l'angle du biveau demandé *fg* H.

Supposons en second lieu qu'on demande le biveau de doële CDS & de tête CABD, ayant tiré par un point N, pris à volonté sur le côté commun CD, une perpendiculaire P*n*, on opérera comme nous venons de faire.

Du point D pour centre & DS pour rayon, on décrira un arc SO, & par le point P un autre P*q*, ensuite du point A pour centre & la diagonale a S pour rayon, on décrira un arc *u* O qui coupera le précédent au point O, d'où l'on tirera au point D

Fig. 309. la ligne OD, qui coupera au point *q* l'arc P *q*. Si du point *q* pour centre & de la longueur PN pour rayon on fait un arc vers *y*, & que du point *n* pour centre & de l'intervalle N *n* pour rayon on en fasse un autre qui coupera le précédent au point *y*, les lignes *ny* & *qy* tirées à ce point *y*, donneront l'ouverture de l'angle des plans de tête & de doële plate.

Enfin si l'on demande le biveau de tête & de lit, ayant assemblé ces deux surfaces ACDB & *xs* DB sur le joint de tête BD dans un même plan, on lui tirera par un point *m*, pris à volonté sur ce côté commun, la perpendiculaire IK, puis du point B pour centre & la diagonale B *s* pour rayon, on fera un arc *se*, & du point C pour centre, & de l'intervalle CS pour rayon, on en décrira un autre qui coupera le précédent au point *e*, d'où l'on tirera la ligne *e* B, puis du point B pour centre & de l'intervalle BK où la ligne IK coupe la diagonale B *s*, on fera un arc K *k*, qui donnera sur B *e* le point *k*, duquel pour centre & pour rayon *m* K on décrira un arc vers *z*, & du point I pour centre & de l'intervalle I *m* pour rayon on en tracera un autre qui coupera le précédent au point *z*, où l'on menera les lignes I *z*, *kz*, l'angle I *z k* sera le biveau de tête & de lit qu'on avoit demandé.

DÉMONSTRATION.

Il semble qu'il y a quelque différence dans les constructions que nous venons de proposer aux Figures 308 & 309 ; mais si l'on y fait bien attention on verra qu'elle n'est qu'apparente ; ainsi la démonstration de l'une sert pour l'autre.

Fig. 308. Si l'on imagine (*Fig.* 308) que le triangle ACE restant immobile les deux autres ABC, ECD se meuvent au tour de leurs côtés AC & CE, comme sur des charnieres jusqu'à ce que les points B & D se réunissent, en sorte que les lignes CB & CD se confondent en une, il se formera de ces trois triangles ou plans un angle solide en C, & une pyramide triangulaire fermée par un quatrieme triangle, égal à celui qu'on a marqué en AE b^{d}, qui a ses trois côtés égaux à chacun des autres triangles, avec lesquels il forme la pyramide. Or il est clair que par le mouvement du plan CDE sur le côté CE, la ligne droite FH se plie en G sans changer de situation à l'égard de CE, jusqu'à ce que le plan ACB rencontre celui où elle est, lorsqu'ils se réunissent sur le côté CD, alors le point H tombera sur le côté E b^d, où les points B & D se réunissent en b^d, & le point H en *h* ; c'est pourquoi on a fait la longueur E *h* égale à EH ; ainsi supposant un plan qui coupe la pyramide perpendiculairement au côté CE par le point G, il coupera le triangle EA b^d par la ligne *h*F, qui est la sous-tendante de l'angle des plans AEC, DEC représentée par la ligne F*x* son égale ; donc l'angle FG*x* est bien trouvé par cette construction ; *ce qu'il falloit démontrer.* Fig. 308.

Présentement si on examine la construction qui donne les biveaux d'un voussoir de trompe à la Fig. 309, on reconnoîtra qu'elle est dans le fond parfaitement la même que la précédente, quoique avec quelque petit changement ; car on y a trois triangles donnés en développement sur un plan ; sçavoir, a CS portion d'un panneau de lit ; DCS panneau de doële plate entiere, & DCA portion du panneau de tête, lesquelles trois surfaces doivent, dans l'exécution, former un angle solide en C ; par conséquent il faut les plier de maniere que l'intervalle AC a que laisse le développement soit supprimé, joignant le point A au point a, en sorte que les deux lignes CA C a se confondent en une, ce qu'on ne peut faire qu'en faisant mouvoir les triangles DCA & SC a sur les côtés CD & CS, le panneau de doële SCD restant immobile ; c'est pourquoi des points D & S pour centre, on a fait mouvoir les lignes DA & S a, lesquelles se rencontrant en E, prennent la situation des côtés d'un quatrieme triangle SED, qui ferme la pyramide formée par les trois surfaces données ; mais dans les différentes circonstances, on change la situation de ce triangle à l'égard des surfaces données. Pour les biveaux de doële & de lit, on le met dans la situation SED ; pour ceux de tête & de doele, à la situation DOA, & pour les biveaux de tête & de lit à la situation C*e*B, où il faut remarquer qu'il a toujours un côté commun avec une de ces surfaces dont on cherche l'angle qu'elle fait avec sa contigue.

Remarque sur l'usage.

On sçait qu'il n'y a pas de maniere plus générale & plus simple pour trouver les angles plans des figures rectilignes, que de les diviser en triangles, qui sont les premiers élémens des surfaces, puisqu'on ne peut enfermer un espace à moins de trois lignes. Par une semblable raison il n'y a pas de maniere plus générale pour connoître les angles solides que font les angles plans dans des surfaces qui se rencontrent, que de réduire les corps en pyramides triangulaires ; car les tétraedres réguliers ou irréguliers sont leur derniere réduction, ou si l'on veut leurs premiers élémens ; puisqu'on ne peut enfermer un espace de corps à moins de quatre surfaces triangulaires, & que toute pyramide de base polygone d'un nombre de côtés au-dessus du triangle, pourra en contenir autant de triangulaires que sa base contiendra de triangles ; ainsi on peut dire que ce Problême est général pour trouver les angles des plans de tous les corps imaginables compris par des surfaces planes, comme on le verra par les applications que nous en ferons aux traits des voutes dans le quatrieme Livre.

A l'égard des angles solides formés par des surfaces courbes, qui font entr'elles des angles curvilignes ou mixtes, qu'on ne peut mesurer immédiatement, mais seulement par les cordes de leurs arcs ; il est clair que la même méthode doit encore avoir lieu, puisqu'on peut faire passer des surfaces planes par ces cordes, & inscrire ou circonscrire des pyramides de surfaces planes triangulaires à des pyramides triangulaires de surfaces courbes ou mixtes. C'est même une nécessité ; car puisque nous ne parvenons à la connoissance des lignes courbes que par le secours des droites, nous ne parvenons aussi à la formation des surfaces courbes que par la médiation des planes.

PROBLEME XIII.

Ayant deux angles rectilignes ASB, DSP *perpendiculaires entr'eux ; qui ont leur sommet* S *commun & un côté de l'un* SP *dans le plan de l'autre* ASB, *trouver l'angle des deux plans qui peuvent passer par leurs côtés* AS, DS & BS, DS.

Fig. 311. Soit (*Fig.* 311) le triangle ASB, dans le plan duquel est la ligne PS, section d'un autre triangle PSD qui lui est perpendiculaire, lequel est représenté ici en racourci de perspective, parce qu'il est en l'air sur PS ; ayant fait PE perpendiculaire à PS & égale à PD, & tiré SE, on fera EC perpendiculaire sur ES, qui coupera SP prolongée en C, par C on tirera FG perpendiculaire à SC, qui coupera SA prolongée en F, & SB en G. On portera la longueur CE en C*e* sur SC prolongée, & l'on l'on tirera les lignes F e, G e. L'angle F e G est celui que l'on cherche. Pl. 26. Fig. 311.

DEMONSTRATION.

Par la construction, les triangles FC e, GC e qui sont dans le plan FSG, sont égaux aux deux FCD & GCD qui sont en l'air, dans un plan perpendiculaire au plan CDS (par la 4e. du XIe. d'EUCL.) à cause que GC est perpendiculaire aux deux CS, CD ou CE, & parce que la ligne GE est perpendiculaire à ES, c'est-à-dire, dans la représentation en l'air, CD à DS, elle l'est à la commune section des plans. Or puisque SC est perpendiculaire à FG, & SD à DC, elle l'est (par la 4e. du XIe. d'EUCL. & la 11e. du XIe.) à toutes celles qui sont dans le même plan passant au point D; par conséquent à DF & DG, (par la déf. 6 du XIe. d'EUCL.) donc l'angle FDG est celui des plans, ou son égal F e G; *ce qu'il falloit démontrer.*

Je donnerai ci-après l'usage de ce Problême.

COROLLAIRE.

De-là on tire la maniere de trouver l'angle d'un plan incliné avec un vertical, dont on a la projection sur un côté de l'angle horisontal, & la plus grande hauteur de l'incliné, ou l'angle de son intersection avec le vertical, & le côté de l'horisontal, parce que ce cas n'est que la moitié du précédent, je veux dire, une partie. Ainsi au lieu de chercher l'angle des plans FDS, GDS, on ne cherche que celui du plan GDS incliné avec le vertical PDS, auquel cas il est visible que l'angle cherché est l'angle G e C.

Soit, par exemple, donnée la ligne OS pour section d'un plan incliné avec l'horison, la ligne OH pour section de ce plan avec un vertical OH p, dont la base O p est dans le même plan que OS; on demande l'angle de ce plan incliné avec le vertical. Du point H, pris à volonté dans la ligne d'intersection OH, on lui menera une perpendiculaire HC qui coupera l'horisontale O p, prolongée en C, par où on tirera sur OC la perpendiculaire CS, qui coupera OS au point S. On portera la longueur CH en C h, sur OC prolongée, & l'on tirera S h; l'angle S h C est celui que l'on cherche, comme il est évident par ce qui vient d'être démontré de la figure précédente, en pre- Fig. 312.

nant le point O de cette figure pour le point S de la précédente, & le point S de celle-ci pour le point G de l'autre.

De la situation des angles des plans, à l'égard de l'horison.

LEMME.

Un angle rectiligne en situation quelconque, est égal à la somme, ou au supplément à deux droits, des angles que ses côtés prolongés font avec une ligne horisontale ou une verticale.

Fig. 313. Soient (*Fig.* 313) deux lignes AD, DK, qui se coupent en D, ou G*e*, *e*V, si l'on tire par E une horisontale EO & une verticale VE, je dis que l'angle ADK est égal à la somme des angles AEK du côté AD prolongé & DKE.

La démonstration se présente à la seule inspection de la figure, où l'on voit que l'angle ADK est extérieur à l'égard du triangle DKE; donc il est égal aux deux intérieurs opposés, de même que G*e*T à l'égard du triangle *e*ET.

Par la même raison, cet angle ADK est égal au supplément à deux droits des angles que ses côtés prolongés font avec l'horison EO; car l'angle ADK est égal à son opposé au sommet ODE, qui est le supplément à deux droits des angles à l'horison EOD OED.

COROLLAIRE I.

D'où il suit que l'angle que fait un joint de tête AD, avec une doële plate OD est le supplément à deux droits des angles que la doële & les joints prolongés au-delà de son sommet font avec une ligne aplomb VT, & que le même angle ADO de doële & de joint de tête, est égal à la somme de deux angles DEO, DOE, que ses côtés prolongés font avec une ligne de niveau.

COROLLAIRE II.

Fig. 314. De-là il suit encore que l'angle d'une doële plate avec l'horison, donne facilement l'angle de cette doële avec un *aplomb*, car il n'y a qu'à lui ajouter l'angle droit *h* OP, on aura un angle obtus DOP égal à son alterne ODV de *l'aplomb* avec la doële, parce que la verticale EV est parallele à OP.

Et par l'inverse si l'on a l'angle ODE de l'aplomb avec la

doële, on aura l'angle ODr = DOn de la doële avec l'horiſon, en y ajoutant l'angle droit.

Remarque ſur l'uſage.

Les angles des doëles avec les *aplombs*, où avec les lignes de niveau, particulierement ces derniers, facilitent beaucoup les opérations des traits, parce qu'un ſeul plan horiſontal AC eſt équivalent à pluſieurs BG, DF, Ee, qui lui ſont néceſſairement paralleles. Fig. 315.

Il n'en eſt pas de même des plans verticaux, qui peuvent être tournés différemment, les uns au Midi, les autres au Levant, &c. ainſi le plan horiſontal dont la ligne AC eſt le profil, ſert pour régler l'inclinaiſon des joints de tête & des doëles, comme ſes paralleles BG, DF, & y rapporter leurs parties par des *aplomb*, comme LF en lC, KG en dC, &c. Cette ligne AC ſert auſſi à y tranſporter les angles des doëles des différens vouſſoirs avec l'horiſon, comme EDF, DBG en faiſant ed parallele à ED & db parallele à DB; mais à cauſe que les plans verticaux hC, El, &c. peuvent avoir des directions variables, nous en faiſons moins d'uſage que des horiſontaux, comme on le verra par les pratiques ſuivantes.

Application des propoſitions précèdentes à la conſtruction des voutes, pour trouver les biveaux des ſurfaces des vouſſoirs ſuppoſées planes, comme de la doële plate avec ſes lits, ou de la même doële avec ſes têtes.

Le moyen le plus ſimple de trouver les angles d'inclinaiſon des plans inclinés entr'eux, eſt de les conſidérer comme coupans un plan horiſontal ou un plan vertical, vrai ou ſuppoſé; parce que dans les ouvrages d'Architecture on n'a point de regle de conduite plus ſûre que celle du *plomb*, qui donne la poſition verticale, & celle du *niveau*, qui donne l'horiſontale. Or nous avons démontré au Théorême précédent, qu'un angle en ſituation quelconque étoit égal à la ſomme de ceux que ſes côtés forment avec une ligne horiſontale ou une verticale, ou à leur ſupplément à deux droits, lorſque les deux côtés étoient prolongés par le ſommet; donc par le moyen de la prolongation des côtés on peut parvenir à la connoiſſance des angles des plans des voussoirs, & les placer dans leur situation naturelle à l'égard de l'horison; en voici des exemples qui fournissent une méthode générale pour les biveaux de doële & de lit, & de doële & de tête.

Fig. 317. Premierement, si une voute est conique, comme une trompe droite dont l'axe est de niveau, il est visible que son plan BSA peut être pris pour un horisontal, dans lequel il y a un point S qui est le sommet du cone, où toutes les surfaces de la trompe tant doëles que lits, doivent passer.

Secondement, que si la base B*h*A est circulaire, tous les plans des lits qui passent par les joints de tête 5 1, 6 2, se coupent aussi au point C, de même qu'au point S; ainsi leur intersection commune est dans l'axe, qui est l'horisontale CS.

Troisiemement, que si la corde de la doële 2 1 est prolongée jusqu'à la rencontre de l'horisontale BA en O, la doële plate qui passera par cette corde & par le point S, coupera le plan horisontal suivant uue ligne SO.

Comme il peut arriver que la corde 2 1 étant peu inclinée à l'horisontale BA, donneroit un point O hors du plan du dessein, ce qui seroit incommode; telle seroit, par exemple, 2 *k* plus encore *h* 2, si le voussoir étoit étroit près de la clef; on peut, pour plus de commodité, au lieu de la section horisontale, chercher celle qui se feroit avec un plan vertical C*h*, sans rien changer au fond de la construction; puisqu'au lieu de l'angle 2 *u* C on auroit seulement son complement 2 *z* C.

Enfin si la corde de la doële devient horisontale, comme celle de la clef 2 3, puisqu'elle doit passer comme toutes les autres par le sommet S, il est clair qu'en tirant par ce point S une ligne *fe* parallele à BA, on aura la section de cette doële avec l'horison.

J'ai dit que l'axe étoit la section commune de tous les lits avec l'horison, j'entends lorsque le ceintre est circulaire; mais s'il étoit elliptique, & les joints de tête 8 6 : 9 7 perpendiculaires à cette courbe 6 7 E, leurs sections ne seroient plus réunies, parce que les joints de tête prolongés couperoient l'horisontale BA aux points Z *z*, & comme les lits passeroient cependant encore par le point S, les sections de lits avec l'horison seroient les lignes *z* S, ZS.

Présentement si l'on cherche les sections des doëles plates d'un berceau avec l'horison; il est visible que si ce berceau est

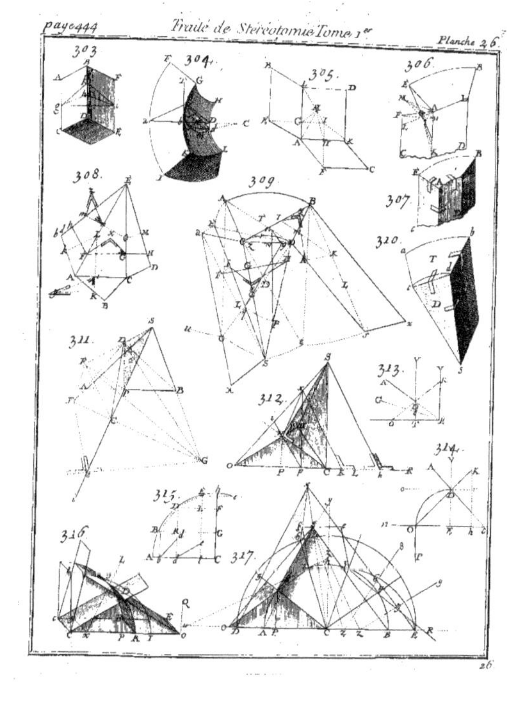
303
304
305
306
307
308
309
310
311
312
313
314
315
316
317

droit sur sa face, ce seront des perpendiculaires menées à la ligne de face, comme (*Fig.* 316) la ligne OQ sur OC; mais si les berceaux sont biais, la section de chaque doële avec l'horison sera parallele au piédroit, telle est OE à l'égard du piédroit AB. *Fig.* 316.

Quant aux sections des lits avec l'horison, il en sera comme des coniques, si le ceintre est circulaire elles se réuniront à l'axe C*c*; & si le ceintre est elliptique, ce seront des paralleles à l'axe, comme *xy* provenant du joint L5 prolongé en *x* pour l'arc elliptique *h*5 I.

A l'égard des doëles plates des clefs, il est visible qu'elles ne peuvent couper l'horison, puisqu'elles lui sont paralleles.

Il nous reste à trouver les sections des doëles plates des berceaux en descente avec l'horison; on peut le faire de deux manieres.

Premierement par le profil; soit, par exemple, le plan horisontal de la descente, ou seulement sa moitié ACDB, son profil CHKR, sur lequel le point F marque la hauteur du joint I de la doële plate I 2. Ayant tiré FE qui coupera l'horisontale QC prolongée en X, on portera la distance CX sur la projection horisontale de ce joint PI, de P en S, & l'on menera par le point O la ligne OS, qui est la section de cette doële plate avec l'horison. PL. 27. *Fig.* 318.

Secondement, on peut faire une supposition que le berceau, au lieu d'être incliné, soit horisontal, que la ligne RC*q* est une horisontale, à l'égard de laquelle la face HC est inclinée en surplomb. Alors il ne s'agit que de changer le ceintre, par exemple le circulaire, dont le rayon est CH en un elliptique surbaissé HV*u*T, dont le petit demi-axe est *q*H, & le grand axe le double de CH, ce qui est assez clair après ce que nous avons dit des sections des cylindres, mais que nous expliquerons plus au long dans le quatrieme Livre, où nous parlerons des descentes, Tome II, Chap. V. Voici la pratique pour tous les cas.

PROBLEME XIV.

Trouver les biveaux de toutes sortes de voutes sans former le ceintre de l'arc-droit.

Premierement ceux de lit & de doële.

La projection horisontale du joint de lit & l'élévation de la face étant donnée.

Premier cas pour les voutes en berceau de niveau.

Soit le parallelogramme ABED, le plan horisontal d'un ber-
Fig. 319. ceau biais, dont le ceintre de face est le demi-cercle AHB, & la ligne PN la projection du joint de lit passant par le point 2 de ce ceintre; on cherche l'angle des plans de la doële plate, qui passe par la corde 1 2, & par le joint de tête 2 6.

On prolongera la corde 2 1, jusqu'à ce qu'elle rencontre l'horisontale AB au point O, par où on menera OS parallele à PN, ou ce qui est la même chose à l'axe CM; ensuite par le point P, projection du point 2, on élevera sur PN la perpendiculaire PR, qui coupera OS en R, & on la prolongera vers Q jusqu'à ce qu'elle coupe l'axe MC prolongé en Q. On prolongera aussi NP pour porter la hauteur de la retombée P 2 en P 2^x. On tirera du point R la ligne R 2^x, & du point Q la ligne Q $2^x q$, l'angle R $2^x q$ sera celui du biveau que l'on cherche.

Second cas pour les berceaux en descente.

Fig. 318. Nous avons dit qu'on peut les considérer comme de niveau, supposant la ligne qR horisontale, au lieu de la ligne ON; cependant on peut encore les considérer comme inclinés à l'horison.

Soit le parallelogramme ACDB la moitié du plan horisontal d'une descente droite, dont CHKR est le profil, AI 2 H la moitié de l'élévation, P l la projection horisontale du joint de lit, qui passe par le joint de tête 2 6, & fL la projection verticale ou son profil qui coupe l'horisontale ON au point x. On portera la distance C x sur la projection du joint de lit de P en

S; puis ayant prolongé la corde de l'arc de tête 2 I jusqu'à ce qu'elle rencontre au point O, l'horisontale CA prolongée, on tirera par le point S l'indéfinie SOY, qui sera la section du plan de la doële plate 2 I prolongée, & du plan de l'horison passant par la naissance du ceintre de face en AC. Fig. 318.

Ensuite on portera la hauteur de la retombée P 2 en P 2 *g*, d'où l'on tirera au point S la ligne 2 *g* S, à laquelle on fera la perpendiculaire 2 *g* Q qui coupera SP prolongée en Q. Sur la même SP prolongée, & par ce point Q on fera une perpendiculaire Y *y*, qui coupera SO en Y, & l'axe DC en *y*. On portera la longueur 2 Q *g* de Q en G par où on tirera les lignes YG & *y* GI, l'angle YGI est celui du biveau que l'on cherche.

Secondement pour les voutes coniques.

La construction sera tout-à-fait la même que la précédente. Fig. 320.

Soit le triangle ASB, le plan horisontal d'une trompe, dont le ceintre de face est l'arc A *h* B, & la ligne PS la projection horisontale du joint de lit passant par le point 2 & l'axe CS. On prolongera la corde 2 1 du 2e. voussoir, jusqu'à ce qu'elle rencontre l'horisontale BA prolongée en O, & l'on tirera OS, qui sera la section de la doële plate prolongée avec le plan horisontal qui passera par AB, & le sommet S de la trompe qu'on suppose dans le même.

On élevera ensuite au point P, projection du point 2, la perpendiculaire PX, égale à P 2, sur la ligne PS; & ayant tiré XS, on fera au point X la perpendiculaire XQ sur XS, qui coupera SP prolongée en Q, & par ce point Q ayant fait sur la même SQ la perpendiculaire *o* R qui coupera SO en *o*, & l'axe SC en R, on portera la longueur QX en Q *x*, & des points *o* & R on tirera *o x* & R *x* V, l'angle *o x* V sera celui du biveau que l'on cherche, qui est celui du plan de la doële plate passant par 2 1. du second voussoir, avec celui du second lit passant par le joint de tête 2 5 de l'élévation.

Si cette voute conique étoit en descente par son axe, on trouveroit, comme aux berceaux en descente, un autre point S, par le moyen du profil, qui ne seroit pas alors le sommet du cone.

Application aux voutes sphériques & sphéroïdes.

Suivant ce que nous avons dit en parlant du développement, on peut réduire les ſpheres & les ſphéroïdes en pluſieurs zones de cones tronqués, inſcrits dans celles de la ſphere, d'où il ſuit que l'on peut trouver les biveaux de ces parties coniques de la même maniere que pour les cones entiers, les réduiſant par les doëles plates en pyramides tronquées ; & par conſéquent que cette méthode convient auſſi-bien aux voutes ſphériques & ſphéroïdes, qu'aux trompes & autres voutes coniques.

Troiſiemement, pour les angles ſaillans ou rentrans faits par la rencontre de deux berceaux.

Premier cas des doëles plates égales ou inégales, qui ont leurs naiſſances de niveau entr'elles, & ſe coupent en arrête ſaillante, ou en angle rentrant comme aux arcs de cloître.

Fig. 311. Soit l'arc EAB le ceintre de l'arrête d'enfourchement, & la ligne EC ſa projection horiſontale. Soit AB la corde de l'arrête des ſeconds vouſſoirs, dont *m* M ou ſon égale a *b* eſt la projection, & les lignes a D, a *d* celles de la ſection du plan horiſontal, qu'on ſuppoſe paſſer par le point A, comme au profil AG, leſquelles font l'angle horiſontal D a *d* parallele à celui des murs de piédroits de la voute. Il eſt clair que cet angle peut être pris pour la baſe d'une pyramide tout-à-fait ſemblable à celles des exemples précédens de la Figure 308, Planc. 26, puiſqu'elle eſt formée par les plans de doëles & de lit, par conſéquent on peut en trouver les angles de la même maniere ; & comme l'application en eſt ſi facile qu'on peut la faire de ſoi-même, je vais, pour un peu de variété, donner une autre conſtruction, qui eſt cependant la même renverſée.

Par le point B ſommet de l'arrête, on tirera l'horiſontale PBO parallele à EC, ſur laquelle par le point A on menera la perpendiculaire AP qui coupera HO en P, par où on tirera ſur la corde AB la perpendiculaire PQ, dont on portera la longueur du point *b* de la projection a *b* de la corde AB en *q*, pour tirer de ce point en D & *d* les lignes *q* D, *q d* qui comprendront l'angle D *q d* du biveau que l'on cherche.

S'il s'étoit agi des premiers vouſſoirs, dont la corde de l'arrête eſt la ligne EA, on auroit mené par le point A la ligne *h* G, puis par le point E la perpendiculaire E *p*, & par le point *p* la ligne *p x* perpendiculaire ſur EA, laquelle différe peu en longueur

longueur de la ligne *p* A ; ce qui fait voir que l'angle *m x m* différe peu à la naissance de l'angle *m e m*. *Fig.* 321.

On peut prendre sur *h* G tout autre point que *p* si l'on veut, par exemple *h* ; alors il faudroit abaisser la perpendiculaire *h i* sur a *e* prolongée, & mener par le point *i* des paralleles *i* A, *i* K aux lignes a D, a *d*, qui couperont la perpendiculaire *m m* prolongée aux points A & K ; puis on portera *h* F qui est la perpendiculaire sur la corde EA de a en *y*, l'angle K*y* A sera celui que l'on cherche.

Pour montrer que cette construction revient à la même fin que les précédentes, par la méthode générale dont elle n'est qu'une modification, j'en ai mis la figure au-dessous, répetant les projections du même profil EAB *h* ; sçavoir *n* N = a *b*, l'angle V *n u* = D *a d*. On élevera au point N la perpendiculaire NS égale à la hauteur BG de la retombée du profil : on menera *n* S, & ST perpendiculaire à *n* S, qui coupera *n x* au point T, par où on menera la perpendiculaire *u* V qui coupera les sections de la doële avec l'horison aux points *u*, V. On portera la longueur TS en TY, ou T*y* ; du point Y ou *y*, on tirera les lignes Y*u*, YV ou *y u*, *y* V, l'angle *u* Y V ou *u y* V est celui du biveau que l'on cherche, par le Problême précédent.

Quatriemement, pour les angles saillans ou rentrans formés par des doëles plates dont les naissances ne sont pas de niveau mais l'une de niveau & l'autre rampante ; tel est l'enfourchement d'un berceau de descente qui en rencontre un autre de niveau.

Pour résoudre ce cas il faut chercher la section de la doële rampante avec le plan horisontal, qui passe par la naissance horisontale de l'autre.

Soit (*Fig.* 323) le parallelogramme ACDB la projection horisontale de deux portions de doëles plates ACD, ADB, qui se coupent suivant une ligne AD, en sorte cependant que la naissance de l'une AC est de niveau, & la naissance AB de l'autre en descente suivant un angle donné BAG. *Fig.* 323.

On élevera sur la projection de l'arrête AD la perpendiculaire DH égale à la hauteur de la retombée, qu'on suppose connue par le profil de cette arrête, & l'on tirera AH qui repré-

Fig. 323. sentera l'inclinaison de l'arrête. Sur CD prolongée on portera la même hauteur DH en DN; du même point D on menera une perpendiculaire sur AB prolongée qui la coupera en F, & le profil de descente AG en G. On portera FG sur FA en F*g*; ensuite par les points trouvés *g* & N, on tirera la droite *g* N qui coupera DG au point *z*, la ligne menée du point A par *z* sera la section de la doële en descente avec l'horison qui passe par les points A & C: il ne s'agit plus présentement que de construire le Problême comme à l'ordinaire.

On peut encore trouver cette section d'une autre maniere, en portant la hauteur de la retombée DH perpendiculairement sur CD en D*h*, & faisant l'angle D*hy* égal au complément de celui de la descente BAG, ou ce qui est la même chose, tirant *hy* parallele à AG jusqu'à ce qu'elle rencontre CD prolongée en *y*; la ligne A*y* sera la même section de la doële en descente avec l'horison qui passe par la naissance de celle de niveau; ainsi on pourra construire le Problême comme les précédens.

On fera HE perpendiculaire sur AH, qui coupera AD prolongée en E, par où on tirera la perpendiculaire KL, qui coupera les sections de l'horison AC, A*z*, prolongées, en K & en *x*. On portera la longueur EH en EI sur AD prolongée, on tirera les lignes KI & I*x*, l'angle KI*x* est celui du biveau que l'on cherche.

DEMONSTRATION.

Toutes ces constructions se rapportent si facilement au Problême précédent, qu'il n'est pas nécessaire de les démontrer. Cette derniere seulement demande quelque explication. Si l'on suppose la ligne AG dans un plan vertical sous AF, il est clair que le point G tombera sous le point F. Si l'on suppose aussi DH, ou son égale DN élevée verticalement sur l'horisontal ADF, le point N tombera sur le point D au-dessus de l'horison. Il est donc visible que si de ce point N on tire une ligne au point *g* posé à angle droit avec la ligne horisontale DF, & à distance du point F égale à FG, on aura sur le plan horisontal l'expression des deux triangles semblables DN*z* au-dessus de l'horison & F*g z* au-dessous, qui les divise en *z*. Donc la ligne A*z* est la section de l'horison; car si on les fait mouvoir sur FD comme sur une charniere, jusqu'à ce qu'elles soient en situation verticale, la ligne N*g* exprimera la pente du plan ADB, la

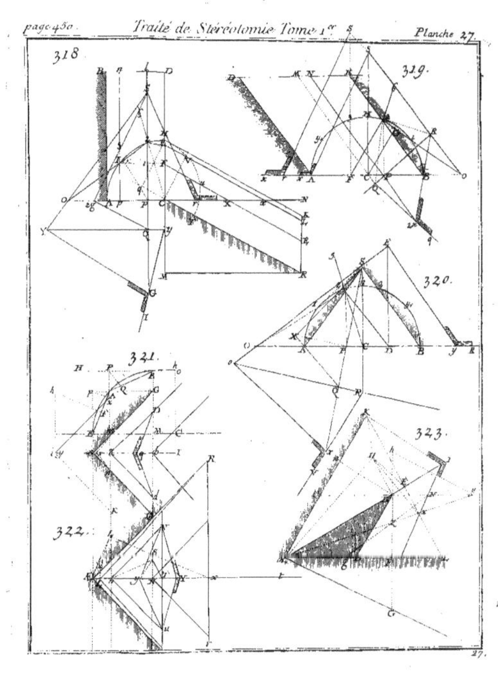
page 450.
Traité de Stéréotomie Tome 1er
Planche 27.
318.
319.
320.
321.
322.
323.
27.

quelle se plonge sous l'horison qui passe par AC au point *z*; *ce qu'il falloit trouver.* Fig. 323.

La démonstration de la seconde maniere est encore plus simple; car puisque *hy* est parallele à AG (par la construction) les triangles rectangles AFG, *yh*D sont semblables, & à cause des paralleles AF, D*y* semblablement posées à l'égard du plan incliné ADB, quoique tournés en sens contraire, on aura FG : D*h* : : AF : D*y*, c'est-à-dire, que l'abaissement sous l'horison est à la hauteur au-dessus, comme le commencement de la descente au-dessous est au commencement de la montée au-dessus, ce qu'exprime la ligne tirée d'un point A de l'horison à l'autre *y*, *qu'il falloit trouver.*

EXPLICATION DES TERMES

Les plus usités pour la Coupe des pierres,

Rangés par ordre Alphabétique.

A.

A*Batue*, c'est la distance horisontale de la naissance d'un arc à la perpendiculaire, qui tombe d'une division de cet arc ou de son extrêmité supérieure sur son diametre horisontal. Ce terme n'est plus guere en usage; on se sert de celui de *retombée*. Voyez Retombée.

Amaigrir. Voyez Démaigrir.

Annulaires, j'appelle ainsi les voutes dont la figure imite les anneaux en tout ou en partie, telles sont les voutes *sur le noyau*. Voyez Noyau.

Anse de panier. Voyez Berceau & ceintre.

Appareilleur, c'est le conducteur d'un bâtiment qui préside à l'appareil, c'est-à-dire aux mesures, à l'arrangement & à l'assortiment des pierres, qui les trace de la grandeur & figure dont elles doivent être, pour diriger les Tailleurs de pierre qui les taillent; c'est pourquoi il doit sçavoir la coupe des pierres, pour exécuter les desseins des Architectes dans les bâtimens civils, & des Ingénieurs dans les Fortifications.

Arc est une portion de ligne courbe à laquelle on donne différens noms suivant sa figure & ses usages.

Arc droit est celui dont la corde est perpendiculaire au joint de lit d'une voute lorsque ce joint est droit, ou à sa tangente au point de rencontre lorsqu'il est courbe; c'est ainsi que l'entend le pere Derand, qui confond l'arc droit avec le biveau; mais pour mieux expliquer ce mot:

L'Arc droit proprement dit est la section d'une voute perpendiculairement à son axe & à ses côtés, ou aux tangentes à ses côtés.

D'où il suit 1°. qu'il n'y a point d'arc droit proprement dit aux voutes coniques, parce qu'un plan ne peut être perpendiculaire à leurs axes & à leurs côtés qui sont convergens.

2°. Qu'il y a des arcs droits aux voutes sphériques, parce que leurs tangentes sont paralleles à leurs diametres.

3°. Qu'il y a aussi des arcs droits dans les annulaires & dans les vis où les tangentes sont perpendiculaires à leurs diametres, parce que la tangente du côté est parallele à celle de leur axe courbe dans la section perpendiculaire à cette tangente.

Arc-rampant, c'est une ligne courbe, dont les deux extrêmités prises aux appuis de leurs naissances, qu'on appelle *impostes*, ne sont pas de niveau, & dont les diametres conjugués ne sont pas à l'équerre, c'est-à-dire, dont l'aplomb de la clef est oblique à la ligne de rampe des impostes; telles sont les arcades qu'on fait sous les rampes des escaliers & des terrasses en descente; ce qui fait que ces sortes d'arcs ne peuvent jamais être d'une seule portion de cercle, mais de quelqu'autre section conique ou de spirale.

Arc de cloitre, on appelle ainsi une voute composée de deux, trois, quatre, ou plusieurs portions de berceaux, qui se rencontrent en angle rentrant dans leur concavité, en sorte que leurs côtés forment le contour de la voute en polygone. Tels sont, par exemple, les petites voutes ou chapiteaux des guerites à pans. Si les berceaux cylindriques se rencontroient au contraire en angle rentrant sur leur convéxité, ou ce qui est la même, chose en angle saillant sur la concavité, la voute changeroit de nom, elle s'appelleroit *voute d'arrête*.

Arc doubleau est un arcade en saillie sur la doële d'une voute qu'elle traverse à angle droit, de sorte qu'elle lui fait en cet endroit une espèce de *doublure*, soit pour la renforcer, soit pour cacher quelque arrête de rencontre, comme aux voutes Gothiques, ou pour faire une liaison d'un pilastre ou d'une perche à son opposée.

Lorsque ces arcs ne sont pas perpendiculaires à la direction de la voute, mais en diagonale, on les appelle *Ogives* ou *Augives*; on n'en voit de cette espece que dans l'Architecture Gothique.

Arcade, eſt une voute de peu de profondeur en portion de berceau.

Arche eſt à peu près la même choſe : mais ce terme ſemble conſacré ſeulement aux ponts.

Arceau eſt une petite arche ſur un ruiſſeau ou ſur un ravin.

Architecture, dans le mauvais jargon des Ouvriers, qui a paſſé depuis peu aux Architectes, ſignifie ſouvent une moulure. Ainſi on lit dans le devis imprimé pour la conſtruction des bâtimens civils du Roi, à Paris, *une corniche avec ſes Architectures*, pour dire avec ſes moulures.

Arrête, c'eſt l'angle ſaillant que font deux ſurfaces droites ou courbes d'une pierre quelconque ; lorſque les ſurfaces concaves d'une voute ſe rencontrent en angle ſaillant, on l'appelle *voute d'arrête*.

Arriere-vouſſure, c'eſt une ſorte de petite voute, dont le nom exprime la poſition, parce qu'elle ne ſe met que derriere l'ouverture d'une baye de porte ou de fenêtre, dans l'épaiſſeur du mur, au-dedans de la feuillure du tableau des piédroits. Son uſage eſt de former une fermeture en platebande, ou en plein ceintre, ou ſeulement bombée.

Celles qui ſont en platebande à la feuillure du linteau & en demi-cercle par derriere, s'appellent *Arriere-vouſſure de Saint-Antoine*.

Celles au contraire qui ſont en plein ceintre à la feuillure & en plate-bande par derriere, s'appellent *Arriere-vouſſure de Montpellier*.

Lorſque dans la premiere eſpece l'arc intérieur eſt beaucoup moindre que le demi-cercle, l'arriere-vouſſure s'appelle *reglée* & *bombée*.

Dans le même cas pour la ſeconde eſpece, il n'y a pas de nom particulier, on peut l'appeller *Bombée en avant* & *reglée en arriere*, par l'inverſe de la précédente.

Lorſque l'arriere vouſſure eſt en plein ceintre ſur le devant, & ſeulement bombée en arriere, on l'appelle *arriere vouſſure de Marſeille*.

B.

Balevre du Latin *Bis labra*, qui a deux levres, eſt l'excédent d'une arrête ſur celle de la pierre contigue ; c'eſt auſſi l'éclat d'une arrête qui s'eſt caſſée, lorſque les joints ſont trop ſerrés.

Bandeau, ornement tout uni en faillie, comme une bande plate fur le nud d'un mur, autour d'une baye de porte ou de fenêtre. Si ce bandeau eft orné de moulures, il s'appelle *Chambranle.*

Bander une arcade ou une platebande, c'eft arranger les vouffoirs ou les claveaux fur leurs ceintres & les ferrer par des coins.

Berceau, par analogie au couvert qu'on a coutume de mettre fur les berceaux des enfans, eft une voute cylindrique quelconque, dont la courbure peut être de différente efpece; lorfqu'elle eft circulaire, enforte que fon contour foit un demi-cercle complet, on l'apelle *plein ceintre.*

Si, fuppofant la largeur égale, la hauteur eft moindre, on l'appelle *en anfe de panier* ou *furbaiffé.*

Si la hauteur excéde le demi-cercle, on l'appelle *Surhauffé* ou *Surmonté.*

Si fes naiffances ne font pas de niveau, il s'appelle *rampant.*

Un berceau à l'égard de la direction de fes faces s'appelle *droit*, lorfque la face eft perpendiculaire à la direction, & *biais* lorfqu'elle eft oblique.

Beveau ou *Bauveau* ou *Buveau*; ce dernier eft le terme du P. Derand, les Ouvriers qui difent Biviau ou *Biveau*, confervent mieux l'étimologie du mot *Bivium*, chemin fourchu. En effet, c'eft le modele de l'ouverture d'un angle quelconque, rectiligne, curviligne, ou le plus fouvent mixte, pour former l'angle d'inclinaifon de deux furfaces qui fe rencontrent. Lorfqu'elles font planes, on fe fert pour Biveau d'une Sauterelle ou d'une fauffe équerre à branches mobiles; lorfqu'une des deux furfaces eft courbe ou toutes les deux, le Biveau eft un inftrument de bois fait exprès en forme d'équerre ftable, je veux dire, dont les branches ne s'ouvrent ni ne fe ferment.

Nous avons dit ci-devant que le P. Derand confond fouvent le *Biveau* avec l'*arc droit.*

Biais, c'eft l'obliquité d'une face à l'égard de la direction d'une voute, ou d'un jambage à l'égard d'un paffage.

Biais paffé, on appelle ainfi une voute en berceau biaife par-devant & par derriere, dont les joints de lit ne font pas paralleles aux côtés du paffage, comme dans les voutes ordinaires biaifes, mais dont la direction tend à des divifions de voussoirs inégaux, en situation inverse du devant au-derriere, c'est-à-dire, de l'entrée à la sortie, de sorte que les joints de lit à la doële ne doivent pas être droits, comme les font les Auteurs qui ont Traité de la Coupe des pierres.

Bombé ou *Bombement* se dit d'un arc peu élevé au-dessus de sa corde, ou du moins beaucoup moindre que le demi-cercle.

Lorsqu'au lieu de s'élever, l'arc s'abaisse au-dessous de sa corde, on l'appelle *bombé en contre-bas*, comme il arrive aux platebandes mal faites.

Bornoyer ou *borneier*, c'est regarder avec un œil en fermant l'autre, comme si l'on étoit borgne, pour mieux distinguer les défauts d'alignement ou la différence de direction des côtés d'une pierre, & voir si une surface est plane, ou de combien elle est gauche.

Branches d'Ogives; ce sont les arcs des nervures des voutes Gothiques, qui font saillie sur le nœud de ces voutes dans l'intervalle des croisées entre les piliers.

Branches de voussoir. Voyez Enfourchement.

Branches de biveau ou de sauterelle sont les côtés des instrumens, le P. DERAND les appelle les *doigts*, D'AVILER, *les bras.*

Bras de biveau. Voyez Doigts.

Buter, c'est appuyer les *Reins* d'une voute par quelque contrefort ou arc-boutant.

C.

Calibre, dans la coupe des bois, signifie un modele fait de planche, contourné suivant une ligne courbe qui doit déterminer le contour d'une surface qu'on se propose de faire. Dans les ouvrages de plâtre c'est un profil de corniche, fait avec une planche de cuivre ou de bois pour diriger les moulures en le trainant en ligne droite perpendiculairement à la direction de la corniche, cet instrument est une espece de cerche.

Calotte est une portion de voute sphérique ou sphéroïde qu'on fait au milieu des voutes & plafonds pour les élever en cet endroit.

Canoniere est un vieux mot qui signifioit ce que nous appellons aujourd'hui *embrasure* à mettre du canon, c'est une voute conique. Voyez voute en canoniere.

Carton

Carton, feuille de carton contournée ſuivant un profil, qui peut être fait ſur une autre matiere, comme du fer-blanc, ſans changer de nom.

Ceintre ou *cintre*, l'un & l'autre eſt uſité & vient de la même étimologie *cinctus*, de *cingere* environner, ou de *ceindre* & ceinture. Ce mot a deux ſignifications, l'une pour la charpente, l'autre pour le contour de la voute qui a été formée ſur la charpente. Dans la charpenterie il ſignifie ces aſſemblages de pieces de bois qui ſoutiennent les ais & doſſes ſur leſquels on conſtruit une voute avec des briques ou du moilon, ou des pierres de taille, juſqu'à ce qu'étant fermée elle puiſſe ſe ſoutenir ſans ce ſecours.

Si le plancher qui ſert de forme à la voute eſt plat, la Charpenterie qui le ſoutient ne s'appelle plus ceintre, mais *étayement*.

Dans le langage de la Coupe des pierres, il ſignifie le contour arrondi de la partie intérieure d'une voute pris en un endroit déterminé: ou perpendiculairement à ſa direction, alors il s'appelle *l'arc droit*, ou obliquement à l'arrête d'une face biaiſe, alors il s'appelle *ceintre de face*, ou *arc de face*.

Celui de ces deux ceintres qu'on a le premier en vûe pour tracer la voute, s'appelle *ceintre primitif*.

Celui qui réſulte de cette premiere déterminaiſon s'appelle *cintre ſecondaire*.

Par la nature des ſections cylindriques dans les voutes biaiſes, ces deux ceintres ſont de même hauteur, mais d'inégale largeur & contour; ſi l'un eſt circulaire l'autre eſt elliptique, & ſi l'un & l'autre ſont elliptiques, l'un eſt plus allongé que l'autre, & leurs diviſions en vouſſoirs ſont proportionnelles, celles du ſecondaire ſont aſſujetties à celles du primitif.

Les ceintres conſidérés dans la figure de leur contour ont auſſi différens noms, celui qui eſt en demi-cercle complet, s'appelle *plein ceintre*. Celui qui étant ſuppoſé de largeur égale, ne s'éleve pas à même hauteur que le demi-cercle, s'appelle *en anſe de panier*, ou *ſurbaiſſé*. Celui qui dans la même ſuppoſition s'éleve au-deſſus du demi-cercle, s'appelle *ſurhauſſé*, ou *ſurmonté*.

Celui qui eſt d'un arc de cercle beaucoup moindre que ſa moitié, comme du quart ou du ſixieme, s'appelle *bombé*.

Cerce ou *Cherche*, l'un & l'autre eſt uſité, quelques-uns, parmi leſquels eſt Felibien, diſent *cerche*; je ſuis leur exemple par plusieurs raisons. 1°. Pour allier les deux premiers mots les plus usités. 2°. Pour éviter la dureté de la prononciation & l'équivoque de *cherche*: 3°. Pour conserver dans l'écriture l'étimologie de ce mot, suivant le sentiment de d'Aviler, qui le fait venir de l'Italien *Cerchio*. Je dis dans l'écriture, parce que dans la prononciation *C* se prononce comme *tch* en François, & *ch* comme un *K*; il faudroit dire *tcherque*; quoiqu'il en soit, c'est le modele d'un contour courbe découpé sur une planche de volice mince, ou autre matiere, pour diriger le relief ou la cavité d'une pierre qu'on creuse, en le présentant par dehors pour voir ce qu'il faut enlever; d'où il suit que son contour doit être le contraire de celui de la pierre, sçavoir convexe pour une pierre concave, & concave pour une pierre convexe. Les *Calibres* dont nous avons parlé, sont souvent des especes de *Cerches*.

Claveau du Latin *Clavis*, une clef, est un voussoir à doële plate, qu'on appelle ainsi parce qu'il se met de niveau, comme les milieux des clefs des autres voutes s'il s'agit d'un plafond, ou en pente de surplomb, lorsqu'il s'agit d'une platebande rampante, ou d'une trompe plate.

Clausoir du Latin *claudere*, fermer, est une pierre quelconque, qui acheve une voute ou un mur en fermant & bouchant le dernier espace qui restoit vuide.

Clef par analogie à son usage de fermer une voute, est le dernier rang de voussoirs que l'on pose au sommet de la voute pour appuyer ceux des côtés & la bander; lorsque la clef excéde le parement, on l'appelle *clef saillante*; lorsqu'elle excéde la hauteur d'un bandeau, on l'appelle *clef passante*; lorsque la pierre qui est à l'intersection des nervures d'une voute Gothique s'abaisse au-dessous en façon de cul-de-lampe, on l'appelle *clef pendante*. Il en est des bizarres qu'on appelle *Guimberges*.

Collet, c'est la partie la plus étroite d'une marche tournante du côté du noyau, s'il y en a un, ou sur le vuide du milieu, s'il n'y en a point.

Commissure en vieux François, usité par le P. DERAND, du Latin *Commissura*, signifie un joint: il n'est plus en usage.

Compas d'appareilleur, est un instrument de fer ou de cuivre, fait à-peu-près comme un compas ordinaire, excepté que ses branches sont droites & plates comme celles du récipiangle appellé *fausse équerre*, pour prendre l'ouverture des angles rectilignes & les transporter sur la pierre ; il a de plus qu'un simple récipiangle des pointes destinées à prendre des mesures de longueur & tracer des arcs comme les autres compas.

Compas à verge est un instrument pour tracer de grands arcs de cercle qu'on ne peut faire avec les compas d'Appareilleurs. Il consiste en une longue regle qu'on fait passer au travers de deux morceaux de bois ou de fer, qu'on appelle *poupées*, qui peuvent s'approcher ou s'éloigner comme l'on veut, & être fixées par le moyen des vis. Chacune de ces poupées est terminée à un bout par une pointe de fer qui sert l'une à fixer au centre, l'autre à tracer l'arc; cet instrument vaut mieux qu'un cordeau, parce qu'il ne peut ni se rallonger ni se raccourcir dès qu'il est une fois reglé à la longueur.

Compas à ellipse ou *à ovale*, autre instrument composé du compas à verge & de deux poupées de plus, qu'on fait mouvoir dans une coulisse pratiquée dans une figure de croix pour une ellipse entiere, ou de T pour tracer une demi-ellipse sur des arcs donnés. Voyez sa description pag. 165, & pl. 10. Fig. 117.

Contre-clef, c'est un voussoir joignant la clef à droite ou à gauche.

Coquille, par analogie à certaines coquilles de mer, est une voute en quart de sphere ouverte, dont le pole est au milieu du fond, sur l'imposte duquel s'élevent des rangs de voussoirs qui s'élargissent comme les côtés des coquilles jusqu'à la face, elle sert à couvrir les Niches.

On appelle aussi *Coquille* le parement inférieur des marches d'un escalier tournant délardées sans ressaut, ou avec des petits ressauts. C'est une surface *hélicoïde*.

Coude. Voyez *Jarret*.

Coupe, la coupe d'une pierre est la direction d'un lit ou d'un joint perpendiculaire à la surface droite ou courbe de la doële ou de la tête d'un voussoir, mais oblique au plafond dans les platebandes.

Couper, signifie ordinairement ôter d'une pierre plus qu'il ne convient à la place qu'elle doit occuper, de sorte que c'est la gâter en la rendant défectueuse ou inutile. La couper à propos c'est la *tailler*.

Couper du trait, c'eſt faire un modele en petit avec de la craye ; ou du plâtre, du bois ou autre choſe facile à couper, pour voir la figure des vouſſoirs, & s'inſtruire dans l'application du trait de l'épure ſur la pierre par le moyen des inſtrumens, comme *cerches*, *panneaux*, *biveaux & équerres* dont on ſe ſert en grand.

Courbe, ſubſtantif, ſignifie une ligne courbe : il y en a deux eſpeces, les unes *planes*, les autres à *double courbure*. Les courbes planes ſont celles qu'on peut exactement tracer ſur un plan, leſquelles ſe réduiſent pour l'uſage de la Coupe des pierres aux ſections coniques & aux ſpirales.

Les Courbes à double courbure ſont celles qu'on ne peut tracer ſur une ſurface plane qu'en racourci, par le moyen de la projection ; telles ſont la plupart des arrêtes des angles des enfourchemens des voutes qui ſe rencontrent dans certaines circonſtances.

Couſſinet, par analogie aux couſſins, ſur leſquels on s'appuye pour ne pas ſe bleſſer, eſt le premier vouſſoir d'une voute en arcade qui a un lit de niveau, & celui de deſſus en coupe en pente, pour recevoir les ſuivans auſquels il ſert d'appui.

Corne de vache, eſpece de voute en cone tronqué, dont la direction des lits ne paſſe pas au ſommet du cone.

Cul-de-four ſignifie une voute ſphérique ou ſphéroïde de quelque ceintre qu'elle ſoit, ſurhauſſé ou en plein ceintre, quoique les cul-de-four dont elle tire ſon nom ſoient très-ſurbaiſſés. L'arrangement de leurs vouſſoirs peut varier & leur donner différens noms, comme en *pendentif*, en plan de *voute d'arrête*, &c.

D.

Débillarder, c'eſt pour la coupe des bois, enlever une partie en eſpece de priſme triangulaire, ou approchant, compriſe entre des lignes qui enferment une ſurface gauche.

Déceintrer, c'eſt démonter les ceintres de charpente quand la voute eſt faite & les joints bien fichés.

Dégauchir, c'eſt former une ſurface plane en déterminant ſes extrêmités par le moyen de deux regles qu'on regarde l'une par l'autre en fermant un œil pour voir ſi elles ne ſe croiſent point, faiſant en ſorte que l'une ainſi regardée couvre l'autre exactement, ſans quoi elles ne ſont pas dans un même plan, mais ſur une ſurface gauche.

Délardement, c'eſt pour les pierres la même choſe que le débillardement pour le bois, il ſe dit particulierement de l'amaigriſſement que l'on fait au-deſſous des marches pour former l'intrados d'une rampe ou d'une coquille d'eſcalier tournant.

Délit, c'eſt une eſpece de diviſion naturelle qui ſe trouve dans les pierres, par couche, comme aux feuilles d'un livre; ainſi *poſer en délit*, c'eſt donner à une pierre une ſituation différente de celle qu'elle avoit dans la carriere d'où on l'a tirée. C'eſt une mal-façon de poſer les claveaux ou vouſſoirs autrement que de lit en joint, comme ſi l'on chargeoit un livre ſur la tranche, il eſt évident que le poids feroit effort pour écarter les feuilles, au lieu qu'il les appuye les unes ſur les autres lorſqu'on le charge ſur la joue.

Il y a des pierres ſi maſſives qu'elles n'ont ni lit ni délit, tels ſont la plupart des marbres qu'on peut poſer comme l'on veut, & preſque toutes celles de la côte du Nord de Bretagne.

Démaigrir ou *Amaigrir* une pierre, c'eſt en ôter pour rendre l'angle que font deux ſurfaces, plus aigu ou moins obtus.

Dérobement, c'eſt la maniere de tailler une pierre ſans le ſecours des panneaux par le moyen des hauteurs & profondeurs qui déterminent les bornes de ce qu'il en faut retrancher, comme ſi l'on dépouilloit la figure imaginée de ce qui la couvre. C'eſt dans ce ſens qu'on dit dérober des feves. Le P. Dechalles n'a pas connu l'origine de ce mot lorſqu'il l'a traduit *per ſuffurationem*, il falloit dire, *per ſpoliationem*.

Deſcente, on appelle ainſi toutes les voutes inclinées à l'horiſon.

Développement, c'eſt l'extenſion des ſurfaces qui enveloppent un vouſſoir ou une voute, dont les parties contigues ſont rangées de ſuite ſur une ſurface plane. Le développement dans une épure ordinaire eſt l'extenſion de la doële, ſur les diviſions de laquelle on ajoute les figures des panneaux de lit.

Quelques Ouvriers peu inſtruits, comme Blanchard, dans ſon Traité de la Coupe des bois, entendent par le mot de développement, la ligne courbe, & quelquefois l'angle naturel qui eſt repréſenté en racourci dans la projection.

Ainſi il dit qu'*un* tel *angle* eſt le *développement d'une* telle *ligne* qui en eſt le profil ou la projection horiſontale.

Doële ou *douelle* du Latin *Dolium*, un tonneau, signifie le parement intérieur d'une voute ou d'un voussoir creux, comme la doële d'un tonneau; on l'appelle aussi *intrados*.

La surface plane qui passe par la corde de l'arc d'une doële, s'appelle *Doële plate*, c'est une préparation à la formation d'une doële concave.

Doigt de biveau, signifie selon le P. DERAND, une de ses branches (page 15): Daviler l'appelle *Bras*, & moi *Branche*.

Dresser une pierre, c'est l'équarrir ou la disposer à recevoir le trait.

Droit, par un D majuscule, signifie perpendiculaire, qui est opposé au biais. Ainsi on dit un arc droit, quoique cet arc soit courbe, parce qu'on veut dire que son plan est perpendiculaire à la direction d'un berceau. On dit une porte droite ou un berceau droit, une descente droite, pour signifier que sa direction n'est pas oblique à son entrée horisontalement.

E.

Ebrasement signifie l'élargissement des côtés ou jambages d'une porte ou d'une voute; tels sont les bayes des fenêtres & abajours qui s'élargissent en dedans.

Echasse, c'est une regle de bois un peu large, dont les appareilleurs se servent pour y marquer les lignes de hauteur de retombée & d'épaisseur dont ils ont besoin pour les porter commodément dans le chantier, où ils voyent les pierres qui leur conviennent, & peuvent en donner les mesures.

Elévation, c'est la représentation d'un corps dessiné suivant ses mesures verticales & horisontales extérieurement apparentes, sans égard à la profondeur.

Enfourchement, c'est l'angle formé par la rencontre de deux doëles de voutes qui se rencontrent, où les voussoirs qui les lient ont deux branches comme une fourche, dont l'une est dans une voute, & l'autre dans la contigue.

Entrecoupe, intervalle vuide de deux voutes qui sont l'une sur l'autre, ensorte que la doële de la supérieure prend naissance sur l'extrados de l'inférieure, qui est quelquefois ouverte comme au dôme des Invalides, à Paris, où la calote se détache des côtés de la tour du Dôme.

On fait souvent des entrecoupes pour suppléer à la charpente d'un dôme, en élevant une voute pour la décoration extérieure, au-dessus de la premiere qui paroîtroit trop écrasée au-dehors, comme à S. Pierre de Rome, & en plusieurs Eglises d'Italie.

Epure, apparemment du verbe *épurer* mettre au net, est le dessein d'une voute tracé sur une muraille ou sur un plancher, de la grandeur dont elle doit être exécutée, pour y prendre les mesures nécessaires à la construction des voussoirs.

Un pareil dessein pour la charpente change de nom, il s'appelle *Etelon*.

Equarrir une pierre ou une piece de bois, c'est lui faire des surfaces à l'équerre l'une à l'autre.

Equarrissement, tailler par équarrissement, est une maniere de tailler les pierres sans le secours des *panneaux*, les ayant seulement préparées, en les équarrissant, à y appliquer les mesures des hauteurs & des profondeurs qu'on a trouvé dans le dessein de l'épure pour chaque voussoir; on l'appelle aussi *par dérobement*, comme nous l'avons dit à ce mot.

Etayement, plancher pour soutenir les voutes en *plafond*; il tient lieu du ceintre dans les voutes concaves.

Extrados, du Latin *extra*, dehors, c'est la surface extérieure d'une voute, lorsqu'elle est réguliere comme l'*intrados*, soit qu'elle lui soit parallele ou non. La plupart des voutes des Ponts antiques étoient *extradossés* d'égale épaisseur.

F.

Fausse coupe, c'est la direction d'un joint de tête oblique à l'arc du ceintre, auquel il doit être perpendiculaire pour être en bonne coupe dans les voutes concaves.

Mais si la voute est plate, comme aux *Platebandes*, ce doit être tout le contraire, la bonne coupe doit être oblique au plafond, pour que les claveaux soient faits plus larges par le haut que par le bas; car si les joints sont perpendiculaires à la platebande, les clavaux deviennent d'une égale épaisseur. Alors ils sont en *fausse coupe*, parce qu'ils ne peuvent se soutenir que par le moyen des barres de fer q'on leur donne pour support, ou par une bonne coupe cachée sous la face au-dedans à quelques pouces d'épaisseur, comme on en voit aux portes du vieux Louvre, à Paris.

Fausse équerre, s'entend ordinairement du compas d'appareilleur, quoiqu'il signifie en général un récipiangle, c'est-à-dire, un instrument propre à mesurer l'ouverture d'un angle; ceux de bois s'appellent *Sauterelle*.

Fermer une voute, c'est y mettre le dernier rang de voussoirs, qu'on appelle collectivement *la clef*, par la même métaphore; le dernier voussoir s'appelle *Clausoir*, du Latin *claudere*, fermer.

Formeret. Voyez *Nerf*, il signifie aussi quelquefois le ceintre de jonction d'une voute à un mur; Voyez le P. DERAND, pag. 404.

Foulée, c'est un giron de marche, ainsi appellé, parce que c'est la partie qu'on foule aux pieds.

G.

Gauche, signifie toute surface qui n'a pas quatre angles dans un même plan, en sorte qu'étant regardée en profil, les côtés opposés se croisent; telle est une portion de la surface d'une vis & de la plupart des arrieres voussures. Ce terme est de tous les Arts, tant de Maçonnerie que de Charpenterie & Menuiserie; dans celui-ci Blanchard l'applique aussi à la ligne courbe à double courbure, qui est sur une surface.

Gras, signifie un excès d'épaisseur de pierre ou de bois, ou d'ouverture d'angle plus grand qu'il n'est nécessaire pour le lieu où la pierre, ou bien le morceau de bois, doit être placé: le défaut opposé s'appelle *maigre*.

H.

Hélice, du Grec *Eliso*, *circumvolvo*, est une ligne courbe qui tourne autour d'un axe en s'élevant, comme la vis autour de son noyau. Voyez la Fig. 25 de la seconde Planche.

I.

Jarret, imperfection d'une direction de ligne ou surface, qui fait une sinuosité ou un angle. Le jarret saillant s'appelle *Coude*, le rentrant s'appelle *pli*. Une ligne droite fait un jarret avec une ligne courbe, lorsque leur jonction ne se fait pas au point d'attouchement.

Jauger, c'est appliquer une mesure d'épaisseur ou de largeur vers

vers les bouts d'une pierre pour en faire les arrêtes ou les surfaces opposées paralleles.

Jauger une pierre, signifie souvent la même chose que la *retourner*. Voyez *retourner*.

Imposte du Latin *impositum*, mis dessus, est le rang ou plutôt le Lit de pierre sur lequel on établit la naissance de la voute ou le *Coussinet*. *Imposte* signifie aussi cet ornement de moulures qui couronne un piédroit sous la naissance d'une arcade, lequel sert de base à un autre ornement ceintré, appellé *Archivolte*.

Intrados. Voyez *Doële*.

Joint a différentes significations, c'est 1°. L'intervalle plein ou vuide qui reste entre deux pierres contigues; dans ce sens on dit *petit joint*, *grand joint*. 2°. Il se prend pour la ligne de division des ceintres en voussoirs; ainsi on dit *joint en coupe*, *joint quarré*, *joint de tête*, *joint de lit*, *joint de doële*. Il faut remarquer que quoique les joints de lit soient des divisions longitudinales de la doële, on n'entend par *joints de doële* que les joints transversaux. 3°. Le mot de *joint* signifie aussi quelquefois la surface d'une pierre inclinée & cachée dans une voute; mais alors au lieu de dire *joint en lit*, il faut dire *Lit en joint*.

L.

Layer du Latin *levigare*, polir, c'est tailler la pierre avec une espece de hache *brételée*, c'est-à-dire dentée en façon de scie, qu'on appelle *laye*, laquelle rend la surface unie quoique rayée de petits sillons uniformes qui lui donnent une apparence agréable.

Lierne, c'est une des nervures des voutes Gothiques, qui lie le nerf appellé *Tierceron* avec celui de la diagonale qu'on appelle *Ogive*.

Ligne, ce mot en Architecture a plusieurs significations; pour notre sujet elles se réduisent à la verticale appellée *à plomb*, à l'horisontale de *Niveau*, & à l'inclinée en *Talud*.

Limon, du Latin *limus*, tourné de travers, signifie la pierre ou piece de bois qui termine & soutient les marches d'une Rampe, sur laquelle on pose une balustrade de pierre ou de fer pour servir d'appui à ceux qui montent. Cette piece est droite dans les rampes droites & gauches, par ses surfaces supérieure & inférieure, dans les parties tournantes des escaliers.

Lit, par analogie au lit sur lequel on se couche, se dit 1°. de la situation naturelle de la pierre dans la carriere. 2°. de la surface sur laquelle on pose une pierre, soit activement, soit passivement; celle sur laquelle elle s'appuye s'appelle *lit de dessous*; celle sur laquelle une autre pierre s'appuye s'appelle *lit de dessus*; lorsque ces surfaces sont inclinées à l'horison, comme dans les voussoirs & claveaux, on les appelle *lit en joint*.

Lunette, portion de voute percée dans une autre, dans laquelle elle forme une espece de figure de croissant de Lune d'où elle tire son nom.

M.

Maigre, par analogie à la maigreur des animaux, se dit des pierres dont les angles sont plus aigus ou moins obtus qu'ils ne doivent être, de sorte qu'elles n'occupent pas entierement la place à laquelle elles sont destinées.

Marche signifie un degré, sa partie horisontale s'appelle *Giron*, de l'Italien *girare* tourner; parce que la plupart des anciens escaliers étoient tournans: la partie verticale en parement s'appelle *Contremarche*; lorsque le giron est d'inégale largeur, la partie la plus étroite s'appelle le *Collet*, & la plus large la *Queue*.

N.

Nerf ou *Nervure*, par analogie aux nerfs des animaux, est une arcade de pierre en saillie sur le nud des voutes Gothiques, pour en appuyer & orner les angles saillans par des moulures, & fortifier les pendentifs, comme les nerfs font la force des animaux. Un des plus beaux morceaux que j'aye vû en ce genre, est la voute de l'Eglise de *Velen* ou *Bethleem* à Lisbonne, où les nervures sont de marbre travaillées, entrelassées & exécutées avec beaucoup d'art. On donne différens noms aux nervures par rapport à leur situation.

Les nerfs qui traversent une voute diagonalement s'appellent croisées *d'Ogives*, ceux qui la traversent perpendiculairement s'appellent *arcs doubleaux*, ceux qui la traversent obliquement entre les arcs doubleaux & les ogives, s'appellent *Liernes* & *Tiercerons*; ceux qui en suivent la direction en traversant d'un pilier à l'autre, s'appellent *Formerets*.

Noyau, c'eſt le milieu d'un eſcalier à vis ou d'une voute tournante de niveau, qu'on appelle pour cela voute *ſur le noyau*, ou tournante, & de plus rampante, qu'on appelle *vis-Saint-Giles*; le noyau ſuit ordinairement la figure du lieu dans lequel il eſt : ſi c'eſt dans une tour ronde, il eſt un pilier rond, il eſt quarré ſi la tour eſt quarrée.

O.

Ogive ou *Augive*, ſignifie chez le P. DERAND, les voutes Gothiques en *tiers point*. Ce mot, ſelon ma conjecture, vient de l'Allemand *Aug*, qui ſignifie l'œil; parce que les arcs des cercles des ceintres de voutes Gothiques font des angles curvilignes, ſemblables à ceux des coins de l'œil, quoique dans une poſition différente.

D'Aviler reſſerre la ſignification de ce terme aux croiſées d'ogives, mais mal-à-propos, car anciennement on diſoit indifféremment voute *d'Ogive*, voute *Moderne* ou en *Tiers-point*.

P.

Panache, c'eſt une voute en ſaillie ouverte par-devant, comme les Trompes, élevée ſur un ou deux angles rentrans pour porter en l'air une portion de tour creuſe; c'eſt ainſi que les Dômes des Egliſes modernes ſont portés ſur quatre panaches, élevés ſur les angles de la croiſée de la Nef avec les bras de la croix.

Lorſque le Panache eſt établi ſur un ſeul angle, ſa figure eſt ordinairement un triangle ſphérique terminé par trois arcs, dont deux ſont verticaux en quart de cercle ou d'ellipſe, & le troiſieme horiſontal qui ſert de baſe à la Tour.

Lorſque le panache eſt ſur un pan coupé, c'eſt une ſurface concave quadrilatere irréguliere.

Ce nom peut venir du Latin *pandatio* & de *pandare* qui ſignifie ſelon Vitruve (l. 6. Chap. 11.) courber ſous le faix.

On ne doit pas confondre avec d'Aviler les noms de Panache & de pendentif, ce ſont des choſes différentes. Voyez *Pendentif*.

Panneau, de la même étimologie *pando*, eſt le modele d'une des ſurfaces d'un vouſſoir taillé ſur du bois, du carton ou autre matiere mince, pour être appliqué ſur la pierre, & ſervir à tracer le contour d'un *Lit*, d'une *Doële*, ou d'une *Tête*; c'eſt leur usage qui leur donne les noms de *Panneau de lit*, &c.

Panneau flexible est celui qui est fait sur du carton, du fer-blanc, ou avec une lame de plomb pour pouvoir être plié & appliqué sur une surface concave ou convexe, cylindrique ou conique.

Parallele en un ridicule jargon d'Ouvrier, signifie quelquefois *dans un même plan*; ainsi Blanchard, dans son Traité de la Coupe des bois, imprimé à Paris en 1726, dit qu'une *courbe est parallele à une perpendiculaire droite, à une horisontale & à un angle*. Voyez pag. 73, & par-tout ailleurs où il est question de la même expression.

Parement, surface apparente.

Pendant, petit voussoir des voutes Gothiques sans coupe, fait à l'équerre.

Pendentif, ou plutôt Pandantifs de *Pandare*, plier sous le faix, est une espece de panache qui est le quart d'une demi croisée de voute Gothique, compris entre l'Ogive & le Formeret.

Plan, selon les Géometres, signifie une surface plane infiniment prolongée, si l'on veut; c'est dans ce sens qu'on dit que les bases des corps séparés sont dans un même plan. Lorsque l'on dit qu'une telle ligne est dans le plan horisontal ou dans un plan vertical, c'est la même chose que de dire, dans le langage des arts, de *niveau* ou *aplomb*.

Ce qui n'est, ni de niveau ni à plomb, sera dit *Incliné à l'horison*, & en terme de l'art, en *talud*, en *glacis*, ou en *descente*.

Plan, en terme d'Architecture, signifie la projection d'un corps sur une surface horisontale, & quelquefois sur une surface inclinée, alors il s'appelle *plan suivant la rampe*.

On l'appelle *plan Geométral* ou *Ichnographie*, lorsqu'il n'exprime que les distances horisontales, & *plan relevé*, lorsqu'on y ajoute une élévation pour mieux exprimer ce qu'on veut représenter, sans s'embarasser des mesures de hauteur, comme on voit un grand plan de Paris.

Le plan horisontal que nous appellons toujours *projection horisontale*, par les raisons que nous en avons donné au troisieme Livre, est le premier dessein nécessaire pour la Coupe des pierres.

Platebande, c'est pour la Coupe des pierres une voute droite & plane, de niveau ou rampante, qui sert de linteau & de fermeture à une porte, à une fenêtre ou à toute autre baye, comme l'architrave sur les entrecolonnemens. Les pierres qui en sont les parties s'appellent *Claveaux* & non pas *voussoirs* comme aux autres voutes. La longueur de la platebande entre ses piédroits, s'appelle *Portée*, c'est le genre de voute qui a plus de poussée, c'est-à-dire, qui fait le plus d'effort pour renverser ses piédroits; parce que les pierres y sont dans la situation la plus forcée.

Plomée, selon le P. DERAND, par corruption de *plombé*, est une ligne tirée à plomb.

Plumée, est une excavation faite dans la pierre, au marteau, ou avec le ciseau, suivant une cerche ou une regle en quelque position qu'elle soit, à plomb, ou de niveau ou inclinée. Ce nom vient apparemment de la ressemblance de la découverte que l'on fait de la peau d'un oiseau en ôtant la plume.

Porte, c'est une baye qui prend le nom, 1°. du mur dans lequel elle est percée, comme *Porte en tour ronde*, si elle est convexe; *Porte en tour creuse*, si elle est concave. 2°. De l'endroit où elle est placée, dans un angle rentrant, c'est une *porte dans l'angle*, dans un saillant, c'est une *porte sur le coin*. 3°. De la direction, comme *porte droite*, qui est perpendiculaire à sa direction, *Biaise*, si elle lui est oblique, *Ebrasée*, si ses piédroits s'ouvrent en dehors, comme aux Eglises Gothiques de Notre-Dame de Paris, de Rheims, &c.

Portée, intervalle de deux piédroits dans une platebande.

Poussée, c'est l'effort que fait une voute pour écarter ses piédroits, lequel est d'autant plus grand que la courbure approche de la ligne droite; ainsi le ceintre en anse de panier surbaissé pousse plus que le plein ceintre; celui-ci plus que le surbaissé; celui-ci plus que le *Tiers-points* Gothique c'est sans doute par cette raison que les anciennes Eglises sont la plupart en *Tiers-point*, cette construction d'ailleurs donnant la facilité d'employer de très-petits voussoirs qui coutoient peu de transport.

Q.

Quarrément, signifie à angle droit, à l'équerre.

Quartier a plusieurs significations. Il se prend pour une pierre de taille d'une certaine grosseur. Il signifie aussi le quart du tour d'un escalier, alors on ajoute *Quartier tournant*. Si cette partie est arrondie & saillante hors d'un mur, on l'appelle *Quartier de vis suspendue*, qui n'est soutenue en l'air que par l'artifice de la coupe des pierres.

R.

Racheter, c'est joindre sans interruption deux surfaces de voutes différentes par des angles saillans ou rentrans, ou par d'autres surfaces intermédiaires qui fassent une transition agréable de l'une à l'autre.

Racordement, se dit de la réunion de deux surfaces, pour qu'elles paroissent continues, ou que leur joction (si elles font un angle entr'elles) fasse un arrête en ligne droite, ou d'une courbure de ceintre réguliere & uniforme; on dit pour le verbe, *Racorder*.

Ragréer, c'est enlever avec les outils convenables, les bosses ou balevres qui se trouvent dans les paremens & dans les joints pour les rendre unis, propres & agréables à la vûe.

Ralongée se dit d'une ligne courbe à laquelle on donne plus d'extension sur un diametre ou une corde qu'elle n'en avoit, sans changer sa profondeur. On dit *Cherche ralongée*.

Rampant. Voyez *Arc rampant*.

Rampe, inclinaison à l'horison d'une ligne ou d'une surface droite ou courbe, avec degrés, ou sans degrés.

Reculement, se dit ordinairement de la distance d'une ligne verticale à une ligne inclinée, comme de l'aplomb au talud, ou de l'écartement d'une ligne courbe à l'égard de la tangente, comme à une porte en tour ronde ou creuse à l'égard de sa corde ou d'une parallele.

Reins de voute, c'est la partie vuide ou pleine qui est entre la moitié d'un arc & son piedroit, depuis la naissance jusques vers le sommet. Les reins des voutes Gothiques sont vuides.

Remenée, terme peu usité, qui vient de l'Italien *Remenato*; ce n'est selon d'Aviler qu'une sorte d'arriere-voussure; mais sa propre signification est notre *bombé* d'un grand arc de cercle moindre que la moitié, comme il est clairement expliqué au premier Livre de Palladio Ch. 24 à REMENATO, *che cosi chiamano i volti che sono di portione di Cerchio & non arrivano à semicircolo*, & preuve qu'il ne l'entend pas seulement d'une arriere voussure, c'est qu'il l'applique à la partie d'une voute sphérique sur un quarré, laquelle est au-dessus des pendentifs.

Renfondrement, terme de Menuiserie, suivant Blanchard, au lieu de *Renfoncement*.

Repaire du Latin *reperire*, retrouver, c'est une marque que l'on fait sur une pierre pour reconnoître une division ou un trait dont on a besoin pour tailler. Ainsi on dit *Repairer*, au lieu de marquer un point ou une ligne.

Reprendre, c'est refaire une partie de voussoir qui excéde l'étendue qu'elle doit avoir.

Retombée, c'est la même ligne qu'on appelloit anciennement *abatue*, dont nous avons parlé : c'est l'intervalle du niveau entre la naissance inférieure d'un arc, & l'aplomb abaissé de son extrêmité supérieure.

On appelle *premieres retombées*, les voussoirs de la naissance d'une voute, qui ont des lits si peu inclinés, qu'ils ne glissent pas, & se soutiennent les uns sur les autres, sans le secours des ceintres de Charpente, tels sont les cinq ou six premieres assiettes des voussoirs des arcades d'un grand diametre, quelquefois plus.

Retondre une pierre, c'est enlever une légere épaisseur dans toute une surface pour la perfectionner : c'est une espece de ragrément.

Retour d'équerre, c'est un angle droit : on dit se *retourner d'équerre* pour faire une ligne ou une surface perpendiculaire à une autre.

Retourner une pierre, c'est la jauger ou lui faire une surface parallele ou à-peu-près à un lit ou à un parement donné.

S.

Sauterelle, instrument composé de deux regles de bois assemblées par un bout, comme la tête d'un compas, pour être mobiles & propres à prendre l'ouverture de toutes sortes d'angles rectilignes droits, aigus ou obtus. C'est un *récipiangle* pour transporter sur la pierre ou sur le bois l'angle d'une encoignure ou d'un trait de l'épure, plus usité dans la Coupe des bois que dans celle des pierres, où l'on se sert pour la même fin du compas d'Appareilleur, qui est une espece de sauterelle à laquelle on a ajouté des pointes pour servir de faufse équerre & de compas suivant les occurrences.

Simbleau, ou plutôt *Cingleau*, par corruption du Latin *Cingulum*, un cordon, est le cordeau qui sert à tracer les arcs de cercle d'une étendue plus grande que les branches des plus grands compas, soit à branches soit à verges. Les meilleurs singleaux sont des chaînettes qui ne sont pas sujettes à s'alonger comme les cordes.

On appelle aussi simbleau une perche immobile par un de ses bouts qui sert à tracer un grand arc de cercle.

Singliots, sont les deux *foyers* d'une ellipse où l'on attache les bouts d'un cordeau égal au grand axe, pour tracer cette courbe par le mouvement continu, qu'on appelle le *Trait du Jardinier*.

Sommier, par analogie au sommet, c'est la premiere pierre d'une platebande qui porte à plein au sommet du *piédroit* où elle forme le premier lit en joint, & l'appui de la butée des claveaux de chaque côté, pour les tenir suspendus sur le vuide de la baye, d'où ils ne peuvent s'échaper qu'en écartant les sommiers. La coupe ou inclinaison de leur lit en joint sur l'horison, est ordinairement de 60 degrés, parce qu'on a coutume de la tirer du sommet d'un triangle équilatéral.

Surbaisser, c'est n'élever une courbure de ceintre qu'au-dessous du demi-cercle, c'est-à-dire, faire un ceintre elliptique, ou en ovale, dont le grand axe soit horisontal.

Surhausser, c'est au contraire élever le ceintre au-dessus du demi-cercle, ou faire une ovale dont le grand axe soit à plomb par le milieu de la clef.

Surplomber, c'est faire pencher une ligne ou une surface à angle aigu avec l'horison.

T.

Taluder, c'est au contraire faire un angle obtus avec l'horison.

Talud, *Talus* ou *Talut*, le premier paroît plus naturel, si l'on doit dire taluder suivant l'usage, car on ne dit jamais *taluser*; & quoique d'Aviler dise *taluter*, je ne l'entend point dire parmi les Artistes; M. Gautier, Directeur des Ponts & Chaussées, a écrit comme nous *talud*, dans ses Traités des Ponts & des Chemins, ce mot vient du Latin *Talus*, qui signifie le talon.

C'est l'inclinaison d'une ligne ou d'une surface au-delà de l'a plomb

plomb en angle obtus, tout au plus jusqu'à l'angle de 135 degrés; car dès que la surface est plus inclinée, cette inclinaison s'appelle en *Glacis*.

Tambour est une pierre ronde en portion de cylindre qui est une partie de fust de colonne ou de pilier, qu'on n'a pû faire d'une piece faute de pierre assez grande. Ce mot vient de la figure de la caisse dont on se sert dans les troupes pour faire le bruit du signal de marche, d'assemblée ou d'autre manœuvre, parce qu'on l'appelloit anciennement *Tambour*, au lieu qu'aujourd'hui ce nom a passé à l'homme qui frappe dessus pour en tirer le son.

Tas de charge, c'est une saillie de pierres, dont les lits avançant les uns sur les autres, font l'effet d'une voute, de sorte qu'il faut des pierres longues pour balancer la partie qui est sans appui; mais ce genre d'ouvrage n'est bon qu'en petit, ou seulement pour les premieres pierres de la naissance d'une voute.

Tasser se dit de l'affaissement d'une voute, dont la charge fait diminuer la hauteur & resserrer les joints.

Tasté, ligne tastée est celle qu'on trace à la main pour voir l'effet d'une courbure.

Tierceron, c'est un nerf des voutes d'ogives, situé entre le formeret ou arc doubleau & celui d'ogive en diagonale.

Tour ronde ne signifie pas toujours une tour, mais tout parement convexe de mur cylindrique ou conique; *Tour creuse* est le concave.

Tracer à la main, c'est déterminer à vûe d'œil le contour d'une ligne courbe, ou en suivant plusieurs points donnés par intervalle, ou en corrigeant seulement par le goût du dessein une ligne courbe qui ne satisfait pas la vûe, comme une doucine composée d'arcs de cercle mal assemblés, doit être encore tracée à la main.

Lorsqu'on a plusieurs points donnés pour une ligne courbe, il convient mieux de se sevir d'une regle pliante que de tracer à la main: le contour en est plus net.

Traîner, c'est faire méchaniquement une ligne parallele à une autre ligne donnée, droite ou courbe, en trainant le compas ouvert de l'intervalle requis d'une ligne à l'autre, de maniere qu'une de ses pointes parcoure la ligne donnée, & que l'autre pointe ou plutôt la ligne qu'on peut imaginer passer par ces deux poins, soit toujours perpendiculaire ou également inclinée à la ligne donnée, ou à sa tangente, si elle est courbe. Les Menuisiers, au lieu de compas, se servent pour cette opération d'un instrument qu'ils appellent *Trusquin*.

Trait, à l'égard de la Coupe des pierres, signifie en général tout dessein qui conduit aux moyens nécessaires pour parvenir à la formation d'une voute, soit plan, profil, élévation ou développement. Ce terme est plus étendu que celui d'*Epure*, en ce qu'il s'entend du dessein en petit & en grand, au lieu que l'épure ne signifie que celui de grandeur naturelle sans réduction.

On dit *couper du trait* pour exprimer l'étude que l'on fait avec de la craye, du platre ou autre matiere facile à couper, qu'on taille en petits voussoirs de la même maniere que si on exécutoit une voute en grand, pour apprendre à joindre la théorie à la pratique, & concevoir plus facilement l'effet des traits dont on s'est servi, soit aussi pour sentir le plus ou le moins de commodité des différentes manieres qu'on a inventé, en se servant des panneaux ou en taillant par équarrissement.

Trait quarré, c'est suivant le langage des Ouvriers, la maniere de faire une perpendiculaire à une ligne donnée. Si cette ligne est courbe, comme un cercle ou une ellipse, la perpendiculaire à sa tangente s'appelle *trait quarré sur la ligne courbe*, & *au bout de la ligne courbe* lorsqu'elle l'est à une de ses extrêmités.

Trompe, c'est, ordinairement une voute de la figure d'une moitié de cone qui se présente par sa base, comme le *pavillon* d'une trompette ou cor-de-chasse, qui est cette espece d'entonnoir par où sort le bruit du son, & parce qu'anciennement cet instrument s'appelloit Trompe, on a donné le même nom à la voute qui en imite une partie. Cette étimologie est naturelle, & montre la puérilité de l'imagination de ceux qui disent avec d'Aviler, que ce nom vient de ce que la voute *trompe* & surprend ceux qui la regardent sans connoissance de l'artifice de son appareil.

On appelle aussi du même nom des petites voutes en portion de sphere qu'on fait aux angles saillans pour en émousser le pied, & soutenir le haut en l'air. Alors on les appelle *Trompe en Niche*.

Il y a différentes sortes de trompes, dont les noms viennent ou de leurs situations ou de leurs figures.

A l'égard de la figure, il en est, comme je viens de dire, de coniques & de sphériques.

La conique Droite s'appelle *Trompe fondamentale*, chez le P. DERAND.

La sphérique s'appelle *Trompe en niche.*

Lorsque la face de l'une ou de l'autre est convexe, on l'appelle *Trompe en tour ronde*, si elle est concave, *Trompe en tour creuse*, si la face est brisée en plusieurs superficies planes, on l'appelle *Trompe à pan*, si les impostes sont d'inégale hauteur on l'appelle *Trompe rampante*, si la face est ondée & les impostes rampantes, on l'appelle *Trompe d'Anet.*

A l'égard de la situation, si elle est dans un angle saillant, on l'appelle *Trompe sur le Coin*, si elle est dans un angle rentrant, *Trompe dans l'Angle.*

Trompillon, c'est la naissance du milieu d'une trompe, qui est au sommet du cone dans les coniques, ou au pole de la sphere dans les sphériques; c'est une pierre d'une seule piece, qu'on est forcé de faire ainsi pour occuper la place de plusieurs extrêmités de voussoirs en pointe, qui seroient tellement aigus, qu'on ne pourroit les tailler & les poser sans risque de les casser.

On appelle aussi *Trompillons* les petites trompes faites de plusieurs pieces sous les quartiers tournans de certains escaliers.

V.

Vis d'escalier, c'est un arrangement de marches, de degrés au tour d'un pilier qu'on appelle le *Noyau* de la vis; quelquefois le noyau de la vis est supprimé, les marches alors ne sont soutenues que par leur queue dans le mur de la Tour, & en partie sur celles qui sont de suite dès le bas; alors on l'appelle *Vis à jour.*

Si l'escalier à vis dans une tour ronde est vouté en berceau tournant & rampant, on l'appelle *Vis-Saint-Giles ronde.*

Si la tour est quarrée, le noyau étant aussi quarré, chaque côté étant vouté en berceau irrégulier d'une figure en quelque façon torse, on l'appelle *vis-Saint-Giles quarrée.*

Voussoir, c'est une pierre qui fait partie d'une voute concave, de quelque figure qu'elle soit, cylindrique, conique, sphérique ou annulaire : ſon étimologie vient apparamment du mot Latin *volutus*, tourné en rond.

Les Vouſſoirs qui forment la naiſſance d'une voute, s'appellent *Couſſinets*, ceux qui ſont à ſon ſommet s'appellent *Clefs*.

Lorſqu'ils ſont terminés en haut par une partie qui déborde leur queue, on les appelle *vouſſoirs à croſſettes*.

Lorſqu'ils ſe diviſent en deux parties pour lier deux voutes, qui font un angle ſaillant ou rentrant, on les appelle *vouſſoirs à branches*.

Lorſqu'un vouſſoir eſt ſuivi d'un autre en continuation, on l'appelle *vouſſoir ſans fin*; tels ſont ceux des arches du Pont Royal à Paris.

Vouſſure ſignifie toute ſorte de courbure en voute, mais particulierement ces portions de voute qui ſervent de baſe aux plafonds à la mode.

Les vouſſures qui ſont au-dedans d'une baye de porte ou de fenêtre derriere la fermeture s'appellent *arriere-vouſſures* ; il en eſt de différentes figures, comme nous l'avons dit à ce mot.

Voute, du Latin *Volutum*, tourné en rond, ſignifie toute ſorte de couverture de maçonnerie ou de pierre de taille qui ſe ſoutient en l'air entre ſes piédroits, par l'arrangement & la figure des parties qui la compoſent.

Les voutes propres à couvrir de grands appartemens, s'appellent *Maîtreſſes voutes* pour les diſtinguer de celles qui ne peuvent ſervir qu'à couvrir de petites parties, comme les trompes, les arrieres-vouſſures & les niches.

Quoique les voutes puiſſent être variées d'une infinité de façons, on peut les reduire en ſept ou huit eſpeces; ſçavoir, en planes, cylindriques, coniques, ſphériques, annullaires, hélicoïdes, mixtes & irrégulieres. C'eſt dans cet ordre qu'on les a rangé dans le Livre Quatrieme de cet Ouvrage, où l'on donne la maniere de les faire.

FIN.

www.ingramcontent.com/pod-product-compliance
Lightning Source LLC
LaVergne TN
LVHW011249110826
845149LV00001B/82

* 9 7 8 2 0 1 1 3 1 8 6 2 6 *